Kurt Ruh

Geschichte
der abendländischen
Mystik

*Erster Band*

*Dionysius Areopagita.*
*Fresko aus dem 13. Jahrhundert aus dem St. Johanneskloster auf Patmos.*

KURT RUH

# Geschichte der abendländischen Mystik

*Erster Band*

Die Grundlegung durch die
Kirchenväter und die Mönchstheologie
des 12. Jahrhunderts

VERLAG C.H.BECK MÜNCHEN

Mit 12 Abbildungen im Text

CIP-Titelaufnahme der Deutschen Bibliothek

*Ruh, Kurt:* Geschichte der abendländischen Mystik / Kurt Ruh. –
München : Beck.

Bd. 1. Die Grundlegung durch die Kirchenväter und
die Mönchstheologie des 12. Jahrhunderts. – 1990
ISBN 3-406-34471-2

ISBN 3 406 34471 2

© C. H. Beck'sche Verlagsbuchhandlung (Oscar Beck),
München 1990
Satz und Druck: Appl, Wemding
Printed in Germany

# Inhalt

## Erster Teil
## Die Grundlegung der abendländischen Mystik in der Patristik

### Erstes Kapitel
### Dionysius Areopagita
### Seite 31

### Zweites Kapitel
### Aurelius Augustinus
### Seite 83

# DAS ZWÖLFTE JAHRHUNDERT

*Siebentes Kapitel*
Die Kartäuser Guigo I. und Guigo II.
*Seite 208*

# DIE ZISTERZIENSER

*Achtes Kapitel*
Bernhard von Clairvaux
*Seite 226*

*Neuntes Kapitel*
Wilhelm von St. Thierry
*Seite 276*

*Zehntes Kapitel*
Zisterzienseräbte in der Nachfolge
Bernhards von Clairvaux
*Seite 320*

## DIE VIKTORINER

### Elftes Kapitel
### Hugo von St. Viktor
*Seite 355*

### Zwölftes Kapitel
### Richard von St. Viktor
*Seite 381*

## Anhang

# Vorwort

Schon seit längerer Zeit hegte ich den Plan, eine Geschichte der abendländischen Mystik zu schreiben. Die sachbezogene Rechtfertigung dazu sah ich in der schlichten Tatsache, daß es eine solche, in welcher Form und Qualität auch immer, nicht gibt. Dieser Befund steht nun aber im lebhaften Widerspruch zur Tatsache, daß die Einzelforschung in fast allen Teilgebieten, und vor allem auch methodisch, in den letzten Jahrzehnten erhebliche, z. T. höchst beeindruckende Fortschritte erzielt hat; der neue Wissensstand und die neu gewonnenen Perspektiven aber bedürfen der Überschau und Koordinierung. Freilich ist es keineswegs meine Absicht, sozusagen ein Summarium der Einzelforschung vorzulegen. Vielmehr erstrebe ich – auf der Höhe der Forschung und in der Auseinandersetzung mit ihr – eine persönliche, durchaus auf den Quellen beruhende Darstellung. Ich möchte sie aber auch lesbar und damit einem breiteren Kreise von Interessenten zugänglich machen, allerdings ohne *sacrificium scientiae,* erstrebe somit die Verbindung von Lesbarkeit und Wissenschaftlichkeit.

An persönlichen Zweifeln und Bedenken fehlte es indes nicht. Wer ist schon für ein solches Unternehmen ausreichend gerüstet? Und wer ist im vorgerückten Alter Herr über seine geistigen und physischen Kräfte? Aber die Begeisterung für das Vorhaben obsiegte. Konnte ich nicht mir noch völlig oder doch halbwegs unbekannte Gebiete erschließen, so griechische und lateinische Väter, eine Gestalt wie Eriugena oder die Zisterzienseräbte Guerric, Aelred und Isaac von Étoile? Konnte ich nicht mit dem Erkenntnisgewinn der neu erschlossenen Bereiche die mir bereits bekannten neu durchdenken und bereichern? Der Anreiz war groß und trieb mich vorwärts.

Nunmehr lege ich die beiden ersten Teile in einem ersten Band der Öffentlichkeit vor. Er führt vom «Erzvater» abendländisch-christlicher Mystik, Dionysius Areopagita, über die lateinischen Väter, Augustinus an der Spitze, den Iren am Karolingerhof Eriugena und die monastische Theologie und Spiritualität der Kartäuser, Zisterzienser und Viktoriner hin bis zur Schwelle der volkssprachlichen Mystik. Was ich in diesem Bande darbiete, ist so auch als Vorgeschichte der einzelsprachlichen und regionalen Ausformungen der mystischen Spiritualität zu verstehen, deren Zeitalter im späteren 12. Jahrhundert schrittweise beginnt.

Dankbar bin ich, daß mich die Faszination des Stoffes bis hierher geführt hat, und hoffen möchte ich, daß ich die Erwartungen des Lesers nicht enttäusche, auch wenn ich mir nicht einbilde, eine makellose Darstellung in der Organisation des Stoffes, in der Ausgewogenheit ihrer Einheiten, in den Akzentuierungen und Urteilen, in der Luzidität der Aussagen geschaffen zu haben. Kompetenz habe ich mir überall angemaßt – anders sollte man gar nicht zur Feder greifen; ob sie mir zukommt oder ob sie ausreicht, das ist eine andere Frage, die andere entscheiden mögen.

Vielen habe ich zu danken. Vor allem meiner Frau, die es gerne hinnahm, daß ich in der Klause saß und nicht auf Seniorenart mit ihr in der Welt herumreiste. Besonders hilfreich war mir der Rat von Werner Beierwaltes, der einige Kapitel kritisch zu lesen die Liebenswürdigkeit hatte. Zahlreiche wertvolle Hinweise, anregende Gespräche und die Lektüre einzelner Partien verdanke ich meinen Freunden Alois M. Haas, Walter Haug und Georg Steer. Martina Weinich stand mir als akademische Hilfskraft, die mir die Deutsche Forschungsgemeinschaft genehmigte, hilfreich zur Seite, ersparte mir alle Kärrnerarbeit und ermüdende Recherchen – auch eine Darstellung, die sich einigermaßen großzügig präsentiert, hat ihre Detailprobleme –, und leistete viel vororientierende Lektüre von Forschungsbeiträgen. Ohne sie könnte ich heute nicht den Schlußpunkt zu dieser Vorgeschichte der abendländisch-christlichen Mystik setzen.

# Abkürzungsverzeichnis
### für das Gesamtwerk

| | |
|---|---|
| DAM | Dictionnaire de Spiritualité ascétique et mystique, 1937ff. (1990: 15 Bde.; A–S). |
| TRE | Theologische Realenzyklopädie, 1977f. (1990: 18 Bde.; A–K). |
| ²VL | Die deutsche Literatur des Mittelalters. Verfasserlexikon. 2. Aufl. 1978ff. (1990: 7 Bde.; A–R). |
| S.B. | Sitzungsberichte (der Akademien). |
| WdF | Wege der Forschung (Wissenschaftliche Buchgesellschaft Darmstadt). |
| RAM | Revue d'ascétique et de mystique, 1920ff. |
| PG | Patrologia corpus completus ... Series graeca acc. J.-P. MIGNE. |
| PL | Patrologia corpus completus ... Series latina acc. J.-P. MIGNE. |
| CSEL | Corpus scriptorum ecclesiasticorum latinorum, 1866ff. |
| CC | Corpus Christianorum. Series latina, 1954ff. |
| CC. Cont. Med. | Corpus Christianorum. Series latina. Continuatio Medievalis, 1966ff. |
| SC | Sources Chrétiennes (Les éditions du Cerf), 1947ff. |

# Einführung

Die Eröffnung eines Unternehmens, dem man sich lange Zeit ganz in der Stille hingegeben hat, in der üblichen Gestalt einer Einführung, hat etwas leicht Irritierendes: Sie ist so etwas wie eine öffentliche Handlung. Es gilt Farbe zu bekennen, Stellung zu nehmen, Richtlinien zu ziehen, Arbeitsprinzipien kundzutun, abzugrenzen, zu definieren: alles in allem den angehäuften Manuskriptenstoß für eine Leserschaft zu verpacken. Man sieht sich in der ungewöhnlichen Rolle des Managers in eigener Sache.

Als ich die ‹Vorbemerkungen zu einer neuen Geschichte der abendländischen Mystik im Mittelalter› schrieb,[1] tat ich es mehr «zu meiner eigenen Ermutigung», als um ein solches Vorhaben nach allen Seiten hin programmatisch abzustecken. Die Sicht am Anfang eines Weges in einem vielfältig gegliederten Gelände ist ohnehin begrenzt, oft sieht man erst weiter, wenn eine gewisse Wegmarke erreicht ist. Das sind jedenfalls meine Erfahrungen der ersten Etappen, die ich nun zurückgelegt habe.

1. Das gilt schon für das Korpus der Texte, für deren Ab- und Ausgrenzung. Da ich als Literar- und zusätzlich als Theologiehistoriker an meine Aufgabe herantrete, hat es als tragendes Fundament zu gelten. Wie ist es auszusondern? Generell wird man immer pragmatisch verfahren müssen, weil der forschungsgeschichtliche Begriff von mystischer Literatur, dem man sich nicht entziehen kann, äußerst unbestimmt ist. So stellt sich das Problem der Selektion immer wieder neu. Sieht man sich einer Fülle von gleichartigen Texten gegenüber, so bietet sich das exemplarische Verfahren an. In anderen Fällen entscheiden für Aufnahme oder Ausscheidung die Qualität oder der historische Stellenwert. Das ist nicht weiter problematisch, gilt solche Auslese doch für jede Literaturgeschichte. Entscheidend aber ist, was von der Sache her zum Korpus gehört. Es empfiehlt sich zwar, ‹Mystik› und ‹mystisch› streng und ausschließlich auf ihren Erfahrungsinhalt hin zu verwenden, anders entziehen sie sich dem Gebrauch, aber dieses Begriffsfeld ‹Mystik› ist nur in seltenen Fällen mit sogenannten «mystischen Texten» identisch. Es gibt Wege, die zur eigentlichen Mystik erst hinführen, es gibt Vorstufen,

---

[1] S. B. d. Bayer. Akad. d. Wissensch., Philos.-hist. Kl. 1982, Heft 7, wiederum in: K. Ruh, Kleine Schriften II, Berlin-New York 1984, S. 337–363 [zit.]; das Zitat S. 363.

etwa die Meditation, es gibt spirituelle Mittel, die mystische Erhebung auszulösen, so das Gebet oder die Compassio in der Christusmystik. Sodann ist es Theologie, zumal die eigentliche Gotteslehre, die öfter in mystische Spiritualität umzuschlagen pflegt. Eine Liebeslehre, auf Gott bezogen, kann in Stufen oder im jähen *raptus* zur *unio mystica* führen. Das mystische Schrifttum enthält aber auch Elemente der Unterweisung und Erbauung, formuliert nicht selten asketische Forderungen. Das alles gilt auch für Höhenwerke der mystischen Literatur.

Für all das, was in diesem Sinne zur ‹Mystik› gehört, hat sich im Verlaufe der Forschungsgeschichte eine Art Kanon herangebildet. Natürlich ist er zu überprüfen und zu korrigieren. Vor allem in den Randzonen sind immer Texte angesiedelt, die man mit guten Gründen sowohl aussondern wie aufnehmen kann. Bei Entscheidungen dieser Art halte ich mich gerne an die Traditionszusammenhänge, Überlieferungsgeschichte mit eingeschlossen. Es gibt da ganze Ketten und Geflechte von Zugehörigkeiten, die neben «eigentlichen» mystischen Texten auch anders, heilsgeschichtlich oder erbaulich ausgerichtete Schriften umschließen, Stiefkinder der Mystik sozusagen. Andere Schriften stehen in der sprachlich-stilistischen Tradition der Mystik. Wiederum andere gehören zwar nicht dieser Textfamilie an und stehen trotzdem der Geschichte der Mystik zur Disposition: Das sind etwa einige herausragende Werke der deutschen Scholastik, die sich positiv und kritisch mit Meister Eckhart auseinandersetzen.[2] Eine ähnliche Stellung nehmen einige Werke der Devotio moderna ein.

Führt das Traditionsgeflecht als Kriterium zur Adoption von Außenseitern, so wendet es sich auf der andern Seite gegen eine so große Persönlichkeit wie Hildegard von Bingen, der schon immer die Aufgabe zukam, die «deutsche Mystik» zu eröffnen. Hildegard steht indes weder in einer mystischen Tradition,[3] noch hat sie eine solche bewirkt. Auch der besondere Charakter der Visionen, die keine ekstatischen sind, sowie die dem Anspruch nach «inspirierte» Prophetie im Sinne der Apokalypse

---

[2] Dazu ‹Vorbemerkungen› [Anm. 1], S. 348 f. Der in Anm. 47 erwähnte *In principio*-Traktat liegt nun in einer Ausgabe vor: Karl Heinz WITTE, Der Meister des Lehrgesprächs und sein ‹In principio-Dialog› (Münchener Texte u. Untersuchungen 95), München-Zürich 1989. Weitere Texte bei K. RUH, ‹Traktat von der Minne›, in: Festschr. Karl Stackmann, Göttingen 1987, S. 208–229, hier S. 228 f.

[3] Ich übersehe nicht den Versuch von Christel MEIER (Eriugena im Nonnenkloster?, in: Frühmittelalterl. Studien 19 (1985), S. 466–497 und Scientia Divinorum Operum, in: Eriugena redivivus, hg. von Werner BEIERWALTES, Heidelberg 1987, S. 89–141), eine Linie von Eriugena zu Hildegard zu ziehen, halte dies indes aus überlieferungsgeschichtlichen wie inhaltlichen Gründen für höchst unwahrscheinlich, jedenfalls ohne neue Quellen nicht beweisbar.

grenzen die große Äbtissin aus dem Bereich der Mystik aus.[4] Ich hebe
grundsätzlich die prophetische von der mystischen Schau ab, wenn auch
Überschneidungen nicht zu übersehen sind – wo gibt es sie nicht in der
Geschichte des Geistes? –, und folge hier einem Lehrer, der es mit
Abgrenzungen genau nahm: Thomas von Aquin.[5] Zum Korpus mystischen Schrifttums gehört endlich Mystik als Lehre.

Hier spricht der Mystagoge – man muß lernen, diesen Begriff nur positiv zu besetzen –, der Mystik wie die traditionellen Themen der Theologie auf dem Wege der Ratio verständlich machen will. Das ist die *theologia mystica*. In reinster Form tritt sie uns bei Thomas von Aquin entgegen, der in der ‹Summa theologica› lichtvolle Quästionen über die Formen der Entrückung und die *vita activa* und *vita contemplativa* geschrieben hat (S. th. II-II, q. 175; ebd. q. 179–182). Ein zweiter Typus ist häufiger, ja ein kaum je abgebrochener Traditionstyp. Es ist eine mystische Theologie, die nicht nur Lehre vermitteln, sondern zur Mystik hinführen will. Dieses Modell steht bereits am Anfang der abendländischen Mystik: des Dionysius ‹Mystica theologia›. Der Pseudo-Areopagite, der sich in christliche und neuplatonische Traditionen eingebunden weiß, bietet sie als eine Art Geheimlehre in entschiedener Verbindlichkeit, mit sprachlichem Pathos und öfter mit Emphase an. Theologie und Spiritualität bilden hier ein *connubium*.

2. Was die Forschungsgeschichte betrifft, so darf ich auf die ‹Vorbemerkungen› (S. 338–341) verweisen.[6] Ich erlaube mir nur noch einige Bemerkungen über meinen Umgang mit der Forschungsliteratur insgesamt. Daß ich ihr dankbar verpflichtet bin, versteht sich von selbst. Doch habe ich mich, einem Arbeitsgrundsatz folgend,[7] der mir immer wichtiger wird, zuerst an die Texte gehalten, mich ohne Krücken um deren Verständnis bemüht, auch schon in schriftlicher Fixierung, bevor ich die

---

[4] Siehe ergänzend ‹Vorbemerkungen› [Anm. 1], S. 345 f., wo ich die Sonderstellung Hildegards durch den Vergleich mit Hadewijch zu verdeutlichen versuchte.
[5] Summa theologica II/II, q. 171–175.
[6] Der auf S. 341 erwähnte Abriß der deutschen Mystik von Alois M. HAAS ist inzwischen erschienen, in: Die deutsche Literatur im späten Mittelalter (1250–1370), hg. von Ingeborg GLIER (DE BOOR/NEWALD, Geschichte der deutschen Literatur III/2), München 1987, S. 234–305. – Das kürzlich erschienene Buch von Gerhard WEHR, Die deutsche Mystik, Bern-München-Wien 1988, handelt nur im 1. Teil von der deutschen Mystik im Mittelalter (bis Luther) (S. 13–215), der zweite Teil gilt der ‹Christlichen Theosophie›. Es konzentriert sich auf wenige große Namen, ist für ein breiteres Publikum geschrieben und beruht, was die mittelalterlichen Texte betrifft, ausschließlich auf Übersetzungen. Doch fehlt dem Buch nicht eine wissenschaftliche Grundlegung, wenn sie auch schmal ist und nicht immer auf dem neuesten Stande.
[7] Ich verdanke ihn einem meiner ersten theologischen Gesprächspartner, dem Zürcher Theologen Arthur Rich.

zugehörige Forschung aufarbeitete. Dies führt jeweils zu Korrekturen und Erweiterungen, aber auch zu kritischer Auseinandersetzung. Gelegentlich mußte ich auch zur Kenntnis nehmen, daß Gesichtspunkte, die ich für neu hielt, auch schon von andern geltend gemacht wurden. Nicht zu rechtfertigen brauche ich den Umstand, daß ich nur einen Bruchteil der vorhandenen Literatur berücksichtige. Ich hoffe indes, das Grundlegende und Weiterführende nicht übersehen zu haben.

Das benutzte Schrifttum ist in den Literaturhinweisen aufgelistet; diese verzeichnen keine blinden, das heißt von mir nicht eingesehene Publikationen. Am gründlichsten habe ich mich – und das war unumgänglich – mit dem Schrifttum über Dionysius Areopagita beschäftigt. Was Augustinus und Bernhard von Clairvaux betrifft, so sah ich mich in der Auswahl von vornhinein überfordert; vielleicht habe ich da doch Wichtiges übersehen.

3. Ich bin zwar entschieden der Ansicht, daß Beschreibungen von Phänomenen, die der Gegenstand eines Buches sind, an den Schluß und nicht an den Anfang gehören, halte aber dennoch eine Vororientierung mit der Funktion einer Richtschnur für notwendig.

Nicht möglich ist es mir freilich, mich mit den bestehenden Vorstellungen und Definitionen von Mystik, auch eingeschränkt auf die abendländisch-christliche, auseinanderzusetzen. Das wäre der Gegenstand eines Forschungsberichts von beträchtlichem Umfang und angesichts der disparaten Fülle der einschlägigen Beiträge, der Verschiedenartigkeit der Ansätze und des leitenden Erkenntnisinteresses keineswegs nebenbei zu leisten, könnte indes dazu führen, die eigene Sicht zu verdunkeln, wenn nicht der Fragwürdigkeit auszuliefern. Allein der knappe Bericht von Alois M. Haas, ‹Was ist Mystik?›,[8] macht deutlich, was es da aufzuarbeiten und kritisch zu beurteilen gäbe. Natürlich ignoriere ich diese Bemühungen keineswegs – es wird im Verlauf dieser Darstellung auch immer wieder von ihnen die Rede sein, aber auf den Punkt bezogen –, nur lehne ich es ab, sie zum Gegenstand propädeutischer Studien zu machen. Meine folgenden Ausführungen sollen also nur verdeutlichen, was mir selber zur Orientierung dient.

Man hat Mystik immer und zu Recht, mehr noch als poetische Texte, mit ihren sprachlichen Ausdrucksformen verbunden und ihr Verständnis wesentlich von diesen her versucht. Dieser Weg ist gerade für den Philologen, der von den Texten aus zu den Phänomenen gelangt, nicht die Phänomene an Texten nachweist, der nächstliegende.

Es gibt Sprachen der abendländisch-christlichen Mystik, es gibt *die* Sprache der Mystik, es gibt die mystische Sprache.

a) Die Sprachen brauchen nur genannt zu werden: Griechisch, Latein und die europäischen Volkssprachen. Für das abendländische Mittelalter

---

[8] In: Abendländische Mystik im Mittelalter. Symposion Kloster Engelberg 1984, hg. von K. RUH, Stuttgart 1986, S. 319–341.

entfällt das Griechische, da es vom Latein aufgenommen wird, freilich in dieser Umhüllung immer nahe und faßbar bleibt. Die Volkssprachen, die germanischen und romanischen Idiome, ordnen sich zunächst in einen allgemeinen Prozeß ein: sie lösen das Latein ab. Aber diese Ablösung hat ein Spezifikum: Sie vollzieht sich mit einer bemerkenswerten Eigengesetzlichkeit. Mystik, das glaubt man feststellen zu dürfen, kommt erst in den Volkssprachen eigentlich zu sich selbst. Man gewinnt diese Erkenntnis zunächst aus dem praktischen Umgang mit den Texten, sähe sie aber gerne mit historischen und philologischen Gründen bestätigt.

Unbezweifelbar ist, daß die Ablösung des Lateins durch die Volkssprache in engem und unmittelbarem Zusammenhang mit dem Aufkommen der sogenannten Frauenmystik steht. Es waren der lateinischen Sprache nicht mächtige Frauen, Nonnen in der Regel, die mystische Erfahrungen niederschrieben oder diktierten, aber es gab auch für Klosterfrauen bestimmte spirituell-mystische Schriften aus gelehrter Feder. Das beginnt früh, bereits nach der Mitte des 12. Jahrhunderts, mit dem deutschen St. Trudperter Hohenlied und der französischen Hoheliedparaphrase des Landry von Waben. Dabei bezieht sich das Bestimmungswort «früh» auf den selbständigen, vom Latein (relativ) unabhängigen Charakter dieser Texte. Religiöses Schrifttum als solches gibt es nämlich seit den Anfängen der jeweiligen Literatur, aber es unterscheidet sich nach Art und Funktion sehr deutlich von den der Frauenmystik zugerechneten Texten. Es handelt sich um Übersetzungen aus dem Latein: Glaubensbekenntnis, Gebete, das Vaterunser vor allem, Psalmen, Evangelien, kirchliche Hymnen, Predigten. Mit Notker dem Deutschen kommt im Rahmen klösterlicher Ausbildung sogar anspruchsvolle gelehrte Literatur hinzu: den Disziplinen des Triviums und Quadriviums dienende Schriften, Werke antiker Dichter als Schullektüre, Bibelübersetzung und -kommentierung, ja selbst Spitzenwerke der Theologie, des Boethius ‹Consolatio Philosophiae› und ‹De trinitate› – einiges davon ist nicht überliefert, nur bezeugt. Dies alles geht der mystischen Literatur weit voran, streift indes den Charakter des Behelfsmäßigen nie ab, bleibt Latein in deutschem Gewande. Mit der ‹Frauenmystik› indes schlägt die Stunde der den eigenen Denk- und Bildformen verpflichteten Volkssprache.

Einschränkungen sind freilich nicht zu übersehen, und sie gelten vor allem für die Anfänge. Selbstverständlich ist, daß christliche Mystik und christliche Spiritualität schlechthin auch in der Volkssprache die lateinische Gestalt, in der sie überliefert und noch während des ganzen Mittelalters den Priestern und der gelehrten Welt vermittelt wurden, nicht gänzlich verleugnen konnten. Hinter volkssprachlichen Begriffen sind immer wieder, ja vielfach, lateinische Wortbildungselemente zu erkennen; Allegorie und Bild, liturgische und predigthafte Diktion lassen lateinische Muster durchblicken. Es gilt so auch für die Mystik, daß die volkssprachliche Schriftkultur, und vorab die geistliche, als Ausgliederung der lateinischen zu verstehen ist. Dominant aber bleibt der Befund: Die Volkssprachen vermitteln Mystik in einer religiösen Sprache sui generis.

Ich will an dieser Stelle die *cura monialium,* die Frauenseelsorge, wie sie als Institution den Bettelorden auferlegt wurde, in ihrer Bedeutung für die Geschichte der volkssprachlichen Mystik nicht erörtern. Sie galt seit Denifle als eigentlicher sozialgeschichtlicher Ort der deutschen Mystik, doch wurden in jüngster Zeit erhebliche Korrekturen an dieser alten Grundlegung des geschichtlichen Verständnisses der volkssprachlichen Mystik vorgenommen, Korrekturen, die die Sache als solche wie deren Bewertung betreffen.[9] Davon wird an geeigneter Stelle ausführlich die Rede sein.

Die Ausbildung einer Sondersprache der Mystik in den Volkssprachen, am faßbarsten in der deutschen, ist gewiß die Leistung sprachmächtiger Frauen und Prediger. Darüber hinaus sei die Frage erlaubt, ob der Volkssprache jener Jahrhunderte so etwas wie ein spiritueller Eigenwert zukomme.[10] Man sieht sich in diese Richtung geführt, wenn man von Schriften ausgeht, die keineswegs für Klosterfrauen, Klosterbrüder oder Laien schlechthin bestimmt waren. Ein Beispiel dafür sind die ‹Reden der unterscheidunge›, die Meister Eckhart als Seelenführer an die Novizen des Erfurter Dominikanerkonvents richtete, Novizen, deren Ausbildung sogar vorschriftsgemäß in Latein zu erfolgen hatte. Warum griff Eckhart auch hier zur Volkssprache? Darf man in der historischen Ausformung des Lateins und der deutschen Volkssprache eine Antwort suchen? Das Latein hatte sich, seit dem 12. Jahrhundert und vor allem im großen scholastischen 13. Jahrhundert, zwar zu einer perfekten und

---

[9] Heinrich Suso Denifle, Über die Anfänge der Predigtweise der deutschen Mystiker, in: Arch. f. Literatur- u. Kirchengesch. d. Mittelalters 2 (1886), S. 641–652; kritisch dazu: Heribert Christian Scheeben, Zur Biographie Johann Taulers, in: Johannes Tauler. Gedenkschrift zum 600. Todestag, hg. von P. Ephrem Filthaut, Essen 1961, S. 19–36, bes. S. 24–32; dieser Teil wieder abgedruckt in: K. Ruh (Hg.), Altdeutsche und altniederländische Mystik (WdF 23), Darmstadt 1964, S. 100–112; Ursula Peters, Religiöse Erfahrung als literarisches Faktum. Zur Vorgeschichte und Genese frauenmystischer Texte des 13. und 14. Jahrhunderts, Tübingen 1988, S. 9–13.

[10] Ich sprach früher, so ‹Vorbemerkungen› [Anm. 1], S. 361 und anderswo, im Anschluß an Alois M. Haas vom «Mehrwert» der Volkssprache, möchte aber nun den allzu technisch-ökonomischen Begriff durch «Eigenwert» ersetzen. Was die Sache selbst betrifft, so glaube ich mich zurückhaltender ausdrücken zu müssen als in meinen früheren Äußerungen.

differenzierten Gelehrtensprache entwickelt, schien aber (wenn wir das liturgische und paraliturgische Latein ausnehmen) nicht mehr oder nur in Ausnahmefällen in der Lage zu sein, Innovatorisches, Charismatisches, jenseits der üblichen Erfahrungswelt Liegendes auszudrücken. Dem kann entgegengehalten werden, daß es Bernhard von Clairvaux, etwa in den Hoheliedansprachen, durchaus vermochte. Aber «dachte» er wirklich Latein und nicht Französisch? Tatsache ist, daß die uns überlieferten Sermone literarische, im nachhinein ausgearbeitete und für die Verbreitung bestimmte Predigten sind. Daß die Ansprachen selbst vor einer Mönchsgemeinde, die zum größeren Teil aus Laienbrüdern bestand, auf französisch gehalten wurden, ist eine durchaus naheliegende These, und es spricht keineswegs gegen sie, daß sie bisher nur schüchtern in Erwägung gezogen wurde.[11] Das großartige Latein Bernhards könnte so aus dem Geiste der Volkssprache verstanden werden, die mehr als das literarisch fest gewordene Latein Möglichkeiten der Erweiterung, der Neubildung, der Überschreitung bisheriger Sprachgewohnheiten besaß. Meister Eckhart sagt im ‹Buch der göttlichen Tröstung›: «Man soll von großen und von hohen Dingen mit großen und hohen Sinnen sprechen und mit erhabener Seele».[12] Das war jedenfalls einem Eckhart nur in deutscher Sprache möglich. Doch bleibt es schwierig, diese These weiter zu verfolgen. Die Latinität des Mittelalters wurde nie auf breiter Basis untersucht,[13] und dem Einfluß der Volkssprachen auf das Latein wurden nur gelegentliche Hinweise gewidmet, wenn etwa vom Latein deutscher Gelehrter die Rede war. Es fehlt so zur eigentlichen Begründung des spirituellen Eigenwerts der volkssprachlichen Rede die philologische Basis.

Der Austausch zwischen Latein und Volkssprachen vollzieht sich auch auf der Ebene der Übersetzung. So wurden zahlreiche mystische oder der Mystik nahestehende Schriften des 12. Jahrhunderts, Bernhards von Clairvaux Hoheliedpredigten, Wilhelms von St. Thierry ‹Epistola ad Fratres de Monte Dei›, Hugos von St. Viktor ‹Soliloquium de arrha animae›, Richards von St. Viktor ‹Benjamin maior› und ‹Benjamin minor› ins Französische, Deutsche, Niederländische und Englische übertragen.[14] Interessanter ist der umgekehrte Vorgang: lateinische Versionen volks-

---

[11] Dazu K 8, 3.b; Gaston Salet/Anselm Hoste in der Introduction zur Edition der Sermones Isaacs de l'Étoile (SC 130), Paris 1967, S. 33 f.
[12] Meister Eckhart, Die deutschen Werke, hg. von Josef Quint, Bd. V, Stuttgart 1963, S. 60, 25–27.
[13] Die ausführlichste Darstellung des mittelalterlichen Lateins finde ich bei M.-Dominique Chenu, Das Werk des Hl. Thomas von Aquin (Die deutsche Thomas-Ausgabe. 2. Ergänzungsband), Heidelberg-Graz-Wien-Köln 1960, S. 108–137.
[14] Dazu ausführlicher und mit Belegen K. Ruh, ‹Vorbemerkungen› [Anm. 1], S. 356 f. Zum Folgenden ebd., S. 357 f.

sprachlicher Schriften der Mystik. Nicht, daß es sich um einen singulären Prozeß handelte: Schon früher, im Deutschen seit dem 9. Jahrhundert, wurden volkssprachliche Texte, namentlich erzählende Literatur, dem Latein anvertraut, und dies in nicht geringer Zahl. Hanns Fischer hat diesen Übersetzungen schon vor zwanzig Jahren den Charakter des Ungewöhnlichen genommen, indem er, völlig zu Recht, die deutsche Literatur im «Koordinatensystem des lateinischen Mittelalters» sah und so z. B. die Latinisierung deutscher Literatur im 10. und 11. Jahrhundert als «das natürliche Komplement zur Germanisierung lateinischer Literatur im 8. und 9. Jahrhundert» verstehen konnte.[15] Aber auch vor diesem Hintergrund verdient die Latinisierung volkssprachlicher Texte der Mystik unsere Aufmerksamkeit. Es handelt sich um Spitzenwerke der Gattung: Mechthilds von Magdeburg ‹Vom fließenden Lichte der Gottheit›, der ‹Miroir des simples âmes› der Marguerite Porete, sodann Predigten von Meister Eckhart und Johannes Tauler, Schriften von Heinrich Seuse, Jan van Ruusbroec und Hendrik Herp. Das Auswahlprinzip läßt den Anlaß der Latinisierung erkennen: Hochschätzung des spirituellen Wertes dieser Schriften und Bewahrung vor dem Zugriff der Laien wegen allzu freizügiger geistlicher Erotik oder wenig orthodoxer Formulierungen. Ein wohl ungewollter Nebeneffekt der lateinischen Versionen war, daß diese Texte anderen Volkssprachen vermittelt werden konnten, also wieder dort hingelangten, von wo sie ausgingen. Nur über lateinische Übersetzungen kam die deutsche und niederländische Mystik in die Romania.

Lehrreich ist auch das Nebeneinander einer volkssprachlichen und einer lateinischen Fassung desselben Autors. Bekannte Beispiele sind Davids von Augsburg ‹Sieben Staffeln des Gebetes› und Heinrich Seuses ‹Büchlein der ewigen Weisheit› (‹Horologium Sapientiae›).[16] Man sieht hier sehr schön, wie die Ausrichtung auf ein unterschiedliches Publikum, theologisch gebildete Leute einerseits, Nonnen und Laienbrüder andrerseits, die Texte verändert.

---

[15] Hanns FISCHER, Deutsche Literatur und lateinisches Mittelalter, in: Werk-Typ-Situation. Festschr. f. Hugo Kuhn, Stuttgart 1969, S. 1–19, zit. S. 2 und 5. – Zusammenstellungen nach dem heutigen Stand, auch Latinisierungen aus nichtdeutschen Volkssprachen bei Konrad KUNZE, Lateinische Adaptation mhd. Literatur, in: Überlieferungsgeschichtliche Editionen und Studien zur deutschen Literatur des Mittelalters, Festschr. Kurt Ruh, Tübingen 1989, S. 59–99, die Denkmälerlisten S. 60–64.

[16] Jacques HEERINCKX (Hg.), Le ‹Septem gradus orationis› de David d'Augsburg, RAM 14 (1933), S. 146–170; K. RUH, David von Augsburg: Die sieben Staffeln des Gebets (Kleine deutsche Prosadenkmäler des Mittelalters 1), München 1965. – ‹Büchlein der ewigen Weisheit›, in: Karl BIHLMEYER (Hg.), Heinrich Seuse, Deutsche Schriften, Stuttgart 1907, S. 196–325; Pius KÜNZLE (Hg.), Heinrich Seuses ‹Horologium sapientiae› (Spicilegium Friburgense 23), Freiburg/Schweiz 1977.

b) Ich sprach neben den Sprachen der Mystik auch von *der* Sprache der Mystik. Damit ist die Sondersprache mystischer Texte gemeint, die Gestaltwerdung mystischer Inhalte. Man denke etwa an die Terminologie der Gottesgeburt- oder Seelenfünkleinlehre, an die Bildsprache, die das Unsagbare oder schwer Sagbare zu vermitteln sucht, an Stilmittel wie die Apophase, Antithese, Steigerung, Hyperbel, Paradox und Tautologie, die freilich, als allgemeine Stilformen, erst in spezifischer Häufung und Anwendung Aussagekraft für die Sprache der Mystik gewinnen.

Erst in jüngster Zeit kam es zur Kritik dieses namentlich durch Josef Quint vertretenen Ansatzes, der die Sprache instrumental versteht, nämlich als – freilich unvollkommene – Möglichkeit, nichtsprachliche Erfahrung ins Wort zu bringen.[17] Aber ist mystische Erfahrung christlicher Prägung – von anderer soll hier nicht die Rede sein – wirklich ‹sprachlos›? Die großen Visionäre und Ekstatiker waren, wie wir noch sehen werden, anderer Meinung.

Sicher kann man beschreibend die Sprachgestalt mystischer Texte als «Sondersprache» ratifizieren und deren Eigenheiten auflisten. Dabei müßte aber doch deutlich gemacht werden, daß es sich nicht schlicht um rhetorische Phänomene handelt. So meint die mystische Antithese nicht die dialektische Figur, sondern das absolut Andere, und die mystische Metapher will nicht das Abstrakt-Gedankliche «veranschaulichen», vielmehr das Eigentliche evozieren. Natürlich gilt dies alles nur dort, wo die mystische Aussage unmittelbar zu sich selbst kommt. Daß diese Sprache im Gebrauch zur bloßen Rhetorik werden kann, versteht sich von selbst; auch die spezifisch poetische Sprache unterliegt bekanntlich diesem Prozeß.

Beschreibt man die Sprache der mystischen Texte, so muß man sie, sofern man ihre Spezifika erfassen will, von der Sprache der Scholastik abgrenzen. Schon im Blick auf das Korpus der Texte dieser Mystikgeschichte war von der «deutschen Scholastik» die Rede.[18] Im sprachlichen Aspekt ist die Grenzziehung schwieriger. Es ist nämlich die deutsche Scholastik mit ihrem ganzen Begriffsapparat als ausgesprochenes Fach-

---

[17] Die der Sprache der Mystik gewidmeten Beiträge sind äußerst zahlreich (eine Auswahl in ²VL2, Sp. 346f.). Josef QUINT vor allem in: Mystik und Sprache, Dt. Vjschr. 27 (1953), S. 48–76, wiederum in: K. RUH (Hg.), Altdeutsche und altniederländische Mystik (WdF 23), Darmstadt 1964, S. 113–151. Zur Kritik QUINTS vor allem Walter HAUG, Zur Grundlegung einer Theorie des mystischen Sprechens, in: Abendländische Mystik [Anm. 8], S. 494–508, 529–534. – Das Folgende formuliere ich zum Teil in Anlehnung an meinen Beitrag ‹Überlegungen und Beobachtungen zur Sprache der Mystik›, in: Brüder-Grimm-Symposion zur historischen Wortforschung, hg. von Reiner HILDEBRANDT/ Ulrich KNOOP, Berlin-New York 1986, S. 24–39.
[18] Nach dem heutigen Stand der Forschung gibt es nur eine deutsche, keine niederländische, englische, französische Scholastik.

idiom unübersehbar auch in der deutschen Mystik präsent, was sich dadurch erklärt, daß die mystischen Prediger als Theologen im Schulbetrieb der Generalstudien (Universitäten) ausgebildet wurden. Das gilt zwar nicht für die schreibenden und diktierenden Frauen, aber (in unserem Sinne) ungebildet waren sie keineswegs, auch wenn die hohe theologische Bildung der Hadewijch als Ausnahme zu gelten hat: Predigt, Liturgie, Tischvorlesungen, Seelsorgebelehrung ermöglichten einen hohen Stand theologischen Wissens und spiritueller Einsichten. So fehlt auch im Umkreis der Frauenmystik das scholastische Ferment keineswegs.

Es ist hier nicht der Ort, die scholastischen Bausteine in der Sprache der Mystik nachzuweisen. Es sind vor allem jene Bildungen, denen lateinische Muster zugrunde liegen, also Typen der Lehnübersetzung (*innascibilitas: ungebornheit, amabilitas: minnesamkeit* – bei Mechthild von Magdeburg! –, *substantia: understandunge, inspiritatio: inblasunge, ingeistunge*).[19] Quantitativ ist das scholastische Element in der Sprache der Mystik dominant. Es ist so die eigentliche mystische Sprachprägung von diesem auszugrenzen. Das ist eine Aufgabe, die noch gar nicht ernsthaft in Angriff genommen wurde;[20] es muß sich ja zuerst einmal die Einsicht durchsetzen, daß das, was man als *die* Sprache der Mystik bezeichnet und beschreibt, genaugenommen zu einem wesentlichen Teil scholastische Fachsprache ist.

c) Ist die Sprache der Mystik die Sprache der mystischen Texte, so verstehe ich unter der «mystischen Sprache» die eigentliche Aussageform mystischer Erfahrung. Darüber gibt es eindrucksvoll übereinstimmende Aussagen der mystischen Charismatiker. Schon Paulus hat sie festgehalten: Bei der Entrückung ins Paradies vernahm er «unsagbare Worte» (ἄρρητα ῥήματα, *arcana verba*), «die auszusprechen dem Menschen nicht ziemt» (2 Kor. 12,4). Dionysius Areopagita lehrte, daß im Aufstieg des Geistes, im mystischen *ascensus*, unsere Rede schrumpft und beim Unaussprechlichen (ἄφθεγκτος) endet (‹Mystica Theologia›, 3). Fast identisch formuliert Nikolaus von Kues: «Die mystische Theologie führt zur Leerheit und zum Schweigen:»[21] Bernhard von Clairvaux gesteht

[19] Siehe K. RUH, Bonaventura deutsch (Bibliotheca Germanica 7), Bern 1956, S. 78–90, 191–208.
[20] Hinweise bei K. RUH, ‹Überlegungen› [Anm. 17], S. 32 f. Ein früher, revisionsbedürftiger Modellfall: ders., Die trinitarische Spekulation in deutscher Mystik und Scholastik, Zs. f. dt. Philol. 72 (1953), S. 24–53, wiederum in: K. R., Kleine Schriften II, Berlin-New York 1984, S. 14–45.
[21] Zit. bei Alois M. HAAS, Geistliches Mittelalter (Dokimion 8), Freiburg/Schweiz 1984, S. 190.

zögernd, daß ihm die Erfahrung der Teilnahme am *Verbum* vergönnt
gewesen ist, allein «glaubst du, ich vermöchte auszusprechen, was unaussprechlich ist» (Hoheliedansprache 85,7). Hadewijch im *orewoet* findet
für ihre Einheit mit dem Wesen «kein Niederländisch und keinen
Begriff», die «himmlische Sprache» entzieht sich der menschlichen Rede
(17. Brief). Man glaubte aus solchen Äußerungen die Erkenntnis ableiten
zu dürfen, die eigentlich mystische Aussageweise sei das Schweigen. Das
ist indes nur richtig, wenn man dieses Schweigen als Korrelat der mystischen Rede versteht.[22] Hadewijch bezeichnete diese, wie soeben zitiert,
als «himmlische Sprache», Wilhelm von St. Thierry als «Sprache der
Engel» (‹De natura et dignitate amoris›, 51). Bernhard von Clairvaux
spricht davon, daß der Geist im göttlichen Wort (*Verbum*) mit der Seele
eine «eigene Sprache» ohne «sinnlich wahrnehmbare Laute» redet
(Hoheliedansprache 45,7). Meister Eckhart versteht im ‹Buch der göttlichen Tröstung› eben dies als Negation unserer Sprache: «Wer ohne vielfältige Begriffe, vielfältige Anschaulichkeit und Verbildlichungen [also
das, was unsere Menschensprache im Wesentlichen konstituiert] innerlich erkennt, was kein äußeres Sehen vermittelt hat, der weiß, daß dies
wahr ist.»[23] Am deutlichsten und umfassendsten spricht Augustinus von
der Rede in der Transzendenz, die sich äußerlich als Schweigen kundtut:
in der ‹Vision› von Ostia (Bekenntnisse IX 10).[24] Die Entrückung,
die ihm zusammen mit der Mutter Monnica zuteil wurde, versteht
er als «Rede», die radikal abgehoben wird von der Rede des Mundes
und dem abgegrenzten, der Dauer unterworfenen ‹Wort›. Man darf
diese im Aufstieg zum *idipsum* erfahrene Rede mit dem Schöpfungswort interpretieren, von dem Augustinus an späterer Stelle der ‹Bekenntnisse› (XI 7) handelt: Dieses wurde nicht «im Nacheinander» gesprochen, «das dem Gesprochenen ein Ende setzt», sondern «zugleich
und immerwährend» (*simul ac sempiterne*), «anders wäre ja Zeitfolge
darin und Wandel und nicht wahre Ewigkeit noch wahre Unvergänglichkeit».

Alle diese Aussagen stimmen darin überein, daß mystische Erfahrung,
sei es in der Ekstase, in der Vision, in der Berührung mit dem *Verbum*,
aber auch, obschon in den Zitaten nicht besonders angesprochen, in der
Liebesvereinigung, sich mitnichten außerhalb der Sprache vollzieht, viel-

---

[22] Dazu und zum Folgenden K. RUH, Das mystische Schweigen und die mystische
Rede, in: Festschr. f. Ingo Reiffenstein (Göppinger Arbeiten z. Germanistik 478), Göppin-
gen 1988, S. 463–472.
[23] Deutsche Werke V [Anm. 12], S. 60, 19–21.
[24] Eine ausführliche Analyse findet der Leser im Augustinus-Kapitel (K 2, 5. d).

mehr «selbst Medium der Erfahrung» ist.[25] Nur wird diese Sprache als Negation unserer Sprache, die der Zeit und der Sinnlichkeit unterworfen ist, wie Gott selber als das ganz Andere verstanden. Es darf so die mystische Sprache als Metasprache definiert werden.[26] In diesem Sinne sagte Johannes Tauler von Eckhart: «Er sprach aus der Ewigkeit.»[27] Wenn er hinzufügt: «Ihr vernehmt es in der Zeit», so ist damit das Problem angesprochen, wie diese Metasprache in der menschlichen Laut- und Begriffssprache eingeholt werden kann.

d) Denn das muß nun wohl das (zumeist unbewußte) Bemühen der Charismatiker gewesen sein, die ihre mystischen Erfahrungen, aus welchem Grunde auch immer, «bekennen» wollten. Das «Einholen» heißt im praktischen Sprachgebrauch Annähern. Die Mystikersprache ist unterwegs, auf dem Wege vom Vielen der Worte zum Einen der Aussage. Faßbar wird das etwa in der erstrebten Diaphanie der Sprache. Die Leser, besonders aber die Hörer, müssen sie als transparent empfunden haben. «Lauterkeit» war das dafür verwendete mhd. Wort, und es entspricht Gott, der als *lûter wesen, erste lûterkeit* verstanden wird, und dem Ziel der aufsteigenden Seele. Wie diese, so ist auch die mystische Sprache als im *transitus* zu verstehen. Sie bewegt sich von der Vielheit, dem Kategorialen und dem Zeitcharakter der menschlichen Sprache, hin zum *simul et semel* der Sprache, in der sich Gott den Seinigen offenbart.[28]

Den Begriff des *transitus* im ontologisch-theologischen Bezug verwenden Johannes Eriugena im 10., Bonaventura im 13. Jahrhundert. «*Transitus* betrifft sowohl den Hervorgang des Gottes in sich selbst und in der Welt (*processio*), als auch die Rückkehr (*reditus, reversio, restitutio in integrum, recapitulatio, adunatio*) des Geschaffenen in seinen Ursprung.»[29] Diese «Rückkehr» entspricht dem Sprachvollzug des Mystikers.

---

[25] HAUG [Anm. 17], S. 495. – Sucht man nach einem Verständnismodell, so bietet sich der Traum an, der in zahllosen Bildfolgen dem Subjekt vermittelt, was in der psychischen Wirklichkeit ein flüchtiger Augenblick ist, ein Filmband, das sich in Sekundenschnelle abrollt.

[26] Das dürfte auch Alois M. HAAS, Mystische Erfahrung und Sprache, in: Sermo mysticus (Dokimion 4), Freiburg/Schweiz 1979, S. 19–36 meinen, wenn er eine «sprachlose Erfahrung» ablehnt (S. 22 f.).

[27] Ferdinand VETTER (Hg.), Die Predigten Taulers (Deutsche Texte des Mittelalters 11), Berlin 1910, S. 69, 27.

[28] Im Hinblick auf die poetische Sprache, die der mystischen aufs engste verwandt ist, sieht Johannes ANDEREGG, Sprache und Verwandlung, Göttingen 1985, einen entsprechenden Prozeß. Er spricht vom «medialen Sprachgebrauch», der den «instrumentalen» hinter sich läßt, in der Verwandlung «transzendiert» und ein neues Zeichensystem zu stiften trachtet (S. 47–59).

[29] Werner BEIERWALTES, Sprache und Sache. Reflexionen zu Eriugenas Einschätzung und Funktion der Sprache, Zs. f. philos. Forschung 38 (1984), S. 338; s. auch ders., Aufstieg und Einung in Bonaventuras ‹Itinerarium›, in: W. B., Denken des Einen, Frankfurt a. M. 1985, S. 417–421.

Bleibt so die mystische Sprache für den Philologen unbeschreibbar? Im üblichen Sinne, im Kategorisieren, im Bezeichnen, auf den Begriff bringen, gewiß. Aber das metaphysische Modell, weit davon entfernt, nur theoretische Verbindlichkeit zu beanspruchen, hat seine hermeneutische Funktion: Es zeigt an, daß die mystische Sprache grundsätzlich, auch in ihren durchaus affirmativen Aussagen, uneigentlich, aber auf dem Wege zur Eigentlichkeit ist. «Wüste», um ein Beispiel zu geben, meint die Gottheit, aber nicht, um diese mit den Begriffen des Weiten, Unendlichen, Leeren zu «beschreiben», sondern um solche Prädikationen des Einen auf einen einzigen Begriff, bzw. ein Bild zu reduzieren, und spiegelt so ein Erkenntnisbild des Göttlichen. Selbst die, wie wir oben feststellten, der Sprachgebung der Scholastik zugehörigen, aber von den Mystikern fast überschwenglich verwendeten Abstracta können im *transitus* verstanden werden: Sie sind nämlich auf dem Wege von der Vielfalt konkreter Begriffe zur Eigentlichkeit ewiger Sprachbilder, sie abstrahieren das Viele zum Einen hin. Das meinte wohl Dionysius mit dem «Schrumpfen (συστέλλειν) der Rede». Auch die spezifisch mystischen, spontan entstandenen sprachlichen Neubildungen in Form und Bedeutung sind unter diesem Aspekt zu sehen.[30] Das metaphysische Modell ist so etwas wie ein Hägemonikon, ein leitendes Prinzip, dem sich die philologische Aussage anzuvertrauen hat. Der Ansatz einer «mystischen Sprache» setzt also nicht eine Sprachtheorie an die Stelle philologischer Untersuchungen. Sie veranlaßt den Philologen nur, die «Sprache der Mystik» unter anderen Voraussetzungen zu betrachten.

4. Ich unterschied die Sprache der Mystik als Sprache mystischer Texte in ihren spezifischen Ausformungen von der «mystischen Sprache». Diese kann nun auch als Metasprache, die jenseits der Worte und Bilder liegt, dazu dienen, den Begriff des Mystischen sozusagen an der Wurzel zu fassen. Jene «Erfahrung», auf die sich die großen Mystiker berufen, ist eine Erfahrung in der Transzendenz, ist *cognitio experimentalis Dei,* die sich in der Entrückung (*raptus, excessus mentis*), in der Schau (*visio, contemplatio Dei*), im *transitus,* in der Ekstase der Liebe ereignet: Das sind nur die häufigsten Formen eines als außerordentlicher Gnadenerweis verstandenen Zustandes des «Außersichseins», vielfach noch als *tremendum* erlebt, aber auch als Empfinden himmlischer Glückseligkeit, als Einstrom übersinnlicher Erkenntnisse. Nur in diesem Proprium ist der Begriff des Mystischen anwendbar.

Nun gibt es indes kaum einen Text, der nur dieses Eine auszusprechen versucht. Mystisches Schrifttum umschließt mit dem Ziel auch den Weg.

---

[30] Einige Beispiele bei K. RUH, ‹Vorbemerkungen› [Anm. 1], S. 361 f.

Es sind ihrer viele, und sie werden als Stufen, Grade, Wege charakterisiert. Nur einige Grundtypen seien angesprochen, die immer wieder abgewandelt werden: des Dionysius Areopagita Stufen der Reinigung, Erleuchtung und Vollendung (Einigung), die ‹Scala paradisi› des Johannes Klimakos, der Weg vom Nachdenken (*cogitatio*) über die Meditation zur Kontemplation Hugos von St. Viktor, vielfach variiert und durch die Stufe des Gebets erweitert, das ‹Itinerarium mentis in Deum› Bonaventuras, sodann die Grade der Liebe, besonders im 12. Jahrhundert ausgeformt: durch Bernhard von Clairvaux, Wilhelm von St. Thierry, Hugo und Richard von St. Viktor, um nur die größten Liebesmystiker zu nennen. Wir sind hier überall erst im Vorfeld der Mystik, jedoch in einem geistigen Raum, der sich immer wieder zu ihrem innersten Bezirk öffnet. Er kann aber auch ausgespart werden, etwa im Blick auf eine bestimmte Leser- und Hörerschaft, oder sich auf das mehr Atmosphärische beschränken. Damit sind wir wiederum bei der Frage des Korpus angelangt, das dieser geschichtlichen Darstellung zugrunde liegen soll. Der genauere Blick auf die Inhalte bestätigt, was sich zunächst von der Tradition her empfahl: Offenheit gegenüber den «Texten der Mystik» – bei gleichzeitig strenger, d. h. auf das Eigentliche mystischer Erfahrung beschränkter Verwendung des Begriffes ‹mystisch›.

Mein Mystik-Verständnis ist ein Vorverständnis, um den Weg zu den Texten zu finden – kein Schlüssel zur Textinterpretation, was Kurt Flasch nicht ganz zu Unrecht einem Großteil der germanistischen Mystikforschung unterstellt.[31] Ich weiß auch mit Flasch, daß ‹Mystik› in geschichtlicher Darstellung wie alle epochalen Benennungen nur ein – freilich notwendiges – historiographisches Schema ist. Was ‹Mystik› *ist,* erweist sich immer erst am konkreten Text. Es ist diese Einsicht, die zum methodischen Leitbild dieser Darstellung, der primären Orientierung an den Texten, geführt hat.

5. Eine «Geschichte» gehört zum Werktypus «Darstellung». Wilhelm Preger, im Bewußtsein, seine Darstellung stark mit Untersuchungen belastet zu haben, meinte im Vorwort, ein «späterer Bearbeiter» würde «leichter die kritische Werkstatt außerhalb des Baues aufschlagen können».[32] Diese Prognose habe ich schon immer bezweifelt und tue es nach einschlägiger Erfahrung mit noch größerem Nachdruck. Nicht nur, daß Forschung nie zu ihrem Ende kommt, vielmehr erfordert eine Dar-

---

[31] Kurt Flasch, Meister Eckhart und die ‹Deutsche Mystik›. Zur Kritik eines historiographischen Schemas, in: Olaf Pluta (Hg.), Die Philosophie im 14. und 15. Jahrhundert, Amsterdam 1988 (Bochumer Stud. z. Philos. 10), S. 439–463, bes. 442–446; 458.

[32] Wilhelm Preger, Geschichte der deutschen Mystik im Mittelalter I, Leipzig 1874, S. IV.

stellung, die wissenschaftlichen Rang beansprucht, grundsätzlich eigene «Untersuchungen», und dies nicht nur «außerhalb des Baues», das heißt in besonderen Beiträgen, vielmehr als integrierende Elemente der Darstellung selbst. Man wird ihnen in diesem Buch immer wieder begegnen.

Das führt zu einigen Bemerkungen zur technischen Einrichtung dieser Mystik-Geschichte.

Von selbst empfahl sich die Großgliederung in ‹Teile›, die größere geschichtliche Einheiten umspannen. Die ‹Kapitel›, einzelnen Persönlichkeiten, Gruppierungen oder spezifischen Ausformungen gewidmet, sind ihre größten Bauelemente; ich habe sie durchgezählt, um sie als primäre Verweiselemente einsetzen zu können (K 1...). Die Untergliederungen richten sich nach Bedarf und tragen bei geschlossener Thematik Titel.

Abkürzungsverzeichnisse stehen zu Beginn der einzelnen Teile. Es waren so mannigfaltige Wiederholungen nicht zu vermeiden, aber die schnellere Verwendbarkeit spricht für sie. Nur wenige Werk- und Schriftenreihen, Lexika und eine einzige Zeitschrift habe ich dem Gesamtwerk vorangestellt; die meisten Leser bedürfen ihrer nicht. Die üblichen Abkürzungen der Zeitschriften und Jahrbücher habe ich, da sie fast immer nur dem Fachspezialisten geläufig sind, vermieden und durch leicht auflösbare Abbreviaturen ersetzt.

Alle Textzitate gebe ich in unserer Sprache wieder, vielfach mit Einfügung von Grundbegriffen der Originalsprachen. Dankbar bediente ich mich der vorhandenen Übersetzungen, jedoch immer mit Änderungen, wo sie mein Textverständnis und Stilgefühl erforderten.

*Erster Teil*

# Die Grundlegung
# der abendländischen Mystik
# in der Patristik

# Abgekürzte Literatur

Tauler, VETTER Nr.    Die Predigten Taulers, hg. von Ferdinand VETTER (Deutsche Texte des Mittelalters 11), Berlin 1910.

BUTLER, Mysticism    Cuthbert BUTLER, Western Mysticism. The Teaching of SS. Augustine, Gregory and Bernard on Contemplation and the Contemplative Life, London-Bombay-Sydney 1922.

BARDENHEWER, Altkirchl. Lit.    Otto BARDENHEWER, Geschichte der altkirchlichen Literatur IV, Freiburg i. Br. 1924.

Meister Eckhart, LW    Die lateinischen Werke I–V, hg. von Josef KOCH, Konrad WEISS u. a., Stuttgart 1936 ff.

Meister Eckhart, DW    Die deutschen Werke I–III, V, hg. von Josef QUINT, Stuttgart 1936–1976.

VILLER/RAHNER, Väterzeit    Marcel VILLER/Karl RAHNER, Aszese und Mystik in der Väterzeit, Freiburg i. Br. 1939.

MIETH, Vit. act./cont.    Dietmar MIETH, Die Einheit von vita activa und vita contemplativa in den deutschen Predigten und Traktaten Meister Eckharts und bei Johannes Tauler (Stud. z. Gesch. d. kath. Moraltheol. 15), Regensburg 1969.

BEIERWALTES, Denken des Einen    Werner BEIERWALTES, Denken des Einen. Studien zur neuplatonischen Philosophie und ihrer Wirkungsgeschichte, Frankfurt a. M. 1985.

**BUCHHANDLUNG GASTL**

Bernhard McGinn

# Die Mystik im Abendland

Band 1: Ursprünge
Freiburg: Herder, September 1994
Ca. 576 Seiten, geb. mit Schutzumschlag
*Subskriptionspreis bei Abnahme der vier Bände des Gesamtwerks*

ca. DM 128.00
ca. DM 98.00

Die Mystik, seit einigen Jahren ins öffentliche theologisch-kirchliche Interesse gerückt, ist nach wie vor umgeben vom Anschein des Geheimnisvollen, Unergründlichen und Beliebigen. Dringend nötig ist eine systematische und historische Klärung dieses Phänomens. Mit seiner groß angelegten Geschichte der abendländischen Mystik schließt der in Chicago lehrende Wissenschaftler diese theologie- und kulturgeschichtliche Lücke. Im ersten Band werden die historischen Ursprünge im Hellenismus und im Judentum ausgegraben und die unterschiedlichen Metamorphosen mystischer Lebensführung in der Alten Kirche verfolgt. Das Gesamtwerk wird voraussichtlich bis 1996 abgeschlossen sein.

*Erstes Kapitel*

# Dionysius Areopagita[*]

*Maximus ille divinorum scrutator*
(Nikolaus von Kues, De docta ignorantia I 16)

Nach tausend Jahren Glanz und Ruhm wurden Dionysius Areopagita und seine Schriften seit Beginn der Neuzeit zum wissenschaftlichen Rätsel, ja für viele zum Ärgernis. Dieses besteht in der Tatsache, daß sich der Verfasser, der gegen Ende des 5. Jahrhunderts gelebt haben muß, als jener Dionysius, «einer aus dem Rat» (*Areopagita*) (Apost. 17,34), ausgibt, der durch die Rede des Paulus auf dem Areopag in Athen diesem (in der Sprache der Lutherbibel) «anhieng» und «gläubig» wurde. Wer den literarischen Betrug betonen will, spricht von Pseudo-Dionysius-Areopagita; korrekt wäre Dionysius Pseudo-Areopagita. Das «Rätsel» aber besteht darin, daß die Schriften eines «Fälschers» (wie er, ich meine: mißverständlich, immer wieder apostrophiert wird), dessen neuplatonische Herkunft und gelegentlich zweifelhafte Christologie nicht zu übersehen waren, das ganze Mittelalter hindurch einen Einfluß ohnegleichen auszuüben vermochten, vergleichbar mit demjenigen Augustins oder Gregors des Großen.

Aber sind Mystifikation und Fiktion, zeitgeschichtlich betrachtet, wirklich ein Ärgernis, das den Autor in Mißkredit bringen muß, und der grenzenlose Erfolg von der Sache, das heißt von den Texten, her ungerechtfertigt und deshalb rätselhaft? Darüber wird zu handeln sein. Vorwegnehmen aber möchte ich die persönliche Erfahrung: Der Leser, der, aus welchem Grunde auch immer, bewußt oder unwissend, die geschichtlichen Bedingtheiten der dionysischen Schriften auf sich beruhen läßt, ist sicher heute noch bereit, mit dem Cusanus bewundernd auszusprechen: *Maximus ille divinorum scrutator.*

---

[*] Das vorliegende Dionysius-Kapitel habe ich mit wenigen Änderungen vorabgedruckt in: K. RUH, Die mystische Gotteslehre des Dionysius Areopagita, S. B. d. Bayer. Akad. d. Wissensch., Philos.-hist. Kl. 1987, Heft 2. – Wenn ich mit Dionysius beginne, so verstoße ich offensichtlich gegen die Chronologie: Augustinus geht ihm fast um ein Jahrhundert voran. Ich tat es, weil Dionysius der erste und entscheidende Ausgangspunkt für die mittelalterliche Mystik ist. Seine Wirkung beginnt bereits im 9. Jahrhundert, während Augustins Ansätze zu mystischer Spiritualität erst im 12. Jahrhundert fruchtbar werden. Auch wollte ich die Reihe der lateinischen Väter nicht durch einen Griechen, den sie nicht kannten, unterbrechen.

## Bibliographische Hinweise

*Ausgaben:*
PG 3 mit der lateinischen Übertragung des Balthasar Cordier S. J. (1634). — Denys l'Aréopagite, La hiérarchie céleste. Introduction par René ROQUES, étude et texte critique par Günther HEIL, traduction et notes par Maurice DE GANDILLAC (SC 58 bis), Paris ²1970. — Maßgebliche lateinische Übersetzungen des Mittelalters durch Abt Hilduin von Saint-Denys (832), Johannes Scotus Eriugena (ca. 867) in PL 122, Sp. 1023–1194, Johannes Sarracenus (ca. 1167). Diese und spätere Übertragungen in Synopse mit dem griechischen Text bei: Philippe CHEVALLIER (Hg.), Dionysiaca I/II. Recueil donnant l'ensemble des traductions latines des ouvrages attribués au Denys de l'Aréopag, Brügge-Paris 1937/1950.

*Übersetzungen:*
*Deutsch:* Joseph STIGLMAYR, Die beiden Hierarchien (gekürzt) (Bibl. d. Kirchenväter), Kempten-München 1911. — ders., Die göttlichen Namen, München 1933. — Walter TRITSCH, Dionysius Areopagita: Die Hierarchien der Engel und der Kirche. Mystische Theologie und andere Schriften (Weisheitsbücher der Menschheit), 2 Bde., München-Planegg 1955/1956. — Endre VON IVÁNKA, Dionysius Areopagita. Von den Namen zum Unnennbaren [Auswahl] (Sigillum 7), Einsiedeln o. J.
*Französisch:* Maurice DE GANDILLAC, Œuvres complètes du Pseudo-Denys l'Aréopagite (Bibliothèque Philosophique), Paris 1943 [mit einer wertvollen Introduction, S. 7–64].
*Englisch:* John PARKER, The Works of Dionysius the Areopagite, now first translated, London-Oxford 1897.
*Italienisch:* Piero SCAZZOSO/E. BELLINI, Dionigi Areopagita. Tutte le opere, Mailand 1981.
*Weitere Ausgaben und Übertragungen:* DAM 3 (1957), Sp. 263 f.
*Hilfsmittel:* Balthasaris Corderii Onomasticum Dionysianum [griech. Begriffe]: PG 3, Sp. 1133–1176. — Nomenclature des formes les plus intéressantes des traductions latines: Chevallier (Hg.), Dionysiaca (s. o.) I, S. CLXIX-CCXLIX; Index complète de la langue grecque du Pseudo-Aréopagite, Dionysiaca II, S. 1585–1656. — Albert VAN DEN DAELE, Indices Pseudo-Dionysiani (Recueil de travaux d'histoire et de philologie 3ᵐᵉ série, 3ᵐᵉ fasc.), Louvain 1941 [Index verborum, nominum, locorum].
*Lexikonartikel:* DAM III (1957), Sp. 244–428 (René ROQUES/André RAYEZ); ergänzend: DAM II (1953), Sp. 1885–1911 ‹Contemplation, extase et ténèbre chez le Pseudo-Denys› (René ROQUES). — TRE VIII (1981), S. 772–780 (Gerard O'DALY). — Die einzelnen Werke werden wie üblich mit ihren abendländisch-lateinischen Titeln zitiert: CH: De caelesti hierarchia; EH: De ecclesiastica hierarchia; DN: De divinis nominibus; MTh: De mystica; theologia; Ep I–X: Epistolae. — Die Kapitelzahl steht in römischen, die Abschnittzahl in arabischen Ziffern. — Das Gesamtwerk, Corpus Dionysiacum, wird mit CD abgekürzt.

## 1. Der Autor und die dionysische Frage

*Forschungsliteratur*

Franz HIPLER, Dionysius, der Areopagite. Untersuchungen über Aechtheit und Glaubwürdigkeit der unter diesem Namen vorhandenen Schriften, Regensburg

1861. — Joseph LANGEN, Die Schule des Hierotheus, Revue Internationale de Théologie I (1893), S. 590–609; 2 (1894), S. 28–46. — Joseph STIGLMAYR, Dionysius Areopagita und Severus von Antiochien, Scholastik 3 (1928), S. 1–27; 161–189. — Ders., Um eine Ehrenrettung des Severus von Antiochien, Scholastik 7 (1932), S. 52–67. — Jean LEBON, Le pseudo-Denys l'Aréopagite et Sévère d'Antioche, Revue d'Histoire Ecclésiastique 26 (1930), S. 880–915. — Ders., Encore le pseudo-Denys l'Aréopagite et Sévère d'Antioche, ebd. 28 (1932), S. 296–313. — Ceslas PERA, Denys le mystique et la θεομαχία, Revue des sciences philosophiques et théologiques 25 (1936), S. 5–75. — Eugenio CORSINI, La questione areopagitica. Contributi alla cronologia dello Pseudo-Dionigi, in: Atti della Accademia delle Scienze di Torino, II. Classe di Scienze Morali, Storiche e Filologiche, Bd. 93 (1958/59), Turin 1959, S. 128–227. — Rudolf (Utto) RIEDINGER, Pseudo-Dionysius Areopagites, Pseudo-Kaisarios und die Akoimeten, Byzant. Zs. 52 (1959), S. 276–296. — Ders., Petros der Walker von Antiocheia als Verfasser der pseudo-dionysischen Schriften, Salzburger Jb. f. Philos. 5/6 (1961/62) Festschr. f. Albert Auer OSB), S. 135–156. — Ders., Der Verfasser der pseudo-dionysischen Schriften, Zs. f. Kirchengesch. 54 (1964), S. 146–152. — Piero SCAZZOSO, Considerazioni metodologiche sulla ricerca pseudo-Dionysiana a proposito della recente identificazione dello pseudo-Dionigi con Pietro il Fullone da parte di Utto Riedinger, Aevum 34 (1960), S. 139–147. — Urs VON BALTHASAR, Herrlichkeit. Eine theologische Ästhetik. 2. Bd. Fächer der Stile, Einsiedeln 1962, S. 147–214.

a) Erstmals werden die dionysischen Schriften im Glaubensgespräch von Konstantinopel 533 genannt, und zwar, wie es scheint, als Schützenhilfe für die gemäßigten Verfechter der Einnaturenlehre (Monophysitismus) im Sinne des Severus von Antiochien, vielleicht von diesem selbst ins Gespräch gebracht.[1] Man darf annehmen, daß zu dieser Zeit der Verfasser nicht mehr lebte. Für die Anfänge gilt 476 als ein Leitdatum: In diesem Jahr führte Petrus Fullo(n) (der Walker) den Credo-Gesang in der Meßliturgie ein, den eine Stelle in c. III der EH (425 C) vorauszusetzen scheint. Ist die EH, wie mit guten Gründen dargetan wurde, die letzte Schrift des Dionysius, so darf der Anfang seines literarischen Schaffens vor 476 angenommen werden. Auch der Tod des Proklos im Jahre 485 ist kein terminus a quo. Es sind zu allen Zeiten lebende Autoren literarisch ausgewertet worden; im Mittelalter galt nur die merkwürdige Regel, sie in diesem Falle nicht zu nennen. Proklos' Schrift ‹De malorum subsistentia›, die vor 440 datiert wird, bestimmt indes die frühest mögliche Datierung von DN, das mußmaßlich erste der vier Hauptwerke.[2] Aber so weit wird man im Hinblick auf eine wahrscheinliche

[1] Dieses Datum kann durch einen Brief des Severus von Antiochien an Johannes Higoumenos (Vorsteher), in dem aus dionysischen Schriften zitiert wird, nicht wesentlich zurückgenommen werden: er wird auf 510 oder 532 datiert (s. DAM III, Sp. 249).
[2] Damit setze ich voraus, daß Dionysius Proklos' Werk gekannt hat, zunächst, wie KOCH und STIGLMAYR gleichzeitig nachgewiesen haben, die nur lateinisch überlieferte

EH-Datierung (nach 476) nicht zurückgehen wollen. Die 2. Jahrhunderthälfte darf als der weiteste Zeitraum für die Schaffenszeit des Dionysius
gelten, das letzte Drittel als die wahrscheinlichste.

Unter den zahlreichen Versuchen einer Identifizierung erfreute sich diejenige von
Joseph Stiglmayr, der in Dionysius den Patriarchen von Antiochien (512–518),
Severus, Haupt der gemäßigten Monophysiten zu erblicken glaubte, einer breiteren
Zustimmung – obschon sie Lebon in einer sachlich und methodisch glänzenden
Abhandlung stringent widerlegt hat.[3]

Die von Stiglmayr nachgewiesene gemeinsame Doktrin, eine Christologie, die,
um vorsichtig zu formulieren, die Einnaturenlehre nicht ausschließt (Ep IV) – eine
apart formulierte Lehre vom Ausgang des Hl. Geistes neben allgemeinen Berührungen, die nichts beweisen können –, betrifft nur einen kleinen Bruchteil des dionysischen Corpus und läßt die Hauptmasse der Schriften und mit ihr den neuplatonischen Einschlag völlig außer Acht. Daß Severus dem Neuplatonismus wie der
Mystik fernsteht, ist unbestreitbar. Was aber bedeuten Gemeinsamkeiten, wenn
wahrscheinlich zu machen ist, daß Severus das CD gekannt hat?[4]

Was die Übereinstimmungen in biographischen Daten betrifft, so wird da unab-
läßlich auf Sand gebaut, weil es nur eine Lebensgeschichte des Severus, keine des
Dionysius gibt. Diese besteht allenfalls aus wenigen persönlichen Anspielungen im
Werk, die immer erst zu ‹sprechen› beginnen, wenn man sie auf konkrete Daten
einer historischen Persönlichkeit bezieht. So geht es dem Leser mit den Gleichungen
Hierotheus – Evagrius und Timotheus – Petrus von Cäsarea.[5] Denkt man sich die
Bezugsperson weg, bleiben sie völlig unverbindlich. Vor allem aber setzt die Identi-

Schrift ‹De malorum subsistentia›, die DN IV 18–35 referiert wird, aber auch andere und
spezifischere proklitische Vorstellungen und Begriffe. Der Versuch, Proklos auszuschalten,
um damit die dionysischen Schriften ein Jahrhundert früher ansetzen zu können, wo sie
angeblich theologisch und kirchenpolitisch besser angesiedelt seien als vor 500, bleibt
trotz kluger Darlegungen ein aussichtsloses Unterfangen (s. DAM III 252 f.). Nicht zu
übersehen ist freilich die frappante stilistische Sonderstellung von IV 18–35 über das
Übel, eindrucksvoll zuletzt aufgezeigt von SCAZZOSO, Ricerche (s. Lit. zu 2.), S. 77–79.
Doch hängt der Proklismus, wie besonders CORSINI, Il trattato ‹De divinis nominibus›
(s. Lit. zu 2.) darzutun vermochte, keineswegs an diesem Paradebeispiel der Proklos-
Rezeption. – Das Henotikon (Einigungsformel) des Kaisers Zenon i. J. 482 ist nur ein
Datum für die Dionysius-Chronologie, wenn man diesen mit Severus von Antiochien
gleichsetzt (s. u.).

[3] STIGLMAYR 1928, LEBON 1930; die schwächliche Entgegnung STIGLMAYRs (1932)
widerlegte LEBON (1932) in schnellem Gegenzug.

[4] Vgl. die drei Dionysius-Zitate, die STIGLMAYR (1928), S. 175–178 bespricht (kritisch
dazu LEBON, (1930) S. 892 ff.). Nach STIGLMAYR hat Severus damit «die eigene Fälschung
literarisch ausgespielt» (S. 178). Naheliegender bleibt, daß Severus die dionysischen
Schriften entdeckt und, wohl als erster, propagiert hat. Das bezeugt sein Freund und Biograph Zacharias (STIGLMAYR, S. 25) und bestätigt der – mißlungene – Versuch des Severus
oder seiner Anhänger, Dionysius als theologische Autorität der Apostelzeit auf dem kon-
stantinopolitanischen Religionsgespräch i. J. 533 zur Geltung zu bringen.

[5] STIGLMAYR (1928), S. 11–13; dazu LEBON (1930), S. 903. – Dasselbe gilt von der
Gleichung Hierotheus = Basilios der Große durch PERA, S. 75.

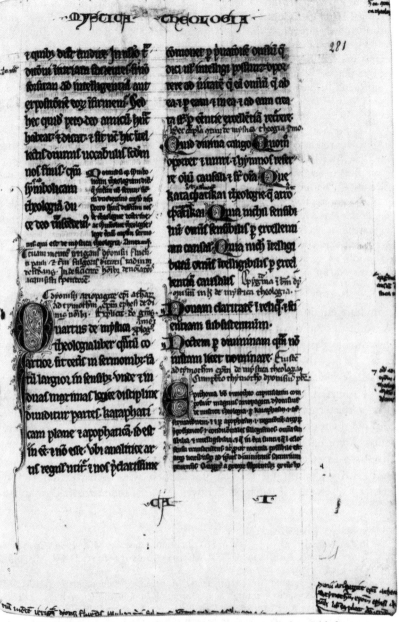

Blatt 281ʳ aus dem ‹Pariser Corpus Dionysiacum› mit dem Schluß von
‹De divinis nominibus› und dem Beginn der ‹Mystica theologia›.
Paris, Bibliothèque Nationale, Ms. lat. 17 341, 13. Jahrhundert.

fizierung des Verfassers der Dionysiaca mit Severus ein Charakterbild voraus («rücksichtlose Härte und listige Verschlagenheit»),[6] das demjenigen, das die dionysischen Schriften mit ihrem moralischen Tenor und religiösen Ernst vermitteln, völlig widerspricht. Auch ist die sehr gezielte «Fälschung», wie sie Stiglmayr sieht, unvereinbar mit den theologischen und spirituellen Zielen des Autors Dionysius.

Der jüngste Versuch einer Identifizierung mit einer historischen Persönlichkeit, von Rudolf Riedinger, knüpft an eine Zuschreibung des frühen 18. Jahrhunderts an: durch Michael Lequien (1712).[7] Danach ist Dionysius jener Petrus Fullo(n),[8] den wir bereits als Erneuerer der Liturgie namhaft machten. Er war, wie Severus, Patriarch von Antiochien, mehrmals, aber immer nur für kurze Zeit (471, 476–477, 485–488), weil er zweimal vertrieben wurde und wieder zurückkehrte. Diese Daten und sein Todesjahr 488 passen zur Zeitspanne, die wir oben für die Entstehung der dionysischen Schriften wahrscheinlich gemacht haben, sowie zum Umstand, daß Severus, ein Nachfolger im Amt, diese Schriften kennenlernte und bekanntmachte. Riedinger stellt als bewiesen hin (1958, S. 291 ff.), daß Petrus der Walker Schüler des Proklos gewesen ist. Genau das wäre der springende Punkt der These. Es ist indes ein erschlossenes Lebensdatum, in keiner Quelle ist davon die Rede. Wieder einmal suggeriert eine Gleichsetzung Vorstellungen, die die dionysischen Schriften als solche nicht im geringsten nahelegen. Auch das Persönlichkeitsbild, ähnlich wie bei Severus, scheint unvereinbar mit dem Verfasser des dionysischen Corpus.[9]

b) Seit Beginn des wissenschaftlichen Zeitalters stehen wir literarischen Fälschungen und Maskeraden verständnislos gegenüber, und mit dem Verdikt des Autors geht Hand in Hand die Abwertung des Werks. Ein lehrreiches Beispiel in der Geschichte der deutschen Literatur des Mittelalters ist die Abwertung des ‹Jüngeren Titurel›, nachdem sich die Verfasserschaft Wolframs von Eschenbach als fingierte herausgestellt hat;[10] erst in den letzten Jahrzehnten hat sich eine Interpretation durchgesetzt, die der Verfasserschaftsfrage keine Relevanz bei der Analyse und Wertung des Werks mehr zuerkennt. Entsprechend liegen die Dinge bei Dionysius Areopagita. Abgesehen von einer spirituellen Tradition mit mystisch-aszetischen Interessen, die den seit den Tagen des Lorenzo Valla im 15. Jahrhundert bekannten neuen wissenschaftlichen Befund einfach übersah, z. T. auch schlichtweg bestritt, indem man das Abhän-

---

[6] STIGLMAYR (1928), S. 4.

[7] In den Prolegomena seiner Johannes-Damascenus-Ausgabe, MG 94, Sp. 299–301.

[8] Über ihn außer RIEDINGER: DThC XII (1935), Sp. 1933–1935; DAM XII (1985), Sp. 1588–1590.

[9] Die Gegner nennen ihn «ehrgeizig», «intrigant», «unbeständig» (DAM XII, Sp. 1590). RIEDINGER selbst vermittelt kein günstiges Bild: s. Petros der Walker, S. 154 f.

[10] Vgl. vor allem Karl LACHMANNs Urteil, Kleinere Schriften I, Berlin 1876, S. 353 f., und Werner SCHRÖDER, Wolfram-Nachfolge im ‹Jüngeren Titurel›. Devotion oder Arroganz, Frankfurt a. M. 1982. – Im Umkreis der deutschsprachigen Mystik kann an die Gottesfreund-im-Oberland-Fiktion Rulmann Merswins erinnert werden. Doch spielt hier das Problem der Wertung keine Rolle.

gigkeitsverhältnis Proklos – Dionysius umkehrt, hat die Wissenschaft den Autor nicht nur als «Fälscher» moralisch stigmatisiert, sondern auch sein Werk theologisch, spirituell und formal abgewertet. Entschieden, wenn auch nicht immer expressis verbis, wird die Meinung vertreten, der geborgte Nimbus des Apostelschülers allein hätte dem Dionysius zu Ruhm und Nachfolge verholfen. Das klingt heute noch nach, obschon seit der Jahrhundertmitte sich schrittweise eine unbefangenere Betrachtungsweise Geltung verschafft hat.

Man muß immerhin noch heute der Vorstellung entgegentreten, Dionysius hätte seine Mystifikation als Aposteljünger mit Konstanz und unentwegter Vorsätzlichkeit betrieben.[11] Zwar sind alle Traktate an Timotheus gerichtet, den er unmittelbar anspricht: mit «Du», selten mit Namen (DN I 8; MTh I 1), auch gelegentlich mit «Freund» (DN I 1; EH, Epilog) oder «Sohn» (CH II 5); einmal, überraschenderweise, als «Kind» (EH, Epilog). Der Autor meint mit dem Adressaten sicher den Mitarbeiter und «Sohn im Glauben» (1 Tim. 1,2) des Apostels Paulus, der zwei Briefe an ihn gerichtet hat, er sagt es aber ausdrücklich nirgendwo, so wenig er sich als der zum Christentum bekehrte Athener Ratsherr ausgibt. Dionysius «Areopagita» vermitteln einzig die Titel der überlieferten Schriften, die der Verfasser sicher nicht zu verantworten hat; in den Widmungen (CH, EH, DN) nennt er sich unverfänglich «Dionysius Presbyter». Aber auch in den Texten selbst ist die Paulus-Zeit kaum vergegenwärtigt. Von den Nennungen des Apostels in DN II 11; III 2; IV 13; VIII 6 sind die zwei letztgenannten schlichte Zitate aus den Briefen, in EH II 1 wird Paulus «mein gepriesener geistlicher Führer» genannt, in DN II 11 rühmt der Verfasser Paulus als «Kenner der göttlichen Wirklichkeit» und «Licht der Welt», dazu als den gemeinsamen «Lehrer» von Hierotheus und ihm selbst (677 A). Bedenkt man, daß man einen Apostel immer als διδάσκαλος ansprechen kann und Hierotheus (von dem gleich die Rede sein wird) kein bezeugter Apostelschüler ist, so hat auch diese Stelle nicht als eigentlicher Fiktionsbeweis zu gelten. Eben dies gilt für DN VII 1 und geht aus DN III 2 hervor. Unverfänglich ist auch die Nennung des «heiligen Justus», des Barnabas der Apostelgeschichte (DN XI 1).

---

[11] Sehr energisch widersprach diesem Vorurteil bereits HIPLER, wie schon der Untertitel verrät: s. bes. S. 11 ff., 107 ff.; s. auch VON BALTHASAR, S. 151 ff. Nicht zu folgen vermag ich freilich seiner Ansicht, die Areopagiten-Rolle gehöre zur «spezifisch dionysischen Demut und Mystik, die als Person völlig verschwinden muß und will, um rein als göttlicher Auftrag, dort aber mit aller Kraft, zu leben, die Person (wie in den dionysischen Hierarchien) schlechterdings in der Taxis und Funktion aufgehen zu lassen …» Diesem Ziel dient die Anonymität, nicht die Maske eines andern.

Alle diese Zitate können nicht als Vortäuschung apostolischer Zeitgenossenschaft in Anspruch genommen werden. Das gilt erst von der Schilderung einer Versammlung in DN III 2, an der er und Hierotheus teilgenommen hätten. «Unter den Anwesenden befanden sich auch Jakobus, der Bruder des Herrn, und Petrus» (681 D). In DN VI 2 wird mit einiger Wahrscheinlichkeit Simon (Magus) aus Apostelgeschichte 8, 9 ff., vor dem gewarnt wird, wie ein Zeitgenosse genannt. Aber das ist schon alles (läßt man die Briefe, die besonders betrachtet werden müssen, außer Sicht), und es findet sich in einer einzigen Schrift. Da DN als erstes Werk des dionysischen Schriftenbündels gilt, drängt sich der Gedanke auf, der Verfasser hätte zunächst mit der Maske des Aposteljüngers gespielt, sie jedoch später fallengelassen.

Die Autormaske lag besonders nahe, wenn er Dionysius geheißen hat. Muß schon der Name zur Fiktion gehören? Selten war er keineswegs. Allein das kleine ‹Tusculum Lexikon› nennt außer dem Areopagiten fünf Schriftsteller dieses Namens in den ersten Jahrhunderten der christlichen Zeitrechnung. Auch ein Christ ist dabei, Dionysius Exiguus, unserm Dionysius zeitnah. Dazu kommt ein Schüler des Origenes[12] und schließlich der Märtyrer von Paris, der später mit dem Areopagiten verselbigt wurde (s. u. 4. b). Ich sehe so, zumal wenn Dionysius ein zum Christentum bekehrter Grieche gewesen sein sollte, keinen Grund, ihm seinen Namen abzusprechen.

Dieses Bild, das die eigentliche Fiktion des Apostelschülers auf wenige Fakten reduziert, verschiebt sich etwas, wenn man auch die Briefe heranzieht. Sie geben sich in viel deutlicherer Weise als Schriftstücke der Apostelzeit aus als die Traktate. In Ep VII 2 berichtet der Autor ausführlich, er hätte gemeinsam mit dem Adressaten, dem Sophisten Apollophanes, in Heliopolis die bei Christi Tod erfolgte Sonnenfinsternis beobachtet (1081 A/B). Nach Ep VIII 6 ist er in Kreta gastfreundlich von Karpos (1 Tim. 4,13) aufgenommen worden, von dem er eine merkwürdige Geschichte zu erzählen weiß (1097 B–1100 D). Brief IX richtet sich an Titus, den Aposteljünger, Brief X an den Evangelisten Johannes auf Patmos, bezieht sich somit auf die Jahre 81–96; er wäre also 50–60 Jahre nach der Beobachtung der Sonnenfinsternis verfaßt worden.

Wünschenswert wären genauere Untersuchungen über die Echtheit der Briefe. Stammen sie alle aus der Feder des Verfassers der dionysischen Traktate? Einzelne und gewisse Partien aus ihnen, und gerade die oben erwähnten, sind wiederholt und aus beachtlichen Gründen in ihrer Authentizität bezweifelt, d. h. als nachträglich dem Corpus inserierte Textstücke verdächtigt worden: zwecks Sicherung der apostolischen Autorität. Sollte sich dieser Verdacht bestätigen und die Zeugnisse der Briefe entkräften, so beruhte die Fiktion des Dionysius in der Tat auf ganz wenigen Text-

---

[12] Siehe ÜBERWEG/GEYER, Grundriß der Geschichte der Philosophie II, Tübingen
[12]1951, S. 72; DAM III, Sp. 243 f.

stellen. So betrachtet, hätte es beträchtlicher Nachhilfen bedurft, um den Autor als Aposteljünger auszugeben. Den Severianern gelang das jedenfalls 533 noch nicht. Wem ist der Durchbruch zu verdanken? Wohl in erster Linie Johannes von Scythopolis, dessen Scholien zum CD später Maximus Confessor aufgegriffen hat (s. u. 4. a).

Es verdient auch vermerkt zu werden, daß Dionysius kaum etwas getan hat, um nicht als Theologe seiner Zeit erkannt zu werden. Allenfalls ist es das Nichtnennen von Kirchenvätern, in deren Tradition er steht, des Clemens von Alexandrien, Gregor von Nazianz, Gregor von Nyssa. Aber er verwendet sie unbefangen wie den Neuplatoniker Proklos.

Als interessantestes Element der Fiktion empfinde ich die nicht biblische Gestalt des Hierotheus, den Dionysius überschwenglich, weit über das Paulus-Lob hinaus, als seinen Lehrer und bewundernswerte Persönlichkeit preist und aus dessen Schriften er längere Stücke zitiert: DN II 10; IV 15–17. Die letztgenannte Partie stammt aus den ‹Erotischen Hymnen› Ἐρωτικοὶ ὕμνοι, DN II 10 aus den ‹Theologischen Grundlagen› Θεολογικαὶ στοιχείωσεις (DN II 9), die als bekannte Schriften ausgegeben werden (648 A). Es gibt indes von einem solchen Werk wie vom Autor selbst nicht die geringste Spur.[13] Wenn irgendwo, so ist hier die Mystifikation des Autors der Dionysischen Schriften mit Händen zu greifen. Die ‹Theologischen Grundlagen› weisen mit Entschiedenheit auf Proklos hin, dessen Hauptwerk sich gerade nur durch die Einzahl von jenen ‹Grundlagen› unterscheidet. In Hierotheus wird also Proklos gefeiert. Trotzdem ist keine Gleichung herzustellen: Hierotheus ist Christ und wie Dionysius Schüler des Paulus. Er lehrt auch keineswegs, wie aus den Zitaten zu schließen, etwas anderes als Dionysius. Dieser aber gibt vor, ein Werk mit ähnlichem Titel geschrieben zu haben (DN I 1; 585 A u. ö.), die ‹Theologischen Grundlinien› Θεολογικαὶ ὑποτυπώσεις. Weiterhin schreibt der zitierte Hierotheus dieselbe, nun wirklich als *stylus obscurus* (Thomas von Aquin) unverwechselbare Hand-

---

[13] Die Identifizierung mit dem vom Mönch Stephan Bar Sudaili anonym um 530 veröffentlichten Traktat in syrischer Sprache ‹Das Buch des heiligen Hierotheus über die verborgenen Geheimnisse der Gottheit›, überliefert in einer Handschrift der Brit. Libr. in London (noch ungedruckt, untersucht von Arthur L. FROTHINGHAM jr., Stephen Bar Sudaili, the Syrian Mystic and the Book of Hierotheos, London 1866), scheitert aus chronologischen und doktrinalen Gründen; s. dazu DAM III, Sp. 251 f.; engl. Übersetzung von Fred S. MARSH: The Book which is called The Book of the Holy Hierotheos, London-Oxford 1927. – Demgegenüber möchte man der schlichten Feststellung VON BALTHASARs, Hierotheus sei «ohne Zweifel ein lebendiger Mensch gewesen; vielleicht der Mann, bei dem er vom Neuplatonismus zum Christentum konvertiert hat, vielleicht der Abt seines Klosters» (S. 153), spontan beipflichten – wenn nicht die ihm von Dionysius zugeschriebenen und ausführlich zitierten Schriften offensichtlich fiktiven Charakter trügen, was freilich VON BALTHASAR (konsequenterweise) an späterer Stelle bestreitet (S. 159 f.).

schrift wie Dionysius. Es ist so die These zu wagen, daß Hierotheus nichts anderes ist als das zweite Ich des Dionysius: ein christlicher, von Proklos inspirierter Neuplatoniker.[14]

Man darf das Schriftenbündel des Dionysius nicht nur als ‹Corpus›, sondern auch als eine ‹Summa› ansprechen, eine Ganzheit also, jedenfalls im Sinne des Autors, dessen Gesamtkonzeption hinreichend verdeutlicht wird. ‹De coelesti hierarchia› handelt von der Ordnung der Engelwelt, der Geistsphäre in ihrer triadischen Struktur, ‹De ecclesiastica hierarchia› von den durch die Kirche zu verwaltenden Heilsgütern; ›De divinis nominibus› ist eine Gotteslehre auf Grund der dem höchsten Wesen zugeschriebenen Namen, ‹De mystica theologia› eine Vervollkommnungslehre. Die Briefe bieten dazu Ergänzungen und konzentrierte Zusammenfassungen.

Die wahrscheinliche chronologische Reihung ergibt sich auf Grund von Rückverweisen des Autors: DN, MTh, CH, EH.

Dionysius nennt weitere Schriften aus seiner Feder: Die (bereits genannten) ‹Theologischen Grundlinien›, Αἱ θεολογικαὶ ὑποτυπώσεις, will er unmittelbar vor den DN verfaßt haben (I 1, 585 A; dazu Verweise in DN I 5, II 1, II 3, II 7, XI 5; MTh III 1), die ‹Symbolische Theologie›, Ἡ συμβολικὴ θεολογία, nach ihnen (DN XIII 4, 984 A; dazu DN I 8, IX 5); in DN IX 5, 700 C, spricht er jedoch von letzterer als einem bereits bestehenden Werk, ebenso Ep IX 1, 1104 B, CH XV 6, 336 A, und MTh III, 1033 A. Die letzten beiden Belege sind die Hauptzeugen für den chronologischen Ansatz von MTh und CH. – Vier weitere Schriften, nur einmal, in einem Fall zweimal zitiert, dürfen unerwähnt bleiben.[15]

Die ‹Theologischen Grundlinien› wie die ‹Symbolische Theologie› werden so häufig und präzis genannt und zitiert, daß es schwerfällt, sie als fingierte Schriften zu betrachten. Auch ist ganz und gar nicht zu erkennen, warum der Autor sich nie geschriebene Werke hätte zuschreiben sollen. Andrerseits haben sie in der ‹Summa› des überlieferten Corpus keinen eigentlichen Standort. Eine «symbolische» Theologie ist die dionysische Theologie als kataphatische, und die ‹Theologischen Grundlinien› fügen sich nach dem, was der Verfasser darüber sagt (s. besonders MTh III, 1032 D/1033 A), in den Rahmen der DN. Noch schwerer ins Gewicht fällt, daß keine Spur dieser Werke erhalten geblieben ist, obschon man sicher eifrig nach ihnen gefahndet hat. So fällt ein Entscheid in der Frage «verloren oder fingiert?» schwer. Wir können sie hier, wo es nur um begleitende Information geht, offen halten.

Für unser Thema, dasjenige der mystischen Theologie und Spiritualität, stehen MTh und DN im Vordergrund. Aber die beiden ‹Hierarchien› sind keineswegs auszuschalten, sind doch Begriff und Zweck der Hierar-

---

[14] Siehe weiter kritisch zur Hierotheus-Frage: Irénée HAUSHERR, L'influence du Livre de Saint Hiérothée, in: I. H., De doctrina spirituali Christianorum orientalium. Quaestiones et scripta IV (Orientalia Christiana 30/3, Nr. 86), Rom 1933, S. 176–211.

[15] Über sie DAM III, Sp. 261 f.; VON BALTHASAR, S. 160–165.

chie, wie sie sich Dionysius denkt, unmittelbar mit der mystischen Vervollkommnungslehre verbunden.

Abschließend zur dionysischen Frage, die die Frage nach dem Autor der dionysischen Schriften und dessen so erfolgreicher Mystifikation ist, drängt sich die Frage nach dem Grund dieser Verhüllung auf. Warum ist Dionysius nicht wie andere Theologen mit seinen Schriften vor die Öffentlichkeit getreten? Mit Überzeugung möchte ich festhalten – sogenannte Beweise gibt es in derartigen Fragen ja nicht –: bestimmt nicht, um sich als Aposteljünger einen besonderen Nimbus zu verschaffen und damit einen Erfolg zu erzielen, den er als schlichter Autor des ausgehenden 5. Jahrhunderts nicht glaubte erwarten zu können. Maske ist ja für einen Schriftsteller auch Verlust, Verzicht auf persönlichen Erfolg. Dionysius muß zwingende Gründe zur Tarnung gehabt haben. Aber es kann nur Mutmaßungen über sie geben, Mutmaßungen am ehesten im Rahmen dessen, wie das dionysische Corpus in seiner Zeit steht. Der Versuch, neuplatonische Vorstellungen mit Hilfe der alexandrinischen und kappadozischen Väter[16] dem Christentum zu integrieren, dieses mit neuplatonischer Begrifflichkeit auch theologisch formulierbar zu machen, war nun doch, jedenfalls in der unbeirrbaren Entschiedenheit des dionysischen Zugriffs und seiner Diktion, ein Novum, das die Zurückhaltung des Autors verständlich macht. Die Zeit bestätigte sie ja auch, indem Dionysius, 533 beim Religionsgespräch von Konstantinopel ins Spiel gebracht, entschieden abgelehnt wurde. Dem leitenden Bischof Hypatius von Ephesus war offensichtlich nicht nur suspekt, daß dieser Zeuge der apostolischen Zeit jahrhundertelang völlig unbekannt geblieben war, suspekt waren auch die Schriften selbst, deren neuplatonische Elemente einem gebildeten Manne nicht verborgen bleiben konnten.

Vielleicht aber, und diese Vorstellung überzeugt mich am meisten, wollte Dionysius aus ganz persönlichen Gründen im Verborgenen bleiben, als Zönobit[17] oder gar als Anachoret. Er scheint mir vor allem kein Mächtiger der kirchlichen Hierarchie gewesen zu sein.[18]

---

[16] Das hat besonders Walter Völker, Kontemplation und Ekstase, Wiesbaden 1958, herausgestellt.

[17] Dem widerspricht nun doch nicht der von Dionysius vermerkte Umstand, daß den Mönchen keine Gewalt zukäme, «andere zu führen» (EH VI 1), während gerade die mystagogische Absicht seiner Schriften offensichtlich ist. Diese kann sich in der Form der Schriftlichkeit so stark entwickelt haben, weil sie ihm in der Praxis versagt war. – An EH VI 1 erinnert auch von Balthasar (S. 181 u. Anm. 108), der die Stelle als Ausdruck der Demut des *Mönchs* Dionysius versteht.

[18] Sollte aus diesem Grunde eine Identifizierung nicht gelingen? Im übrigen hat Pera schon recht, wenn er meint und nachzuweisen versucht, daß das dionysische Corpus am besten in das «gelehrte Milieu von Kleinasien in der 2. Hälfte des 4. Jahrhunderts» passe

## 2. Die Gotteserkenntnis

*Forschungsliteratur*

Joseph STIGLMAYR S. J., Der Neuplatoniker Proclus als Vorlage des sogen. Dionysius Areopagita in der Lehre vom Übel, Hist. Jb. d. Görres-Ges. 16 (1895), S. 253–273; 721–748. — Ders., Aszese und Mystik des sog. Dionysius Areopagita, Scholastik 2 (1927), S. 161–207. — Hugo KOCH, Proklos als Quelle des Pseudo-Dionysius Areopagita in der Lehre vom Bösen, Philologus 54 (1895), S. 438–454. — Ders., Pseudo-Dionysius Areopagita in seinen Beziehungen zum Neuplatonismus und Mysterienwesen (Forschungen z. Christ. Lit.- u. Dogmengesch. I 2,3), Mainz 1900. — Vladimir LOSSKY C. Ph., La notion des «Analogies» chez Denys le Pseudo-Aréopagite, Archives d'histoire doctrinale et littéraire du moyen-âge 5 (1930), S. 279–309. — Albert SCHWEITZER, Die Mystik des Apostel Paulus, Tübingen 1930. — Henri-Charles PUECH, La ténèbre mystique chez le Pseudo-Denys l'Aréopagite et dans la tradition patristique, Études Carmélitaines 23/II (1938), S. 33–53. — Endre VON IVÁNKA, Der Aufbau der Schrift ‹De divinis nominibus› des Pseudo-Dionysios, Scholastik 15 (1940), S. 386–399. — Ders., La signification historique du ‹Corpus areopagiticum›, Recherches de Science religieuse 36 (1949), S. 5–24. — Ders., ‹Teilhaben›, ‹Hervorgang› und ‹Hierarchie› bei Pseudo-Dionysios und bei Proklos (Der «Neuplatonismus» des Pseudo-Dionysios), in: Actes du XIème Congrès International de Philosophie, Brüssel, 20.–26. August 1953, Bd. XI: Philosophie de la Religion, S. 153–158 — [Kurzfassung des franz. Beitrags von 1949]. — Ders., Zum Problem des christlichen Neuplatonismus, Scholastik 31 (1956), S. 31–40; 384–403. — Deslas PERA O. P., ‹La Teologia del Silenzio› di Dionigi il Mistico, Vita Christiana 15 (1943), S. 267–276, 361–370. — Walther VÖLKER, Kontemplation und Ekstase bei Pseudo-Dionysius Areopagita, Wiesbaden 1958. — Joannes VANNESTE S. J., Le mystère de Dieu. Essai sur la structure rationnelle de la doctrine mystique du pseudo-Denys l'Aréopagite (Museum Lessianum, sect. philos. 45), Mecheln 1959. — René ROQUES, Structures théologiques de la gnose à Richard de Saint Victor, 2me partie: Problèmes Pseudo-Dionysiens: Denys L'Aréopagite, son œuvre et ses théologies, S. 63–240 (Bibl. de l'École des Hautes Études. Section des sciences religieuses 72), Paris 1962. — Eugenio CORSINI, Il trattato ‹De divinis nominibus› dello Pseudo-Dionigi e i commenti neoplatonici al Parmenide (Università di Torino. Pubblicazioni della Facoltà di lettere e filosofia 4), Turin 1962. — Piero SCAZZOSO, Ricerche sulla struttura del linguaggio dello Pseudo-Dionigi Areopagita (Pubblicazioni dell' Università Cattolica del Sacro Cuore. Contributi, ser. III. Scienze Filologiche e Letteratura 14), Mailand 1967. — Hella THEILL-WUNDER, Die archaische Verborgenheit. Die philosophischen Wurzeln der negativen Theologie (Humanistische Bibl. Abhandlungen u. Texte I, Bd. 8), München 1970. — Bernhard BRONS, Gott und die Seienden. Untersuchungen zum Verhältnis von neuplatonischer Metaphysik und christlicher Tradition bei Dionysius Areopagita, Göttingen 1976. — Friedrich NORMANN, Teilhabe – ein Schlüsselwort der Vätertheologie (Münstersche Beiträge zur Theologie 42),

(S. 73). Die Nähe zu den kappadozischen Vätern schließt aber eine spätere Rezeption nicht aus, und gerade die mangelnde Verwurzelung des Dionysius in seiner Zeit spricht gegen die Identifizierung mit einem hochgestellten Kirchenmann.

Münster 1978. – Werner BEIERWALTES, Proklos. Grundzüge seiner Metaphysik (Philos. Abhandlungen 24), Frankfurt a. M. ²1979. – Andrew LOUTH, The Origins of the Christian Mystical Tradition from Plato to Denys, Oxford 1981. – René ROQUES, L'univers dionysien. Structure hiérarchique du monde selon le Pseudo-Denys (Les éditions du Cerf), Paris ²1983.

## a) Positive und negative Theologie

Bei einer Darstellung des Dionysius als «Vater der abendländischen Mystik» sind alle vier Traktate heranzuziehen, nicht nur DN und MTh, sondern auch beide Hierarchien, zwar nicht mit ihrem speziellen Inhalt, der symbolischen Erklärung der Engelchöre und der Sakramente, aber im Prinzip der Hierarchie, die nicht nur ein theologisches Ordnungssystem, sondern ein spirituelles Modell der Vervollkommnung mit dem Ziel des «Ähnlich- und Einswerdens» mit Gott darstellt.

Die Einheit von Theologie und Spiritualität gilt für das ganze Werk des Areopagiten. Theologie, erklärende Handreichung der geoffenbarten göttlichen Wahrheit, steht im Dienst religiöser ‹Praxis›, will Heil und Vervollkommnung des Menschen bewirken. Das läßt sich schon vom Formalen her aussagen. Zu Beginn der CH und MTh steht je eine Anrufung (ἐπικαλεῖν), und die Mitteilung der göttlichen Wahrheit ist immer wieder ein «Feiern», «Preisen» (ὑμνεῖν, ἀνυμνεῖν), sogar eine ϑεωρία ἱερά, ‹heilige Beschauung› anstelle wissenschaftlichen Erklärens und Erörterns. Das Preisen jedoch ist ein Nahebringen, spricht Teilhabe (μετέχειν) aus, ein Fundamentalbegriff für Dionysius – womit wir auch schon im Bereich des Mystischen sind.[19]

Die spirituelle Theologie des Dionysius ist in einem sehr spezifischen Sinne Gottes-Lehre. Alles ist auf Gott ausgerichtet; eine besondere, in sich abgegrenzte Tugend- und Heilslehre etwa im Sinne der mittelalterlichen Sentenzenkommentare und Summen gibt es nicht. Das heißt auch, daß der Blick nicht unmittelbar auf den Menschen in seiner Sündhaftigkeit und seinem Heilsverlangen fällt, sondern einzig auf den Menschen in der Hierarchie, d. h. bereits auf dem Wege zu Gott.[20]

---

[19] GANDILLAC schreibt: «Pour l'auteur de ‹Corpus› toute théologie est mystique» (Übersetzung, S. 31); SCAZZOSO: «Non esiste nel ‹Corpus› enunciazione teologica che non si trasfiguri contemporaneamente in colore di mistica contemplazione.» (S. 110).

[20] Das will nicht heißen, daß Dionysius nicht von der «frohen Botschaft» wußte, die an alle Menschen gerichtet ist (s. u. a. EH II B 1). Er faßt sie indes erst im Vorgang der Wiedergeburt, dem Taufgeschehen, ins Auge. – VÖLKER hat ein umfangreiches Kapitel über die «Ausformung des ethischen Lebens» bei Dionysius geschrieben (S. 25–83). Man kann dies, indem man sämtliche einschlägigen Stellen zu einer systematischen Darstellung erhebt. Aber im System des Dionysius, das für uns maßgebend bleibt, hat Tugend- und Heilsgeschichte keine besondere Stelle, und so vermittelt VÖLKER eine unzutreffende Vorstellung von der Breite und den Akzentuierungen der dionysischen Theologie.

Im Rahmen der dionysischen Schriften bieten die DN die eigentliche Gotteslehre; hinzuzufügen ist die Vollkommenheitslehre der MTh, gleichsam die spirituelle Aufgipfelung der Lehre von Gott. Aber sie enthält auch rein theologische Erörterungen – wie die Gotteslehre der DN die Spiritualität des gotterfüllten Menschen nicht ausschließt. Es bestätigt sich in der Thematik dieser Schriften, was wir soeben hervorgehoben haben: Theologie und Spiritualität bilden bei Dionysius eine Einheit.

Dionysius unterscheidet zwei Wege unseres Geistes zur Gotteserkenntnis: eine positive (καταφατικὴ, *affirmativa*) und eine negative (ἀποφατικὴ, *negativa*) Theologie.[21] Im 3. Kapitel der MTh widmet er ihnen eine ausführliche Darstellung.

In den ‹Theologischen Grundlinien›, dem Werke also, das er mehrfach nennt, das aber nicht erhalten oder anderswo bezeugt ist, hätte er, so führt er aus, die wichtigsten Aussagen der positiven Theologie vorgetragen – Dionysius sagt «gefeiert». Er hätte gezeigt, in welchem Sinne die göttliche Natur «gut», «einig», «dreifältig» sei, was «Vaterschaft» und «Sohnschaft» bedeute. Im zweiten Abschnitt erinnert er an die DN: Dieses Buch erkläre «die Namen des Guten, des Seins, des Lebens, der Weisheit und anderer geistiger Gottesbezeichnungen» (1033 A). Sodann resümiert er die ‹Symbolische Theologie›, die zweite nicht erhaltene Schrift des Areopagiten. Er hätte darin die Namen untersucht, «die von sinnlichen Gegenständen auf Gott bezogen werden», «Gestalten, Formen, Glieder, Organe, was im Göttlichen die Weltgegenden und kosmischen Bestimmungen, was Zorn, Schmerz» und andere Affekte bedeuten (1033 A/B): alles Themen, die auch die DN ausführen.

Anschließend erklärt Dionysius, die ‹Symbolische Theologie› hätte mehr Raum in Anspruch genommen als die ‹Theologischen Grundlinien› und DN zusammen. Das sieht ganz so aus, als wären ‹Symbolische Theologie› und ‹Theologische Grundlinien› existierende Schriften gewesen. Aber gerade die hier gebotenen Zusammenfassungen lassen erkennen, daß der Inhalt der einen wie der andern in den DN völlig aufgeht. War es Dionysius formal um eine Trias der Gotteslehre zu tun? Wollte er diese beiden Schriften noch schreiben?

Beibehalten wird im folgenden der Gedanke des Umfangs der Darlegungen über die göttlichen Namen. «Je mehr wir uns zu Höherem erheben», schreibt Dionysius, «umso bestimmter werden unsere Worte, denn

---

[21] Einen dritten Weg, den man aus DN VII 3, 872 A, abgeleitet hat, die *via eminentiae*, gibt es nicht; diese fällt vielmehr mit der *via negativa*, deren Prädikation sie ist, zusammen; s. BRONS, S. 220 f.

die intelligiblen Dinge erlauben Zusammenschau (σύνοψις)». Sind wir aber – im Prozeß der Gottesvereinigung – bis zur «Finsternis» (γνόφος) vorgestoßen, d. h. jenseits des Intelligiblen, handelt es sich nicht mehr um knappe Rede (βραχυλογία), sondern die Worte überhaupt kommen zu ihrem Ende. Steigen wir vom Höheren zum Tieferen, mehren sich Worte und Begriffe, beim Steigen indes schrumpft unsere Rede (συστέλλειν) und endet beim Unaussprechlichen (ἄφθεγκτος) (1033 B/C).

Es ist der «Abstieg» des Geistes, der den Weg der positiven (und symbolischen), der «Aufstieg», der den Weg der negativen Theologie bestimmt. Das geht indirekt aus dem bisherigen Text und bestätigend aus der Frage hervor: «Aber warum beginnt man, wenn es sich um göttliche Positionen (θέσεις) handelt, mit den höchsten Namen, warum mit den niedrigsten bei den Negationen?» (1033 C). Die Antwort ist die: Um positiv auszusagen über den, der alle Positionen übersteigt, müssen sich unsere Positionen auf das abstützen, was Gott am nächsten ist. Umgekehrt, wenn negative Aussagen über den getroffen werden, der über aller Negation steht, beginnt man notwendigerweise mit der Verneinung dessen, was ihm am entferntesten ist. «Ist Gott nicht», fragt Dionysius abschließend, «viel mehr Leben und Güte als Luft und Stein? Und ist er nicht entfernter von Rausch und Zorn als von Sprache und Gedanke?» (1033 C/D).

Die Verknüpfung der positiven und negativen Theologie (die als solche der kirchlichen Tradition, in der Dionysius stand, den großen alexandrinischen und kappadozischen Vätern, nicht fremd war) mit dem absteigenden und aufsteigenden Erkenntnisweg ist ein Novum der christlichen Theologie. Hier fassen wir erstmals ein neuplatonisches Vorstellungsmodell, das des Ausgangs des Einen zum Vielen (πρόοδος) und das der Rückkehr aus dem Vielen zum Einen (ἐπιστροφή). Von Plotin entworfen, wurde es von Iamblichos und Proklos in dem Sinne weitergeführt, daß Plotins zweite und dritte Hypostase des Göttlichen, Geist und Seele, in eine Vielzahl von triadischen Wesenheiten mit der Funktion der Vermittlung (μεσότης) übergeführt werden.[22] Hier haben die dionysischen Hierarchien ihren historischen Ort.

---

[22] Zur Einführung in das neuplatonische Denken eignen sich vor allem ROQUES, (²1983), S. 68–81; BEIERWALTES (1985), All-Einheit. Plotins Entwurf des Gedankens und seine geschichtliche Entfaltung, S. 38–72; Entfaltung der Einheit, S. 155–192; in knappster Form VON IVÁNKA (1953).

## b) Positive (affirmative) Theologie

Der Weg der Affirmation ist zwar nicht der eigentliche mystische Erkenntnisweg, aber er bedarf schon deshalb der Berücksichtigung, weil er nicht schlichtweg der negativen Theologie entgegensteht, sondern diese ergänzt, ja, wie wir sehen werden, immer wieder in sie umschlägt. Auch verzichtet kein Mystiker auf preisende Gottesnamen. In den DN geht Dionysius von dem aus, was Gott uns in den biblischen Büchern mitzuteilen geruht hat. Sehr entschieden betont er gleich zu Beginn und immer wieder, daß seine Richtschnur (θεσμός) den Heiligen Schriften als Offenbarungen des Heiligen Geistes folge, und ihnen allein. Mit Namen und Bildern kam Gott der Schwachheit des menschlichen Erkenntnisvermögens entgegen und vermittelte so mit meßbaren Dingen seine «Unmeßbarkeit» (ἀμετρία) (DN I 1, 588 A/B). Diese affirmative Theologie ist, da sie der Bilder als Zeichen bedarf, zugleich eine symbolische. Man darf sie auch in ihren weitesten Umrissen als einen Erkenntnisweg betrachten, der Gott, jedenfalls seine «Spuren», in der Schöpfung zu erkennen sucht. Mit seiner Überzeugung von der Zeichen-Präsenz Gottes in der sichtbaren Welt gehört Dionysius in die von Röm. 1,20 (von ihm in DN IV 4, 699/700 C zitiert) ausgehende, von Augustinus grundgelegte und von Richard v. St. Viktor und Bonaventura besonders eindrucksvoll vertretene Tradition.[23]

Das Buch DN handelt – ich erwähne nur die wesentlichsten Namen – zuerst und umfassend von der göttlichen Güte und was sie manifestiert: Licht, Schönheit, Liebe (c. IV). Sodann spricht es von Gott als Sein, Leben und Weisheit (c. V–VIII) – eine Proklische Trias![24] –, als Macht und Gerechtigkeit (c. VIII), von Gott, der das Größte und Kleinste, das Ähnliche und Unähnliche, die Ruhe und die Bewegung zugleich ist (c. IX), von Gott dem «Alten der Tage» (Dan. 7,22), der über Zeit und Ewigkeit steht (c. X), vom Gott des Friedens (c. XI), dem Allerheiligsten, dem König der Könige, dem Herrn der Herren, dem «Gott der Götter» (c. XII) und schließlich von Gott dem Vollkommenen und Einen (c. XIII).[25] Alles in allem begegnen wir der ganzen Fülle biblischer Gottesbezeichnungen, die schon immer herangezogen wurden, wo Gottes Größe, Ehre und Preis in Hymnen und Gebeten verkündet werden sollten. Ihre besondere Funktion in den DN ist indes die Gotteserkenntnis.

[23] Röm. 1,20: Invisibilia enim ipsius, a creatura mundi, per ea quae facta sunt, intellecta, conspiciuntur; Augustin, De trinitate VI 10. 12; Confessiones VII 17. 23; Richard v. St. Viktor, De trinitate I 8; 10; V 6; VI 1. 15. 17; Bonaventura, Itinerarium mentis in Deum c. II.
[24] Dazu CORSINIS lichtvolle Abhandlung über die DN S. 50–54, 156–164.
[25] Zum Aufbau der DN siehe VON IVÁNKA (1940); VON BALTHASAR, S. 192 f. (s. Lit. zu 1.); CORSINI, S. 37–73.

Konstitutiv für das abendländische Schrifttum der Mystik wurden vor allem Gott als der Gute, als Licht und als der Eine. Das *Gute* bestimmt Dionysius als göttliche Wesenheit. Durch das Gute, das er mit Platon mit der Sonne vergleicht, hat alles, was ist, seinen Bestand. Das gilt für die reinen Geistwesen, die Engel, die von der Güte Gottes allein leben (IV 1), wie für die Seelen und die leblosen Wesen: «Sie alle leben wegen des Guten und drängen nach dem Guten» (IV 2, 696 D). Der 3. Abschnitt von c. IV bestimmt sodann das Gute genauer als das Gestaltlose, das alles gestaltet. «Wenn das Gute alles Sein übersteigt, wie es tatsächlich zutrifft, muß gesagt werden, daß es gestaltlos (ἀνείδεον) Gestalt verleiht (εἰδοποιεῖν). Es allein, das ohne Wesenheit (ἀνούσιον) ist, übersteigt die Wesenheit, ohne Leben übertrifft es alles Leben, ohne Vernunft ist es die allesüberragende Weisheit und in dieser Weise alles, was in ihm im Übermaß Gestaltbildung des Gestaltlosen ist (καὶ ὅσα ἐν τἀγαθῷ τῆς τῶν ἀνειδέων ἐστίν ὑπεροχικῆς εἰδοποιίας). Und wenn es zu sagen erlaubt ist: Selbst das Nichtseiende begehrt nach dem Guten, das über allem Seienden ist, und trachtet auf seine Weise, dieses Gute zu empfangen, das durch die Verneinung alles Seiende (κατὰ τὴν πάντων ἀφαίρεσιν) überschreitet» (697 A).

Diese Bestimmung des Guten als ein Nichtsein-Übersein, das allein Sein verleiht, entspricht einer Gottesdefinition. Der Name ist so nicht nur Attribut, sondern das Wesen selbst, und dies trifft für alle Namen Gottes zu. An späterer Stelle sagt es Dionysius unmißverständlich: «Unsere Rede besagt nicht, daß ein anderes das Gute sei, ein anderes das Seiende, ein anderes das Leben, ein anderes die Weisheit ..., sie will alle diese Ausgänge (πρόοδοι, *processiones* bei Eriugena, *processus* bei Sarracenus, Dionysiaca I 327) des Guten und alle die von uns gefeierten Gottesnamen nur von *einem* Gott verstanden wissen» (V 2, 816 C/D). Es handelt sich also trotz der neuplatonischen Terminologie nicht um die proklischen αὐτομέτοχαι (*per se participationes* übersetzten Sarracenus und Grosseteste, Dionysiaca I 341), die eigene Wesenheiten sind, sondern um *transcendentalia* bzw. *perfectiones* im mittelalterlichen Sinne. Die Transzendentalienlehre Meister Eckharts mit ihrer Gleichsetzung der *transcendentalia* mit dem göttlichen *esse* dürfte hier ihren theologiegeschichtlichen Grund haben.

Wir berühren hier einen Punkt, der das Verhältnis des Dionysius zu Proklos und dem jüngeren Neuplatonismus überhaupt zu verdeutlichen vermag.[26] Dionysius for-

---

[26] Siehe dazu VON IVÁNKA (1949), S. 15–18; (1953), S. 157f. Indes ist das CD nicht nur eine «contrepartie chrétienne» (1949), S. 22, zum Neuplatonismus, sondern zugleich Zeugnis einer Faszination. Umfassend und differenziert hat CORSINI das Verhältnis des Dionysius zu Proklos dargestellt; s. die wichtigsten Resultate S. 164f.

muliert neuplatonisch (πρόοδος, αὐτομετοχαί), aber die Mitteilung Gottes erfolgt nicht in Stufen und Vermittlungen – und bleibt so offen für den christlichen Schöpfungsbegriff, der mit neuplatonischer Emanationslehre schwer vereinbar ist. An Stelle der Sukzession von Stufen, die die göttliche Teilhabe in immer geringerem Maße vermitteln, gilt für Dionysius die Möglichkeit unmittelbarer Teilhabe auf allen Stufen der Hierarchie.[27]

Die Konvertibilität der Gottesnamen bringt es auch mit sich, daß die Affirmation, die alle Namenzuordnung als solche konstituiert, in ihrem Bezug auf Gott in die Negation umschlägt – dieser ist nach IV 3 nicht Gestalt, nicht Wesen, nicht Leben, nicht Vernunft –: in die Negation, die zugleich als ὑπερβολή (*eminentia*) gefeiert wird. Daraus ergibt sich, daß die beiden Wege der Gotteserkenntnis nicht denselben Rang haben. Die *via affirmationis* mit ihren Bildern und Symbolen ist Handreichung (χειραγωγία) (II 2, 640 A) für den Beginnenden. Der Königsweg ist die *via negationis*.

Am sinnfälligsten ist das *Licht* Manifestation, «Abbild» (εἰκών) des Guten (IV 4, 697 C), indem es vom Höchsten bis zum Niedrigsten hinabdringt und alles erleuchtet, erschafft und bewegt. Dies wird preisend in der Welt der Schöpfung aufgezeigt. Im besonderen und eigentlichen Sinne ist Licht indes intelligibles Licht (φῶς νοητόν) des Guten. Es vertreibt Unwissenheit und Irrtum (IV 5), ist mithin «Erleuchtung» (wovon später die Rede sein muß). Es ist ein quellhafter Strahl (ἀκτὶς πηγαία) und «übersprudelnde Lichtergießung» (ὑπερβλύφουσα φωτοχυσία) (IV 6).

Im biblischen Horizont feiert Dionysius das Licht zu Beginn der CH. Alles Gute stammt vom «Vater der Lichter» (Jak. 1,17), und jedes Ausströmen des Lichtes, das uns erreicht, führt uns wiederum aufwärts als einigende Kraft (I 1). In diesem Licht offenbaren sich uns die Hierarchien der Engel (I 2).

So sehr die Lichtmetapher, wie gerade die Eröffnung der CH erweist, biblisches Erbe ist[28] – die besonderen Akzente, die Dionysius setzt, der Emanationsgedanke, das Intelligible des Lichtes oder gar die ‹Helios›-Etymologie (IV 4, 700 B) verweisen primär auf die platonisch-neuplatonische Tradition.[29] Es ist nicht zuletzt Dionysius, der die neuplatonische ‹Lichtmetaphysik› dem Mittelalter vermittelt hat.

---

[27] Vgl. Corsini, S. 43 f.

[28] Man denke vor allem an den Prolog des Johannes-Evangeliums; s. Hans H. Malmede, Die Lichtsymbolik im Neuen Testament, Diss. Bonn 1960.

[29] Siehe vor allem Werner Beierwaltes, Die Metaphysik des Lichtes in der Philosophie Plotins, Zs. f. philos. Forschung 15 (1960), S. 334–362 (= Clemens Zintzen [Hg.], Die Philosophie des Neuplatonismus, WdF 186, S. 75–117); Klaus Hedwig, Sphaera lucis (Beitr. z. Gesch. d. Philos. u. Theol. d. MAs, NF 18), Münster 1980, S. 23 ff.

Zum Schluß des Buches ‹Von den göttlichen Namen›, im XIII. Kapitel, handelt Dionysius von Gott dem Vollkommenen und Einen. Die Behandlung ist verhältnismäßig knapp, doch wird dieser Name als «bedeutendster Punkt» der Abhandlung bezeichnet (XIII 1). Ich zitiere die wichtigsten Aussagen aus XIII 2 und 3: «Eins (ἕν) wird Gott genannt, weil er als Eines und kraft der überragenden Einheit in umfassender Weise, ohne aus sich herauszutreten, die Ursache von Allem ist. Denn es gibt nichts, was nicht an ihm teilhat ... So hat alles und jeder Teil von allem am Einen teil, und indem es eins ist, ist es ein Seiendes.[30] Doch ist das Eine, das die Ursache aller Dinge ist, nicht eines von vielen (τῶν πολλῶν ἕν), sondern *vor* allem Vielen, jedes Eine und alles Viele bestimmend ... Ohne das Eine gibt es keine Vielheit (πλῆθος), wohl aber das Eine ohne Vielheit so wie die Eins vor jeder vervielfältigten Zahl. Wenn man annimmt, daß alles mit allem sich eint, wäre es zur Gänze eines» (2, 977 C–980 A).

«Doch ist auch zu wissen, daß alles Geeinigte durch eine ihm geeignete Form zum Einen wird und so das Eine das Grundelement ist (ἕν στοιχειωτικόν). Wenn du das Eine aufhebst, gibt es kein Ganzes mehr, keinen Teil und schlechterdings kein anderes Seiendes. Denn das Eine hat alles einigend vorher in sich und umfaßt es in sich. Aus diesem Grunde preist die Theologie die ganze Gottesherrschaft (Θεαρχία) als Ursache aller Dinge mit dem Namen des Einen: einer ist Gott der Vater, einer unser Herr Jesus Christus, einer und derselbe der Heilige Geist (Πνεῦμα) mittels der überschwenglichen Unteilbarkeit der ganzen göttlichen Einheit (διὰ τὴν ὑπερβάλλουσαν τῆς ὅλης θεϊκῆς ἑνότητος ἀμέρειαν), in der alles geeinigt und übergeeint ist (συνῆκται καὶ ὑπερήνωται) und über alles Sein ehbevor besteht (πρόσεστιν ὑπερουσίως). Deshalb wird auch alles einigend auf sie bezogen und ihr zugesprochen, auf sie, von der und in der und zu der hin alles besteht, hingeordnet ist, sich erhält, zusammengehalten, erfüllt wird und sich hinwendet, und du findest kein Wesen, das nicht durch das Eine, womit die ganze Gottheit überweslich benannt wird (καθ᾽ ὃ πᾶσα ἡ θεότης ὑπερουσίως ὀνομάζεται), ist, was es ist, und sich vollendet (τελειοῦται) und bewahrt (n. 3, 980 B/C) ... Deshalb ist auch die gepriesene Einheit und Dreiheit, die über allem stehende Gottheit (Θεότης, *divinitas/deitas* Dionysiaca I 550), weder eine Eins noch eine

---

[30] Die Zahl eins zur Illustration des Einen in Allem und Vielem: Proklos, Elem. Theol., prop. 1, viel zitiert, wiederholt von Meister Eckhart, z. B. in: Expositio libri Sapientiae c. 7, n. 151 (LW II, 488,5). Siehe zum weiteren Kontext Karl ALBERT, Meister Eckharts These vom Sein, Kastellaun 1976, S. 142 f.

Drei in dem uns oder irgendeinem Wesen geläufigen Sinne, sondern
wir nennen den, der über allen Namen ist, um die Übergeeintheit
(ὑπεϱηνωμένον) in ihr wie die göttliche Fruchtbarkeit (γονιμότησ,
*fecunditas,* Dionysiaca I 551) zu preisen, Trinitas und Einheit, das heißt,
wir bezeichnen mit Begriffen des Seienden den Überseienden (ὑπεϱού-
σιον)» (n. 3, 981 A).

Das Thema der zitierten Kernstellen aus DN XIII ist die «Metaphysik
des Einen», die man als «Einheitsmetaphysik» (Metaphysik «von oben»)
nicht ganz glücklich der «Seinsmetaphysik» (Metaphysik «von unten»)
gegenübergestellt hat.[31] Was Dionysius betrifft, so ging er jedenfalls
vom Vielen, nämlich den vielfältigen göttlichen Namen der Schriftüber-
lieferung aus, um am Ende zum Einen zu gelangen. Unübersehbar ist die
Nähe von Proklos, der methodisch nicht anders vorgeht. Was die Sache
betrifft, so genügt es, auf die ersten sechs Propositionen der ‹Stoicheiro-
sis theologiké›/‹Elementatio theologica› hinzuweisen. «Alle Vielheit hat
in irgendeiner Weise teil am Einen» (1); «Alles, was am Einen teil hat,
ist Eines und Nicht-Eines» (2); «Alles, was aus dem Einen hervorgeht,
hat am Einen teil» (3); «Alles Geeinte ist anders als das Eine selbst» (4);
«Alle Vielheit ist dem Einen nachgeordnet» (5); «Alle Vielheit beruht
entweder auf Geeintem oder Einheiten» (6).[32]

Die Übereinstimmungen des Dionysius mit der Proklischen Lehre vom Einen waren
dem spätmittelalterlichen Kommentator der ‹Elementatio theologica›, Berthold von
Moosburg,[33] wohl bewußt: Er zitiert in der Erörterung der ersten Propositionen
immer wieder DN XIII.[34] Aber gerade diese Gemeinschaft war es, die der christlichen Orthodoxie nicht geheuer sein konnte. Daß dem ‹Liber de causis› als mittelalterlicher Bearbeitung der ‹Elementatio› eine so durchschlagende Wirkung in der
Hochscholastik beschieden war, verdankt er wohl dem Umstand, daß die ersten Propositionen mit der Lehre vom Einen, das nur sich selbst und sonst nichts ist und das

---

[31] Josef KOCH, Augustinischer und dionysischer Neuplatonismus und das Mittelalter,
Kant-Studien 48 (1956/1957), S. 117–133 = Werner BEIERWALTES (Hg.), Platonismus in
der Philosophie des Mittelalters (WdF 197), Darmstadt 1969, S. 317–342. Kritisch dazu:
Kurt FLASCH, in der ‹Einleitung› zu: Berthold von Moosburg, Expositio supra Elemen-
tationem theologicam Procli, hg. von Maria Rita PAGNONI-STURLESE / Loris STURLESE
(CPTMA VI 1), Hamburg 1984, S. XIVf.
[32] Siehe Eric R. DODDS, Proclus' ‹The Elements of Theology›, Oxford ²1963, S. 2–6;
zur Parallele mit DN XIII 2 s. Commentary, S. 188.
[33] Zur Einführung empfiehlt sich: Loris STURLESE, Proclo ed Ermete in Germania da
Alberto Magno a Bertoldo di Moosburg, in: Kurt FLASCH (Hg.), Von Meister Dietrich zu
Meister Eckhart (CPTMA, Beiheft 2), Hamburg 1984, S. 22–33; ders., ‹Homo divinus›.
Der Prokloskommentar Bertholds von Moosburg und die Probleme der nacheckhartschen
Zeit, in: K. RUH (Hg.), Abendländische Mystik im Mittelalter, Stuttgart 1986, S. 145–161;
Kurt FLASCH, Einleitung zur Berthold-Ausgabe [Anm. 28], S. XI–XXXVIII.
[34] Ausgabe [Anm. 29], S. 71 ff.

mit der christlichen Dreiheit der Personen unvereinbar erscheint,[35] ausgeklammert wurden.

Das Eine in seinem Verhältnis zur Trinität war nun, wie aus dem zitierten Text hervorgeht, bereits das eigentliche Problem des Dionysius. Er hypostasiert die Dreieinigkeit, indem er bestimmt, daß die «über allem stehende Gottheit weder eine Eins noch eine Drei», sondern eine «Übergeeintheit» (ὑπερηνωμένον) ist. Er wendet also das apophatische Prinzip im «transzendentalen Vorbehalt» an (vgl. das nächste Kapitel). Wie immer die philosophische Begründung beurteilt werden mag, es ist unübersehbar, daß Dionysius die christliche Drei-Einheit als «Vorentwurf von Welt» zu begreifen sucht.[36] Das proklische Eine vermag das Trinitätsdogma nicht zu gefährden.

*c) Negative (apophatische) Theologie*
Obschon die DN erklärtermaßen positive Aussagen über Gott zum Thema haben, betont Dionysius als erstes und immer wieder dessen Unerkennbarkeit, indem er von «Unaussprechbarem und Unbekanntem» (I 1, 585 B) spricht, von der «überwesentlichen und verborgenen Gottheit» (περὶ τῆς ὑπερουσίας χαὶ κρυφίας θεότητος), von der Unmöglichkeit, dieses Überseiende (ὑπερουσιότης, *supersubstantialitas, superessentialitas,* Dionysiaca I 7), das über Vernunft (λόγος), Geist (νοῦς) und Wesenheit (οὐσία) hinausgeht, zu erkennen (I 1, 588 A). Der locus classicus für die Nichterkennbarkeit Gottes ist indes MTh V: «Noch höher steigend sprechen wir jetzt aus, daß er (die Erstursache, πάντων αἰτία) nicht Seele und auch nicht Geist ist, daß ihm weder Einbildungskraft (φαντασία) zueigen sein kann, noch Meinung (δόξα), noch Vernunft, noch Erkenntnis (νόησις), daß Gott weder ausgesprochen noch gedacht werden kann. Er ist weder Zahl noch Ordnung (τάξις), noch Größe und Kleinheit, nicht Gleichheit (ἰσότης) und Ungleichheit (ἀνισότης), nicht Ähnlichkeit (ὁμοιότης), nicht Unähnlichkeit (ἀνομοιότης). Er kann nicht unbeweglich sein, auch nicht sich bewegen, er ist nicht Ruhe und nicht Macht, noch hat er sie. Er kann seine eigene Veränderung nicht wollen, noch sie bewirken. Er ist nicht Licht, er lebt nicht und ist nicht Leben. Er ist nicht Sein (οὐσία), nicht Ewigkeit, nicht Zeit. Man vermag ihn nicht mit Denken zu erfassen, er ist nicht Wissen (ἐπιστήμη), nicht Wahrheit, nicht Herrschaft, nicht Weisheit, nicht die Eins (ἕν) und nicht die Einheit (ἑνότης), nicht die Göttlichkeit (θεότης),

---

[35] Aus diesem Grunde wurden Sätze Eckharts über das Eine im proklischen Sinne als häretisch verdächtigt: s. die Bulle ‹In agro dominico›, Satz 23 und 24.

[36] BEIERWALTES, Denken des Einen, S. 213.

Güte und Geist (πνεῦμα), so wie wir sie verstehen. Er ist auch nicht Sohnschaft (υἱότης) und Vaterschaft (πατρότης), nicht was sich mit etwas uns Bekanntem oder von irgendwem Erfahrenem vergleichen ließe. Er ist nichts von dem, was dem Nichtsein, aber auch nicht von dem, was zum Seienden gehört. So kann keines der Dinge ihn erkennen, insoweit er ist, aber auch er erkennt keine Dinge, insofern sie sind (das Endliche als solches). Es gibt kein Wort (λόγος), keinen Namen (ὄνομα), kein Wissen (γνῶσις) über ihn. Er ist nicht Dunkelheit und nicht Helligkeit, nicht Irrtum und Wahrheit, man kann ihm überhaupt weder etwas zusprechen (θέσις, *positio*) noch absprechen (ἀφαίρεσις, *ablatio*), was nach ihm ist. Wenn wir ihm etwas zusprechen oder absprechen, so ist er es nicht, dem wir zusprechen oder absprechen: er steht über jeder Zusprechung, er ist die absolute und alleinige Ursache aller Dinge. Er steht auch über jeder Verneinung, der die Fülle (ὑπεροχή) zukommt, er steht außerhalb und über allen Dingen» (1045 D–1048 B).

Die umfassendste und zugleich konzentrierteste Apophase des Dionysius ist nicht ohne Ordnung.[37] Was sofort auffällt, sind Gegensatzpaare, wo immer sie möglich sind: Größe – Kleinheit, Gleichheit – Ungleichheit, Ähnlichkeit – Unähnlichkeit usw. Sie schließen auf der Ebene dieser Kategorie jede Beziehung mit dem Einen aus. Was die Reihenfolge betrifft, so beginnt die Aufzählung mit den höchsten Emanationen des Einen: Seele, Geist, denen Einbildungskraft, Meinung, Vernunft und Erkenntnis folgen. Kategorien der physischen Welt schließen sich an: Zahl, Ordnung, Größe-Kleinheit, Gleichheit-Ungleichheit, Ähnlichkeit-Unähnlichkeit, Unbeweglichkeit-Beweglichkeit. Die nächste Gruppe kann man als Seinskategorien ansprechen: Macht und Licht, Lebewesen und Leben, Dasein, Ewigkeit-Zeit. Die vierte Gruppe nennt Vollkommenheiten: Wissen, Wahrheit, Herrschaft, Weisheit, die fünfte Wesenseigenschaften und Hypostasen: Göttlichkeit, Güte, Geist, Vaterschaft und Sohnschaft. Die letzte Gruppe spricht alle unsere Erkenntnismöglichkeiten an: das Wort, Nennen und Wissen, die, bezogen auf Gott, verneint werden. Verneint wird aber auch das Zusprechen und Absprechen als solches, positive und negative Theologie. Mit der Negation der eigenen und eigentlichen Methode, der Apophase, schlägt indes die Negation nicht in die Position um, sondern negiert, auf dieselbe Weise wie die früheren Gegensatzpaare, die Methode schlechthin.

Man hat die Verneinung der Affirmation den «transzendentalen Vorbehalt» genannt.[38] Das ist, wie immer wieder und zu Recht betont

---

[37] Siehe THEILL-WUNDER, S. 148 ff. Ich modifiziere ihre Gliederung.
[38] BRONS, S. 214 ff.

wurde, kein Agnostizismus. Die Verneinung aller unserer Aussagen über Gott besagt nur, daß er, der Eine, πάντων ἐπέκεινα (Ep. V) ist, jenseits unserer Erkenntnismöglichkeiten steht, über alles Denkbare hinausragt: er ist – und das ist eine der häufigsten Bestimmungen Gottes – über allem Sein, ὑπερούσιος (z. B. DN I 1, 585 B; MTh I 1, 997 A; II, 1025 C), *supersubstantialis, superessentialis* in den mittelalterlichen Übersetzungen, und damit über allen Gottesnamen, die auf einzelne Grundzüge des göttlichen «Seins» weisen. Er ist so der «Übergute», ὑπεράγαθος (DN II 4, 641 A), *superbonus*, der «Überherrscher», ὑπερενάρχιος (ebd.), *superprincipalis, superprincipatum*, der «Überschöne», ὑπέρκαλος (MTh I 1, 997 B), *superpulcher*, der «Überstrahlende», ὑπέρλαμπρος (ebd.), *supersplendens*, der «Überweise», ὑπέρσοφος (DN II 3, 640 B), *supersapiens*, der «Überleuchtende», ὑπέρφωτος (MTh I 1, 997 A), *superlucens, supersplendidus*, der «Unnennbare», ὑπερώνυμος (DN I 7, 596 D), *supernominalis, supernominabilis* usw.[39]

Obschon Dionysius in seinen Schriften zwei Erkenntnisweisen Gottes lehrt, die positive und die negative, obschon er dabei die positive keineswegs vernachlässigt hat, ist er im Bewußtsein des Mittelalters allein der gefeierte Vertreter der *via negativa*. Bonaventura formulierte es für alle: Die Betrachtung der göttlichen Geheimnisse geschieht auf zwei Wegen, *vel per positionem, vel per ablationem. Primum ponit Augustinus, secundum Dionysius* (De triplici via III 11).

## 3. Die mystische Theologie

*Forschungsliteratur:* vgl. die unter 2. genannten Titel.

Im Bewußtsein des Abendlandes ist Dionysius nicht nur Kronzeuge für die *via negativa* der Gotteserkenntnis, sondern auch erste Berufungsinstanz für die *via triplex* zur Vollkommenheit und für die mystische Erfahrung der göttlichen Dunkelheit. Letzteres ist erster und eigentlicher Gegenstand der MTh, die *via triplex* ein Prinzip, das in der CH wie in der EH auf jeder hierarchischen Stufe wirksam ist. In unserem Zusammenhang sind die Aussagen der CH die entscheidenden.

### a) Der dreifache Aufstiegsweg

Die Hierarchie, die der Engel wie der Kirche – und beide zusammen bilden die «Welt» schlechthin –, ist zwar «heilige *Ordnung*», indes kein

---

[39] Über die Aufnahme der ὑπερ-*super*-Bildungen in den Volkssprachen, zumal im Deutschen, wird in späteren Zusammenhängen die Rede sein.

in sich ruhendes System, sondern ein Wirkungsgefüge (ἐνέργεια) der intelligiblen Welt, dessen Leiter und Bewirker (καθηγεμών) Gott ist, mithin eine Thearchie. In ihr ist das Ähnlich- und Einswerden (ἀφομοίωσις, ἕωσις) das alleinige Ziel. Dieser, in unserm Sinne «mystische» Aufstieg – Dionysius nennt ihn jedoch nirgends so – vollzieht sich in einem Dreischritt.

«Die Heilige Ordnung verlangt, daß die einen gereinigt sind und die andern sich reinigen (καθαίρεσθαι, καθαίρειν), die einen erleuchtet sind und die andern erleuchten (φωτίζεσθαι, φωτίζειν) und die einen vollendet sind und die andern vollenden (τελεῖσθαι, τελεσιουργεῖν) ... (Die göttliche Seligkeit) reinigt, erleuchtet und vollendet, besser gesprochen: Sie ist selbst Reinheit, Erleuchtung und absolute Vollkommenheit» (CH III 2, 165 B/C).

Diese energetischen Kräfte Reinigung (κάθαρσις), Erleuchtung (φωτισμός), Vollendung (τελείωσις) aber wirken wie folgt: «Es müssen, so denke ich, diejenigen, die gereinigt werden wollen, zu völliger Lauterkeit geführt und von jeder andersartigen Beimischung frei werden. Diejenigen, die erleuchtet werden sollen, müssen sich mit göttlichem Licht erfüllen und durch den vollkommen geheiligten Blick des Geistes emportragen lassen bis zum Stand und Vermögen der Beschauung (πρὸς θεωρητικὴν ἕξιν καὶ δύναμιν). Diejenigen endlich, die vollendet werden sollen, müssen, dem Zustand der Unvollkommenheit enthoben, am vollkommenen Wissen der geschauten heiligen Geheimnisse teilhaben (γίνεσθαι τῆς τῶν ἐποπτευθέντων ἱερῶν τελειωτικῆς ἐπιστήμης). Andererseits müssen diejenigen, die Reinigung zu bewirken vermögen, aus ihrer Überfülle (περιουσία) der Reinheit andern von ihrer Makellosigkeit mitteilen, die zu erleuchten vermögen, müssen als heller erleuchtete Geister ... das Licht, das ihr ganzes Wesen durchflutet (ὑπερχεόμενον φῶς), auf die des Lichtes Würdigen überleiten. Diejenigen endlich, die Vollendung erzeugen, müssen, mit der Gabe der vollendeten Mitteilung (μετάδοσις) ausgestattet, die Glieder, die vollendet werden, durch die heilige Einweihung (πανίερη μύησις) in die Erkenntnis (ἐπιστήμη) heiliger Geheimnisse zur Vollkommenheit führen. So wird jede Stufe der hierarchischen Ordnung gemäß ihrem Rang zur Mitwirkung mit Gott (θεία συνεργία) erhoben» (CH III 3, 165 C–168 A).

Die drei «Wege» – wenn man wirkende Kräfte so nennen darf – sind von Dionysius nicht im besonderen auf den Menschen hin formuliert, sondern als hierarchische Aktivität auf der Ebene der himmlischen und kirchlichen Hierarchie schlechthin beschrieben. Allein, da es sich um die intelligible Welt handelt, gilt der Prozeß der Vervollkommnung selbstverständlich und sogar primär dem Menschen. Er wird rangmäßig den

Engeln angenähert, an deren «Erhebung» er als vernunftbegabtes und intelligentes Wesen (λογικόι καὶ νοεροί) teilhat (X 2). Wie in jedem himmlischen Geist (οὐράνιος νοῦς) leben und wirken im menschlichen (ἀνθρώπικος νοῦς) die drei hierarchischen Kräfte der Reinigung, Erleuchtung und Vollendung (X 3).

Zu den Eigentümlichkeiten der dionysischen Hierarchie gehört, daß es drei verschiedene Ordnungen, die gestufte Trias der Engelchöre, gibt, in denen die drei Kräfte gleichermaßen wirken. Derselbe Prozeß der Vergöttlichung vollzieht sich auf den unterschiedlichen Graden der ‹Analogie›, d. i. der Teilnahme an Gott: «Die Teilnahme am thearchischen Wissen (θεαρχικὴ ἐπιστήμη) ist nichts anderes als Reinigung, Erleuchtung und Vollendung» (CH VII 3, 209 C). «Gemäß dieser hierarchischen Erleuchtungen erlangt jeder einzelne Geist in dem ihm zustehenden und erreichbaren Maße Anteil an der Reinheit ohnegleichen (ὑπεραγνοτάτη κάθαρσις), dem überflutenden Licht (ὑπερπλῆρες φῶς) und der schon immer vollendeten Vollendung (προτέλειος τελείωσις)» (CH X 3, 284 B).

Wie aber ist der Prozeß zu erklären, daß die Gereinigten (Erleuchteten, Vollendeten) Reinigung (Erleuchtung, Vollendung) bei denen zu bewirken vermögen, die Reinigung (Erleuchtung, Vollendung) erstreben? Handelt es sich um eine spezifische Dynamik innerhalb der je gleichen oder um einen Vorgang zwischen verschiedenen Stufen? Ich denke, das letztere, die vertikale Aktivität, ist zutreffend. Es verhält sich nämlich so, daß die hierarchischen Stufen «durchlässig» sind – anders gäbe es keinen Aufstieg –, und zwar in dem Sinne, daß die oberen Stufen die Funktion der unteren integriert haben. «*Alle* Chöre der Engel sind Offenbarer (ἐκφαντορικοι) und Boten derer, die *vor* ihnen sind» (CH X 2, 273 A).

Ein anschauliches Beispiel bietet die EH mit der Trias der priesterlichen Stände: «Wir haben vorgeführt, daß dem Stand der Hierarchen (Bischöfe) die vollendete Gewalt und Wirksamkeit eigen ist, dem Stand der Priester die Erleuchtung der Seelen zukommt, die auch in der Tat erleuchtet werden, der Stand des Liturgen die Macht zu reinigen und auszuscheiden hat. Aber natürlich vermag der Stand der Hierarchen nicht nur zu vollenden, sondern auch zu erleuchten und zu reinigen, und die Gewalt der Priester schließt mit der Kraft der Erleuchtung auch diejenige der Reinigung in sich» (EH V 7, 508 C).

In diesem Sinne ist die Unterscheidung derjenigen, die gereinigt sind, von denen, die sich reinigen u. s. w., zu verstehen, und daß diejenigen, die «Reinheit zu bewirken vermögen», ihre Makellosigkeit den andern mitteilen (s. o.). Es sind die Erleuchteten, die gereinigt sind und deshalb zu reinigen vermögen, die Vollendeten, die erleuchtet und gereinigt sind und deshalb zu erleuchten und zu reinigen befähigt sind. Von selbst versteht sich, aber Dionysius betont es, daß die Hierarchisierung nur in aufsteigender Bewegung gilt. Der obersten Hierarchie kommt die Sonderstellung zu, daß sie ihre Kräfte der Reinheit, Erleuchtung und Vollendung unmittelbar (ἀμέσως) von Gott erhält (CH X 1, 272 D). In der Darstellung sowohl der Engelchöre wie der priesterlichen Ämter der EH verfolgt Dionysius die absteigende Linie, die Vermittlung der oberen an die unteren Grade, aber in der Ausführung der einzelnen Aktivitäten überwiegt durchaus der Aspekt des Aufstiegs. Es entspricht dies der Situation des Menschen und der ihm zukommenden Mystagogie, während die absteigende Vermittlung (καταγωγικὴ διαπόρθμευσις)[40] deren theologische Voraussetzung genannt werden kann.

Daß das Modell dieser Doppelbewegung dem jüngeren Neuplatonismus angehört, ist unbezweifelbar:[41] sie ist die christliche Abwandlung der πρόοδος und der ἐπιστροφή. Christlich in dem Sinne, als die πρόοδος, der schöpferische Hervorgang Gottes, keine kosmische Notwendigkeit ist, sondern die freiwillige Selbstvermittlung Gottes im Schöpfungsakt wie in den Gnadengaben. Die ἐπιστροφή, die Rückkehr zum Einen, wird zur Heilsgeschichte.[42]

Wichtig ist der Zusammenhang der absteigenden und aufsteigenden Vermittlung. Sie verhalten sich simultan, die eine bedingt die andere und umgekehrt. Die Vermittlung der oberen «Geister» nach unten ist auch schon der Aufstieg der unteren.

Für die hierarchischen Akte kommt neben dem Neuplatonismus auch Origenes als Anreger in Betracht. Unter den zahlreichen «Stufen», denen er seine Vollkommenheitslehre zugeordnet hat, die er jedoch nie zum System erhob, ist in erster Linie an die aufsteigende Trias im Prolog zum Hohelied-Kommentar zu denken. Origenes bringt hier die drei Salomonischen Weisheitsbücher, ‹Sprüche›, ‹Prediger› (‹Ekklesiastes›) und ‹Hoheslied›, mit der neuplatonischen Wissenschaftseinteilung Ethik, Physik und Logik, welch letztere er zur Kontemplation umdeutet, in Zusammenhang, wobei Salomon als erster Lehrer der wahren Philosophie gepriesen wird. Origenes sagt folgendes: «Wenn die Seele durch sittliche Handlungen gereinigt wird (*purificatur*) und zur unterscheidenden Einsicht (*discretio*) der natürlichen Erscheinungen gelangt ist, erhält sie die Fähigkeit zur Erfassung der Glaubenswahrheiten und übersinnlichen Wirklichkeiten (*ad dogmatica et ad mystica*) und erhebt sich zur Schau des

---

[40] Die Begriffe «médiation descendante» und «médiation ascendante» sind von ROQUES (²1983), S. 102 ff., eingeführt.

[41] Siehe VON IVÁNKA (1949), S. 5 ff.; ders. (1953), S. 153 ff.; ROQUES (²1983), S. 71 ff.

[42] Auch die Trias Reinigung, Erleuchtung, Vollendung geht auf Proklos, vornehmlich dessen Alkibiades-Kommentar (Hg. von L. G. WESTERINK, Amsterdam 1954) 5,2 f., 247,2 zurück. Hinweis und weitere Stellen bei BEIERWALTES, Denken des Einen, S. 393 mit Anm. 18.

Göttlichen (*ad divinitatis contemplationem*) wie zur reinen und geistigen Liebe» (VIII, S. 75–78). Das läßt sich mit Daniélou, dem Ohly folgt, mit einiger Mühe als die drei Wege verstehen, die für die mystische Theologie des Abendlandes so bedeutsam geworden sind. Doch wird von niemandem, wenn ich recht sehe, die Brücke von Origenes zu Dionysius geschlagen, und fest steht, daß sich die abendländische Tradition immer auf Dionysius, nicht auf Origenes beruft.[43]

Denkt man an die «Wege»-Vorstellung des Abendlands, so wird man feststellen, daß sie trotz der Verbindung der dionysischen Trias Reinigung-Erleuchtung-Vollendung mit den Habitus Gregors des Großen, des Beginnenden, des Fortschreitenden und des Vollenders, sowie der Zuordnung von «Übungen» (Meditation, Gebet, Kontemplation) – ich skizziere damit das Schema Bonaventuras – schlichter geworden ist. Allein auf den Menschen und seine (außerordentliche) Vollkommenheit bezogen, fehlt ihr vor allem die Eingliederung in den hierarchischen, überpersönlichen geistigen Kosmos. Auch bedingt die «Wege»-Vorstellung eine einzige Bewegung, die Weiteraufwärts-Bewegung; die niedersteigende Bewegung des Göttlichen, die πρόοδος, wird nicht mitgedacht. Dieser Verlust der Simultanität ist zugleich Verlust von innerer Dynamik. Das hängt bestimmt damit zusammen, daß die spezifisch neuplatonischen Elemente ausgesondert wurden: nämlich die Einbindung der Geistwelt in ein hierarchisches Gefüge, das nicht ohne weiteres als «Schöpfung» zu erkennen war, auch wenn es von Dionysius so verstanden wurde, sowie der Hervorgang des Einen. An deren Stelle trat im abendländischen Wege-Schema die heilsgeschichtliche Ausrichtung.

Noch eine weitere Frage stellt sich von der mittelalterlichen Mystik her: diejenige nach der Theoria, der Kontemplation. Sie ist nach dem bereits erwähnten «klassischen» Modell Bonaventuras als dritter *modus exercendi* (Prologus) der obersten Stufe zugeordnet, hat also im Prozeß der Vergöttlichung eine ganz bestimmte Stelle. Das ist bei Dionysius anders. Weder in den beiden Hierarchien noch in DN und MTh hat θεωρία einen Ort im System – insofern sind ausführliche Kapitel, die der dionysischen Kontemplation gewidmet sind,[44] etwas irreführend –,

---

[43] Das Zitat nach Origenes VIII (GCS 33), hg. v. W[illem] A[dolf] Baehrens, Leipzig 1925, S. 78, 16–19. Jean Daniélou, Origène, Paris 1948, S. 297 f.; Friedrich Ohly, Hohelied-Studien, Wiesbaden 1958, S. 23 f. Walter Völker, Das Vollkommenheitsideal des Origenes (Beitr. z. hist. Theol. 7), Tübingen 1931, spricht immer wieder von den «Stufen» des Origenes, greift indes die hier in Frage stehende Trias nicht auf.

[44] So besonders Völker, der den ganzen Hauptteil II unter den Titel «Die Kontemplation» stellt; s. auch Roques, in: DAM II, Sp. 1885–1894.

sie ist ein eher beiläufiger Begriff, obschon sie durch die alexandrinischen und kappadozischen Väter sowie Evagrios[45] bereits eine spezifische Ausformung gefunden hat.

Es gibt Hinweise, die θεωρία der zweiten und in Abgrenzung dazu die ἐπιστήμη (Wissen) der dritten Stufe zuordnen. Roques hat dies auf Grund von EH V 3, 504 B; V 8, 516 B und CH III 3, 165 D (vgl. oben, S. 54) getan. Aber diese wenigen Stellen erlauben nun doch keine Systematisierung, und Völker ist recht zu geben, der im Sprachgebrauch keine konsequente Unterscheidung der beiden Begriffe erkennen kann.[46] In der Tat kommt auch den höchsten Wesen Beschauung zu,[47] und DN I 2, 588 C, ἐπιστήμη καὶ θεωρία, wird offensichtlich synonym für ‹Erkenntnis› eingesetzt.

Richtig ist, daß θεωρία bei Dionysius ein Prinzip der Teilnahme ist, das grundsätzlich auf allen Stufen, von der Taufe, der θεογενεσία an, wirksam ist. Sie hat als das Vermögen schlechthin zu gelten, am göttlichen Leben, sei es im sakramentalen, sei es im intelligiblen Bereich, teilzunehmen. Im sakramentalen stiftet sie eine Art heiliger Gemeinde (θεωρητικὴ δὲ τάξις ὁ ἱερὸς λαός, EH VI (III) 5, 536 D), was im intelligiblen mit seinen Ordnungen der Engel bereits vollzogen ist. θεωρία ist so, an keine Stufe gebunden und in allen wirksam, von verschiedener Intensität, stets jedoch vom Ziel, der Gottähnlichkeit, bestimmt.

Nach der Darstellung und dem Sprachgebrauch des Dionysius wird die Lehre von den drei hierarchischen Kräften (die im Abendland zu «Wegen» geworden sind) nicht der «mystischen» Erkenntnisweise zugeordnet. Es handelt sich ja auch nicht um einen Weg besonderer Gnade und Erwähltheit, sondern um den Weg des Christen schlechthin, der sich dem sinnlichen Leben entrissen hat. Es ist der sozusagen außergeschichtliche Heilsweg, außergeschichtlich, weil er aus der Horizontalen der heiligen Zeiten in die Vertikale, oder doch wohl besser: die Spirale eines intelligiblen Kosmos projiziert erscheint. «Mystisch» in einem spezifischen Wortsinn ist nur die *mystica theologia*. Wenn wir ihr trotzdem auch den dreifachen Aufstiegsweg zugeordnet haben, so geschah dies im Anschluß an das Dionysius-Verständnis des Abendlandes.

[45] Sieh jetzt Hans-Georg Beck, Theoria. Ein byzantinischer Traum, S. B. d. Bayer. Akad. d. Wiss., Philos.-hist. Kl. 1983/7, München 1983.

[46] Roques (²1983), S. 126–128; Völker, S. 134f.; 170 Anm. 3.

[47] Belege bei Völker, S. 135, Anm. 1. Doch ist der Beleg CH VII 2, 208 B zu streichen, der, im Zusammenhang gesehen – die θεωρητικοὶ beziehen sich auf die Erleuchtungsstufe der obersten Hierarchie –, die These von Roques unterstützt.

## b) Das mystische Dunkel

1. Die MTh[48] beginnt mit einem Gebet:[49] «Überwesentliche, übergöttliche und übergute Dreieinigkeit (Τριὰς ὑπερούσιε καὶ ὑπερθεε καὶ ὑπεράγαθε), Leiterin der Theosophie der Christen, führe uns auf den über alle Erkennbarkeit erhabenen (ὑπεράγνωστος), im Überlicht strahlenden (ὑπερφαός) höchsten Gipfel der mystischen Erkenntnisse (μυστικοὶ λόγοι), dorthin, wo die einfachen, unverhüllten und unwandelbaren Geheimnisse der Theologie (Τὰ ἁπλᾶ καὶ ἀπόλυτα καὶ ἄτρεπτα τῆς θεολογίας μυστήρια) im überhellen Dunkel (ὑπέρφωτος γνόφος) des geheimnisumhüllten Schweigens (κρυφιομήστη σιγῇ) enthüllt werden, Geheimnisse, die in ihrem Finstersten das Überhellste (ὑπερφανέστατον) überstrahlen und im gänzlich Unfaßbaren und Unsichtbaren, mehr als der überschönste Glanz es vermag, die augenlosen Geistwesen (νόες) erfüllen. Dies sei mein Gebet» (I 1). Timotheus aber, an den die Schrift gerichtet ist, wird aufgefordert, wenn er sich um mystische Schau (μυστικὰ θεάματα) bemühe, sich von aller sinnlichen Wahrnehmung und entsprechender Denktätigkeit zu befreien und «erkenntnislos» (ἀγνώστως) zur Einigung (ἕνωσις) mit dem, was über allem Sein und Erkennen (οὐσία καὶ γνῶσις) liegt, emporzustreben. Denn das von allem befreite Heraustreten des Geistes (ἔκτασις) führt zum «überwesentlichen Strahl (ὑπερούση ἀκτίς) des göttlichen Dunkels (θεῖος σκότος)» (ebd.).

Befreit vom stilistischen Überschwall, besagt die Kernstelle des Beginns folgendes:

– Der Autor will mit Hilfe der Trinität sich und den begnadeten Adepten auf den höchsten Gipfel mystischer Erkenntnisse führen.

– Diese, als höchste und erhabenste Geheimnisse der Theologie, werden in einem Bereich enthüllt, der mit «überhellem Dunkel» und ähnlichen Notationen als unfaßbar und unsichtbar bezeichnet wird.

– Indes enthüllen sich diese Geheimnisse in mystischer Schau (μυστικὰ θεάματα), sofern sich der Schauende von aller sinnlichen Wahrnehmung und jeder Denktätigkeit zu befreien vermag – und damit den Zustand erreicht, den Evagrios ein Jahrhundert früher *apathía* genannt hat.

– Im Heraustreten des Geistes (ἔκστασις) gelangt dieser zur Einigung (ἕνωσις), bildhaft zum «überwesentlichen Strahl des göttlichen Dunkels».

---

[48] Eine Ausgabe der MTh in satzrhythmischer Anordnung (mit französischer Übersetzung) bei VANNESTE, S. 226–245.
[49] Auch die CH setzt mit einem Anruf ein (I, 2), dem nur die biblische Präambel vorangeht; er richtet sich an Jesus, das «Licht des Vaters».

Diese Eröffnung der MTh, die in nuce das umschreibt, was wir in
einem engeren und eigentlichen Sinne «mystisch» nennen, hat wie
kaum eine andere kurze Textstelle Geschichte gemacht. Das beweist
schon eine Flut von Kommentaren (von denen noch die Rede sein
wird), die diesen Text aufzuschlüsseln versuchen.

Er kann durch Aussagen der Ep I, V und IX ergänzt werden. An den
Mönch Gaius schreibt Dionysius in Ep I: «Die Finsternis weicht dem
Licht, und zumal dem stärksten Licht, Unwissenheit (ἀγνωσία) verdunkelt das Wissen (γνῶσις) und am meisten das Viel-Wissen. Wenn Du
das aber in einem höheren Sinne verstehst und nicht als bloße Verneinung (στέρησις), dann mußt Du aussagen, was unerschütterlich wahr ist:
daß das wahre Licht vor denen, die es besitzen, doch verborgen bleibt,
daß die wahre Erkenntnis die Nichterkenntnis Gottes ist und daß dessen
unendliche Finsternis alles Licht verdunkelt und alle Erkenntnis verhüllt» (1065 A).

Der V. Brief an den Diakon Dorotheos ist erhellend, weil er den
biblischen Bezugspunkt herstellt: «Das göttliche Dunkel (θεῖος γνόφος)
ist das unerreichbare Licht (ἀπρόσιτον φῶς), in dem nach der Schrift
Gott wohnt (1 Tim. 6,16), unsichtbar wegen seiner unermeßlichen
Helle, unzugänglich wegen der Überfülle (ὑπερβολή) des aus ihm strahlenden überwesentlichen Lichtes.» Das bestätigt das Psalmenwort 138,6
(«Wunderbar ist Deine Erkenntnis über mir, sie ist so machtvoll, daß ich
nicht zu ihr gelangen kann»), und so ist auch vom «göttlichen» Paulus
gesagt, «daß er Gott erkannt hat über alle Erkenntnis und alles Wissen
erhaben. Deshalb sind seine Wege unaussprechlich (2 Kor. 9,15) und der
Friede, den er schenkt, übersteigt alle Vernunft (Phil. 4,7), weil er den,
der über allem ist, gefunden und auf eine Weise, die alle Vernunft übersteigt, erkannt hat, daß der, der die Ursache aller Dinge ist, alles Sein
überragt» (1073 A/1075 B).

Der IX. Brief, an Titus den Hierarchen gerichtet, bietet zur Hauptsache eine – z. T. fast aufklärerisch anmutende[50] – Auslegung des Hauses
der Weisheit (Prov. 9,1). Zwei Arten von Weisheit werden unterschieden: die eine ist unsagbar (ἀπόρρητος) und mystisch (μυστικός), die
andere offenbar und bekannt. Die erstere wird als «symbolisch» bezeichnet (συμβολική) – ohne aber symbolische Theologie, die der positiven
Theologie zugeordnet ist, zu sein –, weil sie sich der Metapher bedienen
muß. Sodann bedarf sie der Einweihung, sie ist τελεστική.

Als Ergänzung und Kommentierung der Kernstelle I 1 kann auch der
ganze Rest der MTh verstanden werden.

---

[50] GANDILLAC, Franz. Übers., S. 352, Anm. 1: «on croirait lire du Voltaire».

In I 2 wird der Empfänger des Sendbriefs (um einen solchen handelt es sich in der MTh nach mittelalterlicher Nomenklatur), Timotheus, ermahnt, die Geheimnisse der MTh nicht an «Ungeweihte» (ἀμύητοι) zu vermitteln, nämlich Leuten, die vom Seienden befangen sind. In gleicher Weise fordert Dionysius Timotheus zu Beginn der EH auf, die Geheimnisse des verborgenen Gottes vor Unberufenen zu bewahren, damit sie nicht besudelt werden (I 1, 372 A), und in DN heißt es von mystischen Gegenständen (μυστικὰ), sie seien für die große Menge nicht auszusprechen (ἄρρητα). Das hängt mit der von Dionysius vertretenen Lehre der Initiation, des Einstandes in die Weihen (die μυσταγωγία, MTh I 2, 1000 A; das oben zitierte τελεστικὸν) zusammen, die hier freilich nicht vorzutragen ist.[51]

Die wichtigste Ergänzung zu den Kernaussagen des Beginns ist der Abschnitt I 3: das Beispiel des Moses, des alttestamentlichen Prototyps mystischer Gotteserkenntnis. Nach der Reinigung und der Absonderung von allem Unreinen hört der Gottesmann vielstimmige Trompeten und sieht vielfältige Lichter, die vielfältige Blitze aussenden, bis er «die Höhe der göttlichen Stufen des Aufstiegs» erreicht, am Ort ist, wo Gott ist. Bis hierher begleiten ihn Priester. «Und dann macht er sich los von allem, was gesehen werden und was man sehen kann und sinkt hinein in das wahre mystische Dunkel des Nichterkennens (εἰς τὸν γνόφον τῆς ἀγνωσίας εἰσδύνει τὸν ὄντως μυστικόν; *ad caliginem ignorantiae intrat, quae caligo vere est mystica;* Dionysiaca II, S. 577[52]) ... und tritt ein in das gänzlich Unfaßbare, niemandem mehr, weder sich noch einem andern, angehörend, geeint mit dem gänzlich Unerkennbaren» (1000 C–1001 A). Was in der Traktateröffnung vom gotterfüllten Menschen schlechthin erbeten und erhofft wird, das ist hier als in einer heiligen Person bereits erfüllt dargestellt.

Daß das Eindringen in Gottes Dunkelheit aus der apophatischen Theologie herauswächst, wie schon die ὑπέρ-Bildungen und Verneinungen der bisher zitierten und referierten Passagen nahelegen, bestätigt und verdeutlicht Kap. II der MTh.»Daß uns diese überlichthafte Dunkelheit (ὑπέρφωτος γνόφος) zuteil werde, begehren wir, und durch Nichtsehen und Nichterkennen erkennen und sehen wir das, was über allem Sehen und Erkennen ist» (1025 A). Wie ein Repetitorium der Lehre von der positiven und negativen Theologie in DN mutet Kapitel III an. Das IV. und V. aber feiern in hohem Stil die Allursache (ἡ πάντων αἰτία, 1040

---

[51] Siehe u. a. VÖLKER, S. 90, 103, 203. Umfassende Belege, auch im historischen Umkreis, bei KOCH (1900), S. 108–123; in negativer Akzentuierung STIGLMAYR (1927), S. 205.

[52] Vgl. Exod. 20,21: Μωυσῆς δὲ εἰσῆλθεν εἰς τὸν γνόφον οὗ ἦ ὁ Θεός.

D) als Nicht- und Übersein.[53] Von der engsten Zusammengehörigkeit von apophatischer Gotteserkenntnis und mystischer ‹Schau› in der göttlichen Dunkelheit wird noch die Rede sein müssen. 2. Man hat es immer wieder ausgesprochen, daß der Begriff des Mystischen bei Dionysius unbestimmt und vieldeutig sei. Man kommt zu diesem Resultat, wenn man die Stellen[54] auf ihre Bedeutung im jeweiligen Kontext untersucht. Die meisten dieser Belege haben in der Tat keine terminologische Prägnanz, sondern umschreiben Geheimnisvolles, Rätselhaftes, Verhülltes, Weihevolles. Wenn aber Dionysius eine Schrift ’Περὶ μυστικῆς θεολογίας’ (‹Über die mystische Theologie›) nennt, so ist im Rahmen der so bezeichneten Theologie jedenfalls der Anspruch eines terminus technicus erhoben. Dieser spricht nun doch wohl das Eigentliche der hier vorgetragenen Lehre aus, und das ist die Gotteserkenntnis und -erfahrung (beides ist nicht voneinander zu trennen) κατὰ τὸν γνόφον, *in caligine,* in der Dunkelheit. Die drei μυστικός-Belege in der MTh entsprechen dem sehr genau: In der Kernstelle I 1 spricht der Verfasser von μυστικοὶ λόγοι, durch die im «überhellen Dunkel» die Geheimnisse (μυστήρια) der Gotteslehre enthüllt werden», etwas später von den μυστικὰ θεάματα, um die Timotheus sich bemühen soll, und schließlich wird I 3 von Moses gesagt, daß er in γνόφον μυστικόν versunken sei. Dazu treten die θεῖναι μυσταγωγίαι I 2, die göttlichen Einweisungen im Bereich der Dunkelheit (1000 A). Ebenso präzis ist in Ep IX 1 die παράδοσις ἀπόρρητον καὶ μυστικήν, denn sie bezeichnet jenen Weg der Weisheit, den die MTh beschreibt.

Überwiegend bezeichnet γνόφος die göttliche Dunkelheit, lat. *caligo:* MTh I 1, 997 B, I 3, 1000 C, 1001 A; II 1025 B, III 1033 B; dazu Ep V, 1073 A und DN VIII 2, 869 A. Diesen Belegen steht in derselben Bedeutung nur σκότος MTh I 1, 1000 A entgegen (bei den zwei weiteren σκότος-Belegen in MTh I 2, 1000 A und V 1048 A handelt es sich um ein Psalmenzitat (17, 12) bzw. den Gegensatz zum Licht). Umgekehrt ist σκότος Metapher für Unwissenheit und Sünde: DN IV 5, 700 D; IV 24, 728 A; Ep I, 1065 A;[55] EH III 6, 433 A, oder Gegensatz zum Licht: DN VII 2, 869 B. Dieser Befund erlaubt es, die göttliche Dunkelheit nur noch mit γνόφος, die übrigen Bedeutungen mit σκότος zu bezeichnen.[56]

---

[53]  Kap. V ist oben, S. 51 f., vollständig zitiert.
[54]  Sämtliche Stellen im ‹Index complet› Dionysiaca II: μυστικός S. 1634 (27 Belege); dazu: μυσταγωγία S. 1594 (3 Belege), μυστήριον (30 Belege), μύστης (4 Belege); s. auch G. W. H. Lampe, A Patristic Greek Lexicon, Oxford ⁵1978, S. 893 f.; Daele, S. 98.
[55]  Zwei Belege. Dazu erhellend Vanneste, S. 169 f.
[56]  Man kann bei Puech, S. 34 ff., beobachten, in welche Schwierigkeiten die Nichtunterscheidung von γνόφος und σκότος führt. Der Verfasser muß so zum Schluß gelangen, «γνόφος ou σκότος chez Denys est un terme ambivalent qui revêt deux significations réciproques» (S. 36).

Zu unterscheiden von ‹Erkenntnis› in der göttlichen Dunkelheit ist die Beschauung. Es kann kein Zufall sein, daß Dionysius in der MTh von μυστικά θεάματα (‹mystischen Anblicken›) spricht, nicht von μυστικά θεωρία (‹mystischer Schau›), die für das hierarchische Erkennen Gottes gilt. Sorglos, unbedacht, wie ihm immer wieder unterstellt wurde, hat Dionysius seine Begriffe keineswegs gesetzt. θεάματα als nichtterminologischer Begriff will eben nur anzeigen, daß das Geschehen in göttlicher Dunkelheit etwas mit unmittelbarer Erkenntnis, also mit der θεωρία zu tun hat, ohne mit ihr identisch zu sein.

Diese darf als Ekstase verstanden werden, da laut der Kernstelle MTh I 1 das «Hervortreten» des Geistes zum «überwesentlichen Strahl des göttlichen Dunkels» führt. Dazu passen die zwei *ekstasis*-Belege in Ep IX 5, die den Verlust der Sinne in der göttlichen Trunkenheit bezeichnen (1112 C). Man darf so das «mystische Dunkel» mit einer Erkenntnisweise verbinden, die aus dem Status des dem Menschen zukommenden Vermögens herausführt und in das Andere, das Göttliche, eintritt.

Dies aber bedeutet ἕνωσις, Einigung. In der MTh ist I 1 der einzige Beleg, während 48 den DN, 4 der CH und 8 der EH angehören.[57] Das heißt, und die Belege bestätigen es, daß sich im ganzen Bereich der «Analogie», auf jeder Stufe der Vergöttlichung, ἕνωσις ereignet: Einigung ist hierarchisch bedingt, eine ἀνάλογη θέωσις (CH I 3, 124 A), die ἐπιστροφή selbst, der eigentliche Zweck der Hierarchie (CH III 2, 165 A). Von dieser Einigung in der Hierarchie unterscheidet sich die Henosis der MTh, die man die mystische nennen darf. Sie vollzieht sich plötzlich, entreißt den Gläubigen allen menschlichen Bedingungen, ist ein transintellektueller Akt.

Daß er sich auf Grund der hierarchischen Heiligung vollzieht, legt der Aufstieg des Moses in MTh I 3 nahe, wo der Reinigung die Erleuchtung und dieser der ‹Ort› Gottes folgt, der doch wohl mit «Vollendung» gleichzusetzen ist. Daraufhin erfolgt das Versinken im mystischen Dunkel. Daß Dionysius die hierarchische Vergöttlichung und die Henosis des mystischen Dunkels zusammensieht, darf so angenommen werden. Die Frage ist nur, ob der hierarchische Prozeß die *notwendige* Voraussetzung der ekstatischen Einigung ist. Das geht indes aus keiner Stelle des Corpus hervor, und das besagt vielleicht, daß Dionysius auf eine entsprechende Systemverknüpfung keinen Wert legte, d. h. die Möglichkeit offenhalten wollte, sich die ekstatische Henosis in jedem hierarchischen Status vorzustellen.

[57] Dionysiaca II, 1590; zur Interpretation s. VANNESTE, S. 183–200.

Es sollte deutlich geworden sein, daß das Begriffsgefüge der mystischen Theologie sich als konsistent erweist, sofern man diese ausgrenzt und nicht den Versuch macht, die dionysische Lehre schlechthin als «mystisch» zu charakterisieren.[58] Daß das Abendland dies weitgehend getan hat, ist ein Resultat der Dionysius-Rezeption. In einer historischen Darstellung ist die genuine Lehre des Dionysius davon wohl zu unterscheiden.

3. Eines steht indes fest und muß eigens thematisiert werden: Die mystische Theologie steht in unmittelbarem Zusammenhang mit der apophatischen Gotteslehre. Zunächst glaubt man freilich an die symbolische Theologie denken zu müssen,[59] die der kataphatischen Gotteserkenntnis gleichzusetzen ist. Die göttliche «Dunkelheit» – ist das nicht ein göttlicher «Name»? Unabhängig davon, daß «Dunkelheit» formal als Metapher zu gelten hat, steht jedoch γνόφος in der MTh, wie aus den oben zusammengestellten Belegen hervorgeht, in singulärer Bedeutung. Nur hier ist Dunkelheit eine göttliche Erscheinungsweise, sonst immer ein Negatives: Finsternis des Unwissens und der Sünde. In Ep 1 wird die apophatische Bedeutung geradezu von der Negativ-Metapher abgehoben:[60] ein wertvoller methodologischer Fingerzeig. Das «göttliche Dunkel» steht so jenseits aller Namen, auch jenseits (um mit der Scholastik zu sprechen) der Transcendentalia, bezeichnet die Aseität des Göttlichen.

Mit besonderer Deutlichkeit stellt MTh II den Zusammenhang zwischen apophatischer Gotteserkenntnis und der «Dunkelheit des Unerkennbaren» (I 3, 1001 A) heraus. Wir wünschen «durch Nichtsehen und Nichterkennen» «das über Sehen und Erkennen stehende Nichtsehen und Nichterkennen» «zu sehen und zu erkennen», und dies durch ἀφαίρεσις, Absprechen.

---

[58] So z.B. STIGLMAYR (1927) mit seiner Feststellung, «die ganze Heilsordnung mit all ihren Einrichtungen, Personen und Sachen (sei) mystisch» (S. 205) und die MTh nur «ein Nachhall aus den mystischen Belehrungen ..., die in den andern Schriften reichlich verbreitet sind» (S. 162 f.). Auch PUECH ist der Ansicht, die MTh mit ihrer Vorstellung vom mystischen Dunkel sei für Dionysius nicht konstitutiv (S. 43 und 52); er muß freilich ihre ungemeine Wirkung in der abendländischen Mystik zugeben (S. 53). Diese Sicht, verbunden mit der Perspektive der «katholischen» Mystik, führt dann auch zu einer argen Verzeichnung der Dionysischen Mystik.

[59] So betrachtet PUECH die MTh als Verlängerung der symbolischen Theologie (S. 34).

[60] «Die Finsternis (hier σκότος, weil von der negativen Bedeutung ausgegangen wird) weicht dem Licht ... Unwissenheit dem Wissen ... Wenn Du aber beide in höherem Sinne verstehst und nicht als bloße Verneinung, dann mußt Du wahrheitsgemäß aussagen ..., daß die wahre Gotteserkenntnis das Nichterkennen ist und daß seine unendliche Finsternis alles Licht verdunkelt und alle Erkenntnis verhüllt» (1065 A).

«Sehen» und «Erkennen» bezeichnen hier offensichtlich nicht mehr spezifische Vermögen, nicht νοεῖν und θεωρεῖν, sondern sind Chiffren für die «Erkenntnis» des schlechthin Transzendenten κατὰ τὸν γνόφον. ἀγνωσία, Nichterkennen, ist so ein Erkennen, dessen Modalität zwar nicht mehr zu bezeichnen ist, bedeutet aber keineswegs Unwissenheit: deshalb wird die ‹Dunkelheit› hier ja auch als «überlichthaft» (ὑπέρφωτος γνόφος) angesprochen. Und kein Zweifel kann sein, daß dieses «Erkennen im Nichterkennen» eigentliches «Erkennen» ist, Erkennen in der ἕνωσις πρὸς Θεόν, der göttlichen Einigung.

Das «überlichthafte Dunkel» kann von da aus weiter bestimmt werden. Es ist natürlich nicht falsch, es als «paradox» zu bezeichnen, nur führt der rhetorische Terminus technicus hier keineswegs zur Sache, sondern deckt sie eher zu.[61] Entscheidend ist, daß das «Überlicht» der apophatischen Theologie mit der Dunkelheit der Henosis zusammenfällt. Nicht als *coincidentia oppositorum,* weil es die Gegensätze Licht-Dunkelheit bei Dionysius weder auf der ontologischen noch der gnoseologischen Ebene gibt, sondern als eine schon immer vorhandene Koinzidenz. Das «überlichthafte Dunkel» ist bis zu Meister Eckhart der äußerste Versuch, Gottes absolute Transzendenz anzudeuten, und diesem Versuch gilt überhaupt die Aufgipfelung der dionysischen Theologie in der ‹Mystica theologia›. Mit Recht hat sie in der abendländischen Rezeption allergrößte Beachtung gefunden.

Wenn ich den Zusammenhang zwischen apophatischer und mystischer Gotteserkenntnis betonte und dabei die kataphatisch-symbolische ausschloß, stehe ich im Widerspruch zu René Roques, der die mystische Theologie als Aufgipfelung, ja als Rechtfertigung der apophatischen *und* kataphatischen verstanden hat.[62] Sicher hat Roques die Logik des Systemzusammenhangs auf seiner Seite − auch widerspreche ich dem unvergleichlichen Dionysius-Kenner ungern −, aber ich meine doch, es gäbe Gründe, die Bilder der ‹Mystica Theologia›, zumal die zentrale Dunkelheitsmetaphorik, von denjenigen der symbolischen Theologie abzuheben (s. o.). Diese beruhen auf einem methodischen Ansatz, jene bleiben Metaphern.

4. Immer wieder ist darauf hingewiesen worden,[63] daß die Grundvorstellung der MTh von der göttlichen Dunkelheit, in der sich die Einung vollzieht, keine Parallele im neuplatonischen Denken hat. Sie ist, wie die

---

[61] Ich halte grundsätzlich die Verwendung rhetorischer Kategorien für theologisch-spirituelle Sachverhalte für problematisch. Sie bringen im eigentlichen Sinne «auf den Begriff», was der inhaltlichen Erklärung bedürftig ist. Dazu K. RUH, Überlegungen und Beobachtungen zur Sprache der Mystik, in: Reiner HILDEBRANDT/Ulrich KNOOP, Brüder-Grimm-Symposion zur historischen Wortforschung, Berlin-New York 1986, S. 24−39, bes. S. 27 f., 37.

[62] René ROQUES, De l'implication des méthodes théologiques chez le Pseudo-Denys, RAM 30 (1954), S. 268−274.

[63] Zuletzt BEIERWALTES, Denken der Einen, S. 149; früher u. a. PUECH, S. 43.

Analyse gezeigt hat (zu I 3), aus der Exegese von Moses' Begegnung mit Gott auf dem Sinai (Exod. 19,9; 16–19; 20,18–21), kombiniert mit dem Gespräch Moses' mit Gott in der Wolke vor der Stiftshütte (Exod. 33,9–21) gewonnen. Das ist Anlaß, die biblische Komponente der mystischen Theologie des Dionysius genauer ins Auge zu fassen. Hinzuzufügen ist dem MTh-Abschnitt I 3 und seiner Analyse, daß die hier vorliegende Deutung der Wolke (Exod. 19,9, νεφέλη, *caligine nubis;* 16, νεφέλη, *nubis;* 20,21, γυόφος, *caligo*) die traditionelle jüdische Interpretation der Wolke als Gegenstand eschatologischer Hoffnung (die in der Schilderung von der «Verklärung» Jesu auf dem Berge Tabor, Mark. 9,2–9, in christlicher Sicht zur Erfüllung kommt),[64] hinter sich läßt. Die Wolke wird mit Dionysius zum mystischen Dunkel und «Ort» der Ekstase.

Inwiefern der Areopagite in dieser Deutung den griechischen Vätern, besonders Gregor von Nyssa, verpflichtet ist,[65] braucht an dieser Stelle nicht erwogen zu werden: entscheidend ist, daß es nicht die kappadozischen Väter, sondern Dionysius war, der – mit Augustinus[66] – die mystische Interpretation dem Abendland vermittelt hat.[67]

Neben Moses' Gottesschau – ob es eine Wesensschau gewesen ist oder nicht, war schon im Mittelalter umstritten[68] – wurde die Entrückung und Schau des Paulus (2 Kor. 12,2–4) zum eigentlichen Kronzeugentext christlicher Mystik. Schon Augustinus sah im *raptus* des Paulus eine Wesensschau, und ihm folgten (fast) alle mittelalterlichen Kirchenlehrer.[69] Da fällt schon auf, daß Dionysius als Lehrer der Ekstase die Paulinische Ekstase übergeht; er preist zwar (DN IV 13, 712 A) den ekstatischen Eros des «großen Paulus» – «ergriffen vom göttlichen Eros und in

---

[64] Ich folge hier Ernst LOHMEYER, Die Verklärung Jesu im Markus-Evangelium, Zs. f. neutestam. Wissensch. u. d. Kunde d. älteren Kirche 21 (1922), S. 185–215, bes. 196 ff.

[65] PUECH, S. 49–52; VÖLKER, S. 215–217.

[66] Siehe ‹De genesi ad litteram› XII 27.

[67] Siehe den Überblick über die MTh-Auslegungen bei VÖLKER, S. 221–263. Die «mystische» Dunkelheit ist indes auch bei Mystikern des Hoch- und Spätmittelalters nicht schlechthinnige Regel des Verständnisses von Exodos 20,21. So kennt Meister Eckhart den Sprung in die göttliche Dunkelheit durch die Ekstase nicht. Siehe seine Auslegung von Ex. 20,21 in ‹Expositio libri Exodi›, n. 237 (LW II, S. 195 f.) und in der deutschen Predigt Nr. 51 (DW II, S. 476,3–477,2). In beiden Texten hebt die Erklärung auf den verborgenen, unerkennbaren Gott ab.

[68] Thomas von Aquin, S. th. II/II, q. 174, a. 5 entschied sich unter Berufung auf Augustin für die Wesensschau (*vidit ipsam Dei essentiam*); abgelehnt wurde sie von Alexander von Hales, Hugo von St. Cher, Albertus Magnus, Bonaventura (U. VON BALTHASAR im Kommentar der deutsch-lateinischen Ausgabe, Bd. 23, S. 366).

[69] Siehe VON BALTHASAR [wie Anm. 68], S. 372–410, im Anschluß an S. th. II/II, q. 175, mit ausführlichem Bezug auf die Tradition, besonders Augustinus, ‹De genesi ad litteram› l. XII (s. K 2, 5.b).

der Teilnahme seiner ekstatischen Macht» –, bezieht dies aber nicht auf die Entrückung vor Damaskus, sondern auf Gal. 2,20: «Ich lebe, aber nicht mehr ich, sondern Christus lebt in mir.» Eine Erklärung dieser Leerstelle will nur eine Mutmaßung sein: Wie früher ausgeführt (1.b), ist der angebliche Apostelschüler in der Vergegenwärtigung der Apostelzeit und des Apostelmilieus sehr zurückhaltend. Er bietet einige fiktive Situationen wie in DN III 2, wagt es aber offensichtlich nicht, biblische Ereignisse wie des Paulus Rede auf dem Areopag (deren Zuhörer er gewesen sein müßte) und dessen Entrückung vor Damaskus zu nennen oder gar zu kommentieren und sich damit in sie hineinzustellen. Als Psychologicum scheint mir dies verständlich.

Das kann nicht bedeuten, daß die Paulinische Christusmystik für ihn nicht wichtig gewesen ist – gerade die oben zitierte Stelle DN IV 13 besagt das Gegenteil –, er biegt sie freilich im Prozeß der «Hellenisierung» in Gottesmystik um.[70] Unter diesem Aspekt kann es dann auch nicht überraschen, daß er in Christi Erdenleben keine mystischen Ansätze sucht. Jesu «Verklärung» auf dem Berg Tabor (Mark. 9,2–9) bleibt – trotz der Wolke und dem Bezug zu Moses' Gottesschau – im ganzen Corpus unerwähnt.

Sollten uns die neutestamentlichen Elemente im Werke des Dionysius eher dürftig erscheinen, so ist dies zu einem guten Teil durch die Optik unserer breiten und differenzierten Einblicke in die Spiritualität der Evangelien und Paulusbriefe bedingt. Dionysius konnte darüber nicht verfügen. Auch trat ihm das Christentum bereits in einer stark «hellenisierten» Form entgegen, was ihm gar nicht bewußt gewesen sein dürfte, was wir indes über die Proklos-Rezeption hinaus seinem Denken und seiner Vorstellungswelt zuschreiben. Daß sich Dionysius als Christ im Sinne der Evangelien und des Paulus verstand, dürfte keinem Zweifel unterliegen. Er sprach dieses Christentum nur mit seinen Mitteln, denen eines gebildeten Griechen, aus. Für ein breites Publikum oder eine Stadtgemeinde waren diese Schriften, im Gegensatz etwa zu den Briefen des Paulus, wohl nicht gedacht. Schon der Adressat, eine einzelne Person, läßt im Sinne des Areopagiten auf eine exklusive Empfän-

---

[70] Ich sage dies im Anschluß an Albert SCHWEITZERs Buch ‹Die Mystik des Apostels Paulus›, bes. Kap. XIII «Die Hellenisierung der Mystik Pauli durch Ignatius und die johanneische Theologie»; Dionysius kommt freilich weder hier noch sonst zu Wort. Doch wirkt die Art und Weise, wie SCHWEITZER die Paulinische Mystik beschreibt, wie eine konsequente Abgrenzung von Dionysius. In einem aber treffen sie sich: Auch SCHWEITZER ist der *raptus* in 2 Kor. 12,2–4 gegen alle Tradition kein Zeugnis von Paulus' Mystik. Er geht nur einmal, S. 152 f., darauf ein, indes im Kontext des Leidens und der Krankheit (epileptische Anfälle) des Apostels.

gerschaft schließen; sie wird ja auch vom Verfasser wiederholt gefordert.[71] Daß das Corpus Dionysiacum dennoch Geschichte machte, ist zwar sicher kein «Zufall», den es im geschichtlichen Leben nicht geben dürfte, aber für unsern Blick doch ein letztlich unerklärbares Phänomen – wie es Person und Werk des Areopagiten trotz aller Deutungsversuche geblieben sind.

5. Da die MTh die Besonderheit des dionysischen Stils in extremster Form entwickelt, seien an dieser Stelle einige allgemeine Bemerkungen zur Sprache des Areopagiten vorgebracht.[72]

Man kann den Sprachgebrauch des Dionysius als «barock», «unnatürlich», «dunkel», «verdrechselt», «orgiastisch» schelten – und man hat es, die Altphilologen an der Spitze, getan[73] –, nicht zu bestreiten ist die Einzigartigkeit und Unverwechselbarkeit dieses Idioms und gleichfalls nicht dessen Adäquatheit zur theologisch-spirituellen Aussage. Das heißt aber auch schon, daß es sich um einen originalen Stil handelt, der sich sowohl von demjenigen der alexandrinischen und kappadozischen Väter als auch von dem der Neuplatoniker deutlich abgrenzt. Maximus Confessor (bzw. Johannes von Scythopolis[74]) hat ihn als erster bewundert und zu beschreiben versucht.[75]

Mit Recht wurden die Elemente superlativischen Sprechens als das eigentliche Kennzeichen Dionysischer Rede herausgestellt.[76] Dazu gehören nicht nur die grammatikalischen Superlative, sondern das Beziehungswort erhöhende und steigernde Adjektive wie ἄγατος (gut), ἅγιος (heilig) (mit 25 Superlativformen), ἄκρος (höchst) (mit 11 Superl.), θεῖος (göttlich) (mit 60 Superl.), θεοειδής (gottähnlich) (mit 13 Superl.), ἱερός (gottgeweiht) (mit 34 Superl.). Sie gehen regelmäßige Verbindungen ein mit erhabenen Begriffen und Namen wie εὐχαριστία (Eucharistie), οὐσία (Wesenheit), Τρίας (Dreiheit), Ἰησοῦς (Jesus), Σεραφίμ (Seraphim) usw.

Geschichte gemacht haben aber besonders die ὑπερ-Bildungen, denen wir im Lateinischen und in den Volkssprachen wiederum begegnen werden. Sie transzendieren sozusagen die nominale Aussage über das Sagbare hinaus, lassen die Apophase ins unendlich Positive umschlagen und

---

[71] Siehe o. 3.b 1.
[72] Spezielle Untersuchungen müssen dem Gräzisten vorbehalten werden. – Die maßgebliche Studie über den Dionysischen Sprachgebrauch stammt von dem Italiener Piero SCAZZOSO (1967).
[73] Siehe SCAZZOSO, S. 31.
[74] Siehe in 4.a.
[75] SCAZZOSO, S. 19–27.
[76] Am umfassendsten von SCAZZOSO, S. 35–46.

etablieren intentional so etwas wie eine Metasprache. Noch einmal sei, nunmehr als Paradigma superlativischen Sprechens, der Anfang der MTh zitiert, jetzt im griechischen Wortlaut:[77]

Τριὰς ὑπερούσιε
καὶ ὑπέρθεε
καὶ ὑπεράγαθε
τῆς Χριστιανῶν ἔφορε θεοσοφίας,
ἴθυνον ἡμᾶς ἐπὶ τὴν τῶν μυστικῶν Λογίων ὑπεράγνωστον
καὶ ὑπερφαῆ
καὶ ἀκροτάτην κορυφήν,
ἔνθα τὰ ἁπλᾶ καὶ ἀπόλυτα καὶ ἄτρεπτα τῆς θεολογίας
μυστήρια
κατὰ τὸν ὑπέρφωτον ἐγκεκάλυπται
τῆς κρυφιομύστου σιγῆς γνόφον,
ἐν τῷ σκοτεινοτάτῳ τὸ ὑπερφανέστατον
ὑπερλάμποντα
καὶ ἐν τῷ πάμπαν ἀναφεῖ καὶ ἀοράτῳ
τῶν ὑπερκάλων ἀγλαίων ὑπερπληροῦντα τοὺς
ἀνομμάτους νόας.

«Überwesentliche, übergöttliche und übergute Dreieinigkeit, Leiterin der Theosophie der Christen, führe uns auf den über alle Erkennbarkeit erhabenen, im Überlicht strahlenden höchsten Gipfel der mystischen Erkenntnisse, dorthin, wo die einfachen, unverhüllten und unwandelbaren Geheimnisse der Theologie im überhellen Dunkel des geheimnisumhüllten Schweigens enthüllt werden, Geheimnisse, die in ihrem Finstersten das Überhellste überstrahlen und im gänzlich Unfaßbaren und Unsichtbaren, mehr als der überschönste Glanz es vermag, die augenlosen Geistwesen erfüllen.»

Nicht weniger als 10 ὑπέρ-Bildungen, einem Cantus firmus nicht unähnlich, zeichnen diesen Eröffnungssatz in seiner unvergleichlichen Aufwärtsbewegung aus, aber sie sind nur die Spitzen superlativischen Sprechens. Hinzu treten die Superlative ἀκρότατος, τὸ σκοτεινότατον, τὸ ὑπερφανέστατον, sowie die a-privativum-Formen ἀπόλυτος, ἄτρεπτος, ἀναφής, ἀόρατος, die in ihrer ausschließenden Funktion gleichfalls Superlativqualität besitzen.[78]

ὑπέρ- und andere transzendierende Sprachelemente[79] bilden Composita, die als solche eine weitere Großkategorie des Dionysischen Spre-

---

77 Ich zitiere nach der satzrhythmischen Edition von VANNESTE, S. 226.
78 Weitere Beispiele bei SCAZZOSO, S. 42 f.
79 SCAZZOSO, S. 41 f., nennt Bildungen mit παν-, ἀρχ-, ὁλο-, πρωτο-, ἀει-, αὐτο-, πολυ-.

chens bilden. Ungemein zahlreich und hier besonders in Zusammensetzungen mit Präfixen, bewirken sie einen schweren, ausladenden, aber rhythmisch bewegten Sprachduktus. Es ist vor allem die Häufung der Composita, die man wiederholt als «barock» glaubte bezeichnen zu müssen. Von den Präfixbildungen überwiegen neben den in Anm. 79 genannten ἀπό-, ἄρχι-, ἐκ-, μετά-, περί-, πρός-, σύν-; nicht wenige dieser Composita sind nur im CD belegt (*).

Einige Beispiele: ἀπό-: *ἀπόκαρσις (tonsura), ἀποκατάστασις (revolubilitas, reversio), ἀποκλήρωσις (pars, partitio), *ἀπολίσθησις (perditio), ἀπόφατις (depulsio, negatio);

ἄρχι-: *ἀρχισύμβολον (principale symbolum),[80] *ἀρχίφως (principalis lux);

ἐκ-: *ἐκμάθητις (disciplina), ἔκστασις (exstasis, excessus), *ἐξουσιότης (potestas);

μετά-: *μετάδοσις (traditio), μετοχή (participium, participatio, particeps, participans), μετουσία (participatio);

περί-: *περάτωσις (consumatio), *περιέλξις (ambitus), *περικάλυψις (circumvelamen), περιουσία (magnitudo);

πρός-: προσαγωγή (processio, accessus, accessio, abductio), *προσαγωγικός (ductivus, praelatus), *πρόσυλος (materialis);

σύν-: συναπτικός (comprehensivus), συνέλεξις (conversio, ambitus, convolutio), *συνεργεία (cooperatio).

Neben den häufigen Composita bestimmen Konzentrationen gleicher Elemente den Dionysischen Satzduktus. Ich nenne sie Kumulationen, und sie können aus Satzgliedern wie ganzen Nebensätzen formiert werden. Thomas von Aquin mochte sie im Auge gehabt haben, als er von einer häufigen multiplicitas verborum des Dionysius sprach, die überflüssig erscheine, jedoch sich den sorgfältigen Beobachtern als große Tiefe des Gehalts erschließe.[81]

Noch einmal kann uns der Eröffnungssatz der MTh als Beispiel dienen:

Der Satz beginnt mit einer Kumulation feiernder Attribuierungen der Τριάς (ὑπερούσιε καὶ ὑπέρθεε καὶ ὑπεράγαθε) und leitet mit der Satzaussage («führe uns») zu einer neuen Kumulation hin, die dem ‹Vollzugsort› des Mysteriums gilt (ἐπὶ τὴν ... ὑπεράγνωστον καὶ ὑπερφαῆ καὶ ἀκροτάτην κορυφήν). Die Häufung attributiver Bestimmungen

---

[80] Hier und im folgenden biete ich als Interpretamente die Übersetzung des Eriugena (nach den Dionysiaca). Stellennachweise im griechischen Index Dionysiaca II, S. 1585 ff.

[81] Expositio in librum b. Dionysii de divinis nominibus, Librum Proemium p. 2.

setzt sich im anschließenden Satzteil fort (τὰ ἁπλᾶ καὶ ἀπόλυτα καὶ ἀτρεπτα μυστήρια – ἐν τῷ πάμπαν ἀναφεῖ καὶ ἀοράτῳ); sie alle vergegenwärtigen die μυστήρια des überhellen Dunkels. Der folgende Kurzsatz 'Εμοὶ μὲν οὖν ταῦτα ηὔχθω', «Dies sei mein Gebet», wirkt wie ein Pausenzeichen, ein Atemholen.

So sehr des Dionysius theologisch-spirituelle Darlegungen im Intellekt ihren Sitz haben, die sprachliche Vermittlung erfolgt nicht diskursiv und argumentierend. Vielmehr stellt er seine Gegenstände beschreibend, feiernd, ja beschwörend vor. Er folgt dabei ihren Eigenbewegungen, und die sind zirkulär. «Die Bewegung der göttlichen Intelligenzen ist kreisförmig» (κυκλικῶς) (DN IV 8, 704 D), und das gilt auch für die Seele (DN IV 9, 705 A). So ist auch die Sprachbewegung der Dionysischen Rede kreisend-umkreisend zu nennen. Es ist dies sowohl ein Betrachten in wechselnder Perspektive wie eine Annäherung. Beides kommt nicht zur Ruhe, nicht «auf den Begriff». Gott und seine Manifestationen bleiben unerforschlich.

## 4. Der Einstand des Corpus Dionysiacum im Abendland

### Forschungsliteratur

Joseph STIGLMAYR S. J., Das Aufkommen der Pseudo-Dionysischen Schriften und ihr Eindringen in die christliche Literatur bis zum Laterankonzil 649, in: 4. Jb. d. ö. Privatgymnasiums an der Stella Matutina zu Feldkirch 1895, S. 3–96. – Henri OMONT, Manuscrit des œuvres de S. Denys l'Aréopagite envoyé de Constantinople à Louis le Débonnaire en 827, Revue des Études Grecques 17 (1904), S. 230–236. – Martin GRABMANN, Die mittelalterlichen lateinischen Übersetzungen der Schriften des Pseudo-Dionysius Areopagita, in: M. G., Mittelalterliches Geistesleben I, München 1926, S. 449–468. – P. Gabriel THÉRY O. P., Scot Érigène, traducteur de Denys, Arch. Latinitatis Medii Aevi (Bulletin du Cange) 6 (1931), S. 185–280. – Ders., Études Dionysiennes, I. Hilduin, traducteur de Denys; II. Édition de la traduction (Études de Philosophie Médiévale 16, 19), Paris 1932/1937. – Ders., Scot Érigène, introducteur de Denys, The New Scholasticism 7 (1933), S. 91–108. – Ders., Jean Sarrazin, ‹traducteur› de Scot Érigène, in: Studia medievalia, in honorem Raymundi Josephi Martin O. P., Brügge 1949, S. 359–381. – Ders., Documents concernant Jean Sarrazin, Archives d'Histoire Doctrinale et Littéraire du Moyen Age 25/26 (1950/1951), S. 45–87. – Ezio FRANCESCHINI, Roberto Grossatesta, vescovo di Lincoln, e le sue traduzioni latine, Atti del R. Istituto Veneto di Scienze: Lettere e Arti 93/2 (1933/34), S. 1–138, wieder abgedruckt in: E. F., Scritti di filologia latina medievale II (Medioevale e Humanesimo 27), Padua 1976, S. 409–544 [zit.]. – Philippe CHEVALLIER (Hg.), Dionysiaca I/II (s. o. S. 32), bes. I Introduction, S. LXV–XCII. – Hans Urs VON BALTHASAR S. J., Das Scholienwerk des Johannes von Scythopolis, Scholastik 15 (1940), S. 16–38. – Albert SIEGMUND, Die Überlieferung der griechischen christlichen Literatur in der lateinischen Kirche bis zum

12. Jh. (Abhandlungen d. Bayer. Benediktiner-Akad. 5), München-Pasing 1949, S. 182–187; 191 f. – Saint Denis, premier évêque de Paris, in: Vie des Saints et des Bienheureux, par les RR.PP. Bénédictins de Paris, X (octobre), Paris 1952, S. 270–288. – Heinrich WEISWEILER S. J., Die Ps.-Dionysiuskommentare ‹In Coelestem Hierarchiam› des Skotus Eriugena und Hugos von St. Viktor, Recherches de Théologie ancienne et médiévale 19 (1952), S. 26–47. – Hyacinthe F. DONDAINE O. P., Le Corpus dionysien de l'Université de Paris au XIIIᵉ siècle (Storia e Letteratura. Raccolta di Studi e Testi 44), Rom 1953. – Denis Areopagite, DAM III (1957), Sp. 318–386. – Werner BEIERWALTES, Johannes von Skythopolis und Plotin, in: F. L. GROSS, Studia Patristica 11 (Texte und Untersuchungen zur Geschichte der altchristlichen Literatur 168), Berlin 1972, S. 3–7. – René ROQUES, Traduction ou interprétation? Brèves remarques sur Jean Scot traducteur de Denys, in: The Mind of Eriugena, Papers of a Colloquium Dublin, 14.–18. Juli 1970, hg. von John j. O'MEARA und Ludwig BIELER, Dublin 1973, S. 59–77. – Walter BERSCHIN, Griechisch-Lateinisches Mittelalter. Von Hieronymus zu Nikolaus von Kues, Bern-München 1980.

Dieses Kapitel ist nicht als Skizze einer Wirkungsgeschichte des Dionysius im Mittelalter gedacht. Ich verfolge, nach der Nennung der ersten Zeugnisse seitens der Päpste im byzantinischen Zeitalter Roms, einzig die Basis der Dionysius-Rezeption, nämlich die Übertragungen seiner Schriften und was unmittelbar als kommentierende ‹Anlagen› zu ihnen gehört. Die Dionysius-Kommentare kommen in anderem Zusammenhang zu Wort.

a) Als die Severianer 533 beim Religionsgespräch von Konstantinopel versuchten, die Schriften des Areopagiten zur Geltung zu bringen, hatten sie keinen Erfolg. Der Zeitgenosse und Schüler des Paulus erschien dem leitenden Bischof Hypatius von Ephesus unglaubwürdig. Aber schon vorher, «vor 530», fand Dionysius in Johannes von Scythopolis, einem bedeutenden Gelehrten, einen beredten Fürsprecher. Er verteidigt den Areopagiten gegen offensichtlich bereits zirkulierende Vorwürfe, ein Fälscher und von zweifelhafter Rechtgläubigkeit zu sein, und preist seine erhabene Theologie: dies im Prolog zu Scholien, die des Dionysius Schriften zu erklären unternehmen.[82] Er tut dies als vortrefflicher Plotin-Kenner und bringt so, wie Beierwaltes nachgewiesen hat, gleich zu Beginn der Dionysius-Kommentierung das neuplatonische Element vorrangig zur Geltung. Erfolg war zunächst, soviel wir sehen, diesen Erklärungen und dem Votum für den Autor des CD nicht beschieden[83] – bis,

---

[82] PG 4, Sp. 16–21 C. Zur Autorschaft siehe VON BALTHASAR, der das Vorwort rekapituliert und würdigt (S. 24 f.). Das gesamte Scholienwerk, Sp. 15–576.

[83] Zumindest stellt sich die Frage: Wem verdankt Gregor der Große (von dem gleich die Rede sein wird) seine Dionysius-Kenntnisse? Der Areopagite muß also doch im späten 6. Jahrhundert in kirchlichen Kreisen Konstantinopels bekannt gewesen sein. Auf diesen Spuren stößt man immerhin auf die rühmende Dionysius-Nennung durch Leontios von Byzanz (DAM III, Sp. 300).

mehr als ein Jahrhundert später, Maximus Confessor (†662) die Scholien
des Johannes von Scythopolis übernahm und mit anderen und eigenen
ergänzte; doch bleibt der Beitrag des Johannes «der weitaus bedeutendste Anteil» des Scholienwerks,[84] das, unter dem Namen des Maximus,
seinen erfolgreichen Gang im okzidentalen Mittelalter antreten wird.
Die Autorität des Confessors war es übrigens auch, die den Durchbruch
des Dionysius in der Ostkirche bewirkte.[85]

Im Westen waren es zuerst einige Päpste, die Dionysius als kirchliche
Autorität in Anspruch nahmen. Gregor der Große nennt ihn *antiquus
videlicet et venerabilis Pater* und verwertet die Engellehre der ‹Himmlischen Hierarchie› in der im Jahre 593 gehaltenen 34. Homilie, n. 7.–14.,
über die Evangelien.[86] Er mochte während seines Aufenthaltes als Apokrisiar in Byzanz (579–585) von Dionysius und seinem Werk gehört
haben. Auch ist nicht unwahrscheinlich, daß er es war, der den später in
der päpstlichen Bibliothek verfügbaren Dionysius-Codex nach Rom
brachte. Andrerseits hat sein kirchlich-politischer Gegensatz zur byzantinischen Reichskirche zu einer zumindest reserviert zu nennenden Haltung gegenüber dem sonst bewunderten Griechischen geführt: Er ließ
den Brief einer vornehmen Dame aus Konstantinopel unbeantwortet,
weil er griechisch geschrieben war und Madame doch Latein konnte![87]
Von Papst Martin I., der griechisch gesprochen haben soll,[88] wissen wir,
daß er sich während des Laterankonzils im Jahre 649 den *codex Sancti
Dionysii episcopi Athenarum* herbeiholen und mehrere u. a. die Frage des
Monophysitismus betreffende Stellen vorlesen und ins Lateinische über-
setzen ließ.[89] Im Jahre 680 entnahm der gleichfalls des Griechischen
mächtige Papst Agathon den Abschnitt DN II 5 über die göttlichen
Hypostasen für ein Schreiben an das Sechste Ökumenische Konzil in
Konstantinopel.[90] Dionysius kommt auch zu Wort auf dem 2. Konzil
von Nicea im Jahre 787 durch Papst Hadrian; 791 schreibt dieser an
Karl den Großen zum Bilderstreit und beruft sich auch hier auf Diony-

---

[84] Vgl. VON BALTHASAR, S. 37, der den Bestand der Scholien des Johannes ziemlich
genau ausgegrenzt hat (S. 26–37).
[85] Zur Rezeption des Dionysius im Osten siehe den Überblick in DAM III,
Sp. 286–318.
[86] PL 76, Sp. 1249–1255; das Zitat Sp. 1254. Diese Partie der Predigt wird später öfter
zitiert; s. DAM III, Sp. 320.
[87] Zitiert bei BERSCHIN, S. 39.
[88] So THÉRY (1931), S. 204; BERSCHIN, S. 115, betont indes, daß Martin I., im Gegensatz zu seinem Vorgänger Theodor I., kein Griechisch konnte.
[89] Dokumentation in Dionysiaca I, S. LXVI–LXX.
[90] Ebd., S. LXX.

sius.[91] Schon Karls Vater, Pipin, wurde von Rom aus auf den Areopagiten verwiesen: Papst Paul I. schickte ihm um das Jahr 758 eine Reihe griechischer Bücher, darunter solche *Dionysii Areopagitis*.[92] Das alles sind zwar Erwähnungen von höchster Autorität an höchster Stelle – der Areopagite war so etwas wie eine theologisch-kanonistische Geheimwaffe der Päpste des 7. und 8. Jahrhunderts –, aber von einer eigentlichen Dionysius-Rezeption in Theologie oder gar Spiritualität konnte noch keine Rede sein. Diese begann erst in der ersten Hälfte des 9. Jahrhunderts, und mit einem herausragenden Ereignis.

b) Im September des Jahres 827[93] begab sich eine Gesandtschaft des byzantinischen Kaisers Michael II. des Stotterers an den karolingischen Hof Ludwigs des Frommen in Compiègne. Als kostbarstes Präsent wurde dem Kaiser eine prächtig ausgestattete griechische Handschrift mit dem Corpus Dionysiacum überreicht. Sie ist erhalten im Codex graecus 437 der Pariser Nationalbibliothek. Was veranlaßte die kaiserliche Botschaft zu diesem Geschenk? Doch wohl nicht der Wunsch, Dionysius der Westkirche näherzubringen, ihn dieser als ‹Vater› und ‹Autorität› zu empfehlen, sondern vielmehr der Bezug auf den heiligen Märtyrer Dionysius, den ersten Bischof von Paris, dessen Identität mit dem Areopagiten von kirchlicher und staatlicher Seite propagiert wurde. Das kann nach dem, was wir über die erste Bekanntschaft mit dem Werk des Dionysius im päpstlichen Rom und am kaiserlichen Hof gehört haben, nicht mehr überraschen, und das Folgende bestätigt es: Der griechische Dionysius-Codex wurde bald nach der Entgegennahme in Compiègne dem Abt von Saint Denis, Hilduin, übergeben und bewirkte in der Abteikirche an den Vigilien zum Jahresfest des Heiligen am 8. Oktober – programmgemäß, ist man versucht zu sagen – 19 Heilungen. Mit diesen Wundern war die Identität des Pariser Bischofs mit dem Griechen und Aposteljünger praktisch erwiesen. Dionysius, der Areopagite und Pariser Märtyrerbischof, wurde neben Martin zum Schutzpatron des Königreichs.

Gregor von Tours zufolge (Hist. Francorum. I 31) wurden unter Kaiser Decius, um 250, sieben Bischöfe als Missionare nach Gallien geschickt, darunter Dionysius (Denis) nach Paris. Er erlitt dort den Märtyrertod auf dem *vicus Catulliacus* (heute Saint Denis). Diese Vita, bereits hagiographisch ausgebaut, verband nun Hilduin mit Lebensdaten des Areopagiten und schuf so die im Mittelalter maßgebliche Dionysius-Vita: ‹Passio Sanctissimi Dionysii› in 36 Kapiteln.[94]

---

[91] Ebd., S. LXXII f.          [92] Ebd., S. LXX; THÉRY (1932), S. 1–3.
[93] Zum folgenden THÉRY (1932), S. 4–9.
[94] PL 106, Sp. 23–50; Prolegomena dazu Sp. 13–24.

Hilduin konnte, wenn er die Passio des Pariser Bischofs ins 1. Jahrhundert vorverlegte, die Einheitsvita durch bloße Addition und mit wenigen Zutaten gewinnen. Er entwarf mit Hilfe der Apostelgeschichte, zumal c. 17,15–34 (Paulus in Athen), und aus den Episteln des Areopagiten gewonnenen Daten eine ‹Frühgeschichte› des Heiligen: Nach einer lebhaften Schilderung Athens und Griechenlands läßt er Paulus nach Athen kommen, wo er dem Vorsitzenden des Areopags, Dionysius, begegnet und ihn zum Christentum bekehrt. Aus dessen früherer Zeit wird die Beobachtung der Sonnenfinsternis bei Christi Tod zusammen mit Apostophanes im ägyptischen Heliopolis (Ep. VII) berichtet. Nachdem Paulus einem Blindgeborenen dás Augenlicht geschenkt hat, läßt sich Dionysius zusammen mit Damaris (Apost. 17,34), die als seine Gattin ausgegeben wird, taufen. Er folgt dann Paulus nach Thessalonike, wo er zum Antistes geweiht wird. Hier gibt der Hagiograph ihm Zeit und Muße, seine Schriften zu schreiben. Hilduin nimmt die Gelegenheit wahr, sie nicht nur zu nennen, sondern ausführlich zu referieren (c. IX–XII), wobei besonders die biographisch ergiebigen Briefe zu Wort kommen. Später wird Dionysius Bischof von Athen, reist aber Paulus nach, der mit Petrus in Rom den Märtyrertod erleidet. Jetzt kann die Geschichte des Areopagiten nahtlos in diejenige des Märtyrers übergeführt werden. Von Papst Clemens zur Missionierung nach Gallien entsandt, wird Dionysius der erste Bischof von Paris und erleidet auf dem Mons Mercurii, der zum Mons Martyrium (Mont Martre) wird, den Märtyrertod durch Enthauptung, worauf er seinen Kopf bis zum *vicus Catulliacus* trägt. Dort wird er begraben. Über seinem Grab wird durch den persönlichen Einsatz der hl. Genoveva die erste Saint-Denis-Kathedrale errichtet.

Dies ist die hagiographisch-kirchengeschichtliche Wirkung des byzantinischen Kaisergeschenks. Von noch größerer Bedeutung ist deren theologie- und frömmigkeitsgeschichtliche Ausstrahlung.

Abt Hilduin ließ zwischen 832 und 835 mit Hilfe griechischer Emigranten (deren es damals viele gab), eines Vorlesers, eines Übersetzers und eines Schreibers,[95] die dionysischen Schriften ins Lateinische übertragen.[96] Dies ist der Beginn des beispiellosen Siegeszuges des Areopagiten im abendländischen Mittelalter.[97] Zum Teil läßt er sich ablesen an der weiteren Geschichte des lateinischen Corpus Dionysiacum.

c) Ein Menschenalter nach Hilduins Übersetzung, um oder eher nach 860,[98] verfertigte Johannes Eriugena, der große irische Gelehrte und Denker am Hofe Karls des Kahlen, im Auftrag seines sehr gebildeten

---

[95] Diese differenzierten Angaben verdanken wir den scharfsinnigen Untersuchungen von THÉRY (1932), S. 123–142.

[96] Hg. von THÉRY (1937); Dionysiaca (Synopse).

[97] BERSCHIN betont auch die Bedeutung des Dionysius-Studiums für das Griechische. «Um ihn lesen und verstehen zu können, ist tatsächlich immer ‹wieder Griechisch studiert worden ... Nicht Homer, sondern Dionysios war für das lateinische Mittelalter der «Seher», um dessentwillen es sich lohnte, sich mit dem Griechischen einzulassen» (S. 62 f.).

[98] Zur Datierung siehe THÉRY (1931), S. 189–192.

Dienstherrn – der die Arbeit Hilduins und seiner Mitarbeiter als beinahe unverständlich bezeichnete – eine neue Dionysius-Übertragung.[99] Sie beruht wiederum auf dem Codex der byzantinischen Gesandtschaft, dem Cod. graec. 437 der Pariser Nationalbibliothek, benutzt aber auch die Hilduinsche Version. In seinem Widmungsbrief[100] ('Valde quidem admiranda'[101]) bringt Eriugena zum Ausdruck, daß er nicht alle Schwierigkeiten habe überwinden, nicht alle Dunkelheiten erhellen können. Er selbst sieht die Hauptschwierigkeit der Übertragung im Charakter des Dionysischen Corpus. Er nennt es «ein, wie wir meinen, äußerst ausgreifendes Werk, das weit abliegt von der heutigen Denkart, vielen unzugänglich, wenigen zugänglich ist, und dies nicht wegen seines Alters, sondern zumal wegen der himmlischen Erhabenheit seiner Geheimnisse».[102] Zu bedenken ist auch das Fehlen einschlägiger Hilfsmittel. Zwar gab es griechisch-lateinische Glossare; sie waren indes auf klassische und biblische Texte beschränkt und nicht in der Lage, das Dionysische Vokabular gerade in seinen Besonderheiten zu erschließen.[103]

Die Kenntnis des Griechischen[104] war zwar im 9. Jahrhundert im Vormarsch, aber auf wenige Zentren, Irland, Saint Denis-Paris und namentlich Rom, das vom 7. bis zum 11. Jahrhundert griechische Klöster besaß, beschränkt. Eriugena brachte bestimmt Anfangskenntnisse von Irland mit, die er in Frankreich, wo er von 845 an wirkte, ausbaute. Jedenfalls muß er für seine Zeit herausragende Kenntnisse des Griechischen besessen haben, anders hätte ihm Karl der Kahle nicht eine so anspruchsvolle Aufgabe, wie es eine Dionysius-Übersetzung war (und immer noch ist), anvertraut.

Nach der Dionysius-Übertragung wandte sich Eriugena, hingerissen, wie es scheint, von der Welt, die sich ihm mit dem CD auftat, ganz der Tradition der griechischen Väter zu. Er verfaßte einen Kommentar zu der CH[105]

---

[99] PL 122, Sp. 1035–1194; Dionysiaca (Synopse).

[100] Théry (1932), S. 63–100.

[101] PL 122, Sp. 1031–1036; MGH Epistolae VI (Ep. Karolini Aevi IV), S. 158–161.

[102] PL 122, Sp. 1031 Df.; Dionysiaca I, S. LXXIV; Ep (Anm. 101), S. 159, 8–10. – Théry (1931), S. 274 f. betont zusätzlich die Schwierigkeit der griechischen Unzialschrift ohne Worttrennungen und Akzente. Wir können dieses Argument vergessen im Wissen, daß alle griechischen Manuskripte des Abendlandes so geschrieben waren (Berschin, S. 42). Théry macht wohl unsere Schwierigkeiten im Lesen griechischer Handschriften zu denjenigen mittelalterlicher Benutzer.

[103] Zu den griechisch-lateinischen Vokabularien s. Théry (1931), S. 193–202; Berschin, S. 43 f.

[104] Siehe Théry (1931), S. 202–224; Édouard Jeauneau, Jean Scot Érigène et le Grec, Arch. Latinitatis Medii Aevi 41 (1979), S. 5–50.

[105] PL 122, Sp. 125–266; Jeanne Barbet (Hg.), Expositiones in Ierarchiam coelestem (CC. cont. Med. 31), Turnhout 1975.

und übersetzte die ‹Ambigua› des Maximus Confessor, «eine höchst
schwierige Arbeit», wie Eriugena dem König im Vorwort schreibt.[106]
Durch dieses Studium zusätzlich gerüstet, soll er, nach Dondaine, die
Dionysius-Übertragung revidiert haben (Fassung T), und in solcher
Gestalt hätte sie der Bibliothekar der römischen Kirche, Anastasius, kennengelernt.[107]
Dieser, ein versierter Kenner des Griechischen, sparte nicht mit (in
Bewunderung verpackter) Kritik. In einem Schreiben an Karl den Kahlen
(‹Inter cetera studia›)[108] vom Jahre 875 beanstandete er in der Übertra-
gung dieses «Barbaren» die Unzulänglichkeiten der Wort-für-Wort-Ent-
sprechungen, die Eriugena in der Tat – wohl nicht aus Ängstlichkeit,
aber um die ‹Patina› des Urtextes zu bewahren – praktizierte, und
schickte sich an, mit Hilfe von Randbemerkungen den Text zu verbessern. Besonders wichtig war dabei die Heranziehung der Scholien des
Maximus Confessor bzw. des Johannes Scythopolis – Anastasius nennt,
gut informiert, beide Namen (432, 21 f.) –, die er auszugsweise ins
Lateinische übertrug und deren Divergenzen mit dem Dionysius-Text er
zu beheben versuchte. Auch Eigenes fügte er hinzu: *ex me quoque . . .
paucissima quaedam . . . interposui* (432, 25 ff.).

d) In dieser Gestalt trat das lateinische CD seinen Weg durch die Jahrhunderte an. Dabei wiederholte sich im 12. Jahrhundert das textkritische
und kommentierende Verfahren des Anastasius. Dionysius tritt nunmehr
in die Glanzzeit seiner Wirkung ein. Das Zeitalter, das mit Recht als
«Renaissance» der Wissenschaften gepriesen wird, brachte eine lebhafte
Erneuerung der Dionysius-Studien mit sich, die man als eine der offen-
sichtlichsten Manifestationen eben dieser neuen Wissenschaftlichkeit
bezeichnen kann. Was im besonderen die Griechisch-Studien betrifft, so
sind sie ungewöhnlich intensiv.
Gegen Ende seines Lebens (†1141) schrieb Hugo von St. Viktor seine
‹Commentaria in Hierarchiam coelestem S. Dionysii Areopagitae›.[109] Er
wollte mit seinen Erklärungen, die auf der von ihm lebhaft kritisier-

---

[106] PL 122, Sp. 1195; MGH Epistolae VI (Ep. Karolini Aevi IV), S. 162,2. – Ausgabe:
PL 122, Sp. 1193–1222.
[107] DONDAINE, S. 35–50, 59–64; ein sehr ansprechendes Miniaturportrait des gelehrten
und einflußreichen Mannes bietet BERSCHIN, S. 198–204.
[108] PL 122, Sp. 1025–1030; MGH, Epistolae VII (Ep. Karolini Aevi V), S. 431–434
(zit.); vgl. auch den folgenden an Karl den Kahlen gerichteten Brief, S. 435 f.
[109] PL 175, Sp. 923–1154; s. WEISWEILER, dessen These von der Benutzung eines
«Zwischenkommentators» (S. 40) indes nicht aufrechtzuerhalten ist (DONDAINE, S. 29,
Anm. 18).

ten[110] Übersetzung des Eriugena beruhen, ein besseres Verständnis des schwierigen Textes erreichen. Am Eriugena-Text weiterzuarbeiten, war ebenfalls das Ziel des in der Mitte des Jahrhunderts entstandenen CH-Kommentars von Johannes Sarracenus.[111] Wie Hugo betont auch er die ungewöhnlichen Schwierigkeiten des CD, denen der Interpret (Johannes Eriugena) «nicht wenig an Dunkelheit hinzugefügt» hätte.[112] Die eigentliche große Leistung des Sarracenus aber ist die neue, durch «Eleganz und Klarheit» (Dondaine) ausgezeichnete neue Übersetzung des dionysischen Corpus[113] (1166/1167), die die «barbarisch-bizarre» (Berschin) Version des Eriugena abzulösen in der Lage war. Die «Klarheit» erreichte Sarracenus, der ein vortrefflicher Gräzist war, indem er auf Wörtlichkeit verzichtete: *Sensum potius quam verba sum secutus.*[114]

Sarracenus ist von keinem Geringeren als Johannes von Salisbury zu seiner Übersetzung angeregt worden. Ihm galten auch die Widmungsbriefe zu CH und EH, während diejenigen zu DN und MTh an Odo II., Abt von St. Denis, gerichtet sind.[115] Schon durch diese Doppelbeziehung wird deutlich, wie sehr Sarracenus im Zentrum wissenschaftlicher Aktivitäten der Zeit angesiedelt ist. Was St. Denis in dieser Zeit betrifft, so ist es die Hochburg von Griechisch-Studien; es verschafft sich durch persönliche Beziehungen zu Byzanz griechische Codices, darunter noch einmal das CD.[116]

Als *nova translatio* hat die Sarracenus-Übersetzung die Vorläuferin Eriugenas langsam aber stetig verdrängt.[117] Albertus Magnus benutzte beim CH- und teilweise beim EH-Kommentar noch Eriugena, zu den ‹Expositiones› der DN und MTh indes Sarracenus. Thomas von Aquin und Ulrich von Straßburg basieren in ihren Dionysius-Kommentaren wesentlich auf Sarracenus, wobei der souveräne Umgang des Thomas mit dem Text auffällt: er korrigiert nach Bedürfnis Eriugena mit Sarracenus und Sarracenus mit Eriugena. Soviel ich auf Grund von einigen

---

[110] Jean CHÂTILLON, Hugues de Saint-Victor critique de Jean Scot, in: Jean Scot Érigène et l'histoire de la philosophie. Colloques internationaux du Centre de la Recherche Scientifique, Paris 1977, S. 433–437
[111] Noch ungedruckt; s. P. Gabriel THÉRY, Existe-t-il un commentaire de S. Sarrazin sur la ‹Hiérarchie céleste› du Pseudo-Denys? Revue des sciences philos. et théol. 11 (1922), S. 61–81; ders., Documents (1950/51), S. 145–187.
[112] Zitiert bei GRABMANN, S. 459.
[113] Ausgaben: Dionysiaca (Synopse). Zur Übertragung siehe GRABMANN, S. 454–460; THÉRY (1948), S. 359–381; BERSCHIN, S. 277–279.
[114] PL 199, Sp. 260 A (Ep. 230 an Johannes von Salisbury).
[115] Die Schreiben an Johannes von Salisbury PL 199, Sp. 143 f., 259 f.; an Odo II. von St. Denis bei GRABMANN, S. 456 f.
[116] BERSCHIN, S. 278 f.
[117] Zur Aufnahme der Sarracenus-Übertragung s. DONDAINE, S. 111–115.

Stichproben sehen kann, beruhen auch die Dionysius-Zitate Meister
Eckharts auf Sarracenus.

Der Erfolg der Sarracenus-Übertragung spiegelt sich, zwei Generatio-
nen später, auch in einer «Volksausgabe», die neue Leserschichten
erschloß: ich meine die ‹Extractio› des Thomas Gallus (Vercellensis) vom
Jahre 1238.[118] Es handelt sich um einen paraphrasierenden Auszug der
vier Dionysischen Traktate, dazu angetan, den Areopagiten ohne großen
Aufwand zur Verfügung zu stellen. Wenn ich richtig sehe, ist die
‹Extractio› eine der wichtigsten Schriften, die Dionysius als spirituellen
Lehrer vermittelten.[119]

Am Ende einer kontinuierlichen Textentwicklung von 400 Jahren,
die als Prozeß der Aneignung und Erweiterung kaum ihresgleichen
haben dürfte, steht das ‹Pariser Corpus Dionysiacum›. Es wird zum
hochrangigen Arbeitsinstrument der Schultheologen, nachdem es nach
Eriugena, der ein ‹freier› Gelehrter war, vor allem in monastischen Kreisen gelebt hat. Die maßgebliche Handschrift ist Cod. lat. 17341 der Pariser Nationalbibliothek, im 3. Viertel des 13. Jahrhunderts geschrieben,
Geschenk des Pariser Magisters Gérard d'Abbeville (†1272) an den
Saint-Jacques-Konvent der Dominikaner im Quartier latin.[120] Außerdem überliefern 12 weitere Handschriften das Corpus, aber nie vollständig.[121] Das ‹Pariser CD› enthält folgende Texte:

I. ‹Opus maius› mit der ‹Vetus translatio›:

1. CH in der Übertragung Eriugenas, begleitet von Scholien des
   Johannes von Scythopolis/Maximus Confessor und Anastasius,
   sowie Erklärungen Eriugenas, Hugos und des Sarracenus.

2. EH, DN, MTh, 10 Ep (+ Ep 11) in der Übertragung Eriugenas,
   begleitet von Scholien des Johannes von Scythopolis/Maximus

---

[118] Die ‹Extractio› ist ediert im Anhang Dionysiaca I, S. 673–717; dazu DONDAINE,
S. 10, 31 f., 115.
[119] Schon GRABMANN, S. 461, hat darauf hingewiesen, daß Thomas Gallus im Streit um
die mystische Theologie in bayerischen Benediktiner- und Kartäuserkreisen des 15. Jahrhunderts «eine bedeutende Rolle» spielt. Dominant ist die Benutzung der ‹Extractio› in
Rudolfs von Biberach ‹De septem itineribus aeternitatis›, einem weitgehend aus Zitaten
zusammengesetzten mystischen Traktat, der auch den Weg in die Volkssprache gefunden
hat; s. Margot SCHMIDT, Rudolf von Biberach, *die siben strassen zu got*. Die hochalemanni-
sche Übertragung nach der Handschrift Einsiedeln 278 (Spicilegium Bonaventurianum
VI), Quaracchi Florentiae 1969, Quellen S. 252 f. – Auch ‹De septem gradibus contemplationis' des Vercellensis, das auf einem Schema des Ägidius von Assisi beruht, ist spätmhd.
überliefert: s. K. RUH, Franziskanisches Schrifttum I, München 1965 (Münchener Texte u.
Untersuchungen 11), S. 210–213.
[120] Genaue Beschreibung von DONDAINE, S. 15–21.
[121] Aufgeführt bei DONDAINE, S. 72–74.

Confessor und des Anastasius, Auszügen aus Eriugenas ‹De divisione naturae› [‹Periphyseon›] und der Glosse E'.[122]
II.   ‹Nova translatio› des gesamten Corpus von Sarracenus.
III.  ‹Extractio› des Thomas Gallus.

Trotz der sorgfältigen Untersuchungen namentlich von Théry und Dondaine kann die Bedeutung des ‹Pariser CD› für die Hochscholastik erst in Umrissen, für das 14. und 15. Jahrhundert noch gar nicht erkannt werden. Fest steht die außerordentliche Wirkung auf Albertus Magnus. Dondaine sagt abschließend: «Explorer notre ‹Corpus›, c'est bien atteindre une des sources vives de la théologie de saint Albert le Grand» (S. 128).

e) Die letzte hochmittelalterliche Dionysius-Übersetzung stammt vom englischen Gelehrten Robert Grosseteste[123] (um 1168–1253), in der letzten Phase seines langen Lebens Bischof von Lincoln (ab 1235), daher der sehr gebräuchliche Zweitname Lincolniensis. Obschon sie außerhalb des ‹Pariser CD› steht, das Geschichte machte, zu spät erschien (1239–1243), um den Hochscholastikern zu dienen, und so die im ‹Pariser CD› etablierte Sarracenus-Version nicht zu verdrängen vermochte, ist sie von größtem Interesse. Es wiederholen sich nämlich in ihr wie in einem scharf konturierten Aufriß sämtliche Tendenzen und Erfahrungen, die in der Jahrhunderte währenden Heranbildung des ‹Pariser CD› beobachtet werden können.

Da wiederholt sich die Gemeinschaftsarbeit des Hilduin, nur nicht arbeitsteilig, sondern arbeitsintensiv. Grosseteste umgab sich in seinem Bischofssitz – und der Lincoln-Zeit gehören die Dionysius-Übertragungen an – mit einem Stab von griechischen Experten, die er aus dem normannischen Sizilien holte; einer davon, John Basingstoke, Archidiakon von Leicester, hatte Studienjahre in Athen verbracht. Die griechischen *adjutores,* die man mit nicht widerspruchsfreien Äußerungen Roger Bacons, Grossetestes Schüler,[124] in Verbindung brachte, haben die Frage aufgeworfen, ob der Lincolniensis nicht doch nur ein mäßig ausgebildeter und versierter Griechischkenner gewesen sei. Man muß sie mit Franceschini entschieden verneinen und in Grosseteste den bedeutendsten Gräzisten seiner Zeit erblicken.

Wenn Grosseteste in seinem Übersetzungsgrundsatz auf die *mens* des

[122] Über sie DONDAINE, S. 89–108.
[123] Ausgabe: Dionysiaca (Synopse). Über die Übertragung handelt mustergültig und umfassend Ezio FRANCESCHINI; es ist die vortrefflichste Studie im Rahmen der gesamten Dionysius-Übersetzungen. Selbständigen Charakter hat noch die Skizze bei BERSCHIN, S. 294–297.
[124] Vgl. mit reicher Dokumentation FRANCESCHINI, S. 416 ff.

Autors und die *venustas sui sermonis*,[125] vorzüglich auf die letztere, abhob, indem er spezifische Wortbildungen, Hellenismen, Stileigentümlichkeiten zu imitieren unternahm, kehrt er wieder zur Wort-für-Wort-Methode des Eriugena zurück. Aber im Unterschied zu diesem tat er es weniger divinatorisch als in der Anwendung seines nun wirklich phänomenalen philologischen Wissens.

Ich erwähne nur wenige Beispiele aus der Fülle des von Franceschini aus Grossetestes Dionysius-Kommentar[126] gebotenen Materials (S. 479 ff., bes. 523–530), und zwar aus dem Bereich der Zusammensetzungen, die auch für Grosseteste die wichtigste Rolle spielen. Er stellt fest, daß nicht alle Composita im Lateinischen Entsprechungen aufweisen noch solche korrekterweise gebildet werden können. Er empfiehlt in diesem Fall grundsätzlich die Nachbildung, sofern sie nicht *multum absone latinitati* seien.[127] Das sind Fälle wie *bonicedenter*, ἀγαθοπρεπῶς, ‹wohlgeziemend› (Eriugena hat *optime, divinitus*, Sarracenus *ut decet bonum*); *ductativus*, ἡγεμονικόν, das Grosseteste mit Sarracenus teilt; *intranscasualiter*, ἀμεσταπτώτως ‹unzerstörbar› (Sarracenus: *intransmutabiliter*); *sacredecenter*, ἱεροπρεπῶς, ἅγιοπρεπῶς (Eriugena: *sancte et decenter* [*pulchre*], *divinitus*, Sarracenus: *ut decet sanctum*; Hilduin hat bereits *sacre-, sacridecenter!*); *sacredoctor*, ἱεροδιδάσκαλος (Eriugena, Sarracenus: *magister sanctus*).

Wie in der Entwicklung des ‹Pariser CD› eine Übersetzungsleistung auf der früheren beruht, die damit auf einen neuen Stand gebracht wurde, so hat auch Grosseteste seine Vorgänger, Eriugena und Sarracenus, konsultiert und kritisch verwertet. Dabei ging es ihm um die Korrektheit bzw. Exaktheit der früheren Übertragungen, die er am griechischen Text, der ihm in mehreren Exemplaren zur Verfügung stand, überprüfte. Er leistete so Textkritik nach allen Regeln der Kunst. Zu Dutzenden von Textstellen[128] bietet er Erklärungen an, inwiefern sich die Übersetzer geirrt haben, inwiefern aber auch der griechische Text korrupt ist.

Dazu je ein Beispiel (Franceschini, S. 534 und 536): CH VIII 1 (237 C) ἐκφαίνει τοῦ θεοειδοῦς ἰδιότητας = *manifestat* (Eriugena, Sarracenus: *significat*) *Deiformes proprietates* [s. Dionysiaca I, 870² ³): *Invenitus autem in aliquibus libris latinis:* deiforme (so alle mittelalterlichen Übersetzer!), *accusativi casu: quod est ex errore scriptorum. Est enim in greco manifeste neutrum substantivatum, genitivi casus, singularis, cum articulo consimili; unde vera littera est:* deiformis, *neutri generis, genitivi casus.* (Indes bietet auch die Grosseteste-Übertragung *deiformes!*). – Zu CH XIV (321 A) ὑγιότης Variante von ὑπὸ τῆς in der Ausgabe Heil/Gandillac) θεαρχικῆς, *a thearchica* (so auch Sarracenus,

---

[125] Zit. FRANCESCHINI, S. 482.

[126] Das Ganze noch ungedruckt. Nur der MTh-Kommentar liegt vor: Ulderico GAMBA, Il commento di Roberto Grossatesta al ‹De Mystica Theologia› del Pseudo-Dionigi Areopagita (Orbis Romanus 14), Mailand 1942.

[127] Die ganze ausführliche Stellungnahme Grossetestes zu den lateinischen Nachbildungen griechischer Composita bei FRANCESCHINI, S. 482. – Die Belege für die anschließenden Beispiele sind über die Wortregister der Dionysiaca zu finden.

[128] FRANCESCHINI, S. 531–538.

*sanitatem* Eriugena). *Corruptio scriptoris* [Dionysii] *fecit hic aliquos translatores* [Eriugena] *errare; qui pro:* ΥΠΟ-ΤΗΣ, *prepositione et articulo, scripsit:* ΥΓΙΟΤΗΣ, *unam dictionem que significat* sanitatem, *hac littera:* pH *commutata scriptoris vitio in* gamma *et* iota . . .

Endlich erfüllt Grosseteste – in Übereinstimmung mit dem ‹Pariser CD› – die Ansprüche an einen kommentierten Text. Er hat die Scholien des Maximus Confessor, die diejenigen des Johannes von Scythopolis einschließen, übersetzt[129] und einen fortlaufenden Kommentar zum Gesamtkorpus (aus dem wir oben bereits zitierten) geschrieben, der nicht für sich selbst, sondern als Hilfsmittel der Übersetzung betrachtet werden will. Er müßte die Lektüre des Textes ständig begleiten. Die meisten Erklärungen sind philologischer Natur, Bemerkungen zur Graphie und Wortbildung, zu Wortbedeutungen und Etymologien des Griechischen, über Unterschiede des Griechischen gegenüber dem Lateinischen, zum Textverständnis mittels Textkritik und dergleichen mehr: ein erstaunliches Repertorium der Übersetzungskunst im Mittelalter. Es schmälert die Leistung des Erklärers nicht, wenn er häufiger, als wir es erwarten, seinen eigenen Empfehlungen nicht folgt. Das rührt wohl daher, daß er nicht, wie es Sarracenus praktizierte, zuerst den Kommentar schrieb, dem die Übersetzung folgte, sondern den Kommentar zu seiner Übertragung nachreichte. Umso enger gehört beides zusammen (was eine zukünftige Ausgabe zu berücksichtigen hätte).

Grosstestes Übersetzung ist eine ungewöhnliche Leistung, so etwas wie eine mittelalterliche kritisch-historische Ausgabe, die alle Möglichkeiten der Erschließung eines Textes ausschöpft. Sahen sich die Theologen, für die sie geschrieben war, durch diesen Anspruch, zumal der Benützung eines «Apparats» überfordert? Sie hatte jedenfalls nur in Grosstestes Heimat, in England, einen bescheidenen Erfolg. Das gilt auch für das Interesse an der griechischen Sprache. Roger Bacon verfaßte ein griechisches Lehrbuch, «das – soweit bekannt — relativ beste Hilfsmittel zur Erlernung des Griechischen im Mittelalter».[130] Aber damit verstummt England als Eden von Griechisch-Studien.

Grosseteste gehört mit der kommentierten Dionysius-Übersetzung sowie seinen übrigen Schriften, von denen später die Rede sein wird, zu den wichtigsten Vertretern der hochmittelalterlichen Mystik, und zwar zu denjenigen, die auch in die Volkssprachen hineinwirkten. Seine Bedeutung zeichnet sich immer entschiedener ab. Der franziskanische Chronist Salimbene von Parma verriet ein gutes Urteil, wenn er schrieb: *fuit Robertus Grossatesta unus de maioribus clericis de mundo.*[131]

---

[129] FRANCESCHINI, S. 442–446.     [130] BERSCHIN, S. 299.
[131] MGM, Script. XXXII, S. 233.

# Vorbemerkung

Das monographische Darstellungsprinzip bot sich bei Dionysius Areopagita aus Sachgründen an, auch wenn der spezifische Gesichtskreis der mystischen Theologie und Spiritualität bewahrt werden mußte. Für die Väter der lateinischen Mystik, von denen keiner mit ausreichenden Gründen als «Mystiker» gelten kann, die aber für die Ausformung der Mystik im Mittelalter von grundlegender Bedeutung sind, ist hingegen eine Darstellung erforderlich, die sich einigermaßen streng auf das beschränkt, was von ihnen an Einsichten und Erfahrungen, theologischen Lehrstükken und spirituellen Impulsen in die mystische Tradition des abendländischen Mittelalters eingegangen ist. Auch auf einen biographischen Rahmen und einen Überblick über das Œuvre wird verzichtet: diese Hilfestellungen sind in jedem einschlägigen Lexikon und in B. Altaner/A. Stuibers ‹Patrologie› (⁸1978) zu finden. Die bibliographischen Hinweise berücksichtigen nur die behandelten Fragen und Gegenstände und weisen aus, was für Handreichungen ich zu meiner Orientierung herangezogen habe.

## Zweites Kapitel

# Aurelius Augustinus

> *Nullus hominum inluminatur nisi illo*
> *lumine veritatis, quod deus est.*
> De peccatorum meritis et remissione I 37

In der akademischen Predigt, die Meister Eckhart zum Jahresfest des hl. Augustinus, am 28. August 1303 (oder 1302), in Paris über das Textwort ‹*Vas auri solidum ornatum omni lapide pretioso*› (Eccli. 50,10)[1] gehalten hat, preist er den Heiligen wegen der «Fülle der Weisheit und Wissenschaft, die in ihm in verschiedenen Ausformungen vereinigt waren» (89,7 f.). Er nennt mit *sapientia* und *scientia* die für Augustinus vornehmsten, die intellektbestimmten Vermögen des Menschen, wobei diese

---

[1] Meister Eckhart, LW V, S. 89–99. – Zu Unrecht wird dieser Sermon von den Herausgebern der ‹Lateinischen Schriften› als wenig bedeutend eingestuft; man darf ihn als akademische Pflichtübung nur nicht an deutschen Predigten messen, z. B. an der Augustinus-Predigt Nr. 16 b mit demselben Textwort (Meister Eckhart, DW I, S. 261–276).

auf die Erkenntnis schlechthin, jene als *sapida scientia, quae aliquando intromittit hominem in affectum multum* (95,1 f.) auf die Schau der ewigen Dinge ausgerichtet ist. Wie in der ‹Etymologie› der *sapientia, sapida scientia*[2], beide Vermögen miteinander verbunden sind, so fließen sie in der Persönlichkeit Augustins zusammen: er ist der überragende Theologe (*bonus theoricus, egregius logicus et excellentissimus ethicus*, 89,8 f.) und der unvergleichliche Lehrer der affektiven Spiritualität. Denn die Erkenntnis der Weisheit führt in ihrer höchsten Frucht zum «Vorgeschmack der göttlichen Süßigkeit (*ad divinam dulcedinem praegustandum*)» «in der Ekstase (*in exstasi mentis*)» (94,12 ff.). – Eckhart hat damit die Bedeutung Augustins für das Mittelalter ausgesprochen. Unser Blick ist einzig auf die «Fülle der Weisheit» als *sapida scientia* gerichtet.

## Bibliographische Hinweise

*Ausgaben:* MIGNE PL 32–47 – CSEL – CC; dazu die hervorragend kommentierte lateinisch-französische Ausgabe der ‹Bibliothèque Augustinienne›: Œuvres de Saint Augustin, 85 Bde., Paris 1949 ff. [zit. ‹Œuvres› + Bandzahl]. – An zweisprachigen Ausgaben benutzte ich: Joseph BERNHART, Augustinus: Confessiones. Bekenntnisse, lateinisch und deutsch, München 1955. – Wilhelm THIMME, Augustinus: Theologische Frühschriften. Vom freien Willen. Von der wahren Religion. De libero arbitrio. De vera religione (Bibl. d. Alten Welt), Zürich-Stuttgart 1962. – Peter REMARK, Augustins Selbstgespräche. Soliloquiorum libri duo, München ²1965. – Karl-Heinrich LÜTCKE/Günther WEIGEL, Augustinus: Philosophische Spätdialoge. Die Größe der Seele. Der Lehrer. De quantitate animae. De magistro (Bibl. d. Alten Welt), Zürich-München 1973.

*Deutsche Übersetzungen:* Michael SCHMAUS, Augustinus: Fünfzehn Bücher über die Dreieinigkeit (Bibl. d. Kirchenväter II 13/14), München 1935/1936. – Wilhelm THIMME, Augustinus: Vom Gottesstaat (Bibl. d. Alten Welt), 2 Bde., Zürich 1955. – Matthias E. KORGER/Hans Urs VON BALTHASAR, Psychologie und Mystik. De Genesi ad Litteram 12 (Sigillum 18), Einsiedeln 1960 [mit wertvoller Einleitung]. – Carl Johann PERL, Augustinus: Über den Wortlaut der Genesis. De Genesi ad litteram, 2 Bde., Paderborn 1961/1964.

Im Stellennachweis bezeichne ich mit römischer Zahl nur die Bücher. Die Kapitelzahl folgt ohne Trennzeichen; die (durchlaufenden) Abschnittparagraphen (n.) sind davon mit Punkt abgetrennt, eine zusätzliche Zitationsstelle mit Semikolon; Beispiel: De trin. XI 3.6; 4.7 (zitiert wird 11. Buch, 3. Kapitel n. 6 und 4. Kapitel n. 7).

---

[2] Namentlich in mystischen Schriften, aber auch in mittelalterlichen Vokabularien verbreitete ‹Etymologie›. Einige Belege bei Klaus KIRCHERT, Text und Textgewebe, in: K. RUH (Hg.), Überlieferungsgeschichtliche Prosaforschung (Texte und Textgeschichte 19), Tübingen 1985, S. 233 f.; zum Unterschied von *scientia* und *sapientia* bei Augustinus s. SCHMAUS (1927), S. 285–291.

*Biographien und Monographien:* Michael SCHMAUS, Die psychologische Trinitätslehre des hl. Augustinus (Münstersche Beiträge zur Theologie 11), Münster 1927 (Neudruck 1967). – Etienne GILSON, Introduction à l'étude de S. Augustin, Paris ⁴1969 (¹1929). – P. Ephraem HENDRIKX O. E. S. A., Augustins Verhältnis zur Mystik, Diss. Würzburg 1936; gekürzt unter dem Titel ‹Augustins Verhältnis zur Mystik› in: ANDRESEN (s. u.), Augustin-Gespräch I, S. 271–346. – Paul HENRY, La vision d'Ostie. Sa place dans la vie et l'œuvre de saint Augustin, Paris 1938; deutsch in: ANDRESEN (s. u.), Augustin-Gespräch I, S. 201–270. – Jakob AMSTUTZ, Zweifel und Mystik besonders bei Augustin, Bern 1950. – Ragnan HOLTE, Béatitude et Sagesse. Saint Augustin et le problème de la fin de l'homme dans la philosophie ancienne, Paris-Worcester (Mass.) 1962 [Originalausgabe schwed., Stockholm 1958]. – Rudolph BERLINGER, Augustins dialogische Metaphysik, Frankfurt a. M. 1962. – Endre VON IVÁNKA, Plato christianus. Übernahme und Umgestaltung des Platonismus durch die Väter, Einsiedeln 1964. – Walther VON LOEWENICH, Augustin. Leben und Werk, München-Hamburg 1965. – Peter BROWN, Augustinus von Hippo. Eine Biographie. Aus dem Englischen übersetzt von Johannes BERNHARD, Frankfurt a. M. 1973 [engl. Originalausgabe Berkeley 1967]. – Carl ANDRESEN (Hg.), Zum Augustin-Gespräch der Gegenwart I (WdF 5), Darmstadt 1975. – Kurt FLASCH, Augustin. Einführung in sein Denken (Reclams Universal-Bibliothek), Stuttgart 1980. – Carlo CREMONA, Augustinus. Eine Biographie. Aus dem Italienischen übers. von Martin HAAG, Einsiedeln 1988.

*Spezialliteratur:* Ferdinand CAVALLERA, La contemplation d'Ostie, RAM 20 (1939) [Nr. 78], S. 181–196. – Pierre COURCELLE, Plotin et Saint Ambroise, Revue de Philologie de Littérature et d'Histoire anciennes III sér. 24 (1950), S. 29–56. – Rudolf LORENZ, Fruitio Dei bei Augustin, Zs. f. Kirchengesch. 63 (1950/51), S. 75–132. – DAM II 2, ‹Contemplation› IV A. Sp. 1911–1921 (1953). – Erich FRANK, Augustin und der Neuplatonismus (1955), in: ANDRESEN (Hg.), Augustin-Gespräch I, S. 182–197. – Josef KOCH, Augustinischer und dionysischer Neuplatonismus und das Mittelalter (1956/57), in: Werner BEIERWALTES (Hg.), Platonismus in der Philosophie des Mittelalters (WdF 197), Darmstadt 1969, S. 317–342. – Willy THEILER, Porphyrios und Augustin, in: W. TH., Forschungen zum Neuplatonismus (Quellen u. Studien z. Gesch. d. Philos. 10), Berlin 1966, S. 160–251. – Werner BEIERWALTES, ‹Deus est esse – esse est Deus›. Die onto-theologische Grundfrage als aristotelisch-neuplatonische Denkstruktur, in: W. B., Platonismus und Idealismus (Philos. Abhandlungen 40), Frankfurt a. M. 1972, S. 5–82, bes. S. 26–38.

## 1. ‹Deum et animam scire cupio›

Der berühmte Ausspruch steht in den ‹Soliloquia› (I 2.7), einem der Erstlinge, die Augustinus nach der Bekehrung in Mailand im Jahre 386 in der Stille von Cassiciacum geschrieben hat. Er besagt mehr als ein wissenschaftliches Programm, er ist in seiner personalen Diktion ein Bekenntnis. Als Programm steht derselbe Inhalt in ‹scholastischer› Formulierung in einem andern Cassiciacum-Dialog, ‹De ordine›: *«Die eine Frage ist, wie wir* uns selbst, die andere, wie wir unseren Ursprung erkannt haben» (II 18.47).[3] Es ist dies der Gegenstand von Augustins christlicher Metaphysik.

Gott und die Seele: sie gehören zusammen, insofern diese als intelligibles Licht im neuplatonischen, als *imago trinitatis* im christlichen Verständnis jenem zugeordnet ist. So ist Selbsterkenntnis zugleich Gotteserkenntnis. Denn im «inneren Menschen wohnt die Wahrheit», erkennbar, wenn die Seele im Befinden der Wandelbarkeit des Kreatürlichen «über sich selbst hinausschreitet» und «dahin trachtet, von wo der Lichtstrahl kommt».[4] Das erkennende Ich ist so das Ich, das sich selbst transzendiert. Gott und die Seele: nie stellt sie Augustinus als *unio* dar. Gott-«schauen» ist Gotteserkenntnis. Die von aller Begierde nach vergänglichen Dingen gereinigten «Augen der Seele», die mit der *ratio* gleichzusetzen sind, vermögen zu «sehen», «aber Gott selbst ist es, der die Erleuchtung gibt» (Sol. I 6.12). Dieses Verhältnis besteht ohne Vermittlung kirchlicher Heilsgüter.[5] Die hier erreichte Unmittelbarkeit des Verhältnisses von Mensch und Gott gehört zu den entscheidenden Voraussetzungen der christlich-abendländischen Mystik. Schon deshalb ist Augustinus ein Vater der Mystik, auch ohne Mystiker zu sein.

## 2. Der Neuplatonismus Augustins

Kurz vor seiner Bekehrung, die sich in ‹Confessiones› VIII 12 wie die illuminierte Seite einer Heiligenvita liest, erhielt Augustinus, wie er Conf. VII 9.13 ausführlich berichtet, einige «Bücher der Platoniker», *quosdam Platonicorum libros*. Er sagt uns nicht, welche Bücher, aber die Ergänzung *in latinam versos* weist uns auf des Marius Victorinus Porphyrius-Übertragungen, die uns freilich nicht erhalten sind. Das bestätigt Augustinus an späterer Stelle, Conf. VIII 2.3, wo er ein ansprechendes Miniaturporträt des kürzlich verstorbenen würdigen und hochgeschätzten Gelehrten entwirft, der sich noch in hohem Alter zum Christentum bekehrt hatte.[6]

---

[3] Zur Selbsterkenntnis bei Augustinus s. Pierre COURCELLE, Connais-toi toi-même, De Socrate à Saint Bernard, Bd. I, Paris 1974, S. 125–163.

[4] De vera religione 39.72: *in interiore homine habitat veritas, et si tuam naturam mutabilem inveneris, transcende et te ipsum. Sed memento cum te transcendis, ratiocinantem animam te transcendere. Illuc ergo tende unde ipsum lumen rationis accenditur.*

[5] In den ‹Soliloquia› ist jedenfalls von solchen nicht die Rede. Dieses argumentum ex silentio wird in der späteren Schrift ‹De vera religione› (389/391) bestätigt: «Zwischen unserem Geiste (*mens*), mit dem wir den Vater erkennen, und der Wahrheit, das ist dem inneren Licht (*lux interior*), durch das wir ihn erkennen, steht keine Kreatur (*nulla interposita creatura est*)» (55.113). Dazu FLASCH, S. 80f.: «Augustins Theorie schuf einen Schonraum, in dem Gott und die Seele allein sind.»

[6] Über Marius Victorinus s. Dictionnaire de Théologie catholique 15/2 (1950),

Es ist kein Zufall, daß Augustinus zu einer Übersetzung gegriffen hat. Er hat zwar in seiner Jugend Griechisch gelernt, haßte indes als Lernender diese Sprache, wenn auch aus Gründen, die ihm später nicht mehr «verständlich» erschienen (Conf. I 13.20), und verstand von ihr, wie er in ‹Contra litteras Petiliani› (ca. 405) bemerkt, «sehr wenig, beinahe nichts». Das dürfte übertrieben sein, es gibt nämlich Hinweise, daß er im Alter einiges dazugelernt hat.[7]

Umstritten ist, ob Augustinus auch die ‹Enneaden› Plotins kannte.[8] Wahrscheinlich ist jedenfalls, daß ihm durch des Ambrosius Kleinschriften ‹De Isaac vel anima› und ‹De bono mortis›, die auch als Predigten vorgetragen wurden, plotinische Gedanken vermittelt wurden.

Wie COURCELLE nachgewiesen hat, folgt hier Ambrosius in einigen wichtigen Abschnitten den ‹Enneaden›, und zwar: Enn. I 8,1,14 in De Isaac VII 60 (PL 14, 551B–552A) über das Schlechte als Mangel des Guten; Enn. I 6,8,9 = De Isaac VIII 78 u. 79 (558C–560A) über den Aufstieg auf den Flügeln der gereinigten Seele zum «Höchsten Gut» als «Quelle des Lebens»; Enn. I 7,2,9 = De bono mortis I 1 u. 2 (567A,B) über den Tod, der insofern kein Übel ist, als er die rein gebliebene Seele vom Körper befreit; Enn. III 5,8,1 = De bono mortis V 13 u. 14 (573C–574B) über denselben Gegenstand und über das Jüngste Gericht, das nur für die unreine Seele ein Übel ist; Enn. III 5,8,1 = De bono mortis V 19 (576D–577A) im Anschluß an Platons ‹Gastmahl› über die Allegorie von Jupiter als *mens,* Venus als Seele und Porus als Vermittler der göttlichen Intelligenz. – Diese Partien können als Muster für die christliche Adaptation neuplatonischer Ideen in der Väterzeit gelten.[9]

«Hier (in den Schriften der Platoniker) las ich», schreibt Augustinus Conf. VII 9.13, «wenn auch nicht gerade mit denselben Worten, indes sinngemäß und mit vielen Vernunftgründen glaubhaft gemacht, daß ‹im Anfang das Wort war und das Wort bei Gott und das Wort Gott war›; daß ‹es im Anfang bei Gott war›, daß ‹alles durch dieses geworden ist

---

Sp. 2887–2954; Pierre HADAT, Christlicher Platonismus. Die theologischen Schriften des Marius Victorinus (Bibl. d. Alten Welt), Zürich 1967, zur Einführung S. 5–22.

[7] Siehe Walter BERSCHIN, Griechisch-lateinisches Mittelalter, Bern-München 1980, S. 69–73.

[8] Den Nachweis THEILERS, daß Augustinus die neuplatonische Lehre ausschließlich aus Schriften Porphyrs kennengelernt und Plotins ‹Enneaden› überhaupt nicht, auch nicht in Übersetzungen, gelesen habe, halte ich trotz der großen Gelehrsamkeit der Untersuchung für verfehlt. Und dies schon wegen des methodischen Ansatzes, der als porphyrisch deklariert, was nach Inhalt, Form und Zusammenhang näher bei Augustinus steht als bei Plotin (S. 164). Außerdem kann nicht überraschen, daß einer, der von Anbeginn Porphyr im Visier hat, nur diesen zu erblicken vermag. – Natürlich sei damit nicht in Abrede gestellt, daß für Augustinus Porphyr der weitaus wichtigste Vermittler neuplatonischer Vorstellungen gewesen ist.

[9] Das zeigt eindrucksvoll COURCELLES vergleichende Analyse der zitierten Stellen, bes. S. 33–45. Zu Augustins Kenntnis dieser Partien S. 46 ff. – Ambrosius hat, wie seit 1956 durch Amato SOLIGNAC bekannt ist, noch in anderen Schriften Plotin rezipiert; s. dazu zusammenfassend HOLTE, S. 172 ff.

und ohne dies nichts geworden ist›; daß ‹alles, was geworden ist, Leben
in ihm ist und das Leben das Licht war für die Menschen und das Licht
in der Finsternis leuchtet und die Finsternis es nicht erfaßt hat›; daß weiterhin die Menschenseele, ob sie schon ‹Zeugnis gibt vom Licht›, doch
‹nicht selber das Licht ist›, sondern daß das Wort Gott selbst, ‹das wahre
Licht ist, das jeden Menschen erleuchtet, der in diese Welt kommt›; und
daß Gott ‹in dieser Welt war und die Welt durch ihn geschaffen ist und
die Welt ihn nicht erkannt hat›.»

Was Augustinus hier formuliert, ist der locus classicus der platonisch-
christlichen Gemeinsamkeit: er erklärt die Tatsache, daß das Christentum, sobald es in die Heidenwelt hineingetragen wurde, sich mit platonischen Vorstellungen verband. Augustinus identifiziert die Theologie
der ersten Verse des Johannes-Evangeliums mit den platonischen
Grundprinzipien: Daß der Logos, das Prinzip des Geistes, «bei Gott»,
d. h. Gott selber ist, und daß er alles hervorgebracht hat; daß dieser Geist
Leben und Licht bedeutet, woran die Menschenseele Anteil hat, indem
das wahre Licht ihn erleuchtet. Diese Gemeinsamkeit in der Anerken-
nung der intelligiblen Welt als der eigentlichen und des Logos ( = νοῦς)
als des schaffenden Prinzips wird indes sofort abgehoben vom Trennen-
den. Was Augustinus nicht bei den Platonikern gelesen hat, ist dies: «daß
‹er in sein Eigentum kam und die Seinen ihn nicht aufnahmen, er aber
allen, die ihn aufnahmen, die Macht gab, Kinder Gottes zu werden
durch den Glauben an seinen Namen›», «daß ‹das Wort Fleisch geworden ist und unter uns gewohnt hat›, daß der Sohn ‹sich selbst entäußerte,
indem er Knechtsgestalt annahm›, daß ‹er sich erniedrigt hat, gehorsam
geworden bis zum Tode, ja bis zum Kreuzestode, weshalb ihn Gott
erhöht hat› von den Toten . . .». Es ist mit einem Wort die mit Christus
vollzogene Heilsgeschichte, die das Christentum vom Platonismus
abgrenzt. So klar, wie es die ‹Confessiones› ein Jahrzehnt später formulieren, sah es Augustinus wohl noch nicht unter dem unmittelbaren Eindruck der Lektüre. Was den *werdenden* Christen bewegte, dürfte die
Gemeinsamkeit gewesen sein; die Abgrenzung in den ‹Confessiones›
versteht sich als eine Frucht des intensiven Bibelstudiums des jungen
Priesters in Hippo. Das trifft bereits für ‹De vera religione› (391) zu, wo
sich der jüngere Augustinus am grundsätzlichsten zum Platonismus
äußert:

Gleich das erste Thema der Abhandlung ist ‹Plato und Christus›.[10]

___

[10] THEILER, der im 1. Teil seiner Abhandlung auf Grund von ‹De vera religione› Augustins Verhältnis zum Neuplatonismus (sprich Porphyrios) untersucht, widmet diesem
Thema kein Wort. Ja, er ist in der Lage zu behaupten, ‹De vera religione› böte «wenig Möglichkeit», «die persönliche Stellung Augustins zum Neuplatonismus» aufzuzeigen (S. 233).

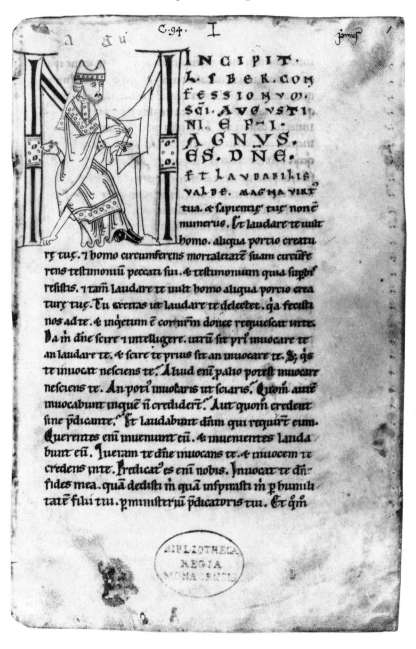

Titelseite von Augustins ‹Confessiones› im clm 2582
der Bayerischen Staatsbibliothek München aus dem späten 12. Jahrhundert.

Nach einem Blick auf Sokrates, der bereits auf der Suche nach *einem*
Gott war, der «über unsere Vernunft erhaben ist und alle Seelen sowie
diese ganze Welt geschaffen hat», kommt Augustinus auf Platon zu
sprechen (c. 3.3; PL 34, Sp. 123 f.). Bereits mit den Augen eines Christen
– es geht in der Abhandlung ja um die «wahre Religion» – bietet er
eine konzentrierte Zusammenfassung von dessen Lehre.

Platon hätte
seinen Schülern klargemacht, daß man die Wahrheit nicht «mit leiblichen Augen, sondern nur mit reinem Geiste (*pura mente*)» zu schauen
vermöge, «daß die Menschenseele, welche dieser Wahrheit anhängt,
seelig und vollkommen» sei, daß sie freilich daran ein Leben in Lüsten
und mit Trugbildern sinnlicher Dinge zu hindern vermöchte, «daß es
von allen Geschöpfen allein der vernünftigen Geistseele (*animae rationali et intellectuali*) verliehen» sei, «Gottes Ewigkeit im Schauen (*contemplatione*) zu genießen und, von ihr berührt, des ewigen Lebens teilhaftig zu werden». Würde man Platon fragen, so fährt Augustinus im
dialogischen Stil fort, ob er nicht einen großen und göttlichen Mann –
einen, der die Menschen zum Glauben an diese [von Platon verkünde-
ten] Wahrheiten, die sie nicht begreifen können, zu führen und ihren
Irrtümern zu entreißen vermöchte –, göttlicher Ehren für würdig
erachtete, so würde er antworten, daß «kein Mensch das leisten könne,
wenn ihn nicht Gottes Kraft und Weisheit über die kreatürlichen Dinge
hinausgehoben, wenn sie ihm nicht ohne alle menschliche Belehrung,
vielmehr durch innerliche, schon in früher Kindheit verliehene
Erleuchtung (*inluminatione*) mit solcher Gnade geadelt, mit solcher
Kraft ausgerüstet, zu solcher Würde erhöht hätte, daß er alles verachten
konnte, was niedrige Menschen sich wünschen, alles erdulden, wovor
sie zurückschrecken, alles vollbringen, was sie bestaunen. Nur dann
könne er das Menschengeschlecht durch seine erhabene Liebe und
Autorität zu solch heilsamem Glauben bekehren» (3.8–12). Mit andern
Worten: Platon würde, lebte er heute, Christus und mit ihm das Christentum annehmen. Augustinus schildert hier einen «Plato christianus»,
und das mag der ursprüngliche Eindruck der Platoniker-Lektüre gewesen sein. Die Distanz kündet sich indes in Beiläufigkeiten an. Er
bemerkt, daß Platon «freilich mehr gefällig zu lesen sei als kraftvoll zu
überzeugen verstehe» (2.6), und verkürzt damit dessen Aussage auf das
Ästhetische. Sodann äußert er sich abschätzig über die neuplatonischen
Zeitgenossen, denen er Stolz und Großsprecherei vorwirft.[11]

---

[11] De ver. rel. 3.19; Conf. VII 9.13; später verschärft er diese Kritik in De trin. IV
15.20.

Als «Christianus» sieht auch Meister Eckhart Platon in Augustins ‹Confessiones›-Text.[12] Er meint in seinem Johannes-Kommentar, das, was Augustinus bei Platon nicht gefunden habe, Joh. 1,11–14, könnte sehr wohl «die Eigentümlichkeiten (*proprietates*) der Dinge in der Natur sowie im sittlichen und geistigen Leben enthalten und lehren» (n. 125, LW III 108,8 ff.) – d. h. im Sinne der Zweckbestimmung seines Kommentars, die christliche Lehre «mit Hilfe der natürlichen Gründe der Philosophen auszulegen» (n. 2), als christlicher Doktrin konformer Text verstanden werden. Das «Wort» sei nämlich in allen Erscheinungen der Natur und des menschlichen Schaffens «Fleisch» und mit dem «Wort» Seele und Geist.

Bekannt ist, daß der Kirchenlehrer und Bischof Augustinus stark vom Platonismus, der für ihn bei aller intellektuellen Nähe zum Christentum eben doch Heidentum blieb, abgerückt ist – wenn er ihn auch als gewachsenes und Sprache gewordenes Geistesgut nie verleugnen konnte und wollte, ja ihm wie einer Jugendgeliebten eine heimliche Liebe bewahrte. Und immer hat er das Denken als einzigen Zugang zur wahren Erkenntnis betrachtet. Er gehört so, ungeachtet seiner Reserve und Kritik, zu den großen Vermittlern des platonisch-neuplatonischen Welt- und Gottesverständnisses.

## 3. Gradibus ascendens

«In Stufen will ich mich zu dem erheben, der mich erschaffen hat», sagt Augustinus im X. Buch der ‹Bekenntnisse› (8.12), das die eigentliche Lebensbeichte mit einer Standortbestimmung abschließt. Das Denken in Graden, Stufen gehört zum platonisch-neuplatonischen Erbe. Die Seele auf ihrem Weg vom Vielen zum Einen, vom Reich der Sinne zur intelligiblen Welt der ewigen Wahrheit und Weisheit, erhebt sich von Stufe zu Stufe.

Anlaß, sich den Weg zu Gott in Stufen zu denken, war neben den neuplatonischen Anregungen wohl auch der Titel der Psalmen 119–121, *canticum graduum*. In den ‹Enarrationes in psalmos› steht zum 119. Psalm (n. 1): Gemeint ist der aufsteigende Stufengesang, der sich im Herzen vollzieht und aus dem Tal der Tränen kommt (Ps. 83,6 f.); «wohin er aber aufsteigt, vermag menschliche Rede nicht auszudrücken, vielleicht nicht einmal zu denken» (CC 40, S. 1776,6 ff.).

Die eindrucksvollsten Aufstiege *gradatim* bieten die ‹Confessiones›, weil sie ohne Schema auskommen und ganz ins Innere genommen sind. Von der «Vision» von Ostia wird an späterer Stelle die Rede sein. Ihr entspricht der spirituelle Aufstieg in Conf. VII 17.23, kurz nach der Schilde-

---

[12] Auch Tauler kennt diese Äußerung und faßt sie zusammen: *Sant Augustinus sprach das Plato das ewangelium In principio al zemole hette vor gesprochen bis an das wort: ‹fuit homo missus a Deo›, und das was doch mit verborgen bedeiten worten* (VETTER Nr. 61, S. 332,23 ff.).

rung der Begegnung mit den «Büchern der Platoniker» und ganz in deren Geist vorgetragen. Man nennt sie auch (mit Paul Henry) die Vision von Mailand.

«So stieg ich in Stufen (*gradatim*) empor, von der Körperwelt zu der durch den Körper empfindenden Seele, weiter zu ihrem inneren Vermögen, ... und ich gelangte weiterhin zu der vernünftigen Kraft (*ad ratiocinantem potentiam*), bei der das Urteil über die sinnlichen Wahrnehmungen liegt. Indem auch sie sich in mir als wandelbar erwies, erhob sie sich zur Erkenntnis ihrer selbst (*intelligentia sua*) und lenkte das Denken (*cogitatio*) aus der Bahn des Gewohnten. Sie entzog sich dem widersprüchlichen Gewölk der Phantasien, um herauszufinden, von welchem Licht sie getroffen würde, ... und so gelangte sie zu dem, was *ist*, im Schlag eines bebenden Anblicks (*in ictu trepidantis aspectus*).[13] Wahrlich da erblickte ich ‹das Unsichtbare erhellt mittels der geschaffenen Dinge› (Röm. 1,20) – aber die Sehkraft (dort) festzuhalten, das vermochte ich nicht.»

Während sich in der Ostia-Vision der Aufstieg auf die Stufen des Geschauten bezieht (Erde, Himmel, Geistseele, Idipsum) (s. u. 5.d), ist es hier das erkennende Subjekt, das aufwärts strebt. Und zwar ist es die *potentia ratiocinans*, die erhellende Kraft des Geistes[14], zu der es zunächst über die äußeren und inneren Sinne gelangt und die, ihr Ungenügen in der Apperzeption bloß sinnlicher Wahrnehmungen erkennend, zur *intelligentia* transzendiert, in der sie zu sich selber kommt, und weiter, nunmehr außerhalb des gewohnten Denkens, auf den Bahnen des Lichts zum ‹Ist›. Hier ist das Geschehen nur noch ein Augenschlag, vergleichbar dem Himmelslicht, das Paulus vor Damaskus blitzend umgab und zu Boden warf. Was er – Augustinus ersetzt an dieser Stelle das Erkenntnisorgan der *ratiocinatio* mit dem personalen «ich» – aber erblickt, ist keineswegs das *id, quod est*, in welcher ‹Gestalt› auch immer, sondern das, was der Apostel Paulus Röm. 1,20 als Weg zur göttlichen Erkenntnis empfiehlt: «das Unsichtbare mittels der geschaffenen Dinge», mithin als

---

[13] Der französische Übersetzer von Œuvres 13/14 übersetzt mit «coup d'oeil», womit die Kürze der Schau unterstrichen wird, und hat dazu eine Stütze in der Ostia-Vision: *toto ictu cordis* (Conf. IX 10.24). Das durch das göttliche Licht schlagartig getroffene Auge – in Bernhards Übertragung mit «in dem blitzenden Moment eines zitternden Erblickens» wiedergegeben – scheint mir die konformere Interpretation zu sein, die auch die Kürze der *visio* mit ausspricht. Sie bietet sich auch an im Blick auf Plotins ἐξαίφνης (s. Beierwaltes, Denken des Einen, S. 139).

[14] Die *potentia ratiocinans, ratiocinatio*, ist das lichthafte geistige Erkennen. *Sed memento cum te transcendis, ratiocinantem animam te transcendere* (De vera religione 39.72). – Nach Ausweis des Augustinus-Lexikons (KWIC-Index) in Würzburg ist die Wortverbindung *ratiocinans potentia* in Conf. VII 17.23 bei Augustinus einmalig; für *ratiocinatio* gibt es 82 Belege.

*vestigia Dei,* zu erkennen. Als Ziel eines außergewöhnlichen Aufstiegs des menschlichen Geistes wird somit schlicht ein anderer Erkenntnisweg genannt! Das ist ein gedanklicher Bruch, wie er bei Augustinus nicht ganz selten ist. Vielleicht erklärt er sich mit dem Erschrecken im «bebenden Anblick» des Einen oder auch mit dem Bedürfnis, den ekstaseähnlichen Aufschwung mit einer biblischen Aussage abzusichern. Außerhalb der ‹Confessiones› preßt Augustinus seine Stufen fast regelmäßig in ein Schema von zumeist sieben *status,* Kräften, Formen der Reife usw. Sie wirken betont lehrhaft, lassen vielfach den Augustinischen Affekt vermissen, gewannen indes im Mittelalter, auch im mystischen Schrifttum, überschwengliche Verbreitung. Ein solches Schema hat sogar Meister Eckhart, der grundsätzlich nicht in Stufen und die Gotteseinigung *âne mittel* vollzogen dachte, nicht verschmäht: in der Predigt ‹Von dem edeln menschen› im ‹Liber benedictus›.[15] Er bedient sich hier des Schemas aus ‹De vera religione› (26.49) von den geistlichen Altersstufen *(spiritales aetates)*[16] des «neuen, inneren und himmlischen», das heißt wiedergeborenen Menschen.

| | |
|---|---|
| *novus homo . . . habens . . . quasdam spiritales aetates* | *der êrste grât . . . ist* |
| 1. *in uberibus utilis historiae, quae nutrit exemplis,* | 1. *sô der mensche lebet nâch dem bilde guoter und heiliger liute und aber noch gât an den stüelen und heltet sich nâhe bî den wenden, labet sich noch mit milche.* |
| 2. *iam obliviscentem humana et ad divina tendentem, in qua non auctoritatis humanae continetur sinu, sed ad summam et incommutabilem legem passibus rationis innititur,* | 2. *sô er iezent anesihet niht aleine die ûzerlîchen bilde, ouch guote liute, sunder er löufet und îlet ze lêre und ze râte gotes und götlîcher wîsheit, kêret den rücke der menscheit und daz antlitze ze gote, kriuchet der muoter ûz der schôz und lachet den himelschen vater ane.* |

---

[15] DW V 109–119, l. c. 111,22–112,24. Eckhart nennt Augustinus; die Fundstelle ist nachgewiesen Anm. 20 (S. 122 f.).

[16] Das Lebensalter-Stufenschema, auf den einzelnen Menschen wie die *aetates* bezogen, verwendet Augustinus auch in ‹De genesi contra Manichaeos› (v. J. 388/389), I 23,35–25.42. Es bringt für unsere Zwecke nichts Neues.

3. iam fidentiorem et carnalem appeti-
tum rationis robore maritantem gau-
dentemque intrinsecus in quadam dul-
cedine coniugali, cum anima menti
copulatur et velamento pudoris obnu-
bitur, ut iam recte vivere non cogatur,
sed etiamsi omnes concedant, peccare
non libeat,

3. sô der mensche mê und mê sich der
muoter enziuhet und er ir schôz verrer und verrer ist, entvliuhet der
sorge, wirfet abe die vorhte, als, ob er
möhte sunder ergerunge aller liute
übel und unreht tuon, es enluste in
doch niht: wan er ist mit minne
gebunden alsô mit guotem vlîze mit
gote, unz er in gesetzet und in gewîset
in vröude und in süezicheit und
sælicheit, dâ im unmære ist allez daz,
daz dem unglîch ist und vremde.

4. iam id ipsum multo firmius ordina-
tiusque facientem et emicantem in
virum perfectum atque aptam et ido-
neam omnibus et persecutionibus et
mundi huius tempestatibus ac fluctibus
sustinendis atque frangendis,

4. sô er mê und mê zuonimet und
gewurzelt wirt in der minne und in
gote, alsô daz er bereit ist ze enpfâ-
henne alle anevehtunge, bekorunge,
widermüete und leit lîden williclîche
und gerne, begirlîche und vrœlîche.

5. pacatam atque omni ex parte tran-
quillam, viventem in opibus et abun-
dantia incommutabilis regni summae
atque ineffabilis sapientiae,

5. sô er lebet allenthalben sîn selbes in
vride, stille ruowende in rîcheit und in
übernutze der obersten unsprechelîcher
wîsheit.

6. omnimodae mutationis in aeternam
vitam et usque ad totam oblivionem
vitae temporalis transeuntem, perfecta
forma quae facta est ad imaginem et
similitudinem dei.

6. sô der mensche ist entbildet und
überbildet von gotes êwicheit und
komen ist in ganze volkomen vergez-
zenlicheit zerganclîches und zîtlîches
lebens und gezogen ist und überge-
wandelt in ein götlich bilde, gotes kint
worden ist.

7. enim iam quies aeterna est et nullis
aetatibus distinguenda beatitudo per-
petua. Ut enim finis veteris hominis
mors est, sic finis novi hominis vita
aeterna. Ille namque homo peccati est,
iste iustitiae.

Vürbaz noch hœher enist enkein grât,
und dâ ist êwigiu ruowe und sælicheit,
wan daz ende des innern menschen
und des niuwen menschen ist êwic
leben.

Ein Vergleich der beiden Texte, der an dieser Stelle keinen Platz haben
kann, ist aufschlußreich und charakteristisch für die souveräne Art, wie
die Mystiker traditionelles Lehrgut aufgegriffen haben: in der Auslas-
sung wie in der Ergänzung (oft inspiriert vom Vorlagetext), im Ersatz
wie in neuer Akzentuierung.[17] Die erste weitausholende Stufenlehre bot Augustinus im 33. Kapitel
des Dialogs ‹De quantitate animae› (i. J. 388 in Ostia verfaßt)[18]; es ist das
Hauptstück des letzten Teils der Schrift, der von der Größe der Seele im
qualitativen Sinne handelt, von ihrer Wirkkraft. Die einleitende Frage
ist: «*Quantum valeat anima?* Was vermag die Seele?»
    Die zwei ersten Stufen der Tätigkeit der Seele brauchen wir, da es, in
aristotelisch-stoischer Tradition, um das Wirken im Bereich der Körperlichkeit geht, nur zu nennen: die Seele als Kraft, die das vegetative und
animalische Leben regelt und erhält. Hat die menschliche Seele diese
Tätigkeit mit pflanzlicher Lebenskraft und der Tierseele gemeinsam, so
wirkt sie auf der dritten Stufe nur «was dem Menschen eigen ist»: sie
bringt die menschliche Kultur und Zivilisation hervor, die Handwerks-
künste, Ackerbau und Städtebau, die Schönen Künste, die Schriftkultur,
die gesellschaftliche und politische Ordnung, Kult, Sport und Spiel.
Augustinus vergißt in dieser Aufzählung kaum etwas, was menschlicher
Geist und menschliche Fertigkeit hervorgebracht und bedacht haben.
*Magna haec et omine humana,* schließt er, freilich im Guten und Bösen
(n. 72).
    Erst mit der vierten Stufe beginnt «das Gutsein und alles wahrhaft
Lobenswerte» (*bonitas atque omnis vera laudatio*). «Von dieser Stufe an
nämlich wagt es die Seele, sich nicht nur über ihren eigenen Körper, als
einen Teil des Universums, sondern sogar über das Universum als Ganzes hinwegzusetzen. Sie wagt es, die Güter der Welt nicht für ihr Eigentum zu halten und sie im Vergleich mit der eigenen Macht und Schönheit auszusondern und zu verachten. Je mehr sie sich daran erfreut, umso
entschiedener trennt sie sich von dem Unreinen, befreit sich von jeder

---

[17] Das erreichte Ziel der geistigen *vita aeterna/êwic leben* ist für Eckhart kein Grad mehr.
Dazu und zu diesbezüglichen Mißverständnissen s. die in Anm. 15 erwähnte Anmerkung 20 der Ausgabe. – Herma PIESCH (Der Aufstieg des Menschen zu Gott nach der Predigt ‹Vom edlen Menschen› in: Udo M. NIX OP / Raphael ÖCHSLIN OP (Hgg.), Meister
Eckhart der Prediger. Festschr. zum Eckhart-Gedenkjahr, Freiburg-Basel-Wien 1960,
S. 167–199, hier S. 178) nimmt zusätzlich den Einfluß von Richards von St. Viktor ‹Benjamin major› an, was indes einer kritischen Überprüfung nicht standhält.
[18] Hinweise bei Volker SCHUPP, Septenar und Bauform (Philol. Stud. u. Quellen 22),
Berlin 1964, s. Register ‹Sieben Gaben›; Bernd ADAM, Katechetische Vaterunserauslegungen. Texte und Untersuchungen zu deutschsprachigen Auslegungen des 14. und 15. Jahrhunderts (Münchener Texte u. Untersuchungen 55), München 1976, S. 50–52.

Befleckung und führt sich zu größter Reinheit und Ordnung. Sie macht sich stark gegen alles, was sie von ihrem vorgesetzten Ziel abzubringen sucht.» Diese Phase der Reinigung (*purgatio, mundatio*) ist verbunden mit heftigen Kämpfen gegen die Verlockungen der Welt und die auf dieser Stufe besonders starke Todesfurcht, die indes durch den Glauben an Gottes Voraussicht und Gerechtigkeit eingeschränkt wird (n. 73).

Auf der fünften Stufe ist die Seele von allen Schwächen und Flecken befreit und gelangt zu ihrem vollen Selbstverständnis. «Sie erfaßt in jeglicher Hinsicht, wie groß sie ist. Und wenn sie das erfaßt hat, dann macht sie sich mit einem gewaltigen und unglaublichen Vertrauen auf den Weg zu Gott, und das heißt: zur Schau der Wahrheit selbst (*in ipsam contemplationem veritatis*) und zu jenem höchsten und geheimsten Ziel, das der Lohn für so viel Mühsal ist» (n. 74).

Die innere Ruhe und Sicherheit, die die fünfte Stufe auszeichnet, macht die *actio* der sechsten Stufe möglich, «das Verlangen nach der Erkenntnis dessen, was im wahren und höchsten Sinne ein Sein hat (*ea, quae vere summeque sunt*), für die Seele der höchste Anblick, über den hinaus es keinen vollkommeneren, besseren und sichereren gibt». Jetzt ist das «Auge der Seele» auf das gerichtet, «was es zu sehen gilt», die Wahrheit (n. 75).

Die siebente Stufe, die eigentlich keine Stufe mehr ist, sondern das erreichte Ziel wie bei den Lebensalterstufen – Augustinus sagt bildhaft *mansio* –, ist die «Schau und Betrachtung der Wahrheit» selbst (*visio atque contemplatio veritatis*). «Wie soll ich sagen, welche Freude hier ist, welch ein Genießen des höchsten und wahren Guten (*perfructio summi et veri boni*). Das haben, soweit sie es für sagbar hielten, einige große unvergleichliche Seelen gesagt, denen wir glauben, daß sie es auch gesehen haben und noch sehen.» (n. 76).

Augustinus verzichtet auf eine Beschreibung der «Schau», die er indes im diesseitigen Leben nicht ausschließen will. Bei den Seelen, die «gesehen haben», wird er an Paulus, aber auch, wenn man die Nähe dieser Aufstiegsschilderung zu solchen der Enneaden (1,6,7) berücksichtigt, an Plotin gedacht haben. Das präsentische «sehen» dürfte kaum auf Personen bezogen sein, die Augustinus kannte, vielmehr nur zum Ausdruck bringen, daß er solche Schau für möglich erachtet. Von solchem Optimismus war der spätere Augustinus, der Kirchenmann und Bischof, weit entfernt. Es fällt ja im vorliegenden Text auch auf, daß die Seele zwar, auf der vierten Stufe der Reinigung und des Kampfes, der Mithilfe Gottes bedarf, aber von Gnade nicht die Rede ist, und gerade nicht im eigentlichen Akt der Schau. Dies, mehr noch als direkte Anklänge an Plotin, verrät die immer noch neuplatonische Sehweise Augustins. Er mag es selber empfunden haben, denn er beeilt sich, dem Aufstieg der Seele zur Schau der Wahrheit einen Kommentar nachzuschieben, der den fünffachen Umfang dessen hat, was vom siebenten Schritt gesagt wird, einen Kommentar des Bekehrten und Getauften (n. 76). Er kehrt darin sozusagen zur Perspektive der vierten Stufe zurück mit Blick auf die *vanitas vanitantium* des Irdisch-Körperlichen. Diese kann, damit die Seele der göttlichen Wahrheit teilhaftig wird, nur im Glauben an das, was uns die Mutter Kirche an Nahrung reicht – die «Milch» des Apostels Paulus für die «Kleinen» (Hebr. 5,13) –, überwunden werden. Das ist genaugenommen, und mehr noch im Tenor als in der Sache selbst, ein Widerruf des Aufstiegs der Seele auf Grund ihrer «Ausstattung». Der Abschnitt endet mit einer Apologie der Menschwerdung des Gottessohnes und der Auferstehung des Fleisches.

Stufen geistigen Aufstiegs sieht Augustinus auch in den sieben Gaben des Heiligen Geistes (nach Is. 11,1–3): *timor, pietas, scientia, fortitudo, consilium, intellectus, sapientia.* Er hat sie mit den Seligpreisungen (Mt. 5,3–11), die er auf sieben reduzierte, und den Bitten des Vaterunsers verbunden und so ein «System» entwickelt, das sich in der populären Aszetik des Mittelalters als fruchtbar erwies.[19] Geringer ist die Bedeutung der Augustinischen Gabenlehre für den Ausbau der kirchlichen Lehre.[20] Es war erst die Scholastik, die die Gabenlehre theologisch im Rahmen der *habitus*-Lehre als Grundlage der ‹Tugenden› ausbaute, und sie stützte sich, wie Thomas von Aquin, S. th. I/II, q. 68 verrät, im wesentlichen auf Gregor den Großen. Auf der scholastischen Gnadenlehre wiederum beruht die Spiritualität der sieben Gaben, auch diejenige der volkssprachigen Mystik.[21]

Nach diesem Befund besteht kein Erfordernis, auf die Gabenlehre Augustins, wie sie besonders in ‹De sermone Domini in monte› (vom Jahre 394) dargestellt ist (I 2,9–4,12), näher einzugehen. Es wäre hier auch mehr das Geschick der Zuordnung von Bitte, Seligpreisung und Gabe sowie die Systematik als die geistige Durchdringung und Ausstrahlung zu bewundern.

---

[19] Canisius VAN LIERDE, Doctrina Sancti Augustini circa dona Spiritus Sancti ex textu Isaiae XI,2–3, Würzburg 1935; Karl BOECKL, Die sieben Gaben des Heiligen Geistes in ihrer Bedeutung für die Mystik nach der Theologie des 13. und 14. Jahrhunderts, Freiburg i. Br. 1931, S. 7–19; HENDRIKX, S. 116–123; Jacques DE BLIC S. J., Pour l'histoire de la théologie des dons avant Saint Thomas, RAM 22 (1946), S. 117–179.

[20] Siehe DE BLIC (Anm. 19) zusammenfassend: «... les sept opérations du Saint-Esprit ne paraissent aucunement jouer le rôle d'inspirations spécialement affectées aux actes héroïques ou destinées à stabiliser l'âme dans l'état de perfection» (S. 143).

[21] Z. B. bei Jan van Ruusbroec in den Schriften ‹Dat Rijcke der Ghelieven›, IV. deel, ‹Die Gheestelike Brulocht› II., IV. deel.

4. Imago trinitatis

Die *imago-Dei*-Lehre Augustins gehört zum gewaltigen Bau der Trini-
tätstheologie, die als seine großartigste und wirkungsmächtigste theolo-
gisch-philosophische Leistung gelten darf. Sie sieht in der menschlichen
Seele nach Gen. 1,26 Gottes «Bild und Gleichnis» (*imago et similitudo*),
während der menschliche Leib mit der Psyche, sofern sie die Leibessinne
lenkt, wie die Natur schlechthin nur «Spuren» (*vestigia*) Gottes erkennen
läßt. Karl Barth nannte diese Doktrin ein «trojanisches Pferd», das man
«allzu unbedenklich in das theologische Ilion hat einziehen lassen».[22] Er
stellt sich mit seiner Ablehnung auf Grund eines radikalen Offenba-
rungsbegriffs gegen eine Tradition von anderthalbtausend Jahren. Aber
es gab schon einen vernehmbaren Vorklang dieser Abwehr in den Jahrhunderten des Mittelalters, und das ist der Grund, der Stimme Barths in
diesem Zusammenhang Gehör zu schenken. Es wurde nämlich der einfache Gläubige, der Nichttheologe schlechthin, durch kuriale Erlasse wie
aus dem Munde von Predigern immer wieder gewarnt, über so hohe
Dinge wie die Trinität nachzudenken und zu «spekulieren». Dazu tritt
die Klage darüber, daß eben dies in gewissen häresieverdächtigen Kreisen immer wieder geschehe.[23] Noch für Augustinus selbst war die *imago-
trinitatis*-Lehre in der Zeit der ‹Confessiones› ein tremendum. «Selten ist
die Seele, die, was immer sie darüber (über die Trinität) sagt, auch weiß,
was sie sagt. Man ereifert sich, man streitet.» Er selbst meint nach einigen
knappen Aussagen über die der Dreieinigkeit analoge Trias «sein, wissen,
wollen» (*esse, nosse, velle*)[24]: «Wer käme da leicht zurecht? Wer fände
Worte, es auszudrücken? Wer fürchtet sich nicht, in irgendeiner Weise
sich darüber zu äußern?» (Conf. XIII 11.22)

Die knappste und prägnanteste Formulierung der *imago-trinitatis*-
Lehre bietet ‹De civitate Dei› XI 26: «Und auch in uns selber finden wir
ein Abbild Gottes, das ist jener höchsten Dreieinigkeit, zwar ihm nicht
gleich, vielmehr weit von ihm entfernt, weil nichts gleich ewig, nichts –
um es in Kürze zu sagen – desselben Wesens ist wie Gott, gleichwohl
Gott von Natur näher als alle anderen von ihm geschaffenen Dinge, ein

---

[22] Die kirchliche Dogmatik I 1, München ²1935, S. 355.
[23] Vgl. etwa den Bericht des Franziskaners Simon von Tournai über die kirchlichen
Zustände in Nordfrankreich und Belgien zuhanden des II. Konzils von Lyon i. J. 1274, zit.
bei Herbert Grundmann, Religiöse Bewegungen im Mittelalter, Darmstadt ²1961, S. 338,
Fn. 37. – Selbst ein mystischer Prediger, Johannes Tauler, Vetter Nr. 2, S. 14,11 ff., spricht
warnend von Menschen, die *mit hohen worten und von hohen dingen von der driveltekeit kún-
nent schowen und sprechen*, woraus *jomer und irrunge . . . gewahssen ist und noch alle tage tůt.*
[24] Diesen Ternar greift Augustinus wieder auf in ‹De civitate Dei› XI 26–28 (s. das
nächste Zitat); in ‹De trinitate› fehlt er.

Abbild, das durch Erneuerung noch vollkommener werden soll, um ihm dann gänzlich gleich (*similis*) zu werden. Denn wir sind, wissen, daß wir sind, und lieben dieses unser Sein und Wissen.»

Die breite Ausfaltung der Lehre findet sich indes in ‹De trinitate›, (einigermaßen) geschlossen in den Büchern IX–XII, aber auch in den späteren Büchern des Werks, besonders in Buch XIV. Augustinus legt dabei keine abgeklärten Resultate seines Denkens vor, geht, wie es seinem schriftstellerischen Talent überhaupt entspricht, nicht systematisch und in sukzessiven Schritten vor, sondern in vielfachen Ansätzen, indem er immer wieder neu aufsteigende Fragen beantwortet. Es ist ein spiralförmiges Denken, das uns lenkt – und fesselt, weil Augustinus uns an seinem Erkenntnisprozeß teilnehmen läßt. Ein Abgleiten ins Pastorale ist nicht ganz selten; das enorme physiologisch-psychologische Interesse des Verfassers sorgt auch für Staunen oder Erheiterung durch Kuriositäten aus seiner Erfahrungswelt.[25]

Augustinus tut uns auch nicht den Gefallen, an *einer* Stelle die wichtigsten Gesichtspunkte seiner *imago-trinitatis*-Lehre, etwa in Form einer conclusio, zusammenzufassen. Er holt zwar wiederholt zu einer solchen aus, doch gelingt sie ihm nie in der erforderlichen Knappheit, weil er sofort wieder in neue Detailfragen und zusätzliche Beispiele abgleitet. Eine solche conclusio findet sich in XIV 6.8, und sie soll uns wenigstens als Leitfaden durch Augustins Gedankengänge dienen.

«So groß ist jedoch die Kraft des Denkens, daß sich auch der Geist (*mens*) selbst gewissermaßen nur dann in sein Blickfeld stellt (*se in conspectu suo ponat*), wenn er an sich denkt: und so ist nichts im Blickfeld des Geistes außer wenn man bedenkt, daß auch der Geist selbst, mittels dessen man denkt, was immer man denken mag, nicht anders in seinem Blickfeld sein kann als dadurch, daß er sich denkt» (XIV 6.8).

Der menschliche Geist, das höchste Vermögen der Seele, die *mens,* denkt sich selbst. Ihr Bewußtsein ist ihr «Anblick». Es ist also das Selbstbewußtsein, von dem das Denken Augustins ausgeht als dem innersten und sichersten Wissen des Menschen. «Nichts ist ihm nämlich gegenwärtiger als er sich selbst» (X 10.16; fast identisch X 7.10). Augustinus betont es immer wieder. «Wenn daher der Geist sich selbst erkennt, dann ist er allein der Vater seiner Erkenntnis. Er ist nämlich selbst das Erkannte und der Erkenner. Er war sich aber auch selbst erkennbar, bevor er sich kannte.» (IX 12.18) «Wenn daher der Geist, da er sucht, was Geist ist, sich sucht, so weiß er in der Tat, daß er selbst Geist ist» (X 4.6). – Es soll indes auf eine Stellensammlung verzichtet werden. Die erkenntnis-

[25] Siehe z. B. De trin. XI/2.5; 4.7.

theoretische Bedeutung dieser Gewißheitserkenntnis wie ihr einzigartiger psychologischer Wert sind bekannt und vielfach gewürdigt worden.[26] Nach einer Spezifizierung und Exemplifizierung des Geistes *in conspectu suo,* wie es oben formuliert wurde, fährt Augustinus fort: «Sein Blick (*conspectus*) ist etwas zu seiner Natur Gehöriges; der Geist wird zu dieser Natur, wenn er sich denkt.» Der *conspectus* – im Kontext des Ternars, von dem anschließend die Rede ist: die *intelligentia* – gehört zur «Natur» des Geistes (der Subjekt des Satzes ist) und wird denkend, in seiner Selbstreflexion, zu dieser Natur, d. i. zu dem, was er bereits ist. Das heißt Identität in der *unitas naturae.* Diese «Natur» nennt Augustinus in der Regel «Substanz», wobei er im Hinblick auf den aristotelischen Begriffsgebrauch ihre ausschließliche Geistigkeit betont (X 7.10). Vom Geiste aber wird gesagt, daß er nicht *relative,* eine «beziehentliche Wirklichkeit» (wie Schmaus umschreibt), sondern eine *essentia,* eine Wesenheit, darstelle (IX 2.2), die die geistigen Inhalte durch sich selbst erfaßt (IX 3.3).

In der Weiterentwicklung der in XIV 6.8 vorgetragenen Überlegungen stellt Augustinus heraus, daß der Geist, wenn er nicht denkt, zwar nicht in seinem *adspectus* ist, aber dennoch sich selbst erkennt, weil er selbst sein Gedächtnis ist. Dann fährt er fort: «Demgemäß haben wir eine Dreiheit (*trinitas*) nachgewiesen: das, von dem der Anblick des Denkenden geformt wird, verlegten wir in das Gedächtnis (*memoria*), die Formung selbst aber ist als das Bild (*imago*) zu verstehen, das sich von ihm abprägt, und als drittes Glied muß man die Liebe (*amor*) oder den Willen (*voluntas*) verstehen, wodurch beide geeint werden. Wenn sich also der Geist durch den Gedanken erblickt, dann sieht er und erkennt er sich. Er zeugt (*gignit*) also diese Erkenntnis (*intellectus*) und diese Einsicht (*cognitio*). Ein unkörperlicher Gegenstand wird ja durch Erkenntnis erkannt und durch Einsicht geschaut. Nicht so freilich zeugt der Geist diese seine Kenntnis (*notitia*), wenn er sich denkend im Erkennen erblickt, als wäre er sich vorher unbekannt geblieben. Vielmehr war er sich so bekannt, wie die Dinge, welche im Gedächtnis bewahrt werden, bekannt sind, auch wenn man nicht daran denkt. Wir sagen ja, der Mensch kenne die schönen Wissenschaften (*litterae*), auch wenn er an anderes als an sie denkt. Diese beiden aber, das Zeugende und das Erzeugte, werden durch die Liebe (*dilectio*) als drittes geeint, die nichts

---

[26] Siehe u. a. SCHMAUS (1927), S. 243 f. und COURCELLE (Anm. 3). – Auch FLASCH hebt die Bedeutung Augustins «für die Geschichte der Geistmetaphysik» hervor, betont indes, daß «eine Geschichte des philosophischen Selbstbewußtseins» nicht «mit Augustinus ‹beginnen› müsse», sondern mit Plotin (S. 342).

anderes ist als der Wille, der etwas zum Genusse (*fruendum*) erstrebt oder festhält. Deshalb meinten wir, auch durch die Beziehungen Gedächtnis, Einsicht und Wille auf die Dreiheit des Geistes hinweisen zu sollen» (XIV 6.8).

Es ist die Dreiheit des Geistes *memoria, intelligentia* (*intellectus*), *voluntas* (*amor*) die wichtigste, weil sie am exaktesten der göttlichen Trinität entspricht. Die frühere, im IX. Buch ‹De trinitate› vorgestellte, nämlich *mens, notitia, amor,* brachte die Schwierigkeit mit sich, daß dem ersten Glied eine bevorzugte Stellung eingeräumt werden mußte.[27] Den in den ‹Confessiones› und in ‹De civitate Dei› genannten Ternar *esse, nosse, velle* hat Augustinus in ‹De trinitate› unberücksichtigt gelassen. Auch ist es, wenn ich richtig sehe, einzig die Dreiheit von Gedächtnis, Erkenntnis und Willen/Liebe, die später als Dreiheit «augustinischer» Seelenkräfte angesprochen wird.

Der Leser der oben zitierten Stellen und noch mehr derjenige der Bücher IX–XIV von ‹De trinitate› mag überrascht sein, daß Augustinus nicht von der innertrinitarischen Struktur ausgeht und sie in der Seele wiederfindet, sondern daß es die Beschaffenheit der Seele ist, die ihm den Einblick in die göttliche Dreieinigkeit ermöglichen soll. Der Mensch findet im Vorgang der Erkenntnisbildung die Analogie zur intelligiblen Beziehung der göttlichen Personen untereinander – natürlich nicht so, als wäre sie ihm «vorher unbekannt gewesen»: Augustins Untersuchungsgang spiegelt genau die Sache, von der er spricht. Methodisch liegt ein Gottesbeweis vor, der sich nur insofern von den üblichen unterscheidet, als er nicht die Existenz Gottes, sondern seine Einheit in der Dreiheit evident machen soll.

Hervorzuheben ist noch Folgendes:

1. Die *imago dei,* als *imago trinitatis* verstanden, gehört zu den ureigensten Einsichten Augustins. Vor ihm glaubte man in «deus» den Sohn sehen zu müssen, und Augustinus selbst scheint einmal dieser Meinung gewesen zu sein.[28] In ‹De trinitate› XII 6.7 nimmt er ausdrücklich Stellung gegen diese Ansicht.[29] Positiv hebt er wiederholt hervor, daß die

---

[27] Siehe SCHMAUS (1927), S. 264.

[28] Siehe SCHMAUS (1927), S. 197. – Augustinus geht zurückhaltend mit dem Begriff der *imago trinitatis* um: in ‹De trinitate› sind es 19 Belege, wozu noch 4 in ‹De civitate Dei› und 4 in allen anderen Schriften treten. Diese und andere Belege verdanke ich dem EDV-gespeicherten ‹Augustinus Lexikon› der Augustiner-Patres in Würzburg.

[29] Es gäbe Schriftkundige katholischen Glaubens, die Gen. 1,26 so verstünden, als hieße es dort «*Fecit Pater ad imaginem Filii». Si enim Pater fecit ad imaginem Filii, ita ut non sit homo imago Patris, sed Filii, dissimilis est Patri Filius. Si autem pia fides docet, sicut docet, Filium esse ad aequalitatem essentiae similem Patri, quod ad similitudinem Filii factum est, necesse est etiam ad similitudinem Patris factum sit.*

pluralische Formulierung von Genesis 1,26 (*Faciamus hominem ad imaginem et similitudinem nostram*) das Bild der ganzen Trinität erfordere. 2. Allein dem menschlichen Geiste ist das «Bild» des dreieinigen Gottes vorbehalten. «Nicht alles, was in der Schöpfung irgendwie Gott ähnlich (*simile*) ist, ist auch sein Bild zu nennen . . . Das Bild ist nur dadurch im vollen Sinne ein Ausdruck Gottes (*exprimitur*), daß zwischen ihm und Gott keine andere Natur mehr ist» (De trin. XI 5.8). Das heißt, daß außer der vegetativen und animalischen Welt auch die Dreieinheiten des äußeren Menschen nicht «Bild», nur «Spuren» (*vestigia*) Gottes sind. Die ungewöhnliche Ausführlichkeit, die Augustinus ihnen zuteil werden läßt – das ganze XI. Buch ist den *vestigia trinitatis* des leiblich-psychischen Menschen gewidmet –, entspringt dem seit seinen Jugendjahren unverminderten Interesse an allen Fragen der Psychologie und der Erkenntnis. Hingegen sind die Spuren Gottes in der kosmischen und vegetativen Schöpfung, also die Wunder der Gestirne, des Wachstums, der Lebewesen, die fromme Menschen immer wieder gepriesen haben und die auch ein großes Thema der Mystiker sind – man denke an das frühe Franziskanertum und an Heinrich Seuse –, für Augustinus kein eigentliches Thema. Die ‹Confessiones›-Stelle (X 8.15) «Und da gehen die Menschen hin und bewundern die Höhen der Berge, das mächtige Wogen des Meeres, die breiten Gefälle der Ströme, die Weiten des Ozeans und die Kreise der Gestirne» bezeugt zwar, daß er um diese Schönheiten und Erhabenheiten wußte, will indes den Leser nur auf die «ungeheuren Räume» der menschlichen Innenwelt verweisen. Petrarca, der die Stelle auf dem Mont Ventoux aufgeschlagen hatte und durch den sie berühmt wurde, las sie denn auch in diesem Sinne.

3. Gehört die Gottesebenbildlichkeit zur schöpfungsmäßigen Grundausstattung des Menschen, also zu seiner «Natur», oder ist sie übernatürliches Gnadengeschenk?[30] In ‹De trinitate› lehrt Augustinus ausdrücklich, daß das Bild des Schöpfers «in der Verstandeserkenntnis oder der Vernunfteinsicht fähigen Seele» «eingepflanzt ist» (XIV 4.6), und fährt fort: «Die menschliche Seele, wenngleich ihr Verstand oder ihre Vernunft (*ratio vel intellectus*) bald betäubt, bald klein, bald groß erscheint, ist niemals ohne Verstand und Vernunft. Wenn sie daher nach dem Bilde Gottes geschaffen ist, sofern sie ihren Verstand und ihre Vernunft zur Erkenntnis und zur Schau Gottes gebrauchen kann, so ist in der Tat vom ersten Augenblick an, in dem diese so große und wunderbare (menschliche) Natur zu sein anfing, das Bild Gottes (in ihr), mag es so verbraucht sein, daß es beinahe nicht mehr ist, mag es verdunkelt und entstellt sein

---

[30] Dazu SCHMAUS (1927), S. 291 ff.; FLASCH, S. 348.

(*obscura atque deformis*), mag es hell und schön sein, immer vorhanden.» – Auch von daher, von der Vereinbarkeit von Gottesbild und Sündenfall, versteht man das Verdikt Karl Barths. Daß Augustinus nicht immer dieser Ansicht war, geht aus ‹De genesi ad litteram› VI 27 hervor.[31] 4. Die *imago trinitatis* weist den Menschen als bevorzugtes, Gott am nächsten stehendes Geschöpf aus. «Wenngleich nämlich der menschliche Geist nicht von der selben Natur ist wie Gott, so ist doch das Bild jener Natur, die besser ist als jede andere, dort in uns zu suchen und zu finden, wo auch das Beste ist, das unsere Natur hat» (De trin. XIV 8.11). Dieses «Beste unserer Natur» besagt Gottähnlichkeit, und sie ist die «natürliche» Voraussetzung einer personalen Berührung von Mensch und Gott.[32] Diese ist dann freilich an den Reinigungsprozeß – wie schon im Neuplatonismus – sowie die Strebekraft der Gottesliebe gebunden. «Diese Dreiheit des Geistes ist also nicht deshalb Bild Gottes, weil der Geist sich seiner erinnert, sich einsieht und liebt, sondern weil er auch den in das Gedächtnis rufen, einsehen und lieben kann, von dem er geschaffen ist» (XIV 12.15). So kann der Geist «Gott anhangen» (1 Kor. 6,17). Von daher versteht man, daß die augustinische Imago-Lehre zu einer grundlegenden Doktrin mystischen Denkens geworden ist.

## 5. Visio Dei

Was Dionysius nicht in seine Ekstasenlehre hereingenommen hat (s. K 1,3.b4), den *raptus* des Apostels Paulus (2 Kor. 12,2–4), dem widmete Augustinus ein ganzes Buch, das 12. und letzte seiner Schrift ‹De genesi ad litteram› (ca. 401–414). Dieses 12. Buch verläßt die fortlaufende Genesis-Erklärung, die Augustinus in den Büchern I–XI bis zur Vertreibung der Stammeltern aus dem Paradies geführt hat, und bietet in Traktatform die Lehre vom Paradies, nicht im Anschluß an Gen. 2,8 (*Plantaverat autem Dominus Deus paradisum voluptatis*), worüber er zu Beginn

---

[31] SCHMAUS (1927), S. 291 f.

[32] Zurückhaltender formuliert VON IVÁNKA, der die Gottähnlichkeit auf den Gott zugewandten Willen, die Gottesliebe, zurückführen möchte (S. 192). Er übersieht indes keineswegs, daß gemäß augustinischem Denken keine Zuwendung zu Gott möglich ist, wenn die Gottesliebe und Gotteserkenntnis nicht bereits in der Seele, in welcher Form der Verdunkelung sich diese auch befinden mag, vorhanden wäre (S. 195 ff.). Man kann, wie es VON IVÁNKA unternimmt, dieses platonische Erbe auf ein Minimum reduzieren, um den Voluntarismus und den radikal christlichen Charakter Augustins zu retten, oder ihn als ein entscheidendes Kriterium von dessen Imago-Lehre anerkennen, wie das SCHMAUS und FLASCH getan haben. Im Hinblick auf das in ‹De trinitate› mit größtem Nachdruck durchgeführte methodische Prinzip des «Vorwissens» möchte ich eher der letzteren folgen.

von Buch VIII gehandelt hat, sondern in der Auslegung der Apostel-
worte von der Entrückung ins Paradies. Der berühmte Text aus dem
2. Korintherbrief ist freilich nur so etwas wie ein roter Faden in einem
Gewebe. Thema im weiteren Sinne ist die *visio*.[33]
a) Augustinus unterscheidet drei verschiedene Arten von *visio*, eine
körperliche, d. i. durch die Sinne vermittelte, eine «geistige» (*spiritualis*)
unter Berufung auf 1 Kor. 14,14 *lingua orare*, d. h. eine nicht sinnenhaft
vermittelte Ausdrucksform in «dunklen und mystischen Bedeutungen»
(*obscurae et mysticae significationes*, c. 8.19)[34], und eine auf dem *intellectus*,
dem Verstehen, beruhende intellektuale (c. 7.16)[35], die der Geistseele
(*mens*) angehört (c. 10.21).[36] Die Ausführungen Augustins sind breit
angelegt und werden von einem vielseitigen, gelegentlich sprunghaften
Interesse, nicht zuletzt an psychisch-parapsychischen und psychopatholo-
gischen Phänomenen z. T. sublimer, z. T. (mit Verlaub) aber auch abstru-
ser Art, geleitet. Sie spiegeln in ihrer Vielfalt in erstaunlichem Maße die
Wirklichkeit der mittelalterlichen Visionenpraxis zumal der Frauen, die
zwischen krankheitsbedingtem Sinnenschwund, trancehaften Phantasie-
gebilden, durch «Übungen» bewirkter «Raserei» und gnadenhafter Erhebung in die Übernatur angesiedelt ist.
b) Wir beschränken uns indes auf die Kernaussagen zur Entrückung
des Paulus und folgen hierin dem Beispiel des Aquinaten, der in der
S.th. II/II q. 175 *De raptu* Augustins Traktat über die *visio* von allem psychologischen Beiwerk (das indes für die neuere Forschung bedeutsam geworden ist) befreit und in der Ordnung von sechs Artikeln systematisiert hat.
Paulus schreibt 2 Kor. 12,2–4: *Scio hominem in Christo ante annos quat-
tuordecim, sive in corpore nescio, sive extra corpus, Deus scit, raptum hujusmodi
usque ad tertium caelum. Et scio hujusmodi hominem sive in corpore, sive extra
corpus nescio, Deus scit: quoniam raptus est in Paradisum: et audivit arcana
verba, quae non licet homini loqui.*

---

[33] Ich verwende den lateinischen Begriff, weil das deutsche Wort ‹Vision› nicht allen
Bedeutungen der *visio* Augustins entspricht. Bei Bedeutungsidentität scheue ich indes
‹Vision› nicht.
[34] Zum eigentümlichen augustinischen Gebrauch von *spiritus/spiritualis* s. die Note 49
der ‹Œuvres› 49 (1972), S. 559–566, mit Bezug auf Gérard VERBEKE, L'évolution de la
doctrine du Pneuma du Stoïcisme à saint Augustin, Louvain 1945, S. 489–508, und mit
Hinweisen auf Porphyrs ἀσώματον (S. 564 ff.). Speziell zu 8.19 S. 561 f. – Ähnlich schon
KORGER/VON BALTHASAR, S. 18 f.
[35] Neben *intellectuale* gebraucht Augustinus in derselben Bedeutung, aber gegen unsern
Gebrauch *intelligibile*: siue autem intellectuale dicamus siue intelligibile, hoc idem signi-
ficamus (10.21); dazu Note 50 der ‹Œuvres› 49, S. 566–568.
[36] Die drei Formen der *visio* Augustins nimmt Meister Eckhart als *drîer hande bekant-
nisse* auf: ausführlich Q. 61, DW III 37,1 ff.; knapp Q. 72, DW III 242,4 ff. Der Verweis
QUINTS auf De gen. ad litt. XII c. 34 müßte ersetzt werden durch die hier zitierten Stellen.

Was Paulus wußte, beziehungsweise nicht wußte und dem Wissen
Gottes anheimstellte, hat Augustinus als erstes, Thomas als letztes (*Utrum
anima Pauli in statu illo fuerit totaliter a corpore separata*) (a. 5 u. 6) erörtert.
Augustinus bemüht sich in drei Kapiteln (c. 3–5) um Antwort auf die
Frage, warum Paulus weiß, daß er im dritten Himmel bzw. im Paradies
gewesen ist, nicht aber, ob dies in Begleitung oder außerhalb des Leibes
geschehen sei. Eigentlich müßte er es wissen, meint Augustinus, denn
wie sollte der Apostel übersehen haben, «daß Geistiges durch den Leib
ebenso wenig gesehen werden kann wie Körperliches außerhalb des Leibes. Warum hat er dann nicht durch das, was er sah, die Art und Weise
unterschieden, mit der er zu sehen vermochte? War er sicher, daß das,
was er sah, geisthaft war, warum war er dann dennoch nicht sicher, daß
er es folgerichtig außerhalb des Leibes gesehen hat? Wußte er aber, daß
es körperhaft war, warum wußte er dann nicht auch, daß es nur durch
den Leib gesehen werden konnte? Weshalb zweifelte er also, ob er es im
Leib oder außerhalb des Leibes gesehen hat, wenn nicht etwa aus Zweifel darüber, ob es Körper oder Körperbilder gewesen seien?» (3.7). Das
geht in dieser Art noch lange fort – bis zur Verunsicherung des Lesers,
möchte ich meinen. Erst im c. 5.14 bietet Augustinus eine Lösung an,
sich auf das besinnend, was Paulus wirklich sagt, und in der Gewißheit,
daß der Apostel nicht lügen konnte. Er hat also selbst nicht gewußt, «ob
die Seele, als er in den dritten Himmel entrückt war, sich so in seinem
Leib befand, wie die Seele im Leib ist, wenn man von einem lebenden
Leib spricht, mag es nun die Seele eines Wachenden, eines Schlafenden
oder eines in der Ekstase Entrückten sein. Oder wir nehmen an, er habe
nicht gewußt, ob seine Seele nicht als ganze aus seinem Leib ausgezogen
war, so daß sein Leib tot dalag, bis sie nach Beendigung der Vision den
toten Gliedern zurückgegeben wurde, wobei er nicht wie ein Schläfer
aufwachte oder wie ein Entrückter aus der Ekstase zu seinen Sinnen
zurückkehrte, sondern gleichsam wie ein Toter wieder ganz zum Leben er-
wachte. Was daher der bis in den dritten Himmel Entrückte gesehen hat
– und er versicherte auch, daß er es weiß –, das hat er wirklich und nicht
bildhaft gesehen. Weil aber die Seele dem Leib entfremdet war und er
unsicher blieb, ob sie ihn entweder als völlig Erstorbenen zurückgelassen
hatte oder auf eine gewisse Art, um ihn lebendig zu erhalten, als Seele (*anima*) ihm geblieben war, ihr Verstand (*mens*) hingegen zum Sehen und
Hören des Unaussprechlichen (*ineffabilia*) jener *visio* dem Leibe entrissen wurde, deshalb sagt er vielleicht: ‹Ob im Leib oder außerhalb des
Leibes, weiß ich nicht, Gott weiß es›.» – Man sieht aus diesen Darlegungen, daß Augustinus den alten Dialektiker in sich nicht verleugnen kann.
Thomas, der ihm in der Sache folgt, sagt es kürzer und einfacher.

Erst in c. 26 kommt Augustinus eigens auf die *visio Dei* zu sprechen, zunächst allgemein im enthusiastischen Bild eines Entrückten dort, «wo die helle Wahrheit ohne irgendeine Körperähnlichkeit erblickt wird».

«Hier», so schließt der Verfasser die Schilderung, «wird die Herrlichkeit des Herrn nicht in einer *visio* geschaut, die nur ein Zeichen ist, sei es durch ein Körperliches, wie es sich auf dem Berge Sinai ereignete, sei es ein ‹geistiges›, wie es Isaias oder Johannes in der Apokalypse schauten, und nicht im Rätseldunkel (*aenigmata*), sondern in ihrem Wesen (*species*), soweit es menschlicher Verstand durch die Gnade Gottes zu erfassen vermag, der von Mund zu Mund mit dem spricht, den er würdig gemacht hat zu solchem Gespräch, das nicht mit dem leiblichen, sondern mit dem Munde der Vernunft (*os mentis*) geführt wird» (26.54).

In diesem Sinne will Augustinus die *visio* Gottes von Moses verstehen (c. 27). Moses begehrte nach Ex. 33,9 ff. Gott «von Angesicht zu Angesicht», nach Augustinus «in seiner eigentlich göttlichen Substanz (*in ea substantia, qua deus est*), durch sein Wesen (*per speciem*)» zu schauen. Gott aber teilte sich Moses vor allem in der Rede, «von Mund zu Mund» (vgl. Ex. 19,19) durch seine Wesensform (*os ad os ... in specie*) mit. «In ihr spricht er unsagbar geheimnisvoller und gegenwärtiger, spricht in unaussprechlicher Rede (*locutione ineffabili*), und niemand sieht ihn dabei, der noch in diesem Leben steht, das sterblich gelebt wird in diesen leiblichen Sinnen. Der Mensch muß erst gewissermaßen diesem Leben absterben, entweder ganz den Leib verlassen oder so den fleischlichen Sinnen abgewendet und entfremdet werden, daß er tatsächlich, wie der Apostel sagt, nicht weiß, ob er im Leibe oder bereits außer dem Leibe ist, wenn er in diese *visio* entrückt und entführt wird (*rapitur et subuehitur*).»

«Was bei Moses ‹von Mund zu Mund› (Num. 12.8) heißt, womit das Wesen gemeint ist, durch das Gott ist, was er ist (*species ..., qua deus est quidquid est*)», das ist bei Paulus, dessen *raptus* das 28. Kapitel beschreibt, ein «Schauen von Angesicht zu Angesicht» (1 Kor. 13,12). Es ist die außergewöhnlichste aller Schauungen. Gott vergönnte dem Apostel den Einblick in das «Leben, in dem wir nach diesem (irdischen) Leben ewiglich leben werden», die *visio beatifica*.

Kein Zweifel, daß Augustinus die Schau des Paulus wie die anders geartete des Moses als Wesensschau beurteilt. Er bekräftigt es an anderer Stelle, ‹De videndo Deum ad Paulinam›[37], und Thomas von Aquin, der das augustinische *substantia* und *species* durch *essentia* ersetzt, bestätigt es im zentralen 3. Artikel seiner *raptus*-Quaestio. Trotz solcher Autorisie-

---

[37] Ep. 147, c. 13.31 (PL 33, Sp. 610).

rung blieb die Wesensschau des «ersten Lehrers der Juden» wie des «ersten Lehrers der Heiden» (Thomas) im Hoch- und Spätmittelalter umstritten.

c) ‹Sehen› und damit Erkennen setzt *Erleuchtung* voraus. Nicht erkennt nach Augustinus (und er steht hier in Übereinstimmung mit Platon und den Neuplatonikern) die *mens* durch sinnliche Erfahrung (die als solche indes nicht bestritten wird), sondern durch ihr Licht, das Teilhabe am intelligiblen Licht Gottes bedeutet. *Iam superior illa lux, qua mens humana illuminatur, deus est* (In Evang. Joh. tr. XV 19). Dieser prägnanten Formel entsprechen die Ausführungen im Genesiskommentar XII 31.59: «Ein anderes aber (als die *visio intelligibilis*) ist das Licht, durch das die Seele erleuchtet wird, damit sie alles entweder in sich selbst oder in diesem Licht als wahrhaft verstanden erblickt. Denn dieses Licht ist bereits Gott selbst, während sie Geschöpf ist, vernünftig freilich oder einsichtig, erschaffen nach seinem Bilde, und sobald sie versucht, dieses Licht zu schauen, erzittert sie vor Schwachheit und sinkt dahin. Trotzdem kommt ihr von diesem Licht allein die ganze Einsicht, soweit sie überhaupt zu sehen vermag. Wenn sie erst in dieses Licht entrückt, den fleischlichen Sinnen entzogen und vor eine solche deutliche *visio* gestellt wird, dann beschränkt sich ihr Sehen nicht mehr auf begrenzte Räume, sondern sie sieht auf ihre eigene bestimmte Weise das Licht auch über sich, mit dessen Hilfe sie sieht, was immer sie in sich gedanklich erfaßt.»

Das Licht, in dem die Seele alles «wahrhaft» zu verstehen vermag, ist göttlichen Ursprungs[38] und gehört, wenn ich Augustinus richtig verstehe[39], zur Grundausstattung des Menschen, ist also keine Gnadengabe. Trotzdem vermögen nicht alle Menschen davon Gebrauch zu machen: sie «erzittern vor Schwachheit und sinken dahin», und dies, wie aus anderen Zusammenhängen ergänzt werden kann, durch ihre Bindungen an Sinnenlust und irdische Güter. Doch liegt alle Erkenntnis der intelligiblen Welt in diesem Lichte. Wer gar in dieses Licht entrückt wird (*rapitur*), wie der Apostel Paulus, dem erweitert sich die *visio* «auf unbegrenzte Räume».

Die Illuminationslehre, neuplatonischen Ursprungs, wie Augustinus wohl wußte[40], hatte schon der frisch Bekehrte in den ‹Soliloquia› (I 6.12) formuliert. Er hat sie auch, wie gerade das XII. Buch ‹De genesi

[38] Gott als Licht, *lux incommutabilis*, in anderem Zusammenhang s. Werner BEIERWALTES, Regio Beatitudinis. Zu Augustins Begriff des glücklichen Lebens, S. B. Heidelberg, Philos.-hist. Kl. 1981/6, S. 35.

[39] Anders KORGER/VON BALTHASAR, S. 98, Anm. 42.

[40] De civitate Dei VIII 10,2 (CC 47, S. 227).

ad litteram› beweist, nicht aufgegeben, als er seine strenge und radikale Gnadenlehre entwickelte. Man lastete ihm dies, namentlich seitens der evangelischen Theologie, als Inkonsequenz an. Augustinus selbst mochte es so empfunden haben. Aber vielleicht war es gerade dieser Glaube an eine unzerstörte und unzerstörbare Gottesbeziehung, die ihn nicht verhärten, die sein Herz in Unruhe ließ.

d) In der Frage nach der eigenen *visio*-Erfahrung Augustins steht die sog. Ostia-Vision im Vordergrund (Conf. IX 10).[41] Sie wurde ihm im Jahre 388 in Ostia zuteil, wo er, zusammen mit seiner Mutter Monnica, die kurz vor ihrem Tode stand, auf dem Wege nach der Provinz Afrika Zwischenstation machte. Mutter und Sohn unterhalten sich in einem Fenster zum Garten «allein, köstlich und innig» über das ewige Leben der Heiligen, das freilich «kein Auge geschaut und kein Ohr vernommen» (1 Kor. 2,9) hat, «jedoch lechzten wir mit dem Munde des Herzens (*ore cordis*) nach den Wassern aus der Höhe, den Wassern ‹deiner Quelle›, der ‹Quelle des Lebens, die bei dir ist› (Ps. 35,10), um von dort, nach unserer Fassungskraft benetzt, einem so erhabenen Gegenstande in gemäßer Weise nachzusinnen». Während dieses Gesprächs über die Wonnen des jenseitigen Lebens «erhoben wir uns mit heißerer Inbrunst nach dem Ebendemselbst (*idipsum*, Ps. 4,9; 121,3). Stufenweise (*gradatim*) durchwanderten wir die ganze Körperwelt, auch den Himmel, von dem herab Sonne, Mond und Sterne leuchten über die Erde. Und höher stiegen wir auf im Betrachten, im Gespräch und im Bewundern Deiner Werke, gelangten zu unserer eigenen Geistseele (*mentes*) und schritten über sie hinaus, um die Gefilde unerschöpflicher Fruchtbarkeit zu erreichen, dort wo du Israel ewig weidest mit der Speise der Wahrheit. Dort aber ist das Leben der Weisheit, durch die alles entsteht, was je gewesen ist und was je sein wird, und sie selbst ist ohne Werden, so wie sie gewesen ist und immerfort sein wird. Vielmehr, es gibt in ihr kein Gewesensein und kein Künftigsein, sondern allein das Sein, das ewig ist; Gewesensein und Künftigsein aber sind nicht ewig. Und während wir so reden [von dieser ewigen Weisheit] und nach ihr lechzen, da berührten wir sie leise mit einem vollen Schlag des Herzens. Da seufzten wir auf und ließen dort ‹die Erstlinge des Geistes› (Röm. 8,23)[42] festgebunden und wandten uns wieder den Lauten unserer Rede zu, bei der das Wort Anfang und Ende hat (*et remeavimus ad strepitum oris nostri, ubi verbum et incipitur et finitur*).»

---

[41] Dieser Text steht im Mittelpunkt, wo immer nach den mystischen Erfahrungen Augustins gefragt wird; s. besonders die Arbeiten von HENRY und CAVALLERA.
[42] Zur Deutung dieser im vorliegenden Zusammenhang kaum verständlichen Stelle s. HENRY, S. 39 und CAVALLERA, S. 191, Anm. 18.

Mit dem *idipsum* ist das Ziel des ‹Erhebens› vorweggenommen, wie es dann später im Anschluß an die ‹Weisheit›, der häufigsten Gottesbezeichnung Augustins, als ewiges Sein umschrieben wird.

Der Aufstieg dorthin geht durch die sichtbare Welt des Kosmos, Erde und Himmel mit Sonne, Mond und Sternen, zur intelligiblen Welt, die sich in unserem Geiste spiegelt (*in mentes nostras*) und über sie hinaus – *transcendimus* – ins Paradies, die *regio ubertatis*, die auch der ‹Ort› der Weisheit ist. Der plotinische Aufstieg (ἐπιστροφή) aus dem Vielen der geschaffenen Welt über Seele und Geist zum Zeitlos-Ewigen ist unverkennbar.[43] Man ist auch geneigt, den Vorgang als einen Vorgang auf ‹Flügeln der Seele› zu verstehen, die bei Augustinus vielfach erwähnt werden.[44]

Ziel also ist die ‹Weisheit›, die zunächst als Ersturache bestimmt wird (*per quam fiunt omnia ista*), dann aber ontologisch als Ausfaltung des früher genannten *idipsum*. Damit ist ein Gottesname genannt, auf den Augustinus wiederholt zu sprechen kommt.[45] Er ist aufs engste verbunden, ja identisch mit Gottes «erstem Namen» ‹qui sum› nach Exodus 3,14 (*Ego sum qui sum*), der Gottesbestimmung, die als das biblische Fundament der christlichen Metaphysik gilt.[46] Gott wird als ‹Sein› verstanden, das *esse solum* ohne *fuisse* und *futurum esse,* womit die Unwandelbarkeit und Ewigkeit Gottes ausgesprochen ist. Ganz ähnlich formuliert Augustinus in ‹Enarrationes in Psalmos› 101, serm. 2,10: «Gottes Jahre sind Gottes Ewigkeit; die Ewigkeit aber ist die Substanz Gottes selbst; diese hat nichts Wandelbares in sich, doch ist nichts vergangen, als ob es nicht mehr sei; nichts ist künftig, als ob es noch nicht sei. Es ist dort nur das Ist; dort ist nicht das War und Wird-sein, weil ja das, was war, nicht mehr ist, und was sein wird, noch nicht ist; alles aber, was dort ist, ist schlechthin.»[47] Die Stelle mutet an wie eine Paraphrase zur konzentrierten Aussage der ‹Confessiones›.

Die Weisheit also, Ursache aller Dinge, das schlechthinnige Sein und *idipsum,* berühren die beiden Seelen «leise mit einem ganzen Schlag des Herzens», auf die Dauer eines Herzschlags. Die wesentliche Aussage ist

---

[43] Verglichen wurde die Stelle besonders mit Enneaden V 1,2 (zit. BERNHARD, Anm. 42 z. St., S. 890). Die Parallele ist zuerst von HENRY, S. 9 f., gesehen worden.

[44] Siehe COURCELLE, Connais-toi toi-même [s. Anm. 3], S. 606–615. Die modernen Interpreten, soweit ich sie kenne, verzichten auf diesen Zusammenhang, aber Adam Scotus im 12. Jahrhundert hat ihn gesehen (zit. COURCELLE, S. 822).

[45] Conf. IX 4.11; Enarrationes in Ps. 121; dazu BEIERWALTES, Platonismus, im Zusammenhang mit ‹Ego sum qui sum›, S. 26–38.

[46] Über die «Exodusmetaphysik», den «Eckstein der ganzen christlichen Metaphysik» (GILSON), s. BEIERWALTES' Abhandlung ‹Deus est esse – esse est Deus›; kritisch zur «Exodusmetaphysik» ders., in: Neoplatonica, Philos. Rundschau 16 (1969), S. 148 f.

[47] Zit. nach BEIERWALTES, S. 28.

das *attingimus modice*. Keine Einigung, sondern das, was man im Mittelalter «Vorgeschmack der himmlischen Seligkeit» nannte.[48] Es ist bezeichnend, daß Augustinus, obschon das Ganze, die Erhebung aus dem Sinnenreich ins Intelligible, als *visio* verstanden wird, auf das Begriffsfeld des Sehens verzichtet, wenn es sich um die unmittelbare Schau Gottes handelt.[49] Er ersetzt das Sehen mit dem unbestimmten Tastsinn. «Berühren» ist das Sehen der Blinden. Diese Zurücknahme entspricht der vielfach, wenn auch nicht konsequent vertretenen Ansicht Augustins, daß die reine Gottesschau dem Jenseits vorbehalten bleibe.[50] Es gilt nun noch, die Aufmerksamkeit auf den Schluß des zitierten Abschnitts zu lenken. Er macht deutlich, daß offensichtlich die ganze *visio* – Augustinus selbst verwendet in diesem Zusammenhang diesen Begriff – als sprachlicher Vorgang verstanden wird, als ‹Rede›, die nun freilich radikal abgehoben wird von der Rede des Mundes, dem *strepitus oris* und dem abgegrenzten, der Dauer unterworfenen «Wort» (*verbum*). Kein solches Reden also war, was sich im Aufstieg zum *idipsum* und in der Berührung mit ihm ereignete. Nennen wir es, im Anschluß an einen Begriff, mit dem wir uns noch beschäftigen werden, die simultane Rede. Nach außen manifestiert sie sich als Schweigen.

Das bestätigt der anschließende Abschnitt in Augustins Bericht. Er reflektiert nun über den bewegenden Vorgang, der ihm, zusammen mit seiner Mutter, als wären sie eine einzige Seele, zuteil geworden ist. «Brächte es einer dahin, daß für ihn alles Getöse der Sinnlichkeit (*tumultus carnis*) zum Schweigen käme, daß für ihn schwiegen alle Bilder der Vorstellungskraft (*phantasiae*) von Erde, Wasser, Luft, daß für ihn schwiege auch das Himmelsgewölbe und selbst die Seele verstummte und selbstvergessen über sich hinausschritte, daß ihm auch verstummten die Träume und die Kundgebungen der Phantasie (*imaginaria*), daß jede Sprache und jedes Zeichen und alles was sich im Vergänglichen ereignet, völlig zum Schweigen käme ... Wenn also das alles in Schweigen versänke, weil es sein Ohr zu dem erhoben hat, der es erschaffen hat, nicht für das Geschaffene, nur durch sich selbst, so daß wir sein Wort vernähmen nicht durch Menschenzunge, auch nicht durch Engelszunge und nicht im Donner aus den Wolken, auch nicht in Rätsel und Gleichnis (alles dies sind Modi der Gottesrede zu den Menschen), sondern ihn

---

[48] Augustinus formuliert ihn so: *gaudia, quae perfructio summi et veri boni, cuius serenitatis atque aeternitatis afflatus* (De quantitate animae 33.76; PL 32, Sp. 1076).
[49] Siehe o. 3. betr. Conf. VII 17.23, wo ein ähnlicher Aufstieg beschrieben wird. Die Schwelle zum «Ist» ist dort weniger zurückhaltend mit *trepidans aspectus* angezeigt. Vgl. auch die o. S. 107 zitierte Stelle aus ‹De gen. ad litt.› XII 31.59.
[50] Siehe dazu zusammenfassend HENDRIKX, S. 179–181.

selbst vernähmen, den wir in allem Erschaffenen lieben, ihn selbst ganz ohne das Geschaffene, so wie wir soeben jetzt (in der Vision) uns nach ihm reckten und in rasend schnellen Gedanken an die ewige, über allem schwebende Weisheit rührten, wenn dies Dauer hätte und alles andere und andersartige Schauen (*visiones*) entschwände und einzig dieses den Schauenden ergriffe (*rapiat*), hinrisse und in tiefinnere Freude versenkte wie im ewigen Leben so wie jetzt dieser Augenblick höchsten Erkennens (*intelligentiae*), dem unser Seufzen galt: ist es nicht dies, von dem gesagt ist: ‹Geh ein in die Herrlichkeit deines Herrn› (Mt. 25,21)?»

Es ist im Hinblick auf den Modus der Vision hervorzuheben, daß Augustinus das, was in der Vision selbst als andere Rede, als Rede ohne Laut und abgrenzbares Wort erschien, in der gedanklichen Betrachtung als ein Verstummen der Schöpfung schlechthin, aber auch der eigenen Rede, die Sprache der Zeichen mit eingeschlossen, begreift. Hier ist das eigentliche mystische Schweigen angesprochen, das nicht schlichtweg die Negation von Rede ist, nur der in Lauten und in der Zeit sich manifestierenden Rede, Schweigen als kategoriales Korrelat von Rede in der Transzendenz.

Diese läßt sich mit Augustinus noch näher bestimmen. Im 11. Buch der ‹Confessiones› (5.7–7.9) meditiert Augustinus über die Schöpfung und fragt sich: Wie hat «Gott Himmel und Erde geschaffen» (Gen. 1,1)? Durch sein Wort: «*Dixisti et facta sunt*», wie es in Psalm 32,9 im Anschluß an «Und Gott sprach: Es werde . . .» der Genesis heißt. «Aber *wie* hast du geschaffen», fährt Augustinus fort und stellt fest: Wohl nicht in tönender Rede und in zeitlich meßbaren Worten, wie Gott zu den Menschen, den Patriarchen, Moses und den Propheten, aus den Wolken zur Taufe Christi im Jordan (dies das Beispiel, das Augustinus an dieser Stelle erwähnt) gesprochen hat, menschlicher Rede gleich, wenn auch von ewiger Gültigkeit (nicht auch, könnte man aus dem vorher zitierten Text hinzufügen, im Donner der Wolke, in Rätsel und Gleichnis), nicht so, denn vor der Schöpfung gab es keine Zeit, die das Wort erst konstituiert. Aber wie? Augustinus wiederholt die Frage: «Durch welcherlei Wort also sprachst Du das Körperwesen (*corpus*) ins Dasein, vermittels dessen du jenes Wort ‹Es werde› ergehen ließest?» «Du rufst uns also auf, hier das Wort, das Gott ist, bei Gott [Anspielung an Johannesevangelium 1,1] zu verstehen, das immerwährend gesprochen wird. Da ist kein Nebeneinander, das endigte, was gesprochen ward und anders gesprochen würde, damit alles könne gesprochen werden, sondern zugleich und immerwährend (*simul ac sempiterne*) wird alles gesprochen; sonst wäre ja Zeitfolge darin und Wandel und nicht wahre Ewigkeit noch wahre Unvergänglichkeit.»

Es entsprechen diese exegetischen Ausführungen über das Schöpfungswort Gottes der Sache nach genau der Bestimmung transzendenter Rede in der Ostia-Vision. Hinzu tritt die Notion *simul ac sempiterne,* was keine dialektische Formel ist, sondern eine Doppelbestimmung von Zeitlosigkeit, sowie die Identität mit dem Akt. Das gilt nicht nur für die Schöpfung, sondern auch für die Ekstase, die sich außerhalb kategorialer Bedingtheiten, also auch außerhalb der Zeit, vollzieht. Daß die Vision von Ostia als Ekstase zu verstehen ist, beweist meines Erachtens gerade der Umstand, daß Augustinus sie als *simul et sempiterne* begreift. Nicht zufällig wählt Augustinus zur Bezeichnung der Rede das Wort (*verbum*). Das Wort ist es nämlich, das als Grundelement der Sprache das Wesen von Sprache erschließt. Erzeugt wird es dort, wo Augustinus alles Erkennen ortet: im Innern des Menschen, als *verbum interius* oder *verbum cordis.* Es ist das ermöglichende Prinzip des äußeren, des artikulierten Wortes, das so Zeichen des inneren ist: *verbum quod foris sonet signum est verbi quod intus lucet,* wie es in einem für Augustins Sprachtheorie[51] zentralen Kapitel von ‹De trinitate› heißt (XV 11.20). Das äußere Wort «tönt», das innere «leuchtet». Das ist streng definitorisch gemeint. Das innere Wort aber leuchtet, weil es erleuchtet wird. Damit ist der Erkenntnisvorgang angesprochen, und zwar derjenige, der auf das Intelligible ausgerichtet ist. Es ist in diesem Zusammenhang das Zitat aus dem ‹Genesis ad litteram›-Kommentar (s. o., S. 107) zu wiederholen, wo vom Licht die Rede ist, «durch das die Seele erleuchtet wird, damit sie alles entweder in sich oder in diesem Licht wahrhaft verstanden (*intellecta*) erblickt, denn dieses Licht ist bereits Gott selbst» (XII 31.59). Dieses Licht also ist, weil es Erkenntnis bedeutet, auch «Sprache», «Rede», «Wort», und in ihm und durch es ereignete sich die unvergleichliche Erhebung Augustins und Monnicas.

Die von Paul Henry eröffnete Diskussion über den «Stellenwert» der Ostia-Vision in Augustins Leben und Werk, d. h. deren biographischen Gehalt, braucht nicht wiederaufgenommen zu werden.

Es ist z. B. müßig, danach zu fragen, ob die Korinther-Stelle, die den Bericht eröffnet (1 Kor. 2,9), erst in der Niederschrift zum Ausgangspunkt der *visio* geworden ist (so Henry, S. 40) oder deren wirklicher Anlaß war (so Cavallera, S. 184): müßig, weil es weder für das eine noch für das andere ausreichende Argumente gibt. Was die Teilnahme Monnicas betrifft – Henry, S. 44, spricht sie als «figure centrale de cette scène» an –, so ist sie nur ein biographisches Element – wenn auch zu erbaulichen Betrachtungen, wie wiederum Henry, S. 44 ff., zu entnehmen ist, sehr geeignet.

[51] Siehe dazu Werner BEIERWALTES, Zu Augustins Metaphysik der Sprache, Augustinian Studies 2 (1971), S. 179–195.

Nicht bezweifelt werden sollte der starke plotinische Impuls, der die Schilderung zur religiösen Hymnik erhebt. Als Vergleichsstelle wurde, sicher zu Recht, Enneaden V 1.2 herangezogen.[52] Es war auch nicht nur ein vorübergehendes und später verschüttetes und verdrängtes «Bildungserlebnis», sondern ein nicht erlöschender Funke, der immer wieder neu zur Flamme angefacht werden konnte. Nichts bezeugt dies besser, als daß Augustinus angesichts des Todes und des Schreckens der Hippo belagernden Vandalen bei einem Wort Plotins Trost suchte.[53]

## 6. Gebetsleben

Das Gebetsleben des großen Kirchenvaters hat in seiner Unmittelbarkeit, Innigkeit und Inständigkeit, als Gotteslob und Anbetung, Preis und Dank, Flehen und Bekenntnis kaum Vergleichbares in der christlichen Frömmigkeitsgeschichte. Augustinus hat in der Gebetsform das Erhabenste und Innigste ausgesprochen, was ein Mensch zu seinem Gott zu sagen vermag.

Besonders prägt sich ein, wie Augustinus das *Lob* Gottes anstimmt. *Summum hominis opus non esse nisi Deum laudare* (Enarrationes in Psalmos, 44,9). Das Lob vollzieht sich in der Liebe, die Liebe im Lob (En. 147,3). Das höchste Lob ist das Lob im Sehen, das uns im Himmel widerfährt. Unser Lob auf Erden soll eine Annäherung an das himmlische Lob sein (En. 144,1.3).

Das ist Lob des Mundes, in der Kirche, in der Gemeinschaft der Gläubigen. Daneben kennt Augustinus selbstverständlich das stumme Gebet des Herzens und das unablässige Gebet im Lebenswandel: *lingua tua ad horam laudat, vita tua semper laudet* (En. 141,1). Aber es bleibt doch, wenn ich recht sehe[54], das Gotteslob die für ihn maßgebliche Gebetsform. Es ist abgelöst vom menschlichen Subjekt und erfüllt doch die Bestimmung des Menschen, es wird dem eschatologischen Bedürfnis des gotterfüllten Menschen am ehesten gerecht.

Die Ausgrenzung einer besonderen mystischen Gebetshaltung kann nicht gelingen, bei ihm nicht und nicht bei anderen großen Betern, und

---

[52] HENRY, S. 19, im Rahmen des 2. Kapitels ‹Aux sources›, S. 15–26.

[53] Nach dem Augenzeugen und Biographen Possidius (PL 32, c. 28, Sp. 58). Oft zitiert, zuletzt von FLASCH, S. 422 f.

[54] Diesen Eindruck vermittelt jedenfalls die reich kommentierte Stellensammlung bei Cipriano VAGAGGINI, La teologia della lode secondo S. Agostino, in: C. V./Gregorio PENCO, La preghiera nella Bibbia e nella tradizione patristica e monastica (Biblioteca di cultura religiosa, 2. ser.), Rom 1964, S. 401–467.

dürfte auch nicht hilfreich sein.[55] Es fehlen auch fast ganz die spezifisch mystischen Einzelaussagen, selbst in der großartigen Doxologie der ‹Soliloquia› der Frühzeit (I 1.2–6)[56], wo man sie am ehesten erwartet. Auf der andern Seite ist das Gebet als «Erhebung des Gemüts zu Gott» – die verbreitetste Umschreibung des Gebets im Mittelalter[57] – ohne Schwierigkeit der Mystik zuzuordnen. Die Sprache der Mystik, wo diese Gespräch mit Gott ist, ist immer auch die Sprache des Gebets. So erhält das Gebet in allen Grundrissen mystischer Gotteserfahrung einen herausragenden Stellenwert. Es sei ganz in der Nähe Augustins an Cassians Kontemplationslehre (s. K 3,2.c) und auf der Höhe des Mittelalters an die *triplex via* in der Ausformung durch Bonaventura erinnert, wo das Gebet als «Übung» dem zweiten Weg, demjenigen der Erleuchtung, zugeordnet wird.[58] In Davids von Augsburg ‹Sieben Staffeln des Gebets› ist der mystische Aufstieg von der pflichtgemäßen Gebetsübung bis zum «Schauen von Angesicht zu Angesicht» als Erhebung in Gebetsstufen verstanden.[59]

Augustinus freilich war jegliche systematische Betrachtung des Gebets fremd – wohl deshalb, weil es sein Lebensodem, seine Sprache war. Zwar gibt es zahlreiche Äußerungen von ihm über das Gebet, aber sie betreffen dessen Praxis, nicht, oder dann höchst beiläufig, dessen Formen und die Stellung dieser Formen im System christlicher Werte.

Erwähnt sei die Epistula 130 ad Probam (PL 33, Sp. 493–507; CSEL 44, S. 60–66), die im Titel *quomodo sit orandus Deus* anzeigt. Aber das Beten ist nur das Begleitthema eines Witwentrostbriefes und berücksich-

---

[55] Friedrich HEILER, in seinem Standardwerk: Das Gebet. Eine religionsgeschichtliche und religionspsychologische Untersuchung (München ²1920), hat dies unternommen (Das Gebet in der Mystik, S. 284–321), ohne meiner Ansicht nach zu deutlichen Abgrenzungen zu gelangen.

[56] Siehe dazu P. Heinrich STIRNIMANN O. P., Zu Augustinus' Soliloquia I, 1,2–6 (mit rhythmisch gegliederter Textausgabe), in: K. RUH (Hg.), Abendländische Mystik im Mittelalter. Symposion Kloster Engelberg 1984, Stuttgart 1986, S. 162–176. – Als «mystisch» wäre allenfalls zu vermerken: *tu ipse me munda et fac idoneum ad videndum te* (I 1.6).

[57] Die Formel kann bis zu den griechischen Vätern Evagrios Pontikos (345–399) (Ons Geestelijk Erf 31 [1957] 75) und Johannes Damascenus (De fide orth. III, c. 24) zurückgeführt werden. Man schrieb sie im Mittelalter (so Bonaventura, De perfectione vitae V 4 und Tauler, VETTER 67,23 f.) auch Augustinus zu: zu Unrecht, denn der Beleg PL 40, Sp. 816 steht in ‹De spiritu et anima› (Alchers von Clairvaux).

[58] De triplici via c. II.

[59] Hg. von K. RUH (Kleine dt. Prosadenkmäler des Mittelalters 1), München 1965. – Schon bei Evagrios Pontikos werden allen Aufstiegsstufen (πρᾶξις, ἀπάθεια, θεωρία φυσική, θεολογία) Gebetsformen zugeordnet (s. VILLER/RAHNER, Väterzeit, S. 104). – Über andere Modelle mystischer Theologie mit Integration des Gebets s. den DAM-Artikel ‹Méditation› X, Sp. 906–934.

tigt vor allem das Paternoster.[60] In der Epistula 149 ad Paulinum, c. 2.14–16 (PL 33, Sp. 636–637) unterscheidet Augustinus im Anschluß an Origenes[61] *votum* (εὐχή), Gelübde, Versprechen, und *oratio* (προσευχή), Bitte.

Ungeachtet der Tatsache, daß der Beitrag Augustins zur christlichen Gebets*lehre* bescheiden ist, behält der Satz, daß «die mittelalterliche Gebetsfrömmigkeit augustinisch ist»[62], seine Gültigkeit. Und er gilt ganz besonders für die Mystiker, die in Augustins Gebetsleben etwas vom Wesentlichsten seiner Spiritualität erkannten. Viele Dominikaner zumal, zu deren Pflichtlektüre die ‹Confessiones› gehörten, werden den augustinischen Gebetston in Herz und Sinn aufgenommen haben. Sie zitieren denn auch häufig aus dem Schatz augustinischer Gebete.[63] Mit Augustinus betet Meister Eckhart: *herre, gäbest du mir alles, das du gelaisten macht, dar an genuegt mich nit, du gebest denn dich selben mir* (DW III 76,5 ff.), und Johannes Tauler: *herre, du hast uns gemacht zů dir, und do von ist unser herze in steter unrûwe, es raste denne in dir* (Vetter 220,11 f.).

Zur Gebetsspiritualität gehört auch die *fruitio-dei*-Thematik mit den dazugehörigen Begriffen *beatitudo, deificare, amor/caritas, habere deum, inhabitatio dei, amplexus spiritualis, manducare* und *bibere deum, ebrietas*[64] und andere mehr. Diese Bilder der Gottesnähe und Gottesinbrunst sind wie das Gebetsleben zur unerschöpflichen Quelle mystischer Spiritualität geworden. Wilhelm von St. Thierry hat den *fruitio*-Begriff in seine Gebetsdefinition hereingenommen: *Oratio vero est . . . statio illuminatae mentis ad fruendum Deo quamdiu licet.*[65]

## 7. Ein Schlußwort

Mit den vorgestellten Ansätzen einer mystischen Theologie und Spiritualität ist Augustins Lebenswerk keineswegs ausgeschöpft, auch nicht

---

[60] Dieser Text wurde in deutschsprachigen Texten des Mittelalters neben den entsprechenden Ausführungen zum Paternoster in ‹De sermone domini in monte› häufig zitiert, wohl in der Vermittlung durch die ‹Catena aurea› des Thomas von Aquin; siehe u. a. ADAM, Katechetische Vaterunserauslegungen [s. o. Anm. 18], S. 131, 204, 208; K. RUH, Franziskanisches Schrifttum im deutschen Mittelalter II (Münchener Texte u. Untersuchungen 86), München 1985, S. 264,83; 265,120; 274, 392.

[61] Origenes, ‹De oratione› c. 14 (s. DAM XI, ‹Oraison›, Sp. 831).

[62] HEILER [s. Anm. 55], S. 242; s. auch Carl RICHTSTAETTER, Christusfrömmigkeit in ihrer historischen Entfaltung, Köln 1949, S. 50–56.

[63] Eckhart DW I 327,5 ff.; II 338,5 ff.; 365,2 ff.; III 76,5 ff.; 471,2 ff.; Tauler, VETTER 220,11 f.; 333,24 ff.; 426,15.

[64] LORENZ bespricht und belegt sie alle in Zs. f. Kirchengesch. 63.

[65] Epistula ad fratres de Monte Dei, n. 179 (SC 223, S. 288).

aus der Perspektive mittelalterlicher Augustinuszitation und Augustinus-nachfolge seitens der Mystiker, die für diese Darstellung die maßgebliche sein mußte. Vermissen könnte man zumal zwei theologisch-spirituelle Themen: die Gottesgeburt im Herzen der Gläubigen und die Lehre von der *vita contemplativa* im Verhältnis zur *vita activa*.

Was die Gottesgeburt betrifft, so hat Hugo Rahner in seiner Abhandlung vom Jahre 1935[66] überzeugend dargetan, daß Augustinus – wie vor ihm Ambrosius – in seinen zumeist in Predigten vorgetragenen Ausführungen über die Gottesgeburt «weit entfernt von aller Mystik» ist. Sie entspringt den guten Werken. «Im Glauben, im Tun des Guten, im Vollbringen des Willens des Vaters wird die Seele zur Gebärerin Christi.» Indes entfaltet Augustinus, wenn er auf dieses Thema, besonders in Weihnachtspredigten[67], zu sprechen kommt, eine Sprache des Herzens, die, ähnlich wie beim Gebet, ihre Wirkung gerade auf die mystische Gläubigkeit nicht verfehlen konnte. So spricht Meister Eckhart, grundsätzlich in der Lehre von der Gottesgeburt den Vätern der Ostkirche verpflichtet, ganz augustinisch, wenn es in der Predigt ‹Ave, gratia plena› (Q. 22) heißt: *Daz ist gote werder, daß er geistlîche geborn werde von einer ieglîchen juncfrouwen oder von einer ieglîchen guoten sêle, dan daz er von Marîâ lîplîche geborn wart* (DW I 376,3 ff.).[68]

Die Lebensformen der *vita contemplativa* und *vita activa* haben in der hoch- und spätmittelalterlichen Mystik, zumal der niederländischen, allergrößte Bedeutung erlangt. Eine ihrer Wurzeln ist sicher bei Augustinus zu finden, vor allem in den Sermones 103 und 104 über Maria und Martha.[69] Jedoch ist irgendein Zusammenhang mit seiner Visio-Lehre nicht zu erkennen, was wohl damit zusammenhängt, daß die ekklesiologische Deutung der Perikope überwiegt. Wenn ich richtig sehe, ist Augustins Lehre der beiden ‹Leben› kein Hauptstück seiner Doktrin, auch wenn sie in der Traditionsgeschichte eine nicht unwichtige Etappe darstellt.[70] Doch war Gregors des Großen Ausführungen in den ‹Moralia› und im Ezechiel-Kommentar eine stärkere Wirkung beschieden. Nichts spricht mehr dafür, als daß Gregor im Zweiwege-Traktat der S.th. des Thomas von Aquin, II/II, q. 179–182, in 14 von 18 Artikeln das «Leitwort» im ‹Sed contra›, das die Lösung des Magisters signalisiert, gegeben ist.

---

[66] Hugo RAHNER, Die Gottesgeburt. Die Lehre der Kirchenväter von der Geburt Christi im Herzen der Gläubigen, Zs. f. kath. Theol. 59 (1935), S. 333–418; zu Augustinus S. 387–391; die folgenden Zitate S. 389 und 390.

[67] Siehe besonders Sermo 370, c. 4 (PL 39, Sp. 1659) und Sermo 189,3 [nicht 180, so bei RAHNER, S. 390, Fn. 30]. Diese und weitere Belege bei RAHNER.

[68] Siehe auch Eckhart, Pf. 1, S. 3,3 ff. und Tauler, VETTER Nr. 1, bes. S. 11,1 ff.

[69] Darüber: Anne-Marie DE LA BONNARDIÈRE, Marthe et Marie, figures de l'église d'après saint Augustin, La vie spirituelle 86 (1952), S. 404–427; Gottlieb Friedrich Daniël LOCHER, Martha en Maria in de prediking van Augustinus, Nederlands Archief voor Kerkgeschiedenis, NS 46/2 (1964), S. 65–86; MIETH, Vita act./cont., S. 84–100.

[70] Das ergibt sich aus den Darlegungen MIETHs. Doch ist nicht zu übersehen, daß in der Thomasischen S.th. die beiden Lebensformen in II/II 179–182, die als Brennpunkt der Tradition gelten, Augustinus stark zurücktritt. Seine Sermones 103/104 werden nur in q. 182,a.1 (*Utrum vita activa sit potior quam contemplativa*) dreimal, in q. 181,a.3 einmal zitiert.

Die Frage, ob Augustinus ein Mystiker gewesen sei, d. h. mystische Gotteserfahrungen hatte, braucht hier nicht diskutiert zu werden. Sie hängt in vorderster Linie von der Beurteilung der beiden Visionsschilderungen der ‹Confessiones› (s. o. 3. und 5.d) ab. Daß es sich nach dem Wortlaut der Texte um Ekstasen handelt, die zur Berührung mit dem *Idipsum* führen, ist nicht zu bestreiten – auch gibt es wenige Schilderungen mystischen Aufstiegs und mystischer Erfüllung von derselben Höhe und Serenität wie diese –, nur ist die Frage offen zu halten, ob die offensichtliche neuplatonische Stilisierung in der schriftlichen Gestalt das Erlebnis als solches nicht entscheidend überformt hat.

Die weitere und für uns wesentlichste Frage ist, ob die Theologie Augustins eine mystische Doktrin in sich schließt. Nimmt man alles zusammen, was Augustinus in dieser Hinsicht in seinem reichen Werk vorgetragen hat, so ist dies ein imponierender Bestand von theologischen Grundfragen der Mystik, und es wäre auch nicht allzu schwer, das, was er hier und dort, in verschiedenen Zeiten und in unterschiedlicher Absicht, vorgetragen hat, in ein System zu bringen. Genau das hat aber Augustinus nicht getan, und so ist auch uns diese Synopse verwehrt.

Indes ist es ein geschichtliches Faktum – und zugleich unser hermeneutischer Ansatz –, daß Augustinus, ohne Mystiker und Theoretiker der Mystik zu sein, neben Dionysius Areopagita, ja vielfach über ihn hinaus, zur unerschöpflichen Quelle der mittelalterlichen Mystik geworden ist. Das gilt nicht nur für die eigentlichen Ansätze Augustins zu einer mystischen Theologie, sondern für, fast möchte man sagen: beliebige Aussagen und Ausführungen mit dem spezifisch augustinischen Reiz der Herzensinnigkeit und Gottesnähe, aber auch mit scharfsinnigen und herausfordernden Theologumena. «Lehren» Augustins – fast scheut man sich, von solchen zu sprechen –, seinem beweglichen Ingenium entsprungen, was sie nie verleugnen können, blieben auch in ihrer Wirkung beweglich, offen für ein neues Verständnis und zur Weiterbildung. Ich will damit nicht den Gemeinplatz erneuern, daß man Augustinus für alles in Anspruch nehmen konnte, sondern zum Verständnis beitragen, warum er so inspirierend wirkte und so vielfältig als theologische und spirituelle Autorität eingesetzt wurde, von Traditionalisten wie von Erneuerern. Für die Mystiker war es sicher die Theologie des Herzens, die «Wahrheit» «im Innern des Menschen»[71], die sich ihnen als unversiegbarer Quell erschloß. In diesem Sinne war Augustins Weisheit für Meister Eckhart Inbegriff der *sapida scientia*.[72]

---

[71] De vera religione 39.72 (CC 32, S. 234,12).
[72] Siehe o. S. 115 f.

## Drittes Kapitel

# Johannes Cassianus[*]

Monasticae perfectionis perfectissimus magister
(Kard. Bona, 1678)

In seinem ‹Horologium› schildert Heinrich Seuse, der Dominikanermystiker vom Oberrhein, seine Bekehrung als Begegnung mit dem Wüstenvater Arsenius.[1] Nachdem ihm, dem Discipulus, die Sapientia die Äußerungen der Wüstenväter als *doctrina* gepriesen hat, *in qua summa summarum totius perfectionis consistit*, erzählt sie die Vision von der Erscheinung eines Jünglings, den man als den Novizen Heinrich zu verstehen hat, in Begleitung eines heiligen Altvaters, in dessen Antlitz «die göttliche Gnade leuchtete». Dieser übergibt ihm ein sehr altes Buch geringen Umfangs und armseliger Ausstattung, dessen Lektüre ihm empfohlen wird. Als erstes liest er den Satz *Fons et origo omnium bonorum homini spirituali est in cella sua iugiter commorare.*[2] Er wird dem *summus philosophus*, dem Anachoreten Arsenius zugeschrieben und erscheint dem Jüngling wie himmlische Musik und eine unvergleichlich köstliche und nützliche Lehre. Nach der Vision muß der Discipulus feststellen, daß er bei seinen umfassenden Philosophiestudien dem ‹Philosophen› Arsenius nie begegnet sei noch von ihm gehört habe, denkt aber zu Recht, daß dieser die *vera scientia christianae philosophiae* als *nucleus totius perfectionis* vertrete. Er läßt sich vom Bibliothekar die ‹Vitas patrum› aushändigen und findet hier in der Tat sofort die Sprüche des Arsenius.

Daß Seuse als junger Mönch das Altväterbuch auf seiner Zelle hatte, bestätigt die ‹Vita›, cap. IV.[3] Zur Lektüre trat die Betrachtung der Bilder und Sprüche, die er in der anliegenden Kapelle von einem Maler hatte entwerfen lassen (c. XX, 60,10 ff.). Die Sprüche verzeichnet er im XXXV. Kapitel als Leitsätze seiner Meditation. Immer und immer wie-

---

[*] Die Abschnitte 1 und 2 habe ich zusammen mit den einführenden Bemerkungen veröffentlicht in: Mystik ok verklighet. En Festskrift till Hans Hof, Delsbo (Schweden) 1987, S. 203–219.

[1] Pius KÜNZLE O. P. (Hg.), Heinrich Seuses Horologium Sapientiae. Erste kritische Ausgabe (Spicilegium Friburgense 23), Freiburg/Schweiz 1977, S. 545,5–547,28.

[2] Dieser Ausspruch konnte in den ‹Vitas patrum› nicht identifiziert werden. Er paßt indes gut mit dem zusammen, was in Cassians ‹Instituta› II und ‹Conlationes› X zu lesen ist.

[3] Karl BIHLMEYER (Hg.), Heinrich Seuse. Deutsche Schriften, Stuttgart 1907, S. 17,4 f.

der habe er die ‹Conlationes› und die ‹Vitas patrum› gelesen, erfahren wir ergänzend aus dem ‹Horologium›.[4] Die ‹Vitas patrum› stehen auf den Schultern der ‹Conlationes› (‹Collationes›) Cassians. Beide verkünden das anachoretische und zönobitische Ideal der ägyptischen Wüstenväter, das nie aufgehört hat, die monastische Spiritualität des Abendlandes zu bestimmen. Besonders lebendig war die Wüstenväterfrömmigkeit im Dominikanerorden.[5] Seuse weiß zwar, *daz hie vor under den alten vetern ire etlich ein unmenschlich und ungeloblich strenges leben fürten, daz ze disen núwen ziten etlichen weichen menschen ein grúwel ist allein dur von hôren sagen* (Vita, 107,21 ff.), sieht aber trotzdem im grausamen Asketentum der Altväter, dem er in seinem ‹anfangenden Leben› nacheifert, «die Quelle und den Ursprung alles Guten», das dem geistlichen Menschen widerfahren kann (Hor. 546,2 f.).

So formten Cassian und die Altväter geistliches Leben, das zur Mystik führte oder diese einschloß, bis ins hohe und späte Mittelalter.

### Bibliographische Hinweise

*Ausgaben:* Iohannis Cassiani conlationes XXIIII, rec. Michael PETSCHENIG (CSEL 13), Wien 1886. — Iohannis Cassiani De institutis monachorum et de octo principalium vitiorum remediis, rec. M. PETSCHENIG (CSEL 17), Wien 1888. — PL 69/70.

*Übersetzungen:* Antonius ABT/Karl KOHLHUND, Sämmtliche Schriften des ehrwürdigen Johannes Cassianus, 2 Bde. (Bibl. d. Kirchenväter), Kempten 1879. — E. Ch. S. GIBSON, A Select Library of Nicene and Post-Nicene Fathers of the Christian Church, second series II, New-York 1894. — Eugène PICHERY, Jean Cassien, Conférences, 3 Bde. (SC 42,54,64), Paris ²1966, 1959. — Jean-Claude GUY, Jean Cassien, Institutions cénobitiques (SC 109), Paris 1965.

*Forschungsliteratur:* Ludwig WRZOL, Die Psychologie des Johannes Cassianus, Divus Thomas 5 (1918), S. 181-213, 425–456; 7 (1920), S. 70–96; 9 (1922), S. 269–294; 10 (1923), S. 385–404; 11 (1924), S. 84–91. — A. MÉNAGER, La doctrine spirituelle de Cassien. La contemplation, La vie spirituelle 8 (1923), S. 183–212. — Irénée

---

[4] KÜNZLE [Anm. 1], 184,12–14. ‹Horologium› 523,14–20 wird beklagt, daß die Bücher der Wüstenväter gering geachtet würden: *Nam libros sanctorum patrum, qui olim vigente religione et florente devotione in usu erant, sicut collationes patrum et similia devotionis germina, ubi devotionis fundamenta et spiritualis scientia et totius perfectionis continetur summa, quae hominem ad compunctionem et sui ipsius recognitionem et devotionis perditae restaurationem ad divinum trahunt fervorem, spernentes ad ea se scripta, quae vel ambitione deserviunt vel quaestui, convertebant.* Seuse wünscht eine Erneuerung im Geiste der alten Anachoreten und Mönche und lebt sie exemplarisch vor.

[5] Siehe KÜNZLE, S. 86–97; Louise GNÄDINGER, Das Altväterzitat im Predigtwerk Johannes Taulers, in: Unterwegs zur Einheit. Festschr. für Heinrich Stirnimann, Freiburg/Schweiz 1980, S. 253–267.

HAUSHERR, Le traité de l'oraison d'Evagre le Pontique (Pseudo Nil), RAM 15 (1934), S. 34–93, 113–170 [mit franz. Übersetzung]. — Michel OLPHE-GALLIARD, Vie contemplative et vie active d'après Cassien, RAM 16 (1935), S. 252–288. — Ders., Les sources de la conférence XI de Cassien, ebd. S. 289–298. — Ders., La pureté de cœur d'après Cassien, ebd. 17 (1936), S. 28–60. — Ders., Débat à propos de Cassien, ebd. 181–191. — Ders., La science spirituelle d'après Cassien, ebd. 18 (1937), S. 141–160. — Ders., ‹Cassien› DAM II 1, Sp. 214–276. — Ders., ‹Contemplation› DAM II 2, Sp. 1921–1929. — Salvatore MARSILI O. S. B., Giovanni Cassiano ed Evagrio Pontico (Studia Anselmiana 5), Rom 1936. — Alfons KEMMER O. S. B., Charisma maximum. Untersuchung zu Cassians Vollkommenheitslehre und seiner Stellung zum Messalianismus, Löwen 1938. — André-Jean FESTUGIÈRE O. P., Les moines d'Orient. I. Culture ou sainteté. Introduction au monachisme oriental, Paris 1961. — Owen CHADWICK, John Cassian, Cambridge ²1968. — Fritz SCHALK, Zur Vitenlehre und monastischen Literatur (Cassian und Julian Pomerius), in: Verbum et signum, Festschr. Friedrich Ohly, 2 Bde., München 1975, II, S. 71–78. — TRE VII, S. 650–657 (CHADWICK).

## 1. Einführendes zu den ‹Conlationes›

Als Cassian mit seinem Freund Germanus im Jahre 385 nach Ägypten zu den skoptischen Mönchen in Klöstern und Eremitenklausen aufbrach, um deren *institutio et doctrina* (Conl., praef. 3) kennenzulernen, waren die ägyptischen Wüstenväter schon in aller Mund, ein Gegenstand der Bewunderung und der Neugierde, eine touristische Attraktion.

Die Anfänge liegen im Dunkeln, sicher aber hat nach den diokletianischen Christenverfolgungen das Mailänder Toleranzedikt 313 zwischen Konstantin und Licinius die Voraussetzungen dafür geschaffen: Nicht so sehr die Möglichkeit, das Christentum unangefochten als in einer der Reichskirche entgegengesetzten Form, «alternativ» in unserer Sprache, zu leben. Konkret: Es gab nun schon Ämter und Würden, die das Christentum zu vergeben hatte; es hatte, nicht zuletzt durch hellenistische Kultur und Bildung, Ansehen und Glanz gewonnen. Wo blieb da die Nachfolge Christi, die eine verfolgte Kirche immer ermöglichte und auch verlangte? So trat an die Stelle des Märtyrers der Mönch, der μόναχος, «der allein lebt». Die Lebensbilder der Wüstenväter lassen keinen Zweifel darüber, daß es das Christuswort Mt. 19,21 war, das die Menschen in die Einsamkeit trieb: «Willst du vollkommen sein, so gehe hin, verkaufe was du hast, und gib's den Armen, so wirst du deinen Schatz im Himmel haben, und komm und folge mir nach.» Zum Vorbild wurde der hl. Antonius, der als zwanzigjähriger Jüngling das väterliche Bauerngut verschenkte und das Anachoretentum über 80 Jahre lang (er starb, i. J. 356, 105 Jahre alt) exemplarisch lebte. Seine Vita, bald nach

24

Blatt 24[r] aus der ‹Conlationes›-Handschrift clm 9552 der Bayerischen Staatsbibliothek München aus Oberaltaich um 1140 mit dem schreibenden Cassianus in der Initiale.

seinem Tode von Bischof Anastasius geschrieben[6] und früh vom Griechischen ins Lateinische übersetzt, verkündete die neue und in ihrer Strenge unerhörte christliche Lebensform der Heiligung. Unzählige folgten seinem Vorbild. Schon früh traten zu den Anachoreten die Klöster der Cönobiten. Pachomius, der als Anachoret die Gefahren der Einsamkeit bestens kannte, gründete sie um 320, und schon beim Tode des Gründers, im Jahre 346, bestand eine Kongregation von neun Cönobitenklöstern, die nach dem Zeugnis Cassians mehr als 5000 Mönche zählte; Angaben anderer liegen noch höher. Cassian schildert in ‹De institutis monachorum et de octo principalium vitiorum remediis› ausführlich und mit offensichtlicher Bewunderung deren Konstitutionen: die Kleidung (I. Buch), die nächtlichen Gebete und Psalmengesänge (II.), das Tagesoffizium (III.), die Regel für die Novizen (IV.).

Cassian und Germanus – wir sagten es bereits – kamen in einer Zeit nach Ägypten, als das Aufsuchen der Wüstenheiligen schon fast zu einem frommen Brauch geworden war. Bezeichnend ist die Rede, die Abba Piamun, «der älteste und Priester der dort (in Diolcos im Nildelta) lebenden Anachoreten, einem aufragenden Leuchtturm gleich» (Conl. XVIII 1.2), den Ankömmlingen hält: «Wir wissen wohl, daß einige (Besucher) aus eueren Gegenden nur hieher kamen, um zur Information (*gratia cognoscendi*) die Klöster der Brüder abzulaufen, nicht aber um deren Regeln und Einsichten, um deretwillen sie hieher gereist waren, auch anzunehmen und nach der Rückkehr in ihre Zellen den Versuch zu machen, das Gesehene oder Erfaßte durch die Werke zu erproben. Sie behielten (vielmehr) ihre Bräuche und Bemühungen nach gewohnter Weise bei und haben so, wie man ihnen vorzuwerfen pflegt, die Meinung aufgebracht, sie hätten nicht um ihres (geistigen) Fortschrittes willen, sondern um dem Druck der Armut auszuweichen, die Gegend gewechselt» (ebd. 2.2). Daran schließen sich Mahnungen an die beiden Besucher, die, wie der Abba glaubt, «um der Sache Gottes willen hieher gezogen sind», die alten Gewohnheiten abzulegen und in größter Demut dem zu folgen, was die Altväter tun und leben (ebd. 3.1).

Cassian hätte diese «Touristenkritik» nicht geschrieben bzw. referiert, wenn er mit seinem Freund nicht in der lautersten Absicht nach Ägypten gereist wäre, um von diesen Vätern einen christlichen Heilsweg zu lernen, dem nachzueifern er willens war. Das verraten die aufgezeichneten Lehren der befragten Väter, die keinen Hauch von Kritik oder auch nur

---

[6] PG 26, Sp. 837–977 mit der alten lateinischen Übersetzung des Bischofs Evagrius von Antiochien. Deutsche Übertragung von Nikolaus Hovorka in Bibl. d. Kirchenväter 31, Wien 1925.

Skepsis erkennen lassen, und das bestätigen die Gründungen eines Männer- und eines Frauenklosters in Marseille, deren Regel durch den strengen Geist der Wüstenklöster geprägt ist. Freilich war sich Cassian auch bewußt, daß sie westlichen Lebensbedingungen anzunähern war. Cassian war noch jung, ungefähr 25jährig,[7] als er mit seinem Herzensfreund Germanus, der mit ihm ins geistliche Leben eingetreten war,[8] im Jahre 385 nach Ägypten aufbrach – von einem Kloster in Bethlehem aus, noch bevor Hieronymus dort das seine gründete. Sie blieben zunächst sieben Jahre bei den Abbas – so nennt Cassian regelmäßig die Wüstenväter – der skythischen Wüste, kehrten sodann für einige Monate nach Bethlehem zurück, um abermals das Nildelta, diesmal die Wüste Thebais und nicht näher zu bestimmende Gegenden aufzusuchen. Sie dürften bis zur Jahrhundertwende dort geblieben sein. Das Itinerar ist, außer dem Aufenthalt in der skythischen und thebaischen Wüste, nicht sehr klar;[9] sicher und für uns wesentlich ist, daß die beiden sowohl Cönobitenklöster wie Anachoretenklausen besucht haben. Die Gesprächspartner freilich waren nach Ausweis der ‹Conlationes› ausschließlich Anachoreten.

Die 24 ‹Conlationes› sind erst die Frucht später Jahre, als Cassian über die Stationen Byzanz, wo ihn Johannes Chrysostomus vor 403 zum Diakon weihte, und Rom, wo er um 405 eintraf, in Marseille als Mönch lebte. Sie dürften zwischen 420 und 429 entstanden sein, etwa gleichzeitig mit den ‹Instituta Coenobiorum›. Nicht nur der weite zeitliche Abstand läßt es als sicher erscheinen, daß Cassian keine Reportagen von «historischen» Gesprächen bietet. Unterredungen, die zweifellos stattgefunden haben, sind angereichert mit literarischen Quellen und thematisch geordnet, in der einzelnen Conlatio genauso wie – wenigstens ansatzweise – im Gesamtwerk.

Die Aufteilung in drei Gruppen (I–X, XI–XVII, XVIII–XXIV) mag immerhin den biographischen Befund spiegeln. 15 Abbaten sind als Gesprächspartner eingesetzt, 7 für die erste, 3 für die zweite, 5 für die letzte Gruppe. Die Beschränkung auf 15 Väter überrascht insofern, als Cassian in Conl. XXIV 1.1 mit der Analogie zu den 24 Ältesten der

---

[7] Zum Leben siehe DAM II, Sp. 214–218 und CHADWICK, S. 8–36. – Noch immer ungesichert ist die Heimat Cassians: *natione Scythia* (Dobrudja) oder die Provence. Für die letztere spricht u. a. die Tatsache, daß Cassian nach seinem langen Aufenthalt im Nahen Osten sich nach Marseille zurückzog und dort seine beiden Musterklöster gründete.

[8] Conl. I 1. (Germanus,) *cum quo mihi ab ipso tirocinio ac rudimentis militiae spiritalis ita indiuiduum deinceps contubernium tam in coenobio quam in heremo fuit, ut cuncti ad significandam sodalitatis ac propositi nostri parilitatem pronuntiarent unam mentem atque animam duobus inesse corporibus* (7,17–22).

[9] Siehe CHADWICK, S. 13–18; OLPHE-GALLIARD, DAM II 1, Sp. 215 f.

Apokalypse die Fiktion erweckt, es handle sich auch um 24 Wüstenväter. Da der Autor Leben und Spiritualität des ägyptischen Mönchtums vermitteln wollte, versteht es sich von selbst, daß er vor allem die Väter sprechen ließ. Die Besucher – zumeist gibt Cassian das Wort dem Germanus – stellen nur in knapper Weise einleitende Fragen. Zu einem «Gespräch» kommt es nur an ganz wenigen, die Situation der Gäste betreffenden Stellen. Die 24 Conlationes sind so in ihrer Substanz wohlüberlegte und -formulierte Lehrstücke, die von den Abbaten vorgetragen werden.

Mehr als alles bisher Erwähnte ist es dieser Befund, der den literarischen Charakter der ‹Conlationes› unterstreicht. Die Wüstenväter waren ja, wie alle Zeugnisse hervorheben, in ihrer überwiegenden Zahl ungebildet, viele nicht einmal des Griechischen mächtig.[10] Auch verachteten sie mit dem Apostel Paulus die «Weisheit der Welt», die «in den Augen Gottes Torheit» ist (1 Kor. 3,19). Das schließt wahre Weisheit nicht aus, ermöglicht sie vielmehr erst, läßt indes den Gegensatz zum hellenistisch gebildeten Christen nicht übersehen. Cassian und Germanus waren solche, und die ‹Conlationes›, Anachoreten in den Mund gelegt, sind nach Form und Stil Äußerungen eines Christianus litteratus.

Obschon der offene Werktypus der ‹Conlationes› eine lockere Folge von Themen erwarten läßt, ist unverkennbar, daß Cassian seine ‹Unterredungen› einer gewissen Strukturierung unterworfen hat. Das gilt mit Sicherheit von der ersten Gruppe. Sie beginnt mit der Zweckbestimmung des mönchischen Lebens (I) und endet mit dem Höhepunkt des kontemplativen Daseins, dem unablässigen Gebet (IX, X). Dazwischen liegt die hohe Schule der Askese mit Tugend- und Lasterlehre (II–V) und den spezifischen Gefahren und Widersachern des Mönchtums (unstete Gedanken, böse Geister und Mächte) (VII/VIII). Eingeschoben ist eine aus angeblich aktuellem Anlaß erwachsene Conlatio: über den Sinn des Mordes an heiligen Männern.

Diesem ‹Zyklus› stehen die Gruppen II und III als Reihen gegenüber. Sie bieten ergänzende Informationen unter anderen Perspektiven; auch an Wiederholungen fehlt es nicht. In der II. Gruppe könnte die *spiritualis scientia* durch ihre Mittelstellung (XIV) kompositorisch hervorgehoben sein; in der III. Gruppe gibt sich die letzte Unterredung als conclusio des Ganzen zu erkennen, indem Cassian unter dem Stichwort der *mortificatio* das Mönchsleben in seinen entscheidenden Zügen nochmals rekapituliert.

---

[10] Siehe Festugière, S. 23 ff.; 77 mit Anm. 4 (Hieronymus-Zitat); über die Gefahren des Unwissens S. 78 ff.

## 2. Die ‹Conlationes› als Grundbuch monastischer Vollkommenheit

a) Cassian hat in Ägypten sowohl Cönobitenklöster wie Anachoreten aufgesucht. Den letzteren gilt sein Hauptinteresse, was schon die Wahl seiner Gesprächspartner anzeigt. Eine scharfe Abgrenzung hat er nicht vorgenommen, und im Abendland mündet der ganze Lehrgehalt in die monastische Tradition. Zwar wird das Eremitentum als besondere Form der Heiligung nicht ausgeschlossen, bleibt aber an das klösterliche Leben gebunden.[11]

In Conl. XIX hat Cassian die cönobitische mit der anachoretischen Lebensform verglichen. Sprecher ist der Abt Johannes, der nach langem Wüstenleben sich «in größter Demut» der klösterlichen Regel unterworfen hat. Er begründet dies mit seiner nicht zu tilgenden «Sorge um irdische Dinge» (3.) als Anachoret, aber auch mit der Betriebsamkeit, die durch die häufigen Besucher in die Einsiedeleien getragen wurde (5.). Es geht indes dem Sprecher, mit der Erfahrung beider Lebensformen ausgerüstet, weniger um das Erwägen von Vor- und Nachteilen oder gar die Herausstellung von Gegensätzen als um die je spezifischen Möglichkeiten, im Kloster wie in der Einsiedelei, das gemeinsame Ziel, die Vollkommenheit, zu erreichen. Dabei wird freilich die Vollkommenheit des Mönchs von derjenigen des Anachoreten abgehoben. «Ziel des Cönobiten ist, alle seine Willensimpulse zu vernichten und zu kreuzigen und gemäß dem heilsamen Gebot evangelischer Vollkommenheit nicht an den morgigen Tag zu denken. Diese Vollkommenheit kann gewißlich allein von Cönobiten erreicht werden» (8.3). «Die Vollkommenheit des Eremiten besteht darin, einen von allem Irdischen befreiten Geist (*exutam mentem*) zu besitzen und sich, soweit menschliche Schwäche es erlaubt, mit Christus zu vereinigen» (8.4). Vernichtung des sensuellen Menschen, der Abtötungsprozeß, also die radikale Askese, mit ihr aber auch die *apatheia*, sind nach diesen Formulierungen das gemeinsame Ziel; die Einigung mit Christus, ja mit der «Gottheit», dem «Einen», wird dem Anachoretentum vorbehalten. Wie häufig bei Cassian kann indes diese Ausgliederung keine systematische Verbindlichkeit beanspruchen.

b) Askese und Mystik, Weg und Ziel, sind bei Cassian ungleich dem dionysisch-gregorianisch-bonaventuranischen Modell der *triplex via*

---

[11] Es braucht nur an die Benediktinerregel erinnert zu werden, die in c. 1 den Wechsel vom Gemeinschaftsleben in den Eremitenstand als Möglichkeit vorsieht. Historische Beispiele sind Petrus von Morrone, der spätere Papst Cölestin V., und der Mönch von Farne. Im frühen Franziskanertum liegt klösterliches Leben und Eremitentum aufs engste beisammen.

nicht in ein geschlossenes System eingebunden. Vielmehr verwendet er verschiedene Aufstiegsschemata, und sie greifen auch ineinander über.

Dieselbe Beweglichkeit ist bei der Terminologie zu beobachten – Augustinus nicht unähnlich, von dem Cassian sich in der Gnadenlehre so entschieden distanzierte.[12] In ‹De institutis coenobiorum› wird als Ziel des Mönchstandes die apostolische Liebe bezeichnet. Sie wird in acht Etappen erreicht: «(1.) Der Anfang unseres Heils und unserer Weisheit ist nach der Hl. Schrift die Furcht des Herrn. (2.) Aus der Furcht des Herrn entspringt die heilsame Zerknirschung. (3.) Aus der Zerknirschung des Herzens geht die Entsagung hervor, das ist die Entblößung von allen Gütern und deren Verachtung. (4.) Aus der Entblößung erwächst die Demut, (5.) aus der Demut die Abtötung der Begierden. (6.) Mit der Abtötung der Begierden werden alle Laster getilgt und ihres Stachels beraubt. (7.) Mit der Vernichtung der Laster sprossen und wachsen die Tugenden. (8.) Mit dem Keim der Tugenden wird die Herzensreinheit erworben. Mit der Herzensreinheit [aber] besitzt man die Vollkommenheit apostolischer Liebe» (Inst. V 43.).[13]

Man kann die *puritas cordis*, zu der hier der Mönch in schriftorientierten Stufen aufsteigt, als asketisches Nahziel bezeichnen. Immer wieder wird es von Cassian angesprochen, als Ziel wie hier, aber auch als Voraussetzung zu höheren Stufen der Vollkommenheit, deren Endziel das Reich Gottes ist. In diesem Zusammenhang wird von «Heiligung», *sanctificatio*, im Anschluß an Röm. 6,22 gesprochen (Conl. I 4.3).

Das Thema ist nicht neu. Die Stoiker kennen es wie die Neuplatoniker. Jene sehen in der Unterdrückung der Affekte die Voraussetzung für den Erwerb der Tugend und der Gelassenheit, diese fordern die Reinigung, κάθαρσις, der Seele, um, auf dem Weg zum Einen, ἕν, den νοῦς in seiner reinen Intellektualität zurückzugewinnen. Für Cassian ist der Reinigungsprozeß ein willentlicher Verzicht, eine Absage (*renuntiatio*). Conl. III behandelt deren dreifache Gestalt ausführlich im Anschluß und als Entsprechung zu drei Berufungen (*vocationes*) (4.).[14] Der erste Verzicht betrifft Reichtümer und andere Güter dieser Welt. Der zweite besteht im Ablegen der früheren Gewohnheiten, Laster und Neigungen des

---

[12] Siehe vor allem Conl. XV; dazu W𝗋𝗓𝗈𝗅 7 (1920), S. 87–96.

[13] Der einschlägige Beitrag von O𝗅𝗉𝗁𝖾-G𝖺𝗅𝗅𝗂𝖺𝗋𝖽 (1936), La pureté de cœur d'après Cassien, erwähnt, trotz seiner Tendenz in die Breite und zur Vollständigkeit, diese Kernstelle mit keinem Wort.

[14] Cassian unterscheidet eine Berufung durch Gott (wie sie etwa Abraham und Antonius zuteil geworden ist), durch einen (heiligen) Menschen (wie die Kinder Israel durch Moses) und durch nothafte Lage (*ex necessitate*) wie Todesgefahr, Verlust von Gütern, Ächtung, Tod lieber Menschen (4.1–4).

Gemüts und des Fleisches. Der dritte ist der Abruf alles Gegenwärtigen und Sichtbaren in unserem Geist zugunsten des Zukünftigen und Unsichtbaren (6.1). Der dreifache Verzicht betrifft so mit Körper, Seele und Geist den ganzen Menschen. Bildhaft vergleicht ihn Cassian mit dem Abbruch unseres irdischen Wohnhauses zugunsten des Bürgerrechts im Himmel (7.2). Ausdrücklich betont er den freien Willen in diesem Verzicht, der aber durch Gottes Gnade unterstützt werden müsse.

Ein weiteres Aufstiegsschema bilden die drei sogenannten göttlichen Tugenden *fides, spes, caritas,* Thema der conl. XI ‹De perfectione›. «Drei Dinge sind es, die bewirken, daß die Menschen die Laster vermeiden: die Furcht vor der Hölle oder vor bestehenden Gesetzen, die Hoffnung und das Verlangen nach dem Himmelreich sowie die Neigung zum Guten selbst, die Liebe zu den Tugenden .... Deshalb faßt der heilige Apostel das ganze Heil in der Erfüllung dreier Tugenden zusammen und spricht: ‹Nun bleiben Glaube, Hoffnung, Liebe, diese drei› (1 Kor. 13,13). Der Glaube nämlich ist es, der bewirkt, daß aus Furcht vor dem Jüngsten Gericht und der Sühnestrafe die Ansteckung der Laster verhütet wird. Die Hoffnung ist es, die unseren Geist von seiner Haftung ans Gegenwärtige abruft und alle sinnlichen Lüste in der Erwartung himmlischen Lohnes verachten läßt. Die Liebe entflammt uns zur Hingabe an Christus und zur Hervorbringung geistiger Werke in der Glut der Geistseele und verabscheut alles, was jenen entgegensteht, mit [wahrem] Haß» (6.1–2). Verfolgen alle drei göttlichen Tugenden, so fährt Cassian fort, das *eine* Ziel, die Absage des Bösen und Hinfälligen, so ist doch ihr Wert recht verschieden. Während im Glauben und in der Hoffnung Furcht und Lohn die treibenden Kräfte sind, bewegt in der Liebe allein das Gute um des Guten willen (6.3).

Dieser Aufriß wird in den nächsten Kapiteln unter verschiedenen Gesichtspunkten ausgefaltet. Abschließend spricht Cassian von einer zusätzlichen, noch höheren Stufe, nämlich von der Furcht, die die Größe der Liebe hervorbringt. Sie ist Ausdruck sorgender Zärtlichkeit des Liebenden zum Geliebten. Cassian gewinnt diese Stufe im Anschluß an Jesaias 33,6: «Reichtümer des Heils, Weisheit und Wissenschaft, die Furcht des Herrn ist ihr Schatz.» «Er konnte die Würde und den Wert dieser Furcht nicht deutlicher bezeichnen als in der Aussage, die Reichtümer unseres Heils, die in der wahren Weisheit und Wissenschaft von Gott bestehen, könnten einzig von der Furcht des Herrn bewahrt werden. Zu dieser Furcht werden nun nicht Sünder, vielmehr Heilige durch das prophetische Wort des Psalmendichters eingeladen: ‹Fürchtet Gott, all ihr seine Heiligen, denn nichts mangelt denen, die ihn fürchten›» (Ps. 33,10) (13.1–2).

Cassian erreicht in diesen Texten – und vielen andern – eine Höhe der Spiritualität, die derjenigen Augustins in nichts nachsteht. Zu ihnen stellen sich allerdings Ausführungen handfester, ja abergläubischer Asketik, die verraten, daß das junge, eben erst der Allgegenwart heidnischer Praktiken entrückte Christentum der magischen Vorstellungswelt noch weitgehend verhaftet blieb. Ich denke vor allem an den Dämonenglauben. Daß er der Wirklichkeit der Wüstenväter mehr entspricht als die sublime Vollkommenheitslehre des gelehrten Collators, kann keinem Zweifel unterliegen. Die ‹Vitas patrum› und die übrigen Viten der Wüstenheiligen[15] bestätigen dies mit fast bestürzender Eindeutigkeit.

Der Dämonenglaube bedarf in einer Geschichte der Mystik wenigstens der Erwähnung, weil er mit Cassian und den ‹Vitas patrum› auch das Mittelalter erreichte und das asketische Leben gerade derjenigen monastischen Kreise mitbestimmte, aus denen mystische Spiritualität erwuchs. Die blutige Askese, der sich Heinrich Seuse und, nach dem Zeugnis der Schwesternbücher, dominikanische Frauenklöster unterwarfen,[16] ist sicher weitgehend nur auf diesem Hintergrund erklärbar.

Cassian widmet den Dämonen mit dem Teufel an der Spitze namentlich Conl. VII 19.–34. und VIII 7.–25. Diese Darlegungen sind als Ergänzung der Lasterlehre in Conl. V zu verstehen, machen doch die Laster die Seele zu einer Wohnstätte der Dämonen. Es wird hier gehandelt über die von unreinen Geistern Besessenen, wie diese Geister Besitz vom Menschen ergreifen, in welcher Weise und wie verschieden sie wirken (VII), weiterhin über die «Herrschaften» (principatus) und den Luzifersturz, die Dämonen in der Luft (VIII): kurz, es handelt sich um eine ausgebaute, theologisch wohlbegründete Dämonenlehre, zu der dann die drastischen Schilderungen der Väterviten, das Antonius-Leben an der Spitze, den praktischen Kontext bieten.

c) Ihren Höhepunkt erreicht Cassians Vollkommenheitslehre im Gebetsleben mit seinen Stufen. Es fällt im wesentlichen mit der Kontemplation zusammen. Ganz diesem Thema dienen die Conlationen IX und X.

Cassian in der Rolle von Abba Isaak beginnt mit der Zielgebung: «Das ganze Streben des Mönchs und die ganze Vollkommenheit des Herzens zielt auf die beständige und ununterbrochene Beharrlichkeit im Gebet und, soweit dies der menschlichen Gebrechlichkeit möglich ist,

---

[15] Siehe vor allem die schöne Sammlung von André-Jean Festugière O. P., Les moines d'Orient, I–IV, Paris 1961–1964/65; in der Introduction, Kap. 1, S. 23–39, eine eindrucksvolle Darstellung des Dämonenglaubens der Wüstenväter, in der auch Cassian herangezogen wird.

[16] Siehe etwa ‹Das Leben der Schwestern zu Töß›, beschrieben von Elsbeth Stagel, hg. von Ferdinand Vetter (Deutsche Texte des Mittelalters 6), Berlin 1906, S. 14, 19–22: Sy nament och als fil starker disciplin un die gesatzten zit, das etwenn nach der metty licht ir zwelff sament nament disciplin, und schlûgent denn als gar fast, das ain grusseliche vor dem capitelhuss was. Etlich schlûgent sich mit yssnenen ketinen, etlich mit ainer gaislen, etlich mitt rekoltren.

auf eine unbewegliche Ruhe des Geistes (*immobilis tranquillitas mentis*) und immerwährende Reinheit» (IX 2.1). Der Akzent liegt weniger auf dem Akt selber als der Dauer, die ihm zugesprochen wird. Zu dem zentralen Begriff des «unablässigen Gebets» (*oratio iugis*) treten die «unbewegliche» *apathia* und die «immerwährende» Reinheit als dessen Voraussetzungen. Dazu aber ist ein weiter Weg erforderlich. Cassian bietet zuerst eine Systematik der Gebetstypen an, die vier Gebetsformen nach 1 Tim. 2,1: Bitten (*obsecrationes*), Anbetungen (*orationes*), Anflehungen (*postulationes*), Danksagungen (*gratiarum actiones*) (9.–17.), die er als aufsteigende Reihe versteht. Wenn in ihnen der Geist nicht «allmählich und stufenweise» vorwärtsschreitet, wird er nie zu «höheren Gebetsarten» gelangen können (16.). Es folgt eine Auslegung des ‹Pater noster› (18.–24.), die bereits eine lange Tradition hat. Erst jetzt führt Cassian in die höheren und spezielleren Formen des Gebets ein: *De qualitate sublimioris orationis* (25.).

«Obschon nun dieses Gebet (das Paternoster) die ganze Fülle der Vollkommenheit zu umschließen scheint, da es ja durch die Autorität des Herrn selbst eingeweiht und festgesetzt wurde, so erhebt er doch seine Vertrauten (*domestici*) in jenen höheren, oben erwähnten (15.1–2)[17] Zustand, führt sie zu jenem feurigen, wenigen bekannten und zugänglichen, ja, um mich genauer auszudrücken, unaussprechlichen Gebet auf höherer Stufe, das sich, allen menschlichen Sinn übersteigend, nicht nur durch keinen Laut der Stimme, keine Bewegung der Zunge und keine Artikulation von Worten zu erkennen gibt, sondern das der von der Eingießung des himmlischen Lichts erleuchtete Geist nicht in menschlich-beschränkte Rede faßt, sondern in konzentrierter Wahrnehmung (*conglobatis sensibus*) wie aus vollster Quelle überreichlich ausgießt und unaussprechlich dem Herrn entgegenbringt, indem es so vieles in jenem kurzen Augenblick vorträgt, daß es kaum zu sagen ist und von dem zu sich selbst zurückgekehrten Geist erfaßt werden kann» (25.).

Die Nähe dieser Schilderung zu der Ostia-Vision Augustins, bzw. dessen Reflexionen darüber (s. o. K 2,5.d), ist unübersehbar. Das feurige

---

[17] Wie öfter zeigt Cassian Späteres bei geeigneter Gelegenheit frühzeitig an: Im Anschluß an die vier paulinischen Gebetsarten sagt er: *nonnumquam tamen mens quae in illum uerum puritatis proficit adfectum atque in eo iam coeperit radicari, solet haec omnia simul pariterque incipiens atque in modum cuiusdam inconprehensibilis ac rapacissimae flammae cuncta peruolitans ineffabiles ad deum preces purissimi uigoris effundere, quas ipse spiritus interpellans gemitibus inenarrabilibus ignorantibus nobis emittit ad deum, tanta scilicet in illius horae momento concipiens et ineffabiliter in supplicatione profundens, quanta non dicam ore percurrere, sed ne ipsa quidem mente ualeat alio tempore recordari* (IX 15.2). Ähnlich schon IV 5. – Über die Formen der Kontemplation bei Cassian handelt Olphe-Galliard (1935) und DAM II 2; am besten Marsili, S. 25–73.

Gebet, *oratio ignita*, das der *visio* bei Augustinus entspricht, manifestiert sich wie diese im Schweigen, ohne Laut, Zungenschlag und Artikulation, also ohne das, was Sprache überhaupt konstituiert, und bleibt trotzdem Sprache, das heißt Mitteilung, im simultanen Zuströmen unaussprechlicher «Worte». Das ist ein Zustand des Außersichseins, mithin Ekstase. Cassian verwendet den Begriff nicht, kennt aber das paulinische *rapi* (IV 5., S. 100,16; IX 15., S. 263,16; *raptus* XIX 4.1, S. 537,17) und *excessus* (IV 5., S. 100,16; X 11., S. 306,1; XIX 4.1, S. 537,17; ebd. 2, S. 538,7). Wir dürfen so das «feurige Gebet» als ekstatisches bezeichnen.

Es wird vorzüglich Anachoreten zuteil. So berichtet Abba Johannes: «Ich wurde, so erinnere ich mich, durch göttliches Gnadengeschenk häufig [in den Zustand des] Außersichseins entrückt (*raptum excessum*), so daß ich aufhörte, noch mit der Last leiblicher Gebrechlichkeit beladen zu sein und mein Geist alle äußeren Sinne plötzlich von sich warf und so ferne von allen körperhaften Dingen verweilte, daß nicht Augen und nicht Ohren ihren eigentlichen Dienst verrichteten» (XIX 4.1).

In der X. Conlatio stellt Cassian durch Abba Isaak eine weitere höchste Form des Gebets und damit der Kontemplation vor: das unablässige Gebet (*oratio iugis*). Es ist indes dem feurigen Gebet nicht über- sondern beigeordnet und wie dieses Frucht des Anachoretentums.

Wie fast regelmäßig wird in einer Zielbestimmung das Thema angekündigt: «Das ist das Ziel der ganzen Vollkommenheit, daß der von allem fleischlichen Wesen befreite Geist täglich so sehr zum Geistigen erhoben wird, daß all sein Wandel und jede Regung seines Herzens ein einziges und ständiges Gebet werde» (X 7.3). Dieses einzige und ständige Gebet ist, zu unserer Überraschung, eine Formel – besser: diese ist die «äußere Gestalt» eines Zustandes, der ganz Gebet ist. Die Formel, *formula pietatis* genannt, ist schlicht ein Psalmvers (69,3) – *deus in adiutorium meum intende: domine ad adiuuandum mihi festina* – und wird vom Sprecher als nur wenigen anvertrautes Vermächtnis der ältesten Väter vorgestellt (10.2). In der Tat entspricht die Formel in ihrer noch der Magie angenäherten Funktion wie kaum etwas anderes dem Erfahrungsbereich der Anachoreten. Cassian selbst muß unter dem Eindruck gestanden haben, er fasse hier die eigentliche Mitte wüstenväterlicher Spiritualität; seine Ausführungen sind erschöpfend und beeindruckend. Das Folgende ist nur eine kleine Auswahl aus den langen Kapiteln 10 und 11.

«Dieser Vers (Ps. 69,2) wurde nicht zu Unrecht aus dem ganzen Reichtum der Hl. Schriften ausgewählt. Denn er enthält alle Affekte, die menschliche Natur hervorzubringen vermag, und paßt sich allen Zustän-

den und Verrichtungen vollkommen und angemessen an. Er enthält
gegen alle Gefahren eine Anrufung Gottes; er enthält die Demut des
frommen Bekenntnisses und die Wachsamkeit der Sorge und beständi-
gen Furcht; er enthält die Betrachtung der eigenen Gebrechlichkeit, das
Vertrauen auf Erhörung, die Zuversicht auf einen immer gegenwärtigen
und bereitstehenden Schutz ... . So ist der Vers allen, die unter den
Anfechtungen der Dämonen zu leiden haben, eine unüberwindliche
Mauer, ein undurchdringlicher Panzer, ein höchst wehrhafter Schild»
(10.3 u. 4). Im folgenden wird die Gebetsformel auf alle nur möglichen
Anfechtungen wie Eßgier, Fleischeslust, Schläfrigkeit bei der Lesung,
Zorn, Trägheit des Geistes, Zerstreuung usw. als Hilfe und Schutz
gepriesen. Sie ist deshalb «mit unabläßlicher Beständigkeit zu verrichten,
im Unglück zu unserer Befreiung, im Glück, damit wir es bewahren»
(10.14). Im nächsten, 11. Kapitel wird ausgeführt, wie der Psalmvers zur
Seligkeit der Armut führt. «Diese Formel soll der Geist unaufhörlich
festhalten, bis er, gestärkt durch deren immerwährenden Gebrauch und
unablässige Betrachtung, die Reichtümer aller Gedanken und geistigen
Besitzes zurückzuweisen und wegzuwerfen vermag und so in der strengen Armut dieses Versleins zu jener Seligkeit des Evangeliums, welche
über allen Dingen ist, mit Behendigkeit gelange» (11.1). Solche Formulierungen machen verständlich, wie Cassian zum bewunderten Vorbild
der Spiritualität der Bettelorden werden konnte.

Das unablässige Gebet ermöglicht endlich das feurige Gebet. «Dieses
ist nicht nur frei von aller Bildvorstellung, sondern wird auch durch keinen Laut, keine Folge von Worten gestört, vielmehr wird es in feuriger
Inbrunst des Geistes mit sprachloser Entzückung des Herzens und unerschöpflicher Heiterkeit des Geistes dargebracht und von dem über alle
Sinne und sichtbare Gegenstände erhabenen Geist mit unaussprechlichen
Seufzern und Sehnsüchten ausgegossen» (11.6).

Cassian hat als Ziel monastischer Vollkommenheit wiederholt und
schlicht evangelisch «das ewige Leben» (I 5.), die «Wohnung im Himmel» (nach Mt. 3,20) (III 7.) genannt. Die Frage ist, ob es nicht erst *in
patria*, sondern, ausnahmsweise und gnadenhaft, bereits *in via* erreicht
werden könne. Das unablässige Gebet, das weder durch Arbeit noch
durch Schlaf unterbrochen wird (X 10. 14 und 15), scheint eine Möglichkeit dazu zu bieten. Die Kontemplation ist hier ohne Bild, Form und
Gestalt, reine Geistigkeit, das, was die Griechen ἀπάθεια nannten. Es ist
dies ein Begriff, den Cassian indes trotz seiner Vorliebe für griechische
Termini vermeidet (s. u. S. 135). ἀπάθεια ist nun zweifellos die Voraussetzung einer «Wohnung im Himmel», die der *unio* mit dem Göttlichen
gleichkommt. Cassian spricht von ihr zurückhaltend und eher beiläufig.

In Conl. 6.1 und 2 sagt er, der vollkommene Zustand der Reinheit lasse
Christus entweder «niedrig und im Fleisch» oder «in der Glorie seiner
Herrlichkeit» schauen. Dies indes, die Schau der «Gottheit mit ganz reinen Augen» (*purissimis oculis diuinitatem ipsius speculari*), ist nur jenen
möglich, «die sich mit ihm auf den erhabenen Berg der Einsamkeit
zurückziehen». In Conl. XIX 8.4 wird die Vollkommenheit des Anachoreten darin gesehen, daß dieser sich, nachdem er den Geist von allem
Irdischen abgezogen hat, «mit Christus vereint». In der Auslegung der
Maria-Martha-Perikope (I 8.3) wird die Schau (*theoria*) der Maria, in
ihrer höchsten Erhebung auf den Einen gerichtet, «auf Gott allein» bezogen. Auch der Zustand, den das Vaterunser herbeiführt, ist eine «Betrachtung Gottes allein» (*contemplatio dei solius*), die den Geist «in der Liebe
Gottes auflöst und versinken» läßt (IX 18.1). Daß «uns Gott alles und in
allem ist» in einem «seligen Zustand» «schon in diesem Leibesleben» (*in
hoc corpore*), versichert Cassian X 6.4. Er kennt also das, was der Mystiker
als Höchstes erstrebt, es scheint indes außerhalb des Kreises seiner eigenen Erfahrungen zu liegen. Allzeit gegenwärtig ist ihm hingegen der
Prozeß der Reinigung, der Abtötung, des Freiwerdens, der *abegescheidenheit* in der Sprache der deutschen Mystik. Das ist das Herzstück der
‹Conlationes›. Cassian führt in den Vorhof der Mystik.

d) Die Schau der Maria in I 8. 2 und 3, S. 15,10; 19 und XXIII 3.1,
S. 642,11 nennt Cassian *theoria*, sicher im Anschluß an Evagrios, wie
noch zu zeigen sein wird; *spiritualis theoria* X 10.1 ist die *contemplatio
iugis*, XIX 4.1 der Zustand des feurigen Gebetes, wie es Abba Johannes
zuteil wurde. Es scheint so, daß Cassian das griechische θεωρία vom
lateinischen *contemplatio* abhebt, und in der Tat wird I 8.2 definiert: *theoria, id est in contemplatione diuina* und XXIII 3.1 *theoria, id est contemplatio
dei. Theoria* wäre so die auf das Höchste gerichtete *contemplatio*, während
diese die Schau heiliger Dinge schlechthin, etwa diejenige der Heiligen
(I 8.3), bezeichnet.

*Theoria* ist somit ein Wort hoher Auszeichnung. Umso bedeutsamer
ist es, daß es auch der geistigen Wissenschaft, *spiritualis scientia*, zugeordnet wird. Sie ist das Thema der XIV. Conlatio. «Wissenschaft» als Gabe
des Hl. Geistes (Is. 11,2) ist Gnosis, meint das geistige Erfassen der
Hl. Schrift. Ihre praktische Seite, *scientia practica*, die Reinigung, die das
Freiwerden von allen Passionen bewirkt, ist, wie immer wieder betont
wird, ihre schlechthinnige Voraussetzung: keine geistige Einsicht ohne
vollkommene Reinheit des Herzens (XIX 2. u. ö.). Daß die Einsicht in
den Sinn der Schrift – Cassian unterscheidet mit dem ganzen christlichen Altertum und Mittelalter den geschichtlichen Sinn (*historica interpretatio*) vom geistigen (*intelligentia spiritualis*), der sich seinerseits in den

tropologischen, allegorischen und anagogischen ausfaltet (8.1) – ein Akt der Kontemplation ist, zeigt der Begriff der *theoria* an: an Stelle von *scientia spiritualis* steht öfter *scientia theoretica* (XIV 2.; 3.1; 8.1; 9.2).

*Scientia* als «Wissenschaft» von der Hl. Schrift und ihrer *occultissimi sensus* (10.4) ist keine noble Gelehrtentätigkeit des Mönchs neben anderen Pflichten, sondern ein dauernder Akt – wie das Gebet: So spricht Cassian auch von der *iugitas meditationis* der Schrift. Sie ist weiterhin kein Privileg der Gebildeten, ja setzt nicht einmal die Kenntnis des Griechischen voraus. So wird Abba Theodor in Inst. V 33 f. als *lumen scientiae* gepriesen (34.1), der sich durch die «Kenntnis der Hl. Schriften» auszeichnete, indes «von der griechischen Sprache nur wenige Wörter verstehen und aussprechen konnte» (33.1). Ausdrücklich wird diese «Kenntnis» von einem Wissen abgehoben, das «aufbläht», zu Eitelkeit und Anmaßung führt oder aus der Begierde nach Menschenlob erwächst (XIV 10.1 f.; 17.1). Sie ist ja auch nicht Frucht eigener Bemühungen, sondern sie «erleuchtet durch die Vollendung der Liebe» (10.1). Auch wird sie nicht plötzlich wie im *raptus* erschlossen, sondern in einem Prozeß des Wachsens. «Wenn nun durch dieses Streben unser Geist wächst und sich erneuert, so beginnt auch das Verständnis der Hl. Schriften sich zu vertiefen» (11.1). Der Sprecher, Abba Nesteros, illustriert dies mit dem Gebot «Du sollst nicht Unzucht treiben» (Ex. 20,14). Während es für den noch in Leidenschaften verstrickten Menschen ganz wörtlich verstanden werden soll, gereicht es dem geistigen Verständnis zur Warnung vor der Unreinheit des Götzendienstes und der Wahrsagerei, der Befleckung der Glaubenseinfalt, vor abergläubigem Festhalten am Gesetz sowie vor dem «Ehebruch der Häresie» (11.2–5). Hier wie öfter äußert sich dann doch der gelehrte Exeget, den Cassian wie alle theologisch ausgebildeten Lehrer der Spiritualität nicht verleugnen konnte.

Die geschichtliche Bedeutsamkeit der *scientia-spiritualis*-Lehre Cassians besteht darin, daß sie, wie konsequent auch immer, in die Grundlegung einer asketisch-mystischen Lehre einbezogen wird. Es liegt der bemerkenswerte, und ich möchte meinen: einmalige Versuch vor, Bibelwissenschaft als Spiritualität zu begreifen und in solche umzusetzen. In späteren Zeiten, etwa im Umkreis der deutschen Mystik, gehörte es zur Standortbestimmung des Spiritualen, sich als *lebemeister* vom *lesemeister* abzusetzen.

## 3. Ein griechischer Vermittler:
## Evagrios Ponticos

Es ist fast immer nur beiläufig vermerkt worden, daß mit Cassian dem
Abendland vier Jahrhunderte vor der epochalen Dionysius-Rezeption
ein griechischer Vater vermittelt worden ist, Evagrios Ponticos,[18] der
sonst dem Mittelalter fremd geblieben wäre. Er ist der wichtigste
Gewährsmann Cassians, der ihn freilich an keiner einzigen Stelle nennt.
So blieb er im Mittelalter namenlos.

Das Verschweigen des bedeutenden Theologen dürfte wohl seinen
Grund im Verdikt des Hieronymus haben, der des Evagrios Lehre von
der ἀπάθεια, die die Seele «unbeweglich», «zu einem Stein oder zu
Gott» mache, in scharfem und verächtlichem Ton verurteilte und
beklagte, daß die Schriften durch Rufinus ins Lateinische übertragen und
so im Okzident verbreitet würden.[19] Auch gehörte Evagrios zu den Vertretern umstrittener und der Häresie verdächtiger Lehren des Origenes,[20]
weshalb er auch später, 553, vom 5. ökumenischen Konzil in Konstantinopel zusammen mit Origenes verurteilt wurde.

Evagrios, ca. 345–399, ein hochgebildeter, in Byzanz ausgebildeter
Intellektueller, Schüler Basilios' des Großen und Gregors von Nazianz,
verließ 381 die oströmische Metropole wegen einer skandalträchtigen
Liebesaffäre und begab sich über Jerusalem, wo er durch die jüngere
Melania und Rufinus zu einem evangelischen Leben bekehrt wurde,[21] in
die ägyptische Wüste. Dort verblieb er, in Nitrie und Cellia, bis zu seinem Tode im Jahre 399. Das bedeutet, daß er in derselben Zeit wie Cassian in Ägypten weilte, und da dieser des Evagrios Schriften kannte, ist

---

[18] Schriften: PG 40, Sp. 1219–1276; PG 79 (unter dem Namen Nilos),
Sp. 1165–1234; SC 170/171. – Über Evagrios zusammenfassend Antoine u. Claire GUIL-
LAUMONT, DAM IV 2, Sp. 1731–1744; in seiner gedrängten Knappheit empfiehlt sich
auch Hans Urs VON BALTHASAR, Metaphysik und Mystik des Evagrius Ponticus,
Zs. f. Ask. u. Myst. 14 (1939), S. 31–47, und Simon TUGWELL, Ways of Imperfection, London 1984, S. 25–36. Eine umfassende Untersuchung über das Verhältnis Cassians zu Evagrios bietet MARSILI. Eine Auflistung der wörtlichen Übereinstimmungen S. 87–103.

[19] Hieronymus, Epistula 133,3, CSEL 56, S. 246,1 ff. Die Übersetzung des Rufinus ist
nicht erhalten. Zusammenfassend zum Verhältnis des Hieronymus zu Evagrios s. GUIL-
LAUMONT [Anm. 20], S. 65–69.

[20] Grundlegend und souverän Antoine GUILLAUMONT, Les ‹Képhalaia gnostica› d'Éva-
gre le pontique et l'histoire de l'Origénisme chez les Grecs et chez les Syriens (Patristrica
Sorbonensia 5), Paris 1962.

[21] Das Milieu, in dem Evagrios heranwuchs, schildert vortrefflich Hans-Georg BECK,
Theoria. Ein byzantinischer Traum (S. B. d. Bayer. Akad. d. Wissensch. 1983/7), München
1983. Über Evagrios im besonderen S. 13–16 u. ö. – Zum Aufenthalt in Jerusalem
s. GUILLAUMONT [Anm. 20], S. 51.

die Möglichkeit einer direkten Begegnung gegeben. Es fehlen indes Zeugnisse darüber.[22]

Es ist namentlich die Acht-Laster-Lehre[23] und die Kontemplations- und Gebetslehre, die Cassian weitgehend dem Evagrios verdankt. Wir betrachten nur die letztere etwas näher. Genuine Lehre des Evagrios ist die Identität von Kontemplation und Gebet. Er nennt die drei Stufen der *Theoria* ohne Perspektivenunterschied Gebetsstufen, worin ihm Cassian folgt. Ebenso hat dieser das Grundmodell der *theoria*-Lehre des Evagrios übernommen: die Unterscheidung von πρακτική, θεωρία φυσική, θεωρία (θεολογία), wobei die πρακτική als Stufengang durch die Askese den *renuntiationes* und der *scientia actualis* Cassians entspricht, die θεωρία φυσική der Beschauung geistiger Dinge in der geschöpflichen Welt, die θεωρία schlechthin der Gottesschau (vgl. Cassians Formulierung: *theoria, id est contemplatio dei,* XXIII 3.1). *Theoria* ist Gnosis bei Evagrios und Cassian. Die Ekstase kennt der Grieche nicht, auch nicht als Begriff, während sie Cassian mit *raptus* und *excessus* im «feurigen Gebet» als möglich betrachtet.

Ein zentraler Punkt der Evagrischen Kontemplationslehre ist die ἀπάθεια. Sie steht am Ende der πρακτική, ist das Resultat der Reinigung von Lastern und Passionen und der Gewinn einer reinen Liebe zu Gott. Hieronymus übersetzte sie mit *inpassibilitas* und *inperturbatio* (CSEL 56, S. 246,4 f.). Cassian spricht von *a cunctis perturbationis custodire* I 6.3 (S. 13,4 f.), *tranquillitas (mentis)* IX 6.5 (S. 257,18); XVIII 16. (S. 527,19 f.); *inmobilis tranquillitas mentis* IX 2.1 (S. 250,21). Daß er, der sonst griechische Begriffe bevorzugt gebraucht (*theoria* ist ein Bespiel dafür), ἀπάθεια meidet, erklärt sich durch die Tatsache, daß diese als pelagianisches Reizwort in Verruf gekommen war.[24]

Das «unablässige Gebet», in der besonderen Ausformung Cassians Eigenleistung, hat zweifellos seinen gedanklichen Ansatz im «reinen Gebet» des Evagrios. Dieses, der höchsten *theoria* gleich, ist nicht nur frei von jeglichen Gedanken und Bildern, sondern so «entblößt» und «leer» wie Gott selbst. So kann Evagrios formulieren: «Das Gebet ist Unterdrückung der Gedanken» (or. 70).[25] Und: «Wenn du betest, stelle dir die

---

[22] CHADWICK, S. 26, hält die Begegnung für gewiß. «Cassian and Germanus must have met him (Evagrius) when they came to Cellia.»

[23] Evagrios, De octo vitiosis cogitationibus, PG 40, Sp. 1272–1276; Cassian, Inst. V–XII; Conl. V.

[24] Siehe MARSILI, S. 115, Anm. 1.

[25] HAUSHERR, S. 119. – ‹De oratione›, eine Sammlung von 153 Aussprüchen über das Gebet, je aus wenigen, vielfach einem einzigen Satz bestehend, wurde in der griechischen Überlieferung Nilos, nur in der syrischen Evagrios zugeschrieben. Die Untersuchungen

Gottheit nicht vor[26] und erlaube deinem Verstande nicht, Eindrücke irgendwelcher Art zu empfangen; gehe körperlos zum Körperlosen, und du wirst (ihn) erfassen» (or. 66, Hausherr S. 114). Evagrios geht hier den Weg einer radikalen Entsinnlichung des Geistes. Die Körperwelt in Geist überführen ist das eigentliche Ziel. Das ist zugleich der Weg zu Gott, wie ihn die Wüstenväter praktiziert haben.

Evagrios war Origenist,[27] und es war sein Origenismus, der 553 zur kirchlichen Verurteilung führte. Spätestens in Jerusalem bei Melania und Rufinus wurde er mit den Lehren des großen Alexandriners bekannt, und er traf sie wieder bei den Mönchen von Cellia und wurde selbst ihr Haupt. Es ist dieser Origenismus der Wüstenväter, der zur ersten großen Auseinandersetzung mit Origenes' kühnen kosmologischen und eschatologischen Ideen führte.

Die Lehre von einer zweifachen Schöpfung, derjenigen der reinen Intelligenzen und derjenigen der sinnlich-sichtbaren Welt, und, damit verbunden, der «Präexistenz»[28] der Seele sowie der Auferstehung «des Fleisches» am Jüngsten Tag nicht in der irdischen Gestalt, sondern in neuer Körperqualität, hatte sich Evagrios in persönlicher Abwandlung zu eigen gemacht und systematisiert. Von diesem metaphysischen Überbau hat Cassian kaum etwas übernommen. Es sind allein Elemente der Kontemplationslehre, die Evagrios dem Collator vermittelt hat.[29] Darüber hinaus scheint es, daß dieser Origenes aus eigener Lektüre kannte.[30] Es wäre indes abwegig, Cassian Origenist zu nennen.

## 4. Zur Wirkungsgeschichte Cassians

Nur als Lehrer der Kontemplation gehört Cassian, streng genommen, in die Geschichte der Mystik. Indes darf der Lehrmeister klösterlicher Askese insofern nicht übersehen werden, als er monastisches Vollkommenheitsstreben bestimmte, das zu mystischer Erfahrung führen konnte. Das vollzieht sich, wie ich einleitend am Beispiel von Heinrich Seuse zu verdeutlichen versuchte, vor allem in der dominikani-

---

von HAUSHERR lassen wenig Zweifel offen, daß wir es mit einem Opusculum des Evagrios zu tun haben.

[26] Gegen den Anthropomorphismus der meisten (ungebildeten) Wüstenväter gerichtet, mit dem sich auch Cassian ausführlich und nicht ohne Verständnis für die Betroffenen auseinandersetzte (Conl. X 1.–5.).

[27] Umfassend zum Origenismus des Evagrios GUILLAUMONT 1962 [Anm. 20], bes. Kap. II, wo S. 102–123 die Lehre Evagrios' präzis und differenziert von derjenigen des Origenes abgegrenzt wird.

[28] Mit Recht betont GUILLAUMONT [Anm. 20], S. 104, die Unexaktheit dieses Terminus, weil die Seele vor der zweiten Schöpfung gar nicht ‹Seele› war, sondern νόες.

[29] MARSILI, S. 98 Anm. 2, S. 101 Anm. 1, S. 105 Anm. 4, S. 126 Anm. 1, S. 141 Anm. 1, verweist auf Origenes als Quelle des Evagrios.

[30] Nachweis von MARSILI, S. 150–158. Mir scheint, die Belege müßten auf Grund der kritischen Ausgabe der ‹Kephalia gnostica› Antoine GUILLAUMONTS, Paris 1958, neu überprüft werden.

schen Ordensfamilie. Über dies hinaus müssen wenige Hinweise zur Wirkungsgeschichte genügen.[31]

Wie der Geist Cassians, seine asketische Strenge und die spirituelle Höhe des Gebetslebens, den Benediktinerorden mitbestimmte, verrät die Benediktinerregel, die in c. 42 und c. 73 die ‹Instituta› und ‹Conlationes› mit den ‹Vitas patrum› als Tischlesung und Zellenlektüre empfiehlt. Ein unmittelbarer Einfluß auf den Regeltext selbst ist wahrscheinlich, indes schwer nachzuweisen.[32] Faßbar ist er beispielsweise in der Aufforderung, vor dem Horengebet den Psalmvers ‹*Deus in adiutorium meum intende*› (Ps. 69,2) zu singen, eine Bestimmung, die nicht ohne Hinblick auf Cassians *oratio jugis* erfolgt sein dürfte.

Seit Ende des 14. Jahrhunderts tritt Cassian auch in die Volkssprache ein: in niederländischen und deutschen Übertragungen und Bearbeitungen.[33] Das interessanteste Dokument der volkssprachlichen Aufnahme des Collators, zugleich das einzige mit großer Breitenwirkung, eines der erfolgreichsten Erbauungsbücher des 15. Jahrhunderts, sind die ‹Vierundzwanzig goldenen Harfen› des Dominikanermagisters Johannes Nider (um 1380–1438).[34] Zwischen 1427 und 1429 in Nürnberg entstanden, ist es aus Predigten hervorgegangen. Nider gilt, zu Recht, nicht als Mystiker, auch nicht als literarischer Vermittler von Mystik, er hat nur wie viele seiner Zeitgenossen teil am namentlich durch Seuse geprägten und verfügbar gewordenen mystischen Sprachduktus. Leider ist das Verhältnis der ‹Vierundzwanzig goldenen Harfen› zu Cassians ‹Conlationes› noch nie einer Untersuchung für wert befunden worden. Ein solcher Vergleich könnte konkret und verbindlich zeigen, ob Nider die Aufstiegswege und die Formen des Gebets, und damit die Kontemplationslehre, zugunsten eines rein praktischen Christentums eingeebnet oder gar ausgeklammert hat, Tendenzen, die man bei ihm bis anhin im Vergleich mit der Mystik des 14. Jahrhunderts glaubte feststellen zu können.[35]

Neben Augustinus, als Schriftsteller Laie, Priester und Bischof, steht der Mönch Johannes Cassianus. Er ist der Begründer der monastischen Tra-

---

[31] Die Geschichte der Cassian-Rezeption ist noch nicht geschrieben. Ein knapper Leitfaden dazu findet sich im Cassian-Artikel des DAM, Sp. 267–271; dazu München, Staatsbibl. cgm. 630, 98^va. 139^vb (s. Karin SCHNEIDERS Katalog IV, S. 275).

[32] Das vermittelt die Untersuchung von Paul ALBERS, Cassians Einfluß auf die Regel des hl. Benedikt (Stud. u. Mitt. z. Gesch. d. Bened. Ordens 43 (1925), S. 32–53; 46 (1928), S. 12–22, 146–158. – Über den Einfluß Cassians auf die ‹Regula Ferioli› s. P. Georg HOLZHERR O. S. B., Regula Ferioli. Ein Beitrag zur Entstehungsgeschichte und zur Sinndeutung der Benediktinerregel (Liter. Beil. z. 122. Jahresber. d. Stiftsschule Einsiedeln 1960/61), Einsiedeln 1961, S. 102–106.

[33] Dazu Klaus KLEIN in ²VL IV (1983), Sp. 567–570.

[34] DAM XI (1982), Sp. 322–325; ²VL VI (1986), Sp. 971–977. Die einzige Monographie – Karl SCHIELER, Magister Johannes Nider aus dem Orden der Predigerbrüder, Mainz 1885 – ist überholt und zugleich unentbehrlich.

[35] Gundolf M. GIERATHS O. P., Johannes Nider O. P. und die «deutsche Mystik» des 14. Jahrhunderts, Divus Thomas 30 (1952), S. 321–346; zum größten Teil wiederholt im Beitrag desselben Verfassers: Johannes Tauler und die Frömmigkeitshaltung des 15. Jahrhunderts, in: Ephrem FILTHAUT O. P. (Hg.), Johannes Tauler. Ein deutscher Mystiker. Gedenkschrift zum 600. Todestag, Essen 1961, S. 422–434.

dition mittelalterlicher Spiritualität, als Lehrer der Kontemplation auch ein Vater der Mystik.[36] Zusammen mit dem Altväterbuch, den ‹Vitas patrum›, das wie eine Volksausgabe der ‹Conlationes› anmutet, hat er dem Abendland den harten Geist des ägyptischen Cönobiten- und Anachoretentums vermittelt, der immer wieder aufflammte und der mystischen Bewegung einen Zug ins Unbegreiflich-Archaische beimischt. Mit Recht trägt er den Ehrentitel: *Monasticae perfectionis perfectissimus magister.*

[36] Von den Geschichtsschreibern der Mystik hat meines Wissens nur Walter MUSCHG, Die Mystik in der Schweiz, Frauenfeld-Leipzig 1935, S. 29 ff., Cassian und die Wüstenväter als entscheidende Grundlagen der abendländischen Mystik gewürdigt. Doch weiß auch Étienne GILSON um diese Zusammenhänge; s. Die Mystik des Heiligen Bernhard von Clairvaux, Wittlich 1936, S. 45 f.

*Viertes Kapitel*

# ‹De vita contemplativa› des Julianus Pomerius

### Bibliographische Hinweise

*Ausgabe und Übersetzungen:* Juliani Pomerii de Vita contemplativa libri tres, PL 59, Sp. 411–520. — Julianus Pomerius, The Contemplative Life, translated and annotated by Sr. Mary Josephine SUELZER (Ancient Christian Writers, hg. von Johannes QUASTEN und Joseph C. PLUMPE), The Catholic University of America, Washington, Westminster (Maryland), 1947.[1]

*Forschungsliteratur:* [MABILLON], Pomère, Abbé à Arles, in: Histoire littéraire de la France II, Paris 1865, S. 665–675. — Friedrich DEGENHART, Studien zu Julianus Pomerius, Programm des hum. Gymnasiums Eichstätt, Eichstätt 1905. — Max Ludwig Wolfram LAISTNER, The Influence During the Middle Ages of the Treatise ‹De vita contemplativa› and its Surviving Manuscrits, in: Miscellanea Giovanni Mercati, Bd. II, Letteratura medievale, Vatikanstadt 1946, S. 344–358. — Joseph C. PLUMPE, Pomeriana, in: Vigiliae christianae 1 (1947), S. 227–239. — DAM VIII (1974), Sp. 1594–1600 (Aimé SOLIGNAC). — Fritz SCHALK, Zur Vitenlehre und monastischen Literatur (Cassian und Julian Pomerius), in: Verbum und Signum. Festschr. Friedrich Ohly, 2 Bde. München 1975, II, S. 71–78.

1. Julianus Pomerius steht in der Nachfolge Augustins und Cassians. Seine Schrift ‹De vita contemplativa› gilt als der erste Traktat der christlichen Spiritualität mit diesem Titel und erfreute sich großer Beliebtheit: er ist in über 90 Handschriften und von 1486 an in zahlreichen Drucken verbreitet. Diesen Erfolg verdankt er wohl auch der breiten Zuschreibung an den populären Heiligen Prosper von Aquitanien.[2]

Als Persönlichkeit ist Pomerius nur in groben Umrissen zu fassen. Er ist Mauretanier (Marokkaner), der als Flüchtling nach dem südlichen Gallien kam und in Arles nach 497/498 als Lehrer des Caesarius von Arles und später als Priester bezeugt ist. Daß er Mönch und Abt gewesen ist, darf aus der Anrede *abbas* in zwei Briefen an ihn nicht abgeleitet werden; *abbas* kann in dieser Zeit schlechthin «geistlicher Vater» heißen.

---

[1] Es ist dies die einzige zugängliche Übertragung in eine moderne Sprache. Johann Georg PFISTER, Der hl. Prosper über das beschauliche Leben, Würzburg 1826, ist in öffentlichen Bibliotheken nicht greifbar und somit für den Gebrauch nicht existent. Dies gilt auch für die französische Übertragung von J.-M. RAYNAUD, Le prêtre d'après les Pères, vol. 8, Toulouse 1842.

[2] Siehe LAISTNERS Beitrag zur Überlieferungsgeschichte. Man kann aber auch umgekehrt argumentieren wie MABILLON zu Beginn der Forschungsgeschichte: «C'est faire en un mot l'éloge de son style, que de dire, qu'on y a trouvé assez de beautés pour le pouvoir attribuer à Prosper» (S. 655). Dieses Urteil wird durch die stilistischen Untersuchungen DEGENHARTS, S. 6–27, zusammenfassend S. 5, bestätigt.

Adressat und Auftraggeber des um 500 geschriebenen ‹De vita contemplativa›-Traktats ist ein namensgleicher Bischof Julianus, der nicht zu
identifizieren ist. Pomerius spricht ihn im Prolog an, entschuldigt sein
langes Zögern, dessen Bitte nachzukommen, mit seiner Inkompetenz
(*impossibilitas*); es ist dann aber das ihm entgegengebrachte Vertrauen
(*fides*), das ihn zur Aufgabe befähigt (n. 1). Der Auftraggeber hat, wie aus
Prol. n. 3 hervorgeht, den Inhalt des Traktats mit zehn Fragen genauer
bestimmt, wobei nur die beiden ersten, die Natur des kontemplativen
Lebens und worin sich dieses vom aktiven Leben unterscheide, dem
(wenigstens üblichen, kaum ursprünglichen) Titel entsprechen. Pomerius
ist diesem Fragenkatalog im wesentlichen gefolgt, hat ihn indes in anderer Ordnung, in drei Büchern mit 25, 24 und 34 Kapiteln, angelegt.
Alles in allem genommen handelt es sich, im Sinne des Auftraggebers
wie des Autors, um christliche Lebensregeln für geistliche Personen,
wobei zwar das kontemplative Leben und sein Verhältnis zum aktiven
der dringlichsten Erörterung bedürftig erscheinen, aber doch nur wenige
Kapitel in Anspruch nehmen. In unserem Zusammenhang ist es erlaubt,
sich darauf zu beschränken.

Pomerius ist Augustinus stark verpflichtet, wie schon die quellen-
kundlichen Anmerkungen von M. J. Suelzer belegen können. Es gilt dies
vor allem in der Verfolgung der eschatologischen Perspektive – es ist das
jenseitige Leben, das die irdische Existenz zu bestimmen hat –, nicht
aber in den besonderen Fragen des beschaulichen und tätigen Lebens.
Das geht bereits aus der Tatsache hervor, daß Augustinus die beiden
Lebensformen im Rahmen der Martha-Maria-Perikope (Luk. 10,38ff.)
behandelt,[3] die Pomerius nicht einmal erwähnt. Auch geht es diesem
(wie später Thomas von Aquin) ausschließlich um – sich gegenseitig
ergänzende – Lebensweisen des geistlichen Menschen, während für
Augustinus die ekklesiologische Auslegung im Vordergrund stand.[4]
Wichtiger scheint mir der Einfluß Cassians zu sein.[5] Die eigentliche Verwirklichung des kontemplativen Lebens sieht Pomerius mit jenem erst
im ewigen Leben, und cassianisch ist die starke Betonung der Askese

---

[3] Die wichtigsten Texte zu Augustins Kontemplationslehre: Sermo 103 und 104
(PL 38, Sp. 613–618); Contra Faustum 22.52–54 (CSEL 25, S. 645–650; PL 42,
Sp. 432–435); In Joannis evangelium tractatus 124.4–7 (CC 36, S. 682–687, PL 35,
Sp. 1969–1976). – Die wichtigste Literatur dazu s. K 2, Anm. 69.
[4] Siehe Mieth, Vit. act./cont., S. 84ff.
[5] Er bleibt im einzelnen noch zu untersuchen. Noch in neuerer Literatur (Suelzer
1947, Mieth 1969, Dam 1974) wird er gänzlich übersehen. Das mag mit der Tatsache
zusammenhängen, daß Pomerius Augustinus ein begeistertes Lob spendet (III 31.6), Cassian aber nicht einmal nennt. – Meines Wissens ist Schalk (1975) der erste, der Cassian
und Pomerius zusammengesehen hat.

und des Schriftstudiums. Auch ist ein monastischer Grundeinschlag
unübersehbar, obschon es gerade Pomerius' Anliegen war, den tätigen
Priesterstand nicht vom kontemplativen Leben auszuschließen.

2. Von Anfang an läßt Pomerius keinen Zweifel darüber, daß seiner
Ansicht nach das eigentliche kontemplative Leben dem jenseitigen
Leben angehört. «Das kontemplative Leben, in dem das vernünftige
Geschöpf, gereinigt von jeder Sünde und in allem gesundet, dazu
bestimmt ist, seinen Schöpfer zu sehen, hat seinen Namen von
‹schauen›, und das heißt ‹sehen›. Wenn das zutrifft, dann ist das Leben,
in welchem Gott gesehen werden kann, das kontemplative Leben. Aber
im irdischen Dasein, angehäuft mit Elend und Irrtum, wie es nun einmal
ist – darüber besteht kein Zweifel –, kann Gott nicht gesehen werden,
wie er ist. Gesehen werden kann er im zukünftigen Leben, welches wir
aus diesem Grunde das kontemplative nennen. Und das mit Recht. Denn
wenn Gott zu schauen die höchste und beständige Seligkeit bedeutet,
wenn die höchste Seligkeit als Lohn der Seligen gilt und wenn solcher
Lohn denen nicht zuteil wird, die noch im Kampfe stehen, dagegen den
Siegern nach ihrem Triumph: wer vermag nicht zu begreifen, daß alle
Heiligen Gott im ewigen Leben schauen und in nie endender Freude
stehen?» (I 1.1). Erst mit dem 5. Kapitel, nach Erörterungen über das
Jüngste Gericht und die Auferstehung der Toten, wo die Gerechten von
den Ungerechten geschieden werden, wendet sich Pomerius dem Menschen im irdischen Stande und dessen Möglichkeiten des Aufstiegs zur
*sublimitas contemplationis* zu. Aber zunächst nur, um mit Berufung auf
Paulus (1 Kor. 13,9 f.) zu versichern, daß die Gottesschau auf dieser Erde
mit der himmlischen keinen Vergleich erlaube. Es ist der Leib, der die
Seele belastet. Dennoch sollte man deswegen nicht resignieren. «Denn
obgleich der verderbte Leib die Seele beschwert und die irdische Wohnstätte den viel beschäftigten Geist niederdrückt, sollte der menschliche
Geist, den sein Schöpfer zu seinem eigenen Abbild schuf, so weit wie
möglich sogar in diesem Leben darnach streben, Gott in geistiger Weise
im Glauben zu sehen (*intelligibiliter Deum videre per fidem*), damit er ihn
vollkommener sehen kann, wenn er durch seine Gnade zur Schauung
(*ad speciem*) seines Erschaffers gelangt» (I 6.2). Damit knüpft der Verfasser
wiederum an Paulus an: *Per fidem ambulamus, non per speciem* (2 Kor. 5,7).
«Der Glaube also ist es, in dem wir gehen, die Schau aber ist es, die
gesehen wird.» So sind wir aufgerufen, «im Glauben geistig zu wandeln», um zu der ewigen Schau zu gelangen. Was dies beinhaltet, besagt
das 8. Kapitel in schwungvollen Worten der Ermahnung: «Daher soll
derjenige, der das schauende Leben anstrebt, seinem Schöpfer sich
nähern, um im Herzen erleuchtet zu werden. Er soll im Schauen und in

unermüdlicher Ergötzung ihm immerdar dienen; unablässig soll er ihn
begehren und aus Liebe zu ihm alles meiden, was ihn von ihm entfernen könnte. All seine Gedanken und all sein Hoffen sollen auf Gottes
Freude ruhen. Er soll Zeit finden für heiligende Meditationen über die
Heiligen Schriften, er soll, von Gott erleuchtet, in dessen Freude sein. In
dieser Erleuchtung soll er seine ganze Existenz wie in einem glänzenden
Spiegel betrachten. Er soll verbessern, was er in Unordnung erblickt, und
dasjenige, was richtig ist, festhalten; er soll wieder herstellen, was entar-
tet ist, pflegen, was schön ist, erhalten, was ohne Makel ist, durch
umsichtiges Lesen erhärten, was schwächlich ist. Er soll nicht müde werden, die Vorschriften seines Herrn zu lesen, sie zu lieben und nicht ver-
zagen, sie tätig zu erfüllen. Wenn er aber ausreichend von ihnen belehrt
ist, wird er wissen, was er meiden und was er weiter anstreben sollte.»

Danach ist der Mensch, der das schauende Leben anstrebt, in unabläs-
siger geistiger Aktivität, zu der vor allem auch – echt cassianisch –
Lesung und Meditation der Hl. Schrift gehören. Andererseits fehlt jede
Erwähnung des Zustandes der *apátheia*,[6] die Cassian, wenn auch mit
Zurückhaltung, als unersetzbaren Status des Kontemplativen betrachtete.

Die Abgrenzung des aktiven vom kontemplativen Leben gehört zu
den wichtigsten Anliegen des Verfassers, es ist ja auch die zentrale Frage
des Auftraggebers. Im 12. Kapitel führt er aus: Es gehöre zum aktiven
Leben, mitten in den menschlichen Angelegenheiten zu stehen und den
widerspenstigen Leib mit der Vernunft zu bändigen, zum kontemplativen Leben, sich im Wunsch nach Vollkommenheit über jene menschlichen Angelegenheiten zu erheben und beständig die Tugenden zu mehren. «Das aktive Leben ist in Bewegung, das kontemplative ist die Höhe
(*fastigium*). Jenes macht den Menschen heilig, dieses vollkommen.[7] Dem
aktiven Leben kommt es zu, niemanden zu verletzen, dem kontemplativen, zugefügte Verletzung geduldig zu ertragen.» Weiterhin ist der
Mensch im aktiven Stand bereit, ihm zugefügte Verfehlungen zu verzeihen, der *contemplativus* beachtet sie nicht (I 12.1). Während diese Abgrenzung das kontemplative Leben *in via* ins Auge faßt, ist im anschließenden Abschnitt allem Anschein nach von der Beschauung *in patria* die
Rede: «Das aktive Leben hat einen lebhaften Verlauf, das kontemplative
bringt immerwährende Freude. In jenem erwirbt man sich ein König-
reich, in diesem empfängt man es. Jenes bewirkt, daß Männer ans Tor

---

[6] SCHALK, S. 76 f., hebt sie hervor; ich sehe dazu keine Begründung im Text. Es scheint,
daß SCHALK die für den Geistlichen temporär geforderte Freiheit von weltlicher Beschäftigung (I 13.1) als *apátheia* verstanden wissen will.
[7] Diesen Unterschied von «heilig» und «vollkommen» wird Gregor der Große aufhe-
ben (s. SCHALK, S. 72).

klopfen wie mit Händen guter Taten, dieses ruft diejenigen, die ihren Weg zurückgelegt haben, in die Heimat. In jenem wird die Welt verachtet, in diesem schaut man Gott.» Schließlich, «wenn im aktiven Leben der Sieg über die bösen Mächte errungen ist, wird der Kontemplative den heiligen Engeln gleich werden» (I 12.2).

Natürlicherweise rücken die beiden Lebensformen im irdischen Leben näher zusammen, als wenn das kontemplative Leben in der jenseitigen Welt aufgezeigt wird. Während dieses Gegenstand der Sehnsucht ist, hat dessen irdischer Anteil entscheidende Bedeutung für die spirituelle Praxis. Es geht nämlich Pomerius im Sinne seines Auftrags vor allem darum, im Rahmen seines kleinen Compendiums von spirituellen Lebensregeln den Geistlichen in Ämtern und Pflichten die Möglichkeit eines beschaulichen Lebens einzuräumen. Im 13. Kapitel erklärt der Verfasser, nach allem, was er bisher über das aktive und kontemplative Leben ausgeführt habe, sei nicht daran zu zweifeln, daß Kirchenmänner in hohen Ämtern (*ecclesiarum principes*[8]) – und deswegen notwendigerweise aktiv – «am kontemplativen Leben teilhaben können und sollen». Die Gründe aber sind die folgenden: «Ob nun das kontemplative Leben, wie einige meinen, nichts anderes sei als die Kenntnis der zukünftigen und verborgenen Dinge (d. i. der Prophetie), oder ob es Freiheit von allen weltlichen Beschäftigungen ist oder das Studium der Hl. Schrift oder, was als vollkommener als dies alles betrachtet wird, die Schau Gottes selbst: ich sehe keinen Hinderungsgrund, heilige Priester von diesen vier Dingen auszuschließen» (I 13.1). Das heißt soviel, daß die in der Kirche mit Predigt und Seelsorge beauftragten Priester das Recht und die Pflicht haben, wann immer tunlich, von ihren Amtsgeschäften Abstand zu nehmen, um sich in kontemplativer Ruhe zu sammeln. Ähnliches wird Gregor der Große für die aktiven Kirchenmänner, deren Haupt er war, postulieren. Fast ist man geneigt zu fragen: Stand ein aktiver Kleriker, um im Jargon von heute zu sprechen, unter Streß? Und erwuchs von da der Wunsch, am kontemplativen Leben der Mönche teilzuhaben? Bezeugt ist die Sehnsucht des großen Papstes nach der Stille des Klosters, die er einmal genossen hatte, denn er hat dieser Sehnsucht wiederholt lebhaften Ausdruck verliehen. Es könnte sein, daß Pomerius' Auftraggeber sich mit anderen Kirchenmännern in einer ähnlichen Notlage befand und als Folge einer theoretischen Klärung, wie sie Pomerius vornahm, praktische Maßnahmen erhoffte.

Die zitierte Stelle verrät auch, daß es Pomerius wohl nicht darauf ankam, eine scharf umrissene und in sich folgerichtige Lehre von der

---

[8] Siehe dazu PLUMPE, S. 229 ff.

Kontemplation zu entwickeln. Er resümiert zustimmend vier verschiedene Auffassungen, und als letzte die Kontemplation «als die Schau Gottes selbst», die er sonst dem jenseitigen Leben vorbehält, die hier aber auf das Leben in der Welt bezogen sein muß. Solche Unstimmigkeiten erlauben es doch wohl, dem Verfasser persönliche Erfahrungen im kontemplativen Bereich des geistigen · Lebens abzusprechen. Er entnahm seine Vorstellungen und Formulierungen vom kontemplativen Leben der Tradition, Augustinus und Cassian, schuf allerdings insofern etwas Neues, als er den eschatologischen Ansatz Augustins, die selige Gottesschau im ewigen Leben, mit der *virtus contemplativa* (I 5; 25.1) des monastischen Daseins im Sinne Cassians[9] verband. Er verengte aber auch die Doktrin seiner Vorbilder. Weder von der augustinischen *visio* noch vom cassianischen *raptus excessus* ist die Rede, jeder Hinweis auf pneumatische Praktiken fehlt. Das ist nur konsequent für eine Spiritualität, die letzten Endes auf die tätige Priesterschaft ausgerichtet ist.

Für die Geschichte der abendländischen Mystik hat Pomerius kaum einen Stellenwert. Er ist indes ein Lehrer des geistlichen Lebens, der auch das beschauliche Leben einbezieht.

---

[9] Über die *theorica virtus* bei Cassian s. SCHALK, S. 73 ff.

### Fünftes Kapitel

# Gregor der Große

*per gratiam Spiritus Sancti*
*scientiae lumine praeditus*
Isidor von Sevilla, ‹De viris illustribus› 40

Augustinus starb, als nordische Barbaren, die Wandalen, seine Bischofs-
stadt Hippo bestürmten. Gregor der Große, vier Generationen später,
lebte sein ganzes Leben (540–604) in einer immer noch von germanischen Völkern erschütterten und gegeißelten Welt. Es waren, nach einem
zwanzigjährigen Gotenkrieg, der Hunderttausende von Opfern forderte
und nicht zu Unrecht mit dem Dreißigjährigen Krieg in Deutschland
verglichen wurde, die Langobarden, die 568 in die Lombardei einbra-
chen, dort ihr Königtum, später die Herzogtümer Spoleto und Benevent
errichteten und so Rom in beständiger Bedrohung umklammerten.
Zweimal wird die Papststadt, freilich erfolglos, belagert: 579 und 593,
das zweite Mal während Gregors Pontifikat. Als Arianer waren die Langobarden nicht nur Kriegsgegner des in Italien schwach gewordenen
Byzanz, sondern auch der römisch-katholischen Kirche, die außerhalb
der befestigten Großstädte, die zu erobern es den Langobarden an Bela-
gerungstechnik gebrach, schweren Verfolgungen ausgesetzt war. Das
Elend des Krieges vermehrte die Pestseuche, die in Rom schon in den
Tagen von Gregors Kindheit wütete, und nochmals, als er zum Papst
gewählt wurde (590) – seine erste Amtshandlung war denn auch eine
große Bittprozession, ein Sternmarsch, würden wir heute sagen, von den
Kirchen der sieben Stadtbezirke zur zentral gelegenen Santa Maria Mag-
giore. Außerdem plagten die Stadt Hungersnot durch katastrophale
Überschwemmungen und Vernichtung der kirchlichen Getreidevorräte,
Verarmung, Sittenverfall.[1] Gregor sieht die Kirche als «altes und mor-
sches Schiff», von den Fluten überschwemmt, vom Sturm erschüttert.[2]
Er ist überzeugt – in auffallendem Gegensatz zu Augustinus –, daß das
«Greisenalter» angebrochen ist und «das Ende der Welt nahe bevor-
steht».[3]

---

[1] Über die trostlosen Verhältnisse in Italien und Rom in der 2. Hälfte des 6. Jahrhunderts s. CASPAR, Geschichte des Papsttums II, cap. IV.
[2] Reg. Ep. I 4 (I, S. 5, 4 ff.).
[3] In einem Brief an den englischen König Etelred (Reg. Ep. XI 37 (II, S. 309). Zum
Kontext des Briefes s. Raoul MANSELLI, L'escatologismo di Gregorio Magno, in: Atti del

Gregors Zeitpessimismus hat ihn als Papst ebensowenig wie sein qualvolles körperliches Leiden an tatkräftigem kirchenpolitischen Handeln gehindert. In der geschichtlichen Perspektive ist es vielmehr so, daß Gregor die Römische Kirche organisatorisch und moralisch zu konsolidieren wußte und auf einen Stand erhob, der es ihr in nicht allzuferner Zeit erlaubte, die neuen Königreiche des Westens organisatorisch zu festigen und geistlich zu lenken.

### Bibliographische Hinweise

*Ausgaben:* PL 175–179 (auf Grund der Mauriner-Ausgabe Paris 1705). — S. Gregorii Magni Moralia in Iob, cura et studio Marci ADRIAEN, CC 143, 143 a, 143 b, Turnhout 1979 [Mor.]. — S. Gregorii Magni Homiliae in Hiezechihelem prophetam, cura et studio Marcus ADRIAEN (CC 142), Turnhout 1971 [HEz.]. — SC 32 bis, 212, 221: Grégoire le Grand, Morales sur Job [lat. Text und franz. Übersetzung]. Livres I, II: Introduction et notes de Dom Robert GILLET, trad. de André DE GAUDEMARIS, Paris ²1975; livres XI–XIV par Aristide BOCOGNANO, Paris 1974; livres XV, XVI par A. BOCOGNANO, Paris 1975. — Gregorii I Papae Registrum Epistolarum, tom. I (libri I–VII), edd. Paul EWALD/Ludwig M. HARTMANN; tom. II (libri VIII–XIV) ed. L. M. HARTMANN (MGH, Ep.), Berlin 1957 [Reg. Ep.].

*Übersetzungen:* Für Mor. und HEz. gibt es keine deutschen Übersetzungen, nur für die ‹Pastoralregel› und die ‹Dialoge› in der Bibl. d. Kirchenväter, Reihe II, Bd. III/IV von Joseph FUNK, München 1933. — Französische Übersetzungen der Mor. in SC 32 bis, 212, 221 (s. unter ‹Schriften›) und René WASSELYNK, Commentaire moral du livre de Job. Textes traduits et choisis (Écrits des Saints), Namur 1964. — Italienische Übersetzung der Mor. von B. BORGHINI, 2 Bde., Rom 1965 [Auswahl].

*Forschungsliteratur:* A. MÉNAGER, La contemplation d'après Saint Grégoire le Grand, La Vie Spirituelle 5/9 (1923), S. 242–282. — Erich CASPAR, Geschichte des Papsttums von den Anfängen bis zur Höhe der Weltherrschaft, Tübingen 1933, S. 306–514. — Franz LIEBLANG, Grundfragen der mystischen Theologie nach Gregors des Großen Moralia und Ezechielhomilien, Freiburg i. Br. 1934 (Freiburger Theol. Stud. 37). — A. MÉNAGER, Les divers sens du mot ‹contemplation› chez Saint Grégoire le Grand, La Vie Spirituelle 21/59 (1939), S. 145–169; 21/60 (1939) Suppl. [39]–[56]. — Franz WESTHOFF M. S. C., Die Lehre Gregors des Großen über die Gaben des Hl. Geistes (Pontificia Universitas Gregoriana), Hiltrup 1940. — Jacques DE BLIC S. J., Pour l'histoire de la théologie des dons avant Saint Thomas, RAM 22 (1946), S. 117–179. — Gerard G. CARLUCCIO O. S. B., The Seven Steps to Spiritual Perfection according to Saint Gregory the Great (Universitatis Catholicae Ottaviensis Dissertationes, Ser. theol. 3), Ottawa 1949. — Michael FRICKEL O. S. B., Deus totus ubique simul. Untersuchungen zur allgemeinen Gottesgegenwart im Rahmen der Gotteslehre Gregors des Großen (Freiburger Theol. Stud. 69), Freiburg i. Br. 1956. — Jean LECLERCQ, Wissenschaft und Gottverlangen, Düsseldorf 1963 (L'amour des lettres et le désir de Dieu, Paris 1957), S. 34–45. — Ders., La doctrine de Saint Gré-

1° congresso internazionale di studi longobardi (Centro italiano di studi sull'alto medioevo), Spoleto 1952, S. 383–387, und DAGENS, S. 361–367.

goire, in: Louis Bouyer u. a. (Hg.), Histoire de la Spiritualité Chrétienne II, Paris 1961, S. 11–44. — Pierre Courcelle, ‹Habitare secum› selon Perse et selon Grégoire le Grand, Revue des études anciennes 69 (1967), S. 266–279. — DAM VI (1967), S. 872–910, Grégoire le Grand (Robert Gillet). — Claude Dagens, Saint Grégoire le Grand. Culture et expérience chrétiennes, Paris 1977 [grundlegend]. — TRE XIV, S. 135–145 (R. Aug. Markus).

## 1. Einführendes

Gregor steht, was nie verkannt worden ist, kirchenpolitisch, aber auch als theologischer Schriftsteller, auf der Schwelle zum Mittelalter. Er hat das Christentum, das für Augustinus noch in vielen Fragen offenstand und ein unerschöpflicher, ja überfließender Hort spiritueller Werte war, durch Abgrenzung und Ausscheidung zwar enger, aber so auch unanfechtbarer und damit in seinen geistigen Waffen stärker und vermittelbarer gemacht. Vermittelt hat er die dogmatischen und spirituellen Erträgnisse der Väterzeit, geformt von seiner reichen Persönlichkeit, aber auch zugeschnitten auf die pädagogischen Erfordernisse der Kirche und noch mehr des heilsbedürftigen Menschen. Dieses gregorianische Erbgut konnte ungleich manchen Väterlehren niemanden beunruhigen oder gar verunsichern, und so wurde Gregor zur unerschütterlichen Autorität im ganzen Mittelalter. Man ging nie fehl, wenn man sich seiner Führung anvertraute.

Dieser Vermittlungsprozeß vollzog sich nicht ohne Verlust antiker Bildung. In seiner Ausbildungszeit wurde Gregor schon nicht mehr zu griechischen und römischen Klassikern hingeführt, genoß neben Grammatik und Rhetorikunterricht vor allem eine auf die staatliche und praktische Verwaltung ausgerichtete juristische Ausbildung. Er selbst beklagte diesen Verlust hellenistischer Kultur keineswegs, fand vielmehr das Lob Jupiters neben dem Lobe Christi im selben Munde unerträglich, verhielt sich ablehnend gegenüber griechischer Bildung, ja sogar gegenüber der griechischen Sprache.[4] Trotzdem ist es unzutreffend, Gregor als bildungsfeindlich zu charakterisieren.[5]

[4] Zu Gregors Bildung Caspar, S. 346 ff. Die wichtigsten Zeugnisse finden sich im Brief an Leander, Bischof von Sevilla, CC 143, S. 7, 210–222, und an Didier (Desiderius), Bischof von Vienne, Reg. Ep. XI 34 (II, S. 303). Positiver spricht Gregor über die profanen Wissenschaften In librum primum Regum 5.84 (CC 144, S. 471 f). Zur Ablehnung der griechischen Sprache vgl. Walter Berschin, Griechisch-lateinisches Mittelalter, Bern-München 1980, S. 39.
[5] Gegen dieses verbreitete Klischee wandte sich vor allem Dagens in seiner herausragenden Gregor-Monographie. «Bref, Grégoire ne condamne pas la culture séculière, il oppose seulement ‹la sagesse du monde, qui comprend les études profanes, à celle de Dieu›» (S. 33); «il a tout ce qu'il faut pour faire figure d'aristocrate lettré» (S. 34). Zu diesem Urteil gelangt Dagens auf Grund der sorgfältigen Studien zur Bildung Gregors von

Was Gregors Verhältnis zum Griechischen betrifft, so glaube ich freilich nicht, daß sein vielzitiertes Wort ‹Quamvis graecae linguae nescius› wörtlich zu nehmen ist. Einer, der als päpstlicher Legat (579–585) in Byzanz tätig und dort wegen seiner angestammten und gesellschaftlichen Noblesse – Gregor stammte aus höchster römischer Aristokratie – beliebt und höchst angesehen war, konnte sicher nicht ohne Griechisch auskommen. Das nescius dürfte sich nicht auf die gesprochene, sondern die literarische Sprache beziehen, das Griechisch der philosophischen Klassiker, aber auch der großen alexandrinischen und kappadozischen Kirchenväter. Immerhin kannte Gregor die Engellehre des Dionysius Areopagita, weshalb es auch nicht abwegig ist, daran zu denken, daß die Dionysius-Handschrift, über die der Lateran seit dem 7. Jahrhundert – zuerst bezeugt im Jahre 649 – verfügte, von Gregor nach Rom gebracht wurde.[6]

Die Traditionsvermittlung, wie sie oben angesprochen wurde, gilt auch für Gregors Vollkommenheitslehre, die das einschließt, was wir ‹Mystik› nennen. Sie beruht in wesentlichen Gesichtspunkten und Themen auf Augustinus; wenn sich etwa bei Gregor in der Terminologie Reste platonisch-stoischer Tradition finden, so durch die Vermittlung des afrikanischen Kirchenfürsten. Ein Vergleich mit ihm ergibt, daß Gregor den schwungvollen Enthusiasmus Augustins vermissen läßt, umgrenzter und lehrhafter ist, letzteres nicht zuletzt durch den hohen Stellenwert der Sittenlehre, die bei Augustinus eine eher untergeordnete Rolle spielt. Ohne unmittelbaren Kontakt mit Neuplatonismus und Stoizismus wußte er sich auf das zu beschränken, was eine streng biblische Ausrichtung erlaubt. Das ist zumal die Gaben- und Kontemplationslehre. Weiterhin ist Gregor als spiritueller Lehrer Ambrosius und Hieronymus verpflichtet; zahlreiche Berührungspunkte gibt es auch mit Cassian, aber eher hebt sich Gregor charakteristisch von ihm ab, als daß er ihm folgt.[7]

So wenig wie bei Augustinus und Cassian sind bei Gregor systematische Ausführungen zu erwarten. Das liegt schon an der exegetischen Darstellungsform: zur Hauptsache entfaltet er seine Vollkommenheitslehre in den ‹Moralia in Iob› und den ‹Homiliae in Ezechielem›.[8] Das so

---

Pierre COURCELLES (S. 34, Anm. 14); vgl. ferner DAGENS, S. 38–40 über die sapientia huius mundi, S. 50–54 über die weltliche Bildung im Dienste der Bibelerklärung und zusammenfassend S. 436f; dazu ergänzend DAGENS, Grégoire le Grand et la culture: de la ‹sapientia huius mundi› à la ‹docta ignorantia›, Revue des Études Augustiniennes 14 (1968), S. 17–26.

[6] Siehe K 1, 4. a; dazu ergänzend DAGENS, S. 151f. mit Anm. 40.

[7] Siehe GILLET, Introduction, S. 89–102.

[8] Die ‹Expositio in Cantica Canticorum› kann hier beiseite gelassen werden. Es handelt sich nur um zwei Homilien über die Verse 1,1–8. – Die interessante Textgeschichte klärte D. B. CAPELLE, Les homélies de Saint Grégoire sur le Cantique, Revue Bénédictine 41 (1929), S. 204–217. Die Ausgabe in PL 79, Sp. 471–492 (493–548 ist nicht von Gregor, sondern der Kommentar des Benediktiners und Eremiten Robert von Tombelaine – de Tumbalenia – vom Ende des 11. Jahrhunderts) ist fehlerhaft; Neuausgabe CC 144, Turnhout 1963.

vorgegebene Punktuelle wird auch nicht, wenigstens teilweise, durch Betrachtungen zum Werkaufbau und Werkcharakter des behandelten Bibelbuchs aufgehoben. Man sieht sich so gezwungen, die einzelnen Bausteine verschiedenen Zusammenhängen zu entnehmen. Da Gregor indes über eine in sich geschlossene Doktrin und Spiritualität verfügt – auch dies machte ihn zum großen Vermittler –, entgeht man der Gefahr (die beim offenen und sich wandelnden System Augustins unvermeidbar ist), eine Synthese aufzubauen, die dem Autor selbst fremd gewesen ist.

Zu den Formen der Exegese gehört auch die Predigt, als Vermittlerin der Auslegung. Die Ezechiel-Exegese besteht aus Homilien, die ‹Moralia› sind aus Ansprachen hervorgegangen: Gregor trug sie einer Mönchsgemeinschaft vor, als er päpstlicher Apokrisiar in Byzanz war; die spätere Überarbeitung hat die homiletische Form nur äußerlich getilgt.

Zur Methode der Auslegung äußert sich Gregor im berühmten Brief an seinen Freund Leander, Bischof von Sevilla.[9] Seine Zuhörer in Byzanz hätten ihn im Hinblick auf die tiefen Geheimnisse (*mysteria tantae profunditatis*) des Buches Job gebeten, «nicht nur die allegorische Auslegung der Geschichte zu bieten, sondern sie zu deren sittlichen Anwendungen (*exercitium moralitatis*) hinzuführen»; dazu, was die Sache nochmals erschwere, sollte er «die Texte zu Zeugnissen aufbereiten und sie durch neue Auslegungen erhellen, wenn sie wenig klar erscheinen» (S. 2, 43–53). Öfter hätte er sich gezwungen gesehen, den historischen Schriftsinn hintanzustellen, um länger und breiter bei der mystischen und moralischen Auslegung (*contemplatio, moralitas*) zu verweilen (S. 3, 90–92). Auch eine spätere Stelle hält fest, daß er über gewisse historische Erklärungen rasch hinweggeglitten sei; bei anderen Stellen aber hätte er sorgfältiger jede der drei Sinndeutungen beachtet. «Denn zuerst tragen wir den grundlegenden historischen Sinn vor, hierauf errichten wir mit Hilfe des allegorischen Sinnes (*per significationem typicam*) in der Werkstatt (*fabrica*) der Seele eine Festung des Glaubens; schließlich bekleiden wir die Werkstatt mit Hilfe der sittlichen Gnade gewissermaßen mit einer Farbschicht» (S. 4, 106–115).[10]

[9] PL 76, Sp. 509–516; Reg. Ep. V 53a (I, S. 353–358); GILLET, SC 32 bis, S. 114–135 (mit franz. Übersetzung); CC 143, S. 1–7. Der Brief als Ganzes, in allen neueren Ausgaben den ‹Moralia› vorangestellt, ist das wertvollste Selbstzeugnis des Papstes. – Zur Exegese Gregors s. GILLET, Introduction, S. 10–13; DAGENS, S. 233–244.
[10] Auch sonst betont Gregor den Literalsinn als notwendigen Ausgangspunkt der Exegese, so Mor. I 37.57: *Hoc tamen magnopere petimus, ut, qui ad spiritalem intelligentiam mentem subleuat, a ueneratione historiae non recedat* (CC 143, S. 58, 19–21); ‹Expositio in Cant. Cant.› 2: *Dum recognoscimus exteriora uerba, peruenimus ad interiorem intelligentiam* (CC 144, S. 4, 21 f.).

Aus diesen Stellen ergibt sich: Die dreifache Auslegung nach dem historischen, allegorischen und moralischen Sinn ist zwar Prinzip, aber es drängt den Autor schnell über die historische Auslegung hinweg und hinaus zur allegorischen und moralischen Deutung. Der Text selbst bestätigt es. Buch I beobachtet noch eine sorgfältige und ausgeglichene Dreisinnebene. Die Kapitel 1–14 gelten dem historischen Sinn von Job 1,1–5; der entsprechende allegorische Sinn – Job ist Christus und dessen Kirche – beansprucht c. 15–33; der moralische Sinn – Job zeigt, wie der Glaube sich in den Werken manifestiert – entfaltet sich c. 34–56. Die saubere Aufgliederung in drei Sinnebenen ist bereits in Buch II gestört, von Buch IV an kaum mehr beachtet. Das ist freilich auch textbedingt, wie Gregor selbst hervorhebt, insofern viele Stellen eine historische Deutung nicht zulassen oder ins Dunkle führen (S. 5, 130–132; S. 4, 119f.).

Ähnlich ist die Auslegungspraxis in den Ezechielhomilien.[11] Der historische Sinn wird noch mehr zurückgedrängt, die *prophetiae mysteria* (I 1.19), die die Kontemplation mit einschließen, bestimmen den Gang der Auslegung.

## 2. Auf dem Wege zur Vollkommenheit:
## Die sieben Gaben des Heiligen Geistes

Als Thomas von Aquin seinen Traktat über die sieben Gaben des Hl. Geistes schrieb (S. th. I/II, q. 68), der zur Grundlage der kirchlichen Gabenlehre wurde, orientierte er sich in der Aufnahme der Väterlehre zur Hauptsache an Gregor dem Großen. Schon die erste Frage nach dem Unterschied von Gaben und (göttlichen) Tugenden setzt mit einem Zitat aus den ‹Moralia› ein (I 27.38). Es kann auch den folgenden Ausführungen zum Auftakt dienen.

«Ihm (Job) wurden sieben Söhne und drei Töchter geboren. Uns aber werden sieben Söhne geboren, wenn durch die Empfängnis eines guten Gedankens in uns die sieben ‹Tugenden› des Hl. Geistes aufbrechen. Es ist nämlich diese innere, vom Hl. Geist befruchtete Nachkommenschaft, die der Prophet aufzählt: ‹Auf ihm wird ruhen der Geist des Herrn, nämlich der Geist der Weisheit (*sapientia*) und des Verstandes (*intellectus*), der Geist des Rates (*consilium*) und der Stärke (*fortitudo*), der Geist des Wissens (*scientia*) und der Zuneigung (*pietas*[12]), und erfüllen wird ihn der

---

[11] Sie erstrecken sich nicht über das ganze prophetische Buch. Hom. 1–12 behandeln c. 1–4,8 (Buch I), Hom. 13–22 c. 40 (Buch II).

[12] Die Verdeutschung von *pietas* ist schwierig, das hier häufig verwendete Fremdwort ‹Pietät› (so regelmäßig bei LIEBLANG und WESTHOFF) schon gar nicht zu gebrauchen.

*Fresko aus St. Benedikt in Mals (Vintschgau), um 800, mit Gregor dem Großen, von dem dreieinigen Gott (drei Tauben) inspiriert.*

Geist der Gottesfurcht (*domini timor*)» (Jes. 11,2 f.). Wenn so in jedem
von uns durch die Ankunft des Hl. Geistes Weisheit, Verstand, Rat,
Stärke, Wissen, Zuneigung und Gottesfurcht geboren werden, wird
gleichsam eine dauernde Nachkommenschaft in unserm Geiste
gepflanzt, die unsere Zugehörigkeit zum höchsten (geistigen) Adel umso länger am Leben bewahrt, als sie sich mit der Liebe zu den ewigen
Gütern verbindet. Es haben aber ohne Zweifel in uns die sieben Söhne
ihre drei Schwestern bei sich, weil sie alles, was diese ‹Sinne› der Gaben
(*virtutes*) Kraftvolles bewirken, mit der Hoffnung, dem Glauben und der
Liebe verbinden. Auch gelangen die sieben Söhne niemals zur Vollkommenheit der Zehnzahl, wenn nicht alles, was sie hervorbringen im Glauben, in der Hoffnung und in der Liebe geschieht» (CC 143, S. 45, 1–17).

Dieser Abschnitt ist über die theologische Aussage hinaus, die uns in
erster Linie zu beschäftigen hat, ein gutes Beispiel für Gregors allegorisches «Setzen», das was frühere Forschergenerationen «Symbolismus»
nannten, und dies zumeist mit Mißbilligung, ja mit Abscheu. Allegorese ist in Gregors Zeiten bereits seit Jahrhunderten, das heißt seit Origenes, eine Selbstverständlichkeit, aber der große Papst macht sie, der im
bisherigen Gebrauch noch viel Unverbindliches anhaftete, zu einem
unverdächtigen Instrumentarium der Auslegung. Es ist seine Autorität, die die Allegorese im ganzen Mittelalter, nicht zuletzt in der mystischen Predigt,[13] zu einem der wichtigsten hermeneutischen Mittel
machte.

Im geistigen, allegorischen Sinn «bedeuten» also die sieben Söhne
und drei Töchter Jobs die sieben Gaben und die drei göttlichen Tugenden nach 1 Kor. 13,13. Die Gaben beruhen auf Jes. 11,2 f., formuliert als
sieben Wirkkräfte von Gottes Geist. Was Gaben und göttliche Tugenden
zusammenschließt, ist wiederum Allegorese: das verwandtschaftliche
Band zwischen Söhnen und Töchtern. Von welcher Art die Verbindung
ist, bleibt hier noch offen.

Wie bei allen Vätern der christlichen Frühzeit, ja in der vorscholasti-
schen Zeit schlechthin, ist die Terminologie bei Gregor nicht sehr fest –
ohne deswegen schon unklar zu sein. Für das, was wir Gaben nennen,
gebraucht Gregor ‹Tugenden› (*virtutes*). So nennt er aber auch, mit uns,

---

‹Menschenliebe› ist zu sehr Gesinnungsbegriff. Das deutsche Mittelalter gebrauchte
zumeist *miltekeit* und *senftmuotekeit*. Als Habitus scheint mir ‹Zuneigung› noch am pas-
sendsten. Was die Sache selbst betrifft, so hat Bonaventura die zutreffendste Definition
gefunden: *pietas vero attendit in proximo imaginem divinam* (In III Sent., dist. 35, a.1, q. 6 c).
    [13] Vgl. etwa die Predigt Taulers, VETTER Nr. 37 (*Que mulier habens dragmas decem*): *Dise
fröwe das ist die gotheit. Die lucerna das ist die vergottete menscheit. Der phenning das ist die sele*
(S. 142, 27 ff.).

die göttlichen wie die Kardinaltugenden. Tugenden sind tätige Kräfte unserer Seele (*virtutes in operatione*) schlechthin. Nur wenn Gregor betonen will, daß es sich um Gnadengeschenke handelt, gebraucht er den Begriff ‹Gabe› (*donum*).[14]

Wie die sieben Gaben miteinander verbunden sind, besser: wie sie zusammenwirken, denn sie «sind» nur *in operatione,* stellt Gregor in HEz. II 7.7. ausführlich dar. «‹Sieben Stufen führten zu seinem [des Tempels] Eingang und davor (war noch) ein Vorraum› (Ez. 40,22). Sieben Stufen aufwärts steigt man zur Pforte, denn durch die siebenfache Gnade des Hl. Geistes wird uns der Zugang zum himmlischen Leben erschlossen. Indem Jesaias (11,2 f.) diese unserm Haupte (Christus) oder seinem Leibe, den wir darstellen, zuordnet, spricht er: ‹Auf ihm wird ruhen der Geist der Weisheit und des Verstandes, der Geist des Rates und der Stärke, der Geist des Wissens und der Zuneigung, und erfüllen wird ihn der Geist der Gottesfurcht›. Diese Stufen zählt er, da er von himmlischen Dingen spricht, in absteigender, nicht in aufsteigender Folge, das heißt: Weisheit, Verstand, Rat, Stärke, Wissen, Zuneigung, Furcht. Und da die Schrift sagt: ‹Der Anfang der Weisheit ist die Gottesfurcht› (Ps. 110,10 u. ö.), ist ohne Zweifel einsichtig, daß man von der Furcht zur Weisheit aufsteigt und nicht von der Weisheit zur Furcht zurückkehrt, weil nämlich die Weisheit die vollkommene Liebe besitzt. Geschrieben aber steht: ‹Die vollkommene Liebe treibt die Furcht hinweg› (1 Joh. 4,18). Weil der Prophet also vom Himmlischen spricht und zu niedrigeren Dingen übergeht, beginnt er mit der Weisheit und steigt zur Furcht hinab. Wir aber, die wir vom Irdischen zum Himmlischen streben, müssen diese Stufen aufsteigend nennen, damit wir von der Furcht zur Weisheit gelangen können. In unserm Geiste ist die erste Stufe des Aufstiegs die Gottesfurcht, die zweite die Zuneigung, die dritte das Wissen, die vierte die Stärke, die fünfte der Rat, die sechste der Verstand, die siebente die Weisheit. In unserm Geist also ist (zuerst) die Gottesfurcht. Aber was bedeutet diese, wenn mit ihr nicht die Zuneigung verbunden ist? Wer nämlich sich des Nächsten nicht zu erbarmen vermag, wer das Mitleid mit seiner Bedrängnis nur vortäuscht und sich nicht zur Nächstenliebe erhebt, dessen Furcht ist vor den Augen des allmächtigen Gottes nichtig. Doch die Zuneigung (selbst) pflegt häufig durch ungeordnete Barmherzigkeit zu irren, wenn sie vielleicht schont, was nicht geschont werden dürfte. Denn die Sünden, die das höllische Feuer verdienen, sind einzig mit der Geißel der Zucht zu tilgen. Wenn aber eine ungeordnete Zuneigung auf Erden Schonung übt, führt sie ja zu ewigem Verderben! Damit

---

[14] Dazu Belege bei WESTHOFF, S. XI f.; s. auch CARLUCCIO, S. 11–19.

also Zuneigung eine wahre und geordnete sei, muß sie zu einer neuen Stufe emporgehoben werden, nämlich zum Wissen, damit sie weiß, was aus Zuneigung zu strafen und was aus Zuneigung zu vergeben ist. Was aber geschähe, wenn einer wohl wüßte, was zu tun wäre, es ihm aber an der Kraft zum Handeln gebräche? Unser Wissen muß also zur Stärke emporwachsen, damit diese, wenn sie sieht, was zu tun nötig ist, dies auch dank der Festigkeit des Geistes zu leisten vermag und sie nicht in Furcht erzittert und, von Angst gelähmt, das Gute, das sie erkennt, verfehlt. Doch oft ist die Stärke ohne Vorsicht und zu wenig argwöhnisch gegenüber den Lastern und kommt so in eigener Vermessenheit zu Fall. So muß sie denn zum Rate aufsteigen, um in der Vorausschau alles abzusichern, was sie in ihrer Kraft tun kann. Aber gäbe es nicht auch keinen Rat, wenn der Verstand fehlte, weil einer, der das Böse, das den Wirkenden hindert, nicht erkennt, auch das Gute, das ihm hilft, nicht festigen kann? Deshalb steigen wir vom Rate auf zum Verstand. Was jedoch vermag der Verstand, der mit großem Scharfsinn wacht, aber sich nicht durch Reife zu mäßigen weiß? So steige man vom Verstand zur Weisheit, damit das, was der Verstand scharfsinnig erfaßt, die Weisheit überlegen (*mature*) zur Ordnung füge ... So steigen wir die sieben Stufen zur Pforte hinan, durch die uns der Zugang zum geistigen Leben geöffnet wird» (CC 142, S. 320, 197–322, 250).

Bei der allegoretischen Anknüpfung an sieben Tempelstufen stellt sich als erstes das Problem der Reihung der Gaben. Der Mensch, der zum Tempel schreitet, geht hinan, also von der Gottesfurcht zur Weisheit. Bei Jesaia indes stehen die Gaben in der absteigenden Folge. Gregor erklärt dies mit dem Hinweis, daß der Prophet aus der Perspektive der «himmlischen Dinge» (*caelestia*) spricht, d. h. die Gaben in absteigender Ordnung erblickt, während wir, die wir vom Irdischen zum Himmlischen streben, die aufsteigenden Stufen betreten müssen, und so hat sie auch der Exeget zu beschreiben.[15]

Abgesehen von der allegoretischen Anknüpfung an den Tempelzugang nach Ez. 40 liegt hier ein eindrucksvolles Beispiel von Gregors moralischer Exegese vor. Die Verknüpfung der Gaben untereinander ist kein struktureller, sondern, weil die Gaben erst *in operatione* «sind», ein moralischer Vollzug. Eine Gabe bedarf der nächstfolgenden, um als solche zu wirken. Wie ein Räderwerk greift eine in die andere und erfüllt so ihre Aufgabe. Alles zusammengenommen manifestieren sich die sitt-

---

[15] Die Reihung der Gaben, verbunden mit dem Rang, wird auch später viel diskutiert werden; s. etwa Thomas von Aquin, S. th. I/II, q. 68, a. 7. Dazu Odon Lottin O. S. B., La classification des dons du S. Esprit au 12ᵉ et 13ᵉ siècle, RAM 11 (1930), S. 269–285.

lichen Kräfte in einer fortschreitenden Integration: Ist *timor* auf den Herrn gerichtet, so die *pietas* auf den Nächsten; sie umfaßt das Erbarmen mit dem Mitmenschen und dessen Bedrängnissen (*misereri proximo*). *Scientia* ist unbestechliche Urteilskraft, sie weiß, was strafwürdig und was zu verzeihen ist: in dieser Hinsicht hilft sie der *pietas,* die immer Schonung zu üben bereit ist. *Fortitudo* ist die Kraft zum Handeln, die der *scientia* gebricht, bedarf aber ihrerseits des *consilium,* um mit Bedacht zu handeln. Für ihn wird der *intellectus* tätig, der mit Scharfsinn das Böse erkennt und das Gute festigt. Die *sapientia* aber ist es, die das scharfsinnig Erkannte überlegen zu ordnen versteht. Ordnen ist ein Zentralbegriff und kommt nicht nur der Weisheit zu, ist es doch gerade die eigentliche Aufgabe aller Gaben, sich zum Miteinander zu ordnen. Doch ist Ordnung der Weisheit als oberster Gabe im besonderen Maße eigen, hat sie doch das ganze Leben des Geistes zu regulieren.[16]

Daß die fortschreitende Integration ein aufsteigender Weg ist, zeigt der allegoretische Ausgangspunkt an: «Sieben Stufen *aufwärts* steigt man zur Pforte»; daß es der Weg zur Vollkommenheit ist, besagt schon die Siebenzahl, die *summa perfectionis* bedeutet (Mor. I 14.18). Es ist indes kein außerordentlicher Weg. Die Gaben sind keine Charismen, sondern gehören – als *habitus,* wie man in der Scholastik sagen wird – zur schöpfungsmäßigen Grundausstattung, die freilich erst im gerechtfertigten Menschen ihre Aktivität zu entfalten vermögen.

Den Zusammenhang von Gaben und theologischen Tugenden erläutert Gregor Mor. I 33.46, in der Exegese des Festmahls der Söhne und Töchter Jobs: «‹Und sie (die Söhne) ließen die drei Schwestern herbeirufen, daß sie mit ihnen essen und trinken sollten› (1,4). Wenn unsere Gaben (*virtutes*) in all ihren Tätigkeiten Hoffnung, Glaube und Liebe einladen, so entspricht dies den tätigen Söhnen, die ihre Schwestern zum Mahle aufbieten, damit Glaube, Hoffnung und Liebe sich im guten

---

[16] Ähnlich, in umgekehrter Reihung, Mor. I 32.44 u. 45 (CC 143, S. 48 f., 1–45). – Für die Ansicht Carluccios, der die ersten fünf Gaben dem moralischen Leben zuordnet – er spricht sogar von «moral gifts» (S. 185, 190 u. ö.) –, sehe ich keinen Anhalt in den einschlägigen Texten. Diese Trennung führt dazu, die Lebensstände der Gabenlehre zuzuordnen, was besonders im 14. Kap. (S. 189–202) evident wird. Ich übersehe nicht, daß anderswo eine solche Zuordnung erfolgt ist, so bei Eadmer (s. Lottin [Anm. 15], S. 274 f.), aber es ist nicht die Lehre Gregors. Ebensowenig ist Carluccios Ansicht zu akzeptieren, es sei die Aufgabe des Verstandes, die Seele für die Erkenntnis übernatürlicher Wahrheiten fähig zu machen, während der Weisheit (nur) verbleibt, in einer Art Wächterfunktion (S. 196) diese Wahrheiten zu beurteilen und weise zu ordnen (S. 183 f.). Der Verfasser beruft sich auf Mor. I 44–45, Stellen, die im Kontext etwas ganz anderes besagen. Eher berechtigt ist die Sonderstellung der Weisheit; s. HEz. I 4.11.

Werk erfreuen, das eine jede Gabe (als Speise) anbietet. Die (göttlichen) Tugenden erhalten dadurch wie durch Speise Kräfte, wenn sie durch die guten Werke (der Gaben) im Glauben stärker werden. Wenn sie aber nach dieser Speise auch noch verlangen, daß ihnen der Tau der Kontemplation (*contemplationis ros*) eingegossen werde, so werden sie wie aus einem Becher trunken» (S. 49f., 1–8).

So führen die Gaben im Verein mit den göttlichen Tugenden zur Kontemplation. Wenn ich richtig sehe, ist Gregor der erste, der diesen Zusammenhang darstellt.

Das Zusammenwirken von Gaben und göttlichen Tugenden stellt auch die Frage nach den Kardinaltugenden (*prudentia, temperantia, fortitudo, iustitia*). Gregor ordnet sie insofern den Gaben und göttlichen Tugenden zu, als sie im Festsaal, in dem die Söhne und Töchter Jobs versammelt sind, die vier Eckpfeiler bedeuten (Mor. II 49.77). Sie werden (als erworbene Tugenden) von den Gaben unterstützt, indem diese sich gegen ihre «Versuchungen» (*tentamenta*) wenden. Für das kontemplative Leben sind sie ohne Belang.

Die eigentliche Geschichte der Sieben Gaben als geschlossenes Lehrstück beginnt erst mit Augustinus.[17] Zwar kommen die älteren griechischen und lateinischen Väter immer wieder auf die von Jesaia aufgezählten Gaben des Geistes zu sprechen, etwa im Rahmen der *gratia sanans* der Heilsgeschichte – die auch bei Gregor eine Rolle spielt –, aber Ansätze zur Systematisierung sind so wenig zu erkennen wie ein Consensus in wichtigen Fragen. Was Augustinus betrifft,[18] so liegt sein Hauptinteresse auf der Siebenzahl. Er verknüpft die sieben Gaben mit den Seligkeiten der Bergpredigt (Mt. 5,3–11), die er – und die Tradition wird ihm darin folgen – auf sieben reduziert. Das Zusammenspiel zwischen Gaben und Seligkeiten vollzieht sich dergestalt, daß wir uns mit Hilfe der Gaben stufenweise zu den Seligkeiten als Vollkommenheitsverheißungen erheben.[19] Ein engerer Zusammenhang mit seiner Visions- und Kontemplationslehre besteht nicht;[20] der Stellenwert im Gesamt des augustinischen Denkens scheint mir nicht bedeutend zu sein.

---

[17] Zur patristischen Gabenlehre s. Albert MITTERER, Die sieben Gaben des Hl. Geistes nach der Väterlehre, Zs. f. kath. Theol. 49 (1925), S. 529–566; DE BLIC, S. 117–179; DAM III (1967), Sp. 1579–1587 (Gustave BARDY); s. noch Karl BOECKL, Die sieben Gaben des Heiligen Geistes in ihrer Bedeutung für die Mystik nach der Theologie des 13. und 14. Jahrhunderts, Freiburg i. Br. 1931, S. 5–22 [Augustinus und Gregor].

[18] Die wichtigsten Äußerungen finden sich: De doctrina christiana II 7; De sermone Domini in monte I 2.4; Sermo 248 de temp. n. 5; Sermo 347 de div. 2.3. Einige dieser Texte sind im Zusammenhang zitiert von DE BLIC, S. 121–124.

[19] DE BLIC, S. 124–127, hat diese Theorie aus biblischer Sicht einer scharfen Kritik unterzogen.

[20] DE BLIC (S. 167) sieht ihn in einem Satz in ‹De sermone Domini in monte› I 3.10 (*Postremo est septima ipsa sapientia, id est contemplatio Veritatis, pacificans totum hominem*) und ‹De trinitate› XII 14.21–25. Ich halte die erste Stelle für allzu beiläufig, um sie zur Theoriebildung in Anspruch zu nehmen; in den ‹De trinitate›-Ausführungen ist die *sapientia* nicht als Gabe des Hl. Geistes verstanden.

## 3. Vita activa und Vita contemplativa

Es ist eine anerkannte Einsicht der neueren Forschung, daß die Lehre von den beiden Lebensformen, einer aktiven und einer kontemplativen (βίος πρακτικός und βίος δεωρητικός), auf antik-paganen Traditionen beruht. Platon und Aristoteles und nach ihnen die Stoiker haben sie ausgebildet, Clemens von Alexandrien und Origenes übernahmen sie und verbanden sie mit dem Martha-Maria-Modell (Luk. 10,38–42), dem später Lea-Rachel, die Ehefrauen Jakobs, und das Apostelpaar Petrus-Johannes beigefügt wurden.[21] Der exegetische Ansatz in der Hl. Schrift ließ indes nicht übersehen, daß ein christliches Reis auf einen antiken Stamm gepfropft wurde. Die Übernahme und der weitere Ausbau der Lebensformen-Lehre durch das Mönchstum im Rahmen einer Stufenlehre – es sei an Evagrios und Cassian erinnert – verschob das Schwergewicht gänzlich auf die Vita contemplativa: das tätige Leben in Nächstenliebe und christlicher Dienstbarkeit wurde zur bloßen Vorschule des kontemplativen Daseins im Gebet. Eine solche Unterscheidung ist einigermaßen unvereinbar mit dem Evangelium, der Lebensform Christi.

In diese Spannung von evangelischer Existenz in der Nachfolge Christi und Lebensformen biblischer Beispielfiguren ist die Ausformung des Modells durch Gregor, aber auch noch durch Thomas von Aquin und Meister Eckhart auf der Höhe scholastischer Theologie, hineingestellt.

Gregors Lehre vom tätigen und beschaulichen Leben hat eine persönliche Wurzel. Er lebte beide, das beschauliche als Mönch im selbstgestifteten Kloster auf den Familiengütern des Coelius, das tätige als Haupt der katholischen Christenheit. Mönchsleben bedeutete damals kontemplatives Leben in Gebet und Betrachtung, Bibelstudium und Stille; in den wirren Zeitläuften, in denen Gregor lebte, mußte es als besonders hohes Gut erscheinen. Der Papst, so tatkräftig und unermüdlich er sich als Prediger, in sozialen Werken und in der Förderung seiner Kirche erwies, hat sich allezeit nach dem verlorenen Leben der Beschauung

---

[21] Zur Entwicklung des Modells s. Thomas CAMELOT O.P., Action et contemplation dans la tradition chrétienne, La vie spirituelle 78 (1948), S. 273–301; Urs VON BALTHASAR, Kommentar zu Thomas von Aquin, S. th. II/II, q. 182 (Die deutsche Thomas-Ausgabe, Bd. 23), Heidelberg-München-Graz-Wien 1954, S. 453–464; Apronian D. CSÁNYI, Optima pars. Die Auslegungsgeschichte von Lukas 10,38–42 bei den Kirchenvätern der ersten vier Jahrhunderte, in: Studia monastica 2, Montserrat 1960, S. 5–78; MIETH, Vita act./cont., Erster Teil: Die Vorgeschichte des Modells; eine kurze Zusammenfassung S. 311–317; Alois M. HAAS, Die Beurteilung der Vita contemplativa und activa in der Dominikanermystik des 14. Jahrhunderts, in: Brian VICKERS (Hg.), Arbeit. Muße. Meditation, Zürich 1985, S. 109–131.

zurückgesehnt. «Verloren habe ich nämlich die tiefen Freuden meiner Ruhe, und der ich im äußeren Leben emporgestiegen bin, erwecke im innern Leben den Eindruck der Hinfälligkeit. Auch habe ich zu beklagen, daß ich vertrieben worden bin vom Anblick meines Schöpfers. Jeden Tag bemühe ich mich, außerhalb der Welt und der Leiblichkeit zu leben, alle sinnlichen Vorstellungen von den Augen der Seele fernzuhalten und die höchsten geistigen Freuden zu schauen», indes umsonst. «Die unfruchtbare Schönheit des beschaulichen Lebens liebte ich in Rachel, aber es will mir scheinen, ich sei in der Nacht der Lea, fruchtbar aber triefäugig, dem tätigen Leben zugesellt worden. Ich eilte, um mich mit Maria zu den Füßen des Herrn zu setzen und den Worten seines Mundes zu lauschen, wurde aber angehalten, mit Martha in äußeren Werken zu dienen, mich um Vieles zu bemühen.» So äußert sich der Papst in einem Schreiben an Theoctista, die Schwester des Kaisers (Reg. Ep. I 5, S. 5 f.). Dieselben Klagen wiederholen sich, so im Prolog der ‹Dialoge› und im Widmungsbrief an den Bischof Leander von Sevilla.[22] Das persönliche Problem stellt sich als besonders schmerzlich dar, weil Gregor die beiden Lebensformen in der nicht naturgemäßen Reihenfolge erfahren mußte. Das aktive Leben geht ja dem kontemplativen voran, so wie Jakob Rachel erst umarmen durfte, nachdem er sich Lea vermählt hatte (HEz. II 2.10), ja es ist die notwendige Voraussetzung des beschaulichen Lebens. Gregor kostete es, bevor ihm, im Rampenlicht der Geschichte, die umfassenden Werke der Fürsorge, der Barmherzigkeit, der Gerechtigkeit, des Schutzes und der Hilfe abverlangt wurden. Was aber den Gegensatz der beiden Lebensformen als solchen betrifft, so ist er im Modell selbst angelegt, handle es sich um das von Clemens von Alexandrien und Origenes entwickelte Maria-Martha-Modell oder um die platonisch-neuplatonische Zweiheit des βίος θεωρητικός und βίος πρακτικός, die Evagrios und Cassian vermittelten. Da ein Folgeverhältnis zwischen beiden Leben besteht, das beschauliche außerdem nicht heilsnotwendig ist und nur von wenigen erreicht werden kann, erscheint es als Privileg. Die in der Praxis erfolgte Bindung der Vita contemplativa an den monastischen Stand konnte es nur verstärken. Der Weltklerus mit seinen pastoralen und kirchlich-administrativen Aufgaben schien von den «tiefen Freuden der Ruhe», von denen der Papst erinnernd sprach, ausgeschlossen.

Daß dieses Problem ein allgemeines war, zeigt des Pomerius Schrift über das beschauliche Leben, deren eigentlicher Zweck darin bestand, dem Priesterstand auch die Vita contemplativa als mögliche und wün-

---

[22] Diese und weitere einschlägige Stellen zitiert bei Dagens, S. 136–140.

schenswerte Lebensform zuzusprechen (s. K 4,2.). Eine derartige Lösung
bietet Gregor an, freilich nicht nur wie Pomerius als pragmatische Emp-
fehlung, sondern in Weiterentwicklung und Korrektur des Modells.
Dies sei im Zusammenhang der Kernstelle über die beiden Lebensformen in der Ezechielhomilie II 2 dargestellt. Der exegetische Rahmen
ist Ez. 40,5: *Et ecce murus forinsecus in circuitu domus undique; et in manu
viri calamus mensurae sex cubiterum et palmo.* Die Mauer ist der Mensch
gewordene Christus, der uns überall schützend umgibt. «Dabei ist aufzu-
merken, daß die Mauer des geistlichen Gebäudes als Außenwerk (*forinsecus*) bezeichnet wird. In der Tat, die zum Schutz des Gebäudes errichtete
Mauer steht gewöhnlich nicht im Innern, sondern außen. Warum war es
aber nötig, sie als außen stehend zu bezeichnen, da man sie doch niemals
im Innern errichtet? Dies, weil die Außenmauer das schützt, was sich im
Innern befindet. Bedeutet aber diese Bezeichnung nicht in aller Klarheit
die Inkarnation unseres Herrn? Denn wenn Gott für uns eine innere
Mauer ist, so ist der Mensch gewordene Gott eine äußere Schutzwand
... Diese Mauer nämlich als der Fleisch gewordene Herr wäre keine
Mauer für uns, wenn sie nicht außen stünde, denn anders würde sie uns
nicht im Innern beschützen» (II 2.5; S. 228). Das Bild der inneren und
äußeren Mauer mag befremden, doch verwendet Gregor mit «innen»
und «außen», «Innerlichkeit» und «Äußerlichkeit» ihm sehr vertraute
Interpretationskategorien.[23] In unserem Zusammenhang ist indes die
Einführung des Menschensohnes im Rahmen der aktiven und kontemplativen Lebensform bedeutsam. Gott ist nämlich im Fleisch zu uns
«gekommen, um uns in die himmlische Heimat zu berufen», die wir
verloren haben. Deswegen nahm er alle Schmach und alles Unrecht auf
sich und erlitt den Kreuzestod (II 2.6; S. 229). Indem Gregor anschließend zur Erklärung des *calamus mensurae* übergeht, hält er fest, daß es der
Maßstab ist, mit dem «alle tätigen Werke unseres Lebens gemessen werden». Der «Mann» aber, der den Stab in der Hand trägt, ist der «Mittler
Gottes und der Menschen, Jesus Christus». Die sechs Ellen bezeichnen
das aktive, die Spanne der Hand das kontemplative Leben: denn in sechs
Tagen vollzog Gott die Werke der Schöpfung, am siebenten Tage aber
ruhte er (II 2.7; S. 229f.).
Jetzt ist Gregor soweit, die beiden Lebensformen näher zu bestimmen. «Das aktive Leben besteht darin, dem Hungrigen Brot zu reichen,
den Unwissenden das Wort der Weisheit zu lehren, den Irrenden
zurechtzuweisen, den stolzen Nächsten auf den Weg der Demut zurückzurufen, die Leidenden zu pflegen, jeden nach Recht und Billigkeit zu

---

[23] Vgl. bei DAGENS die «section» ‹Intériorité›, S. 133–244; zur zit. Stelle S. 173 f.

beschenken, für die uns Anvertrauten, gleichwie sie standzuhalten vermögen, zu sorgen. Das kontemplative Leben heißt zwar, Gott und den Nächsten aus ganzer Seele zu lieben,[24] aber auch vom äußeren Werke zu ruhen, in ganzer Sehnsucht dem Erschaffer anzuhangen, so daß kein Tun mehr behagt, vielmehr, befreit von allen Anstrengungen, der Geist (im Streben) entflammt, das Antlitz seines Schöpfers zu schauen» (II 2.8; S. 230).

Während das aktive Leben evangelische Nächstenliebe umschreibt, das, was vor allem auch dem Priester auferlegt ist, schildert das kontemplative Leben die Seligkeit dessen, der seinen ganzen Geist auf Gott zu richten vermag. Stark betont ist das Moment der Ruhe (*ab exteriore actione quiescere; nil iam agere libeat*). Dies im starken Gegensatz zu Pomerius, der das kontemplative Leben als geistige Aktivität beschreibt. Doch fehlen auch bei Gregor alle Züge der *apátheia*.

Daß das aktive Leben zwar gut, das kontemplative aber das bessere ist, zeigt der folgende Abschnitt am Martha-Maria-Modell. Da die tätige Lebensform auf den Mitmenschen ausgerichtet ist, endet sie auch mit diesem Leben, «die beschauliche aber beginnt hier, um sich im himmlischen Vaterland zu vollenden» (II 2.9; S. 231). Das heißt zugleich, daß die eigentliche Vita contemplativa nicht dem irdischen Leben angehört. Darin stimmt Gregor mit Cassian wie mit Pomerius überein.

Im nächsten Abschnitt hebt Gregor hervor, was nach den bisherigen Ausführungen bereits feststeht: das tätige Leben geht dem beschaulichen voran und ist dessen Vorbedingung. Das vermag das Rachel-Lea-Modell deutlich zu machen (II 2.10; S. 231 f.), das uns bereits aus Gregors Brief an Theoctista bekannt ist.

Erinnern wir uns daran, daß Gregor die Spannung zwischen den beiden Lebensformen umso stärker empfunden haben muß, als er auf das beschauliche Leben im Mönchsstande verzichten mußte. So strebt er eine Art Verbindung an, wie sie schon Pomerius empfohlen hatte. «Man sollte wissen: Wenn eine gute Lebensordnung [wie vorgängig ausgeführt] es verlangt, daß man vom tätigen zum beschaulichen Leben übergeht, dann ist es auch bestimmt nützlich, wenn sich der Geist vom beschaulichen zum tätigen Leben zurückwendet, damit das, was das beschauliche Leben mit Gemüt entflammt hat, das tätige Leben vollkommener mache. So soll uns das tätige Leben zur Beschauung führen,

---

[24] «... und den Nächsten» überrascht in diesem Zusammenhang, da Nächstenliebe dem aktiven Leben zuzuordnen ist. Es ist indes die Ansicht Gregors, daß es keine Gottesliebe ohne Nächstenliebe geben kann. Gerade von diesem Punkt aus erweist sich, wie noch zu zeigen sein wird, das überlieferte Modell der beiden Lebensformen als fragwürdig.

diese aber ausgehen von dem, was wir im Innern des Gemüts betrachtet haben, und uns zur Tätigkeit zurückführen. So ist Jakob, nachdem er Rachel umarmt hat, zu Lea zurückgekehrt, weil nach der Schau des Ursprungs (*post uisum principium*) das mühselige Leben der guten Werke nicht völlig aufgegeben werden soll» (II 2.11; S. 232).

Wem die Allegorese der beiden Ehefrauen des Erzvaters mißbehagt, halte sich an das Gleichnis der zwei Augen in Mor. VI 37.57. Das linke bedeutet das tätige, das rechte das beschauliche Leben. Wer wollte bestreiten, daß man mit beiden Augen am besten sieht (S. 327, 74 ff.)?

Die Rückkehr nach der Erfahrung des beschaulichen Lebens zum fruchtbaren Leben der Lea, zum tätigen der Martha, wodurch das aktive Leben neue Qualitäten gewinnt (*ut . . . perfectius actiua teneatur*), mutet an wie ein Vorklang zur Umdeutung der Martharolle im 13. Jahrhundert, die sich vor allem im Dominikanerorden vollzog und in einer Predigt Meister Eckharts ihren gültigen Ausdruck fand.[25]

Die von Gregor vorgenommene Korrektur des Modells erwies sich von der Praxis wie vom theologischen Ansatz her als notwendig. Problematisch erschien nicht nur die Grundlegung durch ein antik-paganes Modell, dem die biblischen Leitfiguren Lea-Rachel und Martha-Maria erst aufgeprägt wurden, sondern auch, wie ich bereits einleitend vermerkt habe, die Zweiheit christlicher Lebensformen als solche. Christus hat sie nicht gelebt (auch wenn sie ihm in der Lehre von der Menschwerdung als «Wissen» zugeschrieben werden[26]), und es gibt nur *eine* evangelische Lebensform. Es ist so höchst bedeutsam, daß Gregor als schlechthinnige Voraussetzung der beiden Leben die Menschwerdung Christi nennt (II 2.5). Sie ist zwar als Mitte der Heilsgeschichte eine selbstverständliche Voraussetzung, gewinnt aber erst mit dem Einbezug ins Modell eigentliche Verbindlichkeit. Ist Christus nun, wie es HEz. II 2.11 formuliert, der Maßstab beider Lebensformen, so finden sie auch in ihm ihre Einheit. Was sich in der ganzen Tradition scharf voneinander abgrenzte, obschon man beides zusammendachte, das ist durch den Heilbringer, der ja seinerseits zwei Naturen in sich vereinigt, die göttliche und die menschliche, *ein* Leben. Genau diese christologische Ausrichtung aber ist es, die eine Verbindung beider Leben nahelegt. Gregor sah sie zunächst im Wechsel; aber in der vollkommeneren Form, die das aktive Leben erhält, wenn es aus dem kontemplativen hervorgeht und von ihm gespeist wird, liegt die Möglichkeit einer neuen und einzigen

---

[25] QUINT, Pred. 86, DW III, S. 472–503. Zuletzt dazu im weiten Horizont des Gesamtproblems der beiden Lebensformen HAAS [Anm. 21].

[26] Siehe u. a. Thomas, S. th. III, q. 9, a. 3.

christlichen Lebensform. Mit ihr wäre dann freilich das alte Modell aufgehoben. Es kam indes auch in der späteren Entwicklung nicht dazu, und wohl deshalb, weil mit der angedeuteten Synthese die Beschauung ihren Zielpunkt *in patria* verlieren muß: sie hat ja immer wieder ins tätige Leben zurückzuführen. Zu einem solchen Verzicht aber war kein christlicher Lehrer des Mittelalters bereit. Wer immer die Maria-Martha-Perikope auslegte, mußte sich auch der Tradition verpflichtet wissen.

In der Ezechiel-Homilie, die wir diesen Ausführungen zugrunde legten, wird die Einheit der beiden Leben (n. 11) im Bezug auf den Gottmenschen vorangestellt (n. 5), indes später (n. 11), wo die Verbindung beider thematisiert wird, nicht wieder aufgegriffen. Doch hat Gregor an anderer Stelle deutlich gemacht, daß diese Verbindung erst durch Christus ihre eigentliche Legitimation erhält. «Das aktive und kontemplative Leben liegen weit auseinander, aber unser fleischgewordener Erlöser ist gekommen, um beide Leben miteinander zu vereinigen, indem er beide lebte. Denn wenn er in der Stadt Wunder wirkte, verbrachte er die Nacht fortwährend im Gebet auf dem Berge. Damit gab er seinen Gläubigen ein Beispiel, daß das Streben nach der Beschauung nicht zur Vernachlässigung der Nächstenfürsorge, noch umgekehrt die übermäßige Hingabe an den Nächsten das Streben nach der Beschauung verhindern dürfe. Vielmehr sollten beide Lebensformen den Geist (*mens*) in (rechter) Verteilung vereinigen» (Mor. XXVIII 13.13; S. 1420, 11–19).

Gregor folgt hier Anregungen Augustins, die er verdeutlicht und ausbaut. In Sermo 104,2.3 bringt Augustinus den Dienst der Martha mit dem *Verbum caro factum* zusammen, das «Hören» der Maria mit dem *Verbum apud Deum* (PL 38, Sp. 617). In ‹De civitate› XIX 2 nennt er drei Lebensformen (*genera vitae*), eine der Muße (*in contemplatione otiosum*), eine tätige (*negotiosum*) und eine «aus beiden gemischte» (*ex utroque temperatum*).[27] Diese Aufteilung ist nicht klassifikatorisch zu verstehen,[28] vielmehr versteht sich das dritte Leben als Verbindung des beschaulichen und aktiven. Das ist wiederum die vorweggenommene Position Gregors. Man sprach in der Augustinus- und Gregor-Forschung von der «vita mixta», aber keiner der beiden Kirchenväter bringt die Verbindung beider Leben auf den Begriff. Sie wehren so die Vorstellung einer Dreiteilung zugunsten einer wechselseitigen Ablösung und gegenseitigen Durchdringung ab.

---

[27] Dazu noch ‹De civitate› XIX 19, wo diese *genera vitae otiosum, actuosum* und *ex utraque compositum* genannt werden. – Zu den Kernstellen der Lehre gehört noch ‹Contra Faustum› XXII 52–54 mit der Auslegung des Rachel-Lea-Verhältnisses. ‹In Joannis evang. tract.› 124.4–7 handelt vom Apostelpaar Petrus-Johannes, aber ohne deutlichen Bezug auf das Modell der Vita activa und contemplativa.

[28] MIETH, Vita act./cont., S. 93.

Als Thomas von Aquin in seiner Theologischen Summe (II/II, q. 179–182) die Lehre von den zwei Lebensformen, zum ersten Mal im Rahmen der theologischen Symematik,[29] ausformulierte, stützte er sich in der Aufnahme der patristischen Tradition zur Hauptsache auf Gregor den Großen. In 14 von insgesamt 18 Artikeln wird Gregor als Autorität im ‹Sed contra› zitiert, das die Lösung der Quästio, das ‹Respondeo dicendum›, eröffnet. Dazu treten über 40 weitere Gregor-Zitate. Sie dokumentieren eindrucksvoll den Rang Gregors in der Entwicklung des Modells von der tätigen und beschaulichen Lebensform.

Durch die christologische Ausrichtung, die das Lehrstück von der Vita activa und contemplativa durch Augustinus und Gregor erfahren hat, konnte der hellenistische Intellektualismus, der ihm von Anfang an anhaftete, im Ansatz überwunden werden. Zu Ende gedacht wurde die christologische Korrektur nicht: Ist Christus das *exemplar* der beiden Lebensformen, so müßten sie doch wohl in der Passion ihr Ende finden.[30]

### 4. Die Gottesschau

Das kontemplative Leben, das sich am besten im monastischen Stande verwirklichen läßt, aber, wie Gregor mehrfach betont,[31] jedem gläubigen Christen offensteht, hat zu seinem Ziel die Gottesschau. «Das kontemplative Leben drängt dazu, einzig den Ursprung (aller Dinge) zu erblikken» (HEz. II 2.10; S. 231, 237 f.). Solche Schau hat eine doppelte Voraussetzung. Sie verlangt als erstes von der Seite des Subjekts einen vollständigen Prozeß der Reinigung, der Loslösung von allen irdischen Bindungen und Wünschen, eine umfassende leibliche und spirituelle Askese also, wobei letztere den Vorrang hat. Es ist gleichsam ein Erlöschen in der Welt und für die Welt – wofür die Grabmetapher steht (Mor. VI 36.56; S. 325, 8 f. u. ö.) –, mit der Demut als Grundhaltung, denn Christus ist *rex humilitatis,* wie es der letzte Abschnitt der ‹Moralia› formuliert (XXXIV 23.56; S. 1773, 243 f.). Diesem asketischen Programm der *purificatio* widmete Gregor einen Großteil seiner Schriften. – Die zweite Voraussetzung ist eine theologische: die aufsteigende Ver-

---

[29] VON BALTHASAR [Anm. 21], S. 432.

[30] Zur Kritik des Modells s. u. a. André-Jean FESTUGIÈRE, ‹L'enfant d'Agrigente› suivi de ‹Le grec et la nature›, Paris 1950, darin ‹Ascèse et contemplation›, S. 134–148; Hans Urs VON BALTHASAR, Verbum caro. Skizzen zur Theologie I, Einsiedeln 1960, S. 245–259 (‹Aktion und Kontemplation›); MIETH, Vita act./cont., S. 67 f., 83 f. u. ö.

[31] Mor. VI 37.56; S. 325, 12–14; ebd. S. 326, 52–55; s. dazu LIEBLANG, S. 170 f.

vollkommnung durch die sieben Gaben des Hl. Geistes im Zusammenwirken mit den theologischen Tugenden (s. o.). Sie stellen den göttlichen, d. i. gnadenhaften Anteil am asketischen Prozeß dar. Der Übergang
zur Beschauung vollzieht sich dort, wo die durch die Gaben gestärk-
ten göttlichen Tugenden nach dem «Tau der Kontemplation» verlangen.

Gregor hat nicht nur die kontemplative Lebensform im monastischen
Stand erfahren, sondern auch ihr Ziel und ihre Höhe, soweit in der irdischen Existenz erreichbar, die Gottesschau, gekostet. Darüber lassen die
Selbstzeugnisse in den Briefen keinen Zweifel, es sei denn, man stellt
die Wahrheitsliebe des Papstes in Frage, was wohl nicht angeht. Er
spricht vom «Antlitz des Schöpfers», dem er nun entzogen sei (Reg. Ep. I
5; I, S. 5, 23 f.), von den «Flügeln der Kontemplation», die ihn in die
Höhe erhoben hätten (Reg. Ep. IX 227; II, S. 219). Allein schon die
schmerzliche und wiederholte Klage über das Verlorene ist Zeugnis, daß
er nicht nur dem beschaulichen Klosterdasein, sondern der Gottesschau
selbst entrissen worden ist. Es wäre zwar nicht richtig, Gregor als Mystiker zu bezeichnen, da dieser Begriff auf die existenzielle Mitte einer
Persönlichkeit zielt, aber mystische Erfahrungen wurden ihm zuteil, und
er betrachtete sie als höchstes Gut.

Worin bestand diese Erfahrung? In der Auslegung von Ez. 40,16 führt
Gregor aus: «An den nach Innen geschrägten Fenstern (*fenestrae obliquae*)
ist die Öffnung, durch die das Licht eintritt, eng, aber der innere
Bereich, in dem sich das Licht ausbreitet, weit. So weitet sich der Geist
der Beschauenden, obschon er nur spärliche Schimmer des wahren Lichtes erkennt, in sich selbst machtvoll aus. Das Wenige, das sie sehen, können sie freilich kaum erfassen, und gering ist, was die Beschauenden von
der Ewigkeit erblicken, aber von diesem Wenigen wird das Sichtfeld des
Geistes zu größerer Glut und Liebe geweitet. So wird er in sich selbst
weit, indem er dem Licht der Wahrheit gleichsam durch die enge Öffnung Zutritt gewährt» (S. 289, 460–469).[32]

Damit ist dreierlei ausgesagt: 1. Gottesschau ist Lichtschau. Licht nicht
nur als Ausstrahlung Gottes und damit als Metapher, sondern als Bestimmung von Gottes Wesen. «Der Lichtglanz (*claritas*) ist nichts anderes als
das einfache und unveränderliche Wesen (*simplex et incommutabilis essentia*) und nichts anderes als die «Natur» (Gottes) (*natura*); die Natur selbst
ist der Lichtglanz und der Lichtglanz selbst die Natur» (Mor. XVIII
54.90; S. 953, 95–98). Nicht anders sprechen Dionysius und Augustinus

---

[32] Ein analoges, wiederholt verwendetes Bild ist die *contemplatio per rimas* (Spalten),
z. B. Mor. V 29.52; S. 254, 31.

vom göttlichen Licht. 2. Der schauende Geist (*mens*) vermag nur einen Schimmer des göttlichen Lichts zu erblicken. Sein Gesichtsfeld ist begrenzt. Und die Natur Gottes selbst verstattet ihre Erkennbarkeit in der Schau, ist Gott doch «unbegrenzter Geist» (*incircumscriptus spiritus,* Mor. II 7.8; S. 64, 11 f. u. ö.[33]). In diesem Zusammenhang gelangt Gregor zu dem Ausspruch, der zu den Kernsätzen der negativen Theologie gehört:[34] «Wenn der Geist, der in erhabener Beschauung schwebt, etwas vollkommen zu schauen wähnt, ist es nicht Gott» (Mor. V 36.66; S. 265, 46–48). Gregor hat diese Grenze der Erkennbarkeit Gottes nie überschritten, die volle Gottesschau ist allein den Seligen vorbehalten. 3. Doch schon die eingeschränkte Schau, die uns *in via* möglich ist, gewährt höchste Befriedigung und Liebesglut. Es ist offensichtlich diese als übernatürlich empfundene Gottesliebe, die Gregors Kontemplationserfahrung bestimmte. Immer wieder wird sie ins Wort gebracht.[35] Sie ist immerwährende Sehnsucht – man nannte Gregor in der wissenschaftlichen Literatur den «Doktor der Sehnsucht»[36] –: «Die Sprache der Seelen ist die Sehnsucht» (Mor. II 7.11; S. 66, 77 f.). Sie ist nie zu stillender Durst: «Dieser Durst nach Gott geht über das Bedürfnis hinaus, ist weit entfernt vom Gefühl der Sättigung, denn als Dürstende werden wir gesättigt werden und als Gesättigte dürsten» (Mor. XVIII 54.91; S. 954, 132 f.). Dem entspricht das Bild von den Beschauenden als «fliegenden Wolken» (HEz. II 6.15; S. 306, 381 f.).

Wie gelangt der Geist in diesen Zustand? Er wird zu ihm im *raptus* emporgerissen. Ist der Geist von irdischen Begierden und von Freuden dieser Welt befreit, also nach dem Akt der Reinigung, «wird er öfter zur Süßigkeit der hohen Beschauung emporgerissen (*rapitur*)» (Mor. VIII 30.50; S. 421, 29–33).[37] Der *raptus* ist der Terminus der Entrückung des Paulus in den dritten Himmel bzw. ins Paradies (2 Kor. 12,2–4) und entspricht der griechischen *ekstasis*. Doch erinnert Gregor trotz zahlreicher

---

[33] Dazu *incircumscripta lux*, Mor. XXIII 21.42; S. 1176, 73 f. u. ö.; *incircumscriptum lumen*, HEz. II 2.12; S. 232, 275 u. ö.; weitere Belege bei FRICKEL (1956), S. 44–49. – Man glaubte diese Gottesbezeichnung bereits bei Dionysius Areopagita zu finden; das trifft indes nicht zu.

[34] Zu Dionysius s. K 1, 2.c; Augustinus: *Si comprehenderis, non est Deus*, Sermo 117, c. 3.5; Meister Eckhart, QUINT, Pred. 9, DW I 146, 3 f. u. Anm. 2; Pred. 35, DW II 179, 7 f. u. Anm. 5; Pred. 53, DW II 533, 4 f. u. Anm. 3.

[35] Belege bei LIEBLANG, S. 150 ff.

[36] FRICKEL, La doctrine, S. 15; DAGENS, S. 86.

[37] Vgl. noch: *contemplatio, qua super nos rapimur* (HEz. I 3.13; S. 41, 266); (*mens*) *supra se enim rapitur cum sublimia contemplatur* (Mor. XXXII 1.1; S. 1625, 29). Dasselbe besagt *in mentis excessu subleuatus* (HEz. I 5.12; S. 63, 234 f.); *subleuatus in extasi* (Mor. XXIII 21.41; S. 1176, 60).

Erwähnungen der Stelle nie daran im eigentlichen Zusammenhang der kontemplativen Erhebung.[38]

Eine andere Vorstellung von der Entrückung zur Höhe der Kontemplation ist der «Berg der Beschauung». Sie bezieht sich auf die Sinai-Besteigung Moses': «Moyses stieg hinan, und Gott stieg auf den Berg hernieder.» Dem Aufsteigenden kommt der Herr entgegen. Der Berg selbst aber ist unsere Beschauung, in der wir hinansteigen, auf daß wir uns zu dem erheben, was jenseits unserer menschlichen Hinfälligkeit zu schauen ist» (Mor. V 36.66; S. 264, 21–24). Die Bergmetapher wird aus dem mystischen Schrifttum nicht mehr verschwinden. Einen Höhepunkt wird sie in Richards von St. Viktor ‹Benjamin minor› c. 76–78 erreichen; in c. 78 weist das *ascende in montem* und [*Deus*] *de coelo descendit* deutlich auf Gregor zurück.

Der Berg ist auch «Weide» – nach Job 39,8: *montes pascae suae* –, Ort der Erquickung (*refectio*) durch den «Tau der Kontemplation» (Mor. XXX 19.64; S. 1534, 1–10).

Die Gottesschau ist nicht nur unvollkommen und von kurzer Dauer,[39] die Seele wird aus ihr nicht ohne Härte zurückgewiesen. «Die Seele bemüht sich, den Glanz des unbegrenzten Lichtes zu schauen, und vermag es nicht; wegen der Belastung mit menschlicher Schwachheit kann sie ihn keineswegs durchdringen. Aber auch als Zurückgestoßene (*repulsa*) kann sie trotzdem nur lieben» (Mor. X 8.13; S. 547, 27–29). Die Zurückweisung, der Entzug, ist ein besonderes Kennzeichen der Gregorianischen Mystik.[40] Der wichtigste technische Ausdruck dafür ist *reuerberatio*. «Aber nicht lange verweilt der Geist (*mens*) in der Süße inniger Beschauung, weil er, durch die Intensität des Lichtes auf sich selbst zurückgeworfen (*reuerberata*), abberufen wird» (Mor. V 33.58; S. 259, 4 f.); «Wir ziehen nach Osten (s. Job 23,8), das Auge des Herzens zu Gott erhoben, doch zurückgeschlagen (*reuerberatum*) durch die Stärke des Lichts, sehen wir uns wieder auf uns selbst zurückgewiesen» (Mor. XVI 32.38; S. 822, 30–33). Der harte Entzug der Schau gehört zu den eindrücklichsten Erfahrungen aller Mystiker. Er erreicht seine äußersten Dimensionen in der Gottesfremde und Gottesnacht. Davon wird in diesem Buch noch oft die Rede sein. Gregor hat offensichtlich an dieser Entzugserfahrung teil; sie reicht indes nicht in die Abgründe totaler

---

[38] Vgl. in CC 143 B den Index locorum s. Scripturae, S. 1873.

[39] Mor. V 32.57; S. 259, 48 f.; VIII 30.50; S. 421, 38. Weitere Belege bei LIEBLANG, S. 157.

[40] Siehe besonders GILLET, SC 32 bis, S. 50–54; MÉNAGER (1939), S. [41]. – Gregors *reuerberatio* weist voraus auf den *defectus amoris* Wilhelms von St. Thierry (s. K 9, 1.a,e) und Richards von St. Viktor *caritas deficiens* (s. K 12, 2.c).

Gottverlassenheit. Die zurückgestoßene Seele kann «trotzdem nur lieben», fällt also nicht aus Gottes Gnade heraus. So darf wohl gesagt werden, daß der Schwerpunkt der Aussage weniger auf der *uerberatio* als auf
der Unmöglichkeit der essentiellen Schau Gottes liegt. Es bleibt wie bei
Cassian und Pomerius beim Vorkosten, *praegustare* (HEz. I 5.12; S. 63,
226), und so ist die Sehnsucht nach den Freuden der Beschauung, von
der die Rede war, zugleich die Sehnsucht nach der Gottesschau der Seligen *in patria*. In dieser Sehnsucht ist Gregor ohne Zweifel Mystiker. Er
erfüllt genau die Definition des Hugo von Balma, 700 Jahre später:
*extensio amoris in Deum per amoris desiderium.*[41]

[41] De theologia mystica (*Viae Sion lugent*), in: S. Bonaventurae ... Opera omnia,
Ed. PELTIER, Paris 1866, VIII, S. 2.

Wir haben Gregors mystische Spiritualität nur in den Punkten behandelt, die historisch
besonders fruchtbar geworden sind. Unbehandelt bleiben dürfen hier Gregors Ansätze zur
Brautmystik (dazu DAM VI, 897–899) in der Hoheliedauslegung und ganz gelegentlich
in den ‹Moralia› und in den Ezechiel-Homilien, weil dieses Thema im 12. und 13. Jahrhundert eine ungemein breite Ausfaltung erfährt. Dazu sind Gregors Ausführungen nur
ein leiser Vorklang.

*Zweiter Teil*

# Lateinische Mystik des
# Früh- und Hochmittelalters

# Abgekürzte Literatur

ASOC   Analecta Sacri Ordinis Cisterciensis, 1945 ff.

Cîteaux   Cîteaux, Commentarii cistercienses, 1950 ff.

Cîteaux Nederl.   Cîteaux in de Nederlanden, 1959 ff.

Collect. Cist.   Collectanea Cisterciensia, 1965 ff.

COCR   Collectanea Ordinis Cisterciensium Reformatorum, 1934 ff.

PREGER, Mystik I   Wilhelm PREGER, Geschichte der deutschen Mystik im Mittelalter. I. Geschichte der deutschen Mystik bis zum Tode Meister Eckharts, Leipzig 1874.

GRABMANN, Scholastische Methode   Martin GRABMANN, Die Geschichte der scholastischen Methode im 12. und im beginnenden 13. Jahrhundert, Freiburg i. Br. 1911; Nachdruck: Graz 1957.

LECLERCQ, Spiritualité   Jean LECLERCQ, La spiritualité du moyen âge (Histoire de la spiritualité chrétienne II 1), Paris 1961.

RAHNER, Gottesgeburt   Hugo RAHNER, Die Gottesgeburt, Zs. f. kath. Theol. 59 (1935), S. 333–418 [zit.]; Neudruck: H. R., Symbole der Kirche. Die Ekklesiologie der Väter, Salzburg 1964, S. 13–87.

Eckhart, DW I–III, V   Meister Eckhart, Die deutschen Werke, hg. von Josef QUINT, Stuttgart 1936–1976.

Eckhart, LW I–V   Meister Eckhart, Die lateinischen Werke, hg. von Josef KOCH, Konrad WEISS u. a., Stuttgart 1956 ff.

CHENU, Théologie   M.-Dominique CHENU, La théologie au douzième siècle (Études de philosophie médiévale 45), Paris 1957.

OHLY, Hoheliedstudien   Friedrich OHLY, Hohelied-Studien. Grundzüge einer Geschichte der Hoheliedauslegung des Abendlandes bis um 1200, Wiesbaden 1958.

RIEDLINGER, Makellosigkeit   Helmut RIEDLINGER, Die Makellosigkeit der Kirche in den lateinischen Hoheliedkommentaren des Mittelalters (Beitr. z. Gesch. d. Philos. u. Theol. d. MAs 38/3), Münster/Westf. 1958.

JAVELET, Psychologie   Robert JAVELET, Psychologie des auteurs spirituels du XIIᵉ siècle (Extrait de la ‹Revue des Sciences Religieuses›), Straßburg 1959.

GILSON, Philosophie   Étienne GILSON, La philosophie au moyen âge. Des origines patristiques à la fin du XIVᵉ siècle, Paris ²1962.

MISCH, Autobiographie III   Georg MISCH, Geschichte der Autobiographie III, Bern 1962.

Entretiens 1968   Entretiens sur la Renaissance du 12ᵉ siècle sous la direction de Maurice DE GANDILLAC et Édouard JEAUNEAU (Décades du Centre culturel international de Cerisy-la-Salle. Nouvelle série 9), Paris-La Haye 1968.

BEIERWALTES (Hg.), Platonismus   Werner BEIERWALTES (Hg.), Platonismus in der Philosophie des Mittelalters (Wege der Forschung 197), Darmstadt 1969.

COURCELLE, Connais-toi toi-même   Pierre COURCELLE, Connais-toi toi même. De Socrate à Saint Bernard (Études Augustiniennes), 3 Bde., Paris 1974/1975.

HAAS, Sermo mysticus    Alois M. HAAS, Sermo mysticus. Studien zu Theologie und Sprache der deutschen Mystik (Dokimion 4), Freiburg/Schweiz 1979.

THOMAS, Myst. cist.    Robert THOMAS, Mystiques cisterciens (Pain de Cîteaux), Paris 1985.

BEIERWALTES, Denken des Einen    Werner BEIERWALTES, Denken des Einen. Studien zur neuplatonischen Philosophie und ihrer Wirkungsgeschichte, Frankfurt a. M. 1985.

RUH (Hg.), Abendländische Mystik    Kurt RUH (Hg.), Abendländische Mystik im Mittelalter. Symposion Kloster Engelberg 1984, Stuttgart 1986.

RUH, Liebeslehren    Kurt RUH, Geistliche Liebeslehren des 12. Jahrhunderts, Beitr. z. Gesch. d. dt. Sprache u. Lit. 111 (1989), S. 157–178.

### Sechstes Kapitel

# Johannes Eriugena

*Ioannes Scotus, vir perspicacis ingenii*
*et mellitae facundiae*
Hélinand de Froidmont

Zwischen Gregor dem Großen, dem wir den letzten Beitrag der Väterzeit zu einer mystischen Vollkommenheitslehre verdanken, und dem 12. Jahrhundert, das mit den Kartäusern Guigo I. und II., mit Bernhard von Clairvaux und Wilhelm von St. Thierry sowie den Viktorinern Hugo und Richard Auftakt und Höhepunkt der hochmittelalterlichen, monastisch orientierten Mystik bedeutet, liegen beinahe sechs Jahrhunderte. Dazwischen, in spätkarolingischer Zeit, steht eine einzige Persönlichkeit, die in eine Geschichte der Mystik einzubeziehen ist: Johannes Eriugena,[1] ein Brückenpfeiler gleichsam zwischen der Weisheit griechischer und lateinischer Väter und den frischen religiösen und wissenschaftlichen Impulsen einer neuen westeuropäischen Elite.

Das historische Umfeld hat sich, schon in den Tagen Eriugenas, gründlich verändert: das Frankenreich, dem Vorherrschaft und Kaiserwürde zugefallen waren, ist, an Stelle der Mittelmeerzentren, die neue Mitte. Die stärksten geistigen und religiösen Impulse verdankt es freilich nicht der eigenen Kultur, sondern den großen nordischen Inseln, Irland und England, die mit ihren Glaubensboten und Bildungsträgern eine höhere christliche Kultur, gelehrte Schulen mit eingeschlossen, in die Reichszentren brachten.[2] Der Ire Johannes, der kurz vor 847 an den Karolingerhof Karls des Kahlen kam und dort Vorsteher der Schola palatina wurde, ist Prototyp der neuen Gelehrsamkeit und zugleich Ausnahmeerscheinung.

---

[1] Eine Geschichte der Spiritualität hätte weit mehr zu berücksichtigen, u. a. die benediktinisch-cluniacensische Frömmigkeit des Gebets, den Hl. Romuald (gest. 1127), Johannes von Fécamp, Anselmus von Canterbury. – Ich vermeide mit «Johannes Eriugena» den freilich üblich gewordenen Pleonasmus «Scot(t)us Eriugena», möchte aber auch nicht JEAUNEAU folgen, der in seinen SC-Ausgaben «Jean Scot» eingeführt hat: die Verwechslung mit Johannes Duns Scotus, wenigstens bei isolierter Nennung, ist da doch zu naheliegend. «Johannes Eriugena» nennt sich der Autor selbst zu Beginn der Dionysius-Übersetzung.

[2] Das Thema ist umfassend aufgearbeitet und dargestellt im von Heinz LÖWE herausgegebenen Sammelband ‹Die Iren und Europa im frühen Mittelalter› (Veröffentlichungen des Europa-Zentrums Tübingen. Kulturwiss. Reihe), Stuttgart 1982 mit einer Zusammenfassung des Herausgebers S. 1013–1039.

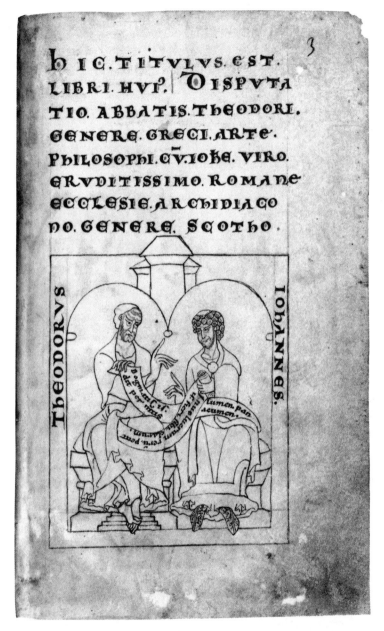

hIC. TITVLVS. EST. LIBRI. HVI°. DISPVTA TIO. ABBATIS. ThEODORI. GENERE. GRECI. ARTE. PhILOSOPhI. CV. IOhE. VIRO. ERVDITISSIMO. ROMANE ECCLESIE. ARChIDIA CO DO. GENERE. SCOThO.

THEODORVS    IOhANNES.

*Die zwei Gesprächspartner Johannes (Eriugena) und Theodorus in ‹Periphyseon›
nach einer ‹Clavis Physica›-Handschrift der Bibliothèque Nationale Paris,
Ms. lat. 6734, 12. Jahrhundert.*

Überragend einmalig ist er nicht nur durch seine Bildung – er konnte
Griechisch – und einen ungewöhnlich scharfen Verstand – *vir perspicacis
ingenii* –, sondern indem er neue Welten erschloß: die Spiritualität der
Väter der Ostkirche, der sich Gregor der Große noch in der Zeit byzantinischer Präsenz in Italien glaubte verweigern zu müssen. Der Auftrag des
königlichen Herrn, die dionysischen Schriften neu zu übertragen (s. K 1,
4.c), eröffnete Eriugena den Weg zu den neuplatonisch orientierten
Vätern, neben Dionysius auch Gregor von Nyssa und Maximus Confessor, von denen er wichtige Schriften übersetzte; dazu tritt noch Origenes, der größte Neuerer der Frühzeit christlichen Denkens. Eriugena
gewann so, wie vor allem sein Hauptwerk ‹Periphyseon› (‹De divisione
naturae›) eindrucksvoll kundtut, einen Horizont, der für die Zeitgenossen unerreichbar war.

Er fällt aber auch nicht aus seiner Zeit und dem karolingischen Bildungsprogramm
heraus. ‹Periphyseon› als dialogisch gestaltetes Lehrbuch christlicher Weisheit kann
sehr wohl in das Programm eingebunden werden, das Alkuin mit seinen Lehrbü-
chern des Triviums verwirklichte.[3]

Schon Preger hatte in seiner ‹Geschichte der deutschen Mystik im Mittelalter› Johannes Eriugena einige Seiten gewidmet.[4] Er tat es offensichtlich im Hinblick auf Meister Eckhart, ohne jedoch in der Lage zu sein,
einen unmittelbaren Zusammenhang nachzuweisen.[5] Ein solcher ist
noch heute, trotz bedeutender Fortschritte einer intensiven Eriugena-
und Eckhart-Forschung, nicht über alle Zweifel erhaben; indes erfordert
schon die Strukturanalogie die Berücksichtigung des großen Iren in einer
Geschichte der abendländischen Mystik. Freilich kann es nicht darum
gehen, auch nur in Umrissen so etwas wie ein Gesamtbild dieses Denkers zu entwerfen, der «zu denen gehört, die die Interpreten zu entmuti-
gen vermögen».[6] Zunächst soll in der Aufnahme eines aktuellen Problems der Forschung ein möglicher unmittelbarer Zusammenhang
zwischen Eriugena und Meister Eckhart mit seinem Umkreis erörtert
werden. Sodann versuche ich, dem Grundsatz der Vorstellung und Analyse geschlossener Textkomplexe verpflichtet, am Beispiel der Homilie
‹Vox spiritualis› über den Prolog des Johannesevangeliums einige
Grundgedanken Eriugenas zu verdeutlichen. Damit aber auch seine

---

[3] SCHRIMPF, Sinnmitte, S. 294 f., 303–305.
[4] PREGER, Mystik I, S. 157–165; dazu kritisch Heinrich Suso DENIFLE, Hist.-polit. Bll. f.
d. kathol. Deutschland 75 (1875), S. 778 f.
[5] DENIFLE (Anm. 4), S. 777 hält einen solchen für «zweifelhaft». Indes steht PREGER mit
der Inanspruchnahme Eriugenas für die mystische Theologie bereits in einer Tradition;
dazu unten S. 177 einige Hinweise.
[6] ROQUES, Remarques, S. 245.

systematische Leistung, einzigartig in seiner Zeit und einmalig bis zur
Hochscholastik, ins Blickfeld kommt, füge ich einen Aufriß von ‹Periphyseon› hinzu.

### Bibliographische Hinweise

*Ausgaben:* MIGNE, PL 122. — Iohannis Scoti Eriugenae Expositiones in Ierarchiam
coelestem, hg. Jeanne BARBET, CC. Cont. Med. 31, Turnhout 1975 [Expos.]. —
Iohannis Scotti Eriugenae ‹Periphyseon› (‹De divisione naturae›) I–III, hg.
Patrick SHELDON-WILLIAMS with the collaboration of Ludwig BIELER (Scriptores latini
Hiberniae 7, 9, 11), Dublin 1968/1972/1982 [Sh.-W., Periph.]. — Jean Scot: Homé-
lie sur le prologue de Jean. Introduction, texte critique, traduction et notes de Édouard JEAUNEAU, SC 151, Paris 1969 [Hom.]. — Jean Scot: Commentaire sur l'Évangile de Jean. Introduction, texte critique, traduction, notes et index de Édouard
JEAUNEAU, SC 180, Paris 1972 [Comm.]. — Giovanni Scoto. Il prologo di Giovanni.
A cura di Marta CRISTIANI. Fondazione Lorenzo Valla, o. O. 1987 (mir nicht zugänglich). — Honorius Augustodunensis: Clavis physicae, hg. Paolo LUCENTINI (Temi e
Testi 21), Rom 1974. — Johannes Scottus Eriugena, De divina praedestinatione
liber, hg. Goulven MADEC, CC. Cont. Med. 50, Turnhout 1978.

*Übersetzungen:* Vgl. die Ausgaben von JEAUNEAU und SHELDON-WILLIAMS. — Ludwig NOACK, ‹Einteilung der Natur›, Berlin 1870; Neudruck: Philos. Bibl. Meiner
Nr. 86/87, Hamburg 1983.

*Forschungsliteratur:* Sie ist in den letzten Jahrzehnten gewaltig angeschwollen. Eine
nicht zu knappe Auswahlbibliographie bietet JEAUNEAU, Hom. S. 171–198 (bis 1968).
Ich beschränkte mich mit wenigen Ausnahmen auf die später erschienene Literatur,
verzeichne indes nur Publikationen, denen ich unmittelbar verpflichtet bin.
DAM VIII (1974), Sp. 735–761 (René ROQUES). — Maïeul CAPPUYNS, Jean Scot Éri-
gène, sa vie, son œuvre, sa pensée, Louvain-Paris 1933; Neudruck Brüssel 1964 [die
Summe der älteren Eriugena-Forschung]. — René ROQUES, Remarques sur la signifi-
cation de Jean Scot Érigène, in: Miscellanea André Combes, Divinitas 11 (1957),
S. 245–329. — Ders., Genèse 1,1–3 chez Jean Scot Érigène, in: In principio. Interpré-
tations des premiers versets de la Genèse (Centre d'Études des Religions du Livre),
Paris 1973, S. 173–212. — Hans LIEBESCHÜTZ, Texterklärung und Weltdeutung bei
Johannes Eriugena, Arch. f. Kulturgesch. 40 (1958), S. 66–96. — Ders., Mittelalter-
licher Platonismus bei Johannes Eriugena und Meister Eckhart, ebd. 56 (1974),
S. 241–269. — Tullio GREGORY, Giovanni Scoto Eriugena. Tre studi (Quaderni di
letteratura e d'arte), Firenze 1963. Daraus I: Vom Einen zum Vielen, in: BEIERWALTES
(Hg.), Platonismus (1969), S. 343–365. — Werner BEIERWALTES, Das Problem des
absoluten Selbstbewußtseins bei Johannes Scotus Eriugena (1966), in: W. B. (Hg.),
Platonismus (1969), S. 484–516. — Ders., Negati affirmatio: Welt als Metapher. Zur
Grundlegung einer mittelalterlichen Ästhetik durch Johannes Scotus Eriugena, Phi-
los. Jb. d. Görres-Ges. 83 (1976), S. 237–265. — Ders., Eriugena. Aspekte seiner Phi-
losophie, in: Heinz LÖWE (Hg.), Die Iren und Europa im früheren Mittelalter,
Teilbd. 1 (Veröffentlichungen des Europa Zentrums Tübingen, Kulturwiss. Reihe),
Stuttgart 1982, S. 799–818, erweitert in: W. B., Denken des Einen, S. 337–367. —

Jean TROUILLARD, La notion de ‹Théophanie› chez Érigène, in: Manifestation et
révélation (Philosophie), Paris 1976, S. 15–39. — René ROQUES (Hg.), Jean Scot Érigène et l'histoire de la Philosophie (Colloques internationaux du Centre National de
la Recherche Scientifique 561), Paris 1977. — Gangolf SCHRIMPF, Die Sinnmitte von
‹Periphyseon›, in: ROQUES (Hg.), Érigène et l'histoire de la Philosophie, S. 289–305.
— Ders., Das Werk des Johannes Scottus Eriugena im Rahmen des Wissenschafts-
verständnisses seiner Zeit. Eine Hinführung zu Periphyseon (Beitr. z. Gesch. d. Philos.
u. Theol. d. MAs, N. F. 23), Münster 1982. — Carlo RICCATI, ‹Processio› et ‹Explica-
tio›. La doctrine de création chez Jean Scot et Nicolas de Cues (Istituto Italiano per
gli Studi Filosofici, Serie Studi VI), Napoli 1983. — Werner BEIERWALTES (Hg.),
Eriugena redivivus. Zur Wirkungsgeschichte seines Denkens im Mittelalter und im
Übergang zur Neuzeit (Vorträge des V. Internationalen Eriugena-Colloquiums).
Werner-Reimers-Stiftung Bad Homburg, 26.–30. August 1985 (Abhandlungen d.
Heidelberger Akad. d. Wiss., Philos.-hist. Kl. 1987/1), Heidelberg 1987. — Ders.,
Eriugena und Cusanus, in: BEIERWALTES (Hg.), Eriugena redivivus, S. 311–343. —
Alois M. HAAS, Eriugena und die Mystik: in BEIERWALTES (Hg.), Eriugena redivivus,
S. 254–278. — Kurt RUH, Johannes Scotus Eriugena deutsch, Zs. f. dt. Altertum u. dt.
Lit. 117 (1988), S. 24–31. — Ders., Die Homilie über den Prolog des Johannes-
Evangeliums des Johannes Eriugena, in: ‹St. Kilian. 1300 Jahre Martyrium der Fran-
kenapostel›, Würzburger Diözesan-Geschichtsblätter 1989, S. 491–500.


1. Zur Aufnahme Eriugenas im Hoch- und Spätmittelalter

Nikolaus von Kues hat als erster Johannes Eriugena im Zusammenhang
einer mystischen Theologie genannt. In der ‹Apologia doctae ignorantiae›, der gegen Johannes Wencks von Herrenberg ‹De ignota litteratura›
gerichteten Streitschrift,[7] verteidigt er seine Lehre u. a. mit dem Hinweis
auf die ‹Mystica theologia› des Dionysius, daß wir nämlich, um Gott zu
finden, alles andere verlassen und «mit Moses in der Dunkelheit aufsteigen müssen» (I 3).[8] Der Heidelberger Professor Wenck wird aufgefordert, er möge, «um aus seiner Blindheit ins Licht geführt zu werden»,
«mit einsichtiger Aufmerksamkeit» die ‹Mystica Theologia› lesen, sodann
deren Kommentatoren. Hier nennt er neben Maximus Confessor, Hugo von St. Viktor, Robert Grosseteste und Thomas Gallus auch *Johannes
Scotigenam,* dessen Hauptwerk ‹Periphyseon› er später in eine Reihe mit
Büchern wie die Dionysischen Schriften oder Bertholds von Moosburg
Prokloskommentar stellt, Büchern, die ihrer Schwierigkeit wegen Menschen mit «schwachen Augen des Geistes» entzogen werden sollten.[9]

[7] Edmond VANSTEENBERGHE, Le ‹De ignota litteratura› de Jean Wenck de Herrenberg
contre Nicolas de Cuse. Texte inédit et étude, Münster 1910.
[8] Siehe K 1,3.b.
[9] Zit. nach der zweisprachigen Ausgabe der Philosophisch-theologischen Schriften von
L. GABRIEL/D. u. W. DUPRÉ, Bd. I, Wien 1964, S. 558 f., 578.

Der «Mystiker» Eriugena ist mit der frühen Forschungsgeschichte des 19. Jahrhunderts wieder aufgegriffen worden, u. a. von Heinrich Johann Theodor Schmidt ('Der Mysticismus des Mittelalters in seiner Entstehungsperiode dargestellt', 1834), Franz Anton Staudenmaier ('Johannes Scotus Eriugena und die Wissenschaft seiner Zeit', 1834) und Joseph Görres ('Christliche Mystik', 1836).[10] Zuletzt hat Alois M. Haas dieses Thema im Blick auf Meister Eckhart aufgegriffen, und zwar in uneingeschränkt positiver Weise: «Eriugena hat zweifellos ein mystisches Konzept zu vertreten darin, daß das Sein des ganzen geschaffenen Kosmos, zunächst natürlich das Sein des Menschen, überhaupt nur ist, sofern es Theophanie ist; das geschöpfliche Sein bekommt seine Vollendung nur im Rückgang in seine Exemplarursachen und in Gott».[11]

Die Einordnung Eriugenas in das spekulativ-mystische Denken des Abendlandes ist schon durch seine Dionysius-Übertragung und -Glossierung gerechtfertigt. Sie wurde im Rahmen der Dionysius-Rezeption skizziert (K 1, 4.) und soll hier nur im besonderen Blick auf Meister Eckhart wieder aufgegriffen werden. Zur Diskussion steht die Frage, ob und inwieweit diesem das Œuvre Eriugenas zugänglich war.

Es ist unbestritten, daß Eriugenas Schriften, denen in der Zeit ihrer Entstehung, im 9. Jahrhundert, nichts Vergleichbares gegenüberstand und deren spekulative Kraft die Möglichkeiten des Zeitalters überforderte, erst vom 12. Jahrhundert an zu wirken begannen, als ein neues Lebensgefühl, ein freieres Denken und eine dadurch neu engagierte Wissenschaftlichkeit aufbrachen. Man hat so die Rezeption Eriugenas mit dem Siegeszug zusammenzusehen, den das 'Corpus Dionysiacum' antrat, welches im Pariser 'Corpus' nicht nur Eriugenas Übertragung, als *vetus translatio,* sondern auch Auszüge aus 'Periphyseon' enthielt (s. K 1, 4.d). Dasselbe Zeitalter bringt den Einstrom platonischen und neuplatonischen Gedankengutes mit der Schule von Chartres, dem 'Liber de causis', dem 'Liber XXIV philosophorum', den Proklos-Übertragungen Wilhelms von Moerbeke.[12] In diesem Strom ist nun freilich Eriugena nur so etwas wie ein halb verborgenes *membrum disiectum.* 'Periphyseon' wurde zur Hauptsache durch die 'Clavis physicae' (ca. 1125/1150) des Honorius Augustodunensis vermittelt, in der das Werk, das ansonsten anonym bleibt, in der Mehrzahl der Handschriften Johannes Chrysostomos zugeschrieben wird, mit Exzerpten aus den Büchern I–IV und

---

[10] HAAS, S. 256–259; s. auch Werner BEIERWALTES, Die Wiederentdeckung des Eriugena im deutschen Idealismus, in: W. B., Platonismus und Idealismus (Philos. Abhandlungen 40), Frankfurt a. M. 1972, S. 188–209.

[11] HAAS, S. 278; dazu Anm. 103.

[12] Den bequemsten Überblick bietet immer noch, obschon im einzelnen längst überholt, Clemens BAEUMKERS Festrede von 1916 'Der Platonismus im Mittelalter', in: BEIERWALTES (Hg.), Platonismus, S. 1–55.

der fast vollständigen Wiedergabe von Buch V; die – stark verbreitete – Homilie über den Prolog des Evangelium Johannis galt zumeist als Schrift des Origenes;[13] der Johannes-Kommentar wurde anonym überliefert. So fällt es schon von der Überlieferung her schwer, den unmittelbaren Einfluß des irischen Denkers nachzuweisen.[14] Hinzu mag noch der Umstand treten, daß die erneute kirchliche Verurteilung durch Honorius III. im Jahre 1225 eine direkte Nennung verbot.

Was nun Eckharts Beziehungen zu Eriugena betrifft, so ist allein die Benützung von dessen Dionysius-Übersetzung im Pariser ‹Corpus› über ernsthafte Zweifel erhaben[15] und die Kenntnisnahme der dort überlieferten ‹Periphyseon›-Auszüge nicht auszuschließen. Präzise nachzuweisen sind sie nicht. Die Hinweise der Herausgeber von Eckharts lateinischen Schriften[16] gehen allesamt über z.T. sogar ziemlich vage inhaltliche Übereinstimmungen nicht hinaus; keine Stelle kann als wirkliches Zitat gelten. Immerhin darf diese Frage, da nur Bd.I durch Register erschlossen ist und wichtige Texte noch nicht vollständig ediert sind, noch offengelassen werden.

Nicht nachzuweisen ist auch die Benutzung der ‹Clavis physicae› oder gar von ‹Periphyseon› selbst.[17] Was die Homilie zum Prolog des Johannes-Evangeliums und den Johannes-Kommentar betrifft, so hat schon Hugo Rahner die These vertreten, daß Eckhart sie nicht nur aus der «Thomaskatene» (‹Lectura super Iohannem›) gekannt, sondern «sie auch im Zusammenhang gelesen» habe; Haas pflichtet dieser Auffassung

---

[13] Siehe E. JEAUNEAU, Le renouveau érigénien du XIIᵉ siècle, in: BEIERWALTES (Hg.), Eriugena redivivus, S. 26–46; ders., Introduction zur Hom., S. 130–142; dazu ergänzend: Paolo LUCENTINI, La ‹Clavis physicae› di Honorius Augustodunensis e la tradizione eriugeniana nel secolo XII, in: ROQUES (Hg.), Jean Scot Érigène, S. 405–414.

[14] In einem imponierenden Beitrag hat Christel MEIER (Eriugena im Nonnenkloster. Überlegungen zum Verhältnis von Prophetentum und Werkgestalt in den *figmenta prophetica* Hildegards von Bingen, Frühmal. Studien 19 (1985), S. 466–497) die These aufgestellt, daß Eriugena als entscheidender Anreger der Hildegardschen Visionsbücher zu gelten hätte. Ohne mir ein abschließendes Urteil anzumaßen, muß ich erhebliche Zweifel anmelden. Hildegard wäre der einzige deutsche Autor im 12. Jahrhundert, der über ‹Periphyseon› verfügt hätte. Außerden wurde Eriugenas Hauptwerk in Deutschland durch die ‹Clavis physicae› des Honorius Augustodunensis (1125/1150) vermittelt, was MEIER nicht berücksichtigt. Gibt es Hinweise, daß dieses Werk sich auf dem Rupersberg befand?

[15] Siehe K. RUH, Dionysius Areopagita im deutschen Predigtwerk Meister Eckharts, Perspektiven der Philosophie. Neues Jb. 13 (1987), S. 207–223.

[16] Ich habe die von HAAS, S. 266, Anm. 51, angegebenen Stellen überprüft. Die deutschen Werke sind ohne Eriugena-Hinweise.

[17] Auch die von LIEBESCHÜTZ beigebrachten Parallelen (S. 251, 256 u. 263) sind nur inhaltlicher Natur und erlauben keine unmittelbare Abhängigkeit Eckharts von Eriugena zu konstruieren, was übrigens auch die Ansicht von LIEBESCHÜTZ ist (S. 241 f.).

bei.[18] Die Überprüfung der drei von Rahner aufgeführten Parallelen verbietet indes, eine direkte Beziehung anzunehmen. Sie seien hier aufgeführt, und zwar im Wortlaut der neuen Ausgaben, die Rahner noch nicht zur Verfügung standen:

1. Eriugena, Hom. XI 36–38: *Lux itaque hominum est dominus noster Ihesus cristus, qui in humana natura omni rationali et intellectuali creaturae seipsum manifestauit;*
   Thomas v. Aquin, ‹Lectura›:[19] *Origenes uero dicit quod participatio huius lucis pertinet ad homines inquamtum sunt rationalis naturae;*
   Eckhart, In Joh. n. 65; LW III 54,1 f.: *Origenes vero dicit quod per li ‹hominum› intelligitur universaliter natura rationalis.*
   Eindeutig ist, wie schon Jeauneau in der Ausgabe vermerkte (S. 143 f.), daß Eckhart nur auf der Lesung des Thomas beruhen kann. Indem er aber die Aussage auf die Definition des Menschen, die er auch von Aristoteles haben konnte, reduzierte, ist jeder Bezug auf Eriugena verschwunden. Es schien ihm offensichtlich reizvoll, diese Definition auch von einem von ihm hochgeschätzten griechischen Vater beglaubigt zu finden.

2. Eriugena, Hom. XXI 11 f.: *carnis quidem nomine femineum, uiri vero masculinum euangelista significauit habitum;*
   Eckhart, In Joh. n. 111; LW III 96,10 f.: *per ‹voluntatem› enim ‹carnis› feminam intelligit.*
   Befund: für beide Denker unspezifische Aussage in verschiedener Formulierung.

3. Eriugena, In Ev. Joh. XXVI 17–19: *Sinus autem patris dicitur filius, quia patrem insinuauit mundo. Sinus etiam patris unigenitus filius est, quia in secretis paternae naturae semper est;*[20]
   Eckhart, In Joh. n. 198, LW III; 166,14–167,2: *Si semper pater fuit et est, semper filius fuit et est: semper natus, semper nascitur. Psalmus: ‹filius meus es tu, ego hodie genui te›; ‹genui›, quia natus, ‹hodie›, quia nascitur.*
   Beide Stellen sind Bemerkungen zu Joh. 1,18 – ohne eigentlich inhaltliche, geschweige denn wörtliche Parallele.

Eigenartig ist, daß die philosophisch-theologische Forschung, deren sprunghafte Fortschritte in der Erkenntnis des mittelalterlichen Platonismus in den letzten Jahrzehnten beeindruckend sind, den ‹Granum sinapis›-Kommentar, obschon er, von Maria Bindschedler, bereits 1949 ediert und mustergültig auf seine Quellen hin erschlossen wurde,[21] unbeachtet ließ, muß er doch als ein gewichtiger Zeuge des mittelalterlichen und speziell deutschen Platonismus gelten. Sein Gegenstand ist, fürwahr ein Unikum, ein deutsches Gedicht in Sequenzform – ‹In dem

---

[18] RAHNER, Gottesgeburt, S. 414, Anm. 14; HAAS, S. 272, Anm. 78.

[19] Zitiert nach JEAUNEAU, Hom., Introduction S. 144, Anm. 1.

[20] In zusätzlichen Hinweisen auf ‹Periphyseon› II 20 (555 – RAHNER irrtümlicherweise 553 – A/B = Sh.-W. II 68,7 ff.) sehe ich überhaupt keinen Zusammenhang.

[21] Maria BINDSCHEDLER, Der lateinische Kommentar zum ‹Granum sinapis› (Basler Studien z. dt. Sprache u. Lit. 9), Basel 1949.

*begin/hô uber sin/ist ie daz wort›* –, das schon immer in die Nähe Eckharts gestellt wurde und das ich ihm zuzuschreiben kaum mehr zögere.[22] Entstanden ist es im frühen 14. Jahrhundert.

Es ist auch kein abwegiger Gedanke, den Kommentar Meister Eckhart zuzuschreiben; er wäre so sein eigener gelehrter Interpret. Es ist zunächst ein überlieferungsgeschichtlicher Befund, der zu einer solchen These führt: nicht folgte dem Lied der Kommentar, sondern am Anfang stand der Kommentar, der das Lied, Strophe um Strophe und Vers um Vers, zitiert. Unabhängig vom Kommentar erscheint das Lied erst auf einer sekundären Überlieferungsstufe. Dieser Tatbestand, zusammengesehen mit der spezifischen Orientierung des jüngeren Eckhart – Dionysius als Leitstern, Intellektlehre –, läßt jedenfalls den Schluß zu, daß eine enge Personenverbindung zwischen Lieddichter und Kommentator bestand.

Was die lateinischen Werke Eckharts (soweit sie ediert sind) uns vorenthalten, das gewährt uns der ‹Granum sinapis›-Kommentar: hier ist Eriugena als unmittelbare Quelle zu fassen. Zunächst sind es die ‹Periphyseon›-Auszüge aus dem Pariser ‹Corpus Dionysiacum›, die der Erklärer benutzte. Es sind deren sechs; einige davon werden ausdrücklich, im Anschluß an Dionysius-Zitate, die zu Dutzenden vorkommen, *glossa* genannt: 1,3, S. 32,11–13 (‹Periph.› I 188,22–24); 33,8, S. 80,4 f. (P. I 110,7 f.); 43,3, S. 94,7 f. (P. II 124,6 ff.); 57,7, S. 120,16–18 (vgl. P. I 82,8 ff.); 64,3/4, S. 126,23–25 (vgl. P. III 92,15/296,25); 76,3–7, S. 148,11–150,3 (P. V 25, 898 B + III 174,37–176,3 + III 60,24–34). – Die letztgenannte *glossa,* die die Substanz des 76. Kapitels ausmacht, ist eine erigenetische Zitatensequenz zum Vers *in gotes nicht* (8,4).

Noch eindrucksvoller ist indes die Eriugena-Zitation im vorangehenden Kap. 75,3–8, S. 146,15–148,7 zum Vers *sink al mîn icht* (8,3). Hier wird – einmalig im Umkreis der Eckhartschen mystischen Theologie – ‹Periphyseon› zitiert, *ex libro ‹de quadrifaria divisione naturae›.* Sodann scheint die Stelle, im Unterschied zu den Glossen, die dem ‹Corpus Dionysiacum› entnommen sind, unmittelbar auf ‹Periphyseon› zurückzugehen; jedenfalls schließt sie nicht an ein Dionysius-Zitat an. Es handelt sich um P. I 9 f. (449 C–450 B = Sh.-W. I 54,18–27, 8–10, 27–33, 34–56,3) mit zwei Maximus-Confessor-Zitaten. Die ganze Stelle sei hier als Zeugnis der Eriugena-Rezeption wiedergegeben, das es in dieser Breite und Präzision bis zum Cusanus nicht mehr gibt:[23] «... wie dem Buch ‹Von der vierfachen Teilung der Natur› ausführlicher zu entneh-

---

[22] Vgl. K. Ruh, Meister Eckhart, München ²1989, S. 49–51.
[23] Die Übersetzung nach Bindschedler [Anm. 21], S. 147 f.; der Eriugena-Text ebd., S. 239 f.

men ist. Darüber sagt Maximus: ‹Was immer der menschliche Verstand begreifen kann, das wird er selbst› So weit also der Geist die Kraft (*virtus*) begreift, insofern wird er die Kraft. So wie die von der Sonne erleuchtete Luft nichts anderes zu sein scheint als Licht, nicht weil sie ihre eigene Natur verlöre, sondern weil das Licht in ihr überwiegt, so daß man meint, sie sei dasselbe wie das Licht, so sagt man von der in Gott versenkten (*immersa*) menschlichen Natur, sie sei Gott-durch-alle-Dinge (*deus per omnia*), nicht weil die menschliche Natur zu sein aufhörte, sondern weil sie die Teilnahme (*participatio*) an der Gottheit empfängt, so daß Gott allein ihr innezuwohnen (*inesse*) scheint. Denn, wie Maximus sagt, ‹so weit wie der menschliche Verstand durch die Liebe aufsteigt, so weit steigt die göttliche Weisheit durch die Barmherzigkeit hinab›, so daß die Einsenkung (*immersio*) oder Vermischung (*commixtio*) gegenseitig wird. So wie aber das Licht der Sonne, insofern es an sich besteht, von keinem körperlichen Sinne erfaßt wird, wenn sich jedoch das Sonnenlicht mit der Luft vermischt, es dann sichtbar zu werden beginnt, so daß es in sich selbst unfaßbar (*incomprehensibile*) ist, jedoch in der Vermischung mit der Luft von den Sinnen erfaßt werden kann: so erkenne, daß die göttliche Wesenheit (*essentia*) an sich selbst unfaßbar ist, daß sie indes, mit einem geistbegabten (*intellectuale*) Geschöpf verbunden, auf wunderbare Weise sichtbar wird. Die unaussprechliche Herrlichkeit (*excellentia*) ihrer selbst aber übertrifft jedes Wesen, das ihrer teilhaft ist, so daß in allen Dingen den Erkennenden außer ihr selbst nichts anderes begegnet, während sie durch sich selbst, wie wir gesagt haben, auf keine Weise sichtbar ist.»

Da die ganze Textstelle ohne charakteristische Varianten auch in der ‹Clavis Physicae› des Honorius überliefert ist, besteht die Möglichkeit, daß diese die Quelle ist. Dem widerspricht indes die Quellenangabe. Bei der Zitatensequenz 8,4 ist es sicher, daß sie nicht der ‹Clavis› entnommen sein kann: das verbietet der Wortlaut. So darf die ‹Clavis› als Quelle des ‹Granum sinapis›-Kommentars ausscheiden.

Es hat also im engsten Umkreis von Meister Eckhart eine Dokumentation von Eriugena-Texten gegeben! Die größte Überraschung aber ist die bis jetzt übersehene Tatsache, daß Eriugena sogar mittelhochdeutsch, und damit von Illitterati, gelesen werden konnte. Es handelt sich um ein aus dem Sangallensis 972[a] von Jundt veröffentlichtes Prosastück unter dem Titel ‹*Das send gar hoch fragen und materien*›.[24] Dieser Text stammt

---

[24] Auguste JUNDT, Histoire du Panthéisme populaire au moyen âge et au seizième siècle (suivie de pièces inédites), Paris 1875 (Neudruck Frankfurt a. M. 1964), S. 240–246. Den Fingerzeig auf Sang. 972[a] gab bereits DENIFLE in der Preger-Rezension [s. Anm. 4], S. 779: «Uns ist nur Ein Traktat bekannt, dessen Verfasser einige Kenntnis der übrigen

gleichfalls aus der näheren Umgebung von Meister Eckhart, und zwar aus streng scholastisch-spekulativen Kreisen, wie sie etwa im sogenannten ‹Liber positionum› der Pfeifferschen Ausgabe zu fassen sind. Einleitend wird *ain chunstreicher pfaffe* als *tolmescher us dem latine* genannt. Vergleicht man Jundt Nr. 3 mit ‹Periphyseon›, so handelt es sich um einen stark kürzenden Auszug von I 8–14 (PL 122, 447 B – 462 D = Sh.-W. I 48,14–84,11) mit Schwerpunkt auf n. 9 und der ersten Hälfte von n. 10 ( = Jundt, S. 241,9–242,2). Dieser Vergleich täuscht indes. Die Vorlage des Übersetzers war nämlich nicht eine ‹Periphyseon›-, sondern eine ‹Clavis physicae›-Handschrift, in der Ausgabe von Lucentini c. 11,35–25,50 ( = S. 8, Z. 6 v. u. – 19, Z. 7 v. o.). Diesen Auszügen folgt der mittelhochdeutsche Text mit wenigen Kürzungen. Eigene Ergänzungen sind selten. So fügt der Übersetzer 241,1–3 ein Paulus-Zitat (1 Tim. 6,16) (das er als Jakobus-Wort ausgibt) hinzu, und nach Lucentini c. 15 konstruiert er eine Jünger-Frage, um mit Ausklammerung von c. 16 und 17,1–13, die seinen Zwecken nicht zu entsprechen schienen, wiederum Anschluß an den ‹Clavis›-Text zu finden (Jundt, S. 242,37 f.).

Feststellungen bezüglich des Übersetzers und Redaktors lassen sich indes nur mit Vorbehalten machen, solange wir uns auf den Jundtschen Text verlassen. Es gibt nämlich überraschende Abweichungen und Ergänzungen der Ausgabe gegenüber ihrer Quelle, dem Sangallensis: sie müssen aus der Straßburger Handschrift (s. Anm. 24) stammen, die Jundt zur Verfügung stand. Fest steht, daß Jundt Titel und Vorspann – mit dem Hinweis auf den *chunstreichen pfaffen* als Übersetzer – (S. 240,14–21) stillschweigend aus ihr übernommen hat. Die Augsburger Handschrift (s. Anm. 24) hat diesen Vorspann gleichfalls, so daß er als authentisch gelten darf. Der Titel gehört allein der Straßburger Handschrift zu.

In unserem Zusammenhang ist interessant, daß der *tolmescher* auch die Stelle übernommen hat, die wir soeben aus dem ‹Granum sinapis›-Kommentar zitierten.[25] Sie lautet (Jundt, S. 241,33–242,12):

---

Schriften Erigena's [d. h. außerhalb der Dionysius-Übertragung und -Kommentierung] gehabt zu haben *scheint,* Cod. s. Gall. Nr. 972ᵃ p. 126–151 [richtig 150] besonders p. 139 squ.» Er meint damit das im gleichen Jahr von JUNDT publizierte Stück. So viel ich sehe, blieben der Hinweis DENIFLES wie JUNDT Nr. 3 selbst unbeachtet, obschon inzwischen drei Parallelhandschriften bekannt geworden sind: Straßburg, Univ. u. Staatsbibl. cod. 2795 (germ. 662), 265ᵛ–275ᵛ, Augsburg, Univ. Bibl. (olim Oettingen-Wallersteinsche Schloßbibl.) cod. III.1.4°33, 187–192ᵛ + 229ᵛ, Nürnberg, Stadtbibl. cod. Cent. VI 46ʰ, 134ᵛ–140ᵛ. Darüber Näheres RUH (1988), S. 24, 26, 30 f. – Im nachhinein stelle ich fest, daß GREITHS Mosaiktraktat einen Teil des JUNDT-Textes enthält: Rosemary CADIGAN, The Compilatio Mystica (Greith's Traktat) in the Original, Chapel Hill 1973, S. 253,1–260,20 (exkl. 254,18–255,2) = JUNDT 240,22–242,36 (mit drei kleinen Auslassungen).

[25] Beim Vergleich ist darauf zu achten, daß im JUNDT-Text (den ich indes, da fehler-

( = Clavis n. 131) . . . *Wan als Maximus sprichet: Was die vernunft begriffen mag, daz wirt die vernunft: als vil och denn dú sel der tugend begriffet, als vil wirt sú die tugend. Des nement ain bild an der vrlúhtung der luft: Als der luft, da die sunn in schinet, (132) der schinet niht anders dann ain lieht. Niht daz der luft sin natur verliese, mer daz lieht úberwindet den luft, also daz der luft ain lieht geachtot wirt: also ist mentschlich natur gefúget ze got, daz si haisset in alle wise got, niht also daz mentschlich natur ze got werd, sunder von götlicher tailhaftikait, die si enphat, geschicht das, daz got mir erschinet wesen. Dú ander glichnuss gat uf daz götlich wesen, daz ist: da sunnen liechtes nit enist, da ist der luft duster, so aber das lieht in im selber ist, so ist es vnbegrifflich liplichen sinnen. Da von ist sunnen (133) lieht vnbegriflich in im selber. So es sich aber mischet mit der luft, so wirt es begriflich. Alsus verstend götlich wesen, wie daz vnbegrifflich ist, aber mit der vernunft versament erschinet es mit ainer wunderlicher wise, also daz das götlich wesen in der vernunft aller schinet, wan sine vnsprechenlicher úberschal úber windet alle natur, die sin tailhaft wirt, also das nicht anders in allen dingen allen vernúnften begegnen mag, wie si doch an ir selber nieman erschinen mag.*

(Lucentini 13,22–38) *Ut enim idem Maximus ait, quodcumque intellectus comprehendere potuerit id ipsum fit: in quantum ergo animus virtutem comprehendit, in tantum ipse virtus fit. Verbi gratia: sicut aer a sole illuminatus nichil aliud videtur esse nisi lux, non quia sui naturam perdat sed quia lux in eo prevaleat ut id ipsum lucis esse estimetur, sic humana natura Deo adiuncta Deus per omnia dicitur esse, non quod desinat esse natura sed quod divinitatis participationem accipiat ut solus Deus in ea esse videatur. Item: absente luce aer est obscurus, solis autem lumen per se subsistens nullo sensu corporeo comprehenditur, cum vero solare lumen aeri miscetur tunc incipit apparere, ita ut in se ipso sensibus sit incomprehensibile, mixtum vero aeri sensibus possit comprehendi; sic intellige divinam essentiam per se incomprehensibilem esse, adiunctam vero intellectuali creature mirabili modo apparere, ita ut ipsa divina essentia sola in ea, creatura intellectuali videlicet, appareat. Ipsius enim ineffabilis excellentia omnem naturam sui participem superat, ut nil aliud in omnibus preter ipsam intelligentibus occurrat, dum per se ipsam, ut diximus, nullo modo appareat.*

## 2. Die Auslegung des Johannes-Prologs

Die Homilie ‹Vox spiritualis› ist mit 70 Textzeugen[26] die am besten überlieferte Schrift Eriugenas. Sie gilt als wichtige Ergänzung zum Hauptwerk ‹Periphyseon›, indem sie dessen Exegese der ersten drei

---

haft, nach der Handschrift wiedergebe) ein Satz, BINDSCHEDLER c. 75,5 (S. 147,24 f.), fehlt. Der ‹Granum sinapis›-Kommentar hat ihn aus dem vorhergehenden Abschnitt von ‹Periphyseon› eingeschoben.

[26] Seit der Liste in JEAUNEAUS Ausgabe mit 54 Handschriften (S. 78–115) sind bis 1987 (JEAUNEAU, Le renouveau érigénien, in: LÖWE [Anm. 2], S. 33 f.) 16 neue hinzugetreten.

Genesiskapitel die Erklärung der Verse gegenüberstellt, die der Inkarnation des Verbums gelten. Schon immer war es die Lehre von der Schöpfung und der Menschwerdung des Wortes in der Sicht des 4. Evangelisten, die spekulativ orientierte Theologen als die Hauptpfeiler des Bibelverständnisses betrachteten. Man denke an Augustinus und Meister Eckhart.

Die Homilie, vorgetragen im Rahmen der 3. Weihnachtsmesse, ist, zusammen mit dem Johannes-Kommentar, die späteste Schrift des Iren; sicher ist sie nach ‹Periphyseon›, ca. 864–866 entstanden. Sie zeigt den Verfasser auf der Höhe seines Schaffens. Souverän skizziert er seine Grundanschauungen, diesmal freilich als Prediger und daher hörerbezogen. Als Rede ist die Homilie ausgezeichnet durch einen glänzenden, poetische Höhen erreichenden Stil[27] und mag so nachhaltige Wirkungen erzielt haben. Im Umkreis der Predigt der Karolingerzeit steht sie einzigartig da.

«Die Stimme des Adlers des Geistes tönt in den Ohren der Kirche. Möge unser äußerer Sinn den vorübergehenden Schall aufnehmen, die Geistseele (*interior animus*) ihn zu dauerhaftem Sinnverständnis (*intellectus*) durchdringen! Die Stimme des hochfliegenden Vogels, nicht desjenigen, der über der Körperwelt oder dem Äther, ja über dem ganzen Umkreis der Erde schwebt, sondern desjenigen, der sich mit den schnellen Flügeln seiner tiefschürfenden Gotteslehre (*theologia*) über alle Umschau (*theoria*), über alles was ist und was nicht ist» – eine Formel, die Eriugena der ‹Mystica Theologia› des Dionysius (PG 3, 998 B) entnommen hat –, «im Strahl der hell-leuchtenden hohen Beschauung erhebt» (I 1–8). Dem predigthaften Aufschwung folgen Definitionen, die anzeigen, daß der Vortrag präzise Exegese und Begrifflichkeit nicht ausschließt.

Unter den «Dingen, die sind» versteht Eriugena die Totalität der geschaffenen Welt, die menschliche und englische, «Himmel und Erde» im Sinne der Genesis, unter den «Dingen, die nicht sind» das, was die Möglichkeiten alles Begreifens übersteigt. Damit ist Gott im dionysischen Sinne als Nicht-sein definiert; Eriugena spricht auch, wie später Eckhart, von Gott als dem Nicht, *nihil*.[28]

Die Definition der Totalität der erkennbaren und nicht erkennbaren Welt als *quae sunt et quae non sunt* ist eine Grundformel von ‹Periphy-

---

[27] Er wurde vielfach und schon im Mittelalter gerühmt. Am schönsten hat ihn Peter Dronke gewürdigt, ‹Theologia veluti quaedam poetria›, in: Roques (Hg.), Érigène (1977), S. 243–252.
[28] Z. B. ‹Periph.› V 21, 897 D; weitere Belege bei Haas, S. 268.

seon».[29] Von Johannes aber, jetzt *beatus theologus* genannt, wird weiter in
erneuerter Emphase gesagt, er überflöge «nicht nur das, was nicht mit
der Vernunft erfaßt und [mit Worten] bezeichnet werden kann, sondern
er habe sich in unaussagbar hohem (*ineffabilis*) Flug des Geistes außerhalb aller Dinge in die Geheimnisse des einzigen Grundes (*unius princi-
pii*) aller Dinge erhoben und in klarer Weise die unbegreifliche, einige
Überwesentlichkeit (*unita superessentialitas*) ebendieses Grundes und des
Verbums, das ist des Vaters und des Sohnes, erkannt. Sein Evangelium
beginnt er mit den Worten: ‹Im Anfang war das Wort›» (I 13–21).
    Diesem ersten Kapitel folgt in Kapitel II und III das Lob des Johannes
im Vergleich mit Petrus. Dieser ist die Verkörperung von Aktion und
Glaube, jener Inbegriff von Kontemplation und Wissen (*scientia*). Eriugena greift damit ein, wie es scheint, von Augustinus in Ergänzung des
Martha-Maria- und Lea-Rahel-Modells eingeführtes Beispielpaar für die
vita activa und contemplativa auf.[30] Es geht ihm indes keineswegs um
die Abgrenzung der aktiven und kontemplativen Lebensform, sondern
um zwei verschiedene ‹Perspektiven› von Schriftverständnis, das heilsgeschichtliche und das spekulative, das im Glauben gewonnene Schriftverständnis von Sündenfall, Inkarnation und Auferstehung und die spiri-
tuell-symbolische Auslegung der christlichen Heilsgeschichte auf dem
«plotinischen Weg der Rückkehr».[31] Beides miteinander zu verbinden,
war das eigentliche wissenschaftliche Problem Eriugenas. Im Prolog des
Johannes-Evangeliums findet er, wovon sofort die Rede sein wird,
beide Sehweisen verbunden: den *vertex montis theologiae* (v. 1–5) und die
*vallis historiae* (v. 6–14).
    Dem Johannes-Petrus Vergleich folgt ein erneutes und gesteigertes
Lob des «Theologen» Johannes, nunmehr im Blick auf Paulus. Dieser
wurde zwar im *raptus* in den dritten Himmel und ins Paradies (Eriugena
versteht darunter das Paradies der Genesis, und zwar symbolisch als
Inbegriff der menschlichen Natur in ihrer Unversehrtheit) erhoben,
Johannes indes über alle geschaffene Natur, die menschliche und die
englische, hinaus, «über alle Himmel ins Paradies der Paradiese, in den
Grund aller Dinge (*causa omnium*), wo er das eine Wort vernahm, durch
das alles geschaffen wurde» (IV 11–13). Das bedeutet die Vergöttlichung
des Johannes: *deificatus in deum intrat se deificantem* (IV 4); *in deum trans-
mutatus, ueritatis particeps* (V 14 f.).

[29] Zahlreiche Belege in Hom., Anm. 1 zu I 8. – Eriugena nennt diese Totalität auch
*universitas: universitatem dico Deum ·et creaturam* (II 4,14).
[30] Siehe Dietmar Mieth, Die Einheit von Vita activa und Vita contemplativa (Studien
z. Gesch. d. kath. Moraltheol. 15), Regensburg 1969, S. 84 ff.
[31] Gregory, Studi III, S. 58.

Die *deificatio*[32] des Johannes entspricht dem «plotinischen Weg der Rückkehr», den Eriugena im Anschluß an die griechischen Väter Gregor von Nyssa und Maximus Confessor angetreten hat. Die Verbindung mit den heilsgeschichtlichen Wahrheiten ist ausgesprochen mit der Gnadenhaftigkeit dieser Vergöttlichung (was indes erst aus späteren Zusammenhängen hervorgeht). Nach unserem Verständnis und in unserem Begriffsgebrauch handelt es sich um die *via mystica.*

Die mit Kapitel VI beginnende Auslegung ist, dem Prolog entsprechend, zweiteilig: den Versen 1–5 gelten Kapitel VI–XIII, den Versen 6–14 Kapitel XIV–XXIII. Nach dem Bild zu Beginn des zweiten Teils, das vom Adler Johannes spricht, der nunmehr vom «Gipfel des Berges der Theologie» herabsteigt in das «Tal der Geschichte» (XIV 2 ff.), handeln die ersten fünf von den ewigen «Realitäten» der göttlichen Personen, die restlichen von den Grundfakten der Heilsgeschichte.

«*In principio erat verbum.* Festzuhalten ist, daß an dieser Stelle der heilige Evangelist mit dem Wort *erat* nicht die zeitliche, sondern die wesenhafte Bedeutung beabsichtigt. Denn das Verbum *sum,* von dem sich das Imperfekt *erat* in unregelmäßiger Konjugation ableitet, hat einen doppelten Sinn: es bezeichnet zuweilen die Subsistenz irgendeiner Sache, von der etwas ausgesagt wird ohne irgendwelchen Bezug auf zeitliche Bewegung; in diesem Sinne ist hier vom Verbum substantivum die Rede; zuweilen meint es zeitliche Vorgänge so wie bei den übrigen Zeitwörtern» (VI 1–9).

Thomas von Aquin scheint die Stelle gekannt zu haben, und Meister Eckhart lehnt sich an dessen Text an.[33] – Die substantivische Bedeutung von *erat* hat den Verfasser des ‹Granum sinapis›-Gedichts zur Aussage «*in dem begin ... ist ie daz wort*» veranlaßt, und der Kommentator, den wir als Eriugena-Experten kennenlernten, knüpfte daran interessante Ausführungen.[34]

Hinzugefügt, fährt Eriugena fort, wird vom Evangelisten «apud deum», um hervorzuheben, daß das Verbum nicht in der Art der Substanz (das heißt *personali distinctione,* wie eine Glosse vermerkt) zu verstehen ist, sondern in der Wesenseinheit (*in unitate essentiae*) mit dem Vater steht (VI 15–19).

In die Mitte von Eriugenas Denken führt die Erklärung von Vers 3 «*Omnia per ipsum facta sunt*». «Alle Dinge sind durch Gott-im-Wort

---

[32] Das Substantiv *deificatio* bzw. *theosis* verwendet Eriugena an dieser Stelle nicht, wohl aber Hom. XXIII 26 ff. *Deificationis autem, dico, qua homo et deus in unitatem unius substantiae adunati sunt;* in ‹Periphyseon› ist es überaus häufig.

[33] Siehe JEAUNEAU, Hom. S. 227, Anm. 2; Meister Eckhart, Expositio sancti evangelii secundum Iohannem n. 8, LW III 9, Anm. 2.

[34] BINDSCHEDLER [Anm. 21], n. 9,1 ff.; S. 46,11–20.

(*deum uerbum*) oder durch das Wort-in-Gott (*uerbum deum*) geschaffen
worden. Und was bedeutet ‹Alles ist durch ihn geschaffen worden›
anderes als: geboren vor allen Dingen aus dem Vater, ist alles mit ihm
und durch ihn geschaffen worden. Denn seine Geburt (*generatio*) aus
dem Vater ist diejenige aller (Primordial)ursachen und das erwirkende
Wirken von allem, was aus den Ursachen in Gattungen und Arten hervorgeht. Durch Gebären (*generatio*) aber des göttlichen Wortes aus dem
göttlichen ‹Anfang› (*principium*) ist alles geschaffen worden. Vernimm
das göttliche und unaussprechbare Paradox (*paradoxum*), das Geheimnis,
das nicht zu ergründen ist, die nicht durchdringbare Tiefe und das nicht
erklärbare Mysterium. Durch den, der nicht geschaffen (*factum*), aber
erzeugt (*genitum*) worden ist, sind alle Dinge geschaffen, aber nicht
erzeugt worden» (VII 1–11).

Der Hervorgang des Verbums aus dem Vater im Zusammenhang mit
der Schöpfung gehört zu den zentralen Lehrstücken Eriugenas. Im Verbum sind die Primordialursachen – Eriugena sagt hier nur *causae,* nicht
*causae primordiales* –, ja sie sind mit jenem identisch, und sie bringen vor
aller Zeit die geschaffene Welt hervor. Das heißt soviel wie die Simultanität von *generatio Verbi* und *creatio;* das will später im Systemzusam-
menhang erörtert sein. Der Prediger deutet nur an.

Besonders thematisiert wird das Problem der Zeit. «Der Vater geht
dem Verbum voran, nicht gemäß der ‹Natur›, sondern gemäß der Ursache ... Die Substanz (Personalität) des Sohnes ist gleichewig, dem Vater
gleich. Die Substanz der durch den Sohn geschaffenen Dinge» – Eriugena meint hier die Primordialursachen[35] – «hat in ihm Sein empfangen
vor aller Zeit (*ante tempora saecularia*), nicht in der Zeit, aber mit den
Zeiten. Die Zeit nämlich ist geschaffen worden mit den übrigen geschaffenen Dingen: sie ist nicht vorher geschaffen worden, sie ist nicht vor-
angegangen, sie ist mit ihm geschaffen worden» (VII 20,24–29).

Daß die Ewigkeit und Mitewigkeit der göttlichen Personen außerhalb
der Zeit steht, ist eine Selbstverständlichkeit, ebenso daß die Zeit erst
mit der geschaffenen Welt konstituiert wurde. Die Besonderheit der
Aussage liegt in der «Zeitbestimmung» von «Welt» (*ea quae facta sunt*);
*non in tempore, sed cum temporibus* (26 f.). Nicht in der Zeit der geschaffenen Dinge haben diese ihr Sein empfangen, sondern «mit den Zeiten»
(die Mehrzahl ist irritierend; Eriugena konnte schwerlich an verschiedene Zeitsysteme denken) als ihren Primordialursachen, in denen die
Weltzeit vorgebildet ist.

Nach dieser schwer verständlichen Metaphysik zieht der Prediger

---

[35] Jeauneau, Hom. S. 235, Anm. 4.

Schlüsse für den Gläubigen; «Dreierlei müssen wir glauben und verstehen» – das gehört für Eriugena zusammen –: «den Vater, der ausspricht, das Verbum, das ausgesprochen ist, die Dinge, die durch das Verbum hervorgebracht sind. Der Vater spricht, das Verbum wird gezeugt, alle Dinge sind geschaffen» (VIII 5–7).

Mit Kapitel IX erfolgt ein neuer Einsatz. Er führt uns bis zum Einschnitt nach Kapitel XIII in die Mitte von Eriugenas Spekulation, und dies ohne gelehrten Aufwand, in der Sprache des Predigers. Ich halte diese Kapitelfolge für den Höhepunkt der ganzen Predigt und das schönste Zeugnis von Eriugenas Charisma. Wir verspüren hier so etwas wie einen Vorgeschmack eckhartischer Predigtweise in deutscher Sprache. Das entschädigt reichlich für den enttäuschenden Umstand, daß Eckharts Ausführungen im Johannes-Kommentar – und das gilt nicht nur für diese Verse – keine sachlichen Parallelen zur Auslegung Eriugenas aufweisen.

Der Prediger fragt: «In welcher Weise und Gestalt waren die Dinge, die durch das Wort geschaffen wurden, in ihm?» (14 f.). Die erste Antwort ist: Als Leben in der Auslegung von Vers 3 f., die zweite: als Licht gemäß Vers 4 f. Dabei liegt der Nerv der Erklärung weniger in den Begriffen «Leben» und «Licht» als in der Bedeutung des «Wortes». «Daher lebt alles, was durch das Verbum geschaffen worden ist, unveränderlich (*incommutabiliter*) in ihm und ist in ihm Leben. Niemals hat irgendetwas in ihm nach dem Maß von Zeit und Ort existiert, noch wird es je tun, sondern außer Zeit und Ort sind sie in ihm eins und existieren alle zusammen: die sichtbaren und die unsichtbaren Dinge, die körperlichen und die nicht körperlichen, die vernünftigen und die nicht vernünftigen und, schlicht gesagt, Himmel und Erde und die Abgründe und was in ihnen lebt: das alles lebt in ihm, dem Wort, und ist Leben und ist ewig» (X 1–10). Hier ist das, was das Verbum als Inbegriff der Primordialursachen umfaßt, konkret genannt: das Universum, die Welt schlechthin. Ewig aber und eins ist sie als «Idee». Wenn nun aber gefragt wird, so fährt der Prediger fort, «in welcher Weise und aus welchem Grunde alle durch das Verbum geschaffenen Dinge in ihm existieren, d. h. wie die geschaffene Welt [zugleich] in ihrem Grunde ruht, so nimm zum Paradigma die Natur[36] der Kreaturen und lerne mit Hilfe der im und durch das Wort geschaffenen Dinge den Schöpfer kennen. [In diesem Sinne] sagt der Apostel (Röm. 1,20): ‹Die unsichtbaren Dinge können durch die geschaffenen mittels der Vernunft erkannt werden›» (X 10–15). Diese Römer-Stelle taucht als Schriftargument immer wieder

---

[36] «Natur» im Sinne von ‹Periphyseon› als «dritte» Natur, «die geschaffen ist und nicht schafft».

auf, wo es um Exemplarismus – Eriugena spricht von ‹Theophanie›[37] – geht, so bei Dionysius (s. K 1, 2.b), Augustinus und Bonaventura. Die Umschreibung des Universums ist der Auftakt zu einem Schöpfungslob im Geiste Augustins, das abschließend abermals auf die Urbilder im Verbum zurückweist. «Betrachte, wie die Urbilder (*causae*) aller Dinge, die der Umkreis (*globositas*) dieser sichtbaren Welt umgreift, zugleich und als Einheit [im Abbild der] Sonne existieren, die man das große Licht der Welt nennt. Sie ist es in der Tat, die die Gestalten aller Körper hervorbringt, die Schönheit und Mannigfaltigkeit der Farben und alles, was von der sichtbaren Natur [Wunderbares] gesagt werden kann. Betrachte die vielgestaltige und unbegrenzte Kraft der Samen, wie die unendliche Zahl der Pflanzen, Sträucher und Lebewesen in einzelnen Samen angelegt ist, wie aus ihnen die Schönheit der Formen und seine unzählbare Vielfalt hervorgeht. Betrachte [aber auch] mit den inneren Augen, in welcher Weise die vielen Regeln der Künste eins sind und im Gedanken ihres Erschaffers leben, in welcher Weise Linien in unendlicher Zahl einen einzigen Punkt bilden. Betrachte weitere Beispiele dieser Art in der Natur. Durch sie, wie mit Flügeln der Naturkontemplation (*phisicae theoriae*)[38] über das Universum erhoben, vermagst du, unterstützt und erleuchtet von göttlicher Gnade, den Blick deines Geistes auf die Geheimnisse des Verbums zu richten und, soweit es Überlegungen des Menschen gegeben ist, seinen Gott zu suchen, zu sehen wie alles vom Verbum Erschaffene in ihm lebt und Leben ist» (X 16–34).

Die Kapitel XI–XIII thematisieren das Licht (Joh. 1,4 f.). Eriugena geht von der Verdunkelung des Lichts durch den Sündenfall aus. «Das Licht göttlicher Erkenntnis ist von der Welt gewichen, seit der Mensch sich von Gott entfernt hat» (XI 11 f.). Dieses ewige Licht manifestiert sich in der Welt durch die Schrift und durch die Kreaturen, d. h. die geschaffene Natur, die zwei Wege also, die zur Gotteserkenntnis führen und die mit Christus neu eröffnet werden. Zum fleischgewordenen Wort führt die Frage hin, warum vom «Licht der Menschen» die Rede sei, wo doch dieses Licht die ganze geschaffene Welt erleuchte? Der Mensch darf stellvertretend für das Universum stehen im Hinblick auf Jesus Christus, «der in der menschlichen Natur sich jedem verstandes- und vernunftbegabten Geschöpf offenbarte, [aber auch] die verborgenen Geheimnisse seiner Gottheit, durch die er dem Vater gleich ist» (XI 24–39).[39]

---

[37] Dazu unten S. 201.

[38] Zum Begriff, von Maximus Confessor übernommen, s. JEAUNEAU, Hom., Anm. 4 zur Stelle.

[39] Ergänzend Hom. XIX 18–24 mit der ‹Etymologie› *homo = omnis*; so auch ‹Periph.› V 27, 923 B, dazu JEAUNEAU, Hom., Anm. 1 zu XIX 21 f.

Das Licht Christus «leuchtet in der Finsternis», über den «Schatten des Todes» nach dem Wort des Jesaia (9,2). Es ist der Sündenfall, der die Finsternis bewirkte, nicht die Blindheit der leiblichen, sondern «der geistigen Augen, mit denen wir Gestalt und Schönheit der intelligiblen Wirklichkeit erkennen» (XII 1–13).

Seit das Licht Christus in der Finsternis leuchtet, ist die Menschenwelt zweigeteilt in Menschen, die vom Licht der Wahrheit erleuchtet sind und vom Glauben zur Schau (*species*)[40] fortschreiten, und in solche, die weiterhin in der Finsternis der Gottlosigkeit und Verruchtheit leben (X 14–21).

Kapitel XIII hat ergänzenden Charakter. Eriugena betont, daß die menschliche Natur auch ohne Sünde kein eigenes Licht hat. «Sie ist nicht Licht, sie hat Teil am Licht, so wie die Luft ihrem Wesen nach Finsternis ist, aber fähig, das Sonnenlicht aufzunehmen (XIII 2–9). Man sieht aus diesen Bemerkungen ex negativo, daß Eriugena das Theologumenon vom Seelenfünklein nicht in seine Spekulation aufgenommen hat.

Eriugena eröffnet den 2. Teil seiner Auslegung mit dem Bilde des fliegenden Adlers Johannes, das wir bereits kennen. «Seht den Adler, wie er in weiten Schwingen vom Gipfel des Berges der Theologie herabsteigt ins tiefe Tal der Geschichte» (XIV 2–4). Es wird so die Rede sein von den in der Heiligen Schrift geoffenbarten Wahrheiten. Da ist es passend, daß der Verfasser einleitend das exegetische Instrumentarium, den vierfachen Schriftsinn, anspricht.[41] – Genaugenommen befaßten sich bereits die Kapitel IX–XIII mit den Grundgegebenheiten der Heilsgeschichte, indes im Horizont der platonisierenden Spekulation. Das Verbum, das die Primordialursachen als Einheit in sich vereinigt, faltet sich aus im Universum der geschaffenen Dinge. Diese sind durch des Menschen Fall der Finsternis überantwortet, aber nicht unwiderruflich. Die Rückkehr ermöglicht das Licht, das in der Finsternis leuchtet, das Licht des fleischgewordenen Logos. Die Annahme der menschlichen Natur wird als universaler Prozeß verstanden, der nicht nur die Species Mensch, sondern die gesamte geschöpfliche Welt, «Himmel und Erde», umgreift. Mit andern Worten heißt dies, daß der Inkarnation eine kosmische Dimension zukommt. Wenn es Eriugena darum ging, die theologisch-spekulative mit der heilsgeschichtlichen Sehweise zu verbinden, so mußten zur

---

[40] Dazu GREGORY, Studi III, S. 60, Anm. 1; JEAUNEAU, Hom., Anm. 1 zur Stelle.

[41] Eriugenas Lehre vom Schriftsinn, die sich an Maximus Confessor anlehnt, unterscheidet sich wesentlich vom bekannten Schema, das bereits bei Cassian anzutreffen ist (Conl. XIV 8,1); s. dazu GREGORY, Studi III, S. 61 f., und JEAUNEAU, Hom., Appendix III, S. 327 f.

Vermeidung eines Systembruchs die Ereignisse in der Zeit in eine meta-zeitliche Perspektive gerückt werden. Dies also leisteten bereits die Ausführungen zu den Versen 4 und 5. Jetzt, mit Kapitel XV, weist der Prediger die «Rückkehr» im «Tal der Geschichte» auf Grund der heilsgeschichtlichen Wahrheiten in der Schrift nach. Das heißt, er legt den Text nach Art der traditionellen Bibelexegese aus, und zwar vor allem nach dem *sensus litteralis.*

Nach der Einführung Johannes des Täufers mit seinem Auftrag und seinem Zeugnis, als Verkünder des Lichtes, so wie der Morgenstern die Sonne anzeigt (XVI 15 ff.) – Ausführungen, die verraten, daß dieser Prediger, ohne je flach zu werden, auch den schlichten Gläubigen erreichen konnte –, greift Eriugena das große Thema des Lichtes wiederum auf. *«Erat autem lux vera.»* Das wahre Licht bezeichnet den wahren Sohn Gottes als «Person» (*per se subsistentem*), vor allen Zeiten durch Gott den Vater erzeugt. Das wahre Licht bezeichnet aber auch den Menschensohn, aus Menschen um des Menschen willen hervorgegangen. Er ist das wahre Licht, von dem er selbst gesprochen hat: «Ich bin das Licht der Welt» (Joh. 8,12) (XVI 25–31).

Wie aber erleuchtet das wahrhaftige Licht «alle Menschen, die in diese Welt kommen» (1,9)? Was meint hier «Welt»? Nicht die Welt der durch Fortpflanzung hervorgegangenen Geschöpfe, sondern Menschen, «die geistig durch die in der Taufe erworbene gnadenhafte Wiedergeburt in eine nicht sinnenhafte Welt gelangt sind, [Menschen,] die ihre Geburt in vergänglichem Fleisch verachten und eine Geburt im Geiste erkoren haben, [Menschen,] die die Schatten der Unwissenheit und des Todes verlassen und nach dem Licht der Weisheit und des Lebens verlangen, die aufhören, Menschenkinder zu sein, und auf dem Wege der Gotteskinder sind, [Menschen,] die die Lasterwelt hinter sich lassen, diese in sich selbst vernichten und den Blick des Geistes auf die Welt der Tugenden richten im Bemühen, sie zu erreichen» (XVII 17–30).

Man mag aus ‹Periphyseon› und dem Dionysius-Kommentar den Eindruck gewinnen – er ist auch immer wieder formuliert worden –, Eriugena hätte weder für die konkreten Heilswahrheiten und noch weniger für das Glaubensleben des Christenmenschen ein engagiertes Interesse bekundet: die Homilie ‹Vox spiritualis› vermag ihn zu korrigieren. Johannes Eriugena war nicht nur «Spekulierer», sondern auch Spirituale. Das aber sind entscheidende Voraussetzungen, die in hoch- und spätmittelalterlicher Zeit den geistigen Nährboden der Mystik ausmachen.

In der Auslegung von Vers 10 bedarf der Begriff «Welt» weiterer Klärungen. *«In mundo erat.»* Dazu betont Eriugena, daß mit «Welt» nicht nur die sichtbare Schöpfung gemeint sei, «sondern vor allem die vernünftige Natur, die dem Menschen eigen ist». Darüber hinaus «war das Verbum in der gesamten geschaffenen Welt das wahre Licht, anders gesagt, es existiert und war immer, weil es niemals zu existieren aufhört» (XVIII 1–7). – «... *et mundus per ipsum factus est*» scheint hinzugefügt wie zur Abgrenzung gegenüber manichäischer Ketzerei, die die sinnliche Welt als Werk des Teufels betrachtet (XVIII 14–19). – Endlich meint «Welt» in «*mundus eum non cognovit*» die menschliche Natur (XIX 21–26).

Die scholastisch wirkende Analyse setzt sich fort in XX und dem ersten Teil von XXI, wo es um die Aufnahme des Lichtes geht (Verse 11–13). Nicht alle Menschen haben den Erlöser angenommen. Der Exeget hebt hervor, daß es nicht die rationale Natur, sondern der Wille ist, der die Gläubigen von den Ungläubigen scheidet (XX 6–11).

Der Schlußteil der Homilie (XXI 13–XXIII) mit der Auslegung von Vers 14 betrifft das zentrale Faktum der Heilsgeschichte, die Fleischwerdung des Wortes. «*Et verbum caro factum est*» wird zuerst zurückbezogen auf die «Gotteskinder» in Vers 12 und 13. «Wenn der Sohn Gottes Mensch wurde – woran keiner zweifelt, der ihn aufgenommen hat –, ist es da erstaunlich, wenn der Mensch, der an den Gottessohn glaubt, zum Sohn Gottes werden soll? Deshalb ist ja das Verbum ins Fleisch herabgestiegen, daß in ihm das Fleisch, das ist der Mensch, der an das fleischgewordene Wort glaubt, emporsteige und daß dank des eingeborenen Sohnes viele Söhne durch Adoption angenommen werden. Nicht um seiner selbst willen ist das Wort Fleisch geworden, sondern um unsertwillen, die wir einzig durch die Fleischwerdung des Wortes in Söhne Gottes verwandelt werden können. Allein ist er herabgestiegen, mit vielen steigt er auf. Der sich als Gott zum Menschen gemacht hat, der macht Menschen zu Göttern» (XXI 20–29).

Der Prediger nimmt die den Hymnen angenäherte Sprache wieder auf, wenn er die «Glorie» ins Wort bringt, in der Johannes mit anderen Auserwählten den Gottessohn gesehen hat. Der Apostel wird persönlich angesprochen: «Wo hast du, o seliger Gottesgelehrter, die Glorie des fleischgewordenen Wortes, die Glorie des Mensch gewordenen Gottessohnes gesehen? Wann hast du ihn gesehen, mit welchen Augen ihn geschaut?» Es wird an die «Verklärung» (*transformatio* mit Maximus Confessor, nicht das übliche *transfiguratio*) auf dem Berge Tabor erinnert, an den Einzug in Jerusalem, an den Auferstandenen und an dessen Himmelfahrt. Über dies hinaus schaute Johannes im höchsten Aufschwung des Gemüts den Gottes- und Menschensohn in seinem Grunde (*in principio suo*), das ist bei seinem Vater (XXII 1–14).

Dem Gottessohn, «erfüllt mit Gnade und Wahrheit», gilt das letzte, XXIII. Kapitel. Der Prediger legt das Hauptgewicht auf die *plenitudo gratiae*. «Die Fülle der Gnade bezieht sich auf die Menschheit, die Fülle der Wahrheit auf die Göttlichkeit Christi. In der Tat, das fleischgewordene Wort, unser Herr Jesus Christus, hat die Fülle der· Gnade gemäß seiner Menschheit empfangen: als Haupt der Kirche und Erstgeborener unter aller Kreatur, das heißt der gesamten Menschheit, welche in ihm und durch ihn ‹geheilt› und wiederhergestellt worden ist. ‹In ihm›, sage ich, weil er selbst der höchste und erste Träger (*exemplum*) dieser Gnade ist, durch die der Mensch, ohne irgend ein Verdienst seinerseits, zu Gott wird und weil er selbst es ist, in welchem uranfänglich (*primordialiter*) diese Göttlichkeit sich offenbarte.[42] ‹Durch ihn›, sage ich, weil wir alle an seiner Fülle teilhaben; an der Gnade der Vergöttlichung [zum Lohn] für die Gnade des Glaubens, durch den wir an ihm hangen, und für die Gnade der Tat, durch die wir seine Gebote erfüllen» (XXIII 1–15).

Die Fülle der Gnade ist Glaubensgnade *und* Vergöttlichung: ein augustinischer Gedanke.[43] Die Vergöttlichung des Menschen erhält bei Eriugena einen besonderen Stellenwert, weil sie sich in die platonisierende «Rückkehr» zum Einen einordnen läßt. Sie wird im nächsten Abschnitt, der die Gnade Christi im Heiligen Geist mit seinen Gaben thematisiert, nochmals aufgegriffen, freilich nur im Blick auf Christus selbst. «Seine Göttlichkeit besteht darin, daß Mensch und Gott sich in ihm vereinigt haben in der Einheit derselben ‹Substanz› (Hypostase)» (XXIII 26–28). Es ist aber, so ist der Gedanke fortzusetzen, die hypostatische Union in der Inkarnation, die den Menschen auf den Weg der Vergöttlichung führt.

Der letzte Abschnitt bringt den Begriff der *veritas* in Christus ein, indem der Prediger Joh. 1,17 heranzieht, wonach das Gesetz von Moses gegeben worden ist und die Gnade und die Wahrheit durch Jesus Christus erfüllt wurden. Das heißt zugleich, daß die Formeln (*symbola*) des Gesetzes in Christus gemäß dem Apostelwort «In ihm wohnt die Fülle der Gottheit leibhaftig» (Col. 2,9) ihre Wahrheit und Erfüllung erhalten haben. «Fülle der Gottheit» nennt der Evangelist den verborgenen Sinn der Schatten der

---

[42] Eine schwierige Stelle. In der Übersetzung muß das Subjekt ergänzt werden (*et in ipso primordialiter manifestum est*). JEAUNEAU hat in seiner Übersetzung «cet exemplaire» ergänzt, also das *exemplum gratiae* wiederholt. Das ist grammatikalisch korrekt. Trotzdem möchte ich «Göttlichkeit» als Subjekt einsetzen, von der soeben bezüglich des Menschen die Rede war. Wie der Gottessohn *exemplum gratiae* ist, so offenbarte er uranfänglich die Göttlichkeit im Verbum.

[43] In Ioannis evangelium tract. III 8–9 (Nachweis von JEAUNEAU, Hom., Anm. 1 zur Stelle).

Gesetze (*misticos legalium umbrarum intellectos*),[44] der Gesetze, die Christus durch sein Kommen im Fleisch (*corporaliter*), das heißt wahrhaftig (*ueraciter*), gelehrt und geoffenbart hat. Denn er ist die Quelle und Fülle aller Gnaden, die Wahrheit der Gesetzesformeln und das letzte Ziel der prophetischen Gesichte. Ihm sei Ruhm mit dem Vater und dem Heiligen Geist von Ewigkeit zu Ewigkeit. Amen» (XXIII 34–46).

Eriugena führte uns im zweiten Teil seiner Homilie ins «Tal der Geschichte». Mit Mystik haben seine Ausführungen nichts zu tun. Wenn wir sie trotzdem, wenn auch in großer Verkürzung, referierten, so um deutlich werden zu lassen, was uns auch im spezifisch mystischen Schrifttum des Hoch- und Spätmittelalters, zumal in der Predigt, begegnen wird: die sogenannten mystischen Texte vermitteln nicht nur auf die Einheit mit dem Göttlichen ausgerichtete Erfahrungen der Seele oder mystagogische Anweisungen, sondern, wenn man so will, «schlichte» Christenlehre. Sie waren, jedenfalls der Intention nach, für alle bestimmt, galten keiner geistigen Elite. Oft kann man Themen für alle Christenmenschen und für bereits Erleuchtete voneinander abgrenzen, vielfach schließt aber auch derselbe Text verschiedene Verständnismöglichkeiten in sich. Meister Eckhart hat dies expressis verbis in der ‹Rechtfertigungsschrift› ausgesprochen.[45]

Die Homilie *Vox spiritualis* zeugt von einer rationalen Methode der Schriftauslegung, die für Eriugenas Schriften insgesamt gilt. Wie ein Glaubensbekenntnis ist sie in seiner ersten Schrift, seiner Stellungnahme zu Gottschalks des Sachsen umstrittener Prädestinationlehre, ‹De divina praedestinatione› v. J. 851, formuliert: *Conficitur inde, veram esse philosophiam veram religionem, conversimque veram religionem esse veram philosophiam* (Madec I 16–18). Er ersetzt damit den bisherigen Autoritätsbeweis (ohne ihn gering zu achten, wie aus c. XI dieser Schrift hervorgeht) durch den syllogistischen Vernunftbeweis, in der Meinung, daß die *vera ratio* und die *vera religio,* weil beide als «Natur» und Heilige Schrift auf der Weisheit Christi – als dessen zwei «Kleider» (Periph. III 35, 723 D) – beruhen, gar nicht verschieden sein können. Dieser methodische Ansatz schließt indes eine rationale Gotteserkenntnis keineswegs mit ein: das verbietet die negative Theologie, in der Eriugena Dionysius folgt.[46]

---

[44] Dazu Jeauneau, Hom., Anm. 2 zur Stelle.

[45] «Dies aber und alles Ähnliche in dem Buch ‹Benedictus Deus› (‹Buch der göttlichen Tröstung›) dient zum sittlichen Leben, zur Hintansetzung und Verachtung des Zeitlichen und Körperhaften und zur Liebe Gottes, des höchsten Gutes.» Dazu K. Ruh, Meister Eckhart, München ²1989, S. 19 f.

[46] *Ratio uero ... nil de deo proprie posse dici quoniam superat omnem intellectum omnesque*

Mit Recht hat man diesen Methodengrundsatz mit demjenigen Meister Eckharts verglichen,[47] der in der Vorrede zum Johannes-Kommentar die *intentio auctoris* dahin bestimmt, «die Lehren des heiligen christlichen Glaubens und der Schrift beider Testamente mit Hilfe der natürlichen Gründe der Philosophen (*per rationes naturales philosophorum*) auszulegen» (n. 2, LW III 4,4–6). Und noch näher bei Eriugena: Der Kommentar wolle zeigen, «wie die Wahrheiten der Prinzipien, Folgerungen und Eigentümlichkeiten in der Natur (*veritates principiorum et conclusonum et proprietatum naturalium*) für den, ‹der Ohren hat zu hören›, gerade in den Worten der Heiligen Schrift, welche mit Hilfe der natürlichen Wahrheiten (*per illa naturalia*) ausgelegt werden, klar angedeutet sind» (ebd. 4,14–17).

## 3. Ein Entwurf von Gott und Welt. Eriugenas ‹Periphyseon›

In Eriugenas Hauptwerk, zwischen 862 und 864 entstanden, verband sich nicht nur erstmals, sondern in geschichtlich einmaliger Weise westliches mit östlichem philosophisch-theologischem Denken, Ambrosius und Augustinus mit den griechischen Vätern Origenes, Gregor von Nyssa, Dionysius Areopagita, Maximus Confessor. Es ist dies die Summe dessen, was man christlichen Neuplatonismus nennt. Nicht nachweisbar ist eine direkte Kenntnis von neuplatonischen Schriften.[48]

Der platonisch-augustinischen Tradition ist Eriugena auch in der Form verpflichtet: im Dialog. *Nutritus* und *Alumnus* nennt er die Gesprächspartner. Das Lehrgespräch ist eine Form wissenschaftlicher Erörterung. Gegenüber der Exegese in den Schriftkommentaren tritt sie bei den lateinischen und griechischen Vätern zurück. Eriugena bleibt indes auch der exegetischen Tradition verpflichtet, indem er quer durch den systematischen Aufriß einen Kommentar zieht, die Erklärung nämlich der ersten drei Kapitel der Genesis.

a) Die ungewöhnliche Mehrzahl von «Natur» im (authentischen)[49] griechischen Titel ‹Περὶ Φύσεων› – es wird von vier «Naturen» die Rede sein – zeigt an, daß es um die Totalität von «Wirklichkeit» geht. Der Verfasser umspannt sie sofort, im ersten Satz seines Werks, mit einer Formel, die wir bereits aus der Homilie ‹Vox spiritualis› kennen: *ea quae*

---

*sensibiles intelligibilesque significationes* (‹Periph.› I 66, 510 B; Sh.-W. I 190, 29–32). – Über den ganzen Komplex siehe Roques, Remarques S. 263–270.

[47] Zuletzt Haas, S. 266–268.

[48] Beierwaltes, Denken des Einen, S. 347. Die Quellenfrage, besonders Augustinus betreffend, ist zuletzt durch die Beiträge in: W. Beierwaltes (Hg.), Eriugena. Studien zu seinen Quellen. Vorträge des III. Internationalen Eriugena-Colloquiums Freiburg i. Br., August 1979. Abhandlungen d. Heidelberger Akad. d. Wiss., Philos.-hist. Kl. 1980/3, Heidelberg 1980, entscheidend gefördert worden.

[49] Dazu Sheldon-Williams I, S. 9 der Introduction.

*sunt et quae non sunt* (I 36,6), das Sein und das Nicht-Sein, die sichtbar-
erkennbare Welt und die nicht erkennbare Überwelt. Für diese Totalität
hat Eriugena auch den Begriff der *universitas: universitatem dico deum et
creaturam* (II 4,14). Das ist auf das Sein hin formuliert, während *ea quae
sunt et quae non sunt* unsere Erkenntnis und Aussagemöglichkeit mit einschließt.

Eriugena unterscheidet vier «Naturen»: *Videtur mihi diuisio naturae –*
von daher rührt der lateinische Zweittitel ‹De divisione naturae› – *per
quattuor differentias quattuor species recipere, quarum prima est in eam quae
creat et non creatur, secunda in eam quae et creatur et creat, tertia in eam quae
creatur et non creat, quarta quae nec creat nec creatur* (I 36,21–24). Die erste
Natur als schaffende, aber nicht geschaffene ist Gott, die zweite als
geschaffene und schaffende die Primordialursachen, die dritte als
geschaffene, ohne selbst zu schaffen, die aus der Schöpfung hervorgegangene ‹Welt›, die vierte, die weder schafft noch geschaffen wird, abermals Gott. Abgesehen von der definitorischen Crux, Gott, «das was
nicht ist», «Natur», mithin ein Seiendes, nennen zu müssen, besteht die
Schwierigkeit dieser Gliederung im Verständnis der ersten und vierten
Natur. Der Schüler greift sie sofort auf: «Besonders beschäftigt mich die
vierte Species» (I 38,1), aber erst zu Beginn des 2. Buches (II 10,2–15;
28–37) erfolgt die Antwort. Die erste «Natur» meint Gott als *principium,*
die vierte als *finis.* Diese Unterscheidung liegt aber nicht in der «Natur»
selbst begründet, sondern ist durch unsere Betrachtungsweise (*in nostra
theoria*) bedingt. Damit wird auch deutlich, daß die vier «Naturen» den
neuplatonischen ἀίδιος κύκλος, die ewige Kreisbewegung, spiegeln: die
πρόοδος und die ἐπιστροφή, den Hervorgang aus dem Einen ins Viele
und die Rückkehr aus dem Vielen zum Einen.

Während Gott in der Formel *ea quae non sunt* in die absolute Tran-
szendenz und Unerkennbarkeit verwiesen wird, ist er als *principium,* als
«Grund», mit der Welt des Seienden aufs engste verbunden, ja dieses
Sein *ist* nur durch das Nicht-Sein. Es ist diese Dialektik, die das Verhält-
nis Gott-Welt bestimmt, und Eriugena bringt sie unverzüglich in fünf
Modi ausführlich auf den Begriff (I 38,17–44,24).[50] Der erste Interpreta-
tionsmodus (auf den wir uns hier beschränken können) ist derjenige der
Erkenntnis: Was mit den Sinnen begriffen und mit dem Verstand erfaßt
werden kann, ist Sein, was sich jeder Erkenntnis entzieht, das Nicht-
Sein. Wichtig ist der Zusatz *per excellentiam suae* (der göttlichen) *naturae*
(I 38,21), dem sofort der Hinweis auf den Pseudoareopagiten folgt: ‹*Esse*

---

[50] Dazu ROQUES, Remarques S. 248–253; unter besonderem, wissenschaftsmethodi-
schem Aspekt SCHRIMPF (1982), S. 162–174.

*enim*», *inquit* [*Dionysius*], ‹*omnium est super esse diuinitas*› (Cael. Hier. IV 1)
(I 38,26 f.). Das Nicht-Sein als Über-Sein ermöglicht dann auch, was
freilich erst in späteren Zusammenhängen ausgeführt wird, affirmative
Aussagen über Gott, über dessen Güte, Wahrheit, Gerechtigkeit usw.:
Gott «ist all dies, jedoch im Modus des Nicht-Seins»,[51] er ist *nihil propter
superessentialitatem suae naturae* (V 21, 897 D).[52] Eine gute Zusammenfassung dieser Ausführungen gibt Eriugena zu Beginn des 2. Buches: «Die
erwähnte generelle Unterteilung der Natur war, wie ich meine, eine
vierfache nach Form und Art – wenn es überhaupt richtig ist, in betreff
der Primordialursache von ‹Form› und ‹Art› zu sprechen, da sie ja über
jede Form und Art hinausgeht und aller Formen und Arten formaler
Anlaß ist, sofern sie nämlich schafft, jedoch nicht erschaffen wird. Formlosen Anfang nennen wir aber Gott aus dem Grunde, damit man ihn
nicht etwa unter die Zahl der Formen rechnet, während er doch aller
Formen Ursache ist. Zu ihm nämlich strebt alles Gestaltete hin, während
er selbst unbegrenzt und mehr als unbegrenzt ist: er ist die Unbegrenzt-
heit (*infinitas*) alles Unbegrenzten. Was also durch keine Form
beschränkt oder begrenzt wird, weil von keiner Vernunft erfaßt, wird
besser formlos als Form genannt, da wir, wie schon mehrfach gesagt,
richtiger von Gott im Modus der Verneinung (*per negationem*) als der
Bejahung (*per affirmationem*) sprechen» (II 4,19–30).

b) Das dialektische Verhältnis von Sein und Nicht-Sein, wobei das
Sein das Nicht-Sein zum Grunde hat, setzt die Kreativität Gottes voraus:
*creat* heißt es von dessen «Natur». Der Hervorgang des Ursprungs, neuplatonisch dessen *descensus*, ‹Abstieg› – ein Begriff, den Eriugena vor
allem in der verbalen Form sehr häufig verwendet[53] –, vollzieht sich

---

[51] BEIERWALTES, Denken des Einen, S. 343.
[52] Gott als Nichts und Übersein bei Meister Eckhart im Zusammenhang mit Eriugena
skizziert HAAS, S. 268 f. Hinzuzufügen ist die 1. Pariser Quaestio, in der Eckhart das Sein
als kreatürlich definiert und damit Gott abspricht. Er kann auch als Ursache des Seins nicht
dieses selbst sein, sondern nur die *puritas essendi* (was dem dionysischen «Übersein» entspricht) (LW V 45,1–11). Es war LIEBESCHÜTZ, der hier den Einfluß Eriugenas erwogen
hat: «Mit der Annahme, daß Eckhart den thomistischen Gottesbegriff unter dem Einfluß
von ‹Periphyseon› abgewandelt hat, könnten wir seine Pariser These verstehen.» Sicher
dürfte sein, daß Eckhart in Paris das ‹Corpus Dionysiacum› konsultiert hat, das ihm ja im
St. Jacques-Konvent, seinem Wohnsitz, zur Hand war. Das aber bedeutete, wenn auch nur
partiell über die Glossen, die Möglichkeit einer Begegnung mit Eriugena. Wie sich im
frühen Predigtwerk ‹Paradisus animae intelligentis› die Pariser Quaestionen Eckharts
zusammen mit einer breiten Dionysius-Rezeption spiegeln, habe ich in ‹Dionysius Areopagita im deutschen Predigtwerk Meister Eckharts› [Anm. 15] nachgewiesen. Aus dem
‹Paradisus animae intelligentis› sei wenigstens ein Satz zitiert: *waz got ist, dez enweiz ich
niht . . ., aber waz er niht enist, daz weiz ich wol* (DW II 602, 6–8).
[53] Zum *descensus*-Begriff s. BEIERWALTES, Aspekte 1985, S. 361 f. mit Anm. 71.

nun in zwei «Phasen»: in den Primordialien und in der Schöpfung. Jene sind die «Natur», die schafft und geschaffen wird, diese ist allein geschaffen. Die Verschiedenartigkeit des Schaffens betont Eriugena mit der Unterscheidung von *generare* und *creare:* die Primordialien gehen aus einer *generatio* hervor, die «Welt» ist eine *creatio.* Die Formel für die «Natur» der Primordialien müßte also lauten: *generatur et creat.* Eriugena kann diese begriffliche Unterscheidung indes nicht durchhalten, weil er in der Grunddefinition – aus guten Gründen – nur einen Begriff, das *creare,* verwendete. Das ist indes nur eine begriffliche, keine sachliche Schwierigkeit; die beiden Bereiche sind mit aller wünschenswerten Deutlichkeit voneinander abgehoben. «Indem Gott aus der Überwesentlichkeit (*superessentialitas*) seiner Natur, in der er Nicht-Sein genannt wird, zuerst herabgestiegen ist in die Primordialursachen, wird er durch sich selbst geschaffen (*a se ipse creatur*) und bewirkt den Anfang alles Seins, alles Lebens, aller Intelligenz und aller Dinge, die ein erkennendes Betrachten (*gnostica theoria*) in den Primordialursachen wahrnimmt. Hierauf herabsteigend aus diesen, die eine Art Mitte (*medietas*) zwischen Gott und Kreatur bilden, das heißt zwischen jener unaussprechlichen Überwesentlichkeit über aller Vernunft und der von reinen Gemütern wesenhaft (*substantialiter*) erschauten manifesten Natur vermitteln, bewirkt er die Erschaffung der Dinge und offenbart sich in seinen Theophanien» (III 172,1–10).

Die Primordialien der zweiten «Natur», das, was Beierwaltes die ursprunghaften Ursachen nennt,[54] haben bei Eriugena ihre Besonderheiten. Dem plotinischen νοῦς entsprechend, bilden sie ein Ganzes (obschon sie vieles hervorbringen). Deshalb können sie mit dem Verbum, der zweiten göttlichen Person, identifiziert werden. Entscheidend ist die Vorstellung von einer Mittlerschaft zwischen Gott und seiner Schöpfung. Ohne biblisch zu sein, ist sie aus dem *principium* von Gen. 1,1 und Joh. 1,1 spekulativ abgeleitet. *In principio fecit Deus coelum et terram* bedeutet die *generatio* der Primordialursachen im Verbum. Gegenüber anderen Auffassungen, die kurz und sachlich wiedergegeben werden, kommt Eriugena «nichts wahrscheinlicher vor, als daß in den erwähnten Worten der Hl. Schriften – zu Gen. 1,1 und Joh. 1,1 tritt noch Ps. 104,24 – die Primordialursachen der ganzen kreatürlichen Welt (*primordiales totius creaturae causas*) zu verstehen sind, die der Vater im eingeborenen Sohne, der *principium* genannt wird, vor allem, was hervorgebracht wurde, geschaffen hat, womit wir meinen, daß mit dem ‹Himmel› die Primordialursachen der intelligiblen und übersinnlichen

---

[54] BEIERWALTES, ebd. S. 349–351 mit Anm. 34.

Wesenheiten (*rerum intelligibilium caelestiumque essentiarum*), mit ‹Erde› die Primordialursachen der sinnenhaften Phänomene, mithin der gesamten Körperwelt bezeichnet werden» (II 48,32–50,3). In einer Kurzformel: «Gott schuf in seinem Wort die Ursachen der intelligiblen und sinnlichen Wesenheiten überhaupt» (*Deus in uerbo suo intelligibilium essentiarum sensibiliumque uniuersaliter causas condidit*) (II 66,30–32). Nichts anderes sagt Eriugena in der Auslegung von Joh. 1,1 (s. o. S. 186 f.).

Kein Problem ist die Ewigkeit der Primordialien. Eriugena sagt aber über dies hinaus: «Alles, was aus Gott kommt, ist (zugleich)[55] ewig und geschaffen, weil es im Wort Gottes ewig ist» (*omnia quae ex deo sunt et aeterna et facta sunt quia in uerbo dei aeterna sunt*) (III 134,10 f.). Weil also die Primordialien im Wort, die Urbilder von allem Geschaffenen, ewig sind, ist auch alles Geschaffene ewig. Das besagt zugleich, daß *generatio* und *creare* sich simultan vollziehen; die *generatio* geht nur logisch, nicht zeitlich der *creatio* «voran». So kann der Verfasser auch sagen: «Gott war folglich nicht, bevor er alles schuf» (I 208,3).

Die These von der Ewigkeit der Welt, für antike Weisheit durchaus akzeptabel, ist von der Kirche schon immer als heterodox verdächtigt worden. Eriugena selbst übersieht die Schwierigkeiten nicht, fragt mit dem Schüler, wie diese Lehre sich mit der Vernunft – und damit auch der Schrift, wie die anschließenden Erläuterungen des Meisters zeigen – verträgt (*rationi convenire*) (III 134,21). Fernerhin will er zwar «an der Ewigkeit von allem und an der Schöpfung desselben im Wort» nicht zweifeln, findet es indes vernunftwidrig, «daß Ewiges geworden und Gewordenes ewig ist. Denn der Unterschied zwischen der Ewigkeit des Alls (*universitas*) und der Schöpfung scheint aufgehoben, wenn die Ewigkeit geschaffen und die Schöpfung ewig ist» (III 136,30–33). Das ist eine geradezu inquisitorisch scharfe Herausstellung des Problems. Auch der Meister vermag es nicht zu lösen. Er rekurriert auf die Unmöglichkeit, das Wie und Warum göttlichen Handelns zu durchschauen. «Ich gestehe, daß ich es nicht weiß, und schäme mich nicht, es nicht zu wissen» (III 144,11 f.). Doch gibt, fast beiläufig, der Schüler die ausreichende Antwort, daß «alles, insofern es im Worte Gottes in seinen Gründen besteht, als ewiges Sein (*aeterna esse*) zu verstehen ist, während es insofern geworden ist, als es, intelligibel oder sinnlich, in der Ordnung und im Wandel der Zeiten fortschreitet» (III 142,24–27). Das Problem der Ewigkeit der Welt wird auch, in anderem Zusammenhang,

---

[55] «zugleich» (*simul*) ergänzt aus anderen (fast) gleichen Formulierungen in nächster Umgebung.

dadurch entschärft, daß die Ewigkeit der Primordialursachen (und damit auch der Schöpfung) als eine «geschaffene» Ewigkeit Teilhabe (*participatio*) bedeutet (II 82,17–19) – was den oft erhobenen Vorwurf des Pantheismus gegenüber Eriugenas Lehre abzuwehren in der Lage ist.[56] Dasselbe besagt die Bemerkung, daß die «Mitewigkeit» keineswegs die «Mitwesenhaftigkeit» (*coessentiale*) mit einschließt (II 82,9 ff.).[57]

Wie Eriugena, so ist auch Meister Eckharts Schöpfungslehre im Zwielicht geblieben. Die drei ersten Artikel der Verurteilungsbulle vom 27. März 1329[58] sollten Eckharts Lehre von der Ewigkeit der Welt belegen: sie stehen in spürbarer Nähe zu Eriugena, ohne einen direkten Einfluß wahrscheinlich zu machen. *Item concedi potest mundum fuisse ab aeterno* (art. 2); *Item simul et semel, quando Deus fuit, quando Filium sibi coaeternum per omnia coaequalem Deum genuit, etiam mundum creavit* (art. 3); auf die Frage, warum Gott die Welt nicht früher geschaffen habe, antwortete Eckhart, *quod non potuit, eo quod non esset nec fuerat prius, antequam esset mundus. Praeterea: quomodo poterat creasse prius, cum in eodem nunc mox mundum creaverit, in quo deus fueri* (Expositio libri Genesis n. 7; LW I 190,7–9; in Bulle art. 1 entstellt). Das lautet bei Eriugena in negativer Formulierung: *Deus ergo non erat, prius quam omnia faceret* (I 208,3). Es ist die damit ausgesprochene Gleichheit der Dauer von Gott und Welt, die Thomas von Aquin in S. th. I, q. 46,a. 2/5 ablehnen wird: *Sed si mundus semper fuisset, aequipararetur Deo in duratione.* Eckhart hat in der ‹Rechtfertigungsschrift› nachdrücklich in Abrede gestellt, die Ewigkeit der Welt gelehrt zu haben. Daß das *principium*, so wie er lehrte (Expos. in Gen. n. 7, DW I 190,1–4), die schlechthinnige Gegenwärtigkeit des ewigen Jetzt bezeichnet, erlaube keineswegs den Schluß, «daß, wenn Gott die Welt von Ewigkeit her geschaffen hat, deswegen auch die Welt von Ewigkeit her sei, wie Unkundige meinen. Die Schöpfung, im passiven Sinne verstanden, ist nämlich nicht ewig, wie auch das Geschaffene nicht ewig ist» (RS I. n. 120). Eckhart bezeichnete das *principium* von Gen. 1,1 im Hinblick auf Joh. 1,1 auch als *ratio idealis* der Dinge (Expos. in Gen. n. 3; LW I 186,13 ff.), mithin als Ausgang der Ideenwelt, und trifft sich auch hier mit Eriugena. Es ist die Schöpfungslehre, in der sich beide Metaphysiker am engsten berühren.

c) Die aus der *creatio* hervorgegangene Welt ist die dritte «Natur», die Natur, die geschaffen wurde, aber selbst nicht schafft. Da, wie soeben gezeigt wurde, *generatio* und *creatio* als simultaner Akt zu verstehen sind, manifestieren sich in der Schöpfung nicht nur die Ideen, sondern der transzendente Gott selbst. «Geschaffen wird (*creatur*) sie [die göttliche Natur, *divina natura*] nämlich von ihr selber in den Primordialursachen, und sie schafft demgemäß sich selbst (*seipsam creat*), das heißt sie beginnt

---

[56] Siehe ROQUES, Remarques, S. 286 f.

[57] Siehe ROQUES, Genèse, S. 189 f.

[58] DENZIGER-SCHÖNMETZER, [30]Enchiridion Symbolorum Nr. 951–953 (S. 291), mit Nachweisen. Zur Sache: Klaus KREMER, Meister Eckharts Stellungnahme zum Schöpfungsgedanken, Trierer Theol. Zs. 74 (1965), S. 65–82; Karl ALBERT, Meister Eckharts These vom Sein, Saarbrücken 1976, S. 231 ff.

sich in ihren Theophanien zu manifestieren, indem sie aus den verborgenen Grenzen ihrer Natur hervortreten (*emergere*) will, in denen sie sich selber noch unbekannt ist, das heißt, in keinem sich erkennt (*in nullo se cognoscit*), weil sie unbegrenzt, übernatürlich und überwesentlich (*infinita, supernaturalis, superessentialis*) und über allem ist, was gedacht und nicht gedacht werden kann. Wenn sie also in die Urgründe der Dinge (*in principiis rerum*) niedersteigt und gleichsam sich selber schafft (*seipsam creans*), beginnt sie in irgendetwas zu sein» (III 186,11–22).

Es ist hier die Rede von der Selbsterkenntnis des unbegrenzten und überwesentlichen, des nicht-seienden und nicht-erkennbaren Gottes, indem er sich gleichsam selber schafft (*creat*). Dieses Selber-Schaffen ist ein Hervorgang in Theophanien, ein In-die-Erscheinung-treten (*apparitio, manifestatio*). Es ist diese Identifizierung von «Selbstschaffen» und «Theophanie», die als Pantheismus verdächtigt wurde. An anderer Stelle sagt Eriugena, daß auch die «Seinsweise, worin sich Gott gewissermaßen der intellektualen und vernünftigen Natur, nach der Fassungskraft eines jeden, offenbar macht (*ostendit*), oft von der Heiligen Schrift ‹Gott› genannt» werde (I 46,24–27).[59] Das ist eine Frage der Terminologie. «Gott» in der Seinsweise, also in seiner Theophanie, ist nicht identisch mit Gott als Nichtsein, wenn auch aus diesem hervorgegangen. «Während er in Allem ist, hört er nicht auf, über Allem zu sein» (III 172,13 f.). Es ist kein diffuses Eins in allem und die Differenz schlechthin aufhebendes Alles in Einem, das Eriugena lehrt, sondern die «Dialektik von Immanenz und Transzendenz».[60] Sie findet ihren prägnant-umfassenden Ausdruck in einer vielzitierten Formel: *Omne enim quod* (in der Theophanie) *intelligitur et sentitur nihil aliud est nisi non apparentis apparitio, occulti manifestatio, negati affirmatio, incomprehensibilis comprehensio, (ineffabilis factus, inaccessibilis accessus,) inintelligibilis intellectus, incorporalis corpus, superessentialis essentia, informis forma, immensurabilis mensura, innumerabilis numerus, carentis pondere pondus, spiritualis incrassatio, invisibilis uisibilitas, illocalis localitas, carentis tempore temporalitas, infiniti diffinitio, incircunscripti circunscriptio* (III 58,12–19): «Alles nämlich, was erkannt und wahrgenommen wird, ist nichts anderes als die Erscheinung des Nichterscheinenden, das Offenbarwerden des Verborgenen, die Bejahung des Verneinten, das Begreifen des Unbegreiflichen, (die Verlautbarung des Unaussprechlichen, die Annäherung des Unnahbaren,) das Erfassen des Unfaßbaren, der Körper des Körperlosen, das Wesen des Überwesentlichen, die Form des Formlosen, das Maß des Unmeßbaren, die Zahl des

---

[59] Eriugena beruft sich auf Jesaia 6,1 *vidi dominum sedentem.*
[60] BEIERWALTES, Negati affirmatio, S. 248 mit Anm. 50.

Unzählbaren, das Gewicht dessen, was nicht gewogen wird, das Fest-
werden des Geistigen, die Sichtbarkeit des Unsichtbaren, der Ort des
Nicht-Räumlichen, die Zeithaftigkeit des Zeitlosen, die Bestimmung des
Unbestimmbaren, die Begrenzung des Unbegrenzten.»

Schöpfung als Theophanie hört auf, *descensio,* ‹Abstieg› zu sein. Die
Rückkehr zum Einen und Ganzen ist in ihr bereits prästabilisiert, wie
schon im *principium* der *finis* beschlossen ist: *non aliud esse principium,
aliud finem* (V 20; 892 D). Dazu fragend-erklärend: «Wenn schon die
Anfänge der Welt ihre Ursachen sind, aus welchen sie hervorgegangen
ist, sind dann nicht ihre Ziele dieselben Ursachen, in die sie zurückkehren wird?» (ebd.).

Die «Rückkehr», wie sie in der Schöpfung angelegt ist, erweist sich in
der Bestimmung des Menschen. Er ist die Totalität alles Geschaffenen.
«Im Menschen ist alles Geschaffene beschlossen, das Sichtbare und
Unsichtbare» (V, 893 B). «Im Menschen ist die gesamte Welt der
Geschöpfe vereinigt. Er erkennt und denkt wie ein Engel, er empfindet
und beherrscht seinen Körper wie ein Tier, und die ganze Kreatur ist in
ihm begriffen» (IV 7, 755 B). Mit seinem Fall wurde dann freilich auch
die gesamte Kreaturenwelt korrumpiert, wenn auch die sichtbarsten Zeichen der Verderbtheit der Mensch selber zu tragen hat: die Zweige-
schlechtigkeit und die Fortpflanzung nach Art der Tiere. Im Blick auf die
*imago Dei,* die Eriugena mit Augustinus als Abbild der Dreifaltigkeit versteht, und die Erschaffung von Mann und Weib (Gen. 1,27) spricht er im
Anschluß an Gregor von Nyssa von einer doppelten Schöpfung (IV 16,
817 A), nicht in der Sukzession, aber in der Spaltung der menschlichen
Natur in einen äußeren und inneren Menschen (2 Kor. 4,16) (ebd.
817 D). Aufgabe des Menschen nach dem Fall ist es, die reine Natur der
«ersten» Schöpfung wiederherzustellen. Dazu bedarf es der göttlichen
Hilfe, und sie wird ihm zuteil in der Menschwerdung des Wortes.

d) Es gehört zu den Erfahrungen der ‹Periphyseon›-Lektüre, daß sich
Eriugena vielfach wiederholt; in jedem Buch, das doch einem besonderen Thema gilt, ist, wenn auch oft nur beiläufig, vorwärts oder rückwärts
blickend, von allem die Rede. Das Lehrgespräch begünstigt diese thematische Durchdringung: der Jünger hat Rückfragen, zieht auch Folgerungen, die über den augenblicklichen Stand der Erörterung hinausführen;
der Lehrer muß sich mit Zusatzfragen vergewissern, ob der Jünger verstanden hat (es ist übrigens ein exzellenter Schüler, an Geistesschärfe
dem Meister gleich). Es gibt aber auch Partien, die in schöner Konzen-
tration eine bestimmte Lehre ausformulieren. Für die Inkarnation trifft
dies zu mit V 25.

Die Fragestellung ist philosophisch-abstrakt, ob nämlich «Gottes

Wort, in dem die Ursachen von Allem ewig beschlossen sind, in die Wirkungen der Ursachen (*causarum effectus*), das heißt in diese sinnliche Welt, eintrete» (V 25, 910 C).[61] Diese Frage bejahen Joh. 1,14, daß «das Wort Fleisch geworden ist» und Joh. 16,28: «Vom Vater bin ich ausgegangen und in die Welt gekommen, hinwiederum verlasse ich die Welt und gehe zum Vater.» Das heißt: «Ich, der ich nach der Gottheit dem Vater gleich bin und von derselben Wesenheit (*essentia*) wie er selber, bin von ihm ausgegangen, das heißt: ich habe mich entäußert und Knechtgestalt angenommen, was wiederum heißt: ich bin Fleisch geworden und habe die ganze menschliche Natur angezogen» (ebd. 910 D/911 A). Die menschliche Natur, «die [Christus] ganz empfangen hatte, erlöste er ganz in ihm selber und ganz im ganzen Menschengeschlecht, indem er einige in den ursprünglichen Stand der Natur zurückführte, andere durch Verherrlichung über die Natur erhob und vergottete. In keinem indes außer ihm selbst vereinigte er die Menschheit mit der Gottheit zur Wesenseinheit (*in unitatem substantiae*).» Das aber bedeutet, «daß seine Menschheit nicht nur der Gottheit teilhaftig, sondern, zum Vater zurückgekehrt, selbst zur Gottheit wurde» (ebd. 911 B/C). Eriugena führt weiter aus: Wie die menschliche Natur alles Geschaffene in sich beschließt, so «hat das göttliche Wort selber, als es die menschliche Natur annahm, keine geschaffene Substanz übergangen, sondern in sich aufgenommen» (ebd. 912 C), und so wurde auch «im Worte Gottes alles Sichtbare und Unsichtbare, das ist die sinnliche und übersinnliche Welt, wieder hergestellt und zu unaussprechlicher Einheit berufen, jetzt zwar noch» in der Hoffnung, «künftig aber im Schauen» (ebd., 913 A).

Diese Ausführungen, die andere nur zu bestätigen vermögen, machen deutlich, wie sehr im Ereignis der Inkarnation der prozessuale Ablauf der «Rückkehr» im Vordergrund steht. Der kosmologische Aspekt verhindert zwar nicht den Schriftbeweis, aber die konkreten Daten der Heilsgeschichte, Geburt, Leiden und Tod, Auferstehung und Himmelfahrt des Erlösers, bleiben weitgehend ausgeklammert. Individuelles Heil ist zwar mit dem «ursprünglichen Stand der Natur» von «einigen» und der «Vergottung» von «anderen» (wovon noch gehandelt werden muß) angesprochen, aber nicht konkretisiert. Die «Rückkehr» wird gesehen als diejenige des Menschen schlechthin, der außerdem die Kreatur als solche zur unverderbten Natur zurückführt. Eriugena mag selbst als Christ die

---

[61] Dazu die etwas spätere Formulierung, «daß das Wort Gottes, in welchem und durch welches Alles geschaffen ist nach seiner Gottheit, in die Wirkungen der Ursachen nach seiner Menschheit herabgestiegen ist» (ebd. 912 A).

Einseitigkeit der metaphysischen Schau empfunden haben: so kann man die Homilie ‹Vox spiritualis› und den Johannes-Kommentar als christologische Ergänzung verstehen. Die *vallis historiae* wird hier, wie im vorangehenden Kapitel dargetan wurde, ausdrücklich vom *mons theologiae* abgehoben, die Heilsgeschichte in die metahistorische Epistrophé eingeordnet.

e) «Von der Vergöttlichung» (*deificatio*), die über die Wiederherstellung des «ursprünglichen Standes der Natur» hinausführt, sich «über die Natur» erhebt, war oben die Rede. Wie ist sie zu verstehen? Was für ein Stellenwert im System kommt ihr zu?

Ihre schlechthinnige Voraussetzung ist die Inkarnation, in der «die Menschheit mit der Gottheit zur Wesenseinheit» vereinigt wurde. Eriugena betont, daß diese *unitas substantiae* sich allein in Christus vollzog (V 23, 911 B). Was den Menschen betrifft, spricht er von «bloßer Teilhabe an der Göttlichkeit» (*sola participatione suae Deitatis*) (ebd. 911 C). Strukturelle Voraussetzung solcher Teilhabe ist die *imago trinitatis,* die in Christus wiederhergestellt ist. «Die Wesenheit (*essentia*) unserer Seele ist die Vernunft (*intellectus*), welche das Ganze der menschlichen Natur lenkt, indem sie insgeheim (*incognite*) Gott über alle [geschaffene] Natur hinaus umkreist. Der Logos aber oder die Kraft (*dynamis*), Verstand (*ratio*) oder Wirkkraft (*virtus*) bezeichnen den zweiten Teil der Seele, und nicht zu Unrecht, weil sie auf den Grund der Dinge, die Gott zunächst stehen, ausgerichtet sind. Der dritte Teil endlich wird *dianoias* und *energias,* Sinn (*sensus*) und Wirksamkeit (*operatio*), genannt und nimmt gleichsam den äußersten Platz der Seele ein, und zu Recht, weil der Sinn auf die Wirkungen der Primordialursachen, die sichtbaren und unsichtbaren, gerichtet ist» (II 100,30–102,2). Es sind so *intellectus, ratio* und *sensus* die Erkenntniskräfte der ersten, zweiten und dritten «Natur». Daraus erhellt die herausragende Stellung des *intellectus*; der Mensch ist in ihm den Engeln gleich (IV 9, 779 D f.). Durch ihn wird auch Menschen wie Engeln die Vergottung zuteil, freilich nur als göttliches Gnadengeschenk. «Dieses Geschenk (*donum*) wird indes nicht allen insgemein zuteil. Einzig der menschlichen und englischen Natur wird die Vergottung (*deificatio*) geschenkt.[62] Und gleichfalls nicht insgemein, sondern nur ... denjenigen Menschen, die ‹nach dem Vorsatz berufen sind› (Rom. 8,28). Dazu kommt, daß sich das Geschenk der Gnade weder auf die Grenzen der geschaffenen Natur beschränkt, noch aus natürlicher

---

[62] Siehe auch Expos. c. I 639–642: *Ipsa igitur sancta Trinitas nostra* θέωσις *est, hoc est deificatio; deificat enim nostram naturam, reducendo eam per sensibilia symbola in altitudinem angelice nature, et deificans eam in his qui ultra omnia in ipsum Deum transeunt.*

Kraft zu wirken vermag, vielmehr vollbringt es seine Wirkungen überwesentlich (*superessentialiter*) und über alle geschaffene natürliche Vernunft hinaus» (V 23, 904 A/B).

Es muß vermerkt werden, daß der Vergottung des Menschen bei
Eriugena eine gewisse Beiläufigkeit anhaftet. Sein großes Thema der
«Rückkehr» ist die Wiederherstellung der ursprünglichen Natur des
Menschen und aller Kreatur durch den Menschen. *Deificatio* – Eriugena
gebraucht auch häufig den griechischen Begriff der θέωσις – ist für
Menschen, aber auch für Engel, besondere Gnadengabe, die über alle
Vernunft und damit auch über alles Begreifen hinausführt. Worin sie
besteht, wird nicht gesagt, aber doch wohl, wenn man an die Vergottung
der Engel denkt, in der Schau Gottes.

Leider ist der *deificatio*-Begriff bei Eriugena nicht eindeutig. Während
er im eben vorgetragenen Zusammenhang neben der Wiedererlangung
der «ursprünglichen Natur» die Vergottung als besonderes Gnadengeschenk für Auserwählte, mithin als persönliche Gabe versteht, gebraucht
er in der Übersetzung der ‹Ambigua› des Maximus Confessor *deificatio,*
der Vorlage entsprechend, im Sinne der mit der Inkarnation des Logos
verliehenen immerwährenden Geburt des Sohns im Herzen der Gläubigen,[63] was im Rahmen seines Systems «Rückkehr» bedeutet und mit der
Wiederherstellung der ursprünglichen Natur gleichzusetzen ist. *Et quomodo praedicta quidem divina,* heißt es in der an Karl den Kahlen gerichteten Praefatio; *in omnia processio* ἀναλυτική *dicitur, hoc est resolutio, reversio
vero* θέωσις, *hoc est deificatio* (1195 C/1196 A). Im zentralen zweiten
Kapitel der ‹Ambigua› ist vom herabsteigenden Gott die Rede, der sich
Mensch nannte und damit kundtat, daß der Mensch sich vergöttlicht, so
wie Gott Mensch wurde. «Denn allezeit und in allen [Menschen] will
das Wort Gottes und will Gott selbst durch seine Inkarnation das
Geheimnis [der Sohnesgeburt] ins Werk setzen» (1206 C).

Der vermittelte θέωσις-Begriff (Vergöttlichung) des Maximus mit
dem Theologumenon der Gottesgeburt dürfte nicht zu Eriugenas genui-
ner Gedankenwelt gehören. Es fehlt die Vorstellung von der Gottes-
burt ja auch in der geistigen Welt des Dionysius, der ihm den ersten
Zugang zu den griechischen Vätern eröffnete. So hat diese alte Lehre
auch keinen eigentlichen Sitz im System von ‹Periphyseon›. Trotzdem
fehlt sie nicht. II 23 (II 114,16–18) heißt es im Anschluß an den *raptus*
des Apostel Paulus: «So wie es alles Denken übersteigt, wie Gottes Wort
in den Menschen herabgestiegen ist, ebenso übersteigt es jede Vernunft,

---

[63] In diesem Sinne verstehen RAHNER, Gottesgeburt, S. 400–406, und HAAS, S. 273,
die *deificatio* bei Eriugena.

wie der Mensch zu Gott emporsteigen kann.» Die Hauptstelle dürfte
indes II 33 sein. Eriugena erörtert hier das theologisch heikle Problem,
ob nicht nur, dem Glaubensbekenntnis entsprechend, «der Hl. Geist
durch den Sohn vom Vater ausgehe», sondern ebenso, «daß der Sohn
vom Vater durch den Geist geboren werde» (II 192,32–34), und gelangt
zur These, «daß gemäß der göttlichen Fruchtbarkeit (*fecunditas*) der Hl.
Geist vom Vater durch den Sohn ausgehe, indes gemäß der Fleischwerdung (*carnis assumptio*) der Sohn [den Verkündigungsworten Luc. 1,35
entsprechend] vom Hl. Geist empfangen und geboren worden sei» (ebd.
194,16–19). Eben dies ergäbe sich zusätzlich aus einer zweiten «Lehre»
(*theoria*): «Täglich wird Christus im Schoße des Glaubens wie im Innersten einer Menschenmutter empfangen, geboren und ernährt» (ebd. 194,
26 f.).

Sei dies nun griechische Väterlehre oder, was die Formulierung nahelegt, die Tradition des Ambrosius und Augustins, die Frage drängt sich
auf, ob es wirklich Eriugena gewesen ist, der die Gottesgeburtslehre an
die lateinische Mystik des 12. Jahrhunderts und über diese an Meister
Eckhart weitergereicht hat. Das ist die maßgeblich gewordene Vorstellung von Hugo Rahner.[64] Zweifel kommen aus dem eingeschränkten
Stellenwert der Gottesgeburtslehre bei Eriugena und zusätzlich aus der
Tatsache, daß die ‹Clavis› des Honorius, ein Hauptvermittler von ‹Periphyseon›, die einschlägigen Stellen nicht enthält.

So beeindruckend die Eriugena-Forschung in den letzten Jahrzehnten
in Erscheinung trat, was die Mittlerrolle des karolingischen Denkers, der
dem 19. Jahrhundert als «Vater der spekulativen Theologie» galt,[65] im
Entwicklungsprozeß einer metaphysisch orientierten Mystik betrifft, so
bleiben noch viele, ja die entscheidenden Fragen offen. «Offen» soll in
diesem Falle freilich nicht nur «ungelöst», sondern auch «bereit zur
Lösung» heißen. Auf den neu gewonnenen Grundlagen und beflügelt
von der Eriugena-Faszination,[66] scheint die Klärung der Grundfragen
des ‹Eriugena redivivus› nur noch eine Frage der Zeit zu sein.

---

[64] RAHNER, Gottesgeburt, S. 406 ff., 414 f.

[65] Franz Anton STAUDENMAIER, Johannes Scotus Eriugena und die Wissenschaft seiner
Zeit, Frankfurt a. M. 1834, S. V u. 447.

[66] Siehe Werner BEIERWALTES, Eriugenas Faszination, in: Festschr. für J. O'Meara, 1987.

# DAS ZWÖLFTE JAHRHUNDERT

## Vorbemerkung

Der ungemeine Reichtum des spirituell-mystischen Schrifttums im 12. Jahrhundert stellt das Problem der Ordnung. Die chronologische als die einfachste reißt durch Ordensspiritualität und Traditionswege Verbundenes auseinander, diejenige der Schulen und Orden verstößt gegen den historischen Ablauf, indem sie Gleich- und Nachzeitigkeit als Kontinuum vorgibt. Das letztere Übel halte ich indes für das kleinere: ich folge also dem Leitfaden der Ordensschulen. Auf die Kartäuser, denen die erste Stelle zukommt, lasse ich die Zisterzienser folgen, in einem zweiten Durchgang kommen die Viktoriner Hugo und Richard zu Wort.

Was die großen Zisterzienser Bernhard von Clairvaux und Wilhelm von St. Thierry betrifft, so geht die Lebenszeit Wilhelms (um 1085–1148) derjenigen Bernhards um ein halbes Jahrzehnt voran. Auch die ersten Schriften des Abtes von St. Thierry sind früher anzusetzen als diejenigen Bernhards, und immer deutlicher wird, daß jener in vielen entscheidenden Lehrpunkten und spirituellen Entwürfen der Gebende ist. Trotzdem sollte ihn eine historische Darstellung dem Abt von Clairvaux nicht voranstellen. Nicht weil dieser die überragende Gestalt des Zeitalters überhaupt ist, sondern weil Wilhelm sich selbst in die Nachfolge Bernhards gestellt hat: im Übertritt vom Benediktiner-Abt zum Zisterzienser-Mönch wie als erster Biograph des Heiligen.

### Siebentes Kapitel

# Die Kartäuser Guigo I. und Guigo II.

Die Mystik des 12. Jahrhunderts hat ihren Lebensgrund im Monastischen. Das gilt mit bemerkenswerter Ausschließlichkeit. Zwar dürfen die Orden und ihre Spiritualität auch im späten Mittelalter immer noch als der eigentliche Ort mystischer Erfahrung und mystagogischer Belehrung gelten, es gibt indes Schulen, Universitäten, General- und Provinzialstudien der Orden, Ausbildungsstätten also mit scholastischen Methoden. Es kann kein Zweifel darüber bestehen, daß diese die Ordensleute mitgeprägt haben; man braucht nur an Meister Eckhart zu denken. Sodann gibt es im Spätmittelalter Randzonen monastischer Geistigkeit: so eremitische Lebensformen, besonders und spezifische in England, oder das im Bettel und Krankendienst nach der ‹Welt› geöffnete Beginentum, endlich die *vita mixta* der Devotio moderna. Entsprechendes kennt das 12. Jahrhundert noch nicht. Die Frühformen der Scholastik haben nichts mit Mystik zu tun.

«Lebensgrund im Monastischen» heißt, daß die monastischen Formen, Liturgie, Gebet, Kontemplation, Lesung, das Schweigen, aber auch die örtlichen Gegebenheiten, Kirche, Refektorium, Zelle, mystische Erfahrung entscheidend prägen, ja sie vielleicht erst möglich machen, und dies gilt auch von der je spezifischen Spiritualität, der ‹Proprietät› der einzelnen Orden. Es wird so mit Recht und nicht nur im Blick auf die Ordenszugehörigkeit von der Mystik der Kartäuser, der Zisterzienser, der Franziskaner gesprochen, ja die Gliederung nach den Orden ist zunächst einmal das nächstliegende Ordnungsprinzip einer Geschichte der christlichen Mystik im Mittelalter.[1]

Es kann nicht überraschen, daß die neugegründeten Orden und Ordenszweige das intensivste geistige Leben und mit ihm neue Formen der Mystik entfaltet haben. Das sind die Kartäuser (1084 gegründet), die Augustinerchorherren von St. Viktor (1108) und die Zisterzienser (1112).

Die vom Ordensgründer, dem Hl. Bruno von Köln (1030/35–1101), geschaffene und von Guigo I. (1083–1136) in ‹Consuetudines› regulierte Mönchsgemeinschaft, die das eremitische und monastische Ideal vereinigte, erwies sich als eine Gründung ohnegleichen. Durch Cassians

---

[1] Die Problematik dieser Gliederung sei hier ausgeklammert, da sie das 12. Jahrhundert nicht betrifft. Sie wird indes bereits bei der Mystik der Dominikaner zur Sprache kommen müssen, die hier mit Bedacht nicht genannt wurden.

‹Conlationes› und die ‹Vitas patrum›, die Pflichtlektüre der Benediktiner, war das herausragende, aber nicht mehr zu verwirklichende Beispiel
der Wüsten-Anachoreten immer lebendig geblieben; man sah aber auch
mit Cassian die Gefahren dieser kaum mehr dem Humanen zugehörigen
Form der Gottverpflichtung. Ebenso bewunderte die Zeit, und nicht
zuletzt die Ordensgründer Bruno und sein Vollender Guigo, die wunderbar ausgeglichene Regel des Benedictus; aber auch sie schloß die
Gefahren, denen alle eng zusammenlebenden Gemeinschaften ausgesetzt
sind, keineswegs aus. Die kartäusische Lösung vermied aber nicht nur
Gefahren eremitischen und monastischen Lebens, sondern schuf den
Ausgleich von Arbeit und Gebet, körperlicher Tätigkeit und Meditation,
band die Gottesliebe als Ziel und Lebenserfüllung an die brüderliche
Liebe. Erstaunlich, ja befremdend mußte monastischen Kreisen die
ziemlich radikale Einschränkung der Liturgie – der größere Teil des
Offiziums wurde individuell in der Zelle vollzogen –, der Festtage, des
Gesangs, also der «Glanzseite» des klösterlichen Lebens, erscheinen. Sie
wurde durch die spezifisch kartäusische Nüchternheit ersetzt. Auch die
Ordensleitung war ungewöhnlich organisiert: der Generalminister war
der Prior der Grande Chartreuse, wurde von deren Mönchen gewählt,
«regierte» indes den gesamten Orden, aber auch nur von seinem Kloster
aus, wo auch das jährliche Generalkapitel stattfand.[2] Dies und vieles
andere, was heute berufsmäßigen Organisatoren und Planern als dilet-
tantisches Planspiel erscheinen muß, hat die 900jährige Geschichte des
Ordens als richtig und weise bestätigt. Der vielzitierte Satz aus der päpstlichen Bulle ‹Injunctum nobis› vom Jahr 1688 formuliert es so: *Cartusa
numquam reformata, quia numquam deformata.*

---

[2] Über den Kartäuserorden orientiert vorzüglich der DAM-Artikel ‹Chartreux› (II 1,
705–776). Zur Gesetzgebung und Organisation Sp. 714–720. Diese waren heftigen
Angriffen besonders seitens der cluniazensischen Benediktiner ausgesetzt. Sie spiegeln
sich in der Apologie der Kartäuser, die Wilhelm von St. Thierry zu Beginn seiner ‹Epistola
ad Fratres de Monte Dei› (1146) verfaßt hat; s. dazu Jean-M. Déchanet, Autour d'une
querelle fameuse de l'apologie à la Lettre d'or, RAM 20 (1939), S. 3–24.

# I. GUIGO I.
## PRIOR DER GRANDE CHARTREUSE

> *O quantus in illis meditationibus exardescit*
> *ignis . . ., quem Dominus misit in terram.*
> Bernhard von Clairvaux, Ep. XI

Guigo, nordwestlich von Valence beheimatet, trat als 23jähriger 1106 in die Grande Chartreuse[3] ein. Schon drei Jahre später wurde er Prior,[4] der fünfte nach dem Ordensvater, und damit Leiter der ganzen Ordensfamilie, die bei seinem Tode bereits acht Häuser umfaßte. Als solcher kodifizierte er zwischen 1121 und 1128 die von den Mönchen praktizierte Lebensform in den ‹Consuetudines Cartusiae›. Sie gelten als Meisterwerk einer Ordensverfassung. Voran gehen die ‹Meditationes›, die im ersten Jahrzehnt seines Priorats entstanden sein dürften. Sie eröffnen das reiche spirituell-mystische Schrifttum des 12. Jahrhunderts mit einem Werk, das so einmalig ist wie der junge Orden, aus dem es hervorgegangen ist.

### Bibliographische Hinweise

*Ausgaben:* PL 153, Sp. 593–784.[5] — Meditationes Guigonis Prioris Cartusiae. Le recueil des Pensées du B. Guigue. Édition complète accompagnée de tables et d'une traduction, par Dom André Wilmart O. S. B. (Études de philosophie médiévale 22), Paris 1936. — Guigues Ier, prieur de Chartreuse: Les méditations (Recueil des Pensées). Introduction, texte critique, traduction et notes par un Chartreux (SC 308), Paris 1983 [zit. ‹Ed. Chart›]. — Lettres des premiers Chartreux. I: S. Bruno, Guigues, S. Anthelme, par un Chartreux (SC 88), Paris 1962, S. 97–171. — Nur dem Ordensgebrauch gilt die Manuskriptfassung der ‹Consuetudines›: Aux sources de la vie cartusienne, t. 4: Édition critique des Consuetudines Cartusiae, 1962.

---

[3] Gelegen in der Dauphiné, ca. 10 km nordöstlich von Grenoble im südlichen Massiv de la Chartreuse, *in Alpinis illis horridis et continuis frigoribus,* wie Wilhelm von St. Thierry in seinem Brief an die Kartäuser von Mont-Dieu schreiben wird (23,7).

[4] Die Kartäuser haben zweimal die ihnen von den Päpsten Urban V. und Benedikt VIII. angebotene Abtswürde abgelehnt (DAM II 1, Sp. 720).

[5] Unbrauchbar sind in dieser Ausgabe die ‹Meditationes› Sp. 601–632. Der Text beruht auf einer Redaktion des 15. Jahrhunderts, die Guigos Werk nicht nur um die Hälfte seines Bestandes kürzte, sondern in 20 thematisch orientierte Kapitel umgruppierte. Diese Redaktion, in zahlreichen Editionen des 16. und 17. Jahrhunderts verbreitet, blieb bis zu Wilmarts Entdeckung des ursprünglichen Textes (1924) der einzig bekannte. Zu ihr s. ‹Ed. Chart› S. 71 f.; 86–91.

*Übersetzungen:*

*Deutsche:* Gigo von Kastell. Tagebuch eines Mönches, aus dem Lateinischen übertragen und eingeführt von Paul Alfred SCHLÜTER, Paderborn 1952.

*Französische:* s. o. unter Ausgaben. — Les Méditations du bienheureux Guigues de Saint Romains cinquième prieur de Chartreuse. Traduction française par le Chanoine Gaston HOCQUARD (Analecta Cartusiana, hg. von James HOGG 112); dazu Commentaire vom Übersetzer (Anal. Cart. 112/2), Salzburg 1984 und 1987.

*Italienische:* Emilio PIOVESAN, Guigo I°, Priore de la Grande Chartreuse: Le Meditazioni (Analecta Cartusiana, hg. von James HOGG 17), Salzburg 1973.

*Englische:* John J. JOLIN S. J., Meditations of Guigo, Prior of the Charterhouse, Milwaukee (Wisc.) 1951.

*Forschungsliteratur:* DAM II 1, Sp. 705–776 [‹Chartreux›, Y. GOURDEL]. — DAM VI, Sp. 1169–1175 [‹Guigue I›, M. LAPORTE]. — André WILMART O. S. B., Les écrits spirituels des deux Guigues, RAM 5 (1924), S. 59–79, 127–158 [bis zur Einleitung in der SC-Edition 1983 grundlegend]. — Étienne GILSON, Guigue I le Chartreux: Méditations, La Vie Spirituelle 40 (1934), S. 162–178 [forschungsgeschichtlicher Stellenwert]. — Georg MISCH, Studien zur Geschichte der Autobiographie II. Die Meditationen Guigos von Chastel, Prior der Grande Chartreuse, in: Nachrichten der Akad. d.Wissensch. in Göttingen, Philol.-Hist. Kl., Göttingen 1954, S. 171–209 = Autobiographie III.2.1, S. 398–439. — La doctrine monastique des Coutumes de Guigues, par un Chartreux, in: Théologie de la vie monastique (Théologie 49), Éditions Montaigne 1961, S. 485–501. — Maria Elena CRISTOFOLINI, Le ‹Meditationes› del beato Guigo Certosino (†1136), Aevum 39 (1965), S. 201–217. — Un Chartreux, Introduction dans SC 308 [Ed. Chart.], S. 7–101 [grundlegend].

## Meditationen als Selbstbetrachtung und Weg zu Gott

1. Guigo dürfte seinen regelmäßigen Niederschriften in den Jahren 1109–1120[6] keinen Titel gegeben haben, aber schon die alten Textzeugen des 12. Jahrhunderts nennen sie ‹Meditationes›. Verwendet wird damit der Begriff im allgemeinen Sinne von ‹Betrachtungen›, während er gerade in diesem Jahrhundert von der monastischen Welt zum terminus technicus einer bestimmten Stufe spirituellen Aufstiegs wurde.[7] Der ungewöhnliche Gebrauch von ‹Meditationes› kann als Zeichen dafür genommen werden, daß sie singulär in der literarischen Tradition ihrer Zeit stehen, freilich nicht der abendländischen schlechthin.

---

[6] Diese Angaben sind nur Annäherungsdaten; s. ‹Ed. Chart.›, S. 14 f.

[7] Siehe Hugo von St. Viktor mit der Reihe *lectio, meditatio, oratio, contemplatio* in ‹De meditatione› II 1; *cogitatio, meditatio, contemplatio* in verschiedenen Schriften (s. K 11, 2.d). Die erste Reihe finden wir wieder bei Guigo II. (s. u. II 2.), die zweite bei Richard von St. Viktor in ‹Benjamin major› I 3 (s. K 12, 3.b). – Die Begriffsvielfalt und -entwicklung von *meditatio* vermittelt der ‹Méditation›-Artikel in DAM X, Sp. 906–934.

Man hat von einem Typus gesprochen, der zurück zu Mark Aurels ‹Selbstbetrachtungen› (Τὰ εἰ σεαυτόν) und vorwärts zu Pascals ‹Pensées› führt. Das ist durchaus richtig. Zumal die Nähe zu Mark Aurel ist unübersehbar,[8] und sie verliert nichts von ihrer typologischen Evidenz, wenn wahrscheinlich gemacht wird, daß Guigo des Kaisers ‹Selbstbetrachtungen› gar nicht gekannt hat. Zum Typus ‹Betrachtungen› – das französische ‹pensées› ist passender, weil literarisch fixiert – gehören sodann die dem Kartäuser wohlbekannten ‹Apophtegmata› (‹Verba seniorum›) der Wüstenväter, und selbstverständlich ist die nahe Beziehung zu den Weisheitsbüchern des Alten Testaments.

Mit Selbstbetrachtungen ist der dialogische Charakter von Guigos ‹Meditationen› verbunden: sie sind ein Gespräch mit sich selbst und stellen sich so auch in die von Augustinus ausgehende Tradition der ‹Soliloquia›. Freilich fehlt die Aufspaltung des Ichs in zwei Rollen, indes redet auch beim Kartäuser eine Instanz kritisch, herausfordernd mit der andern. Da wird immer wieder der Prior angesprochen,[9] das Ich, das über andere gesetzt ist. Guigo muß an diesem Amt schwer getragen haben, nicht weil er ihm nicht gewachsen war, sondern wegen seiner Demut.

Betont wurde auch der Tagebuchcharakter der Sammlung.[10] Er drängte sich auf durch die völlig unsystematische Anlage, ist indes im Text kaum belegt: Guigo nimmt auf den Tag – mit der Ausnahme 282 – keinen Bezug; wenn doch, so bleibt er uns verborgen.[11] Da es sich um das «Tagebuch einer Seele» (Wilmart) handelt, wäre das weiter nicht verwunderlich.

Hervorzuheben ist endlich, daß diese Beschäftigung mit dem Selbst ohne jegliche Subjektverhaftetheit, vielmehr ins adhortative Sprechen objektiviert ist und so gültig für jeden Christen auf dem Wege zu Gott.

Die ‹Meditationen› Guigos, der auf der Höhe der Bildung seiner Zeit stand, erregten nach Inhalt und Form die Bewunderung der Freunde und Briefadressaten Petrus Venerabilis und Bernhard von Clairvaux, blieben indes, nur für den Autor selbst, allenfalls für Ordensbrüder bestimmt,

---

[8] Siehe GILSON, S. 165; WILMART, Ed. S. 9; MISCH, S. 172 f. u. ö.; ‹Ed. Chart.›, S. 31 f.: «une ressemblance frappante».

[9] Siehe u. a. 150, 219, 246, 282, 309. In 375 ruft sich der Verfasser zweimal persönlich auf: *tu id est Guigo.*

[10] WILMART, Ed. S. 34; MISCH, S. 174, 175, 180.

[11] Auch Zeitereignisse bleiben außerhalb des Blickfelds Guigos (dazu in Epist. I 5). Doch wird 455 die Auseinandersetzung des Grafen Guigues III. mit dem Bischof von Grenoble, dem Hl. Hugo, als Beispiel für das Verhältnis Amme–Kind, erwähnt. Der Streit endete 1116.

*Guigo I. de Castro mit Taube und Lilie nach einem Ölgemälde des 16. Jahrhunderts
in der Kartause Ittingen (bei Frauenfeld, Schweiz).
Er zeigt die von ihm geschaffenen Statuten.*

ohne literarischen Einfluß außerhalb des Ordens.[12] So stellt sich das geistliche Schrifttum der Kartäuser schon in den Anfängen als eine Tradition sui generis dar.

2. Der moderne Leser der ‹Meditationen› vernimmt sicher, weil ihm im Tiefsten fremd, als eigentliche Grundtönung das erbarmungslos negative Bild des Menschen und mit ihm der zeitlichen Dinge. Es ist die Weltverachtung, wie sie noch in Guigos Jahrhundert in Innozenz' III. ‹De miseria humana conditionis› und dann immer wieder beredten Ausdruck finden wird. Der Schöpfergott mit seinen Werken und Gaben scheint nicht gegenwärtig zu sein in der Felsenwüste der Grande Chartreuse. Der mittelalterliche Leser dürfte anders empfunden haben. Die Predigt von der Hinfälligkeit des Daseins war für ihn eine regelmäßige Medizin, die den Weg für das, was allein nottat, frei machte. Sie diente der Reinigung des Herzens als wichtigster Voraussetzung der Gotteskindschaft. Auch ist festzuhalten, daß Guigo für sich selbst und seine Brüder im Orden schrieb, dessen Ziel es war, allein für Gott und in Gott zu leben. Das schließt alle Bindungen an die Welt und menschliche Belange aus, bedingt freilich auch einen nie zu endenden Kampf gegen sie.

Guigo ist zwar streng und rücksichtslos in der Beurteilung der zeitlichen Dinge, indes nicht eifernd, sondern durchaus nüchtern: Nüchternheit gehört zu den Haupttugenden kartäusischer Spiritualität. Und in dieser Sicht mag auch der Leser von heute sich mit dem Geist der Weltverachtung abfinden. Umgekehrt gilt die Nüchternheit auch weitgehend für die Darstellung der Gottesliebe. Das höchste Gut, die Wahrheit selbst, die Liebe selbst werden nicht im Überschwang des Verzückten Sprache und Bild. Guigo ist kein Mystiker – besser: es gibt keine Zeugnisse über seine mystischen Erfahrungen –, und seine ‹Meditationen› haben keinen mystagogischen Einschlag.[13] Trotzdem darf sie eine Geschichte der Mystik nicht übergehen: sie verdeutlichen die Spiritualität, aus der die Mystik, jedenfalls die monastische, hervorgegangen ist. Auch könnte man, etwa im Sinne des ‹Benjamin minor› Richards von St. Viktor (s. K 12,3.a), von einer Vorschule der Mystik sprechen, indem

---

[12] Von der ursprünglichen Fassung gibt es nur 5 Textzeugen, wovon 4 dem 12. Jahrhundert angehören (s. ‹Ed. Chart.›, S. 76–84). Erfolg hatte erst die gekürzte und systematische Redaktion des 15. Jahrhunderts [s. Anm. 5].

[13] WILMART, Ed. S. 27, führt eine Reihe von Meditationen an, die die «eigentliche Mystik» berühren sollen: 264, 271, 272, 290, 312, 314, 329, 356, 363, 423, 434, 461–462. Es handelt sich indes schlicht um Aussagen über Gottesliebe, die als solche nicht mystisch zu nennen ist; im Falle 461–462 verstehe ich die Nennung in diesem Zusammenhang überhaupt nicht. – Auch die ‹Ed. Chart.› spricht von einer «Ouverture sur la vie mystique» (S. 57).

die Seele durch Reinigung, Freiwerden von weltlichen Bindungen, Selbsterkenntnis in den Stand gesetzt wird, der unmittelbare Gotteserkenntnis und -erfahrung möglich macht.

Es kann indes in diesem Zusammenhang nicht die Aufgabe sein, eine Themenanalyse der ‹Meditationen› vorzunehmen. Sie liegen vielfach, unter verschiedenen Ordnungsprinzipien, vor. Im Blick auf die «Vorschule» der Mystik stehen die Themen Selbsterkenntnis und Gottesliebe obenan.

Berücsichtigt man, daß Selbsterkenntnis die Kenntnis der Welt in ihrer Bosheit und Verderbtheit, und, um in ihr zu bestehen, die christlichen Tugenden voraussetzt, so hat sie als das Hauptthema der Sammlung zu gelten. Sie ist, entsprechend der Weltverachtung, zunächst einmal Selbstverachtung: «Wenn du einen hassen darfst, dann niemanden so wie dich; denn keiner hat dir so geschadet» (431); und in Anlehnung an Ps. 118,25 und 43,25: «Es haftet am Boden deine Seele und an der Erde dein Bauch» (322). Guigo appelliert immer wieder an sich selbst, die Selbsterkenntnis nicht hintanzustellen. «Schau allzeit darauf, was in deinem Inneren vorgeht, nicht was andere Gutes oder Böses tun» (88). «Schau, wie du dich selbst nicht kennst. (Aber) keine Gegend ist dir so entlegen und unbekannt, worüber du einem Lügenerzähler leichter Glauben schenkst» (303). «Gibt es heutzutage eine Seele, die nicht Weiß oder Schwarz kennte oder dergleichen? Doch welche Seele kennt sich selbst?» (345,16f.). «Die Seele fragt, was die Seele sei, so wie Weiß fragte, was Weiß sei. Erröten sollte sie, sich nicht zu kennen, wo sie doch so vieles andere kennt und nichts ihr gegenwärtiger ist als sie selbst» (379). Dies ist der Tenor von Guigos Selbsterkenntnis. Es fehlt der positive Aspekt, etwa das Wirken der *discretio,* die das Selbst als Bild Gottes zu erkennen vermag.[14]

Aus der wahren Selbsterkenntnis erwächst die wahre Gottesliebe. Guigo spricht fast immer von unserer Liebe zu Gott, nur selten von der Liebe Gottes zu uns als deren Voraussetzung. Sie ist zunächst einmal Aufforderung: «Du hast wohl schon gesehen, wie bei der Zerstörung eines Ameisenhaufens ein jedes Tierchen das an sich reißt, was es liebt, nämlich das Ei, unbesorgt um die eigene Rettung. So liebe du die Wahrheit und den Frieden: Gott» (221). «Du darfst entweder überhaupt nichts ersehnen oder allein das Ewige begehren und verlangen» (445). Häufig betont Guigo, daß unsere Liebe, zu Gott und zum Menschen, um ihrer

---

[14] So im ‹Benjamin minor› Richards von St. Viktor, n. 71 und 72; siehe auch Bernhard von Clairvaux, De diversis, sermo 12,2. – Das Bild Gottes in der Menschenseele spricht Guigo 35 und 360 an, aber in seiner Verderbtheit.

selbst willen zu leisten ist. « ‹Gott ist die Liebe›. Wer daher einem die Liebe nicht um ihrer selbst willen erweist, verkauft Gott und verkauft sein Glück: zu lieben» (89). «Nichts darfst du um seiner selbst willen tun, außer Gott erkennen und lieben» (198). Liebe ist Verheißung: «Gott hat dir Glückseligkeit verordnet, das heißt vollkommene Liebe zu ihm. Vor ihr weicht alle Verwirrung und Verzagtheit, sie ist Frieden und Sicherheit» (75). Immer wieder spricht Guigo von der Vollkommenheit der Gottesliebe. Gott ist ausschließlich zu lieben. «Jede vernünftige Seele soll Gott völlig ergeben sein. Steht doch geschrieben: ‹Lieben sollst du den Herrn, deinen Gott aus ganzem Herzen› usw.» Es ist dieses Herrenwort (Mt. 22,37; Lc. 10,27), das der Verfasser unablässig zitiert; es schließt im Grunde alles in sich, was er über die Gottesliebe sagen will. Wer Gott vollkommen hat, bedarf nichts mehr. «Wer Gott hat, kann nirgendwo Nützlicheres – die *utilitas* ist ein Leitbegriff von Guigo – und Köstlicheres finden» (426). Öfter sagt er es in scharfem Kontrast: «Ist das Anhangen an Gott dein ganzes und einziges Gut, dann heißt Trennung von ihm dein ganzes und einziges Übel und nichts anderes. Das ist deine Unterwelt, deine Hölle» (268). Nur einmal spricht es Guigo aus, wie die Gottesliebe eine Liebe in Gott ist. «Sowie die Seele sich über sich selbst hinaus verströmt und von der Wahrheit, das ist Gott, ergriffen wird, ist ihre Gestalt fürwahr besser und köstlicher als ihr Wesen (*melior sane et pretiosior est formaliter quam substantialiter*). Denn dem Wesen nach ist die Seele Seele, der Gestalt nach, wenn es zu sagen erlaubt ist, Gott (*substantialiter enim anima, formaliter autem, si dici fas est, Deus est*). Denn ‹ich habe gesagt: Götter seid ihr und Söhne des Allerhöchsten allesamt› » (360,15 ff.). Guigo unterscheidet hier zwischen der Seele als *essentia*, d. h. in ihrem Dasein (*substantialiter*), und ihrer «Gestalt» (*formaliter*). Ihre «Gestalt» aber ist das Bild Gottes in ihr. Insofern ist sie, «wenn sie sich über sich selbst hinaus verströmt», Gott gleich.[15]

Diese Stelle, die aus dem Rahmen dessen fällt, was Guigo seinen ‹Meditationen› anvertraut hat, ja schon fast als Korrektur anmutet, mag zum Schlußteil, den ‹Meditationen› 464–476, überleiten. Der Verfasser mochte unter dem Eindruck stehen, die Welt und den Menschen zu einseitig gezeichnet zu haben, denn er entwirft abschließend so etwas wie

---

[15] Die erklärende Note zur Stelle in ‹Ed. Chart.› mit dem Hinweis «C'est (der Gebrauch von *formaliter*) déjà ‹l'intentionalité› thomiste» ist nicht hilfreich. Misch mißversteht die Stelle gründlich, wenn er meint, nur durch die traditionellen Unterscheidungen Substanz und Form «blieb (Guigo) vor der Gefahr bewahrt, der Ketzerei beschuldigt zu werden wie 200 Jahre später Meister Eckhart» (S. 183). Es ist dies nicht das einzige Fehlurteil in diesem Beitrag. Geradezu ärgerlich sind die Auslassungen über Guigos angeblichen Neuplatonismus.

ein Gegenbild. Anders als die aphoristisch gereihten ‹Meditationen› 1–463 ist dieser Schlußteil komponiert, muß als besonderes Opusculum verstanden werden. Es sollte bei der Lektüre den Einzelaussagen vorangestellt werden, damit die weiterführende Perspektive von Anfang an mitgedacht werden kann.

3. Der Schlußteil bietet in den ‹Meditationen› 464–472 ein heilsgeschichtlich orientiertes Welt- und Menschenbild, in 473–476 eine auf Christus bezogene Heilslehre. Ich halte mich im folgenden an den Gang, den der Kartäuser vorgezeichnet hat, und zitiere wenigstens die Kernstellen.

«Kein Ding nimmst du wahr, das nicht in seiner Art eine gewisse naturhafte Schönheit und Vollkommenheit hätte ... Wer vollends könnte bestreiten, daß der Menschengeist (*humana mens*) eine gewisse natürliche und ihm eigene Schönheit und Vollkommenheit aufweist?» (464). «Was ist nun die naturhafte Schönheit der Seele? Ihre Hinneigung zu Gott. In welchem Ausmaß? ‹Aus ganzem Herzen, aus ganzer Seele, aus ganzem Gemüt und aus allen Kräften›. Auch gehört noch zur selben Schönheit Güte gegen den Nächsten. Wie weit? Bis zum Tod» (465).

«Des Menschen (*rationalis creatura*) wahre Vollendung besteht darin, jedwedes Ding so hoch zu werten, wie es ihm zukommt. Es ist aber zu werten nach seiner wahren Größenordnung» (466). Diesem Thema gelten die Ausführungen bis zur ‹Med.› 471. Guigo geht von einer Dreierordnung aus: Über dem Menschen steht Gott, neben ihm der Nächste, unter ihm die nicht vernünftige Natur. Unser Wissen über Gott ist unzulänglich, nur Gott kann eine vollkommene Kenntnis von sich selber haben (467). Der Verfasser fragt sodann nach der «Vollendung», d. h. der wahren Bestimmung, des Geistwesens (*rationalis creatura*). «Dies: alles, das Höhere, also Gott, das Gleiche, also den Nächsten, sowie das Niedrige, also die vernunftlosen Lebewesen und das übrige Sein, so hoch zu bewerten, wie es vom Geistwesen zu bewerten ist» (467). Wie ist dies zu verstehen? Gott gegenüber heißt dies, daß nichts auch nur in Bruchteilen so hoch eingeschätzt werden darf als er. Und nichts darf auch nur teilweise so geliebt werden, wie er geliebt werden will, nämlich ‹aus ganzem Herzen, aus ganzer Seele, aus ganzem Gemüt und aus allen deinen Kräften› (468). Den Mitmenschen hat der Mensch gleich hoch zu werten wie sich selbst, was bedeutet, daß das, was der Mensch für sein persönliches Heil zu tun und zu leiden gewillt ist, er auch für jeden Menschen zu tun und zu leiden bereit sein muß. Dies besagt das göttliche Gebot ‹Liebe deinen Nächsten wie dich selbst› (469). Was endlich das Verhalten gegenüber den niedrigen Dingen betrifft, «so ist nichts geringer einzuschätzen als das Niedrige, nichts gleich gering, nichts im Vergleich zu ihm zu einem noch so unendlich kleinen Teil so niedrig» (470); das heißt, daß der Maßstab des Niedrigen einzig für das Niedrige gilt. So ergibt sich ein Grundmodell des Verhaltens: «Es wird also der Mensch das Höhere zur Seelenlust haben, das Gleiche zur Gemeinschaft, das Niedrige zum Dienst. Ergeben-ehrfurchtsvoll wird er sein gegen Gott, freundlich-gütig gegen den Nächsten, nüchtern-wachsam gegen die Welt. Gottes Knecht, des Menschen Gesell, der Welt Herr (*Dei servus, hominis socius, mundi dominus*). Unter Gott gestellt, gegen den Menschen nicht überheblich, der Welt nicht untertan» (471).

Vollendung gibt es erst im ewigen Leben. «Keine Bewegung wird dann in der Seele sein als nur von Gott, keine im Leib als nur von der Seele – und so weder in der Seele noch im Leib eine Bewegung außer Gott ... Nackt wird der Geist der nackten Wahrheit anhangen, auf keine Worte, keine Sakramente und keine Bilder oder Beispiele angewiesen sein» (472). Hier ist ein Vorklang von Mystik in der Vorausschau ewiger Seligkeit zu verspüren. Dem fügt Guigo hinzu, daß «die Seele schon jetzt, in diesem sterblichen Leben, wenn sie völlig rein wäre, durch sich selbst «in der Wahrheit und Weisheit Gottes» jene Bilder des ewigen Lebens sehen würde (473). Dies ist der Übergang zur Christologie der letzten ‹Meditationen›.

«In der Wahrheit und Weisheit Gottes» schauen kann die Seele nicht wegen ihrer Unreinheit. «Deshalb wurde dem Wort (*Verbum*) eine menschliche Seele beigegeben, welche Gottes Wort in vollkommener Weise aufnahm, ihm völlig gleichförmig und ebenbildlich und von ihm allein geprägt, wie geschrieben steht: ‹Leg mich wie ein Siegel auf dein Herz›». In unserer Blindheit sahen wir nicht nur Gottes Wort nicht, sondern auch nicht die Menschenseele. «Deshalb wurde ihr auch noch ein menschlicher Leib beigegeben» (473). «So ‹ist das Wort Fleisch geworden und wohnte unter uns›, in unserer Leibgestalt, um so vielleicht einstmals uns in sein Inneres einzuführen» (474). Das Seele und Fleisch gewordene Wort sollte, gerade durch das Fleisch, lehren, tun und leiden, was immer zu unserer Belehrung und Besserung nötig ist. Christus allein verwirklichte das Verhaltensmuster des wahren Menschen: Ergebenheit vor Gott, Güte gegen den Nächsten, Wachsamkeit gegenüber der Welt (475). «Es durfte ja der Mensch keinem folgen außer Gott. Er aber konnte nur einem Menschen folgen. Daher wurde der Mensch [als Gottes Kind] angenommen, daß er in der Nachfolge dessen, dem er zu folgen vermag, auch dem folgen kann, dem er folgen muß. Ebenso erfordert es das Heil,[16]

---

[16] *Item non proderat conformari nisi Deo* ist in wörtlicher Übertragung (s. Schlüter, S. 164) kaum verständlich. Das *prodesse* meint die Heilsbestimmung.

Gott gleichförmig zu werden (*conformari*), zu dessen Bild der Mensch geschaffen ist; doch konnte er nur einem Menschen sich gleichgestalten. Daher wurde Gott Mensch, damit der Mensch in der ihm möglichen Gleichgestaltung mit dem Menschen auch Gott gleichgestellt werde zu seinem Heil (*prodesse*)» (476).

Was Guigo in den in sich geschlossenen Schlußmeditationen bietet, ist der theologische Entwurf einer Lebens- und Heilslehre. Die daraus sich ergebende Spiritualität ist nicht unmittelbar formuliert: es ist das praktische Verhalten des Menschen gegenüber dem, was über ihn, neben ihn und unter ihn gesetzt ist, und die Nachfolge Christi, mit ihr die Gleichförmigkeit mit dem fleischgewordenen Logos. Das könnte die Grundlage einer Imitations- und Leidensmystik sein, wie wir ihr bei Bernhard von Clairvaux begegnen werden.

Das durch die ‹Meditationen› vermittelte Bild des Spiritualen und Theologen Guigo läßt sich durch den schönen Brief an einen befreundeten Adeligen über das eremitische Leben und durch die abschließende ‹Consuetudo› 80[17] über denselben Gegenstand in Einzelzügen erweitern, aber zur Hauptsache doch nur bestätigen. Der Brief ist ein Werbebrief; er fordert den Freund auf, in seinen Orden einzutreten, dessen Geist und Ziel eindrucksvoll, wenn auch, wie immer bei Guigo, ohne mitreißende Begeisterung geschildert werden. Ebenso unternimmt es die ‹Consuetudo› 80, die Kartäuser-Regel als ideale Lebensform zu empfehlen: *De commendatione solitariae vitae*. Hier bemüht sich Guigo vor allem um eine biblische Grundlegung.

---

[17] Lettres (SC 88), S. 142–149; ‹Cons.› 80: PL 153, Sp. 755–760. Der Brief zuerst bei A. WILMART, L'appel à la vie cartusienne suivant Guigues l'ancien [mit Einführung], RAM 14 (1933), S. 337–348.

## II. GUIGO II.
## PROKURATOR UND PRIOR DER
## GRANDE CHARTREUSE

Über seine Herkunft und den Zeitpunkt des Eintritts in den Orden wissen wir nichts. 1173 ist er als Prokurator, wenig später als Prior bezeugt, von welchem Amt er indes 1180 zurücktrat. Er starb 1188 im Ruf der Heiligkeit.

Unsicher ist auch die Entstehungszeit seiner Schriften, der ‹Scala Claustralium› (‹Epistola de vita contemplativa›) und von zwölf ‹Meditationes›, denen noch eine Meditation über das Magnificat beigeordnet werden kann.[1]

*Bibliographische Hinweise*

*Ausgaben:*
‹Scala Claustralium›: unter den Werken Bernhards von Clairvaux, PL 184, Sp. 475–484; unter den Werken Augustins als ‹Scala Paradisi›, PL 40, Sp. 997–1004.
‹Scala› und ‹Meditationes›: Guigues II le Chartreux: Lettre sur la vie contemplative (L'échelle des moines). Douze méditations. Introduction et texte critique par Edmunde COLLEDGE O. S. A./James WALSH S. J. Traductions par un Chartreux (SC 163), Paris 1970, ²1980 [zit.].

*Übersetzungen:*
französische: s. Ausgaben. — ‹L'échelle des cloîtriers› par Placide DESEILLE, in: P. D., L'Évangile au désert: les premiers moines à saint Bernard (Chrétiens de tous les

---

[1] WILMART plädiert — mit besten Gründen — für eine frühe Entstehung der ‹Scala›, noch vor der Jahrhundertmitte (S. 134, 140, 158), während er die ‹Meditationes› zwischen 1160 und 1170 datiert. COLLEDGE/WALSH beschränken sich darauf, die ‹Scala› als «reiferes Werk» zu deklarieren. Eine Diskussion mit WILMART findet nicht statt, davon abgesehen, daß dessen vorsichtige Identifizierung des Adressaten Gervais mit dem dritten Prior von Mont-Dieu bezweifelt wird (S. 29). Dies ist erlaubt. Hingegen kann auf Grund der Widmung (I) nicht der geringste Zweifel darüber bestehen, daß Guigo noch einigermaßen jung und unerfahren war, als er den Brief schrieb. Er bittet Gervais, der in diesen Dingen mehr Erfahrung hätte als er, um Urteil und Korrektur; er spricht von den ersten Früchten einer jungen Pflanze. In V 99 f. bezeichnet er sich als «unwissenden Anfänger» (*rudis tyro*). Mir ist unverständlich, daß die neuen Herausgeber die Frage der Jugendlichkeit des Verfassers mit keinem Wort bedacht haben. Im übrigen widerspechen sie ihrer These, die ‹Scala› sei das «reifere Werk», selbst, indem sie für die ‹Meditationes› eine breitere Kenntnis des geistlichen Schrifttums geltend machen als für jene. — Mit und seit WILMART wird der Traktat ‹De quadripertito exercitio cellae› (PL 153, Sp. 787–884) dem jüngeren Guigo abgesprochen. Er stammt vom Kartäuser Adam dem Schotten.

temps 10), Paris 1965. — Über altdeutsche, altfranzösische und altenglische s. Anm. 2.

*Forschungsliteratur:* DAM VI (1967), Sp. 1175 f. — André WILMART O. S. B., Les écrits spirituels des deux Guigues, RAM 5 (1924), S. 59–79; 127–158 ( = A. W., Auteurs spirituels et textes dévots du moyen âge latin, Paris 1932). — Emile BERTAUD/ André RAYEZ, Échelle spirituelle, DAM IV (1960), Sp. 62–86 [über Guigo II. Sp. 71, 80, 85]. — A Monk of Parkminster, Guigo the Angelic, in: The Month 27 (1962), S. 215–226. — Simon TUGWELL, Ways of Imperfection. An Exploration of Christian Spirituality, London 1984, S. 93–102. — Kurze Würdigungen der ‹Scala› in den DAM-Artikeln ‹Contemplation› (II 2, Sp. 1960 f.) und ‹Méditation› (X, Sp. 912 f.).

## Die Kontemplation im klösterlichen Leben

1. Die ‹Scala Claustralium› – ich halte am traditionellen Titel fest – ist ein Brief an einen älteren Mitbruder mit Namen Gervais in einem anderen Ordenshaus über «das geistliche Leben der Mönche» (I 7). Sie gehört zu den beliebtesten Schriften des 12. Jahrhunderts, ist von einem Hundert von Handschriften, seit 1475 in zahlreichen Drucken überliefert. Diesen Erfolg verdankt die ‹Scala› sicher zu einem guten Teil der Tatsache, daß sie dem Hl. Bernhard zugeschrieben wurde, und zwar in 59 Textzeugen; förderlich erwies sich gewiß auch die Zuschreibung an Augustinus, in 16 Fällen. Über die Autorschaft des jüngeren Guigo können heute keine Zweifel mehr bestehen.[2]

Die ‹Meditationes› ergänzen und erweitern die ‹Scala› namentlich in ihren mariologischen und eucharistischen Ausführungen. Es sind dem Typus nach ‹Betrachtungen› wie diejenigen des älteren Guigo, aber von anderer Art. Sie knüpfen an Schriftworte an und werden von Schriftworten gesteuert. Inhaltlich leisten sie das, was die Stufe der Meditation in der ‹Scala› fordert; die «eifrige Tätigkeit des Gemüts in der Erforschung einer verborgenen Wahrheit» (II 33 f.), nämlich der Wahrheit der Schrift, geht freilich im Ansatz öfter darüber hinaus bis zu den Höhen der Kontemplation.

Das Mittelalter dachte in einem uns kaum mehr verständlichen Maße in Stufen und Graden. Es ist dies biblisches und platonisches Erbe – es sei nur an die Himmelsleiter Jakobs und an die Triaden Platos und der

---

[2] Die Beliebtheit des Werkleins unterstreichen die mittelalterlichen Übertragungen in verschiedene Volkssprachen. Die renommierteste ist die altenglische, die in der Nähe des Verfassers der ‹Wolke› steht (hg. von Phyllis HODGSON, Appendix B von ‹Deonise Hid Devinite, EETS, O. S. 231, London 1955; s. auch COLLEDGE/WALSH, S. 45–52). Eine altfranzösische Übertragung ist als Druck, Toulouse 1488, herausgekommen. Über drei mhd. und eine mndl. Version s. ²VL I, Augustinus III 11.

Neuplatoniker erinnert –, vermittelt durch die griechischen und lateinischen Väter (Origenes, Dionysius Areopagita, Johannes Klimachos – Augustinus, Cassian, Gregor der Große). Das Mittelalter hat das Stufendenken verstärkt und erweitert, auch aus einem den Vätern eher fremden Bedürfnis nach strenger Systematik heraus. Mit Recht sprach man von Gradualismus.[3] Vor allem bemächtigte er sich der Spiritualität, die ja als solche hinanzuführen hat: zu den wahren Tugenden, zu Christus, der selbst wiederum «Leiter» ist, zu Gott, dem höchsten Gut.

2. Es sind vier geistliche Grade, die der Übung des Mönchs zugrunde liegen: *lectio, meditatio, oratio, contemplatio.* Diese Leiter führt von der Erde zum Himmel, sie hat wenige Sprossen, ist aber von immenser Höhe. Die Basis ruht auf der Erde, der oberste Teil dringt in die Wolken. «Die Lesung ist das fleißige Studium der Hl. Schriften mit angespannter Aufmerksamkeit. Die Meditation ist eifrige Tätigkeit des Gemüts in der Erforschung einer verborgenen Wahrheit mit Hilfe der eigenen Vernunft. Das Gebet ist das ergebene Drängen des Herzens nach Gott, um Böses fernzuhalten und Gutes zu erlangen. Die Beschauung ist des Geistes Anhangen an Gott (*mentis in Deum suspensae*), gewissermaßen über sich selbst erhaben, ein Kosten der Freuden himmlischer Süße» (II).

Die Reihe *lectio, meditatio, oratio, contemplatio* ist identisch mit derjenigen Hugos von St. Viktor in ‹De meditatione› II 1. Das braucht noch keine direkte Abhängigkeit vom Viktoriner zu bedeuten.[4] Die Verbindung von Bibellesung mit Meditation und Gebet ist Väterlehre[5] und allgemeine monastische Praxis. Dieser Ternar wird häufig mit *contemplatio* verbunden, die als Oberbegriff, aber auch als besondere Stufe, in diesem Falle als oberste, verstanden wird. So finden wir bei Smaragd von Saint-Mihiel (†830) die Reihe *oratio, lectio, meditatio, contemplatio.*[6] Das ist bereits das Vierermodell Hugos und Guigos II.; die abweichende Stellung des Gebets ist bedingt durch dessen unterschiedliche Funktion.

Nach der vorläufigen Einführung der Reihe in II bietet der Verfasser einige abgrenzende Formeln an, wie wir ihnen immer und immer wieder, in besonderer Fülle und Prägnanz bei Richard von St. Viktor, begegnen werden. «Die Lesung sucht die Süße glückseligen Lebens, die Medi-

---

[3] Günther MÜLLER, Gradualismus, Dt. Vjschr. 2 (1924), S. 681–720. Über die geistlichen Stufen unterrichtet knapp, aber sehr materialreich BERTAUD/RAYEZ im DAM; dazu TUGWELL, S. 93–124.
[4] Eine solche nehmen COLLEDGE/WALSH sogar im Blick auf das 2. Modell Hugos an: *cogitatio, meditatio, contemplatio;* das identische in Med. II 1 scheinen sie nicht zu kennen.
[5] Siehe den Artikel ‹Méditation› in DAM X, Sp. 910.
[6] PL 102, Sp. 691 f.

tation findet sie, das Gebet erfleht sie, die Beschauung kostet sie. – Die Lesung ist wie eine feste Speise im Munde, die Meditation zerkaut sie, das Gebet empfängt den Geschmack, die Beschauung kostet sie. – Die Lesung ist in der Rinde, die Meditation im Mark, das Gebet in der Sehnsucht des Kostens, die Beschauung im Genuß der erlangten Süßigkeit» (III). Diese Definitionskette wird in XII fortgesetzt: «Die Lesung ist eine äußere Übung, die Meditation ein Akt der inneren Vernunft, das Gebet eine Sehnsucht, die Beschauung geht über alle Sinne hinaus. – Der erste Grad ist derjenige der Beginnenden, der zweite der Fortschreitenden, der dritte der Gottergebenen (*devotorum*), der vierte der Glückseligen (*beatorum*)» (296 ff.). Damit ist doch wohl zum Ausdruck gebracht, daß sich Guigo die Gottesschau nur *in patria* vorstellte.

Die folgenden Kapitel bringen nähere Ausführungen über die einzelnen Grade. Dabei ist zu beachten, daß alle Aussagen, so wie in den ‹Meditationen›, mit Schriftzitaten belegt und durchwoben sind. Guigo spricht von *testimonia scripturarum* (XIV 397). Es darf dies als Beweis gelten, daß Guigo die Bibellesung so betrieben hat, wie er sie fordert.

Guigo weiß, daß die beiden ersten Stufen auch den heidnischen Philosophen zugänglich waren. «Sie haben auf dem Wege der Vernunft (*ductu rationis*) Kenntnis vom wahren Gut erlangt» (V 114 f.). Von sich aus, und das heißt *ductu rationis,* kann die Seele nicht zur begehrten Süße der Erkenntnis und der Erfahrung gelangen. Je mehr sie sich erhebt, umso ferner rückt ihr der Herr (VI 135 ff.). Weiter hilft nur das Gebet. Guigo verwendet es im engeren Sinne, als Bittgebet. Es führt die Seele zur Beschauung. Deren Schilderung verrät, daß der Verfasser über eigene Erfahrungen verfügt. Der Herr «eilt herbei zu der sich sehnenden Seele, er badet im Tau himmlischer Labung, er salbt sie mit köstlichen Salben. Er erquickt die ermüdete Seele, er nährt sie, wenn sie hungrig ist, er salbt sie in ihrer Bedürftigkeit, er läßt sie alle irdischen Dinge vergessen; er belebt die Hinschwindende durch ein wunderbares Vergessen seiner selbst, er führt [aber auch] die Trunkene zur Nüchternheit zurück» (VII 163 ff.).

Guigo legt Wert darauf, daß die einzelnen Sprossen seiner Leiter aufs engste miteinander verbunden sind, ihre unverrückbare Ordnung haben. Er widmet dieser «Verkettung» ein besonderes Kapitel, das XIII., und faßt es im folgenden zusammen: «Aus alledem geht hervor, daß die Lesung ohne Meditation fruchtlos bleibt, die Meditation ohne Lesung dem Irrtum ausgesetzt ist; Gebet ohne Meditation ist lau, Meditation ohne Gebet ohne Ertrag; das Gebet führt zur Inbrunst der Beschauung, aber die Erlangung der Beschauung ohne Gebet ist selten oder bleibt ein Wunder.» (XIV 349 ff.)

Der Aufstieg auf der Leiter der Beschauung ist Gnade. Guigo unterstreicht dies mit einer ausführlichen Lehre von den Zeichen der nahenden Gnade (VIII), über den Entzug der Gnade (IX), wie wir uns in diesen Zeiten des Gnadenverlusts zu verhalten haben (X) und wie nach
dem Empfang der Gnade (XI). Es sind dies Themen, die dem Leser
volkssprachlicher Traktate des Spätmittelalters vielfach begegnen werden.

3. Sicher vollzieht sich der Aufstieg von der Lesung bis zur Beschauung in der Zelle. Es ist für uns auffallend, daß diese nie in den Blick des
Lesers gerät,[7] für den zeitgenössischen, streng monastisch denkenden
Leser ist es aber doch wohl eine Selbstverständlichkeit: die persönlichen
Umstände spirituellen Lebens und Wachsens sind unerheblich. Das wird
schon im späteren Mittelalter nicht mehr allgemeine Regel sein, auch
nicht in Ordenskreisen. Wir blicken sehr wohl in die Konstanzer Zelle
von Heinrich Seuse, dem «Diener der ewigen Weisheit», wir kennen
ihre Ausstattung, vergegenwärtigen sie als Ort der Kasteiungen und des
Gebets. Die Person des Spiritualen, sein Vorbild, wird zum Garanten
geistlichen Lebens.

Auch die ‹Meditationen› sind ohne Zellenmilieu, obschon etwa die
erste, die an Guigos I. Constitutio 80 (‹*De commendatione solitariae vitae*›)
anknüpft, mit dem Schriftwort ‹*Sedebit solitarius et tacebit*› (Lam. 3,28)
einen Blick auf den Ort des Sitzens und Schweigens nahelegt. Diese
Meditation dient der Begründung des eremitischen und damit auch kontemplativen Lebens und gehört so unmittelbar in unseren Zusammenhang. Es wird zunächst daran erinnert, daß Christus «unter den Menschen lebte, mit ihnen aß und trank, ihnen predigte» (7 f.), womit im
Grunde die Problematik einer Christus-Nachfolge in einem eremitischen Dasein angesprochen ist. Aber der Akzent der Aussage liegt gerade
nicht auf dem tätigen Leben Christi unter den Menschen, vielmehr auf
dem Umstand, daß er nicht allein war (wenn er sich zum Fasten und
zum Gebet in die Einsamkeit zurückzog), sondern der Vater allezeit bei
ihm. Das ist Forderung und Beispiel des Eremiten. Weh ihm, wenn er
nicht wie Christus allein ist, das heißt nicht Gott zum Begleiter hat
(18 f.).

Die ‹Meditationen› kennen noch einen weiteren Aufstiegsweg.
Med. IV mit dem Schriftwort Gal. 5,24 («Die Christus angehören haben
ihr Fleisch gekreuzigt») entwickelt in der Auslegung der Sinai-Besteigung Moses', dem sich nach sechs Tagen des Nebels am siebenten der
Herr auf dem flammenden Gipfel offenbart (Ex. 24,15–18), eine Lehre

---

[7] Dies ist hingegen der Fall in Wilhelms von St. Thierry ‹Epistola ad Fratres de Monte
Dei› (1143/1144) n. 27–40.

vom dreifachen Kreuz, verbunden mit den sieben Gaben des Heiligen Geistes. «Das erste Kreuz kreuzigt das Fleisch mit der Gottesfurcht, der Zuneigung (*pietas*) und dem Wissen, wobei die Gottesfurcht die Ausschweifung, die Zuneigung die Prahlsucht, das Wissen die Überheblichkeit zu tilgen hat. Das zweite Kreuz, dasjenige der Seele, nimmt diese in Besitz durch die Stärke, den Rat und die Vernunft: mit der Stärke wird der Teufel bezwungen, mit dem Rat der Nächste sicher geleitet, mit der Vernunft das eigene Selbst geführt. Das dritte Kreuz [dasjenige des Geistes, welcher die Liebe ist (40)] übersteigt alles das; es ist beschlossen im Feuer der Liebe, die Seele ruht im Schlaf des Friedens» (IV 58 ff.). Eine originelle Verbindung, die einen traditionellen Aufstiegsweg zu den Höhen der Mystik, die Sieben Gaben,[8] mit der Kreuzigung unseres Ichs, und das heißt Christuskonformität, verbindet. Mir fällt keine Parallele dazu ein.

Diese Beobachtung führt zu einer Bemerkung über den Rang Guigos II. Colledge/Walsh haben in ihrer «Analyse» der ‹Scala› und der ‹Meditationes› wiederholt auf Berührungen mit Bernhard von Clairvaux, Wilhelm von St. Thierry, Aelred von Rievaulx, Hugo von St. Viktor und anderen Autoren der ersten Jahrhunderthälfte hingewiesen.[9] Bei der vorliegenden Themengleichheit und Themennähe kann dies nicht überraschen. Interessant aber ist der Umstand, daß beweiskräftige Stellen für eine unmittelbare Abhängigkeit offensichtlich nicht beigebracht werden können. Schon Wilmart bekannte, er sei «zu seiner Schande» nicht in der Lage, wörtliche Bernhardstellen in der ‹Scala› nachzuweisen.[10] Das gilt, erweitert auf die ‹Meditationen› und bezogen auf die anderen namhaft gemachten Autoren, immer noch. Es ist dieser Befund ein Hinweis auf die bemerkenswerte Eigenständigkeit des jüngeren Guigo. Wer immer die ‹Scala› dem Hl. Bernhard zugeschrieben hat, schob diesem keinen Wechselbalg unter, sondern eine Schrift, die seiner nicht unwürdig war.

---

[8] Vgl. K 5,2.
[9] Colledge/Walsh, S. 32 ff., 54 ff.
[10] Wilmart, S. 77.

# DIE ZISTERZIENSER

*Achtes Kapitel*

## Bernhard von Clairvaux

> *la vivace / carità di colui che'n questo mondo,*
> *contemplando, gustò di quella pace.*
> Dante, Divina commedia, Par. XXXI 108–110

Es ist Beatrice, der die Aufgabe zufällt, Dante durch die neun Himmelskreise zu führen und ihm die «heilige Wissenschaft», die auf Grund der geoffenbarten Wahrheiten «Gott und den Seligen» gilt,[1] zu erklären. Beim Eintritt ins Empyreum sieht sich indes der Jenseitswanderer zu seiner eigenen und des Lesers Überraschung einem neuen Begleiter gegenüber, einem würdigen Greis, dessen «Augen und Antlitz in gütiger Freude strahlen» (Par. XXXI 61 f.). Es ist der heilige Bernhard.

Im Empyreum, das alle anderen Himmelssphären umschließt, dem «Orte» Gottes, der *pura luce* ist, kommt die vernunftorientierte heilige Wissenschaft zu ihrem Ende. An ihre Stelle tritt die Schau, die *visio* in jener «Liebe, die die Sonne und die andern Sterne bewegt» (Par. XXXIV 142). Sie ist es, die nur von Bernhard erschlossen werden kann, der schon «auf dieser Erde in der Schau den jenseitigen Frieden vorkosten durfte» (Par. XXXI 110 f.). Bernhard als ekstatischer, liebetrunkener Führer zu den letzten göttlichen Geheimnissen: diese dichterische Inspiration entsprach weithin dem mittelalterlichen Bewußtsein vom spirituellen Rang des heiligen Zisterzienserabtes.[2]

Als die Benediktinermönche von Molesme im Jahre 1098 mit ihrem Abt Robert auszogen, um Cîteaux zu gründen, geschah es, wie es im ‹Exordium Cisterciensis cenobii› heißt, «um ein strengeres und abgeschiedeneres Leben nach des hl. Benedikt Regel, deren Befolgung sie sich vorgenommen hatten, zu führen». Und in der frühesten Urkunde

---

[1] Nach Thomas von Aquin, S. th. I, q. 1, a. 2 c.

[2] Bernhard in der ‹Divina commedia› ist nach Ausweis der Bibliographien ein vielbehandeltes Thema; s. Bibl. Cist. Nr. 74, 804, 805, 987–989, 1163, 1223, 1664. Ich begnüge mich mit dem Hinweis auf zwei große Namen: Étienne GILSON, Dante und die Philosophie, Freiburg i. Br. 1953 (franz. Originalausg. 1939), S. 65–67, 277–279; Romano GUARDINI, Bernhard von Clairvaux in Dantes Göttlicher Komödie, Hochland 46 (1953/54), S. 55–64.

des Ordens, der ‹Charta caritatis›, liest man: «In einer Liebe, unter ein und derselben Regel und nach gleichen Gewohnheiten laßt uns leben.»[3] Das «strengere und abgeschiedenere Leben» und die ‹Charta caritatis› waren es, die den zweiundzwanzigjährigen Bernhard aus burgundischem Adel mit vier leiblichen Brüdern und 25 Freunden im Jahre 1112 bewogen, in Cîteaux einzutreten und drei Jahre später Clairvaux zu gründen, das zum eigentlichen geistigen Mittelpunkt des jungen Ordens werden sollte.

Es ist hier nicht der Ort und wäre auch vermessen, ein Gesamtbild Bernhards zu versuchen. Ich beschränke mich auf Bernhard den Mystiker, wobei Grundzüge seiner Theologie mit eingeschlossen sind, die seine Mystik in vielem erst verständlich machen. Es gehört zu den Ergebnissen der neueren Bernhard-Forschung, die ich mit Étienne Gilson beginnen lasse, daß Bernhards Spiritualität, die die Frömmigkeit eines ganzen Zeitalters wesentlich zu bestimmen vermochte, auf einer klar strukturierten Theologie beruht.

### Bibliographische Hinweise

*Bibliographie:* Henri-M. ROCHAIS/Eugène MANNING, Bibliographie générale de l'Ordre cistercien. Saint Bernard, Rochefort 1979 [Bibl. Cist.]. — Cîteaux. Commentarii Cistercienses, 1949 ff. [regelmäßige bibliographische Zusammenstellungen]. — Siehe auch den Forschungsbericht von Matthäus BERNARDS, Der Stand der Bernhardforschung, in: Bernhardkongreß 1953 (s. u.), S. 3–43.

*Ausgaben:* PL 181–184. — Sancti Bernardi opera, rec. Jean LECLERCQ, Charles Hugh TALBOT, Henri M. ROCHAIS, 8 Bde., Rom 1957–1977 [Op. I–VIII], darin: Sermones super Cantica canticorum I (1–35), II (36–86) [Serm. Cant.]; De diligendo Dei III (109–154) [Dil.]; De consideratione ad Eugenium Papam III (379–493) [Cons.]; Sermones per annum IV (161–492), V 1–447 [Serm. p. a.]; Sermones de diversis VI/1 (73–406) [Div.].

*Übersetzungen:*
*Deutsche:* Die Schriften des honigfließenden Lehrers B. v. Cl. nach der Übertragung von M. Agnes WOLTERS S. O. Cist., hg. durch P. Eberhard FRIEDRICH S. O. Cist., 6 Bde., Wittlich 1934–1938 [alle Predigten]. — Des hl. B. v. Cl. Abhandlung ‹Über die Gottesliebe›, verdeutscht von Klaus HARTMANN (Religiöse Geister 8), Mainz 1921. — B. v. Cl., hg., eingeleitet und übersetzt von Bernardin SCHELLENBERGER, Olten-Freiburg i. Br. 1982 [Anthologie]. — B. v. Cl., Was ein Papst erwägen muß, übertragen u. eingeleitet von Hans Urs VON BALTHASAR, Einsiedeln 1985.
*Französische:* Œuvres complètes de Saint Bernard. Traduites en français par les abbés DION et CHARPENTIER, 2 Bde., Paris 1887. — Jean LECLERCQ, Saint Bernard mystique, Paris 1948, II. Textes choisis, S. 249–489. — Saint Bernard. Sermons divers.

---

[3] Siehe Kolumban SPAHR, Die Anfänge von Cîteaux, in: LORTZ, (Hg.), Bernhardkongreß 1953, S. 215–224.

Introduction, traduction, notes et index par Pierre-Yves EMERY, 2 Bde., Paris 1982. – Saint Bernard de Clairvaux, De la considération. Traduction de P. DALLOZ, Paris 1986. – Eine französische Gesamtausgabe ist vorgesehen in SC [s. Cîteaux. Commentarii Cistercienses 38 (1987), S. 303].
*Englische:* Bernard of Clairvaux, Selected Works. Translation and Foreword by Gillian R. EVANS (The Classics of Western Spirituality), New York-Mahwah (N. J.) 1987.
*Italienische:* Opere di San Bernardo, a cura di Ferruccio GASTALDELLI, Milano 1984 ff.

*Forschungsliteratur:* Johannes SCHUCK, Das religiöse Erlebnis beim hl. Bernhard von Clairvaux. Ein Beitrag zur Geschichte der christlichen Gotteserfahrung (Abhandlungen zur Philosophie und Psychologie der Religion 1), Würzburg 1922. – Robert LINHARDT, Die Mystik des hl. Bernhard von Clairvaux, München 1923. – Eduard WECHSSLER, Deutsche und französische Mystik: Meister Eckhart und Bernhard von Clairvaux, Euphorion 30 (1929), S. 40–93. – Étienne GILSON, La théologie mystique de saint Bernard, Paris 1934; deutsche Ausg. von Philotheus BÖHNER O. F. M.: Stefan GILSON, Die Mystik des hl. Bernhard von Clairvaux, Wittlich 1936 [zit.]. – Ingeborg BRAUNECK, Bernhard von Clairvaux als Mystiker, Diss. Hamburg 1935. – DAM I (1937), Sp. 1454–1499 (ANSELM LE BAIL). – Jean LECLERCQ, Saint Bernard mystique, Paris 1948, I La vie de Saint Bernard [eine innere Biographie]. – Ders., Études sur Saint Bernard et le texte de ses écrits, ASOC 9 (1953), S. 5–247. – Carl RICHSTAETTER, Christusfrömmigkeit in ihrer historischen Entfaltung, Köln 1949. – Saint Bernard théologien. Actes du congrès de Dijon 15–19 sept. 1953, ASOC 9 (1953), fasc. 3/4. – Pacifique DELFGAAUW S. O. Cist., La nature et les degrés de l'amour selon S. Bernard, in: S. Bernard théologien 1953, S. 234–252. – Mélanges Saint Bernard. XXIVᵉ congrès de l'Association bourguignonne des sociétés savantes, Dijon 1953. – Jean-Marie DÉCHANET, Saint Bernard et la Bible, Paris 1953. – Jean LECLERCQ, Recherches sur les Sermons sur les Cantiques de Saint Bernard I–VII, Revue bénédictine 64 (1954), S. 20–223 (I./II.), 65 (1955), S. 71–89 (III.), S. 228–258 (IV.), 66 (1956), S. 63–91 (V.), 70 (1960), S. 562–590 (VII.). – S. Bernardo. Pubblicazione commemorativa nell'VIII centenario della sua morte (Pubblicazioni dell'Università cattolica del S. Cuore NS 46), Mailand 1954 [S. Bernardo 1954]. – Édouard WOLLENS O. C. S. O., Saint Bernard mystique et docteur de la mystique, in: S. Bernardo 1954, S. 66–91. – Joseph LORTZ (Hg.), Bernhard von Clairvaux. Mönch und Mystiker. Internationaler Bernhardkongreß Mainz 1953 (Veröffentlichungen des Instituts für europäische Geschichte Mainz 6), Wiesbaden 1955 [Bernhardkongreß 1953]. – Jean-Marie DÉCHANET, La christologie de Saint Bernard, in: Bernhardkongreß 1953, S. 63–75. – Charles Hugh TALBOT, Die Entstehung der Predigten über Cantica canticorum, in: Bernhardkongreß 1953, S. 202–214. – Kurt KNOTZINGER, Hoheslied und bräutliche Christusliebe bei Bernhard v. Clairvaux, Jb. f. myst. Theol. 7 (1961), S. 9–88. – Anton VAN DUINKERKEN, Bernhard von Clairvaux. Aus dem Niederländischen übertragen, Wien 1966. – Marie-Magdeleine DAVY, Le thème de l'âme-épouse selon Bernard de Clairvaux et Guillaume de Saint-Thierry, in: Entretiens 1968, S. 247–272. – Joseph MACCANDLESS, ‹Meditation› in Saint Bernard, Collect. Cist. 26 (1969), S. 277–293. – Bernard of Clairvaux. Studies presented to dom Jean Leclercq (Cisterciensian Studies Ser. 23), Washington 1973. – Jean LECLERCQ, Monks and Love in Twelfth-Century France. Psycho-Historical

Essays, Oxford 1979. – Ulrich Köpf, Religiöse Erfahrung in der Theologie Bernhards von Clairvaux (Beiträge z. hist. Theol., hg. von Johannes Wallmann, 61), Tübingen 1980. – Luc Brésard, Bernard et Origène commentent le cantique, Collect. Cist. 44 (1982), S. 111–130, 183–209, 293–308. – Ferruccio Gastaldelli, I primi vent'anni di San Bernardo. Problemi e interpretazioni, ASOC 43 (1987), S. 111–148.

## 1. «Gott um seiner selbst willen lieben» ‹De diligendo Deo›

a) Bernhards Mystik ist eine Liebesmystik. Dazu legt der ‹Liber de diligendo Deo›, im 4. Jahrzehnt des Jahrhunderts entstanden, den Grund. Er stellt die Frage, «warum und in welcher Weise Gott zu lieben ist» (I 1).

Gott hat uns zuvor geliebt, als wir noch seine Feinde waren (Röm. 5,10), und ohne Entgelt (*gratis*). Umfassend schildert Bernhard die Wohltaten Gottes, Wohltaten des Lebens: Brot, Sonne, Luft; Wohltaten der Seele: Würde, Wissen, Tugendstreben. «Würde (*dignitas*) nenne ich im Menschen die Willensfreiheit, kraft derer er gegenüber den andern Geschöpfen nicht nur einen Vorzug, sondern auch die Vorherrschaft besitzt. Wissen (*scientia*) ist es, wodurch er sich als Träger dieser Würde, nicht aber als deren Urheber erkennt. Tugendstreben (*virtus*) kommt ihm zu, vermöge dessen er unablässlich den sucht, der ihn geschaffen hat, und ihn auch festhält, wenn er ihn gefunden hat» (II 2; 121,15–19). Daraus ergibt sich: «Beides mußt du wissen: was du bist, und daß du aus dir nichts bist» (II 4; 122,8). Das ist die für Bernhard so entscheidende Selbsterkenntnis.[4]

Etwa gleichzeitig hat Hugo von St. Viktor sein ‹Soliloquium de arrha animae› verfaßt, dessen eigentliches Thema die Gaben der Liebe sind, die Gott dem Menschen verliehen hat (s. K 11,2.). Einfluß von einem zum andern – für keine der beiden Schriften kann die Priorität nachgewiesen werden – liegt nicht vor. Es waltet hier die bekannte Gleichzeitigkeit in Zeitaltern des Aufbruchs.

Liebe ist der Weg des Heils, und zwar Liebe als Antwort auf die göttliche Liebe, wie sie sich zunächst in Gottes Wohltaten kundtut. Obschon sie als von Gott bewirkt bereits unter dem Gesetz der Gnade steht (XV 39; 152,20), rechnet sie Bernhard als ichbezogene Liebe doch der «fleischlichen Liebe» (*amor carnalis*) zu. Der negative Begriff meint also in diesem Zusammenhang die ersten positiven Schritte der «Rückkehr» zu Gott, der die Liebe ist.

---

[4] Dazu u. a. Courcelle, Connais-toi toi-même, S. 258–272; Anna Maiorino Tuozzi, La ‹conoscenza di sé› nella scuola cisterciense, Napoli 1976, S. 15–88.

Bernhard betont, daß auch der Ungläubige, und zwar durch das Naturgesetz, Gott zu lieben angehalten ist (II 6). Der Christ indes schuldet die Gottesliebe in weit höherem Maße, da er ja weiß, was der Mensch gewordene Gottessohn für ihn getan hat, Christus, «und zwar der Gekreuzigte» (III 7; 124,13). Es ist dies – was später ausführlicher zu zeigen ist – die eigentliche Mitte der bernhardischen Theologie und Urquell seiner Spiritualität. «Sie (die *ecclesia*, die hier stellvertretend für die Seele steht) sieht den Eingeborenen des Vaters, wie er das Kreuz schleppt, sieht die Herrlichkeit des Herrn gepeitscht und angespien, sieht den Schöpfer des Lebens und des Paradieses mit Nägeln durchbohrt, von der Lanze durchstochen und mit Schmach überhäuft.» In solcher Vergegenwärtigung wird die Seele vom «Schwerte der Liebe» durchbohrt (III 7; 124,21–25). In den folgenden Kapiteln erscheint die Passionsdevotion verbunden mit der Auslegung von Versen des Hohenliedes: Vorklang der ‹Sermones super Cantica canticorum›.

Maßlos hat uns Gott geliebt und liebt uns maßlos: so ist auch er ohne Maß (*sine modo*) zu lieben (VI 16). Diese grenzenlose Liebe wird an dieser Stelle nicht näher beschrieben, ist aber aus den Hoheliedansprachen reichlich zu belegen. Ich beschränke mich auf zwei Stellen. Die erste, 73,1, knüpft an die Kühnheit der Braut an, den Bräutigam zurückzurufen (*revertere*, 2,17): «Die maßlose Liebe (*amor intemperans*) ist schuld daran. Denn die Liebe ist es, die alle Schüchternheit, alle Grenzen der Schicklichkeit und jede kluge Überlegung besiegt und in Bande schlägt» (II 233,21 ff.). Die zweite Stelle steht am Anfang der 79. Predigt, die mit der vorangehenden die Heilsgeschichte zum Gegenstande hat: «O jähe (*praeceps*), gewaltsame (*vehemens*), brennende (*flagrans*), ungestüme (*impetuose*) Liebe, die du neben dir keinen Gedanken aufkommen läßt, bei allem Ekel und Langeweile empfindest, alles außer dir verschmähst und mit dir allein zufrieden bist! Du verwirrst die Ordnung, kehrst dich an keine Regel, kennst kein Maß (*modus*). Über alles, was günstige Gelegenheit, Vernunft, Anstand, Rat und Überlegung zu sein scheint, setztest du dich triumphierend hinweg» (II 272,5 ff.).

Mit der Liebe ohne Maß hat Bernhard die Fragen nach Grund und Art der Gottesliebe – es sind die Fragen seines Adressaten Heimerich, des Generalkanzlers der Kirche – beantwortet. Sie bedarf indes, jetzt nur noch als Liebe des Menschen zu Gott verstanden, nach einer sozusagen quantitativen Bestimmung noch einer genaueren Einsicht in ihre Qualität.

b) Bernhard unterscheidet vier Grade der Liebe. Versteht man Liebe als *affectio naturalis*, so ergibt sich, daß zuallererst Gott als Urheber der Natur zu lieben ist, wie es denn auch Christi Gebot ist: «Du sollst den

Herrn, deinen Gott, lieben aus deinem ganzen Herzen, aus deiner ganzen Seele und mit allen deinen Kräften» (Mt. 22,38). Die Schwäche der Natur bewirkt indes, daß der Mensch sich zunächst selber und um seiner selbst willen liebt, gemäß dem (leicht abgewandelten) Apostelwort: «Das Sinnliche kommt zuerst, dann erst das Geistige» (1. Kor. 15,46). Das ist insofern eine Naturnotwendigkeit, als der menschliche Geist an die sinnliche Natur gebunden ist: «Jeder geschaffene Geist bedarf einer körperlichen Stütze» (Serm. cant. 5,5), aber auch, in den Äußerungen der selbstischen Liebe, Zeichen der durch den Sündenfall geschwächten Natur.[5] Die Selbstliebe findet, wie Bernhard weiter ausführt, im Gebot der Liebe zum Nächsten, der als anderes Ich erkannt wird, ihre Begrenzung. So wird Selbstliebe gemeinnützig (*socialis*) (VIII 23; 139,11 f.). Sie kann es aber nur sein, wenn Gott als Geber und Urheber aller gemeinsamen Gaben anerkannt wird. Das heißt soviel, daß Nächstenliebe, die ein Schritt zur Gottesliebe ist, diese voraussetzt. «Man muß also Gott zuerst lieben, um in Gott seinen Nächsten lieben zu können» (VIII 25; 139,28). Bernhard löst diesen Widerspruch hier nicht auf, doch bietet die *Sententia* 21 eine Lösung an: Es ist der *Anfang* der Gottesliebe, der die Nächstenliebe auslöst, und es ist diese, welche wiederum die Gottesliebe nährt und wachsen läßt.[6]

Nächstenliebe führt so zum zweiten Grad der Liebe, der Liebe zu Gott um des eigenen Selbst willen. Der Mensch erstrebt und erfährt Gott in seinen Wohltaten. Dieser Liebe liegt auch etwa die Erfahrung zugrunde, daß man sich in seiner Trübsal zu Gott wenden kann, der das bedrängte Herz zu befreien vermag. Indem die Seele so aber auch erfährt, wie süß der Herr ist (Ps. 33,9), ist sie auch schon auf dem Wege zur «reinen» Gottesliebe. Sie wird erreicht im 3. Grad der Liebe, derjenigen zu Gott um Gottes willen. Diese Liebe ist wohlgefällig, da uneigennützig, rein, da sie in Werken und in der Wahrheit beruht, gerecht, weil sie nicht nur erwiesen, sondern auch erwidert wird. «Wer den Herrn lobt, nicht weil er ihm gut, sondern weil er gut ist, der fürwahr liebt Gott um Gottes willen» (IX 26).

Darüber hinaus postuliert Bernhard noch einen 4. Grad: die Selbstliebe um Gottes willen (*cum homo diliget se propter Deum*). Er scheint zunächst nur eine Ausformung der Gottesliebe um Gottes willen zu sein, sagt doch Bernhard, wer «Gott wahrhaftig liebe», liebe «damit auch

---

[5] Der faktische Primat des *amor carnalis* und die Gottesliebe als erstes und oberstes Gebot bereitete der Interpretation Schwierigkeiten. GILSON (1936) hat sie ausgeräumt mit der Abhebung der natürlichen Notwendigkeit von den krankhaften Ausformungen der Selbstliebe (S. 64 ff.).

[6] Op. VI/2, S. 14 f.

alles, was Gottes ist» (141,14 f.), also auch sich selber. Wie aber soll der
Mensch sich selber um Gottes willen lieben? Bernhard kann darunter
nur das Auslöschen jeglicher Eigenliebe verstehen – was Vereinigung
mit dem Göttlichen bedeutet. In der Tat vollzieht sich in dieser höchsten
Liebe die Vergöttlichung. «Wann erfährt der Geist (*animus*) einen derartigen Aufschwung (*affectus*), daß er, trunken von der göttlichen Liebe, sich
selber vergißt, sich vorkommt wie ein zerschlagenes Gefäß, sich auf Gott
ausrichtet und, Gott anhangend, *ein* Geist mit ihm wird? ... Selig und
heilig nenne ich den, dem solches in diesem sterblichen Leben zuweilen
oder gar nur einmal, und dies im Fluge (*raptim*) und in der Spanne eines
Augenblicks zu erfahren vergönnt ist. Dich selbst gleichsam (in dieser
Einigung) zu verlieren, als wärst du nicht mehr, und dich selbst überhaupt nicht mehr zu fühlen, ja dich deiner völlig zu entäußern (*exinanire*)
und dich in ihm beinahe vernichtet (*annullari*) zu sehen, das ist ein Verweilen (*conversatio*) im Himmel, nicht mehr menschliches Empfinden
(*affectus*). Und wird einer der Sterblichen einmal zu solcher (Entrückung)
auserlesen, wenn auch, wie gesagt, nur im Fluge und für einen Augenblick, so beneidet ihn die schändliche Welt (*saeculum*) sogleich,
beschwert ihn mit des Tages Lasten, bedrückt ihn der Leib des Todes,
bedrängt ihn des Fleisches Not, wird die hinfällige Sterblichkeit unerträglich, und, was am heftigsten empfunden wird: die brüderliche Liebe
ruft ihn zurück» (X 27; 142,9–22).

Es liegt hier eine der in Bernhards Werk seltenen Zeugnisse mystischer Vereinigung vor. Der Zusammenhang zeigt, daß sie eine Frucht der
Gottesliebe ist, somit aber auch wie diese selbst gnadenhaftes Geschenk.
Betont wird in Übereinstimmung mit den Vätern die kurze Dauer und
der jähe Vollzug (*raptim*)[7] der Entrückung. In ihm wird der menschliche
Geist *ein* Geist mit dem göttlichen. Dabei geht er seines Ichs verlustig –
er erkennt es als zerschlagenes Gefäß –, aber auch der göttliche Partner
verliert in der Einigung des Geistes seine Proprietäten, in denen ihn das
Geschöpf liebt, verehrt und preist, wird zum «Nichts». Bernhard deutet
es nur an (*annullari*); er steht hier, wenn überhaupt in einer Abhängigkeit, in dionysischer Tradition.[8] Das Einmalige in dieser Darstellung ist
indes die Rückkehr aus der Wonne des «himmlischen Wandels»: Der
Ekstatiker erfährt den Neid der Welt und alle Beschwernisse der irdischen Existenz; selbst die brüderliche Liebe, Gebot des monastischen
Lebens, umfängt ihn nicht, holt ihn vielmehr in die Klosterwirklichkeit

---

[7] Siehe auch Serm. Cant. 32,2; 41,3; 85,13.

[8] GILSON (1936) denkt als Vermittler an Maximus Confessor, der Bernhard durch
Eriugenas Übersetzung zugänglich war (S. 53 ff.).

zurück. Daß Bernhard mystische Erfahrungen zuteil geworden sind, ist vielfach bezeugt, er bringt sie indessen, Paulus folgend, nicht oder nur aus besonderen Beweggründen ins Wort (s. u. 4.c). In ‹De diligendo Deo› spricht er zwar nicht von sich selbst, aber der Schock des Herausfallens aus der Entrückung ist so drastisch formuliert, daß man dessen persönlichen Erfahrungsgrund füglich annehmen darf.[9]

Die ergänzenden Ausführungen des Traktats verdeutlichen, wie sehr es die Liebe ist, die jenes Einswerden ermöglicht: «O heilige und unbefleckte Liebe! O süßes und liebliches Empfinden! O reines und lauteres Streben des Willens, je lauterer und reiner, desto weniger darin noch vom eigenen Willen übrig geblieben ist. Und umso süßer und lieblicher, je göttlicher das ist, was empfunden wird. So empfinden heißt Gott gleich werden (*deificari*)» (X 28; 143,12–15). Es folgt die bekannte Bildfolge vom Verschwinden des Wassertropfens im Wein, dem Ähnlichwerden des Eisens im Feuer, der Lichtwerdung der Luft.[10]

In den Schlußkapiteln seines Traktats kehrt Bernhard wiederum zu seinem eigentlichen Thema, der Wesensbestimmung der Liebe, zurück. Er greift dabei Gedanken eines Briefes auf, den er «vor längerer Zeit» den heiligen Kartäuserbrüdern geschrieben hat.[11] Dazu gehören die schönen Abschnitte über die Liebe als dem Gesetz der Gotteskinder, das ihnen nicht wie dem Sklaven und Lohndiener auferlegt worden ist, son-

---

[9] Es sei hier an die häufigen Klagen Bernhards erinnert, durch Amtsgeschäfte und Inanspruchnahme seitens der Brüder vom kontemplativen Leben abgehalten zu werden; s. Serm. cant. 30,7; 41,5; 51,3; 76,10. Die Klagen können sich bis zum Unmut steigern: «Es sitzen manche hier, denen eine aufmerksame Beachtung des heutigen Predigtabschnittes [HL 2,7 *Adjuro vos . . ., ne suscitetis, neque evigilare faciatis dilectam*] zu wünschen wäre. Sie würden gewiß bedenken, welche Ehrfurcht man den Vorgesetzten schuldig ist, die leichtfertig in ihrer Muße zu stören auch den Himmelsbürgern mißfällt. Möchte man doch endlich einmal anfangen, auch uns vielleicht ein wenig mehr als bisher zu schonen! Möchte man sich nicht mehr so unehrerbietig und leichtfertig aufdrängen, wenn wir uns zurückgezogen haben» (52,7).

[10] Die Stelle sei als *locus classicus* und Ausgangspunkt für viele spätere Zitationen wiedergegeben: *Quomodo stilla aquae modica, multa infusa vino, deficere a se tota videtur, dum et saporem vini induit et colorem, et quomodo ferrum ignitum, et candens igni simillimum fit, pristina propriaque exutum forma, et quomodo solis luce perfusus aer in eandem transformatur luminis claritatem, adeo ut non tam illuminatus quam ipsum lumen esse videatur* («Wie ein kleiner Wassertropfen, der in eine Menge Wein fällt, sich scheinbar ganz auflöst, indem er den Geschmack und die Farbe des Weines annimmt, und wie ein glühendes und leuchtendes Eisen ganz wie das Feuer wird und seine frühere eigene Form ablegt, und wie die von der Sonne durchstrahlte Luft in die gleiche Klarheit des Lichtes verwandelt wird, so daß sie nicht nur erleuchtet ist, sondern selbst Licht zu werden scheint . . .») (X 28; 143,15–20). Siehe dazu Jean Pépin, Miscellanea André Combes I (Divinitas 11), 1967, S. 331–375. Zu Bernhards Text Étienne Gilson, Maxime, Erigène, S. Bernard, in: Aus der Geisteswelt des Mittelalters. Festschr. Martin Grabmann I, Münster/Westf. 1935, S. 188–195.

[11] Es ist der Brief an Guigo I., Nr. 11, v. J. 1125 (Op. VII, S. 52–60).

dern das sie freiwillig befolgen (XIV 37). Die vier Stufen der Liebe (XV) variieren die früheren Ausführungen (VIII–X). Aber Bernhard ist nunmehr zurückhaltender. Er bezweifelt, daß ein Mensch überhaupt je die vierte Stufe völlig erreicht, sich selbst nur zu lieben um Gottes willen. Sicher aber wird dies einmal Tatsache werden, «wenn ‹der gute und getreue Knecht› ‹in die Freude seines Herrn› (Mt. 25,21) eingeführt und ‹von der Fülle des Hauses Gottes berauscht› (Ps. 35,9) ist. Auf wunderbare Weise wird er sich gleichsam vergessen, um in dieser völligen Selbstlosigkeit ganz in Gott aufzugehen (*ruget in Deum*). Dann wird er ihm anhangen und *ein* Geist mit ihm sein» (XV 39; 153,6–10). Es wäre so die vierte Stufe der Liebe nichts anderes als die *visio beatifica*.

## 2. Christusmystik

a) *Dar umb, wilt du mich schowen in miner ungewordenen gotheit, so solt du mich hie lernen erkennen und minnen in miner gelitnen menscheit, wan daz ist der schnellest weg ze ewiger selikeit.* So spricht Christus in der Gestalt der Ewigen Weisheit zum «Diener», dem Dominikanerpater Heinrich Seuse.[12] Es ist ein Leitsatz, der die Christusfrömmigkeit und Leidensspiritualität des Hoch- und Spätmittelalters bestimmt, ja entscheidend noch der Neuzeit, und dies in beiden Konfessionen. In seinem Aussagekern, durch den menschgewordenen Christus zu Gott, geht er auf Bernhard von Clairvaux zurück.[13] Gewiß ist er bei den Vätern, am eindrucksvollsten bei Augustinus, vorgebildet, epochale Bedeutung erhält er erst mit Bernhard. Gott nicht mehr nur unerreichbar über dem Menschen, sondern im Menschen: das ist die Mitte der neuen Frömmigkeit, die mit dem Wirken der Bettelorden auch den Laienstand erfassen wird. Das *Ecce homo* ermöglicht aber auch neue Formen der mystischen Spiritualität.

Liebe war es, Liebe «ohne Maß», die Gott bewog, zu den Menschen hinabzusteigen und mit ihnen im Fleische zu wandeln, Liebe, die Gefallenen zur Gotteskindschaft zurückzuführen, ihre Sündenlast auf sich zu nehmen, durch Kreuz und Tod zu tilgen. Und diese Liebe entfacht unsere Liebe, die Liebe des Geschöpfs. Sie wird sich wegen der sinnlichen Natur des Menschen zuerst auf den Gottessohn im Fleische richten,

---

[12] ‹Büchlein der ewigen Weisheit› c. 1, Karl Bihlmeyer, Heinrich Seuse, Deutsche Schriften, Stuttgart 1907, S. 203,7–10.
[13] Mit Seuses Formulierung vergleichbar ist: «Da du verlangst Christus in seiner Erhabenheit zu schauen, bemühe dich erst, Christus in seiner Demut zu sehen» (Dom. kal. Nov. I 2; V 7 f.).

auf den Leidenden, denn im Leiden ist er uns am nächsten. «Deshalb will ich Zeit meines Lebens all der Mühen gedenken, die er beim Predigen ertrug, der Ermüdung auf seinen Wanderungen, seiner Versuchungen während des Fastens, der Nachtwachen im Gebet, seiner Tränen des Mitleids. Ich will auch an seine Schmerzen denken, an die Schmähungen, an das Anspeien, an die Backenstreiche, an die Verhöhnungen, die Beschimpfungen, die Nägel und alles andere, was ihn in überreichem Maße traf und über ihn erging» (Fer. IV Hebd. Sancto 11. Serm. p. a. V 56 ff.). Und ähnlich in einer berühmten Hoheliedansprache, in der der Prediger die Leiden des Herrn in einem Myrrhenbüschel sammelt, um ihrer unabläßlich zu gedenken: «Ich sammelte es aus allen Ängsten und Bitternissen meines Herrn: zuerst aus all den Nöten seiner Kindheitstage; dann von seiner harten Arbeit beim Predigen, den Mühen auf seinen Wanderungen, den Nachtwachen im Gebete, den Versuchungen während seines Fastens, den Tränen seines Mitleids, den Nachstellungen während seinen Unterredungen; endlich von seinen Gefahren unter falschen Brüdern, den Schmähungen, dem Anspeien, den Backenstreichen, dem Hohnsprechen, den Beschimpfungen, den Nägeln und all den bittern Gewächsen, die der Wald des Evangeliums zum Heile unseres Geschlechts so überreich hat wachsen lassen» (Serm. cant. 43,3). Bernhard versteht nicht nur die Stationen des Kreuzweges, sondern das ganze Erdenleben Christi als Passion, und dies, so viel ich sehe, als erster konsequent und mit theologischer Begründung. Die Inkarnation als solche ist Erniedrigung, Selbstentäußerung in Knechtsgestalt, Demütigung (Phil. 2,6.7). Das ist eine wichtige Feststellung, auf die wir zurückkommen müssen.

Die sinnliche Vergegenwärtigung des leidenden Herrn ist für Bernhard, wie schon aus ‹De diligendo Deo› hervorgeht, die unterste Stufe der Gottesliebe. Sie ist noch *amor carnalis*. Ausführlich wird sie als solche in Serm. cant. 20,6 beschrieben und spirituell bewertet. «Beachte auch, wie die Liebe des Herzens (*amor cordis*) gewissermaßen fleischlich ist, weil sie das menschliche Herz vornehmlich zum leiblichen Christus hinzieht und zu dem, was Christus im Fleische getan und uns anbefohlen hat. Wer von dieser Liebe erfüllt ist, läßt sich leicht erschüttern, wenn davon die Rede ist. Nichts vernimmt er lieber, nichts liest er begieriger, an nichts denkt er häufiger und nichts meditiert er mit größerer Inbrunst ... Beim Gebet schwebt ihm das heilige Bild des Gottmenschen vor Augen: Wie er geboren wird, wie er sich an der Mutter nährt, wie er lehrt, wie er stirbt, wie er aufersteht und in den Himmel auffährt. Und jedes Bild dieser Art ist dazu angetan, die Seele für die Liebe zur Tugend zu gewinnen, des Fleisches Laster auszutreiben, dessen Reize zu bannen und Begehrlichkeiten zum Schweigen zu bringen. Meiner Meinung nach war der Hauptgrund, weshalb der unsichtbare Gott im Fleische sichtbar und als Mensch unter Menschen wandeln wollte, der: Gott wollte alle Gefühle (*affectiones*) der fleischlichen Menschen, die nur fleischlich lieben konnten, zuerst auf die heilsame Liebe zu seinem Fleische hinlenken und so stufenweise zur geistigen Liebe emporführen. Standen denn nicht die Apostel noch auf dieser Stufe, als sie sprachen: ‹Siehe, wir haben alles verlassen und sind dir nachgefolgt› (Mt. 19,27)?»

Es ist die hier geschilderte Christusmeditation, die uns besonders aus der Frauenmystik des 13. und 14. Jahrhunderts, etwa in den Schwesternbüchern, vielfach und in überreichen Ausformungen entgegentreten wird. Sie unterlag auch, zumal in ihren Extremformen und unter dem Aspekt der Verdienstbarkeit, zeitgenössischer Kritik. Bernhard rechtfertigt diese fleischliche Liebe, indem er sie als naturhaft bedingt – ‹das Sinnliche kommt zuerst, dann erst das Geistige› (1 Kor. 15,46) – und damit als notwendig betrachtet. Er sieht aber auch deren Gefahren. «Doch kann diese Süßigkeit (gewonnen durch die Betrachtung Christi im Fleische) leicht trügen, wenn die Klugheit (*prudentia*) abgeht. Vor Gift im Honig sich zu hüten, ist schwer. Deshalb bedarf es der Klugheit, mit deren Hilfe wir den tieferen Sinn der (göttlichen) Geheimnisse ernstlich nachzuspüren vermögen, um so gerüstet zu sein, sie jedem, der es wünscht, verständig zu erklären.» Diese «kluge» Liebe schließt die Neugier (*curiositas*) aus. Dies steht in einer Predigt (Div. 29,4), die im Anschluß an Deut. 6,5 eine dreifache Liebe zu Gott zum Thema hat: ihn gemüthaft (*affectuose*), klug (*prudenter*), stark (*fortiter*) zu lieben. «Klugheit ist die Ordnerin der Liebe», «die Leiterin und Lenkerin der Tugenden, die Ordnerin der Triebe und Lehrmeisterin der Sitten». «Je glühender der Eifer, je stürmischer der Geist (*spiritus vehemens*), und je überströmender die Liebe ist, desto notwendiger ein wachsames tätiges Wissen, das den Eifer niederhält, den Geist zügelt und die Liebe ordnet» (Serm. cant. 49,5). Was die Klugheit leistet, wird in Serm. cant. 20,9 auch vernünftige Liebe genannt. «Vernünftig (*rationalis*) ist die Liebe dann, wenn sie sich bei allem, was man von Christus hören kann, so fest an die Glaubenslehre (*ratio fidei*) hält, daß sie durch keine Scheinwahrheit, keine Häresie und keine Teufelslist von der kirchlichen Rechtgläubigkeit (*puritas*) abzubringen ist. Vernünftig ist die Liebe, wenn sie auch im persönlichen Lebenswandel soviel Vorsicht kennt, die Schranken der Einsicht (*discretio*) durch keinen frommen Wahn, Leichtgläubigkeit und Drängen (*vehementia*) des Geistes zu durchbrechen. Das heißt, wie wir bereits sagten, Gott aus ganzer Seele lieben» (20,9).

Zur selben Stufe der Christusliebe, aber unter anderem Gesichtspunkt, gehört, was Bernhard im Anschluß an die oben zitierten Ausführungen über den *amor cordis* ausführt: «In der Folge zeigte er (Christus) ihnen (den Jüngern) eine höhere Stufe der Liebe. ‹Der Geist ist es, der lebendig macht, das Fleisch taugt nichts› (Joh. 6,64). Ich glaube, der sagte (nämlich Paulus): ‹Und wenn wir auch Christus dem Fleische nach gekannt haben, so kennen wir ihn jetzt nicht mehr so› (2 Kor. 5,16), der hatte diese Stufe schon erstiegen» (Serm. cant. 20,7). Bernhard spricht sodann in Auslegung von Klagelieder 4,20 (‹Im Schatten leben wir unter den Völkern›) vom «Schatten Christi», nämlich dessen Fleisch, und versteht darunter wiederum die «Anfänger», die «von der Süßigkeit des Fleisches zehren dürfen, solange sie noch nicht zu fassen vermögen, was vom Geist Gottes ist» (ebd.). Doch bedeutet dies keine Rückkehr zur Anfängerstufe des *amor cordis*, schon weil Maria in der Empfängnis – ‹Die Kraft des Allerhöchsten wird dich überschatten› (Luk. 1,35) – ihr zugeordnet ist; vielmehr ist gerade die «Anfängern» zugewiesene Christusliebe die «höhere Stufe der Liebe». Die zu Beginn des Abschnitts angesprochene Liebe im Geist, die Paulus erreicht hat, aber ist die dritte und höchste Stufe. Das geht schon aus der Tatsache hervor, daß sie im folgenden nicht weiter beschrieben und in der Zusammenfassung klar als «vollkommene» Liebe von der fleischlich-vernünftigen abgehoben wird (Serm. cant. 20,9).

In der Auslegung von Klagelieder 4,20 folgt Bernhard Origenes, für dessen Erlösungslehre die Stelle von zentraler Bedeutung ist. Auch Bernhard nimmt siebenmal darauf Bezug – darunter Serm. cant. 31,8/9; 48,6. Daniélou glaubt die unmittelbare Benutzung des griechischen, von Bernhard sonst eher kritisch beurteilten Kirchenvaters nachweisen zu können, sieht indes die entscheidende Bedeutung der Origenes-Bernhard-Beziehung in der gemeinsamen Christologie.[14] Die Wirklichkeit Christi ist im «Schatten des Fleisches» verborgen, und in diese Verborgenheit leuchtet allein der Glaube, der aber selbst nur ein Schatten ist, nämlich in seinem Verhältnis zur Schau. Aber damit sind Themen berührt, die später zu Wort kommen.

Daß die Liebe zu Christus, dem Gott im Fleische, auf beiden soeben aufgezeigten Stufen, der affektiven Herzensliebe wie der durch Klugheit bzw. Vernunft bestimmten geordneten Liebe, «fleischlich» zu nennen ist, davon weicht Bernhard an keiner Stelle ab, und ebensowenig von ihrer positiven Wertung. Zur Begründung erklärt er sentenzenartig: «Die fleischliche Liebe ist gut, weil sie ja das Leben nach dem Fleische ausschließt und die Welt verachtet und besiegt» (Cant. serm. 20,9).

---

[14] Jean Daniélou, Saint Bernard et les pères grecs I, in: Saint Bernard théologien, S. 46–51.

b) Die Vergegenwärtigung von Christi Leiden nennt Bernhard *memoria passionis*. Von ihr ist die Rede ‹De diligendo Deo› IV 11/12. Bernhard geht aus vom «täglichen Andenken (*memoria*) an Christi Leiden in der Kirche». «‹Wer mein Fleisch ißt und mein Blut trinkt, der hat das ewige Leben› (Joh. 6,54), das heißt: Wer meinen Tod überdenkt (*recolit*) und nach meinem Beispiel hienieden seinen Leib abtötet, der hat das ewige Leben, und das heißt auch: Wer teilhat an meinem Leiden (*compati*), der hat auch teil an meiner Herrschaft» (III 128,7 ff.).[15] Nachdem von Menschen die Rede war, die von solcher Forderung zurückschrecken, Menschen, denen das Kreuz ein Ärgernis ist und die Erinnerung an das Leiden (Christi) lästig, wendet sich Bernhard an die *fidelis anima*, die sich «begierig nach der Gegenwart (Gottes) sehnt und auf süße Weise in diesem Gedanken (*memoria*) Ruhe findet. Solange rühmt sie sich der Schmach des Kreuzes, bis sie befähigt ist, die Herrlichkeit des Herrn unverhüllt (*relevata facie*) zu schauen (*speculari*)» (III 129,3 ff.). Deutlich ist in diesem Textzusammenhang, daß die *memoria passionis* und mit ihr die *compassio* die Stationen eines Weges sind, der zur Teilnahme an Christi Herrschaft, das heißt zum ewigen Leben führt, oder, im Blick auf die Einzelseele, zur Schau, wobei offengelassen wird, ob sie erst im Jenseits oder schon, unvollkommen zwar, in diesem Leben erfolgt. Damit ist ein heilsgeschichtlicher Ablauf sowie ein mystischer Akt ins Auge gefaßt.

Am eindrucksvollsten vollzieht sich die Vergegenwärtigung des leidenden Christus in der großen Passionspredigt am Mittwoch der Karwoche, aus der wir bereits zitiert haben. «Das Leiden des Herrn steht uns vor Augen, das noch bis heute die Erde erschüttert, die Felsen spaltet, die Gräber öffnet» (1., V 56,14 f.). Die Ereignisse der Passion im Kirchenjahr als gegenwärtig und damit als aktuell hinzustellen, dürfte eine fast selbstverständliche Übung von Passionsansprachen sein. Aber Bernhard setzt stärkere Akzente des Hic et nunc. Indem er gerade das geschichtlich Einmalige, die Zeichen der Übernatur nach dem Tode des Erlösers (Mt. 27,52) als überzeitliches Jetzt darstellt, erschüttert er die Zuhörer, ja läßt sie unter dem endzeitlichen Signal erzittern. Zwar ist solche Emotionalisierung nicht der Tenor seiner Ansprache, wohl aber eine Inpflichtnahme, die Aufforderung zur *compassio*, die ein Verständnis dessen ermöglicht, was sich im Leiden Christi heilsgeschichtlich ereignet. Dieses und nach ihm die Auferstehung «vollziehen sich unsertwegen, weil sie beide uns die Frucht des Heils und das Leben unseres Geistes schenken. Wunderbar ist dein Leiden, Herr Jesu, der du unser aller Lei-

---

[15] Ein wiederholt von Bernhard geäußerter Gedanke. Siehe 2. Ansprache auf das Fest des Apostels Andreas n. 5: *ut compatiens etiam conregnavit* (V 437,19 f.).

den abgewendet, all unsere Missetaten gesühnt und dich gegen keine Krankheit je als nicht mächtig erwiesen hast» (1.).

Nach solcher Einstimmung fragt der Prediger nach dem Werk (*opus*) des Passionsgeschehens, dessen Art und Weise (*modus*) und Ursache (*causa*). «Im Werk erweist sich Christi Geduld, in der Art und Weise seine Demut, in der Ursache die Liebe.» «Einzigartig war seine Geduld, als die Sünder auf seinem Rücken pflügten (Ps. 128,3), ihn so am Kreuzesholze ausspannten, daß man alle seine Gebeine zählen konnte (Ps. 21,18), als jene starke Schutzwehr, die Israel behütet (Ps. 120,4), von allen Seiten durchbohrt wurde, als man seine Hände und Füße durchlöcherte (Ps. 21,17), als er wie ein Lamm zur Schlachtbank geführt wurde und wie ein Schaf vor dem Scherer verstummte» (Jes. 53,7) (2.). – «Betrachtest du weiterhin aufmerksam die Art und Weise, dann wirst du ihn nicht nur sanftmütig, sondern auch von Herzen demütig finden. Denn um seiner Demut willen wird das Gericht über ihn erhoben, da er weder auf die (angeschuldigten) schweren Gotteslästerungen noch auf die fälschlich vorgeworfenen Verbrechen eine Antwort gab.» Demut offenbarte Christus auch in seiner körperlichen Hinfälligkeit. «‹Wir sahen ihn›, sagt Jesaias, ‹ohne Gestalt und Schönheit› (Jes. 53,2). Er war nicht schön an Gestalt vor allen Menschenkindern, sondern der Spott der Leute (Ps. 21,7), gleichsam ein Aussätziger, der Geringste der Menschen, endlich der Mann der Schmerzen, von Gott geschlagen und gedemütigt, er war wirklich ohne Schönheit und Gestalt» (3.). – Beide, Geduld und Demut, erweisen sich erst in ihrer ganzen Bedeutung durch die Ursache, die Liebe. «Gott liebte uns mit überschwenglicher Liebe. Daher schonte der Vater den Sohn nicht, noch der Sohn sich selbst, um den Knecht zu erlösen. Wahrlich überschwenglich ist diese Liebe, kennt sie doch nicht Maß und Ziel ... Kaum stirbt (von uns Menschen) jemand für einen Gerechten. Du aber hast für Ungerechte gelitten und bist um unserer Sünden willen gestorben. Du kamst, um die Sünden ohne Entgelt (*gratis*) zu rechtfertigen, die Knechte zu deinen Brüdern, die Gefangenen zu Miterben, die Verbannten zu Königen zu machen» (4.).

Was dieses «Werk» für unser christliches Leben bedeutet, erörtern die folgenden Abschnitte der Predigt. Den Schwerpunkt erreicht sie jedoch erst im Schlußteil. Bernhard entwirft hier entscheidende Aspekte der Heilsgeschichte, die freilich schon von allem Anfang an und in allen Aussagen präsent sind. Diese Äußerungen möchten wir in einen Rahmen einbinden, der die ganze Heilsgeschichte umspannt. Er findet sich, in Gestalt einer Gartenallegorie (die in diesem Zusammenhang nicht befremden sollte), in der Hoheliedansprache 23.

c) «Die (heilige) Geschichte ist also ein Garten, und dieser ist dreige-
teilt, umfaßt diese Geschichte doch Schöpfung (*creatio*), Wiederversöhnung (*reconciliatio*) und die Erneuerung (*reparatio*) von Himmel und Erde.
Die Schöpfung ist gleichsam die Aussaat oder der Anbau des Gartens.
Die Wiederversöhnung ist wie das Sprossen der Saaten und Pflanzen.
Denn zur rechten Zeit tauten die Himmel, und die Wolken regneten
den Gerechten herab; die Erde wurde locker und sproßte den Heiland
hervor (Jes. 45,8). Die Erneuerung endlich wird am Ende der Zeiten
erfolgen. Denn dann wird ein neuer Himmel und eine neue Erde sein,
und die Guten werden aus der Mitte der Bösen gesammelt wie Früchte
aus dem Garten, bestimmt, Gottes Vorratskammern zu füllen. ‹An jenem
Tage wird›, wie geschrieben steht, ‹der Keimling des Herrn großartig
und ruhmvoll dastehen und hocherhaben die Frucht des Landes›
(Jes. 4,2).»

Die Allegorie, wie immer bei Bernhard und im Gegensatz zu den
meisten seiner Zeitgenossen, an Schriftworten orientiert und damit der
Beliebigkeit, dieser Intimfeindin des Anderssprechens, entzogen, führt
die theologische Aussage ins Bildhafte, beeinträchtigt jedoch keineswegs
deren Prägnanz, und auch das gilt von der Bernhardschen Allegorie
schlechthin.

Ist dieser heilsgeschichtliche Entwurf als Plan der Vorsehung von
oben gesehen, gleichsam aus der Vogelschau vorgeführt, so verlangt der
Kontext der Leidensgeschichte in der Passionspredigt, die der Vorwurf
dieser Ausführungen ist, den christologischen Bezug. «Zwei Dinge»,
führt Bernhard hier aus, «hatte jener alte Adam, der vor Gottes Antlitz
floh, (uns) als Erbteil hinterlassen: Mühsal (*labor*) und Schmerz (*dolor*),
Mühsal in der (menschlichen) Tätigkeit (*actio*), Schmerz im Leiden (*passio*). Davon hatte er im Paradies nichts gespürt. Er hatte dieses erhalten,
um es zu pflegen und für sich und seine Nachkommen in Treue zu
hüten. Christus der Herr erwog diese Mühsal und diesen Schmerz und
nahm sie in seine Hände (Ps. 10,14) oder vielmehr, er lieferte sich ihren
(Adams und seiner Nachkommen) Händen aus ... ‹Sieh doch›, spricht er
zu seinem Vater, ‹mein Elend und meine Pein› (Ps. 24,18), denn ‹ich bin
arm und elend schon von Jugend an› (Ps. 87,16). In Geduld trug er die
Mühsale, seine Hände dienten mit Schmerzen. Beachte auch, was er vom
Schmerz sagt: ‹O ihr alle, die ihr des Weges kommt, schaut her und seht,
ob ein Schmerz ist wie meiner!› (Klagel. 1,12). ‹Wahrlich er trug unsere
Qualen und nahm auf sich unsere Schmerzen› (Jes. 53,3), er, der Mann
der Schmerzen, arm und leidend» (11.). — Was in der Übersetzung nicht
prägnant hervortreten kann, ist der Doppelbegriff *labor — dolor*. Dieses
Erbe des gefallenen Adam trägt Christus in seiner Passion. Er erheischt,

wie anschließend ausgeführt wird, unsere *memoria passionis* und unsere Nachfolge.

In einem zweiten Ansatz erweitert und vertieft der Prediger die *memoria passionis.* «Betrachte auch, welche großen Dinge jene göttliche Herrlichkeit (*maiestas*) an dir getan hat. Von allem, was im Himmel und unter dem Himmel ist, heißt es: ‹Er gebot, da waren sie geschaffen› (Ps. 148,5). Und was ist leichter als diese Aussage? Aber geschah es auch durch das bloße Wort, als er dich, den er geschaffen hat, neu erschuf? Dreiunddreißig Jahre zeigte Christus sich auf Erden und hatte Umgang mit den Menschen (Baruch 3,38).[16] Auch fanden seine Taten Verleumder, seine Worte Spötter, und er hatte keine Stätte, wohin er sein Haupt hätte legen können (Luk. 9,58). Warum dies? Weil das Wort aus seiner zarten Hülle (*subtilitas*) herabgestiegen war und sich einer gröberen Umkleidung bediente. Denn er war ja Fleisch geworden, und daher bedurfte es eines auffallenderen und langwierigeren Werks. So wie aber der Gedanke sich in eine körperliche Stimme kleidet, ohne vor oder nach der Stimmgebung etwas einzubüßen, so hat der Sohn Gottes das Fleisch angenommen, ohne eine Vermischung oder Verminderung vor oder nach der Inkarnation zu erleiden. Beim Vater blieb er (uns) unsichtbar, aber auf Erden haben unsere Hände das Wort des Lebens berührt. Und was von Anfang an war, sahen wir mit unseren Augen (1 Joh. 1,1). Dieses Wort hatte nun das reinste Fleisch und die heiligste Seele mit sich vereinigt und lenkte so ganz frei die Tätigkeiten des Leibes. Denn einmal war es die Weisheit und Gerechtigkeit selbst, dann aber verspürte es in seinen Gliedern kein Streben, das dem Gesetz seiner vernünftigen Seele (*mens*) widersprochen hätte» (13.).

Ist die erste heilsgeschichtliche Deutung ganz auf die menschlichen Befindlichkeiten, auf *labor* und *dolor*, ausgerichtet, so die zweite auf den Anteil des Göttlichen; sie spricht von Gottes Sohn als dem Wort. Richtete sich, mit andern Worten, dort der Blick auf den leidenden Jesus, so hier auf den geheimnisvollen Logos, verborgen in irdischer Materie.

Bernhards große Passionspredigt auf den Mittwoch der Karwoche hatte mit starken Akzenten die *memoria passionis* eingesetzt, in einem ersten Hauptteil (2.–4.) Christi «Werk» – in fast scholastisch zu nennender Art – als solches und dessen *modus* und *causa* erklärt, in einem zweiten Hauptteil (5.–10., auf den wir nicht näher eingegangen sind) dieses «Werk» auf die sündhafte menschliche Existenz bezogen, um dann im Schlußteil (11.–13.) zu dem für ihn wesentlichsten Thema

---

[16] Die ‹Leichtigkeit› der Schöpfung, die ‹Schwere› der Erlösung hat Bernhard wiederholt ausgesprochen; s. Serm. cant. 11,7; 20,2.

zu gelangen, der Menschwerdung Gottes. Die Vergegenwärtigung von Christi Leiden ist für Bernhard immer nur Ausgangspunkt, hat kaum Eigenwert.

Zu der Passionspredigt, der wir uns als Leittext anvertrauten, stellt sich die Hoheliedansprache 43 vom Myrrhenbüschel mit dem oft zitierten Wort: «Das ist meine erhabenste und innerste Philosophie: Jesus zu kennen, und zwar den Gekreuzigten» (43,4; II 43,21 f.). In den Ansprachen auf den Palmsonntag, auf das letzte Abendmahl und den Gründonnerstag wird zwar das Leiden Christi immer wieder erwähnt, ist ständig nahe, aber eigentlich vergegenwärtigt wird es nicht.[17] Das ist ein unerwarteter Befund, zumal wenn wir daran denken, daß im Weihnachtszyklus mit 25 Predigten und in den Marienzyklen mit 15 Predigten die *memoria Christi* bzw. *Mariae* sehr viel ausführlicher zur Geltung kommt, ist doch Bernhard im Mittelalter herausragend als *Doctor passionis* gewürdigt worden – mit Recht, dies sei vorweggenommen, aber die Akzente sind anders zu setzen.

Vor allem muß überraschen, daß die konkrete Vergegenwärtigung des Kreuzweges und des Kreuzestodes sehr zurücktritt.[18] Das bedeutet aber auch ein Zurücktreten des *compassio*-Motivs. Gewiß sind die *compassio/compati*-Belege im Gesamtwerk zahlreich, und niemand wird leugnen wollen, daß Mitleid eine persönlichkeitsbestimmende Kraft Bernhards ist, aber keineswegs häufig ist es auf die Passion Christi bezogen. So finde ich in den Hoheliedpredigten nur in 20,8 (I 120,11) einen einschlägigen Beleg: *is quidem qui Christi passo compatitur, compungitur* («Der eine, der mit dem leidenden Christus Mitleid empfindet, wird erschüttert»).[19]

---

[17] Das gilt auch für den ‹Liber ad Milites Templi de laude novae militiae›, der im Hauptteil von den heiligen Stätten Palästinas ausgeht. Man erwartet im Anschluß an den Ölberg (VIII.), den Kalvarienberg (X.) und die Grabesstätte (XI.) die *memoria passionis*. Bernhard geht es indes nur um den Sinn des Geschehens, dessen theologische Erhellung.

[18] Wir haben in den vorangehenden Abschnitten schon fast alles Einschlägige zitiert. Nennenswerte Äußerungen finden sich noch Serm. cant. 25,8.9; 28,2.4; 61,4. – Schon RICHSTAETTER, S. 112, hat klar gesehen, daß Bernhard nicht die physischen Leiden Christi betont. Es ist «noch nicht das Bild des blutüberströmten Heilandes, das vor allem zum Mitleid und zur Gegenliebe anregt, es ist vielmehr die Demut und die Geduld des Herrn, die zur Nachahmung anregen.»

[19] Die *compassio* in Serm. cant. 43,2, der Myrrhenbüschelpredigt, meint nicht die meditative Versenkung in Christi Leiden, sondern bezieht sich, wie schon in Serm. cant. 10,1–3 zu lesen ist, auf Röm. 12,15 («Freut euch mit den Fröhlichen und weinet mit den Weinenden»). Es geht im Sinne der aristotelischen Mesotes-Lehre um das Vermeiden der «doppelten Gefahr: in der Freude übermütig zu werden und im Leide die Flügel hängen zu lassen». Die *congratulatio* und *compassio*, die beiden Brüste der Braut, auf «Mystik der Krippe und Mystik des Kreuzes» auslegen zu wollen (LINHARDT, S. 195), geht nicht an. In der Predigt, die Christi Wunden thematisiert, Serm. cant. 61, ist von der *compassio* des Gottessohnes die Rede (II 151,29); so auch ‹De grad. hum.› 6 (III 21,12).

Auffallend ist auch, daß die *compassio* der Gottesmutter, die Begleiterin der Seele auf ihrem meditativen Weg durch die Leidensstationen des Herrn, gerade nur einmal in den Blick rückt: in der Predigt auf den Sonntag nach Mariae Himmelfahrt, die als Summe von Bernhards Mariologie anzusprechen ist. Als 12. Stern im Diadem glänzt das Martyrium der Mutter Gottes: das Schwert Simeons, das in der *compassio* auf dem Kalvarienberg ihre Seele durchdringt (Luk. 2,35) (14/15; V 273 f.).[20]

Was für die *compassio* gilt, trifft noch mehr für die *imitatio passionis* zu. Sie wird von Bernhard nur selten ins Wort gebracht. Nachfolge ist für ihn das *Sequere me* als Aufforderung an die Christen schlechthin und zu verwirklichen in den Tugenden, zumal in der Demut, in der «der Mensch in wahrer Selbsterkenntnis sich selbst verachten lernt» (De grad. hum. 2.; III 17,21 f.). Von der *imitatio* des Leidens Christi sagt Bernhard einmal, daß sie schwer ist (... *propter difficultatem imitandi passionem Domini*, Div. 61,2), schwer, weil sie, genau genommen, Martyrium bedeutet und so Auserwählten vorbehalten bleibt. Wenn Bernhard trotzdem im Blick auf Christi Leiden Nachfolge fordert wie in der großen Passionsansprache (11./12.), so meint er wohl ein intensives Miterleben der Passion, das die Kräfte freimacht, «um Christi willen alles zu verlassen, wie auch er um des Menschen willen alles verlassen hat» (V 65,9 f.).

d) Wenn nun Bernhard trotz eines auffallend geringen Textbestandes als Vater der Passionsmeditation und Leidensfrömmigkeit gilt, so auf Grund verschiedener Schriften unter seinem Namen, die erst moderne Kritik ihm abgesprochen hat.

Es handelt sich um die ‹Expositio super Evangelium in coena Domini› (PL 184, 879–954[21]) des Zisterzienserabtes Oglerius von Trino (1136–1214), den ‹Liber de passione Christi e doloribus et planctibus matris ejus› (auch ‹Tractatus b. Bernardi de lamentatione V. Mariae›) (PL 182,1133–1142) desselben Autors, aus dem sich der volkssprachliche ‹Bernhardtraktat› ableitet,[22] den ‹Sermo de vita et passione Domini› (PL 184,953–966), die ‹Meditatio in passionem et resurrectionem Domini› (ebd. 741–768), die ‹Lamentatio in passionem Christi› (ebd. 769–772). Unter Bernhards Namen liefen ferner der auch Beda (gleichfalls zu Unrecht) zugeschriebene Traktat ‹De meditatione passionis Christi per septem diei horas› (PL 94,561–568)[23] und der ‹Stimulus amoris› des Jakobus von Mailand in seiner erweiterten Gestalt, der sog. ‹Stimulus maior›, der auch als Werk Bonaventuras und Hugos von Balma

---

[20] Man hat mit Erstaunen festgestellt, daß der *Doctor marianus* in den Auslegungen der Serm. cant. die mariologische Deutung so gut wie unberücksichtigt läßt. Er leistet sie indes in seinen zahlreichen Marienpredigten, in denen immer wieder Hoheliedstellen auf die Gottesmutter bezogen werden.

[21] Hier lautet der Titel ‹Sermones XV de sermone Domini in ultima coena ad discipulos habito›.

[22] Siehe dazu ²VL I, Sp. 793 f.

[23] Dazu ²VL I, Beda 8., Sp. 662; ebd. Bernhard von Clairvaux 3., Sp. 759.

galt.[24] Mit Sicherheit gehört diese Schrift in den Umkreis franziskanischer Spiritualität. Das gilt auch für die ‹Vitis mystica› (PL 184,635–740), die, in der Kurzfassung, heute mit guten Gründen Bonaventura zugerechnet wird.[25] Hinzu treten noch der ‹Jubilus rhythmicus de nomine Jesu› (PL 184,1317–1320)[26] und die ‹Rhythmica oratio ad unum quodlibet membrorum Christi patientis et a cruce pendentis› (ebd. 1319–1324).

Man sieht, es ist ein ganzes Corpus von Schriften, die Christi Passion zu ihrem wesentlichen Thema haben, und sie bestimmen weithin das Bild, das das Mittelalter von Bernhards Passionsspiritualität gewonnen hat und gewinnen mußte. Sie sind zumeist breit überliefert, sind vielfach als Übersetzungen und Bearbeitungen in die Volkssprachen eingegangen;[27] als Quellwerke nähren sie weiterhin einen Großteil der überaus reichen Passionsliteratur des Spätmittelalters; auch geistliche Spiele befinden sich darunter.

Der dargestellte Befund bedeutet nun keineswegs, daß Bernhard nicht als der eigentliche Begründer der mittelalterlichen Passionsfrömmigkeit gelten darf. Mit allem Nachdruck ist festzustellen: Jenes Pseudo-Bernhard-Corpus von Passionsschriften war schon gar nicht möglich ohne die ungemein starken und nachhaltigen Akzente, die Bernhard gesetzt hat. Er stellte die Palette zur Verfügung, mit deren Farben spätere Autoren, zunächst vor allem Zisterzienser, im nächsten Jahrhundert in vorderster Linie Franziskaner, ihre Bilder vom leidenden Herrn ausmalten. Er bot aber auch die theologischen Voraussetzungen, die diesen Schilderungen (man darf sie so nennen) zugrunde liegen. Gilson formulierte, im Blick auf den ‹Jubilus› und andere Rhythmen: «Wenn die Überlieferung sie Bernhard zuschreibt, so mag sie äußerlich wahrscheinlich einen Irrtum begangen haben. Wer aber die tiefe Wahrheit dieses Irrtums nicht sieht, begeht einen weit schwereren Irrtum.»[28]

e) Bernhard hat die Passion Christi weder theologisch noch spirituell zur Achse der Heilsgeschichte gemacht wie andere nach ihm. Diese ist

---

[24] S. Bonaventurae Opera omnia, hg. von A. C. PELTIER, XII, Paris 1868, S. 631–703.

[25] Siehe Balduinus DISTELBRINK, Bonaventurae scripta authentica dubia vel spuria critice recensita (Subsidia Scientifica Franciscana cura Instituti Historici Capuccini 5), S. 30f.; 212f. Die Kurzform in: S. Bonaventurae Opera omnia, ed. Quaracchi VIII, S. 159–189.

[26] Ursprünglicher und erweiterter Text mit umfassenden Untersuchungen zur Überlieferung und Rezeption bei André WILMART O. S. B., Le ‹Jubilus› dit de Saint Bernard, Rom 1944; s. auch, was GILSON, S. 127, über den ‹Jubilus› schreibt, und sehr viel ausführlicher: ders., La mystique cistercienne et le ‹Iesu dulcis memoria›, in: Les idées et les lettres, Paris 1932, S. 39–57.

[27] Siehe ²VL I Bernhard v. Clairvaux 3., Sp. 757–759; zum ‹Stimulus amoris› K. RUH, Bonaventura deutsch, Bern 1956, S. 272–278; zur ‹Vitis mystica› ebd., S. 183–186.

[28] GILSON, S. 127.

vielmehr die Menschwerdung des Wortes, die als solche Schmach und Leiden bedeutet; Kreuzigung und Sterben sind nur die äußerste Tiefe dieses Descensus (s. o. unter c).

Ich kenne nur eine Stelle, an der Bernhard spirituell Leben und Tod Christi deutlich auseinanderhält, im ‹Liber ad Milites Templi de laude novae militiae›: «Das Leben Christi ist für mich die Lebensregel, der Tod die Befreiung vom Tod. Jenes lehrt das (richtige) Leben, dieser vernichtet den Tod» (18.; III 229,22 f.).

Noch sind aber in unserer Darstellung Bedingungen und Anteil des Menschen, um dessen Heil es ja geht, im unerhörten göttlichen Geschehen nicht deutlich geworden. Sie betreffen seine schöpfungsmäßige Beschaffenheit, seine «Ausstattung» als vernunftbegabtes Wesen und inwieweit der Sündenfall sie zerstört hat.

Das Kernstück von Bernhards Anschauung vom Menschen ist die Lehre von der *imago Dei*. Er spricht sie immer wieder und damit den ursprünglichen und wieder zu gewinnenden Adel der Seele an. Das Bild vom gefallenen, hinfälligen und den Sinnen ausgelieferten Menschen wird im Gegensatz zu späteren Sittenpredigern nie herrschend oder gar penetrant, es wird überstrahlt vom Bild des Ursprungs und der Bestimmung. Eine der lichtvollsten Darstellungen gibt uns die 80. Hoheliedpredigt.

«Was haben die Seele und das Wort (*Verbum*) miteinander zu tun? Sehr viel in jeglicher Hinsicht. Fürs erste besteht eine so enge Verwandtschaft zwischen beiden Naturen wie zwischen Urbild (*imago*) und Nachbild (*ad imaginem*). Sodann bezeugt die Ebenbildlichkeit (*similitudo*) eine Verwandtschaft. Denn die Seele ist nicht allein als Nachbild, sondern als Ebenbild Gottes erschaffen worden. Du fragst, worin sie sich gleichen? Vernimm zuerst vom Urbild! Das göttliche Wort (*Verbum*) ist Wahrheit, Weisheit und Gerechtigkeit, und das ist das Urbild. Wessen Bild? (Eben) der Gerechtigkeit, Weisheit und Wahrheit. Denn dieses Bild ist Gerechtigkeit von der Gerechtigkeit, Weisheit von der Weisheit und Wahrheit von der Wahrheit, so wie es Licht von Licht, Gott von Gott ist. Nichts davon ist die Seele, da sie nicht Urbild ist. Sie ist indes empfänglich (*capax*) dafür und begierig (*appetens*) darnach, und aus diesem Grunde ist sie, denke ich, Nachbild. Als menschliches Geschöpf ist die Seele herausragend: Ihre Empfänglichkeit (*capacitas*) trägt das Siegel der Würde (*maiestas*), ihr Begehren (*appetentia*) dasjenige der Geradheit (*rectitudo*). Wir lesen (in der Schrift), daß Gott den Menschen «gerade» (*recte*) geschaffen hat (Eccl. 7,30); wenn er ihn aber auch würdig machte, beweist dies, wie gesagt, seine Empfänglichkeit (und mit ihr die Fähigkeit, am göttlichen Leben teilzunehmen). Was nun Nachbild ist, muß mit dem Urbild übereinstimmen, anders wäre ‹Bild› ein inhaltsleerer Name» (2.).

Betont hier Bernhard die Gleichheit, so im nächsten, dem
3. Abschnitt, den Unterschied. Dabei tritt an Stelle des dreieinigen Gottes die zweite Person, das Wort, das ja in seiner Wesenheit mit jenem
identisch ist. «Die Seele hat beides, Würde und Geradheit, durch
Erschaffung oder Gunst (*dignatio*) erhalten, das Wort (*Verbum*) indes
durch Zeugung (*generatio*), und das ist ohne Zweifel großartiger ... Denn
Gottes Bild[29] ist mit Gott wesensgleich, und alles, was er seinem Bilde
mitzuteilen scheint, ist beiden wesenhaft (*substantialis*), nicht von zufälli-
ger Art (*accidentalis*).» Hinzu kommt, daß im Nachbild Würde und
Geradheit von Natur aus verschieden sind. Im Urbild aber sind sie eins.

Sucht aber, fährt Bernhard fort, die Seele nicht nach den ewigen Dingen, sondern nach dem, was auf Erden ist, so ist sie zwar krumm (*curva*),
hört aber trotzdem nicht auf, «für die ewigen Dinge aufnahmefähig
(*capax*) zu bleiben. Die Fähigkeit wird sie niemals verlieren.» Indessen als
Teilbild nur (*ex parte*), damit die Auszeichnung (*eminentia*) des Wortes als
Urbild umso mehr in Erscheinung tritt. «Als Teilbild aber geht der
Mensch durchs Leben, um nicht mit dem Verlust des ganzen Bildes auch
alle Hoffnung auf das Heil zu verlieren. Denn wenn die Seele aufhörte,
würdig zu sein, hörte sie zugleich auf, empfänglich zu sein» (3.). Offensichtlich liegt dem Prediger daran, einerseits das Wort, das Fleisch angenommen hat und somit dem Menschen gleich ist, in seiner Gleichheit
(*aequalitas*) mit dem Urbild von der geschaffenen Seele abzuheben,[30]
dieser aber zugleich einen, auch nach dem Fall, unveräußerlichen Rest
des Nachbildes zuzusprechen. Er vergleicht diesen Zustand bildhaft-dra-
stisch mit einem Hinkebein und in biblischer Exegese mit «fremden
Söhnen» (Ps. 17,46), «Söhne», weil die Würde bewahrt blieb, «fremd»,
weil die Geradheit verloren ging (4.). Die Würde aber kann nicht verlo-
rengehen, weil sie eine Form der Seele ist (5.).

Was heißt das nun im Blick auf das Mysterium der Menschwerdung
Gottes und der Wiedergeburt der gefallenen Menschheit? Es wurde
möglich, weil die Seele *ad imaginem* und in *similitudo* Gottes geschaffen
worden und diese Gottähnlichkeit partiell erhalten geblieben ist. Die
*reconciliatio* in der *incarnatio* des Wortes stellt sie zur Gänze wieder her,
wenn die Liebestat Gottes durch die reine Gottesliebe des Menschen
erwidert wird. Bei dieser Erwiderung ist für Bernhard der freie Wille,
der den unverlierbaren Teil der Seele als Bild Gottes ausmacht, entschei-

---

[29] Hier *imago* als ‹Name› der 2. göttlichen Person.
[30] Serm. cant. 81,2 unterscheidet deutlich Gottähnlichkeit (*similitudo*) von Gottesgleich-
heit (*aequalitas*). Das erstere bedeutet «ein Sein haben, das zugleich Leben», das andere,
«ein Sein haben, das zugleich seliges Leben» ist; zur Gleichheit bzw. Einheit mit Gott
s. u. 4.b.

dend. «Aber noch eines fällt mir ein», sagt Bernhard in Serm. cant. 81,6, «das ich keinesfalls übergehen möchte, denn es zeichnet die Seele aus und macht sie dem Worte ähnlich, ja steigert die Gottähnlichkeit. Es ist die freie Willensentscheidung (*arbitrii libertas*), wahrlich etwas Göttliches, das in der Seele glänzt wie ein Edelstein in Gold gefaßt. Infolgedessen kommt es ihr zu, zwischen gut und böse zu wählen, auch zwischen Leben und Tod, nicht minder zwischen Licht und Finsternis und zwischen allen andern Dingen, die in ähnlicher Weise gegensätzlich auf die Seele einwirken. Nichtsdestoweniger befindet und urteilt der freie Wille, das Auge der Seele, gewissermaßen als Sittenrichter (*censorius*); so wie er als Schiedsrichter (*arbiter*) unterscheidet, so frei ist er in der Wahl. Deshalb ist von freier Willensentscheidung die Rede, weil es der Seele freisteht, sich in den genannten Dingen nach dem Ermessen des Willens zu bewegen. Daher rührt auch die Verdienstfähigkeit (*ad promerendum*) des Menschen.[31]

f) *Compassio* und *imitatio*, bezogen auf den Gottessohn im Fleische, und beides in Demut und Liebe, die das Erlösungswerk Christi bestimmen, sind, abgesehen von der schöpfungsmäßigen, partiell nie verlorengegangenen Disposition der menschlichen Seele, die Voraussetzungen für deren Gemeinschaft mit Christus, die wir im Gebrauch unserer Zeit als mystisch ansprechen.

Es sei an dieser Stelle vermerkt, daß auch Bernhard den Begriff «mystisch» noch immer im Sinne der Patristik verwendet. Es gibt bei ihm 15 *mysticus*-Belege. Sie bedeuten 7 mal den geistigen Schriftsinn (IV 320,8; V 254,3; VI/1 21,5; 346,13; 14; VI/2 212,4 f.; 226,6), die übrigen 8 ‹geheimnisvoll› u. ä. (I 198,22; 91,10; II 240,18; IV 28,23; V 16,2; 267,21; VI/1 302,20; VI/2 245,3). – Erst die nun bald einsetzende hochscholastische Dionysius-Rezeption führt allmählich zum spezifischen Begriff einer inhaltlich bestimmten Mystik.

Einssein mit Christus, wie vollzieht es sich? Die vollständige Hingabe an den menschgewordenen Gottessohn, öfter in Stufen beschrieben,[32] bewirkt die Loslösung vom eigenen Ich, ein Absterben der Welt im Sinne des Paulus-Wortes: «Ihr seid ja abgestorben, und euer Leben ist mit Christus in Gott verborgen» (Kol. 3,3). Das aber heißt, wie Bernhard daraus folgert: «Wenn einer nicht sein eigenes Leben lebt, so muß not-

---

[31] Ausführlich erörtert Bernhard das Problem des *liberum arbitrium* im ‹Liber de gratia et libero arbitrio› (III 155–203); dazu GILSON, S. 81–86. – Eine weitere Kernstelle findet sich in Serm. cant. 81,9 in der Erörterung ‹Magd› und ‹Freie›.
[32] Siehe etwa Div. 101, ‹De quattuor modis dilectionis›: «Man kann das Fleisch fleischlich, den Geist fleischlich, das Fleisch geistig, den Geist geistig lieben. Hierbei vollzieht sich ein gewisser Fortschritt und Aufstieg vom Niederen zum Höheren» (VI/1, 368,3 ff.).

wendig Christus in ihm leben, wie der Apostel sagt: ‹Ich lebe, aber nicht mehr ich, Christus lebt in mir› (Gal. 2,20)» (In Quadrages. sermo 6,2; IV 378,17 ff.). Gott im Menschen, das ist – womit wir zum Ausgangs-punkt unserer Ausführungen zur Christusmystik zurückkehren – die Mitte der neuen Frömmigkeit, die im 12. Jahrhundert aufbricht, wie, auf die einzelne Seele bezogen, der *actus mysticus*.

Von diesem Innesein dürfen wir keine unmittelbaren Schilderungen erwarten. Es betrifft ja den persönlichen Erfahrungsbereich, über den Bernhard, wie noch zu zeigen sein wird, äußerst zurückhaltend spricht. Wir erhalten daher höchstens Spiegelungen dieser Erfahrung, mittelbare Manifestationen im Lobpreis und in der Beglückung.

«Wie holdselig (*decorus*) erscheinst du mir, mein Herr, gerade dadurch, daß du diese Schönheit (der Gottgestalt, *in forma Dei*) hintangestellt hast. Denn wo du dich entäußerst, wo du dein unauslöschliches Licht seiner göttlichen Strahlen beraubt hast, dort strahlte deine Menschenliebe (*pietas*) stärker, dort leuchtete deine Liebe heller, dort breitete sich deine Gnade weiter aus. Wie herrlich gehst du nur auf, du Stern aus Jakob (4 Mos. 24,17)! Wie leuchtend brichst du hervor, du Blume aus Jesses Wurzel (Jes. 11,1)! Welch beglückendes Licht, ausgegangen von der Höhe (Luk. 1,78), bringst du in meine Finsternis, als du bei mir warst (*visitavisti*)!» (Serm. cant. 45,9). – «Von welcher Bitterkeit hast du mich oft befreit, guter Jesus, wenn du zu mir kamst! Wie oft hast du nach meinem langen Weinen, nach unsäglichem Seufzen und Schluchzen mein wundes Gewissen mit dem Balsam deines Erbarmens gesalbt und mit dem Öl der Freude übergossen!» (Serm. cant. 32,3). – Schon ist es Schau (*visio*), aber auf Christus bezogen, wenn Bernhard ausruft: «O wahrer Mittag, Fülle der Wärme und des Lichtes, höchster Stand der Sonne, der Schwund aller Schatten, du Austrockner der Sümpfe, du Rei-niger der Lüfte! O immerwährende Sommersonnenwende, wenn der Tag nicht mehr abnimmt! O Mittagslicht, o Sommerschöne, o Früh-lingsmilde, o Herbstessegen und, um nichts zu übergehen, o Winterstille und Winterfeier!» (Serm. cant. 33,6).

Ein bevorzugter Anlaß, das In-uns Christi zu preisen, ist dessen Geburt. «Wir kennen eine dreifache Ankunft des Herrn: zu den Men-schen, in die Menschen, wider die Menschen. Zu allen Menschen kommt er ohne Unterschied, nicht aber so in alle und wider alle. Die erste und die dritte Ankunft ist bekannt, ja manifest (im Unterschied) zu der zweiten, die geistig und verborgen ist. Darüber vernimm, was Chri-stus selbst sagt: ‹Wenn mich jemand liebt, so wird er mein Wort halten, und mein Vater wird ihn lieben, und wir werden zu ihm kommen und Wohnung bei ihm nehmen (*mansionem faciemus*)› (Joh. 14,23). Glückselig der Mensch, bei dem du Wohnung nimmst, Herr Jesus! Glückselig das Herz, darin die Weisheit sich ein Haus erbaut und sieben Säulen aufgerichtet hat (Prov. 9,1). Glückselig die Seele, die der Sitz der Weisheit ist! Welche Seele ist denn das? Nur die Seele des Gerechten» (In adv. dom. 3,4).[33] Eine weitere Kernstelle: «Nicht heißt es: ‹Er ist geboren›, sondern ‹Er wird geboren›, Jesus Christus, der Sohn Gottes, wird zu Bethlehem in Juda geboren. Wie er gewissermaßen noch immerfort täglich (im Altarsakrament) geopfert wird, solange wir seinen Tod verkünden (1 Kor. 11,26), so wird er auch immer wieder geboren, wenn wir nur gläubig seine Geburt vergegenwärtigen (*repraesentamus*). Morgen also (am Weihnachtstag) werden wir die Herrlichkeit Gottes schauen, und zwar in uns, nicht in ihm selbst» (In vigil. nat. 6,6). «Ist eine Seele so weit fortgeschritten, daß sie, was uns viel besagen will, eine fruchtbare Jungfrau, ein Meeresstern, voll der Gnade ist und der Hl. Geist über sie kommt, dann glaube ich, wird der Herr sich nicht mehr weigern, nicht nur in ihr, sondern auch aus ihr geboren zu werden» (ebd. 11).

Geburt Gottes in der menschlichen Seele. Bernhard hat dieses Theologumenon, eine Art Urzelle mystischer Spiritualität, nicht konzipiert, es wurzelt, wie Hugo Rahner dargelegt hat, bereits in der urchristlichen Tauftheologie und hat ihre ersten Ausgestaltungen bei Origenes, Gregor von Nyssa und Maximus Confessor sowie bei Ambrosius und Augustinus gefunden.[34] Bernhard greift die Lehre, und zwar im Anschluß an die lateinischen Väter, neu auf, freilich ohne ihr neue Akzente zu geben. Erst in der deutschen Mystik wird sie zentrale Bedeutung gewinnen.

### 3. Brautmystik. Die Hoheliedpredigten

a) Bernhards ‹Sermones super Cantica canticorum›, zwischen 1135 und 1153, dem Todesjahr, entstanden, die Summe dessen, was er erkannte und schaute, was ihn bewegte und erfüllte, gehören zu den bedeutendsten und in der Wirkung nachhaltigsten Schöpfungen der theologischen Latinität des Mittelalters. Wie ein mächtiger Strom haben sie die aszetisch-mystische Literatur seines Jahrhunderts und der folgenden, sehr früh auch das volkssprachliche Schrifttum befruchtet und genährt. Alle, die in Wort und Schrift von Gottesliebe und Gottesschau sprachen, beriefen sich auf sie. Weder die dionysische Gotteslehre, die erst nach

---

[33] Taulers Weihnachtspredigt von den drei Geburten (VETTER Nr. 1) läßt keine Beziehung zu Bernhards 3. Adventsansprache erkennen.
[34] RAHNER, Gottesgeburt. Zu Bernhard, S. 396.

Bernhard zur vollen Geltung gelangte, noch die charismatische Spekulation Meister Eckharts beinahe 200 Jahre später vermochten ihre Faszination einzuschränken.

In der Geschichte der Exegese des Hohenliedes geht Bernhard einen neuen Weg: Er bietet die Auslegung nicht mehr in der Form des Kommentars, sondern in Predigten an. Zwar hat die Exegese der biblischen Bücher grundsätzlich der Verkündigung des Wortes, also der Predigt, zu dienen, aber sie tat es mittelbar als homiletisches Hilfsmittel; nur in Ausnahmefällen, so bei Origenes, Ambrosius, Gregor dem Großen, waren Exeget und Prediger *eine* Person. Die unmittelbare Umsetzung der Bibelerklärung in die Predigt, wie sie durch Bernhard Ereignis wurde, bedeutete das Durchbrechen einer Schranke, derjenigen zwischen Gelehrsamkeit und Seelenführung, zwischen Theologie und Spiritualität, wobei die Spiritualität die volle Verbindlichkeit der theologischen Aussage bewahrte, was in der spirituellen Transformation eher selten der Fall ist. Diese Einheit kennzeichnet das Schrifttum Bernhards schlechthin, in seiner Predigt aber erreicht sie ihre Vollendung. Bernhard selbst betonte seine Spiritualenrolle. Er hätte weniger Eifer, Worte zu erklären, als Herzen zu bewegen (*ut exponam verba, quam ut imbuam corda*) (16,1; I 89, 21 f.). Das darf nicht als Abwertung theologischer Exegese verstanden werden, sie wird indes erst lebendiges Wort, wenn sie die Herzen der Gläubigen entzündet.

Ist auch die Einheit von Theologie und Spiritualität in der Geistigkeit Bernhards begründet, so kann es doch kein Zufall sein, daß sie sich im Bereich der Mystik vollzieht. Die Predigt ist die Form, die deren Anliegen am vollkommensten erfüllt. Bernhard muß dies erkannt haben wie später Meister Eckhart und Johannes Tauler: Es ist der Zenit der abendländischen Mystik, in der diese zu ihrer eigentlichsten Form gelangt. Die Predigt schlägt die direkte Brücke zwischen Prediger und Hörer. Die mystische Rede zielt dabei nicht nur auf Lehre, Ermahnung, Erbauung ab, sondern erstrebt, teils bewußt, teils unbewußt, die Einheit von Prediger und Hörer, ja sie wird hermeneutisch vorausgesetzt. Das ist eine Leistung der Sprache. Bernhard weiß mit allen Mystikern, daß das menschliche Wort der Erfahrung göttlicher Liebe und der Gottesschau nie adäquat sein kann: «Glaubst du, ich vermöchte auszusprechen, was unaussprechlich ist?» (85,14).[35] Das schließt indes das tiefe Bedürfnis nicht aus, die Sprache ihrer Uneigentlichkeit zu entreißen und sie der Wahrheit des Erfahrenen wenigstens anzunähern. Der charismatische Redner – und wer könnte leugnen, daß Bernhard ein solcher höchsten

---

[35] Dazu im Textzusammenhang u. 4.c, S. 275.

Grades gewesen ist?[36] – verfügt dabei über die vielfältigen Modulationen der Sprache im Akt der Rede, die sowohl über das Begriffliche hinausführen, als auch den angesprochenen Erfahrungsbereich erst in seiner Eigentlichkeit zu erschließen vermögen.[37] Dies sicher nicht bei der Hörergemeinde schlechthin, aber immer wieder dort, wo Herzen bereit und offen stehen.

b) Exkurs zur Überlieferung:

Es schränkt die Verbindlichkeit dieser Bemerkung über das *connubium* von mystischer Aussage und Rede nicht ein, wenn ich jetzt den literarischen Charakter der uns überlieferten Hoheliedpredigten betonen möchte.

Zunächst: Der Leser, und sicher schon der mittelalterliche Leser von Predigtbüchern, steht unter dem Eindruck, der Reportage von Ansprachen beizuwohnen. Bernhard bricht seinen Vortrag ab, weil «die Stunde vorüber» ist und Zeit, sich der Handarbeit zu widmen (1,12), weil soeben Gäste gemeldet werden (3,6), aber auch weil seine Gebrechlichkeit «wie schon oft» den Abbruch erzwingt (42,11; 44,8). Immer wieder wendet er sich an seine Mönchsgemeinde mit Mahnung und Tadel. Er sieht Brüder, die gähnen oder sogar schlafen, und entschuldigt sie ironisch damit, daß der Nachtgottesdienst lang gewesen sei – freilich hätten sie auch schon dort geschlafen (36,7). Er beklagt sich über mangelndes Verständnis für sein Bedürfnis nach Stille, Gebet und Meditation, bittet um Schonung (52,7). Er spricht über etwas, was nicht im Entwurf stand (9,9) oder bietet eine weitere Erklärung an, die ihm «gerade einfällt» (71,12). Da sind also Predigtsituationen unmittelbar zu fassen.

Auf der anderen Seite ist die hohe literarische Qualität zu beobachten und zu bewundern, der rhetorische Glanz, die doktrinale Dichte und Präzision, die der unmittelbaren Rede nicht eigen sind. Es ist bezeichnend, daß diejenigen Gelehrten, die den Text am genauesten kennen, die Herausgeber der Neuausgabe, zu dem eindeutigen Urteil gekommen sind: «In ihrer Gesamtheit sind die Hoheliedpredigten kein Text mündlicher Rede.»[38] Aber wie erklären sich die zahlreichen Indizien mündlicher Predigtweise, wie wir sie für Bernhard nachgewiesen haben? Man muß wissen, daß die Predigt im Mittelalter, und nicht nur im Mittelalter, eine literarische Gattung war. Zu ihren konstitutiven Elementen aber gehörten die Vergegenwärtigung der Predigtsituation, der Publikumsbezug, Redeformen der Mündlichkeit. Nicht daß Bernhard nicht vor seinen Mönchen über das Hohelied gepredigt hätte, aber die Formgebung war eine andere, eine schlichtere, offenere. Gewiß kamen da

---

[36] Vgl. dazu vor allem Galfred in der Vita prima III, c.3 (PL 185/I, 306–308). – In einem Brief über den Redner Bernhard schreibt der Abt Wibald: «Seine durch Strenge und Fasten ausgemergelte Gestalt sowie seine Blässe verleihen ihm ein gleichsam vergeistigtes Aussehen, so daß der bloße Anblick dieses Mannes die Menschen überzeugte, bevor er den Mund auftat» (PL 189, 1255).

[37] Siehe dazu K. Ruh, Überlegungen und Beobachtungen zur Sprache der Mystik, in: Brüder-Grimm-Symposion zur Historischen Wortforschung, Berlin-New York 1986, S. 24–39, bes. 35 ff.

[38] Charles Hugh Talbot, Die Entstehung der Predigten über Cantica canticorum, in: Bernhardkongreß 1953, S. 202–214; Leclercq, Recherches III: Les sermons sur les cantiques ont-ils été prononcés? S. 71–89; dort das Zitat S. 77.

auch die Predigtsituationen vor, die oben genannt wurden, nur nicht durchaus an
derselben Stelle, vielleicht auch in anderer Akzentuierung.

Wie aber haben wir uns den Weg von der Predigtkonzeption über die Ansprache
zur schriftlich-literarischen Gestalt vorzustellen? Befreien muß man sich von der
Vorstellung, daß die Prediger – Bernhards Predigten sind kein Sonder-, sondern ein
Modellfall mittelalterlicher Predigt – mit ausformulierten Texten die Kanzel bestie-
gen haben. Sie predigten auf Grund von Entwürfen, die je nach Bedarf ganz knapp
oder auch etwas ausführlicher sein konnten, und man darf annehmen, daß sie diese
Entwürfe im Kopfe hatten, also keiner Schriftstücke zum Predigen bedurften. Nach
diesen Entwürfen, die uns vielfach überliefert sind, konnten dann Predigten mit lite-
rarischem Anspruch ausgearbeitet werden. Die Regel war dies nicht, aber gerade die
großen theologischen Schriftsteller des Mittelalters äußerten sich häufig, ja mit Vorliebe, wie Bernhard in der Gattung Predigt. Viele Entwurfsammlungen berühmter
Prediger wurden auch von Mitarbeitern oder Schülern zu Lesepredigten erweitert
und umgeformt, öfter in deren Auftrag, aber auch erst nach deren Tod. So konnten
verschiedene «Redaktionen» entstehen.[39] Es verhält sich so, daß in aller Regel mittelalterliche Predigten nicht in ihrer Anspracheform, sondern als nach literarischen
Gesichtspunkten gestaltete Lesepredigten überliefert sind. Mitschriften während und
Aufzeichnungen nach der Predigt auf Grund des Gedächtnisses bleiben Ausnahme-
fälle. «Kopien» der Rede darf man in ihnen nicht erblicken, den Grad ihrer Authentizität würde ich eher geringer ansetzen als bei den ausgeformten Lesepredigten.

Die hier skizzierte Problematik der mittelalterlichen Predigt gilt auch für die
volkssprachliche Predigt, ja sie stellt sich hier noch dringlicher als bei der lateinischen, weil sie über die Authentizität hinaus die Frage nach der gesprochenen Sprache im Gegensatz zur Schreibsprache einschließt.[40]

Es sei in diesem Zusammenhang noch die Frage aufgeworfen, ob Bernhard die
Hoheliedansprachen, wie allgemein angenommen wird, wirklich in Latein und nicht
auf Französisch gehalten hat. Sie drängt sich auf, wenn man sich vergegenwärtigt, daß
die Mönchsgemeinde, zu der der Abt gesprochen hat, zu ihrem größten Teil aus Laienbrüdern bestand, die sich allenfalls im liturgischen Latein zurechtfanden, aber niemals theologischen Erörterungen in der Gelehrtensprache zu folgen vermochten. Es
ist übrigens bezeugt, daß Bernhard häufig in französischer Sprache gepredigt hat.[41]

---

[39] Das gilt auch für Bernhards ‹Serm. cant.›; s. TALBOT [Anm. 38]; Leclercq, Recherches
IV 228–285. – Dem hier Vorgetragenen scheint Bernhards Bemerkung an die Adresse
gedächtnisschwacher Zuhörer 54,1 zu widersprechen; «Das, was ich gesagt habe, ist gleich
den übrigen Vorträgen niedergeschrieben und mit der Feder festgehalten, so daß man,
was dem Gedächtnis etwa entfallen ist, leicht nachlesen kann.» Darnach hätte Bernhard
zunächst die Predigt schriftlich ausgearbeitet und dann erst mündlich, wohl nach dem
Gedächtnis, vorgetragen. Daß dies unzutreffend ist, ja daß in dieser Stelle geradezu ein
Indiz für den literarischen Charakter der Predigt vorliegt, hat LECLERCQ, Recherches III
81 ff. überzeugend dargetan.
[40] Das Paradebeispiel der deutschen Predigtliteratur sind die Predigten Bertholds von
Regensburg. Von der rhetorischen und (wie bei Bernhard) sehr persönlichen Gestalt der
überlieferten Predigten glaubte man immer wieder auf ihre Identität mit dem gesprochenen Wort schließen zu dürfen – zu Unrecht; s. dazu K. RUH, Deutsche Predigtbücher des
Mittelalters, in: Kleine Schriften II, Berlin-New York 1984, S. 298–300 (Grundsätzli-
ches), 301–304 (zu Berthold).   [41] Siehe LECLERCQ, Recherches III, S. 82.

c) Spätestens seit Friedrich Ohlys ‹Hohelied-Studien› ist hinreichend bekannt, daß die ‹Cantica canticorum›-Exegese im 12. Jahrhundert einen Höhepunkt ohnegleichen erreicht, nach der Zahl wie im Reichtum ihrer Ausformung. Mehr als die Hälfte aller Hoheliedauslegungen von den Anfängen bis um 1200, über dreißig, gehören diesem Jahrhundert an; ihr theologischer und spiritueller Gehalt ist von hohem Rang. Zweifellos war es das Faszinosum der Liebe, das diese Höhe und Weite bewirkte.

Der hebräische Liederzyklus von der Liebe zwischen Salomon und Sulamith, von hinreißender Poesie, die noch Herder und Goethe begeisterte, konnte nur in sinnbildlicher Auslegung kanonische Würde erhalten. Es geschah dies auf der Synode von Jamnia (ca. 90 n. Ch.). Von der hier endgültig fixierten Lehre, daß das Hohelied ein Buch von der Liebe sei, die Gott seinem auserwählten Volke, vertreten durch die Synagoge, zuwende, sind die jüdischen Schriftgelehrten nie mehr abgewichen. Analog zur jüdischen bezog die christliche Exegese den Bräutigam auf Christus, die Braut auf seine Kirche, und diese ekklesiologische Deutung blieb maßgeblich in der Väterzeit und im Frühmittelalter. Abweichungen und mit ihnen Neuansätze gelten nur für Origenes und Ambrosius. Origenes (ca. 185–253/54) sah in der Braut, neben der Kirche, die menschliche Seele, die dem Logos begegnet, und es ist die Erfahrung der Gottesliebe und der Einheit mit Gott, die auf Grund des hebräischen Liebesliedes und mit dessen einzigartiger Sprachgebung eingebracht werden. Ambrosius (339–397) hat Elemente dieser Auslegung übernommen, vor allem aber die mariologische Deutung des Hohenliedes entwickelt. Es ist bezeichnend, daß erst im 12. Jahrhundert diese frühen Neuansätze wieder aufgegriffen wurden. Die mariologische Deutung hat Rupert von Deutz in seinen ‹In Cantica canticorum de incarnatione Domini commentarii› (um 1220) zum durchgehenden Interpretationsprinzip erhoben, das Schule machte (Honorius Augustodunensis, Philipp von Harveng, Wilhelm von Newburgh, Alexander Neckam, das St. Trudperter Hohelied); die brautmystische Deutung erhält mit Bernhards Hohelied-Predigten eine hinreißende Ausformung, die für den ganzen Orden vorbildlich wird – so sehr, daß hier, im Orden der Mariaverehrung, das mariologische Schriftverständnis kaum Geltung gewinnen konnte.[42]

Die mariologische wie auch die nuptiale Hoheliedexegese ließ indes die ekklesiologische nie bedeutungslos werden. Während jene in den kontemplativen Orden maßgebend wurden, hielt der Weltklerus der

---

[42] Siehe o. Anm. 20, dazu Johannes BEUMER, Die marianische Deutung des Hohen Liedes in der Frühscholastik, Zf. kath. Theol. 76 (1954), S. 411–439, 424 f.

Kathedralschulen an dieser fest. Aber auch die mariologischen und braut-
mystischen Kommentatoren haben die kirchenbezogene Deutung nie
außer acht gelassen. Sie schließen sie ja auch nicht aus, ja diese bedingt
jene, indem Maria als *typus ecclesiae* und die einzelne Seele als Glied der
Kirche verstanden werden.[43]

Der einzigartige Rang der ‹Sermones super Cantica canticorum› im
Chor der Hohelied-Auslegungen des ganzen Mittelalters ist unbestritten.
Sie werden zum eigentlichen «Katechismus» (Ohly) von Gottes Liebe
zur «minnenden Seele», wie die *anima diligens Deum* (I 129,7; 207,21) in
der deutschen Mystik heißen wird. Die Höhe der ‹Sermones› im *raptus*,
ihre Tiefe in der Christusmystik, ihr allgegenwärtiger heilsgeschichtlicher Horizont, ihre Weite im Umspannen zahlreicher Bereiche des persönlichen und klösterlichen, seltener des kirchlichen und öffentlichen
Lebens, die Fülle der theologischen und spirituellen Bezüge in der Auslegung der einzelnen Verse und Wendungen: das alles hat kaum Vergleichbares.

d) Wenn wir seinem Sekretär, Gottfried von Auxerre, Glauben schenken wollen – und es liegt kein Grund vor, ihm diesen zu verweigern –,
so hat Bernhard «vom ersten Tage an, als er die Zelle der Novizen
betrat», seine Seele mit dem Liebesimpuls (*affectus*) der demütigen, aber
entstellten Braut umhüllt», «in der Sehnsucht nach der Gegenwart des
erhabenen, reichen und überaus mächtigen Bräutigams», aber auch «in
Furcht und Scham».[44] Sodann berichtet sein erster Biograph, sein Freund
Wilhelm von St. Thierry, wie Bernhard ihn, den Schwererkrankten, nach
Clairvaux kommen ließ.[45] Dort erklärte er dem Genesenden Tag für Tag
das Hohelied nach seinem moralischen Schriftsinn. Damit das Vorgetragene aber nicht verloren ginge, hielt er, Wilhelm, es schriftlich fest,
«soweit mir Gott die Kraft dazu schenkte und das Gedächtnis es mir
erlaubte».[46] Das war zwischen 1122 und 1124. Der Beginn der den

---

[43] Zur allgemeinen Orientierung über die Hoheliedauslegung ist neben OHLY, Hohelied-Studien RIEDLINGER, Makellosigkeit heranzuziehen.

[44] In festivitate Sancti Bernardi, zit. nach RIEDLINGER, Makellosigkeit, S. 158.

[45] Es muß gegen OHLY, S. 157, Anm. 2, und RIEDLINGER, S. 158, betont werden, daß
Wilhelm, nicht Bernhard der akut Erkrankte ist. Bernhard selbst war freilich immer
schwer leidend. Ja, seine unheilbare Krankheit ist geradezu seine irdische Existenzform.

[46] S. Bernardi Vita prima I 59, PL 185/1, 259 B/C. Wilhelms Aufzeichnungen wurden
von MABILLON (dessen Edition der Migne-Ausgabe zugrundeliegt) 1667 mit der ‹Brevis
commentatio in Cantica canticorum› gleichgesetzt. In der Forschung ist indes die Vermitt-
lerschaft Wilhelms in Frage gestellt worden; die ‹Brevis commentatio› wurde bald als
knappe Rezension der Serm. cant. 1–51, bald als Frühwerk Bernhards, das einer seiner
Gehilfen ausgearbeitet hätte, ausgegeben. Man betrachtete es aber auch als Gemeinschafts-
werk Bernhards und Wilhelms, was im Grunde wiederum der Auffassung MABILLONS
entspricht; s. LECLERCQ, Études c. IV; Jacques HOURLIER, Guillaume de S. Thierry et la

*Das Brautpaar des Hohenliedes im Cod. 32 der Engelberger Stiftsbibliothek aus dem 12. Jahrhundert mit Bernhards ‹Sermones super Cantica canticorum›.*

Mönchen von Clairvaux vorgetragenen Hoheliedpredigten kann mit guten Gründen im Herbst 1135 angesetzt werden.[47] Mit Bernhards Tod 1153 wurde der Zyklus, mitten in der 86. Predigt, abgebrochen.[48] Man hat es, wie aus diesen Daten hervorgeht, mit einem Gegenstand zu tun, der das ganze Klosterleben des Heiligen bestimmte, und so spiegeln die Ansprachen über das Hohelied wie kein anderes Werk dessen geistiges Leben.

Ein anderer Biograph, Arnaud von Bonneval, überliefert, daß dem Abt in einer visionartigen Erscheinung das Hohelied mit seinen Hauptgestalten nahe getreten sei. Als es dem Vielbeschäftigten gelungen sei, sich wieder einmal etwas freie Zeit zu verschaffen, hat er sich in ein wikkenumranktes Gartenhaus zurückgezogen, um dort zu meditieren. «Und plötzlich nahten ihm in dieser armseligen Hütte, als ob sie sich zur Krippe des Herrn aufmachten, die Liebesgesänge und Speisetafeln der geistlichen Vermählung. Er überlegte mit Bestürzung, warum der Bräutigam, schön an Gestalt vor allen Menschenkindern, den auch die Engel zu schauen begehren (1 Petr. 1,12), eine schwarze und von der Sonne verbrannte Braut lieb gewann und so sehr im Lobpreis erhob, daß er sagen konnte, sie sei vollendet schön und kein Makel an ihr (HL 4,7). Er wunderte sich auch, daß die Braut in Liebe sich verzehrt, und versuchte eifrig zu ergründen, was das für eine Liebe sei, deren Küsse süßer als

---

‹Brevis commentatio in Cantica›, ASOC 12 (1956), S. 105–114; OHLY, S. 157f.; RIEDLINGER, S. 158.

Zum Hohelied-Gespräch Bernhards und Wilhelms stellt P. VERDEYEN (La théologie mystique de Guillaume de Saint-Thierry, Ons Geestelijk Erf, 51–53 [1977–1979]) die interessante Hypothese auf, daß die beiden Freunde den Hoheliedkommentar des Origenes gemeinsam gelesen und diskutiert und daß ihre Gespräche darüber die »Origenes-Renaissance» des 12. Jahrhunderts ausgelöst hätten (Ons Geestelijk Erf 51, S. 330–333; 53, S. 399). – VERDEYEN hat im Verlaufe seiner großen und imponierenden Abhandlung unbestreitbar nachgewiesen, daß der Einfluß des Origenes auf Wilhelm für dessen mystische Theologie von fundamentaler Bedeutung war.

Was indes Bernhard betrifft, so bleiben in der Forschung seine Origenes-Kenntnisse kontrovers. Die wichtigsten Äußerungen sind bei BRÉSARD, S. 118, zusammengestellt. Dieser selbst hat die Situation nicht wesentlich verändert, so fruchtbar sich der Vergleich als solcher erwiesen hat. Gerne sei zugegeben, daß Bernhards scharfe Ablehnung von Lehrsätzen des Origenes eine Faszination von dessen Cantica-Exegese nicht ausschließt (S. 112f.) und daß die Parallelen zahlreich und z.T. beeindruckend sind. Aber ergeben sie sich nicht fast von selbst, wo, wie es für beide Autoren in ungewöhnlicher Weise zutrifft, die Hl. Schrift, also das Hohelied, mit der Hl. Schrift, dem Gesamt der Bibel, erklärt wird? Außer diesen methodisch bedingten Gemeinsamkeiten wären dann noch diejenigen zu berücksichtigen, die nicht auf eigener Lektüre beruhen, sondern auf einen Vermittler, etwa Ambrosius, zurückzuführen sind.

[47] Zur Werkgeschichte s. TALBOT und die Introduction Op. I, S. XVf.

[48] Predigt 79 behandelt HL 3, 3/4; alle folgenden Ansprachen legen HL 3,1 aus wie schon Pred. 75.

Wein sind und wonach die Seele mit so großem Affekt ungeduldig schmachtet. Wie aber (auch) der Bräutigam die Braut mit vielen Lobsprüchen erhebt, gewährt er ihr (gleichwohl) nicht in allem seinen ganzen Reichtum noch der sehnenden Braut sich selbst bis zur Fülle der Sättigung: der vormals Gesuchte läßt sich erst nach langem Umhergehen wieder auffinden und festhalten, damit er nicht (wieder) fliehe. Lange Zeit war seine Seele in der Betrachtung dieser Dinge versunken.»[49] – Als bildhaft-episches Geschehen ist Bernhard das Hohelied gegenwärtig geworden. So kann er es auch «Erzählung» (55,1; 56,1) und seinen Verfasser «Erzähler» (58,3) nennen.

e) «Die heilige Liebe, die den Inhalt des ganzen Buches bildet, ... spricht aus jedem Vers, und wenn jemand Kenntnis dessen haben will, wovon die Rede ist, dann liebe er! Wer nicht liebt, der hört und liest das Lied von der Liebe umsonst, denn ein kaltes Herz vermag eine feurige Rede nicht zu erfassen. Wie einer, der kein Griechisch und kein Latein gelernt hat, keinen griechisch und keinen lateinisch Sprechenden versteht, so bleibt auch die Sprache der Liebe für den, der nicht liebt, fremd; sie ist ihm ‹wie ein tönendes Erz oder eine klingende Schelle› (1 Kor. 13,1)» (79,1). Bernhard will mit diesen Ausführungen nicht einem emotionalen Verständnis des Hohenliedes das Wort sprechen. Daß man nur erfaßt, woran man selber Anteil hat, hier die Liebe, ist ein uraltes hermeneutisches Prinzip; Bernhard bringt nichts anderes zum Ausdruck. Daß die Liebe als Phänomen ihre emotionalen, ihre jähen und grenzensprengenden Formen hat, steht auf einem andern Blatte, das wir sofort aufschlagen werden.

Das Hohelied will primär als Liebeslied, was es dem Wortlaut nach ist, verstanden werden, und die Voraussetzung zu solchem Verständnis ist also das liebende Herz. Liebe ist Geschehen, Vollzug, nicht so, als könnte sich Gott, der himmlische Partner, verändern, es ist vielmehr die Bewegung der liebenden Seele, die Gott kommen und gehen läßt (74,2).[50]

Bernhards Hoheliedpredigten sind eine geistliche ‹ars amatoria›, die über die ganze Skala der Liebesäußerungen des Zeitalters verfügt, jedoch nicht in der Art eines Lehrbuchs, obschon es an Belehrung nicht fehlt, sondern in unmittelbarer Kundgebung. Von der weltlichen Liebesdichtung, die sich, in der Troubadourkunst, grundsätzlich monologisch

---

[49] Vita prima II 40, PL 185/1, 291.

[50] «Doch müssen wir daran festhalten, daß sich das (Kommen und Gehen) lediglich in unserer seelischen, nicht in einer (tatsächlichen) Bewegung des göttlichen Wortes vollzieht. Wer etwa die Gnade verspürt, erkennt daraus dessen Gegenwart, wer sie nicht verspürt, klagt über seine Abwesenheit» (74,2; II 240,24 ff.).

äußert, unterscheidet sie sich durch das Merkmal aller Gottesliebe: sie ist dialogisch, eine ‹Wechselrede› zwischen dem liebenden Gott und der liebenden Seele, dem himmlischen Bräutigam und der irdischen Braut. Das setzt eine Spannung ohnegleichen voraus, und da diese ja in der Liebe überwunden wird, eine aufsteigende Bewegung der bräutlichen Seele. Vom Fußkuß über den Handkuß zum Kuß des Mundes thematisieren den Aufstieg schon die 2. und 3. Predigt. «Dies ist der Weg, das ist die Reihenfolge: Zuerst fallen wir zu Füßen und beweinen vor dem, der uns geschaffen hat (*fecit*), das, was wir (Übles) getan haben (*fecimus*). Dann tasten wir nach der Hand dessen, der uns emporhebt und unsere schwachen Knie stärkt. Erlangen wir dieses durch viele Bitten und Tränen, dann dürfen wir es vielleicht wagen, unser Haupt zum Munde der Herrlichkeit selbst zu erheben, um – ich sage es mit Zittern und Zagen – ihn nicht nur zu schauen, sondern sogar zu küssen. Denn ein Geist vor unserm Angesicht ist Jesus Christus (Klagel. 4,20), mit dem wir, in heiligem Kusse vereinigt, durch seine Huld *ein* Geist werden (1 Kor. 6,17)» (3,5).[51] Obschon die Bewegung der Liebe bis zum Kuß des Mundes geht, der «*ein* Geist» bedeutet, ist es noch die erste und schüchterne Liebe, die sich hier äußert. Es ist dann das Merkmal der «vollgewachsenen» Braut, wie Mechthild von Magdeburg sagen wird, daß sie selbstbewußt und rückhaltlos liebt. «Die Sehnsucht treibt mich, nicht Überlegung. Ich bitte, klagt mich nicht der Anmaßung an, wo mich das liebende Gefühl (*affectio*) drängt. Ich weiß zwar wohl: ‹Die Ehre des Königs liebt das Recht› (Ps. 98,4), doch stürmische Liebe (*praeceps amor*) kümmert sich nicht um Recht, läßt sich auch durch keinen Rat mäßigen, durch keine Scham zügeln, keiner Vernunft unterwerfen. Ich bitte, ich flehe, ich fordere: ‹Er küsse mich mit dem Kusse seines Mundes!›» (9,2). Bernhard spricht zwar häufig von der «geordneten» Liebe,[52] aber ebenso häufig, auf der Höhe, in der Ekstase der Liebe, sprengt diese alle Fesseln.[53] Sie achtet dann auch nicht mehr auf die Majestät, sonst Gegen-

[51] In der folgenden Predigt (4,1) werden die drei Stufen der Küsse mit den traditionellen Fortgangsstufen verglichen. «Im ersten Kuß werden uns die Anfänge (*primordia*) unserer Bekehrung verliehen, der zweite Kuß wird den Fortschreitenden (*proficientes*) huldvoll gewährt. Den dritten Kuß erfahren allein und nur selten die Vollkommenen (*sola . . . et rara perfectio*).»
Den Fortschritt der liebenden Seele bezeichnet auch die Dreiheit der Kosenamen (*benedictiones*), mit denen der Bräutigam die Braut anspricht: «Meine Freundin, meine Taube, meine Schöne» (HL 2,10). «Als Freundin wird sie begrüßt, als Taube getröstet, als Schöne umarmt» (57,3.11). – Vgl. auch das dreistufige Schema: die Seele im Keller (wo auch der Wein lagert), in Gärten und in den Gemächern des Bräutigams (23).
[52] Selbst die «trunkene» Seele hat «geordnet» zu sein (45,9); s. o. 2.a.
[53] Weitere Stellen s. o. 1.a.

stand des Erschauderns.[54] «Sie liebt glühend (*ardenter*) im Delirium der Liebe (*debriatur amore*), so daß sie der Majestät (des Geliebten) nicht mehr achtet. Wie nur? ‹Er blickt die Erde an und macht sie erzittern› (Ps. 103,32) – und sie, die Seele, verlangt von ihm geküßt zu werden!» (7,3). Indes: Liebe macht gleich und eins. Sie «kennt keinen Unterschied unter Herzen, die sich vollkommen lieben. Sie gleicht hoch und niedrig aus, ja sie macht nicht nur gleich (*pares*), sondern ein (*unum*)» (59,2). «Siehst du nicht sogar die Majestät der Liebe weichen?» (ebd.).

Bernhard beläßt solche Kundgebungen überströmender Liebe nicht ohne theologische Reflexion. Im Anschluß an *Dilectus mihi, et ego illi* (HL 2,16), jene Formel der persönlichen Liebesgemeinschaft, der sich auch die weltliche Liebesdichtung bediente,[55] ruft der Prediger zunächst bestürzt aus: «Welche Ungleichheit! Was sind wir Erdgeborene und Menschenkinder vor ihm! (Ps. 48,3) ... Was soll also dieser Vergleich unter so ungleichen (Partnern)? Entweder rühmt sich die Braut ohne alles Maß, oder der Bräutigam liebt über alles Maß» (68,1). In der grenzenlosen Liebe des Bräutigams liegt die Antwort. Doch begnügt sich Bernhard nicht mit dieser lapidaren Aussage. Er stellt nochmals das Unerhörte der Einheitsformel heraus und vermerkt: «*Dilectus meus mihi*, ein unverschämtes Wort (*insolens verbum*)! Aber nicht weniger unverschämt ist das andere: *et ego illi*, und beide zusammen sind noch unverschämter als jedes einzelne für sich» (ebd.). «Sie also soll jener Majestät im Sinne liegen (*intenta est*, im Anschluß an Ps. 39,2), dem die Herrschaft des Weltalls obliegt und die Fürsorge über die Weltalter, diese Majestät soll sich einzig um diese Liebes- und Sehnsuchtsangelegenheiten kümmern? (Aber) so ist es (in der Tat)! Die Geliebte ist ja die Kirche der Auserwählten, von der der Apostel sagt: ‹Alles um der Auserwählten willen (2 Tim. 2,10). Und wer dürfte daran zweifeln, daß Gottes Gnade und Barmherzigkeit seinen Heiligen zuteil wird und seine Zuwendung den Auserwählten? Wir leugnen also nicht, daß sich Gottes Vorsehung (*providentia*) auch auf die übrigen Geschöpfe erstreckt, seine Sorge (*cura*) aber nimmt die Braut für sich in Anspruch» (68,2). Die folgenden Abschnitte der Predigt entwerfen sodann den Heilsplan Gottes. «Die Braut wird keinen dieser Ausdrücke (außer HL 2,16 werden Ps. 39,2; 39,18 zitiert) und andere (dieser Art), die ihr die göttliche Liebe und einzigartige Gunst zusprechen, für unangemessen finden, weil der

---

[54] Siehe 62,4.5. «Das Eindringen in die göttliche Majestät ist ungeheuerlich» (II 158,11).
[55] Ich verweise nur auf die Liebesverse der Tegernseer Buranus Handschrift, die ‹Minnesangs Frühling› durch alle Auflagen hindurch eröffnen: *Dû bist mîn, ich bin dîn* (3,1).

Grund ihrer Anmaßung der Heilsplan des Herrn (*domini constitutio*) ist» (68,7). Bernhard identifiziert bei diesem großartigen Entwurf, der die Brautliebe von aller nur seelischen Bedingtheit befreit, die Braut mit der Kirche, aber dies mit der Betonung: «Braut sind wir alle» (68,1). Das ermöglicht dann auch die Übertragung auf die Einzelseele, was in der nächsten Predigt geschieht. «Meint aber einer, man dürfe dieses Wort auch auf die Einzelseele beziehen, so stelle ich dies nicht in Abrede, aber welche Seelen es betrifft, ist wichtig; es steht dies nicht in unserem Ermessen ... Wer diese sind, das steht bei Gott» (69,1). Lieben in der Gleichheit ist gnadenhafte Zuwendung.

f) Betrachten wir die Einzelseele genauer, die in dieser Liebe steht, die Braut nämlich, «die nach Gott dürstende Seele» (*anima sitens Deum*), wie sie 7,2 definiert wird. Ihre Liebe zum Bräutigam hat zunächst eine narrative Dimension. Im Rahmen der wörtlichen Auslegung, womit Bernhard in der Regel mit jedem neuen Vers einsetzt, verfolgen wir eine Liebesgeschichte, das Getrenntsein und das Schmachten der Liebenden, ihr Suchen und Finden, Versagen und Gewähren, ihre Vereinigung. Es ist der salomonische Liebesgesang, aufbereitet und inszeniert für die «minnende Seele», deren Befindlichkeiten allein zur Geltung kommen; Christus als Bräutigam hat ja keine Geschichte. Bernhard geht in der Auslegung des *sensus historicus* sehr großzügig vor, ohne willkürlich zu sein; sichtbarlich ist er auf Spannung und Dramatik bedacht. Ich zeige dies am Beispiel der Auslegung von HL 1,7.

«‹Wenn du dich nicht kennst, du schönste der Frauen, so geh hinaus und zieh hinter den Herden, deinen Gefährten, drein und weide deine Böcklein neben den Hütten der Hirten›.» Dies ist die Antwort auf die Bitte der Braut, der Geliebte möge ihr kundtun, wo er zur Mittagszeit ruhe (HL 1,6), und es ist «eine gesunde und sehr strenge, indes eine nützliche und getreue Antwort» (34,1). Sie ist aber auch herber Tadel: «Geh hinaus!» ist gesprochen in der Sprache des aufgebrachten Herrn oder der beleidigten Herrin (35,1). Dazu «die schreckliche und furchtbare Drohung»: ‹Geh hinaus und weide deine Böcklein.› Diese meinen «die freischweifenden, leichtfertigen Sinne des Leibes» (35,2). ‹Hinter den Herden, deinen Gefährten› soll sie ziehen, «den Tieren nicht etwa nur gleich, sondern hintangestellt» (35,3). Und neben den Hütten der Hirten soll sie weiden, nicht etwa oberhalb, dem Ort der Lämmer (35,2). Worum geht es in diesen harten Verweisen? Um Selbsterkenntnis, woran es der Braut noch offenkundig mangelt. «Niemand kann ohne Selbsterkenntnis selig werden. Denn aus ihr geht die Mutter des Heils, die Demut hervor, aber auch die ‹Furcht des Herrn, die der Weisheit Anfang ist› wie der Anfang des Heils» (37,1). Ohne Selbsterkenntnis gibt es aber auch keine Gotteserkenntnis. «Die Selbsterkenntnis, die in Tränen sät, die Gotteserkenntnis, die mit Jubel erntet» (37,4). Die Brautliebe ist so auch eine Schule, ein Lehrgang, der Verweis und Zucht vorsieht und ausübt, keineswegs nur eine «Angelegenheit der schmachtenden Liebe» (68,2; II 197,12).

Die herausragende Kennzeichnung der Braut ist «schwarz aber schön» (HL 1,4). Beides schließt sich nicht aus, wenn ihr auch «die Unzierde der dunklen Farbe ... nur am Orte ihrer Pilgerschaft» zukommt (25,3). Es ist der Heilige, der am deutlichsten beides vereinigt. «Wenn wir nämlich die äußere Erscheinung der Heiligen betrachten, so wie sie uns ins Auge fallen, wie hinfällig, wie verächtlich, wie gewissermaßen ungepflegt sie sind, während sie doch in ihrem Innern ‹mit unverhülltem Antlitz die Herrlichkeit des Herrn schauen und dadurch in dasselbe Bild verwandelt werden von Klarheit zu Klarheit gerade wie vom Geiste Gottes› (2 Kor. 3,18): ist es da nicht, als gebe jede dieser (heiligen) Seelen auf den Vorwurf, sie wären schwarz, zur Antwort: ‹Schwarz bin ich, aber schön›»? (25,5). Ausführlich wird eben dies an Paulus aufgewiesen (ebd.). So braucht sich die Braut ihrer Schwärze, «daß mich die Sonne verbrannt hat» (HL 1,5), nicht zu schämen. Vor allem aber nicht, weil sie weiß, daß auch ihr Bräutigam schwarz von Antlitz war.» Und ihm ähnlich werden, welch ein Ruhm! Nichts hält sie daher für ehrender, als Christi Schmach zu tragen» (25,8). Die Schwärze Christi ist Zeichen seiner Selbstentäußerung in der Menschwerdung, in Leiden und Tod.[56] «Schau ihn an, wie schmutzig sein Gewand ist, wie bleifarben (seine Haut) von Wunden, bespritzt mit Speichel, im Tode fahl, und du wirst in der Tat bekennen müssen, daß er schwarz ist. Frage sodann die Apostel, wie sie ihn auf dem Berge (Thabor) geschaut haben (Mt. 17,2), oder frage die Engel, in welches Antlitz sie zu schauen verlangen (1 Petr. 1,12), und du wirst ihn ob seiner Schönheit bewundern. Schön ist er in sich, schwarz für dich» (25,9). Die Braut aber ist schön in ihrer wieder aufleuchtenden Gottesebenbildlichkeit, schwarz im Pilgerstand, in der Nachfolge Christi.[57] Dem entspricht Bernhards Auslegung «(schwarz) wie die Zelte Kedars, (schön) wie die Felle Salomons» (26,1.2).[58] Zusätzlich, nach einer sublimen Deutung der Felle Salomons, wird die Schönheit der Braut in ihren

---

[56] Siehe dazu u. 2.b.
[57] Man erinnere sich an das, was Gottfried von Auxerre über Bernhard den Novizen schreibt (s. o. S. 254).
[58] Eine freie Auslegung des Vulgatatextes, der beide Vergleiche auf die Schönheit bezieht. «Möglicherweise bezieht sich je einer der beiden Teile auf je einen der beiden Ausdrücke ‹schwarz bin ich, doch schön›, und das ist die dunklere Bedeutung» (26,1; I 169,20 ff.).

Tugenden, der Spiegelung der Ebenbildlichkeit, aufgezeigt: «Doch ist die Schönheit der Braut geistiger Art und übersinnlich, ja sogar ewig, weil Abbild (*imago*) der Ewigkeit. Ihre Zierde ist z. B. die Liebe, und sie hört nie auf, wie ihr lesen könnt (1 Kor. 13,8). Ihr Schmuck ist auch die Gerechtigkeit, und ‹ihre Gerechtigkeit›, sagt der Psalmist, ‹währt von Ewigkeit zu Ewigkeit› (Ps. 111,3). Ihre Zierde ist ferner die Geduld, und ihr lest ebenfalls: ‹Die Geduld der Armen wird nie verloren sein› (Ps. 9,19). Und was gilt von der freiwilligen Armut, was von der Demut? Verdient nicht die eine das Himmelreich (Mt. 5,3), und wird nicht die andere in gleicher Weise in die Ewigkeit erhoben werden?» (vgl. Luk. 14,11) (27,3). Und das gilt von allen Tugenden. «Was sind sie anders als eine Art Perlen im Prunkgewand der Braut, schimmernd in ewigem Glanz?» (ebd.).

Man möchte sagen, die Tugenden gehören zur Ausstattung der Braut. Sie sind Voraussetzungen für die mystische Vermählung. *Vorstufen* dazu aber sind höchste Liebesformen, die auch der Geschlechterliebe zu allen Zeiten eigen sind und von ihren Dichtern gepriesen und geschildert werden. Es ist die Liebestrunkenheit, die Liebeskrankheit und der Liebesschlaf.

Wenn die Braut «die nach Gott dürstende Seele» ist (7,2), so ist die Trunkenheit ihre äußerste Befindlichkeit. Wenn sie nach dem Kuß des Mundes verlangt – «ist sie denn nicht trunken?» fragt Bernhard und antwortet: «O ja, völlig trunken» (7,3). In der 49. Predigt, die sich auf HL 2,4 bezieht (‹Der König führte mich in den Weinkeller›), «glüht» die Braut, wie sie vom Weinkeller zu den Mädchen, den «Töchtern von Jerusalem», zurückkommt, vor Trunkenheit. «Sie ist trunken, doch nicht vom Wein, sondern von Liebe – wenn die Liebe nicht selbst der Wein ist» (49,1). Die Braut bekennt diese Trunkenheit freimütig. Waren nicht auch die Apostel trunken, als am Pfingsttag der Heilige Geist über sie kam? (49,2).

Wenn die Trunkenheit ein Zustand auf dem Wege der Ekstase ist, so die Liebeskrankheit ein Symptom des Entzugs. Der Aufenthalt im Weinkeller führte zur seligen Trunkenheit. «Als nach all dem der Bräutigam, seiner Gewohnheit gemäß, sich entfernt hatte, erklärt sich die Braut vor Liebe krank. Denn je beglückender sie seine Gegenwart empfand, desto schmerzlicher fühlt sie nun seine Abwesenheit. Der Entzug (*subtractio*) eines geliebten Gegenstandes steigert das Verlangen darnach. Und je glühender du etwas ersehnst, desto empfindlicher entbehrst du es» (51,1). Gegen die Qualen des Entzugs gibt es Heilmittel, und die Braut selbst fordert sie. «Erquickt mich mit Blumen, labt mich mit Äpfeln» (HL 2,5). Blumen, Blüten meinen den Glauben, Äpfel, die Frucht, das

Werk. Beide gehören zusammen wie die Schwestern Maria und Martha, die in diesem Zusammenhang als entsprechende biblische Beispielfiguren genannt werden (51,2).

Häufiger als Glaube und Werk sieht Bernhard Glaube und Schau zusammen. Jener geht dieser voran wie das Ohr dem Auge (28,4.5), der Glaube bereitet das Schauen vor, er ist «eine Stufe zum Schauen» (41,2), er «reinigt die Herzen zum Gottschauen» (53,2).

Ist die Trunkenheit der äußerste Zustand der dürstenden Seele, so der Schlaf der beseligende Ausklang der beglückten Seele. Der Bräutigam fordert die Mädchen auf: «Weckt die Geliebte nicht auf und stört sie nicht» (HL 2,7), und er tut dies «nach trauter, süßer Gemeinschaft» (52,1), «seine Linke unter dem Haupt der Braut, um sie an seiner Brust ruhen und schlummern zu lassen» (52,1). Was ist das für ein Schlaf? «Der Schlummer der Braut ist weder ein angenehmer körperlicher Schlaf, der die fleischlichen Sinne für eine Weile süß betäubt, noch der schreckliche Schlaf, der das Leben völlig zu zerstören pflegt[59] ... Der Schlaf (der Braut) ist vielmehr ein lebendiger und wacher, wenn auch tiefer Schlaf (*sopor*), der den innern Sinn erleuchtet und, indem er den Tod vertreibt, ewiges Leben verleiht. Es ist (zwar) tatsächlich ein Schlaf, aber ein Schlaf, der das Bewußtsein nicht trübt, sondern entrückt (*abducat*). Es ist auch ein Tod, wie ich ohne Bedenken versichere, denn der Apostel rühmt von einigen, die noch im Fleische leben: ‹Ihr seid gestorben, und Euer Leben ist mit Christus in Gott verborgen› (Kol. 3,3)» (52,3). Es ist ein Tod, der die Seele «nicht dem Leben entreißt, wohl aber den Fallstricken des Lebens». «O schöner Tod», ruft der Prediger aus, «der das Leben nicht aufhebt, sondern aufwärts erhebt. Schöner Tod, bei dem der Leib nicht hinsinkt, sondern die Seele emporsteigt!» (52,4). Bernhard weiß, daß dieser Zustand ein Vorgeschmack der ewigen Seligkeit ist. «So, ja so, wie ich es auf Erden (im Buch der Liebe) lese, muß es im Himmel sein, wie ich nicht bezweifeln kann. Dort wird sicherlich die Seele ganz empfinden, was auf diesem Blatte (der Hl. Schrift) steht, nur daß es nicht möglich ist, das überhaupt auszudrücken, nicht nur wieviel die Seele dann erfassen wird, sondern wieviel sie jetzt schon zu erfassen vermag» (52,2).

In der speziellen Sprache der Brautmystik, der Bernhard zwar in einer vorgegebenen Spur, aber doch nicht ausschließlich folgt, entspricht der Schlaf in seinem Charakter der Erfüllung und Vollendung der Vermählung. Es ist «die Vermählung des Ewigen Wortes mit der sündigen

---

[59] Meint Bernhard den Wahnsinn?

Seele», wie es die Predigt 39,10 vorweg formuliert. Die umfassende Darstellung der mystischen Vermählung bietet Bernhard nach langer Vorbereitung in der 83. Ansprache. Sie steht im Mittelpunkt des folgenden Abschnitts, und ich meine Gilson folgen zu dürfen, wenn er gegen Ende seiner lichtvollen Ausführungen über das ‹Paradisus claustralis› meint, er sei mit seinen Lesern «an einer Stelle angelangt, an der nichts mehr den eigenen Text des heiligen Bernhard zu ersetzen vermag».[60]

g) «Soviel die von der Regel anberaumte Zeit, die wir für unsere Ansprachen bestimmt haben, es erlaubte, beschäftigten wir uns schon drei Tage mit dem Nachweis der Verwandtschaft zwischen dem (göttlichen) Wort und der Seele.[61] Welches ist nun der Ertrag dieser Mühe? Offensichtlich der: Wir lehrten, daß jede Seele, und sei sie noch so sehr beladen mit Sünden, in Lastern verstrickt, von Verführungen umgarnt, gefangen in der Fremde, eingekerkert im Leib, mag sie am Schmutze kleben, im Staube liegen, die Glieder gefesselt, von Sorgen gequält, von Geschäftigkeit entnervt, von Ängsten beklemmt, von Schmerzen gepeinigt, in Irrtümern verloren, von Kümmernissen in Furcht versetzt, von Ahnungen geängstigt sein, mag sie endlich nach dem Wort des Propheten ein Fremdling in Feindesland, ein mit Toten Verunreinigter sein, denen zugerechnet, die in die Unterwelt fahren (Bar. 3,11), mag die Seele auch derart verworfen und verzweifelt sein: wir haben dennoch gelehrt: Sie vermag in sich etwas wahrzunehmen, was sie nicht nur in der Hoffnung auf Verzeihung und Erbarmen aufatmen läßt, sondern ihr die Kühnheit erlaubt, nach der Vermählung mit dem Wort zu trachten, ohne Zagen einen Gemeinschaftsbund mit Gott zu schließen und ohne Scheu das süße Joch der Liebe mit dem König der Engel zu tragen. Was dürfte die Seele nicht frohgemut bei Gott in der Gewißheit wagen, daß sie sein Ebenbild schmückt und seine Ähnlichkeit auszeichnet» (83,1). Dieses «Siegel unseres göttlichen Adels» ist aber auch Verpflichtung, es «allezeit in unserer Seele zu bewahren, daß sie mit ihm einen ständigen Mahner des Wortes in sich trage, der sie ermahnt, beim Worte zu stehen und, sollte sie sich von ihm entfernen, zu ihm zurückzukehren». «Die Rückkehr der Seele aber vollzieht sich durch ihre Hinwendung (*conversio, mhd. ker*) zum Worte. Durch das Wort muß sie umgestaltet und gleichgestaltet werden (*reformanda, conformanda*). Worin? In der Liebe. Denn es heißt: ‹Seid Nachahmer Gottes als seine vielgeliebten Söhne, wandelt in der Liebe, wie auch Christus euch geliebt hat!› (Eph. 5,1.2)» (83,2).

---

[60] GILSON, S. 147f. – Zu den von ihm gebotenen Texten gehört auch die Predigt 83 (S. 183–191).
[61] Siehe die Ausführungen oben 2.e.

«Solche Gleichförmigkeit (*conformitas*) vermählt die Seele mit dem Wort, da sie zu der ihm ähnlichen (*similis*) Natur auch noch die Ähnlichkeit des Willens fügt, indem sie liebt, wie sie geliebt wird. Wenn also die Seele vollkommen liebt, ist sie vermählt. Was gibt es Beglückenderes als diese Gleichförmigkeit, was Innigeres zu wünschen als diese Liebe! Bewirkt sie nicht, daß du, o Seele, unzufrieden mit menschlicher Belehrung, herzhaft zum Wort gehst, dem Wort beharrlich anhangst, beim Wort dir zuversichtlich Rat und Weisung holst und du so viel zu begehren wagst, wie die Einsicht zu fassen vermag? Dies ist der Vertrag einer wahrhaft geistlichen und heiligen Ehe. Vertrag? Das besagt noch zu wenig. Es ist eine Umarmung (*complexus*). Eine Umarmung allerdings, wo gleiches Wollen und Nichtwollen aus zweien *einen* Geist macht. Und es ist nicht zu befürchten, daß die Ungleichheit der Personen die Übereinstimmung ihrer Willensimpulse erlahmen läßt, da Liebe keine Ehrfurcht kennt. Liebe kommt ja von ‹lieben›, nicht von ‹ehren›. Ehrfurcht hätte freilich, wer erzitterte, staunte, wer sich fürchtete und verwunderte. Doch all dies geht dem Liebenden ab. Die Liebe genügt sich selbst, die Liebe, wo sie auftritt, zieht alle andern Affekte an sich und macht sie zu Liebe. Deshalb liebt die Seele, die liebt, einzig und allein und weiß von nichts anderem. Selbst er, der mit Recht Gegenstand der Verehrung, des Staunens und der Bewunderung ist, hat es lieber, geliebt zu sein. So sind sie Bräutigam und Braut» (83,3).

«Hinzu kommt, daß der Bräutigam nicht nur der Liebende ist, sondern die Liebe selbst ... Gott verlangt, als Herr gefürchtet zu werden, geehrt zu werden als Vater, aber geliebt zu werden als Bräutigam. Was ist dabei das Höchste, das Allerbeste? Natürlich die Liebe ... Die Liebe ist für sich selbst genug, sie gefällt sich selbst und um ihrer selbst willen. Sie ist sich selbst Verdienst, sich selbst der Lohn. Die Liebe sucht außer sich keinen anderen Grund, erstrebt keinen anderen Gewinn. Ihr Genuß ist ihr Gewinn. Ich liebe, weil ich liebe, ich liebe, um zu lieben. Es ist etwas Großes um die Liebe, wenn sie zu ihrem Uranfang zurückkehrt, wenn sie sich ihrem Ursprung wieder schenkt, wenn sie zu ihrem Urquell zurückströmt, um von dem Brunnen zu schöpfen, von dessen Wassern sie immerzu fließt. Unter allen Seelenregungen, Empfindungen und Affekten ist die Liebe das einzige, worin das Geschöpf dem Schöpfer, wenn nicht Gleiches mit Gleichem, so doch Ähnliches mit Ähnlichem vergelten kann. Wenn, um ein Beispiel zu geben, Gott zürnt, kann ich ihm dann gleichfalls zürnen? Gewiß nicht, sondern ich werde bangen, ich werde zittern, werde um Verzeihung flehn.» Und so ist es, wenn Gott anklagt, wenn er richtet, wenn er mich befreit, wenn er gebietet. «Nun sieh dir aber die Liebe an! Wie anders ist es mit ihr bestellt! Denn wenn Gott liebt, will er nichts anderes als wiederum geliebt werden; er liebt ja zu keinem andern Zwecke, als um geliebt zu werden, und er weiß, daß alle, die ihn lieben, in ihrer Liebe selig sind» (83,4).

«(Noch einmal:) Etwas Großes ist es um die Liebe. Doch gibt es in ihr verschiedene Grade. Die Braut steht auf dem höchsten. So lieben ja auch Kinder, allein sie denken an das Erbe ... Die reine Liebe (*purus amor*) ist keine Tagelöhnerin. Die reine Liebe schöpft ihre Kraft nicht aus der Hoffnung (auf Gewinn), empfindet aber auch fehlgeschlagene Hoffnung nicht (schmerzlich). Solcher Art ist die Liebe der Braut. Wer immer sie sei, diese Liebe macht sie zur Braut. Der Braut Haben und Hoffen ist allein die Liebe. Sie macht die Braut überreich, und sie schenkt volles Genügen dem Bräutigam. Er verlangt nichts anderes, sie hat nichts anderes. Deshalb ist er der Bräutigam und sie die Braut. Diese Liebe ist ihnen allein eigen, niemand anderer erlangt sie» (83,5).

«Mit Recht weist die Braut alle andern Gefühle zurück und gibt sich rückhaltlos der Liebe hin, kommt es ihr doch zu, Liebe mit Gegenliebe zu erwidern. Denn wenn sich auch die Geliebte ganz in Liebe ausströmen könnte, was wäre dies im Vergleich zum immerwährenden Strömen jener Quelle? Wahrlich, die Liebende und die ‹Liebe›, Seele und Wort, Braut und Bräutigam, Schöpfer und Geschöpf strömen nicht in gleicher Liebesfülle so wenig wie der Dürstende und die Quelle. Was ergibt sich daraus? Wird darum die Verlobung nicht aufgelöst, die Sehnsucht der Seufzenden, die Glut der Liebenden sich nicht gänzlich erschöpfen, weil die Braut mit dem Übermächtigen nicht Schritt zu halten vermag, weil sie es in der Süßigkeit nicht mit dem Honig, in der Sanftmut nicht mit dem Lamme, in der Reinheit nicht mit der Lilie, an Klarheit nicht mit der Sonne, in der Liebe nicht mit dem, der die Liebe ist, aufnehmen kann? Mitnichten. Mag das Geschöpf auch weniger lieben, weil es geringer ist, wenn es aber aus seinem ganzen Wesen heraus liebt, dann fehlt nichts, denn es ist das Ganze. Deswegen heißt, wie gesagt, auf solche Weise lieben, sich vermählt haben. Denn es ist unmöglich, daß die Seele so liebt und zu wenig geliebt wird, daß (also) eine vollgültige und vollkommene Vermählung nicht wirklich bestünde. Es müßte denn einer daran zweifeln, daß das Wort die Seele zuvor und inniger geliebt hat. In der Liebe kommt ihr das Wort tatsächlich zuvor und übertrifft sie. Selig, dem es vergönnt ist, solche Segensfülle im voraus zu empfangen! Selig, wer eine solch zärtliche Umarmung erfahren darf! Es ist ja nichts anderes als die heilige und keusche, die zarte und süße Liebe, die heitere und lautere Liebe, die gegenseitige, die innige und starke Liebe, welche nicht zwei in einem Fleische, sondern zwei in einem Geiste verbindet und nicht zwei zwei bleiben läßt, sondern zwei zu einem macht, wie Paulus sagt: ‹Wer Gott anhangt, ist ein Geist mit ihm› (1 Kor. 6,17)» (83,6).

Diesen Text, der als solcher ein Hohelied der Liebe ist, ein Hymnus auf die Liebe, wie ihn die Geschlechterliebe kaum je anzustimmen vermochte, bei allem Überschwang aber zugleich luzid im Aufdecken und Durchdringen dieser mystischen Gottesliebe, ihrer Voraussetzungen und ihrer Wesenszüge – diesen Text sollen nur wenige Bemerkungen begleiten, die nicht erklären wollen (denn er erklärt sich selbst), aber einzuordnen und abzugrenzen versuchen.

Der Bräutigam ist das Ewige Wort, Verbum, wie schon bei Origenes, nicht, wie öfter in späteren Darstellungen, ein sozusagen ungeschichtlicher Christus im Fleische. Er ist Geist, und so ist die Vermählung mit ihm eine Vereinigung im Geiste. Das unterscheidet die nuptiale grundsätzlich von der Christusmystik, die auf der Liebe zum menschgewordenen Gottessohn beruht und die Einheit in der *conformitas* des Leidens sucht. Freilich muß auch die Braut es lernen, den Bräutigam nicht sinnlich zu betrachten. Das geht mit besonderer Eindringlichkeit aus der 45. Predigt hervor, wo es heißt: «Ich glaube, diesmal schweben der Seele keinerlei (von außen) herangetragene Bilder vor Augen, keine Vorstellungen von Fleisch oder Kreuz oder irgendwelche andere von körperlicher Hinfälligkeit, denn an ihnen wäre nach dem Propheten ‹keine Gestalt und Schönheit› (Jes. 53,2). Die Braut aber, die ihn so erschaut, nennt ihn schön und wohlgestalt und bezeichnet damit, daß er ihr in einer erhabeneren Vision (*visio*) erschienen ist» (45,6). Diese Stelle verrät, daß Bernhard die *conformitas* der Seele mit dem leidenden Christus im Fleische mit ihrer Vermählung mit dem ewigen Wort gradualistisch zusammengesehen hat. Das fleischgewordene Wort ist denn auch der Braut, obgleich nicht ihrer Liebesstufe entsprechend, immer wieder gegenwärtig, ja der Bräutigam selbst bedient sich zuweilen dieser Gestalt. ‹Sieh, er steht hinter der Wand und späht durchs Fenster, blickt durchs Guckloch› (HL 2,10). «Der Bräutigam also trat hinter die Wand, und das Herannahen des Bräutigams ist die Fleischwerdung des Wortes. Gucklock und Fenster, durch die er blickte, sind meiner Ansicht nach seine leiblichen Sinne und menschlichen Affekte» (56,1).

Vermerkt sei noch, daß in der ganzen 83. Predigt immer nur von *amor*, dem Grundwort der Liebe, die Rede ist. Bernhard verwendet es, wenn es ihm darum geht, das alles umfassende Vermögen der Liebe aufzuzeigen. *dilectio* ist Gottesliebe, insofern sie von der Geschlechterliebe abgehoben wird.

Die Erfüllungsform der mystischen Liebe, das Einssein in der Vermählung, entspricht der dritten Stufe der Liebe nach dem Schema von

‹De diligendo Deo›. Bernhard war kein Systematiker, wohl aber fügen sich die wesentlichen Bestandteile seiner spirituellen Theologie zu einer Ganzheit, die man ‹System› nennen kann.

Die Hoheliedpredigten Bernhards wurden von seinem Schüler, dem Abt der englischen Zisterzienserabtei Swineshead in Hoyland, Gilbert von Hoyland (†1172), fortgesetzt – bis zu HL 5,10, wo die Erklärung ebenso abrupt abbricht wie diejenige Bernhards.[62] Es sind, je nach Zählung, 48 oder auch nur 46 Predigten, die Gilbert vor den Mönchen seines Klosters gehalten hat; nur wenige trug er vor Nonnen vor. Überall, in der Predigtweise und der Predigtsprache, in den Themen und Exkursen ist das große Vorbild mit Händen zu greifen. Das heißt noch nicht, daß Gilbert kein eigenes Profil hat. Ohly hat es in sorgfältigen Beobachtungen herausgestellt. Doch gelten sie nicht der mystischen Spiritualität der Gilbertschen Sermones,[63] und so ist für diese Darstellung kein Anlaß gegeben, sie näher zu würdigen.

## 4. Die Gottesschau

Bernhards Christus- wie seine Brautmystik gehören zu den wenigen wahrhaft epochalen Innovationen in der Geschichte der abendländischen Mystik. Natürlich haben auch sie ihre Wurzel in älterer Überlieferung. Es sei daran erinnert, daß die Christusmystik in der Väterlehre des Altertums, die Brautmystik bei Origenes ihre Vorformen haben. Bernhard kennt aber auch die Visions- und Entrückungsmystik, und hier steht er in einer breiten Tradition, ist sie doch in ihrem entscheidendsten Ausgangspunkt paulinisch.

a) In der Hoheliedpredigt 62 unterscheidet Bernhard zwei Arten von Beschauung (*contemplatio*): Die eine richtet sich auf die Himmelsstadt (*civitas superna*), die andere auf Gott, dessen Herrlichkeit, Ewigkeit und Göttlichkeit[64] (62,4). Die erstgenannte spielt eine untergeordnete Rolle. Das ewige Leben gelangt nur in den Blick als Vollendung in der Beglückung göttlicher Liebe oder dann in der Betrachtung der Engel, die indes der theologischen Lehre zugerechnet werden muß.[65] In der Gottesschau

---

[62] Ausgabe in PL 184, Sp. 11–251. Zur Orientierung OHLY, Hohelied-Studien, S. 171–177; DAM VI, Sp. 371–374; RIEDLINGER, Makellosigkeit, S. 169–172; THOMAS, Myst. Cist., S. 191–224.

[63] GILSON, S. 253; «Gilbert ist kein großer Mystiker, er war vielleicht überhaupt keiner», mit Verweis auf Serm. 22,1 (PL 184, 114 C).

[64] *divinitas* bedeutet hier die Summe der göttlichen Wesenseigenschaften, wie sie etwa in Cons. VI 13 ff. dargestellt sind. Den Unterschied von *deus* und *divinitas* lehnt Bernhard ausdrücklich und mit Emphase ab: in der Polemik gegen Gilbert von Poitiers (Serm. cant. 80,6 ff.).

[65] Cons. III 5; Serm. cant. 77,4.

grenzt Bernhard drei Arten (*modi*) aus: «In der ersten siehst du (*vides*) etwas, was von ihm kommt, aber nicht ihn selbst.» Es ist die Möglichkeit, das göttliche Unsichtbare (*invisibilia Dei*) in Gottes Schöpfung wahrzunehmen (Röm. 1,20); wir sind ihr schon vielfach begegnet. «Diese Art des Schauens (*genus videndi*) ist jedermann zugänglich» (31,3). Die zweite Art ist die Weise, in der sich Gott den Patriarchen offenbart hat. Sie wurden der Vertraulichkeit göttlicher Gegenwart (*divinae praesentiae familiaritas*) gewürdigt, wobei Gott indes «sich ihnen nicht zeigte, wie er ist, sondern wie er sich ihnen zeigen wollte», und nicht allen gleich, sondern ... ‹an vielen Orten und auf vielerlei Weise› (Hebr. 1,1) (31,4). Die dritte Art erst und sie allein ist die eigentlich bernhardische: «Es gibt aber noch eine Gottesschau (*divina inspectio*), von jenen umso verschiedener, je innerlicher (*interior*) sie ist. Da gewährt Gott der suchenden Seele (*anima quaerens*), sofern sie sich ihm mit ganzer Sehnsucht und Liebe hingibt, die Huld seines Besuches. An welchem Zeichen wir indes dessen Ankunft erkennen, belehrt uns einer, der es erfahren hat: ‹Feuer geht vor ihm her und verzehrt ringsum seine Widersacher› (Ps. 96,3). Das aber will besagen, daß die Glut heiliger Sehnsucht erst jede Seele, zu der Gott kommen soll, entzünden, allen Rost der Sünden verzehren muß, um so dem Herrn eine Stätte zu bereiten. Und wenn die entflammte Seele jenes Feuer in sich brennen spürt und mit dem Propheten sagen kann: ‹Aus der Höhe schickte er Feuer in mein Gebein und züchtigte mich› (Klagel. 1,13) und ‹Mein Herz erglühte in uns, und Feuer entbrannte in meinen Sinnen› (Ps. 38,4), dann weiß sie, daß der Herr nahe ist» (ebd.).

Die *visitatio* Gottes in der Seele erfährt in 69,2 eine nähere Ausführung. Wohl inspiriert von Joh. 14,23 (*mansionem apud eum faciemus*) spricht hier Bernhard von der «Einwohnung» Gottes, das ist die Herablassung (*dignatio*) des Wortes und die Zuneigung (*benevolentia*) des Vaters, wobei das Geschenk (*munus*) des Vaters das Werk (*opus*) des Wortes ist. Es ist diese Ausweitung vom Wort, dem Bräutigam der Seele, auf die Mitwirkung des Vaters, die diese Darstellung von der nuptialen Mystik abhebt, sie freilich auch mit ihr verbindet. Scharfe Begrenzungen sind hier nicht zu erwarten.

Auch die Feuermetapher fehlt der spezifischen Brautmystik. Sie zeigt ein zweifaches an: Das Feuer verzehrt den «Rost der Sünden», macht die Wohnung der Seele bereit für den Herrn – ein Akt der Reinigung, der indes ausschließlich göttliches Handeln ist und so nicht mit der asketischen *purgatio* des mystischen Aufstiegswegs gleichgesetzt werden darf. Dieses Verbrennen ist nun zugleich ein Entbrennen, nämlich das Erglühen des Herzens, Anzeichen des nahenden Herrn, aber auch, wenn wir an die Entrückung in ‹De diligendo Deo› denken,[66] die Metapher der Transformation.

Explizit wird sie in zwei Hoheliedansprachen formuliert. «Die Herrlichkeit (*gloria*) (des Vaters) bedrückt mich nicht, auch wenn ich die Sehkraft noch so angestrengt auf sie richte, ich werde vielmehr in sie eingeformt (*imprimar*). Denn wir schauen (die Herrlichkeit des Herrn) mit unverhülltem Angesicht und werden in das selbe Bild verwandelt (*transformamur*) von Klarheit zu Klarheit, wie es dem Geist des Herrn beliebt (2 Kor. 3,18). Wir werden verwandelt, indem wir uns gleichgestalten (*transformamur cum conformamur*)» (62,5). – «Ich weiß nicht, auf Grund welcher Naturverwandtschaft die Seele einmal die Herrlichkeit des Herrn ‹mit unverhülltem Angesicht› schauen (*speculari*) darf und sich ihm alsbald gleichgestalten (*conformari*) und in sein Ebenbild (*imago*) umgestalten (*transformari*) muß» (69,7).

Gleichgestalten und umgestalten ist der zweifache Vorgang der Gottesschau. Die Gleichgestaltung erfolgt auf Grund der «Naturverwandtschaft», nämlich der Ebenbildlichkeit, von der Bernhard einmal sagt, sie sei schon die Schau selbst (82,8),[67] d. h. in ihrer vollkommen wiederhergestellten Gestalt. Wenn er hier die «Naturverwandtschaft» im Unbestimmten läßt, so will das nicht besagen, daß er sie irgendwie in Frage stellt – sie bleibt ja das eigentliche Fundament von Bernhards Lehre der Gotteserkenntnis –, sie gilt jedoch nur für das *conformari*, nicht für das *transformari*, und dieses will er offensichtlich dem erkennenden Zugriff entziehen. Denn es ist, wie aus dem zweiten Zitat klar hervorgeht, von der Schau die Rede, die uns im Ewigen Leben zuteil wird, der *visio beatifica*.

Bernhard sagt dies von der Schau Gottes, ‹wie er ist› (1 Joh. 3,2), der «Schau als etwas Bleibendes, weil die geschaute Gestalt etwas Bleibendes ist» (31,1). «Doch solch ein Schauen (*visio*) gibt es auf Erden nicht. Es ist vielmehr den letzten Dingen vorbehalten» (31,2). Davon wird die uns auf Erden mögliche Schau abgehoben. «Jetzt erscheint Gott, wem er erscheinen will, aber so wie er will, nicht wie er ist ... Es ist wie mit unserm großen Himmelslicht, der Sonne: die siehst du täglich und hast sie doch noch nie gesehen, wie sie ist, nur wie sie etwa die Luft, einen Berg, eine Wand beleuchtet» (ebd.).

Nicht immer ist die Grenze zwischen der Gottesschau *in patria* und *in via* so streng gezogen wie hier. Das liegt in der Natur der Sache, insofern

---

[66] Siehe o. 1.b, Anm. 10.

[67] *Admiranda prorsus et stupenda illa similitudo, quam Dei visio comitatur, immo quae Dei visio est* (II 297,19 f.).

die Schau von verschiedener Intensität, heller und beschatteter, heftig und sanft sein kann; auch die subjektive Befindlichkeit des Schauers ist zu berücksichtigen. So beurteilt Bernhard die Gottesoffenbarungen, die Propheten und Aposteln zuteil geworden sind, nicht mehr so zurückhaltend wie im oben zitierten Zusammenhang (31,4). Bereits in der übernächsten Predigt ruft er aus: «Zeige mir an, wie etwa Jakob noch zu seinen Lebzeiten den Herrn von Angesicht zu Angesicht schaute und dennoch am Leben blieb[68] (Gen. 32,30), oder wenigstens wie Moses ihn schaute, nicht in Bildern, Rätseln und Träumen wie die andern Propheten, sondern auf eine außergewöhnliche, keinem andern, nur ihm und Gott bekannte Weise (Num. 12,6–8), oder wie Jesaias ihn mit unverhüllten Augen des Herzens auf einem hohen und erhabenen Throne sah (Jes. 6,1), oder auch wie Paulus seinen Herrn Jesus Christus mit eigenen Augen gesehen hat, als er ins Paradies entrückt wurde und unaussprechliche Worte hörte (2 Kor. 11,1 ff.): so möchte auch ich in der Entzückung des Geistes (*mentis excessus*) dich in deinem Lichte und in deiner Schönheit auf reichlicherer Weide und in sicherer Ruhe schauen dürfen!» (33,6).

Man kann «auf reichlicherer Weide und in sicherer Ruhe» immer noch auf das Ewige Leben beziehen; ich tue es nicht, weil hier in der Gottesschau der biblischen Gestalten die, wenn auch auf wenige Auserwählte beschränkte, Möglichkeit eingeräumt wird, daß Gott das «Schauen von Angesicht zu Angesicht» auf dieser Erde gewähren kann.

Dabei steht eines fest: Diese Schau im *excessus mentis* ist selten und währt nur einen kurzen Augenblick: *rara hora et parva mora*, wie es Bernhard 85,13 prägnant formuliert.[69] Er stimmt darin mit der überwiegenden Zahl der abendländischen Mystiker überein.

b) Wir sind von Graden der Gottesschau ausgegangen, im letzten Beispiel aber erfolgte die Gottesschau im *excessus mentis*, in einem jähen Aufschwung, der die Loslösung von allen körperlichen Bedingtheiten und Ichbezügen schlechthin bedeutet. Diese Schau wird deutlich von derjenigen im *ascensus* abgehoben. Im Buch V ‹De consideratione› führt Bernhard aus, daß es außer den Graden des Aufstiegs (*ascensores gradus*), die menschlicher Schwäche entgegenkommen, «unverhoffte Aufschwünge» (*inopinati excessus*) gibt, die zuweilen zur Schau der göttlichen Herrlichkeiten (*sublimia*) emportragen. Dazu gehöre der *excessus* des Pau-

---

[68] Dieser Zusatz erklärt sich aus Ex. 33,20, wo Gott zu Moses sagt: *non poteris videre faciem meam: non enim videbit me homo, et vivet.*

[69] Vgl. weiter die Belege Anm. 7 und den Bezugstext; dazu gehört noch 41,3: «Wenn das Göttliche im Fluge und in der Geschwindigkeit eines grellen Blitzes die Seele entzündet hat . . .».

lus: *excessus, non ascensus* (V,III 3). Bernhard geht nicht auf scharfe Begrifflichkeit aus, die ihm in Abälard entgegentrat, aber er verfügt über sie, wo immer sie ihm notwendig erscheint. Der größte Verkünder der Liebesmystik ist zugleich ein intellektueller Mystiker.

Wie bei allen großen und wahrhaften Mystikern finden wir bei Bernhard keine ausholenden Schilderungen des *excessus mentis;* dieser ist vielmehr unaussprechbar. Nur wenige Reflexe sind Sprache geworden, so in ‹De diligendo Deo› X 27.28[70] und in der letzten abgeschlossenen Hoheliedansprache: «Durch Betrachtung geistiger Erkenntnisse (*spirituales intelligentiae*) . . . wird die Seele zuweilen verzückt (*exceditur*) und von den leiblichen Sinnen abgeschnitten, so daß sie nichts mehr von sich selbst, nur noch das empfindet, was das Verbum empfindet (d. i. der Prozeß der *transformatio*). Dies geschieht, wenn der Geist (*mens*), angezogen von der Süßigkeit des unaussprechlichen (*ineffabilis*) Wortes, sich irgendwie aus sich selber hinausstiehlt, vielmehr raubartig entrissen wird (*rapitur*) und seinem Ich entgleitet, um so das Wort zu genießen (*ut Verbo fruatur*)» (85,13).

Bernhard bedient sich hier des *raptus*-Begriffs, um den *excessus* zu beschreiben. Ohne daß er *raptus* und *excessus* begrifflich auseinanderhält, hat *excessus* bei ihm den höheren Stellenwert. *Excessus,* zusammen mit dem Verb *excedere,* ist denn auch sehr viel seltener als *raptus/rapi;* fast nur Kernstellen ist er vorbehalten.[71] Zu *excessus/excedere* treten nur wenige *exstasis*-Belege.[72] *raptus/rapi*-Stellen gibt es zu Dutzenden.

Nach Gilson ist der *excessus*-Begriff durch Maximus Confessor, Ambigua II, in der Übertragung des Eriugena vermittelt.[73] Dieser Nachweis bleibt schwierig, und bei der durchgängig «augustinischen» Sprachgebung neige ich eher dazu, auch den *excessus* von den lateinischen Vätern herzuleiten. Das Augustinus-Lexikon in Würzburg war immerhin in der Lage, zwei Dutzend *excessus mentis*-Belege nachzuweisen, darunter 13 in den ‹Enarrationes in Psalmos›, die Bernhard mit Sicherheit gekannt hat. Cassian verwendet den Ausdruck an zentralen Stellen der ‹Conlationes›,[74] einem Grundbuch der monastischen Welt. Außerdem ist er – und das ist im Hinblick auf Bernhard ausschlaggebend – paulinisch: *mente excedimus* (2 Kor. 5,13). – In diesem Zusammenhang erwägt Gilson auch die Beziehung Bernhards zu Dionysius Areopa-

---

[70] Siehe o. 1.b, S. 232 f.

[71] Außer den bereits zitierten Stellen (Dil. X 27; Cons. V,III 3; Serm. cant. 33,6; 85,13) sind zu nennen: Serm. cant. 49,4 (II 75,20); 52,5 (II 93,1); 52,6 (II 93,22, 94,6); 62,4 (II 158,4); 85,14 (II 316,14); De grad. hum. 6,19 (III 31,2); Div. 87,2 (VI/1, 330,20); Div. 115 (VI/1, 392,12); Sententiae III 83 (VI/2, 120,19).

[72] Cons. V, XIV 32 (III 493,8); Serm. cant. 52,4 (II 92,9); Officium de S. Victore (III 505,10); Vita Malachiae 50 (III 355,4).

[73] GILSON, S. 53–56, auch zum Folgenden.

[74] Belege im Thesaurus linguae latinae V 2, 1230; s. K 3,2.c.

gita mittels der Übersetzung des Eriugena, ohne zu einer verbindlichen These zu gelangen. Da, wie Gilson selbst feststellt, in Bernhards Schriften jede Spur von Diktion und Terminologie des Pseudoareopagiten fehlt, möchte ich diese Vermittlung ausschließen.

Der *excessus mentis* führt zur *transformatio,* der Verwandlung in den göttlichen «Partner», den Bernhard in der Regel als «Verbum» versteht. Das ist ein Einssein (*unitio* 71,5), das er in diesem Zusammenhang drastisch mit der Verdauungsmetapher veranschaulicht. Den Charakter dieser *unitio* bestimmt Bernhard genau. Die Einheit im *excessus, ego in eo, et in me nihilominus ille* (ebd.) ist sehr verschieden von der Einheit von Vater und Sohn. «Der Sohn Gottes spricht: ‹Ich bin im Vater, und der Vater ist in mir› (Joh. 14,11) und ‹Wir sind eins› (Joh. 10,30). Der Mensch dagegen sagt: ‹Ich bin in Gott, und Gott ist in mir, wir sind *ein* Geist› (1 Kor. 6,17)» (71,6). Diese für Bernhard charakteristische biblische Beweisführung erfährt im folgenden Abschnitt eine begriffliche Ausfaltung. «Der Unterschied der beiden Einheiten kann dir endlich mit «einer» (*unus*) und «eins» (*unum*) klar gemacht werden, weil es weder dem Vater und dem Sohne zukommt, ‹einer›, noch dem Menschen und Gott ‹eins› zu sein … Du brauchst nur aufmerksam zu beachten, daß im ersten Fall das ‹eins› die Einheit der Wesenheit oder der Natur (*unitas substantiae vel naturae*), im andern Fall das ‹einer› zwar auch eine Einheit (*unitas*), aber völlig anderer Art konstituiert … Sie kommt nicht durch Verschmelzung der Naturen (*confusio naturarum*) zustande, sondern durch Übereinstimmung der Willen (*voluntatum consensio*)» (71,7).[75] Unsere Einheit mit Gott in der Ekstase ist also keine Wesenseinheit, sondern eine Einheit des gegenseitigen Willens. Wenn Bernhard von der Einheit «im Geiste» spricht, so 3,5 oder 31,6, meint er diese *consensio voluntatum.*

Sie ist auch das, was Bernhard ausnahmsweise als «Vergöttlichung» anspricht. Die Kernstelle findet sich in ‹De diligendo Deo›: «O heilige und keusche Liebe! O süßes und liebliches Empfinden! O reines und geläutertes Streben des Willens, um so geläuterter und reiner, als in ihm nichts Eigenes mehr untermischt ist, um so lieblicher und süßer, je göttlicher ist, was gefühlt wird (*totum divinum est quod sentitur*). So erfaßt werden, heißt vergottet werden (*Sic affici, deificari est*)» (X 28).

---

[75] Ich folge in dieser Partie dem von den Herausgebern der Op. in den Apparat verwiesenen Text (II 218 f.). Er ist inhaltlich vom Leittext nicht verschieden, aber konzentrierter. – Die in dieser Predigt sehr präzise Aussage Bernhards über die mystische Einheit betrachtet P. Verdeyen als ausdrückliche Gegenposition zur trinitarischen Grundlegung der Einheit von Mensch und Gott durch Wilhelm von St. Thierry (La théologie mystique [Anm. 46], Ons Geestelijk Erf 52, 1978, S. 258–266; s. dazu K 9,2.c).

c) Kein Zweifel kann darüber bestehen, daß Bernhard mystische Erfahrungen hatte. Die Biographen bezeugen es – Wilhelm von St. Thierry überliefert die Weihnachtsvision, die dem Knaben beschieden war,[76] Arnaud von Bonneval die Hoheliedvision[77] –, und er selbst. Seine eigenen Äußerungen sind, wie wir es nicht anders erwarten, zurückhaltend. Ja, er erklärt mehrmals, daß ihm die Gnade der Gottesschau nicht vergönnt sei, dies jedoch sicher im Blick auf seine je gegenwärtige Befindlichkeit, nicht schlechthin. «Einstweilen ist mir nicht einmal vergönnt – und ich sage es unter Tränen –, ich will nicht sagen, den Bräutigam zu sehen (*intueri*), sondern ihn auch nur erkennend zu erfassen (*inquirere*) als den König, der in seiner Schönheit über den Cherubinen sitzt auf hohem, erhabenem Thron (Jes. 6,1), in jener Gestalt, in der er, dem Vater gleich, im Glanze der Heiligen vor dem Morgenstern gezeugt wurde (Ps. 109,3)» (22,3). «Ich möchte nicht als einer darüber sprechen, der eigene Erfahrungen hat, sondern als einer, der Erfahrungen zu machen wünscht» (69,1). Zur Predigt 74 über ‹Kehre um, mein Geliebter› (HL 2,17) erklärt er, er bedürfte dazu der Hilfe des Wortes. «Und gewiß hätte sich diese Ansprache besser für einen (Redner) geziemt, der größere Einsicht und bedeutendere Erfahrung von heiliger und unergründlicher Liebe hat» (74,1).

Ebenso bescheiden sind die positiven Aussagen. «Auch mir war es vergönnt, zu den Füßen des Herrn zu sitzen und bald den einen, bald den andern Fuß (die Barmherzigkeit und Gerechtigkeit bedeuten) zu umschlingen, soweit des Herrn Güte mir das gnädigst gestattete» (6,9). «Wie oft hast du, guter Jesus, nach bangem Weinen, nach unsäglichen Seufzern und Schluchzen mein wundes Gewissen mit dem Balsam deiner Barmherzigkeit gesalbt und mit dem Öl der Freude übergossen!» (32,3). Sind das noch Erfahrungen außerordentlicher Gnadengaben im Zustand asketischen Lebens, so betreffen die späteren Hoheliedaussagen den eigentlichen mystischen Erfahrungsbereich. In ungewöhnlicher Ausführlichkeit beschreibt er in der 74. Ansprache seine Begegnung mit dem Ewigen Wort: Er will sich «preisgeben» zum Nutzen der Zuhörer. «Ich gestehe, das Wort ist auch zu mir gekommen und – ich sage es in meiner Torheit – vielfach. Obwohl es oftmals bei mir einkehrte, merkte ich einige Male gar nichts davon. Ich empfand wohl seine Gegenwart, ich erinnere mich, daß es zugegen war, gelegentlich konnte ich seine Ankunft auch vorausahnen, allein seine Ankunft wie seinen Weggang bemerkte ich nie, denn woher es in meine Seele kam und wohin es

---

[76] S. Bernardi Vita et res gestae liber I c.II 4 (PL 185/1, 219 AB); dazu LECLERCQ, S. Bernard mystique, S. 19 f.          [77] Siehe o. 3.d.

ging, wenn es mich verließ, auf welchem Wege es kam und ging, das, so muß ich gestehen, weiß ich noch heute nicht.» Es kam, führt Bernhard weiter aus, nicht durch die Sinne und überhaupt nicht von außen, kam aber auch nicht aus dem Innern, weil dort nichts Gutes ist. «Ich stieg in die höchsten Bezirke (meines Wesens), und sieh: Das Wort ragte darüber hinaus. Ich stieg in meine untersten Tiefen, suchend und mich überall umsehend, und trotzdem fand es sich in noch größerer Tiefe. Wenn ich nach außen blickte, so erfuhr ich, daß es außerhalb von allem war, was außer mir ist. Schaute ich aber in mein Inneres, so war es immer noch weiter innen. Da erkannte ich, wie wahr es ist, was ich gelesen: ‹In ihm leben wir, bewegen wir uns und sind wir› (Apost. 17,28). Aber selig, in wem das Wort ist, wer dem Worte lebt, wer sich im Worte bewegt!» (74,5).

Im nächsten Abschnitt fragt Bernhard weiter, woran des Wortes Gegenwart zu erkennen sei, wenn seine Wege so ganz unerforschlich blieben. An seinen Wirkungen: «Es weckte meine schlummernde Seele auf. Es bewegte, erweichte, verwundete mein Herz, das hart und steinern und elendiglich krank war.» «Einzig aus der Bewegtheit meines Herzens (*ex motu cordis*) empfand ich seine göttliche Gegenwart. Und an dem Schwinden der Laster, der Beruhigung der fleischlichen Begierden erkannte ich die Kraft seiner Tugend, aber im Entdecken und Aufdecken geheimer Mängel bewunderte ich die Tiefe seiner Weisheit» (74,6). Ist der Prediger hier ohne Rückhalt mitteilsam, so beklagt er 82,1, einmal für sich behalten zu haben, was der Heilige Geist ihm eingab. Das Höchste freilich, das *Verbo frui*, ist nicht mitteilbar.

«Wenn es auch mir vergönnt wäre, solches zu erfahren (*experiri*), glaubst du, ich vermöchte auszusprechen, was unaussprechlich (*ineffabile*) ist? Höre einen, der es erfahren hat: ‹Wenn wir außer uns sind (*mente excedimus*), ist es für Gott, sind wir bei nüchternem Verstand, so ist es für euch› (2 Kor. 5,13). Das soll besagen: Etwas anderes erfahre ich in Gott, der mein einziger Mitwisser ist, etwas anderes kommt mir mit euch zu. Was jenes berührt, so durfte ich es erfahren, aber nie und nimmer aussprechen. Was dieses betrifft, so steige ich zu euch nieder, daß ich es euch sagen kann, und ihr mich verstehen könnt» (85,14).

Bernhard spricht hier aus, was für jeden wahren Mystiker zutrifft: Das Eigentliche, die unmittelbare Erfahrung des Göttlichen in der Entrückung, ist unaussprechbar, was jedoch davon in die wache Erkenntnis tritt, das ist Gegenstand des *sermo mysticus*. Diese Worte, die von seinem größten Lehrmeister, dem Apostel Paulus, inspiriert sind (vgl. auch 2 Kor. 12,2 ff.), hat Bernhard kurz vor seinem Tode gesprochen. Indem sie die Möglichkeit und Aufgabe des mystischen Predigers aussprechen, sind sie sein Testament.

### Neuntes Kapitel

# Wilhelm von St. Thierry

*in Deum non amor sed ardor*
(Vita antiqua)

Bis vor einem halben Jahrhundert stand Wilhelm von St. Thierry noch «im Schatten der Geschichte»,[1] genauer im Schatten seines Freundes Bernhard von Clairvaux, den er als heiligen Mann verehrte und dessen Vita er in seinen letzten Lebensjahren († 1148) schrieb.[2] Die beiden Äbte begegneten sich 1119/1120 am Hofe des Bischofs Wilhelm von Champeaux in Châlons, und es war außer der hinfälligen Gestalt und armseligen Erscheinung – neben einem prächtig gewachsenen Begleiter – das Schweigen Bernhards, das Wilhelm den kaum 30-jährigen Abt von Clairvaux erkennen ließ.[3] Der literarische Einfluß war wechselseitig, aber Wilhelm, obschon als Schüler in Laon unter Anselmus und an der Seite Abälards[4] von umfassender Ausbildung (über die Bernhard nicht verfügte), ordnete sich dem jüngeren Freunde unter. Nichts ist dafür bezeichnender, als daß er, im Jahre 1124, seine Abtswürde niederlegen und als einfacher Mönch in Clairvaux eintreten wollte; Bernhard versagte ihm die Bitte mit der Begründung, er sei in seiner Stellung als Vorgesetzter zu wirken berufen.[5]

Trotzdem, viele Jahre später (1135), resignierte er als Abt von St. Thierry, legte die schwarze Kutte des Benediktiners ab und trat als einfacher Mönch ins soeben erst gegründete Zisterzienserkloster Signy

---

[1] VERDEYEN I, S. 327: «Le profil de Guillaume de Saint-Thierry commence à peine de sortir de l'ombre de l'histoire.» – Die im Vorspruch erwähnte ‹Vita antiqua› nach A. PONCELET in: Mélanges Godefroid Kurth I, 1908, bei DAVY (1946), S. 55–61.

[2] PL 185/1, Sp. 225–268. Es ist der Liber I der aus verschiedenen Verfassern zusammengestellten Textsammlung ‹S. Bernardi abbatis Clarae-Vallensis vita et res gestae libris septem comprehensae›.

[3] So nach LECLERCQ, Saint Bernard mystique, Kap. V: Rencontre des théologiens, S. 45 ff., wobei er in der ‹Vita prima› Wilhelms [Anm. 2] stillschweigend die Person des Bischofs durch Wilhelm ersetzt. Se non è vero, è ben trovato. Nach der ‹Vita prima› begegnet Wilhelm dem Abte von Clairvaux erst etwas später im Val d'Absinthe, wo der Bischof dem Schwerkranken eine Einsiedelei zur Verfügung stellte (Vita I,7,32). DÉCHANET, L'homme et son œuvre, S. 33, datiert diese Begegnung ins Spätjahr 1118, die neuere Forschung, der ich auch in andern Datierungsfragen folge, 1119/1120.

[4] Diese Angaben beruhen nicht auf Quellen, sondern auf Wahrscheinlichkeitsschlüssen, denen man indes Stringenz nicht absprechen kann.

[5] Vgl. Epistola 85 S. Bernardi Opera VII 220–223. Wilhelms briefliches Gesuch ist nicht erhalten.

in den Ardennen ein: Der Wille, auch im Ordensgewand Bernhard nachzufolgen, war offensichtlich stärker als der Rat und die Argumente des Freundes.

Die durch die Nähe und Faszination Bernhards bedingte geschichtliche Entäußerung Wilhelms ist als solche nicht ungewöhnlich, ja gerade im Mittelalter ein häufiges Autorenschicksal, singulär ist indes, daß sie einem Theologen und Denker von höchstem Rang widerfahren ist.

Nicht lange nach dem Tode Bernhards (1153) erschien unter dessen Namen eine Schrift ‹De amore Dei›, die später auch gedruckt und bis tief ins 17. Jahrhundert hinein nachgedruckt wurde: sie vereinigte Wilhelms ‹De contemplando Deo› und ‹De natura et dignitate amoris› mit Bernhards ‹De diligendo Deo›. Dieses Opus tripartitum dokumentiert die geschichtliche Einheit der beiden Autoren exemplarisch. Chronologisch gehen die beiden Schriften Wilhelms, die zwischen 1119 und 1124 entstanden sind, Bernhards ‹De diligendo Deo› voran, und es läßt sich auch leicht feststellen, daß Bernhard ‹De contemplando Deo› benutzt hat. In der Übernahme und Anverwandlung erweist sich, auf der kompositorischen, doktrinären und stilistischen Ebene, anschaulich Gemeinsamkeit und Verschiedenheit der beiden Freunde.[6]

Das ist *unsere* Erkenntnis. Die ältere Forschungsgeschichte, die das spirituelle Schrifttum Wilhelms zu einem großen Teil Bernhard zuschrieb, vermochte die Unterschiede nicht zu sehen oder versuchte sie auszugleichen.

Klugen und dogmatisch versierten, dazu engagierten Köpfen wie Johannes Gerson konnte natürlich nicht verborgen bleiben, daß etwa die ‹Epistola ad Fratres de Monte Dei› in entscheidenden Punkten von ‹De diligendo Deo› oder den ‹Sermones super Cantica canticorum› abwich. Er empfahl, die ‹Epistola› «mit Vorsicht zu lesen» und versuchte eine orthodoxe Interpretation der ihm fragwürdig erscheinenden Aussagen.[7]

Wir achten heute, nach der Wiederentdeckung Wilhelms, weniger auf das, was Bernhard und Wilhelm verbindet, als auf das, was sie trennt. Das ist legitim, wo es darum geht, der theologisch-spirituellen Eigenleistung Wilhelms gerecht zu werden. Sie erweist sich als bedeutend. Unter dem Eindruck seiner Stellungnahme gegen Abälard und des Augustinismus zumal seiner theologischen Schriften hat man Wilhelm zu Beginn

---

[6] Siehe HOURLIER, Bernard et Guillaume, S. 223–233. Ich vermag HOURLIERS Vergleich nicht in allen Punkten zu folgen. Die Parallele zur romanischen und gotischen Architektur (S. 224) ist mir, trotz bedeutender Vorbilder im Verfahren wechselseitiger Erhellung der Künste, zu unverbindlich.

[7] Siehe die Ausführungen VERDEYENS II, S. 268–271.

seiner Wiederentdeckung allzusehr als antidialektischen Traditionalisten eingestuft. Sicher ist er ein Bewahrer, aber ebenso ist er ein Neuerer. Das gilt vor allem für seine Theologia mystica. Auch sein Verhältnis zu den bestimmenden geistigen Bewegungen seiner Zeit ist polar. Als Theologe stellte er sich den Dialektikern der sog. Frühscholastik entgegen, als Mystiker und Spirituale steht er im Einklang mit jenen Dichtern und Denkern, die in der Liebe die Lebensmacht schlechthin erblickten.

Das Denken Wilhelms von St. Thierry ist in viel stärkerem Maße als bei seinen großen Zeitgenossen progressiv: Es entfaltet sich von Schrift zu Schrift. Das will in einer Darstellung berücksichtigt sein und ist ihre besondere Schwierigkeit. Angeschlagene Themen mußten wieder aufgegriffen, z. T. rekapituliert werden, um die Weiterführung nicht abrupt erscheinen zu lassen. Auch häufigere Vor- und Rückverweise, die den Beigeschmack ‹technischer› Zusammenschau oder, im Falle von Rückverweisen, des Gedächtnisersatzes haben, können nicht vermieden werden.

### Bibliographische Hinweise

*Ausgaben:* PL 180/184 (z. T. unter den Werken Bernhards von Clairvaux): 180, Sp. 210–726; 184, Sp. 307–408. – Guillaume de Saint-Thierry, Deux traités de l'amour de Dieu. De la contemplation de Dieu. De la nature et de la dignité de l'amour. Textes, notes critiques, traduction par M[arie]-M[adeleine] Davy (Bibliothèque des textes philosophiques), Paris 1953 [De nat. am.]. – G. d. S. Th., Commentaire sur le Cantique des cantiques. Texte, notes critiques, traduction par M[arie]-M[adeleine] Davy (Bibliothèque des textes philosophiques), Paris 1958. – G. d. S. Th., Deux traités sur la foi. Le miroir de la foi. L'énigme de la foi. Texte, notes critiques, traduction par M[arie]-M[adeleine] Davy (Bibliothèque des textes philosophiques), Paris 1959 [Spec. fid.; Aenig. fid.]. – Spec. fid. zitiere ich nach der Ausgabe von Davy, da sie über ein Wörterverzeichnis und andere Hilfsmittel verfügt, die in der Neuausgabe Déchanets fehlen. – G. d. S. Th., La contemplation de Dieu. L'Oraison de Dom Guillaume. Introduction, texte latin et traduction de Jacques Hourlier (SC 61), Paris 1959 [Cont. Deo]. – G. d. S. Th., Exposé sur le Cantique des cantiques. Texte latin, introduction et notes de J[ean]-M[arie] Déchanet, traduction française de M. Dumontier (SC 82), Paris 1962 [Expos. Cant.]. – G. d. S. Th., Le miroir de la foi. Introduction, texte critique, traduction et notes par Jean Déchanet (SC 301), Paris 1982. – G. d. S. Th., Lettre aux frères du Mont-Dieu (Lettre d'or). Introduction, texte critique, traduction et notes par Jean Déchanet (SC 223), Paris 1985 [Epistola]. – G. d. S. Th., Oraisons méditatives. Introduction, texte latin, et traduction de ‹ Jacques Hourlier (SC 324), Paris 1985 [Med. Or.]. – G. d. S. Th., De la nature du corps et de l'âme. De natura corporis et animae. Texte établi, traduit et commenté par Michel Lemoine (Auteurs latins du moyen âge), Paris 1988.

### Übersetzungen:
*Deutsche:* Wilhelm von Saint-Thierry, Gott schauen. Gott lieben. De contemplando Deo. De natura et dignitate amoris. Übertragen und eingeleitet von Winfrida Dittrich O. S. B. u. Hans Urs von Balthasar (Sigillum 21), Einsiedeln 1961. –

W. v. St. Th., Der Spiegel des Glaubens mit den Traktaten ‹Über die Gottesschau› und ‹Über die Natur und die Würde der Liebe›, hg. von Hans Urs VON BALTHASAR (Christl. Meister 12), Einsiedeln 1981. – W. v. St. Th., Meditative Gebete (Texte der Zisterzienser Väter 1), Abtei Eschenbach 1983.

*Französische:* Vgl. die SC- und Bibliothèque-des-textes-philosophiques-Ausgaben. – Jean-Marie DÉCHANET, Œuvres choisies de Guillaume de Saint-Thierry (Bibliothèque philosophique), Paris 1947 [z. T. Zusammenfassungen]. – M[arie]-M[adeleine] DAVY, Un traité de la Vie solitaire. Lettre aux Frères du Mont-Dieu (Études de Philosophie médiévale 29), Paris 1946.

*Italienische:* Guillaume de Saint-Thierry, La lettera d'oro a cura di Claudio LEONARDI, traduzione di Clotilde PLACENTINI / Riccardo SCARCIA, Firenze 1983. – G. d. St. Th., Lettera d'oro. Epistola ad Fratres de Monte Dei. Introduzione, traduzione e note a cura di Cecilia FALCHINI della Communità di Bose, Magnano (VC) 1988.

*Englische:* The Works of William of Saint Thierry. The Cistercian Fathers Series 3,6,9,12,15,27,30, Cistercian Publications, Kalamazoo (Michigan).

*Forschungsliteratur:*

*Bibliographie:* Paul VERDEYEN/Basil PENNINGTON, in: Saint-Thierry, une abbaye du VIᵉ au XXᵉ siècle (Actes du Colloque international d'histoire monastique Peins-Saint-Thierry 1976, réunie par Michel BUR), Saint Thierry 1979, S. 443–454. Der Bibliographie voran gehen 10 Beiträge über Wilhelm, S. 261–441 [Colloque 1976]. – DAM VI (1967), Sp. 1241–1263 (DÉCHANET). – Jean-Marie DÉCHANET, Autour d'une querelle fameuse. De l'apologie à la Lettre d'or, RAM 20 (1939), S. 3–24. – Ders., Guillaume de Saint Thierry. L'homme et son œuvre (Bibliothèque médiévale. Spirituels préscolastiques 1), Brügge-Paris 1942. – Jacques HOURLIER, Bernard et Guillaume de Saint-Thierry dans le ‹Liber de amore› in: Saint Bernard théologien, *ASOC* 9 (1953), S. 223–233. – Théodore KOEHLER, Thème et vocabulaire de la ‹fruition divine› chez Guillaume de Saint Thierry, RAM 40 (1964), S. 139–160. – W. ZWINGMANN, Ex affectu mentis. Über die Vollkommenheit menschlichen Handelns und menschlicher Hingabe nach Wilhelm von St. Thierry, Cîteaux. Commentarii Cistercienses 18 (1967), S. 5–37; 193–226. – Ders., Pour un portrait spirituel de Guillaume de Saint-Thierry, in: Colloque 1976, S. 413–428. – Monique SIMON O. C. S. O., Le ‹face à face› dans les méditations de Guillaume de Saint-Thierry, Collect. Cist. 35 (1973), S. 121–136. – Paul VERDEYEN, La théologie mystique de Guillaume de Saint-Thierry, Ons Geestelijk Erf 51 (1977), S. 327–366 (I); 52 (1978), S. 152–178; 257–295 (II); 53 (1979), S. 129–220; 321–404 (III) (grundlegend) [Verdeyen I–III]. – Volker HONEMANN, Die ‹Epistola ad Fratres de Monte Dei› des Wilhelm von Saint-Thierry. Lateinische Überlieferung und mittelalterliche Übersetzungen (Münchener Texte u. Untersuchungen 61), München 1978. – Jean-Marie DÉCHANET, Guillaume de Saint-Thierry. Aux sources d'une pensée (Théologie historique 49), Paris 1978. – David N. BELL, Greek, Plotinus and the Education of William of St Thierry, Cîteaux 30 (1979), S. 221–248. – Ders., William of St Thierry and John Scot Eriugena, Cîteaux 33 (1982), S. 5–28. – Ders., The Image and Likeness. The Augustinian Spirituality of William of St Thierry (Cistercian Studies Ser. 78), Kalamazoo (Michigan) 1984. – Yves-Anselme BAUDELET, L'expérience spirituelle selon Guillaume de Saint-Thierry, Paris 1985. – Kurt RUH, Die Augen der Liebe bei Wilhelm von St. Thierry, in: Festschr. Marin-Anton Schmidt, Theol. Zs.

(Basel) 45 (1989), S. 103–114 — Ders., *Amor deficiens* und *amor desiderii* in der Hoheliedauslegung Wilhelms von St. Thierry, Ons Geestelijk Erf 63 (1989), im Druck.


### 1. Sehnsucht und Sehen
### «von Angesicht zu Angesicht»

Wilhelm hat verhältnismäßig spät zur Feder gegriffen, erst als Abt von St. Thierry
(1119), das heißt, da man mit guten Gründen die Geburt um 1085 ansetzt, etwa als
35-jähriger. Er hat die Erfahrungen eines langen und gründlichen Studiums hinter
sich, er hat die erste große Entscheidung seines Lebens getroffen: statt einer Karriere
als Magister, zu der er berufen schien, trat er in den Benediktinerorden ein (1113; im
gleichen Jahr wird Bernhard in Cîteaux Novize und beginnt Abälard seine Lehrtä-
tigkeit in Paris). Sein erstes Opusculum, ‹De contemplando Deo›, das wir um
1119/1120 ansetzen dürfen, ist denn auch nicht die Schrift eines Anfängers, sondern
eines Erfahrenen. Es ist der erste der zahlreichen Traktate des Jahrhunderts über
Liebe und Beschauung und hat Bernhards ‹De diligendo Deo› und späteren Schriften
über die Gottesliebe entscheidende Gedanken und Perspektiven vermittelt. – In zeit-
licher Nähe dieser Erstlingsschrift steht ‹De natura et dignitate amoris›. Eine längere
Entstehungszeit ist wohl den zwölf ‹Meditativae orationes› zuzubilligen, aber sicher
gehören sie noch in die Abtzeit Wilhelms (1119–1135). Von diesen spirituellen
Werken der Amtsjahre, begleitet von einigen kleineren theologischen Abhandlun-
gen, u. a. über das Altarsakrament und ‹De natura corporis et animae›, sowie dem
bedeutenden ‹Expositio in Epistolam ad Romanos›, lassen sich die Schriften des
Mönchs von Signy (1135–1148) abheben. Sie haben einen Schwerpunkt in der
Theologie (‹Disputatio adversus Abaelardum›, ‹Speculum fidei›, ‹Aenigma fidei›),
und Wilhelms Mystik erreicht mit der ‹Expositio super Cantica canticorum› und der
‹Epistola ad Fratres de Monte Dei› eine neue Stufe.
   Ich behandle die drei spirituellen Schriften der Abtzeit als Einheit, ohne zu übersehen, daß die ‹Meditativae orationes› in vielem über die beiden früheren Schriften
hinausführen. Aus diesem Grunde, aber auch wegen der übergreifenden Themenein-
heit kann die vorgenommene Abgrenzung nicht ganz ohne Willkür sein.
   a) In ‹De contemplando Deo› schreibt Wilhelm: «Kommt, steigen wir
auf zum Berge des Herrn» (Jes. 2,3), zum Berge der Gottesschau, «‹wo
der Herr sieht› (Gen. 22,14) und gesehen wird», wie Wilhelm hinzufügt.[8] Er weiß, daß es dazu der Reinigung bedarf, legt aber weder hier
noch anderswo auf die asketische Vorbereitung einen besonderen Wert,
besser: er setzt sie voraus, sie ist mit dem «Esel, diesem Leib» am Fuße
des Berges zurückgelassen (Gen. 22,5: Wilhelm hat die Bergbesteigung

---

[8] Als häufiges biblisches Symbol gehört der Berg zu den ursprünglichsten und verbreitetsten Vorstellungen mystischer Spiritualität, ja der Berg Sinai, wo Moses dem Herrn
begegnete und mit ihm sprach, und der Berg Thabor, der Berg der Verklärung Christi,
sind die eigentlichen biblischen Grundmodelle abendländischer Mystik. Die Nachweise
bei Grete LÜERS, Die Sprache der deutschen Mystik des Mittelalters, München 1926,
S. 138–140, sind nur eine dürftige Auswahl aus einer Unzahl von Belegen.

Abrahams mit Isaak im Auge), und dann soll die Betrachtung von Gottes Güte Reinigung, Zuversicht und Rechtfertigung sein (2).

Jener Zusatz, daß Gott auf dem Berg gesehen wird, nimmt das eigentliche Anliegen vorweg: «Zeige uns dein Angesicht zu unserm Heil» (Ps. 79,20). «Mein Angesicht hat dich gesucht, dein Angesicht, Herr, will ich suchen. Wende dein Angesicht nicht von mir!» Die Bitte ist unerhört und verwegen, die Bitte eines blinden Bettlers, aber es ist ja der Herr, der ihm «das Sehnen nach ihm» eingeflößt hat (2).

Es ist die Sehnsucht, ihr Ausdruck, ihre Bewegung, die am Anfang dessen steht, was Wilhelm über Gottesliebe und Gottesschau zu sagen sich anschickt. Sie beherrscht die ersten fünf Abschnitte des Traktats, sie ist Grundmotiv der drei frühen spirituellen Schriften des Abtes. Man kann sie als psychologisches Phänomen würdigen. Wilhelm tut es nicht: Sehnsucht ist die menschliche Antwort auf die Liebe Gottes, der uns ja «als erster geliebt » hat (1 Joh. 4,19).

Sehnsucht ist liebende Bewegung nach oben vom «Fels des Glaubens» aus. Sie hat zu ihrem höchsten Ziel, «daß ich endlich einmal gemäß der Antwort deiner Wahrheit, mir gestorben und dir lebend, mit unverhülltem Angesicht dein eigenes Angesicht zu schauen und vom Anblick (*visio*) deines Angesichts verwandelt zu werden beginne. O du Antlitz, du Antlitz! Wie selig ist das Antlitz, das, indem es dich anschaut, von dir ergriffen zu werden gewürdigt wird, das in seinem Herzen ‹dem Gott Jakobs ein Zelt› (Ps. 131,5) erbaut und alles tut ‹nach dem Vorbild, das ihm auf dem Berge gezeigt wurde› (Ex. 25,40). Hier ist wahrer und rechtmäßiger Jubel: ‹Zu dir spricht mein Herz, mein Angesicht hat dich gesucht, dein Angesicht, o Herr, will ich suchen!›» (ebd. 3,24 ff.). Es gehört aber zum Wesen der Sehnsucht, daß sie nie erfüllt werden kann. Immer wieder erfolgt der Rückschlag. Wilhelm schildert Begehren und Abweisung wie ein dramatisches Geschehen. «Wenn ich wie Thomas, dieser Mann der Sehnsucht, den Herrn ganz zu schauen und zu berühren begehre, und nicht nur dies, sondern auch hingehen will zur allerheiligsten Seitenwunde, dem Tor zur Arche, das in der Seite (Christi) aufgetan ist, um nicht nur den Finger oder die ganze Hand darin zu legen, sondern ganz einzutreten bis zum Herzen Jesu selbst, ins Allerheiligste, zur Seele unserer Menschheit, die das Manna der Gottheit in sich birgt: ach, da wird mir gesagt: ‹Rühr mich nicht an!› (Joh. 20,17), und es ertönt der Ruf der Apokalypse: ‹Hinaus mit den Hunden!› (22,5). So muß ich, hinausgepeitscht mit verdienten Schlägen meines Gewissens und fortgejagt, die Strafen für meine Kühnheit und Anmaßung büßen» (3,17–28). «Der Antrieb des Begehrens und der Entzug (*defectus*)» (4,7 f.) wiederholt sich, ja ist das Gesetz des Begehrens selbst. Ich zitiere noch eine eindrucksvolle Stelle: «Aber, o Herr, wenn ich, selten genug, in mir etwas von dieser Freude (der ewigen Seligkeit) verspüre, rufe ich mit lauter Stimme: ‹Herr, hier ist gut sein für uns, laßt uns drei Hütten bauen› (Mt. 17,4), eine für den Glauben, die andere für die Hoffnung und die dritte für die Liebe. Und sollte ich denn nicht wissen, was ich sage mit diesem ‹Hier ist gut sein für uns›? Doch plötzlich falle ich zu Boden wie ein Toter, und wenn ich mich wieder erhebe, sehe ich nichts und finde mich dort, wo ich vorher war, in der Trauer meines Herzens und der Betrübnis meines Geistes. Wie lange noch, Herr, wie lange noch?» (5,15–23).[9]

Der Entzug der Gottesliebe und, damit eng verbunden, der geistliche Tod sind Grunderfahrungen aller Mystiker und werden auch immer wieder ins Wort gebracht. Sie sind indes wohl nirgends so intensiv, ja mit leidenschaftlicher Bewegtheit formuliert worden wie von Wilhelm von St. Thierry.

b) Nicht nur ist die Sehnsucht auf die Liebe ausgerichtet, sie ist selbst schon Liebe: *amor desiderii*, die von der erfüllten Liebe, *amor fruitionis*, abgehoben wird (Cont. Deo 5,33 f.). Von ihr wird gesagt: «Die sehnende Liebe verdient bisweilen ein Schauen (*visio*), das Schauen Genießen (*fruitio*), das Genießen die Vollendung der Liebe (*perfectio amoris*)» (5,34–36).

«Schau» ist bei Wilhelm wie schon bei Bernhard *visio*, nicht *contemplatio*. Das ist westliche, augustinische Terminologie, während *contemplatio* dem griechischen *theoria* entspricht. Wilhelm geht zwar, so wenig wie Bernhard, den Begriffen *contemplatio/contemplari* aus dem Wege, gebraucht sie aber fast immer unspezifisch. Dem scheint der Titel ‹De contemplando Deo› zu widersprechen. Er ist indes nicht authentisch,[10] offensichtlich durch das einleitende Zitat vom «Berg des Schauens» hervorgerufen, und entspricht auch nicht dem eigentlichen Inhalt des Traktats. Dieser handelt, genau wie Bernhards ‹De diligendo Deo›, von der Gottesliebe.[11] *Contemplatio/contemplari* stehen für nichtvisionäre Betrachtung/betrachten (in ‹Cont. Deo› 2,9; 3,11; 3,43; 4,10).[12] – Diese Beobachtung darf nicht dahingehend verstanden werden, daß Wilhelm die Theologie und Spiritualität der griechischen Väter beargwöhnt hätte (wie viele in seiner Zeit). Das Gegenteil ist der Fall, wie noch vielfach zu zeigen sein wird.

---

[9] Eindrucksvoll ist auch der *defectus* in Med. or. XI 8–11: Der blinde Bettler ruft am Wegrand: ‹Sohn Davids, erbarme dich meiner.› Die Vorübergehenden suchen ihn am Schreien zu hindern, aber er schreit weiter. Seine Stimme ist heiser geworden, er schreit weiter. Und *Er* geht an ihm vorbei. Diese Situation wird in drei Varianten vorgeführt.

[10] Zu den Titeln des Traktats s. HOURLIER, Ausg. S. 18, Anm. 2.

[11] Das mochte der Grund sein, Wilhelms Schrift schon im Titel von derjenigen Bernhards abzuheben.

[12] Ähnlich ist der Befund in ‹Nat. am.› (4 Belege) und ‹Med. or.› (6 Belege).

Die sehnende Liebe «verdient» also «bisweilen die Schau» und ihre Früchte. Nun kennt aber Wilhelm die Antwort des Herrn auf Moses' Bitte «Zeige mir dein Angesicht»: «Kein Mensch wird mich sehen und (dabei) leben» (Ex. 33,13; 20) – er zitiert sie häufig, zuerst in ‹De contemplando Deo› 3,5 –, und sie scheint eine *visio dei* für die sehnende Liebe auszuschließen. Mit diesem Wort setzt sich Wilhelm immer wieder und mit entschiedenem Engagement auseinander, geht es dabei doch um sein eigentliches spirituelles Anliegen: die Vereinigung von Gott und Mensch. Das «Sehen» Gottes «von Angesicht zu Angesicht» ist dafür nur das bevorzugte, weil biblische Bild. Daß Gott auch im höchsten Grade der Erleuchtung von unseren geistigen Augen nicht «von Angesicht zu Angesicht» gesehen werden kann, steht für Wilhelm fest; dieses Sehen ist den Seligen vorbehalten, ist *visio beatifica*. «Sehen» steht also für mystische Einigung überhaupt.

Eine erste Antwort auf das strenge Gotteswort im Exodus 33 gibt Wilhelm in ‹De contemplando Deo›, und zwar in bezug auf die Frage nach dem Orte Gottes, die zu den Grundfragen spekulativer Theologie gehört. Auf dem «Felsen des Glaubens» stehend, weiß sich die meditierende Seele «an dem Ort, der wirklich bei dir ist». «Und oft, wenn ich betrachte und zu sehen verlange, erblicke ich den ‹Rücken› dessen, der mich sieht: ich schaue auf zur Niedrigkeit (*humilitas*) der menschlichen Erscheinung (*dispensatio*) Christi, deines Sohnes» (3,11–14). Durch Christus, den Fleisch gewordenen Gottessohn in Knechtsgestalt, führt der Weg zu Gott. Das ist der bevorzugte Weg Bernhards von Clairvaux, und dieser Weg vor allem hat Geschichte gemacht (s. o. K 8,2.).

Ausführlicher und mit anderem Ansatz handelt Wilhelm in ‹De natura et dignitate amoris› von Christi Menschwerdung. Es bedurfte des «Mittlers zwischen uns und Gott», weil der Mensch infolge seiner Abirrung in den «Bereich der Unebenbildlichkeit (*regio dissimilitudinis*)»[13] nicht mehr in der Lage war, die überströmende Güte Gottes aufzunehmen. Das vermochte einzig derjenige, der «Bild Gottes» ist, Gottes Sohn. Wilhelm bedient sich, um das darzutun – zum ersten Mal, wie mir scheinen will – des *Consilium Trinitatis*, das volkstümlich werden sollte[14] (*Iniit ergo consilium tota Trinitas*). Es ist so etwas wie ein Rechtsbe-

---

[13] Der von Augustinus eingeführte Begriff (Confessiones VII 10,16) bezeichnet die verlorengegangene bzw. zerstörte *similitudo dei* (Gen. 1,26) und deren Auswirkungen. Siehe Stefan GILSON, Die Mystik des Hl. Bernhard von Clairvaux, Wittlich 1936, S. 231 f., 236 f.; Margot SCHMIDT, Regio dissimilitudinis, Freiburger Zs. f. Philos. u. Theol. 82 (1968), S. 63–108.

[14] Bereits im 12. Jahrhundert: St. Trudperter Hohelied (übertragen auf die Erschaffung des Menschen) 2,18 ff.; Priester Konrad (Altdeutsche Predigten III, hg. von Anton

schluß der Trinität, daß der Sohn sich dem Menschen darbietet, «verachtet, der unwerteste aller Menschen, der Mann der Schmerzen und
geprägt von der Schwachheit» (Jes. 53,3), auf daß der Mensch «in Eifer
entbrenne, in ihm die Demut nachzuahmen, durch die er zur Herrlichkeit gelangen soll, die er zur Unzeit zu besitzen begehrte (nämlich durch
den Rat der Schlange, Gen. 3,5), auf daß er von ihm, Christus, ver-
nehme: ‹Lernt von mir, denn ich bin sanft und von Herzen demütig,
und ihr werdet Ruhe finden in eueren Seelen› (Mt. 11,29)» (40).

Hier ist es die *Imitatio Christi*, durch die der Mensch gerettet und selig
wird. Konkret besteht sie, wie die folgenden Abschnitte (41–46) ausführen, in der Verwirklichung jener sieben Gaben des Geistes, die dem
Mittler eignen (Jes. 11,1–3). Das ist ein Aufstieg von der Gottesfurcht
zur Weisheit. Es ist die Leiter, die bereits Gregor der Große als Weg zur
Vollkommenheit beschrieben hatte (s. K 5,2.).

Auch in den ‹Meditativae orationes› ist der Gottessohn im Fleisch
mehrfach Gegenstand der Betrachtung. Ich begnüge mich, um Wiederholungen zu vermeiden, mit einem Blick auf Meditatio X. Ihr Leitmotiv
ist das berühmte Pauluswort: «Ferne sei es von mir, mich zu rühmen, es
sei denn im Kreuze unsers Herrn Jesu Christi» (Gal. 6,14). In der Hinwendung zum Gekreuzigten ist «sein Kreuz mein Ruhm, das meine
Stirn auszeichnet, meinen Geist erfreut, mein Leben leitet, den Tod lieben lernt» (1). Außer dem Blick auf die göttliche Erhabenheit ist es die
Ausrichtung auf das, was unter ihr liegt, «die Geheimnisse der Menschwerdung (*humanae dispensationis*[15] *tuae mysteria*)», die der Betrachtung
würdig ist (2). Die Inkarnation, Ausfluß der göttlichen Liebe, gilt vor
allem «den Töchtern von Jerusalem, den frommen, aber schwachen Seelen, die noch nicht geübt und fähig sind, die erhabenen Geheimnisse des
Himmels zu betrachten» (3). Wie Bernhard die Christusdevotion der
«fleischlichen Liebe» zuordnet, so ist sie auch für Wilhelm Übung des
Beginnenden. Er selbst rechnet sich noch den «Töchtern von Jerusalem»
zu. «Da ich die Vorschule der sinnlichen Eindrücke (*sensualis imaginationis rudimenta*) noch nicht hinter mir gelassen habe, erlaubst du mir und
möge es dir gefällig sein, daß sich die Einbildungskraft meines Geistes

---

E. SCHÖNBACH, Graz 1891), S. 75,32 ff.; 115,40 ff.; im 13. Jahrhundert am anschaulichsten
und eindrucksvollsten, Mechthild von Magdeburg, Das fließende Licht der Gottheit, III 9.
Lateinisches Beispiel: Thomas Cisterciensis, Prolog zum Hoheliedkommentar; s. OHLY,
Hohelied-Studien, S. 192.

[15] Wilhelm bezeichnet die Menschwerdung Christi wiederholt als *dispensatio*, so
Cont. Deo 3,13; Nat. am. 41,1 f., Med. or. X 3,5; Expos. Cant. 28,19 f.; 80,34 f.; 152,6 f.;
Spec. fid. 28,6; 94,5. *Dispensatio* betont, wenn man so sagen darf, das Instrumentale der
Inkarnation, die Summe der mit Christus vermittelten Heilsgüter.

auf deine Niedrigkeit richtet, um so meine von Natur noch schwache Seele zu üben: im Umfangen der Krippe des Neugeborenen, in der Anbetung des heiligen Kindes, im Küssen der Füße des Auferstandenen, im Betasten der Nagelwunden, im Ausruf ‹Mein Herr und mein Gott›» (4,3–10). Es ist selten, daß Wilhelm wie hier Stationen des Erdendaseins Christi vergegenwärtigt. Die affektive Hinwendung zu der Niedrigkeit und dem Leiden Christi, die Bernhards Herz bewegte, war ihm eher fremd, oder aber er zeigt sie nicht. Er weiß zwar um die spirituelle Bedeutung der Betrachtung der Inkarnation und geht ja auch von ihr aus, aber es ist mehr deren heilsgeschichtliche als mystische Bedeutung, der sein eigentliches Anliegen gilt. Christus ist die Pforte, und auf geradem Wege geht derjenige, der in sie eintritt und so zum Vater gelangt (9,1 f.).

c) Von der Pforte Christi handelt auch Meditatio VI, indes nicht im heilsgeschichtlichen, sondern spekulativen Kontext. Wilhelm geht hier von den Freuden des Himmels aus, dessen Pforte, Christus, offen steht. «Ich bin die Pforte. Wer durch mich eintritt, wird selig werden» (Joh. 10,9). Auf die Frage, wie wir zu ihr aufsteigen können, antwortet er mit Paulus: «Der herniedersteigt ist derselbe, der aufsteigt» (Eph. 4,10). «Wer ist dieser? Es ist die Liebe. Die Liebe zu dir, Herr, die in uns zum Himmel aufsteigt, weil sie in dir von dort zu uns herabgestiegen ist» (7,3–5). Sein *descensus* ist unser *ascensus*. Das ist immer noch die Erlösungslehre schlechthin, der christologische Weg, der uns den Himmel öffnet. Aber Wilhelm begnügt sich nicht mit dem Himmel als Ort Gottes. Er fragt weiter: «Rabbi, wo wohnst du?» (Joh. 1,38), und der Herr antwortet: «Ich bin der Vater, und der Vater ist in mir» (Joh. 14,11), und: «Am selbigen Tage (wenn der Hl. Geist zu euch kommt) werdet ihr erkennen, daß ich in meinem Vater bin, und ihr in mir, und ich in euch» (Joh. 14,20) (10,2–4). Das ist der biblische Ausgangspunkt – wie bei Bernhard ist er bei Wilhelm die Regel – für längere Ausführungen. Sie kreisen um das Verhältnis der trinitarischen Einheit von Vater und Sohn und unsere Verbindung mit dieser Einheit. «Da du also, o Herr Jesu, im Vater bist und der Vater in dir, o höchste und unteilbare Dreieinigkeit, bist du selber dein Ort, du selber dein Himmel. Du hast nichts, was nicht aus dir ist und bedarfst nichts, in das du eingehst: du bist aus dir und in dir. Wenn du aber in uns wohnst, sind wir durchaus dein Himmel, doch nicht in dem Sinne, daß du dieser Einwohnung bedarfst, sondern daß wir ihrer bedürfen, du aber für uns der Himmel bist, zu dem wir aufsteigen und darin wohnen werden.[16] Wenn aber unsere Woh-

---

[16] Der schwierige Text von «Du hast nichts» an bedarf einer freien Übertragung. Der lateinische Text lautet: *sicut non habens ex quo, sic non indigens in quo subsistas, nisi ex teipso*

nung, so sehe ich es, in dir oder deine Wohnung in uns ist, so ist unsere
Wohnung der Himmel, wahrlich der Himmel, der deine Ewigkeit ist,
weil du bist, der du bist (vgl. Eph. 3,15), in dir selbst, Vater und Sohn
und Sohn und Vater, und die Einheit (*unitas*), durch die Vater und Sohn
eines sind (*unum*), ist der Hl. Geist, der nicht von irgendwo kommt, um
sie zu verbinden (*medium se faciens*), sondern in seinem eigenen Sein mit
ihnen ein Sein ist (*coessendo in hoc ipsum existens*)» (11,1–12). «Der Urheber und Ordner aber der Einheit, durch die wir eins sind, in uns oder in
dir, ist (gleichfalls) der Hl. Geist; er macht uns zu Söhnen der Gnade,
uns, die wir nach unserer Natur Kinder des Zornes waren» (12,1–3). (Es
folgen begründende Bibelzitate: Eph. 2,3; 1 Joh. 3,1; 3,2.) «Die Geburt
des Sohnes aus dem Vater ist Ewigkeit der Natur (*aeternitatis natura*); die
Geburt in uns ist Gnade der Kindschaft (*gratiae adoptio*). Jene Geburt verursacht und schafft nicht Einheit, sondern ist die Einheit selbst im
Hl. Geist; diese Geburt ist nicht (durch Natur), sondern wird bewirkt
durch den Hl. Geist gemäß ihrer Auszeichnung der Gottähnlichkeit
(*similitudo dei*, Gen. 1,26), die fürwahr über die Möglichkeiten der
menschlichen Natur hinausgeht, ohne indes die göttliche Natur (*essentia
divina*) zu erreichen ... Durch eben diese Ähnlichkeit wird uns die Schau
(*visio*) zuteil, in der wir (im ewigen Leben) Gott sehen werden, nicht was
er ist, sondern wie er ist, und durch eben diese Ähnlichkeit werden wir
ihm (in diesem Leben) gleich sein. Denn wenn der Vater den Sohn sieht,
so heißt dies, daß er der Sohn *ist* und umgekehrt. Für uns aber bedeutet
Gott sehen, ihm zu gleichen (*similes esse*)» (13,1–13).[17] «Diese Einheit
und diese Gleichheit: das ist der Himmel, durch den Gott in uns wohnt
und wir in Gott. Du aber bist der Himmel der Himmel, o höchste
Wahrheit, der du bist, was du bist (*qui es quod es*), der du aus dir du selbst
bist, dir selbst genügend, dem nichts abgeht, nichts zuviel ist, bei dem es
keine Verschiedenheit gibt, keine Vermischung, keine Veränderung oder
auch nur einen Schatten von Wandelbarkeit, keine Bedürftigkeit und
keinen Tod, der vielmehr die höchste Eintracht ist, die höchste Klarheit,
die höchste Fülle, das höchste Leben» (14,1–8).

---

*in teipso. Cum autem nos inhabitas, caelum tuum sumus utique, sed non quo sustenteris, ut inha-
bites, sed quod sustentes ut inhabitetur, tu quoque caelum nobis existens ad quem ascendamus et
inhabitemus* (VI 11,3–7). Der 2. Satz entspricht Plotins Enneaden VI 9,6, wie DÉCHANET,
Aux sources, S. 120 nachweist.

[17] *Similitudinem autem ipsam Dei conferet nobis uisio eius, qua Deum uidebimus, non quod
est, sed sicut est* (1 Joh. 3,2), *et ipsas est similitudo qua similes ei erimus. Nam uidere Patri
Filium, hoc est esse quod Filius, et e contrario. Nobis autem uidere Deum, hoc est similes esse Deo*
(13,9–13). Diese Stelle ist schwierig, da zuerst von der *visio beatifica*, dann aber von der
Schau auf Erden die Rede ist. Die Wiederaufnahme von *similitudo* (13,11) hätte anders
keinen Sinn und ebenso wenig die folgende, mit *Nam* eingeleitete Abgrenzung.

Die Schwierigkeit dieser Textfolge liegt im In- und Miteinander von dogmatischen Bestimmungen zur Trinität und spirituellen Aussagen unserer Einheit mit ihr. Diese Verbindung dürfte aber auch das eigentliche Anliegen dieser Meditationen sein. Es geht ja darum, unsere Einheit mit Gott aus der trinitarischen Einheit abzuleiten; es ist, erstmals in der Geschichte der abendländischen Mystik, das Modell einer trinitarischen Mystik, das hier entworfen ist. In der Volkssprache wird es Jan van Ruusbroec sein, der es am nachhaltigsten vertritt.[18]

Die Aussagen Wilhelms über die Trinität sind deutlich auf Dionysius Areopagita und Eriugena[19] ausgerichtet. Was er vor allem herausstellen will, ist Gottes Transzendenz. Dazu dienen die zahlreichen apophatischen Aussagen und die Betonung seines Per-se-seins. Besonders wichtig aber ist die Feststellung – wichtig, weil sie das Mensch-Gott-Verhältnis berührt –, daß der Herr zwar in uns wohnt und er unser Himmel ist, indes nicht in dem Sinn, daß der dreieinige Gott – auf ihn ist die Aussage bezogen – dieser Einwohnung bedürfte: er bleibt transzendent. Das Problem, wie Gott dennoch dem Menschen einwohnen, ja «in der Welt» schlechthin sein kann, also Gottes Immanenz, ist damit evoziert. Besonders hervorgehoben wird die göttliche Einheit. Dabei kommt dem Hl. Geist eine Schlüsselstellung zu: *et unitas qua Pater et Filius unum estis, id est Spiritus sanctus* (VI 11,10 f.). Dieser dogmatisch schwierige Satz wird in den dogmatischen Schriften (Spec. fid. 68,12; Aenig. fid. 6,18 f.) bestätigt. Die Einheit des Hl. Geistes muß indes von der *unitas* der ‹Natur› oder der Substanz unterschieden werden, die Wilhelm ganz der Tradition entsprechend lehrt (Aenig. fid. 85–87). Jene Einheit des Geistes ist nichts anderes als die vereinigende Liebe, die Vater und Sohn verbindet:[20] unser Text spricht vom Hl. Geist als *medium*, was dem entspricht, was die spätere Theologie als ‹Band› (*nexus*) bezeichnet.[21] Diese Liebeseinheit des Hl. Geistes ist es aber auch, wie gleich anschließend dargetan wird, die unsere Einheit mit Gott, sein Innewohnen und unsern ‹Him-

---

[18] Darauf hat VERDEYEN, Théologie mystique, im Verlaufe der ganzen Abhandlung immer wieder hingewiesen.

[19] Zum Verhältnis Wilhelms zu Dionysius s. VERDEYEN I, S. 364 f. Der Vermittler war Eriugena, der aber auch mit ‹Periphyseon› zu Wort kommt. In der neueren Wilhelm-Literatur ist man sich weitgehend einig über den bedeutenden Stellenwert Eriugenas im Werke Wilhelms; s. DÉCHANET, Aux sources, S. 21–59; HOURLIER in der Introduction seiner ‹Cont. Deo›-Ausgabe, S. 41–43. So überrascht die Zurückhaltung, die Édouard JEAUNEAU in: Eriugena redivivus, hg. von BEIERWALTES, Heidelberg 1987, S. 42 f., in dieser Frage übt. Er hätte sich indes auf BELL (1982) berufen können – er tut es nicht –, der mit guten Gründen die Bedeutung Eriugenas für Wilhelm wesentlich einschränkt.

[20] Das bestätigt Aenig. fid.: *Spiritus sanctus . . . caritas et unitas amborum* (98,10 f.).

[21] Thomas von Aquin, S. th. 37, a. 1 ad 3.

mel› bewirkt. Biblisch gesprochen: Er macht uns aus Söhnen des Zorns zu Söhnen der Gnade. Damit ist die angeschnittene Frage nach der Immanenz Gottes bei unbedingter Wahrung der Transzendenz bereits im Ansatz beantwortet. Die Einheit schaffende Liebeskraft des Hl. Geistes berührt weder die Einheit der Natur noch die Subsistenz der Personen: betont wird ja gerade in diesem Zusammenhang das *coesse* der Dritten Person. Sie ist keineswegs ‹hervorbringend›, das ist nur der Vater: *Pater enim ex nullo originem ducens, origo divinitatis est* (Aenig. fid. 77,10 f.).[22] Wenn nun der Hl. Geist, der die Liebe Gottes ist, die menschliche Seele erfaßt und mit ihr eins wird, so ist dies in der Erschaffung des Menschen und dessen Bestimmung, der Vergöttlichung, begründet. Die *similitudo*, die Gottähnlichkeit des Menschen, durch den Sündenfall zerstört, aber nicht vernichtet, wird durch den Hl. Geist gnadenhaft wieder hergestellt, ja selbst «über die menschliche Natur» hinausgeführt, wenn auch nicht bis zur «göttlichen Natur» (*essentia divina*) (13,5 f.).[23]

Damit ist Wilhelm wiederum zu seinem Ausgangspunkt, der Frage nach dem Ort Gottes, zurückgekehrt: «Diese Einheit und diese Gleichheit: das ist der Himmel, durch den Gott in uns wohnt und wir in Gott» (14,1 f.). Die Einheit des Geistes wird im Spätwerk Wilhelms wiederum aufgegriffen und eine beherrschende Stellung in der Grundlegung der mystischen Theologie erhalten.

d) Der Ort Gottes, den wir auf Grund verschiedener Texte näher zu bestimmen versuchten, ist eine Teilfrage in Wilhelms Erörterungen über die *visio dei*. Sie ist «von Angesicht zu Angesicht» nach Ex. 33,20 nicht möglich, bleibt also der *visio beatifica* vorbehalten. Aber Wilhelm kann sich mit dieser Antwort nicht begnügen. «Zeige uns dein Angesicht!» (Ps. 79,20) bleibt eine unaufhörliche Bitte und Erwartung. Dazu kommt die Einsicht: «Wer kann lieben, was er nicht sieht?» (Cont. Deo 3,38). «Schwierig ist es für den Liebenden, etwas zu lieben, was sich nicht kundtut» (Med. or. XII 15,6 f.). Wilhelm weiß um die Hindernisse der Gottesschau, die menschliche Sünde und die Finsternis der Verstandeskräfte[24] – sind sie aber nicht im Gnadenstand überwunden? Können die inneren Augen nicht erleuchtet werden?

Auch die Meditatio III geht von Ex. 33,20 aus (1,2 ff.). Aber sie läßt es nicht beim Verdikt des Nichtsehens bewenden. Hätte Moses, so fragt

---

[22] Das entspricht, worauf VERDEYEN II, S. 161, aufmerksam macht, den (fast identischen) Definitionen der Konzilien von Toledo im Jahre 638 und 675: *Pater fons et origo totius divinitatis.*

[23] Ähnlich Spec. fid. 66,3 ff. *amans anima . . . transmutetur non quidem in naturam divinitatis, sed tamen in quamdam supra humanum.*

[24] Siehe Med. or. III 4,9.

Wilhelm, nicht Gott von Angesicht geschaut, «wenn er ihn nach dem, wer er ist, nicht was er ist (*non quis, sed quid*) zu schauen begehrt hätte? Ich bin, so sagt er doch, der Gott Abrahams, der Gott Isaaks und der Gott Jakobs (Ex. 3,6). Trotzdem hat der Herr diesem Moses, der, von brennendem Begehren erfüllt, nach der Ankündigung seines Hinschieds bat, der Herr möge sich ihm in seiner Herrlichkeit zeigen, geantwortet: ‹Ich werde dir alles Gute erweisen› (33,19) – wo aber ist ‹alles Gute› wenn nicht in deinem Antlitz? Und sagte nicht David in der selben brennenden Sehnsucht: ‹Mit deinem Anblick wirst du mich mit Freude erfüllen› (Ps. 15,11)» (III 2). Das läßt den Meditierenden hoffen. Ich ergänze aus Meditatio VII, die demselben Gegenstand wie III gilt: «Indes wenn ich höre, wie David von Angesicht zu Angesicht spricht, kann ich nicht darauf verzichten, das von dir zu erhoffen, was ein anderer erhofft hat – ohne zu vergessen, wer ich bin (im Vergleich zu David), aber im Vertrauen auf die Gnade deines Erbarmens» (VII 6,1–3). Diese noch verhaltene Hoffnung wird zur fast stürmischen Bitte: «Jenen Anblick, o süßer Herr, den du bisweilen dem heiligen David entzogen hast, was ihn beunruhigte,[25] wende ihn mir zu, und ich werde getröstet sein» (VII 7,1–3). In Meditatio III 6 stellt er Paulus dem Moses gegenüber: «Paulus, ganz der deine und ganz der unsrige weil ganz der deine, er, die Trompete des Neuen Testaments, sagte zu sich und zu seinen Jüngern in seiner Gottessehnsucht und -liebe: ‹Wir aber, die wir mit unbedecktem Antlitz die Herrlichkeit des Herrn erblicken, werden in das selbe Licht verwandelt von Klarheit zu Klarheit› (2 Kor. 3,18). Dieser Mann, der dein war, floh nicht (wie Moses) vor deinem Angesicht, sondern (eilte) zu ihm hin» (6,3–6). Wilhelm macht sich hier – stillschweigend – die typologische Doktrin zu eigen, daß das Neue Testament erfüllt, was das Alte verheißt.

Aus den zitierten Texten (die sich erweitern ließen) spricht die Überzeugung, daß Gott im Menschen ist. «Aber wenn du bei mir bist, warum sollte ich nicht in dir sein? Was steht dem entgegen? Was hindert, was verbietet dies?» (Med. or. III 4,6 f.). Diese Überzeugung ist eine Glaubenswahrheit und sicher auch – die fast leidenschaftlich zu nennende innere Bewegung des Meditierenden zeigt es an – Erfahrung.

*Visio dei* ist also auch *in via* nicht ausgeschlossen – mit der Einschränkung auf das *quis* Gottes und als «Vorgeschmack» der ewigen Seligkeit. Wilhelm kennt und nennt solche Vorbehalte, läßt aber doch, wenn man sich dem Gesamttenor anvertrauen darf, alle Pforten zur vollkommen

---

[25] Bezieht sich auf Ps. 29,8, der im Kontext zitiert wird.

Gottesschau offen. Das hat ihm später die Kritik strenger Glaubenshüter eingetragen.[26]

e) Wenn die *similitudo* des Menschen mit Gott die schöpfungsmäßige Voraussetzung der *visio dei* ist, so ist es konstitutionell der Gesichtssinn, dem sie zugeordnet wird. «Der Gesichtssinn, zum Sehen Gottes bestimmt, das natürliche Licht der Seele, vom Schöpfer der Natur hervorgerufen, ist die sehnende Liebe (*caritas*)», beginnt ein berühmt gewordenes Kapitel in ‹De natura et dignitate amoris› (25). Es steht im Zusammenhang der fünf geistlichen Sinne, die verschiedenen Liebesformen zugeordnet werden (18–24).[27] Der Gesichtssinn als der vornehmste Sinn ist auf die Gottesliebe (*amor divinus*) ausgerichtet, die «lauter, mächtig und rein ist» und «Großes bewirkt» (23,27 ff.). «Zu diesem Gesichtssinn aber», so heißt es dann n. 25, «gehören zwei Augen, deren Wimpern, wie es scheint, aus natürlichem Antrieb immerzu schlagen, um das Licht, das Gott ist, zu schauen: Liebe (*amor*) und Vernunft (*ratio*). Ist nun das eine Auge ohne das andere tätig, so bringt das wenig ein. Unterstützen sie sich aber gegenseitig, vermögen sie viel, dann nämlich, wenn sie ein einziges Auge werden, von dem der Bräutigam im Hohenlied sagt: ‹Du hast mein Herz verwundet, o meine Freundin, mit deinem einen Auge› (HL 4,9). Darin aber mühen sich beide am meisten ab, und jedes auf seine Weise, indem das eine Auge, die Vernunft, Gott nur schauen kann in dem, was er nicht ist, die Liebe aber sich nicht zufrieden gibt, bis sie in dem zur Ruhe kommt, was er ist. Denn was vermöchte die Vernunft mit all ihren Anstrengungen zu erfassen oder zu erforschen, um das Wort zu wagen: Das ist mein Gott? In dem Maße nämlich kann sie allein ergründen, was er ist, als sie erkennt, was er nicht ist. Hat doch die Vernunft ihre eigenen, sicheren Wege und genauen Bahnen, auf denen sie vorangeht, während die Liebe durch ihr Hinschwinden (*defectus*) besser voranschreitet und mehr erreicht durch ihr Nichtwissen (*ignorantia*). Die Vernunft scheint also durch das, was nicht ist, das was ist zu begreifen; die Liebe hingegen setzt hintan, was nicht ist, und freut sich, in dem was ist hinzuschwinden (*deficere*). Gerade auf diese Weise schreitet sie voran und verströmt sich nach ihrer naturhaften Bestimmung in ihren Ursprung (*naturaliter in suum spirat principium*). Die Vernunft verfügt über mehr Nüchternheit, die Liebe über mehr Seligkeit.

---

[26] Sie konzentriert sich in Johannes Gerson, Kanzler der Pariser Universität. S. o. S. 277 und Anm. 7.

[27] Die fünf geistlichen Sinne gehören zum origenistischen Erbe (s. Karl RAHNER, Le début d'une doctrine des cinq sens spirituels chez Origène, RAM 13 (1932), S. 113–145), und es ist anzunehmen, daß Wilhelm sie unmittelbar aus der Lektüre des von ihm so sehr geschätzten alexandrinischen Lehrers gewonnen hat; s. VERDEYEN III, S. 199.

Wenn sie aber, wie ich sagte, einander helfen, dann belehrt die Vernunft die Liebe, und erleuchtet die Liebe die Vernunft. Die Vernunft weicht vor dem Affekt der Liebe zurück, und die Liebe läßt sich die Grenzen der Vernunft gefallen. So vermögen sie Großes. Aber was ist es denn, was sie vermögen? Da ein Fortschreitender in diesen Dingen allein durch Erfahrung (*nisi experiendo*) vorankommt und einsichtig wird, so kann er sich einem Unerfahrenen nicht mitteilen,[28] wie es denn im Buche der Weisheit heißt: ‹In seine Freude kann sich kein Fremder mengen› (Sap. 14,10).»

Eines ist klar in diesem vielfach mißverstandenen Text, und darauf weist schon der Zusammenhang hin: Die Augen *ratio* und *amor* sind beide auf Gott gerichtet, wobei das eine zu erkennen vermag, was Gott nicht ist, das andere Gott zu sehen erstrebt, wie er ist. Das ist der apophatische und der affirmative Weg der Gotteserkenntnis des Dionysius Areopagita. Und weiterhin: Es bedarf des Zusammenwirkens, die beiden Augen müssen ein einziges werden. Das geschieht durch gegenseitiges «Helfen»: die Vernunft belehrt die Liebe, die Liebe erleuchtet die Vernunft. Sie werden zu *einem* Licht, nämlich in der *visio*.

Was hier vorliegt, ist eine originale Konzeption Wilhelms. Sie leitet sich ab von einem uralten, von Plato grundgelegten und vom antiken und christlichen Neuplatonismus ausgebauten Theologumenon von zwei Augen oder Antlitzen (*facies*) der erkennenden Seele, deren eines auf die Zeit und die irdische Welt, das andere auf die Ewigkeit und die himmlischen Dinge gerichtet ist.[29]

Wenn man Wert darauf legt, daß Wilhelm die zwei Augen Vernunft und Liebe der vollkommenen Form der Liebe, der Gottesliebe, zuordnet und der Gesichtssinn mit der *caritas* verbunden wird, so erscheint das eine Auge, die Vernunft, als der Liebe zugehörig. Das wäre ein Leitsatz des späteren Wilhelm: *amor ipse intellectus est*, die Liebe ist eine Form der Erkenntnis. Indes bestätigt der Folgetext eine Vorwegnahme dieser neuen Erkenntnisweise der *divina* nicht, auch wenn ein Ansatz dazu nicht zu verkennen ist. Diesen aber dem ganzen Text zu unterstellen, wäre Willkür.

---

[28] Den letzten Satz vergleicht Déchanet, Aux Sources, S. 135, mit Plotins Enneaden VI 9,10–11, meines Erachtens ohne Stringenz direkter Abhängigkeit.
[29] Die Belege sind unübersehbar und meines Wissens noch nie zusammengestellt worden. Zahlreiche Hinweise bietet Quints Eckhart-Ausgabe; s. vor allem DW II 30 Anm. 1,2; 218 Anm. 1; Gudrun Schleusener-Eichholz, Das Auge im Mittelalter, 2 Bde. (Münstersche Mittelalter-Schriften 35), München 1985, S. 1053 f. und Anm. 778, dazu Register ‹zwei Augen der Seele›. Jean Rohmer, Sur la doctrine franciscaine des deux faces de l'âme, Archives d'histoire et littérature du moyen âge 2 (1927), S. 73–77, bietet nur ein halbes Dutzend Zitate aus Johannes von La Rochelle, Dominicus Gundissalinus, Algazel, Avicenna.

Verdeyen hat einen ähnlichen Weg beschritten, indem er unseren Text mit Hilfe von vier Stellen der Spätwerke ‹Expositio super Cantica canticorum› und der ‹Epistola ad Fratres de Monte Dei› erklärt.[30] So gesehen sind *ratio* und *amor* Etappen des geistlichen Lebens und den göttlichen Gaben *scientia* und *sapientia* gleichzusetzen. Es ist zwar methodisch unbedenklich, Wilhelm mit Wilhelm zu interpretieren, was Verdeyen ausdrücklich fordert,[31] allein die Texte als solche stehen diesem Verfahren entgegen. Hier und dort handelt es sich um verschiedene Ausformungen der *ratio-amor*-Alterität. Das wird der Zwei-Augen-Text in der ‹Expositio›, dem Hauptzeugen Verdeyens, deutlich machen.

Zuvor aber ist die eigentliche Crux dieses Textes zu erörtern. Was heißt hier *defectus* und *ignorantia*, die *amor* fördern? Inwiefern freut sich *amor*, «in dem was ist zu versinken (*deficere*)», wobei er sich *naturaliter in suum spirat principium*? Von ihrer Wirkung her decken sich *defectus* und *ignorantia*. Letzteren Begriff wird Wilhelm später nicht mehr mit *defectus* verbinden: er läßt an das apophatische Erkennen im Sinne des Dionysius Areopagita denken, das hier, nachdem es vorher der *ratio* zugeordnet worden ist, nicht gemeint sein kann.[32] Verdeyen ist der Ansicht, *defectus* (zusammen mit *ignorantia*) bezeichne den Verlust des *ratio*-Gebrauchs in der Einheit der Liebe.[33] Das kann nicht zutreffend sein, da es Wilhelm ja gerade auf die Vereinigung der Augen *amor* und *ratio* ankommt. Gemeint ist vielmehr die mystische Entfremdung als Korrelat der Entrückung (*raptus*). Diese, im *ascensus*, der jäh und unerwartet erfolgt, ist naturgemäß von kurzer Dauer: ihr folgt der *descensus* in den *defectus*.

In diesem Sinne wird Richard von St. Viktor von der *caritas deficiens* sprechen (siehe K 12,2 c). Er begründet sie christologisch, und das ist es genau, was dem (heutigen) Leser in unserem Zusammenhang zum Verständnis fehlt. Wilhelm durfte indes bei seinen Hörern und Lesern voraussetzen, daß der *descensus* Christi, seine Menschwerdung und mit ihr seine Erniedrigung und Schmach, sein Leiden und sein Tod, die alleinige Voraussetzung nicht nur unseres Heils, sondern unserer Liebesver-

---

[30] Verdeyen I, S. 355 ff., III, S. 164 ff.; dazu ausführlicher ders., ‹De invloed van Willem van Saint Thierry of Hadewijch en Ruusbroec›, Ons Geestelijk Erf 51 (1977), S. 3–19, S. 7 ff.; französ. Fassung in: Saint-Thierry. Colloque 1976, S. 429–441. Seine Bezugstexte sind Expos. Cant. 28,27 ff.; 92,2 ff.; 136,5 ff.; Epist. 196.

[31] Verdeyen, OGE 51 [Anm. 30], S. 8. Anlaß zur Interpretation des Frühwerks mit Hilfe des Spätwerks ist die – richtige – Ablehnung der Gleichsetzung von *ratio* und *amor* mit den augustinischen Seelenkräften *intellectus* und *voluntas*.

[32] So auch Verdeyen I, S. 357 f.

[33] «*Defectus* et *ignorantia amoris* signifient dès lors que dans l'unité amoureuse on perd l'usage normal de la raison, ses chemins fixes et ses sentiers bien tracés.» «La raison atteint Dieu en ce qu'il n'est pas, mais l'amour ne peut se contenter de ce contact indirect; il veut découvrir Dieu dans ce qu'il est, dans sa propre essence, même au risque de perdre la raison naturelle» (ebd., S. 358).

einigung mit Gott ist. Immer wieder nach den Aufschwüngen, Verzükkungen, *improvisae theophaniae* (Nat. am. 13,31), muß der *descensus* im *defectus* erfahren werden. Es genügt der Hinweis auf die vorangehenden Seiten, um den christologischen Aspekt der Wilhelmschen Theologie eindrucksvoll zu belegen.

Versteht man den *defectus*, so erhellt sich auch der Folgetext. Die Freude im *deficere* «in dem, was ist», nämlich in der eigenen Lebenswirklichkeit, nimmt vorweg, was der *defectus* verheißt: den erneuten *ascensus*. (Die positive Formulierung von Verlust und Mangel ist bei Wilhelm eine häufige Stilfigur.) Der *defectus* ist also so etwas wie der Garant der Rückkehr zum Ursprung in der göttlichen Liebe, in den sich die Seele «verströmt». *Spirat* bezeichnet die Art der Bewegung: nicht in Stufen, wie es der Schluß des Traktats ausdrücklich betonen wird: «Im Aufstieg zu seinem Ursprung muß jeder Weise wissen, daß dies nicht in Aufstiegstritten nach Art von Treppenstufen erfolgt» (54,21 f.), sondern, wie man hinzufügen darf, als ein Hinströmen nach Art des Hl. Geistes.

Wie wir schon wissen, gibt es in der ‹Expositio super Cantica canticorum› einen zweiten Zweiaugen-Text. In der Auslegung von HL 1,14 *Oculi tui columbarum* schreibt Wilhelm: «Die Kontemplation hat zwei Augen: Vernunft (*ratio*) und Liebe (*amor*), und dies gemäß den Worten des Propheten: ‹Weisheit und Wissen sind die Schatzkammern des Heils› (Jes. 33,6). Das eine Auge, dem Wissen folgend, ist auf die menschlichen Angelegenheiten gerichtet, das andere, der Weisheit verpflichtet, erforscht die himmlischen Dinge. Wenn sie aber von der Gnade erleuchtet sind, helfen sie einander gegenseitig viel, weil sowohl die Liebe die Vernunft belebt als auch diese die Liebe erhellt. So wird *ein* Taubenblick, einhellig im Beschauen, klug im Verwahren. Öfter werden so diese zwei Augen *ein* Auge, wenn nämlich in der Schau Gottes, die vor allem ein Werk der Liebe ist, die Vernunft in Liebe übergeht: sie wird zu einer Art geistiger oder göttlicher Intelligenz (*spiritualis vel divinus intellectus*), die jede Vernunft überschreitet und in sich aufnimmt» (92).

Wiederum ist von *ratio* und *amor* die Rede, aber sie werden nun den hierarchischen Erkenntnisstufen *scientia* und *sapientia* zugeordnet (die beim späteren Wilhelm eine bedeutsame Rolle spielen) und je auf die *humana* und die *divina* ausgerichtet. Das ist klärlich das traditionelle neuplatonische Zweiaugen-Schema, nach dem das eine in die Zeit, das andere in die Ewigkeit blickt. Es scheint, daß Wilhelm hier beide Vorstellungen zu verbinden trachtet. Das erweist der Folgetext einerseits von der gegenseitigen Hilfe und daß öfter aus zwei Augen eines wird, andererseits der Übergang von *ratio* zu *amor*, der das Stufenmodell voraussetzt. Beide Vorgänge, die gegenseitige Durchdringung von *ratio/amor* und der *transitus* der *ratio* in den *amor*, meinen indes dasselbe: die *unitas spiritus*. Dieser Akt unterliegt nicht unserer Verfügbarkeit, sondern ist ein Werk der außerordentlichen göttlichen Gnade. Der *intellectus* als «göttlicher», scharf abgegrenzt vom *intellectus humanus*,[34] hat nichts mehr mit der menschlichen Natur zu tun, ist der *intellectus,* der mit dem *amor dei* zusammenfällt: *amor ipse intellectus est.* Damit haben wir die Grenzen, die mit diesem Kapitel gezogen sind, überschritten. Doch waren die Augen der Liebe bzw. der Kontemplation, *ratio* und *amor*, im Früh- und Spätwerk unterschiedlich ausgeformt, ein begründeter Anlaß zu solchem Vorgriff.

Wenn ich richtig sehe, geht die bemerkenswerte Wirkungsgeschichte des Theologumenon *ratio* und *amor* nur vom Zweiaugen-Modell in ‹De natura et dignitate amoris› aus.[35] Der erste, der es, in sehr freier Weise, aufgegriffen hat, scheint Ivo, der Verfasser der ‹Epistola ad Severinum de caritate› zu sein (23 f.).[36] In der Folge waren es dann vor allem volkssprachliche Schriften, die sich des Schemas bedienten. Dabei hat die Adaptation durch Hadewijch im 18. Brief das nachhaltigste Interesse erregt.[37]

## 2. Brautmystik. Die Hoheliedauslegung

a) Die Hoheliedauslegungen Bernhards und Wilhelms haben einen gemeinsamen Ausgangspunkt. In seiner Bernhard-Vita berichtet Wilhelm, daß Bernhard ihn, den Erkrankten und Entkräfteten, nach Clairvaux zur Genesung und Erholung kommen ließ und ihm dort Tag für Tag das Hohelied nach seinem moralisch-spirituellen Sinn (*moraliter*) erklärte.[38] Dazu stellt Verdeyen die interessante Hypothese auf, daß die beiden Freunde den Hoheliedkommentar des Origenes gemeinsam gelesen und erörtert hätten.[39] Das braucht an dieser Stelle nicht diskutiert

---

[34] Expos. Cant. 80,1 ff. ... *Quod enim naturali intellectu intellegit anima, capit; illo autem intellectu* [spirituale] *non tam capit quam capitur* (5,5–7).

[35] Der Grund liegt im Umstand, daß der Name Bernhards dem ‹Nat. am.›-Traktat eine breite Überlieferung und Autorität verschaffte, während die ‹Expos. Cant.› kaum eine Wirkungsgeschichte haben dürfte: Es ist ein einziges Exemplar erhalten.

[36] Bis vor kurzem galt der Traktat als eine Schrift Richards von St. Viktor, weshalb in der Literatur in diesem Zusammenhang immer wieder sein Name auftaucht. Zu Ivos Schrift siehe K 12,2. Exkurs.

[37] Siehe Jan VAN MIERLO, Hadewijch en Wilhelm van St. Thierry, Ons Geestelijk Erf 3 (1929), S. 45–59; Verdeyen [Anm. 30] mit Konkordanz der Texte S. 5 f. – Weitere Belege aus der Literatur des deutschen Mittelalters: Altdeutsche Predigten I, hg. von Anton E. SCHÖNBACH, Graz 1886, S. 22,10–23,4; Hermetschwiler Predigten (s. ²VL III, 1120f.) Nr. 5, ungedruckt (St. Gallen, Stiftsbibl. cod. 1908, S. 44 f.; ‹Von der göttlichen Liebe›, in: K. RUH, Franziskanisches Schrifttum im deutschen Mittelalter II (Münchener Texte u. Untersuchungen 86), München 1985, S. 240f., Z. 250–275. Vgl. zu all diesen Texten ausführlich RUH, Zwei Augen, S. 109–114. SCHLEUSENER-EICHHOLZ [Anm. 29] gibt S. 1054–1059 weitere Hinweise, die aber einer Überprüfung bedürfen.

[38] S. Bernhardi Vita prima I 59, PL 185/1, 259BC.    [39] VERDEYEN I, S. 330–332.

zu werden, sicher ist indes, daß Bernhard nicht schlicht der Gebende, Wilhelm der Nehmende war, wie es die ‹Vita› darstellt, die gattungsbedingt, nicht nur aus persönlicher Bescheidenheit die Person des Hagiographen zurückstellen mußte. Tatsache ist zudem, daß Wilhelm über eine genaue Kenntnis der ‹Cantica›-Schriften des Origenes verfügte, Bernhard hingegen kaum.[40] Ist bei diesen Gesprächen der Entschluß gereift, daß beide einen Hoheliedkommentar, jeder nach seiner Art und seinem Textverständnis, verfassen wollten? Wilhelm jedenfalls bereitete sich auf die Auslegung vor, indem er Auszüge aus den Kommentaren des Ambrosius und Gregors des Großen herstellte.[41] Ist es sodann ein Zufall und nicht vielmehr Vereinbarung, daß beide im Jahre 1135 mit ihrer Auslegung begannen? Wilhelm hatte soeben seine Abtswürde und -bürde in St. Thierry abgelegt und gewann die langersehnte Muße eines beschaulichen und dem Studium ergebenen Lebens. Er wird dann die Arbeit an der ‹Expositio› 1137 oder 1138 abbrechen, um gegen Abälard anzutreten, dessen erfolgreiches Wirken ihm als große Gefahr für den Glauben und die Kirche erschien. Er läßt das Werk als Torso zurück; die Auslegung reicht bis HL 3,4. Wie wir wissen, war es auch Bernhard nicht vergönnt, seinen Zyklus zu vollenden, obschon er ihn bis zu seinem Tode 1153 fortführte. Und hier ist eine letzte Übereinstimmung mit Wilhelms ‹Expositio› festzustellen: Bernhard gelangte in der Kommentierung exakt bis zu HL 3,4 wie sein älterer Freund![42]

Den Gemeinsamkeiten der Werkgeschichte steht die Verschiedenheit der Kommentierung gegenüber. Offensichtlich sind beide Erklärungen völlig unabhängig voneinander ausgearbeitet worden, mit anderen Worten: Es fand kein gegenseitiger Austausch von einzelnen Kommentarteilen statt, kein Einblick in des andern Werkstatt. So entstanden zwei völlig verschiedene Werke: verschieden in der Werkgestalt, hier Predigten, dort Traktat; verschieden in der Auslegung, hier die Bereitschaft zur Ausweitung der Thematik nach den verschiedensten Seiten hin, dort konzentrierte Geschlossenheit und Beschränkung auf das eine Thema: Christus und die liebende Seele; verschieden in Stil und Tenor, hier eine blühende Rhetorik, die das Temperament, die Höhen und die Abgründe einer einzigartigen Persönlichkeit erkennen läßt, dort die Sprache oft glühenden Verlangens, die indes dem Intellekt unterworfen bleibt.[43]

[40] Dazu K 8, Anm. 46.
[41] Der ‹Commentarius› des Ambrosius in PL 15, 1947–2060, die ‹Excerpta ex libris St. Gregorii papae› in PL 180, 441–474.
[42] Das bleibt verborgen, wenn man von den letzten Predigten ausgeht, die alle HL 3,1 auslegen. Indes erklärt Pr. 79 HL 3,3/4.
[43] Es ist mir bewußt, daß ein vergleichender Ansatz das Unterschiedliche schärfer sieht

Bernhard nannte die ‹Cantica canticorum› nach ihrem Wortsinne eine
«Erzählung» (*narratio*), und als bildhaft-episches Geschehen sind sie ihm
auch entgegengetreten, wie es die von Arnaud von Bonneval überlieferte visionsartige Erscheinung im Gartenhaus der Abtei bezeugt (s.
K 8,3.d). Wilhelm spricht von einem «Drama» (*in modum dramatis* 8,1).
Der Unterschied mag geringfügig erscheinen, wenn man *drama* schlicht
als ‹Handlung› versteht. Allein Wilhelm denkt in der Tat an szenische
Einrichtung: «Dieses Lied ist in szenischem Stil (*stylo comico*) geschrieben, sowohl was die Vergegenwärtigung von Personen wie von Handlungen betrifft. Wie im Theater (*in comoediis*) die verschiedenen Personen und Vorgänge vorgeführt werden, so scheinen sich in diesem Lied
Personen und Vorgänge zu begegnen (8,1–5). Die Anregung zu dieser
Sicht ging von Origenes aus, der von einem *nuptiale carmen, dramatis in
modum*[44] spricht, und ihm dürfte auch das griechisch-römische Theater
noch unmittelbar gegenwärtig gewesen sein. Das traf für Wilhelm nicht
zu, er hat indes den *modus dramatis* insofern verwirklicht, als er die seeli-
sche Bewegung, in ihrem Auf und Ab, in ihren Aufschwüngen und
Abstürzen eindrucksvoll darzustellen wußte. Sie ist das eigentlich dyna-
mische Element der Auslegung.

Wilhelm hat seiner ‹Expositio› eine Gliederung beigegeben, und sie
macht deutlich, wie viel ihm an einer geschlossenen Darstellung, die an
sich ein exegetischer Traktat keineswegs erforderte, gelegen war. Er teilt
das Hohelied in vier «Gesänge» (*cantica*) auf: 1,1–2,7; 2,8–3,5; 3,6–8,4;
8,5–14. Das ist, was merkwürdigerweise noch niemandem aufgefallen
ist, die *cantiones*-Einteilung der Vulgata mit der Ausnahme, daß Wilhelm
die Vulgata-Dreiergruppe 3,6–5,1; 5,2–6,8; 6,9–8,4 zu einem einzigen
*canticum* zusammenfaßte.[45] Er begründet diese Gliederung in der Einlei-

---

als das Gemeinsame. Dieses ist vor allem in den theologischen und spirituellen Grundpo-
sitionen zu sehen, was die Analyse des Werks deutlich machen wird.

[44] ‹Commentarius in Cantica canticorum›, in: Origenes, Werke VIII, hg. von Willem
Adolf Baehrens, Leipzig 1925, S. 61,1 f. Origenes gibt auch eine Definition von *drama*:
S. 69,20–22 (zit. bei Déchanet, Ausg. Anm. 5 zu n. 8).

[45] Die maßgeblichen Vulgata-Ausgaben, die des Vatikans 1957 ff. und die der Würt-
tembergischen Bibelanstalt Stuttgart, sowie die monumentalen ‹Bibliorum Sacrorum latinae versiones antiquae seu Vetus italica› 1714 kennen keine *cantiones*-Einteilung, wohl
aber die schlichte ‹Biblia sacra juxta vulgatae exemplaria et correctoria romana› des Aloi-
sius Claudius Fillion, Paris ⁴1887. Ob Wilhelm in seiner Vorlage auch eine Kapiteleintei-
lung vorfand, die es im Gegensatz zur Versgliederung damals schon gab, wenn auch keine
verbindliche, muß dahingestellt bleiben: Die Herausgeber Davy und Déchanet gehen
leider auf diese Frage nicht ein. Die Tissier-Ausgabe v. J. 1662 (= PL 180, 473–546) hat
weder eine 8 Kapitel- noch eine *cantiones*-Gliederung, nur eine grobe Aufteilung in drei
Kapitel, die Déchanet n. 30,107 und 187 einsetzen. Sicher ist, daß es keine Abschnitts-
gliederung gegeben hat: die der Ausgaben haben die Herausgeber eingeführt. Die weitere

tung: Jedes *Canticum* ende mit einer Vereinigung (*accubitus/conjunctio*) von Bräutigam und Braut und bilde so je ein Hochzeitslied (*epithalamium*) (7). Das Stichwort für den *accubitus* – Wilhelm legt Wert auf diesen Begriff als den «würdigeren» neben *concubitus* (7,6 f.) – ist die Mahnung des Bräutigams an die «Töchter Jerusalems», die Braut in ihrem Schlaf nicht zu stören (*Adjuro vos* 2,7; 3,5; 8,4). Daß dieses Merkmal des *accubitus* im 4. Gesang fehlt, begründet Wilhelm mit dem Hinweis, daß es sich hier um ein erhabeneres Mysterium handle als die Umarmung (7,16 ff.). Man versteht jetzt auch, warum er die *cantiones* 3–5 der Vulgata zu einem einzigen *canticum* zusammenschloß: diese umfangreiche Textfolge von 3,6 bis 8,4 hat eben nur an ihrem Ende die *Adjuro-vos*-Aufforderung. Was den Beginn betrifft, so spricht Wilhelm von einer ersten Annäherung (*accessus*), die die Liebe entfacht (*irritamen amoris*) und der ein *actus purgativus* und eine Verwundung der Liebe folgen (*vulnerata caritas*) (29). So hat das einzelne *canticum* auch eine innere Struktur. Sie gelangt freilich nur im ersten Gesang, der ja allein vollständig ausgelegt wurde, zur Durchführung. Daß Wilhelm an eine Steigerung der Innenbewegung dachte, geht aus dem *exordium* des zweiten, nicht mehr abgeschlossenen Gesangs hervor, das den ersten dem «Eifer des Novizen» (*novitii fervor*) zuweist und mit dem zweiten eine «klügere Geduld und umsichtigere Klugheit» (*prudentior patientia et doctior prudentia*) der Braut in Aussicht stellt (145).

b) Liebe ist nicht nur ein Affekt und eine christliche Tugend, sondern auch eine «Kunst». Das hatte Wilhelm schon zu Beginn seiner Schrift ‹De natura et dignitate amoris› ausgesprochen: «Die Kunst der Künste ist die Kunst zu lieben (*Ars est artium ars amoris*), und ihren Lehrgang (*magisterium*) haben sich die Natur und Gott, der Urheber der Natur, vorbehalten» (1,1 f.). Er scheut sich auch nicht, an den *doctor artis amatoriae* zu erinnern (3,23).

So darf auch die ‹Expositio› als ‹Lehrgang› der Gottesliebe verstanden werden, insofern sie ihr Wesen erschließt und ihren Fortgang schildert. Wir Menschen erfahren Liebe zweifelsohne zuerst als «Natur», aber es ist Gott, der sie hervorgebracht hat, und so kommt alle Liebe von Gott, der die Liebe selber ist. Wilhelm eröffnet denn auch seinen Hoheliedkommentar, in Gebetsform, mit dieser Grundbefindlichkeit. Gott der Herr hat uns zu seinem Bild und Gleichnis geschaffen, damit wir ihn

---

Unterteilung in «Strophen» ist eine Besonderheit der Edition von Déchanet. – Zur Gliederung der biblischen Bücher s. Otto Schmid, Über verschiedene Eintheilungen der Heiligen Schrift, insbesondere über die Capitel-Eintheilung Stephan Langtons im 13. Jahrhundert. Festschr. der K. K. Universität Graz aus Anlaß der Jahresfeier am 15. Nov. 1881, Graz 1882.

beschauen und kosten können (*ad te contemplandum, teque fruendum*), und
das erheischt unsere Liebe zu ihm. «Denn es ist die Liebe, und zwar die
freigewählte Liebe (im Sinne des *liberum arbitrium*), die uns dir gleich
macht» – dies im Sinne des Paulus, der uns verheißt, in Gottes Bild verwandelt zu werden von Klarheit zu Klarheit (2 Kor. 3,18) (1). Voraussetzung zu diesem Aufstieg ist, daß wir uns lösen von der irdischen Liebe
(*cupiditas vel libido*). Reine Gottesliebe ist «Leben und Licht, frei und
vom Übel befreiend, je reiner, desto köstlicher, je stärker im Affekt,
desto beständiger in der Wirkung» (2). Die Liebeslieder (*amatoria*) aber
von Bräutigam und Braut, der *anima christiana*, als «Unterpfand des
Hl. Geistes», sind unser Trost auf der Pilgerreise in fremdem Land
(3,1–5). Und so möge der Brautgesang gelesen werden, auf daß er die
Gottesliebe in uns entzünde und diese wiederum den Gesang verständlich mache (4,14–16).

Wilhelm spricht in der Regel von *amor*, und schon daraus ergibt sich, daß er diesen
Terminus als Oberbegriff für alle Formen der Liebe versteht. *Caritas* grenzt er als geistige Liebeskraft (*spiritualis affectio*), *dilectio* als natürliches Liebesverlangen (*appetitus
naturalis*) aus (6,13–15). Aber das ist von untergeordneter Bedeutung; für das Textverständnis gilt vielmehr: «Ob einer *amor* sagt oder *caritas* oder *dilectio*, spielt keine
Rolle» (6,10 f.).[46] Dieser lockere Umgang mit den Begriffen gilt ebenso für Bernhard
wie für die großen Viktoriner. Sie schadet dem Verständnis nur in seltenen Fällen.
Wo es darauf ankommt, gebricht es all diesen Autoren keineswegs an Präzision und
Eindeutigkeit.

Bevor Wilhelm mit der Auslegung Vers um Vers beginnt, ist es ihm
angelegen, zwei Erkenntniskategorien einzuführen, die den Weg der
Braut von der sündigen zur reinen Seele bestimmen: *scientia* und *sapientia*, Wissen(schaft) und Weisheit. Es sind die beiden höchsten Gaben des
Hl. Geistes. Er geht dabei von HL 1,4 und 2,4 aus, wo die Braut in die
Kellereien (*cellaria*) und in den Weinkeller (*cella vinaria*) geführt wird.
Die *cellaria*, in denen die königlichen Reichtümer aufbewahrt werden
und wo man von den Vorräten kostet, weisen auf die göttlichen Gnadengaben hin und bedeuten die *scientia*, die *cella vinaria* mit ihren höheren Gaben und Gnaden symbolisiert die *sapientia*. Jene bezieht sich auf
den rationalen Anteil (*portio rationalis*) der Seele – vielfach ist von der
*anima rationalis* die Rede – und wird der Hoffnung und, vor allem, dem
Glauben zugeordnet (27). Diese gehört dem geistigen Menschen (*spiritus
hominis*) an und weiß sich von der Liebe bestimmt, die noch die *pietas*

---

[46] Wilhelm kann sich mit dieser Aussage auf Origenes berufen: *Nihil ergo interest, in
scripturis divinis utrum amor dicatur an caritas an dilectio* (W. A. BAEHRENS, Origenis Opera
VIII, Leipzig 1925, S. 69,12 ff.

als Gottesverehrung (*cultus Dei*) umschließt. *Scientia* und *sapientia*, Glauben und Liebe gehören in dem Sinne zusammen, als «es unmöglich ist, Gott zu lieben, ohne an ihn zu glauben, und ihn nicht zu lieben, wenn man an ihn glaubt» (28,1–3).[47] «Und wie es der *scientia* und dem Glauben zukommt, mit Christus gemäß seiner Heilsgüter (*dispensatio*)[48] zu leben und zu empfinden, so liegt es an der Weisheit und der Liebe, ihn zu kosten (*sapere*) und in der Glorie seiner göttlichen Majestät zu schauen (*contemplari*)» (28,18–21).

Was hier als Einführung zur ersten *cantio* entworfen wird, greift Wilhelm in n. 92 modifizierend und erweiternd auf. Wir kennen die Stelle bereits: Es handelt sich um den Abschnitt über die zwei Augen der Kontemplation, den wir dem Zweiaugentext des ‹De natura›-Traktats gegenüberstellten (1.e). Entsprechend den soeben referierten Ausführungen sind hier der *scientia* und *sapientia* die Augen der Gotteserkenntnis *ratio* und *amor* zugeordnet, aber stärker als dort betont Wilhelm das Zusammenwirken der beiden Vermögen: als Durchdringung[49] (beide Augen werden eines) und als *transitus* (*ratio* geht über in *amor*). Die Durchdringung ereignet sich am vollkommensten und unmittelbarsten im *excessus mentis*, von dem noch die Rede sein wird, der *transitus* ist die «Erhebung des Gemüts von den Tiefen zu den Höhen» (28,5), paulinisch der Anstieg «von Klarheit zu Klarheit» (2 Kor. 3,18). Er bewirkt dabei gleichfalls eine Durchdringung, was vollends einsichtig wird, wenn man eine spätere Ergänzung heranzieht: *transit intellectus in amorem seu amor in intellectum* (122,15 f.). (Wilhelm ersetzt hier *ratio* durch *intellectus*, weil dieser jene völlig in sich aufgenommen hat – *absorbet* 92,14 –; nur in den *intellectus* kann *amor* «übergehen»!). Es ist also die Reziprozität des *transitus*, der, um die Augenmetapher noch einmal aufzugreifen, aus zwei Augen eines macht. *ratio* und *amor* werden zum *intellectus amoris* oder zum *amor intellectus*.

Das entspricht der bekannten Formel *amor ipse intellectus est*. In ihr bringt Wilhelm seine höchste Einsicht in das Wesen der Gottesliebe auf eine prägnante Formel. Er gewann sie aus einem Ausspruch Gregors des Großen: *Amor ipse notitia est* (Hom. in Evang. 27,4)[50], indem er *notitia*, Erkenntnis, durch das höchste Erkenntnisvermögen, *intellectus*, ersetzte.

---

[47] Schon in ‹Cont.Deo› geht die sehnende Liebe vom «Fels des Glaubens» aus (3,8); ausführlich behandelt das ‹Spec.fid.› die Wechselbeziehungen von Glaube, Hoffnung und Liebe (1–13).

[48] Siehe o. Anm. 15.

[49] Dafür gibt es später, wohl angeregt durch Wilhelm (Nat.am. 33,3 f.; 36,9 ff. und Epist. 43,10), eine kennzeichnende ‹Etymologie›: *sapientia* verstanden als *sapida scientia* (Belege bei RUH, Franziskanisches Schrifttum [Anm. 37] II, S. 272, Anm. 39).

[50] VERDEYEN III, S. 376 zitiert weitere einschlägige Gregor-Stellen, u. a. *Per amorem agnoscimus* (Mor. X 8.13).

Die Liebe als solche ist also eine Form des Verstehens. Im höchsten Akt der Schau sind Liebe und Verstehen eins. Déchanet prägte dafür den Ausdruck ‹amour-intellection›, den man im Deutschen vielleicht durch ‹intelligible Liebe› wiedergeben könnte. Die Hauptstelle ist n. 57, eine Auslegung von *quem diligit anima mea* (1,6): «Die Braut erfährt nun und erfüllt sich in dem, was Paulus sagt: ‹Die Liebe Gottes ist ausgegossen in' unsere Herzen durch den heiligen Geist, der uns gegeben wurde› (Röm. 5,5). Schon beginnt sie zu erkennen, daß sie zuerst geliebt worden ist und daß sie so sehr zu lieben vermag, wie sie zuvor geliebt worden ist. Die Erkenntnis der göttlichen Weisheit war nämlich die erste Gabe des Bräutigams an die Braut, die gnadenhafte Eingießung des Hl. Geistes die erste Liebe. So ist in Wahrheit das Erkennen des Bräutigams seitens der Braut und deren Liebe dasselbe, denn hier gilt: Die Liebe selbst ist das Erkennen» (57,12–21).

Wilhelm überträgt hier auf die erkennend-liebende Seele, was in Gott eins ist: *amor quippe Dei, ipse intellectus ejus est* (76,25). Diese Teilhabe ist ihre Vergöttlichung[51], die Einheit des Geistes (*unitas spiritus*). Wie ist sie zu verstehen? Aber zunächst: Was ist das für ein *intellectus*? Im Zwei-augen-Text wird er «geistlich oder göttlich» (*spiritualis vel divinus*) genannt (92,13). Das heißt jedenfalls, daß er mit dem menschlichen Intellekt nichts gemein hat.[52] Erhellend ist dazu eine Stelle aus den ‹Meditativae orationes›, die Verdeyen heranzieht.[53] «(Ich spreche von) einer Vernunft (*intelligentia*), die nicht auf dem Verstand (*ratio*) beruht und aus Vernunftschlüssen hervorgeht, sondern die als Frucht des Glaubens vom Sitz deiner Herrlichkeit kommt, durch deine Weisheit geprägt und gänzlich ihrem Ursprung gleich (*similis*) ist. Sie kommt in die Seele dessen, der an dich glaubt, nimmt in sich den Verstand auf, macht ihn ihm gleich und belebt und erleuchtet damit den Glauben» (Med.or. 13,6–11). Es ist hier von einer Umformung unserer Verstandeskräfte die Rede, und zwar durch eine Vernunft – wir dürfen sie mit dem *intellectus* gleichsetzen –, die von Gott kommt und seiner Weisheit teilhaftig ist. Das heißt auch, daß keine Identität zwischen dem *intellectus* der liebend-erkennenden Seele und dem göttlichen *intellectus* vorliegt. Jener «kommt» (*veniens* 13,9) von diesem, der ihn nach seinem Bilde verwandelt. Es handelt sich so um einen *intellectus sui generis,* wohl gleichzuset-

---

[51] Den Begriff der *deificatio* kennt Wilhelm nicht, aber natürlich den Vorgang selbst. VERDEYEN stellt das ganze III. Kapitel seiner Abhandlung unter diesen Begriff.

[52] Zur Abgrenzung des göttlichen vom menschlichen Intellekt s. o. Anm. 34.

[53] VERDEYEN III, S. 385. VERDEYEN verdanken wir die umfassendste Analyse des Theologumenons: III, S. 376–388; ihm folgt in den wichtigsten Punkten BAUDELET, S. 240–245.

zen mit demjenigen, der dem Menschen als Ausstattung der Schöpfung zukam, aber durch den Sündenfall verlorenging. Das bestätigt n. 158, wo es vom Auge der Vernunft (*oculus rationis*), das zum *intellectus amoris* geworden ist, heißt, daß dieses Auge, «das geschaffen worden ist, damit der Mensch Gott schauen kann, die geistigen und göttlichen Dinge betrachtet» (158,2–4).

Klar und wiederholt wird der *amor intellectus* als Geschenk außerordentlicher Gnadenzuwendung dargestellt. Sie ist die erleuchtende Gnade (*gratia illuminans*). «So wie das äußere Tageslicht gleichsam die Königin aller Farben ist, ohne das es keine Schönheit und keine Lebenskraft gibt, so ist die erleuchtende Gnade die Tugend aller Tugenden und das Licht der guten Werke» (47,5–8). Es ist dann die durch erleuchtende Gnade würdig gewordene Braut, die sich des Lobes und der Wohltaten des Gatten erfreuen darf (71,1–3). Dessen Gegenwart ist die erleuchtende Gnade selbst (101,12 f.). Sie bildet mit der erleuchteten *intelligentia* eine Einheit (53,23 f.).

Die erleuchtete Seele ist mit Gott *ein* Geist (*cum Deo unus spiritus*) (93,27; 94,21 f.; 130,8 f.). Diese *unitas spiritus* «ist keine andere als die Einheit von Vater und Sohn, ist deren Kuß, deren Umarmung, deren Liebe, deren Güte und alles, was jene ungeteilte Einheit (*unitas simplicissima*) beider umschließt. Dies alles ist Heiliger Geist, Gott, Liebe, zugleich Geber und Gabe ... Und wie Liebende in ihren Küssen durch süßen gegenseitigen Austausch ihre Seelen ineinander verströmen, so ergießt sich der geschaffene Geist gänzlich in den Geist, der ihn geschaffen hat. Wahrlich in ihn ergießt sich der Schöpfer Heiliger Geist, so wie es ihm gefällt, und der Mensch wird *ein* Geist mit Gott» (95,16–27). Diese enthusiastische Aussage, die den Hl. Geist als Gabe und Liebe gleichsetzt, wird die ‹Epistola› bestätigen (s. o. 3.c), werden spätere Stellen der ‹Expositio› hingegen einschränken: Im Kuß der Liebe vollzieht sich zwar die Einheit des Geistes, aber es ist eine Einheit des Willens (*unitas voluntatis*) (131,36 f.). «Es ist eine Gleichheit des Willens (*similitudo voluntatis*), durch die der (menschliche) Geist mit Gott eines wird» (130,8 f.). Das ist die Doktrin des Hl. Bernhard, der die *unitas* als *confusio naturarum,* in welcher Form auch immer, verwarf und sie einzig als *consensus voluntatum* verstehen wollte (Serm. cant. 71,7). Wenn Wilhelm sich diese Lehre zu eigen macht – ich behaupte nicht, daß sie ihm Bernhard vermittelt hat –, spricht aus ihm der rationale Theologe. Der durch mystische Erfahrung geprägte Spirituale wird indes immer wieder geneigt sein, die durch den Glauben gesetzten Grenzen zu überspringen.

c) Die bisherigen Ausführungen und Zitate bis auf die letzten Sätze könnten den Eindruck vermitteln, Wilhelms ‹Expositio› sei ein Traktat,

der zwar von hohen Dingen, von Gott und der Seele, von Liebe und
Erkenntnis und ihren geheimnisvollen Bezügen spricht, aber dies in
durchaus gelehrt-lehrhafter Weise. Dieser Eindruck täuscht und ist nur
dem Umstand anzulasten, daß der ‹Lehrgang› der Gottesliebe aus seinem
Kontext, dem fortlaufenden Kommentar des Hohenlieds, herausgelöst
wurde. Er betrifft verhältnismäßig wenige Abschnitte. Im großen Ganzen bietet Wilhelm keine Theorie der Gottesliebe, sondern entfaltet sie
in der Liebesgeschichte von Bräutigam und Braut, im Suchen und Finden, im Verlust und in der Erfüllung, in der Trauer und in der Sehnsucht. Sie ist voller Spannung und Bewegung, ein eindrucksvoller rhyth-
mischer Wechsel. Vor allem ist es der Entzug und die Gewährung, das
Verlangen und die Erfüllung der Liebe, die diesen Wechsel bestimmen,
der sich aber nicht nur im großen Rhythmus des abwesenden und
gegenwärtigen Bräutigams im Ablauf einer *cantio* vollzieht, sondern fast
unablässig in kleineren Schwingungen, ja selbst in den eher seltenen
Stunden der *conjunctio* manifestiert. Ich zögere nicht, diesen Wechsel von
Zerknirschung und Seligkeit, Verlassenheit und Geborgenheit, Finsternis
und Licht als den eigentlichen spirituellen und mystischen Erfahrungsgrund Wilhelms anzusprechen, ist er doch in all seinen spirituellen
Schriften gegenwärtig.

Die ‹Expositio› hält ihn gleich zu Beginn fest. «Es ist der Schmerz
und es ist die Freude, die ihre (derer «die im neuen Leben wandeln»)
Gemütsbewegung (*affectus*) und mit ihr das ganze Leben durchziehen:
der Schmerz über den abwesenden, die Freude über den gegenwärtigen
Bräutigam. Ihre einzige Erwartung ist die Freude, ihn ohne Unterlaß zu
sehen. Dies geschieht nicht nur einmal und in einer einzigen Weise,
sondern häufig und in vielerlei Weisen» (32,4–9). An späterer Stelle
spricht Wilhelm geradezu von der Antithese (*antithetis*) von Glück und
Schmerz (120,25).

Ausgangspunkt ist der abwesende Bräutigam. «Wie der Bräutigam
aufgebrochen und hinweggegangen ist, bleibt die Braut von der Liebe
verwundet (*vulnerata caritas*) zurück und sieht sich, brennend in der
Sehnsucht nach dem Abwesenden, durchdrungen von der Süße einer
erneuten Gotteserfahrung im köstlichen Geruch, unvermittelt verlassen,
einsam und angewidert von den öden und leer gewordenen Vorratsräumen» (29,7–11). So ist der Auftakt mit dem ersten Vers des Hohenliedes, *Osculetur me osculo oris sui,* sehnsüchtiges Verlangen. Vorausgegangen
aber ist bereits eine Liebesbegegnung mit dem Bräutigam: die Seele hat,
wie die anschließenden Verse bezeugen, die Köstlichkeit und den
«Geschmack» des Geliebten schon erfahren, sieht sich aber nunmehr
«müde, hinfällig, elend» (*lassa, deficiens, egens,* 42,2 f.).

Zweifellos ist *deficiens* der zentrale Begriff für diesen Zustand der Hinfälligkeit. Er begegnete uns schon im ‹De natura›-Traktat, und zwar in der Textstelle von den zwei Augen oder Antlitzen der erkennenden Seele (25), der im Gesamtwerk Wilhelms ein hoher Stellenwert zukommt (s. 1.e). *Defectus* wird dort insofern positiv verstanden, als er, der Hinschwinden und Gnadenlosigkeit im *descensus* bedeutet, in geradezu dialektischer Weise auf den kommenden *ascensus* zur *unitas spiritus* hinweist. In der ‹Expositio› fehlt diese Ausrichtung; sie ist auch nicht erforderlich, weil der Gegenpol des *defectus* nicht wie dort ausgespart ist.

Der *defectus* der Seele erhält seine eigentliche und theologische Begründung aus dem *defectus* Christi, das ist die «Entäußerung» des Gottessohns (Phil. 2,3), seine Menschwerdung, sein Leiden und sein Kreuzestod. Dazu gibt es auch im Hoheliedkommentar verschiedene Ausführungen, die eindrucksvollsten 107–110. Wilhelm bezieht *Ego flos campi, et lilium convallium* (2,1) gegen die traditionelle Personenaufgliederung der ‹Cantica›-Sprechverse auf den *Sponsus*. Dieser erklärt der Braut: «Wenn du die Fülle des Kostens (*plenitudo fruitionis*) erstrebst, werde tätig und, auf daß du mir völlig ähnlich wirst (*plenitudo similitudinis meae*), das heißt, meine Vollkommenheit erreichst, bemühe dich um vollendete Demut, deren Vorbild (*exemplar*) ich bin, ich, die Blume des Feldes und die Lilie des Tals» (107,15–19). Es ist aber diese Demut des Gottessohns, der zu den Menschen herabgestiegen ist, mehr als Demut, vielmehr Demütigung (108,30 f.). Er erniedrigte sich «für die Sünder, damit sie leben, ja er nahm ihretwegen den Tod auf sich. Der Gottmensch begab sich freiwillig unter die Verworfenen, und um ihretwillen wurde er unschuldig für schuldig befunden» (110,2–5). Dies ist der *defectus* Christi im *descensus,* und er ist es, der den *amor deficiens* der Seele zu einer Stufe der persönlichen Heiligung erhebt. Ihr *defectus* ist in dieser christologischen Sicht Demut im Ertragen der Verworfenheit und Gnadenlosigkeit.

Es muß vermerkt werden, daß es den *amor deficiens* bei Wilhelm wohl der Sache nach gibt, er aber nicht als Begriff belegt ist. Wenn ich richtig sehe, gebraucht ihn erstmals Richard von St. Viktor in ‹De quattuor gradibus violentae caritatis› (4,21 f.), einer Schrift, die, wie ich meine, in diesem Punkte nicht unabhängig von Wilhelm ist (s. K 12,2.c).

Der abwesende Bräutigam bewirkt den Zerfall der früheren Schönheit der Braut: sie wird schwarz (*nigra sum* 1,4). «Sie sieht sich in ihrem Wirken aller Gnadenzeichen beraubt, keine Wärme ist mehr in ihrem Herzen, in den Werken keine Farbe.»[54] Die erleuchtende Gnade (*gratia illuminans*) ist erloschen. Das wirkt sich auf die Ausübung der Tugenden aus: «Sie haben keine Wirkung mehr, sie beglücken nicht, ihnen fehlt das Öl der Freude, die unterweisende Salbung, das Schmecken himmlischer Süßigkeit, der Wohlgeruch der Ewigkeit, die Erfahrung der Wirkkraft der geistlichen Sinne» (47,10–14). Es ist die Sonne, die die Braut verbrannt hat (*decoloravit me sol* 1,5), sie hat sie indessen nicht des Augenlichts beraubt, nicht der Augen der Vernunft. «Vielmehr hat mir die Sonne der ewigen Gerechtigkeit das Licht seiner Gnade entzogen, und ohne sie kann das Auge sich nicht öffnen, vermag sich keine Farbe zu beleben, erkaltet alle Wärme. Ich bin eine Wüstenkohle (Ps. 119,4), und auch als solche erloschen. Ins Feuer geworfen, bin ich zwar warm und leuchtend, aber ohne Feuer bleibe ich schwarz» (50,5–11). Geblieben ist die Wohlgestalt (*nigra sum, sed formosa*). Wilhelm deutet sie als Glaubensfestigkeit trotz verdunkeltem Verstand, als intakter Wille trotz geschwundenem Affekt (48,5 ff.). Das entspricht seiner Doktrin vom Glauben als der Voraussetzung der (mystischen) Liebeserkenntnis (s. o. 2.b).

Der *defectus* des zweiten Gesangs bezieht sich auf den Ruf *revertere* (2,17) der Braut. «Wahrlich, wenn du fort bist, bin ich gänzlich verwirrt, wendest du dein Antlitz ab, schwinden die heiligen Empfindungen der Liebe (*affectiones ruunt in defectus*). Bitterkeit erfaßt das Bewußtsein und eine sinnverwirrende Traurigkeit (*irrationabilis tristitia*). Im Umgang mit dem Nächsten gerät alles zum Ärgernis, in der Stille tobt das aufgebrachte Gemüt. Das innere Licht ist geschwunden, beengende Finsternis umhüllt mich, es schmachtet der Glaube, die Hoffnung stammelt, die Liebe erlahmt, der Geist wird trunken und verliert die Herrschaft über sich. Schwer lastet der Leib auf der Seele, die Seele auf dem Leib. Das Gebet wird unstet, die Lesung stockend, die Meditation ist ohne Kraft, das verhärtete Herz erlaubt dem Gemüt (*mens*) keinerlei Frucht. Der ganze Erdkreis scheint aufgebracht gegen mich, die Elende und die Törin» (182,1–11).

In ‹De contemplando Deo› hatte Wilhelm die Abwesenheit und Verweigerung der Geliebten als dramatischen Vorgang erfahren und dargestellt: Die liebende Seele in leidenschaftlichem Begehren nach der Gegenwart Gottes drängt nach Teilhabe und wird zurückgestoßen. In der ‹Expositio› wird der *defectus* der Seele überwiegend als Zustand geschildert, den die Abwesenheit des Bräutigams hervorruft. Aus der Verlassen-

---

[54] Der überraschende Begriff *color in opere* wird sofort erklärt: Das Tageslicht bringt die Farben hervor, die Dunkelheit löscht sie aus.

heit und Gnadenlosigkeit, aus dem Mißlingen und Versagen steigt dann die Sehnsucht auf. Mehrfach zitiert Wilhelm das Psalmenwort 118,21 *Deficit in salutare tuum anima mea.* In diesem Zusammenhang bedeutet *deficere* ‹verlangen›, ‹schmachten nach›. Es ist das Schmachten nach dem ‹Heil› gemäß dem Psalmenwort, in der Sprache des Hohenliedes: nach dem Geliebten. Sehnsucht hat den *defectus* zur Voraussetzung, bedeutet indes zugleich dessen Überwindung. Beide Erfahrungsweisen aber bilden eine einzige zyklische Bewegung.

d) Sehnsucht ist eine Form der Liebe. Schon ‹De contemplando Deo› unterschied den *amor desiderii* und den *amor fruitionis* (5,33 f.). Wilhelm greift in der ‹Expositio› beide Begriffe wiederum auf, den letzteren als *amor fruentis* (60,27 ff.). Da dieser nur ein kurzes Verweilen im *accubitus* und nur ein Vorgeschmack himmlischer *fruitio* ist, gelangt der *amor desiderii* nie zu seiner gänzlichen Erfüllung. Sehnsucht mußte so zum eigentlichen Grundklang der Hoheliedauslegung Wilhelms werden.

Die Braut hatte in den Vorratskammern des Bräutigams von seinen Gaben und Erlesenheiten gekostet. Jetzt, mit seinem Weggang, kommen sie ihr schal vor. «Ich bin der Kellereien, die der Bräutigam leer zurückgelassen hat, überdrüssig» – Wilhelm verwendet den starken Begriff *taedeo* –, «überdrüssig der täglichen Verheißungen, der verborgenen Geheimnisse, der Gleichnisse und Sinnsprüche, der Spiegelbilder und Rätselformen (*speculum et aenigma*, vgl. 1 Kor. 13,12). Ich ersehne das Geheimnis des Gottesreiches (*mysterium regni Dei*), ich fordere das Offenbarwerden des Vaters, von Angesicht zu Angesicht, Auge in Auge, Kuß auf Kuß» (35,5–12). Der Leser mag erschrecken über diese unverhüllte Sprache des Verlangens – Wilhelm weiß auch, daß sie «schamlos und verwegen» ist, aber ist sie nicht Ausdruck der Liebe, die Gott selber entfacht hat? (‹De contemplando Deo›, 2,20 ff.) –, sie erfährt indes ihre Rechtfertigung im folgenden Abschnitt. Was die Braut in den Vorratsräumen des Bräutigams empfing, waren «gleichsam Küsse der Gnade» (*oscula gratiae*), vermittelt durch Propheten, Apostel und heilige Doktoren, mithin «fremde, dem Wissen zugehörige Küsse» (*aliens oscula scientiae*). Es war somit Glaubenserkenntnis, derer die Braut teilhaftig wurde, das Brot der Kleinen und der Beginnenden, und was sie nunmehr begehrt, ist «der Kuß der Vervollkommnung» (*osculum perfectionis*) in der Erkenntnis der Liebe (36). Es geht so um das berechtigte Verlangen, der höheren Gnadenerweise der *sapientia* teilhaftig zu werden, um, wie wir heute sagen, die «mystische» Erkenntnisweise.[55]

---

[55] So wenig wie Bernhard kennt und verwendet Wilhelm den Begriff des Mystischen für die Erfahrungsweisen der *unio*. In der ‹Expositio› findet sich *mysticus* nur einmal:

Die sehnsüchtige Seele ist eine suchende Seele: «Sage mir, du, den meine Seele liebt, wo du dich erquickst, wo du ruhst zur Mittagszeit» (HL 1,7). Die Braut sucht nach dem Bräutigam, ganz Seele, «unter Verachtung des Leiblichen, in der Sehnsucht, mit ihm den ganzen Tag vernichtet zu werden (*mortificari,* Röm. 8,36), liebend sich selbst in dieser Welt aufzugeben, um das ewige Leben in dir zu finden. Und daran ist kein Zweifel: Einstmals wird dein Antlitz in seiner Schönheit über ihr, die dich so sehr liebt, aufleuchten» (54,4–9). In diesem Suchen ist die Braut ganz Demut, und dies, obschon sie von der Herrlichkeit des Schauens (*sublimitas contemplationis*) ausgeschlossen ist (55). Der Ort, wo der Bräutigam sich erquickt (*pascit*) und ruht, zur Mittagszeit, wäre diese *sublimitas contemplationis,* «Mittagslicht im Erkennen, Mittagsglut in der Liebe» (57,24 f.), *amor fruentis.* Die Braut aber weiß, daß diese erfüllte Liebe nicht oder nur als Vorgeschmack der ewigen Seligkeit zu erlangen ist, und so bleibt die Sehnsucht unstillbar. Sie bleibt es auch, als die Braut in den Weinkeller geführt wird (HL 2,4), der *amor* und *affectus*[56] bedeutet (115,4 f.). Aus der Trunkenheit der Liebesglut erfolgt der Umschlag in *languor* und mit ihm in neue Sehnsucht. Sie kann niemals Genügen finden. *Indiget, qui desiderat* (133,22).

Im zweiten *canticum* der Gliederung Wilhelms ist es der Bräutigam selbst, der die Sehnsucht der Braut entfacht. Er steht hinter der Wand ihres Gemachs und blickt durch die Fenster (HL 2,9), «um die Sehnsucht nach ihm zu erwecken, indem er sich verlockend sehen läßt, aber nicht in ganzer Gestalt, sich in Rufen und Einladungen hören läßt, jedoch wie aus weiter Ferne. Aber hierauf, wie das Feuer im Herzen der Liebenden brennt, geht er hinweg, wird nicht mehr gesehen, nicht gehört, nicht empfunden» (180,9–14). Aufs höchste gesteigert ist die Sehnsucht der Braut, wie sie den Geliebten in den Gassen und auf den Plätzen der Stadt sucht und ihn nicht findet (HL 3,2). «Als sie ihn nicht findet, ruft sie mit lauter Stimme, so laut wie die Sehnsucht ihm entgegenkeucht (*quanto ad eum desiderio anhelat*), aber er antwortet der Rufenden nicht» (189,1–3). «Diese Qualen der Liebe zum Bräutigam, die Bedrängnisse der hingehaltenen Hoffnung, die Freude des Besitzes mit der Angst vor dem Verlust, der Schmerz der Entbehrung, das kennt allein die (Seele, die) liebt und die Braut ist» (189,11–14).

---

*mysticus contractus divinae et humanae conjunctionis* (8,6 f.). Auch hier dürfte man *mysticus,* so nahe es liegt, nicht mit ‹mystisch› wiedergeben, wie es die DÉCHANET-Ausgabe tut, denn Wilhelm meint ohne Zweifel im origenistischen Sprachgebrauch ‹symbolisch, allegorisch›.

[56] Über die Verwendung von *affectus* bei Wilhelm s. BAUDELET, S. 236–369; s. auch die Abhandlung von ZWINGMANN (1967).

Auch der Schluß (der geformt, nicht abgebrochen erscheint: Wilhelm wurde die Feder ja nicht aus der Hand gerissen, er legte die Auslegung willentlich nieder) zeigt die suchende Seele in ihrer Sehnsucht. «Die Beständigkeit der Liebe macht sie unbeständig, die Unverrückbarkeit des Willens beweglich, die unveränderliche Liebesempfindung wandelbar. Sie liebt es, den Bräutigam überall zu suchen, wo sie ihn zu finden hofft, ihn, den man manchmal gerade dort findet, wo man ihn nicht zu finden glaubt ... ‹Du, den meine Seele liebt.› Immerfort und immerfort und ohne Ende hat die selige Seele, die dem Herrn, ihrem Gott unverbrüchlich im Bewußtsein (ihrer Liebe) angehört, das Wort auf den Lippen: ‹Du, den meine Seele liebt›» (197,8–16).

Zu den Vätern der Theologie und Spiritualität Wilhelms gehört Gregor der Große. Das will zunächst nicht viel besagen. «Jedermann hat ihn gelesen und von ihm gelebt.»[57] Aber es kommt auf das Spezifische an. Daß Wilhelms Leitsatz *Amor ipse intellectus est* auf Gregor zurückgeht (s. o. S. 299 f.), ist längst bekannt. Zu diesem theologischen Bezug möchte ich eine gemeinsame spirituelle Grundbefindlichkeit hinzufügen: den Zug der Sehnsucht, welche die Form der Gottesliebe *in via* ist. Man nannte Gregor den «Lehrer der Sehnsucht»[58]; auch Wilhelm darf man so nennen. Es war die Sehnsucht nach einem gottnahen Leben im Gebet und in der Stille, die ihn die monastische Lebensform an Stelle der attraktiven Magisterlaufbahn, für die er berufen schien, wählen ließ. Er mußte, um einen Brief Gregors zu variieren[59], zuerst Lea umarmen, bevor er, in Signy und als Gast der Kartäuser vom Mont-Dieu, Rachel umarmen durfte. Und doch war auch dies nicht das Ende der Sehnsucht. Wilhelm wußte: «Wir haben hier keine bleibende Statt.»

e) Ein *canticum*, wie es Wilhelm verstanden hat, als Stationenweg einer Liebesbeziehung, endet mit der «Umarmung»: «Seine Linke liegt unter meinem Haupt, seine Rechte umfängt mich» (2,6). «Diese Umarmung (*amplexus*) betrifft den Menschen (*circa hominem agitur*), aber er überschreitet den (Status des) Menschen (*supra hominem est*). Sie ist nämlich der Hl. Geist selbst. Er ist die Gemeinschaft von Vater und Gottes Sohn, er ist die Liebe, er ist die Freundschaft, er ist die Umarmung: all das ist er in der Liebe des Bräutigams und der Braut. Freilich, dort ist die

---

[57] Vgl. Jean LECLERCQ, L'amour des lettres et le désir de Dieu, Paris 1957; deutsch: Wissenschaft und Gottverlangen, Düsseldorf 1963, S. 35.
[58] Ebd., S. 35 u. 45; s. auch K 5,2.a.
[59] Gregorii I Papae Registrum Epistolarum (MGH, Ep.) Reg.Ep. I 5,5 f.

Majestät der Wesensgleichheit (*consubstantialis natura*), hier das Geschenk
der Gnade; dort die erhabene Würde (*dignitas*), hier die Gunsterweisung
(*dignatio*). Und dennoch: Es ist der selbe Geist in seiner Vollkommenheit. Die Umarmung jedoch ist hier ein Anfang, anderswo (im
ewigen Leben) die Vollendung. Dieser Abgrund ruft den andern herbei (Ps. 41,8), diese Ekstase träumt indes von etwas weit anderem, als was sie sieht, dieses Geheimnis erfleht ein anderes Geheimnis,
diese Freude vergegenwärtigt eine andere Freude, diese Süßigkeit
bedingt eine andere Süßigkeit. Diese beiden Glückseligkeiten sind
aus dem selben Stoff, aber mit verschiedener Erscheinungsform (*facies*),
vom selben Wesen (*natura*), aber mit verschiedener Würde, von gleichem Sinn, aber verschiedener Erhabenheit. Hier ist Sterblichkeit, dort
Ewigkeit, hier Weg, dort Rast, hier Vorwärtsschreiten in der Heiligung (*progressus*), dort vollendete Seligkeit. Wenn aber das Angesicht
sich völlig dem Angesicht enthüllt und das gegenseitige Erkennen
(*cognitio*) sich vollendet, die Braut erkennt, sowie sie erkannt wird:
dann (erst) ist der Kuß vollkommen und die Umarmung vollkommen, dann bedarf es nicht mehr der stützenden Linken, dann erfährt
die Braut uneingeschränkt das volle Glück der Umarmungsseligkeit
durch die Rechte des Bräutigams bis zum Ende der endelosen Ewigkeit»
(132,1–23).

Was Wilhelm in diesem hinreißenden Abschnitt festhält, ist der
eigentliche Kern seiner mystischen Theologie wie die Mitte seiner
mystischen Erfahrung. Die einleitende Feststellung, daß der *amplexus
circa hominem* und zugleich *supra hominem* ist, gilt als Leitsatz des Ganzen:
Wir sind im Grenzbereich des Irdischen und des Ewigen. Wilhelm
bestätigt zunächst, was er schon mehrfach als Ziel alles Strebens und aller
Erkenntnis bezeichnet hat, die *unitas spiritus:* Der Hl. Geist in der Trinität
ist in seiner ganzen Fülle auch im *amplexus* gegenwärtig. Das ist Teilnahme am trinitarischen Leben, wie es uns am deutlichsten aus den
‹Meditativae orationes› X 9–14 entgegengetreten ist (I.b). Aber diese
Einheit erfährt sofort ihre Begrenzung: Sie bedeutet nicht Wesensgleichheit, sondern ist Gnadengeschenk. Alles was folgt ist die Ausfaltung dieser zentralen theologischen Aussage, aber nun mit spiritueller Emphase
vorgetragen. Es ist nicht mehr die Sorge des Theologen, der abgrenzt,
sondern die Erfahrung des Begnadeten, der in der dem Sterblichen
gewährten Einigung zugleich die ewige Seligkeit kostet: als ‹Vorgeschmack›. Die *in via-in patria*-Ambivalenz ist als Progression verstanden.

In diesem Zusammenhang gebraucht Wilhelm auch den *exstasis*-
Begriff, der in 140,1; 10 wiederkehrt, den er aber sonst nie verwendet.
Die *exstasis* wird gleichgesetzt mit dem in der westlichen Tradition übli-

chen *excessus*[60] – *excessu seu exstasi,* 140,1 –, bedeutet generell das Außersichsein des Geistes, erscheint aber hier in der Spannung zwischen den beiden «Abgründen». Das was sie «sieht», die *visio,* die sich in ihr vollzieht, ist zugleich die Schau (Inhalt des «Träumens») eines ganz Anderen, worüber offensichtlich die Vorstellung fehlt. Man wird es mit dem «höheren Geheimnis», womit das letzte *canticum* schließen und *suo loco* «aufgedeckt» werden sollte (7,16 ff.), in Beziehung setzen dürfen. Der vorzeitige Abbruch der Auslegung hat uns dieses *mysterium* vorenthalten.

Der Zustand, in den die Ekstase führt, ist auch ein Schlaf. Die Ekstase – wir dürfen verdeutlichend sagen: die Braut, die Seele in der Ekstase – «träumt» ja, und von etwas, was hinter und über allem Sichtbaren steht. Das ist die Besonderheit dieser Schlafmetapher, die als solche zu den Grundvorstellungen der mystischen Erfahrungswelt gehört.[61] Später, im Anschluß an HL 2,7, ist vom «Schlaf der Ruhe» die Rede, in den die Braut gesunken ist und den die Jungfrauen nicht unterbrechen sollen; sie vernimmt aber in ihm die Stimme des Bräutigams (139,4 ff.; 140,1 ff.).

Die *unitas spiritus in exstasi* bzw. *in excessu,* wie sie in 132 dargestellt wird, ergänzt als Urform der Gottesschau den *transitus,* von dem bereits die Rede war. Wenn dieser sich fortschreitend im Übergang von der *scientia* zur *sapientia,* vom Glauben zum Schauen vollzieht, so die *exstasis* ebenso unerwartet wie jählings; sie bewirkt, um das Zweiaugen-Schema wieder aufzugreifen, das Ineins von *ratio* und *amor* im Blitzstrahl der Gnade.

Wilhelm hat nicht nur im Anschluß an den *amplexus* des Hohenlieds, wenn auch hier am eigentlichen Ort, die Höhen der allem Irdischen entrückten und in der Liebe des Heiligen Geistes geeinten Seele beschrieben, sondern dies immer wieder im Spiegel der Sehnsucht wie in der Vorausschau aufgezeigt: als Trost und Heilmittel gegen die Beschwerlichkeiten des irdischen Daseins (132 u. ö.). So sieht sich die Seele an der Brust Jesu, wie es Johannes vergönnt war, «um dort den erhabenen Grund aller Dinge (*summum principium*), ‹das Wort im Anfang›, ‹das Wort bei Gott› (Joh. 1,1) zu empfangen» (55,5–8). Damit umschließt sie aber auch den «ewigen Tag, der nicht mit dem Morgen

---

[60] Belege bei Wilhelm: Med.or. XII 4,4; Aenig.fid. 18,5; Expos. Cant. 38,6; 117,2; 140,1; 147,2; Epist. 190,7; *excedere:* Nat.am. 8,29 (2 Kor. 5,13); Expos. Cant. 137,5; Epist. 294,4. – Der *raptus*-Begriff fehlt; *rapere* wird nicht im Sinne von *excedere* verwendet.

[61] Siehe Jean Leclercq, Chances de la spiritualité occidentale, Paris 1966, Kap. X, S. 297–311; zahlreiche Belege; bes. deutschsprachige, bei Siegfried Ringler, Viten- und Offenbarungsliteratur in Frauenklöstern des Mittelalters (Münchener Texte u. Untersuchungen 72), München 1980, S. 222 f.

beginnt und mit dem Abend endet und immer in der Mitte des Mittags und des Lichtes steht, in der Weisheit und dem Geist (*intellectus*), der Liebe und dem glückseligen Kosten (*beata fruitio*)» (56,3–6). Oder in einer anderen ‹Situation›: Wenn die Seele, als erleuchtete, zu sich selbst kommt und in sich den Bräutigam findet, hebt ein vertrauliches Gespräch an (*familiare colloquium*). «Es ist ein gegenseitiges Einfühlen, ein gegenseitiges Wohlgefallen, ein gegenseitiges Preisen: so ‹kosten› sie im voraus die gegenseitige Umarmung» (93,6–11). Ich breche hier ab. Der Reichtum von Wilhelms ‹Expositio› ist berükkend und im referierenden Vollzug nicht auszuschöpfen. Immer wieder steht man unter dem Eindruck, daß ihr Verfasser aus tiefer Erfahrung heraus spricht: Es gibt Dinge, die man nicht «erfinden» und schon gar nicht in Sprache fassen kann. In dieser Erfahrung, die wir als mystische ansprechen dürfen, hat Wilhelm aber auch seine lichtvollen theologischen Erkenntnisse, man möchte sagen: «eingezogen» wie ordnende Linien in einem Gewebe. Zusammen mit Bernhards Hoheliedpredigten bildet seine ‹Erklärung des Lieds der Lieder› den Höhepunkt der mittelalterlichen Hoheliedauslegung.

### 3. Der Weg der Vollkommenheit
### Der Sendbrief an die Kartäuser von Mont-Dieu

a) «Der Name selbst, Mont-Dieu, ist das Omen guter Hoffnung. Es ist doch so, wie es der Psalmist vom Berge Gottes ausspricht: Auf ihm werden wohnen die Scharen, die den Herrn suchen, die das Antlitz des Gottes Jakobs suchen, reiner Hände und reinen Herzens, die ihre Seele nicht auf Vergängliches richten (vgl. Ps. 23,3.4.6). Und dies ist eure Aufgabe: Den Gott Jakobs zu suchen, nicht in der Weise, wie es gewöhnlich geschieht, sondern das Antlitz Gottes suchen, wie Jakob ihn sah, als er sprach: ‹Ich sah den Herrn von Angesicht zu Angesicht, und meine Seele erfuhr das Heil› (Gen. 32,30)» (25). So schreibt der Zisterzienser Wilhelm von St. Thierry an die Brüder der 1132 gegründeten Kartause Mont-Dieu in den Ardennen. Er besuchte sie 1143/1144, und sicher nicht nur flüchtig, sondern in einem längeren Aufenthalt. Dessen Frucht ist die ‹Epistola ad Fratres de Monte-Dei› (1144). Wir stehen unter dem Eindruck, die Lebensform der Kartäuser sei das letzte und eigentliche Ziel gewesen, das der Kathedralschüler von Laon erträumte, als er sich für das monastische Leben entschied. Wie der zitierte Abschnitt aus dem einführenden Teil deutlich macht, entsprechen Ziel und Aufgabe der Kartäuser, wie er sie sieht, sehr genau dem, was er als persönliche Erfüllung ersehnte. Man vergleiche etwa mit ‹De contemplando Deo› 3,24 ff.

und ‹Meditativae Orationes› III und VII. Aber während in den frühen Schriften das Sehen von Angesicht zu Angesicht immer mit Ex. 33,10 (*non videbit me homo et vivet*) auf die *visio beatifica* eingeschränkt wurde, unterbleibt hier dieser Bezug, und das gilt für die ganze ‹Epistola› (mit der Ausnahme 297,5 f.). Die Aussage Jakobs, das Sehen von Angesicht zu Angesicht im irdischen Leben (*vidi*), bleibt ohne Begrenzung.

Die ‹Epistola aurea›, wie man das Werk schon frühzeitig nannte, gehört zu den verbreitetsten spirituellen Schriften des Mittelalters. Zum Teil ist dies der unterstellten Verfasserschaft Bernhards von Clairvaux zuzuschreiben, die seit Ende des 12. Jahrhunderts überhandnimmt; daneben galt auch noch der Kartäuser Guigo I. als Autor. Die jüngste, auch schon überholte Handschriftenliste, die von Honemann, führt 280 lateinische Textzeugen auf. Dazu treten Übertragungen in mehrere Volkssprachen, ins Altfranzösische, Altitalienische, Mittelhochdeutsche und Mittelniederländische, die mit Ausnahme der mittelniederländischen Texte – es handelt sich um eine Voll- und einige Teilübersetzungen – zu den frühesten Adaptationen der Väter- und Kirchenlehrerschriften überhaupt gehören: die altfranzösische Übertragung ist vor 1200, die mittelhochdeutsche um 1300, die altitalienische, in toskanischem Idiom, im (nicht näher bestimmbaren) 14. Jahrhundert entstanden. Die Überlieferung dieser volkssprachlichen Fassungen ist freilich schmal – alle Volltexte kennen wir nur aus je einer Handschrift. Der Grund dürfte im Adressaten der ‹Epistola› zu suchen sein: Es ist der lateinkundige Klosterbruder. Für Laienbrüder und -schwestern war sie eine «allzu anspruchsvolle geistig-geistliche Kost».[62]

Die Wirkungsgeschichte ist noch wenig erforscht. Deutlich sieht man indes den Einfluß auf die frühe franziskanische (Bonaventura, David von Augsburg) und die niederländische Mystik, sowie die Kontroverse, die Johannes Gerson ausgelöst hat.[63]

Im Unterschied zu den übrigen Schriften Wilhelms macht die ‹Epistola›, obenhin gesehen, einen wenig geordneten Eindruck. Es ist das Verdienst Déchanets, ihren Aufriß erkannt zu haben, und zwar auf Grund der Textgeschichte:[64] «Zwei aufeinanderfolgende Redaktionen» entsprechen zwei Werktypen: 1) der ‹Brief› an die Kartäuser von Mont-Dieu, «per-

---

[62] HONEMANN, S. 215. Dieser Untersuchung sind auch alle übrigen Daten zur Überlieferung zu entnehmen. Die Ausgaben der volkssprachlichen Übertragungen, sofern sie nicht Bestandteil von HONEMANNS Buch sind (die altfranzösische und mittelhochdeutsche sowie zwei mittelniederländische Teilübersetzungen), ebd. S. 96 f. und 453; S. 454: moderne Übersetzungen.

[63] Siehe den Überblick von DAVY 1946, S. 40–54; VERDEYEN II, S. 268–271; Bonaventura, Opera omnia, ed. Quaracchi X, S. 270; Jacques HEERINCKX, Influence de l'Epistola ad Fratres de Monte Dei sur la ‹Composition de l'homme extérieur et intérieur› de David d'Augsbourg, Études françiscaines 45 (1933), S. 330–347; Johanna Marie (WILLEU-MIER-)SCHALIJ, Willem van St. Thierry: ‹Epistola ad Fratres de Monte Dei›, Tijdschr. v. nederl. taal- en letterkunde 63 (1944), S. 56–60; dies., Eenheid des geestes bij Jan van Ruusbroec en Willem van St. Thierry, ebd. 65 (1948), S. 168–172.

[64] DÉCHANET, in der ‹Introduction› seiner Ausgabe, S. 31–49. Ein instruktives Schema der Aufgliederung beider Werktypen S. 36–38.

sönlich und familiär», mit Lob der eremitischen Lebensform, Verteidigung gegen deren Verächter, Ermahnung; 2) der «‹Traktat› über die drei Phasen der religiösen Vervollkommnung, didaktisch, unpersönlich», eine «Anthropologie» und «Theologie». Der ‹Brief› hat außer Präliminarien zwei Teile: ein «Direktorium» des eremitischen Lebens und Fragen, die der Praxis dieses Lebens gelten. Der ‹Traktat› gliedert sich in drei Teile, die den Phasen der Vervollkommnung entsprechen. Dabei hat der erste Teil, der sich vornehmlich an Novizen richtet, im Umfang ein deutliches Übergewicht.

Eine Geschichte der Mystik darf sich auf den ‹Traktat› und in diesem Rahmen im wesentlichen auf den 3. Teil beschränken. Dieser erhält ein geschichtliches Schwergewicht dadurch, daß er Kontroversen ausgelöst hat.[65]

b) In seinem ‹Traktat› unterscheidet Wilhelm drei *status* des Menschen «in der Zelle» – das ist der gottsuchende Mensch –: den sinnlichen (*animalis*), vernünftigen (*rationalis*) und geistigen (*spiritualis*) Stand. Ihnen sind drei *genera* zugeordnet, die je für alle Stände gelten: die beginnenden (*incipientes*), die fortschreitenden (*proficientes*) und die vollendeten (*perfecti*) Menschen (41,1–5). Dieses Schema wird so erläutert: «Sinnlich nenne ich nämlich Menschen, die für sich selbst, nicht aus Vernunft handeln, auch nicht vom Liebesverlangen bewegt werden. Indes, angetrieben von Autoritäten, beeindruckt von der Lehre oder aufgefordert von guten Vorbildern, bewirken sie Gutes, wo sie es eben finden. Wie Blinde, die an der Hand geführt werden, ahmen sie dem Beispiel nach. Vernünftig sind Menschen, die über die Urteilskraft der Vernunft, die Erkenntnis des Guten und das Streben darnach verfügen, aber noch nicht am Liebesverlangen teilhaben. Vollkommen sind die Menschen, die im Geiste wandeln und vom Hl. Geist voll erleuchtet werden. Weil sie das Gute, zu dem sie ihr Verlangen zieht, erquickt, werden sie weise genannt,[66] weil sie der Hl. Geist umkleidet, wie einstmals Gideon von ihm umkleidet wurde, nennt man sie geistig» (43,1–13).[67]

Die Reihe *animalis, rationalis, spiritualis* finden wir auch bei Bernhard von Clairvaux, in der 20. Hoheliedansprache, und hier ist, aus chronolo-

[65] In der Zeit Wilhelms: Déchanet, Apologie, 1939; ders., Les divers états du texte de la Lettre aux Frères du Mont-Dieu dans Charville 114, Scriptorium 11 (1957), S. 73–86, 75–85; zu späteren Kontroversen s. Verdeyen II, S. 268–273, zusammenfassend auf Grund des Standardwerks von André Combes, Essai sur la critique de Ruysbroek par Gerson I–III, Paris 1945–1949.

[66] Wortspiel *sapit – sapiens;* s. o. Anm. 49.

[67] Die Ausgabe von Déchanet postuliert zu Beginn des 2. ‹Traktats› eine «synthèse des trois états», S. 187–194. Das ist so nicht zutreffend. Hier wird nur der sinnliche dem geistigen *status* am Beispiel der Vogelmetapher Sperling-Turteltaube gegenübergestellt.

Beginn der ‹Epistola ad Fratres de Monte Dei› des Cod. 21
der Stiftsbibliothek Rein (Steiermark) aus dem Ende des 12. Jahrhunderts.
Es handelt sich um eine der wenigen Handschriften, die die Schrift Wilhelm zuschreibt;
doch ist der Name ausgeschabt worden.

gischen Gründen, an die Abhängigkeit Wilhelms zu denken.[68] Bernhard leitet das Aufstiegsschema aus Mt. 22,37 ab – Lieben aus ganzem Herzen (*cor*), ganzer Seele (*anima*) und allen seinen Kräften (*mens*) (20,4) – und faßt es im Schlußabschnitt zusammen: Die sinnliche Liebe lernt die Welt verachten und besiegen; die vernünftige steht so fest im Glauben, daß sie nichts mehr zu beirren vermag; die geistige, vom Hl. Geist durchdrungen, ist erhaben über alle Mühe und Qual und läßt sich auch von Todesfurcht nicht erschüttern (20,9). Natürlich ist Bernhard wie Wilhelm 1 Kor. 2,14.15 geläufig, wo Paulus den sinnlichen vom geistigen Menschen abhebt. Nur ist die biblische Antinomie dadurch aufgehoben, daß beide Autoren *animalis* auf den gottsuchenden Menschen beziehen und damit positiv bewerten. Nicht leicht erklärt sich die Zwischenstufe *rationalis*. Ich möchte am ehesten an die *ratio fidei* Röm. 12,6 als biblischen Ausgangspunkt denken, entspricht doch bei Bernhard und Wilhelm die Vernunft der Glaubenserkenntnis. Dazu tritt die geläufige Vorstellung von der *anima rationalis*.[69]

Stellt man die – vielleicht müßige – Frage, warum Wilhelm nicht zu dem ihm bekannten Schema der hierarchischen Akte *purgatio, illuminatio* und *perfectio* des Areopagiten gegriffen hat, so drängt sich die Antwort auf, daß der besondere Bezug der Liebe als Triebkraft der Vollkommenheit, die Bernhard dem Schema aufprägte, ihm die Bernhardische Reihe anziehender erscheinen ließ als spezifische Zustände und Akte der Vervollkommnung. Außerdem fand er im *status rationalis* und *status spiritualis* die ihm vertrauten Erkenntniskategorien von *ratio* und *amor, scientia* und *sapientia* wieder, jene als Fundament des Glaubens, diese als Kontemplation verstanden (s. o. 2.b).

Was die *genera* betrifft – später, in scholastischer Zeit, wird man von *habitus* sprechen –, so darf mit der Vermittlung Gregors des Großen gerechnet werden (Moralia XXIV 11.28; In Hiezech.hom. 15), auf den sich Thomas von Aquin ausdrücklich berufen wird (S. Th. II/II, q. 183,a.4). Die Kombination von zwei Tiraden ist die Eigenleistung Wilhelms.

Es ist nicht so, daß Wilhelm die *genera* der Beginnenden, Fortschreitenden und Vollendeten konsequent und systematisch je den drei *status* des sinnlichen, vernünftigen und geistigen Menschen zugeordnet hätte. Das erreicht erst der scholastisch geschulte Bonaventura. Jedoch hat Wilhelm die Art der Zuordnung klar erkannt. «Jeder (der drei *status*) hat eine ihm eigene Weise des Fortschreitens (*ratio proficiendi*) sowie ein sei-

---

[68] Als Wilhelm seine ‹Epistola› schrieb (1143/1144) lagen die ersten 24 ‹Cantica›-Predigten Bernhards seit sieben Jahren vor.

[69] BAUDELET, S. 108, denkt an den Einfluß des Origenes (In Jeremiam hom. XIV 10, PG 13, 415 A).

ner Artung eigenes Maß der Vollkommenheit (*mensura perfectionis*)
(44,3 f.). Der Anfang des Guten im sinnlichen Lebensstand (*conversatio*)
ist vollkommener Gehorsam. Fortschreiten (in diesem *status*) heißt seinen Leib unterwerfen und in seinen Dienst stellen; Vollendung, die
Gewöhnung im Gebrauch des Guten in Freude verwandeln. Der Anfang
des vernünftigen Menschen bedeutet, das zu erkennen, was die Glaubenslehre ihm vermittelt; das Fortschreiten heißt, das so aufbauen (*prae-
parare*), wie es ihm vermittelt wurde; die Vollendung ist erreicht, wie
die Urteilskraft der Vernunft in die Liebeskraft des Gemüts (*mens*) übergeht. Die Vollendung des vernünftigen *status* aber ist der Anfang des
geistigen Menschen; dessen Fortgang, mit unverhülltem Angesicht die
Herrlichkeit Gottes schauen (*speculari*), die Vollendung endlich, sich in
dessen Bild umformen, von Klarheit zu Klarheit, als vom Geist Gottes»
(vgl. 2 Kor. 3,18) (45,1–11).

So das Programm. Déchanet hat in seiner Ausgabe mittels eingescho-
bener Titel in der Übersetzung versucht, es im Text nachzuweisen, aber
das bleibt ohne Verbindlichkeit. In Wahrheit sind nur die drei *status*
deutlich voneinander abgehoben, an die *genera* wird nie erinnert.[70]

c) Wie ein Leitmotiv durchziehen Begriff und Vorstellung der *unitas
spiritus* alle Schriften Wilhelms. Sie spricht das Höchste aus, was dem
menschlichen Geist auf seinem Wege zu Gott möglich und faßbar ist.
Die Einheit des Geistes ist Schauen von Angesicht zu Angesicht (s. o.
S. 283; 288 f.), Einwohnung Gottes in der menschlichen Seele (s. o.
S. 285 f.), Erkenntnis in der Liebe, sei es durch die Ekstase oder im *transitus* (s. o. S. 290–294; 299–301; 308 f.), die Liebe des Hl. Geistes selbst
(s. o. S. 285, 301, 307). In der ‹Epistola› findet sie z. T. abschließende und
zugespitzte Formulierungen, und sie sind es, die wegen der umfassenden
Verbreitung des Werks Geschichte machten.

Die entscheidenden Ausführungen finden sich naturgemäß im 3.,
dem geistigen Menschen zugeordneten Teil, n. 257–263. «Die Einheit
des Geistes mit Gott ist für den Menschen mit erhabenem Gemüt (*sursum cor habenti*) die Vollendung des Willens im Aufstieg zu Gott, denn
er will nicht nur, was Gott will, sondern sein Liebesimpuls (*affectus*),
besser, die Kraft des Liebesimpulses ist so groß, daß er nichts anderes
wollen kann, als was Gott will (257). Wollen aber was Gott will, das
heißt Gott ähnlich (*similis*) sein, nicht anders wollen können, als was
Gott will, das heißt bereits, das sein was Gott ist (*quod Deus est*), für den

---

[70] Am ehesten ist die *perfectio* des geistigen Menschen in 276 markiert, aber auch nur
mit dem Stichwort *perfectio*; die letzten 25 Abschnitte bringen kaum Neues. Die *perfectio*
im *status spiritualis* wird vielmehr 257–263 und 268–269 vorgetragen.

Sein und Wollen eins ist. Daher ist wohlgesprochen, wenn es heißt: ‹Wir werden ihn› einst ganz ‹so sehen, wie er ist› (*sicuti est*) (1 Joh. 3,2), wenn wir ihm gleich sein werden, das ist: Wir werden das sein, was er ist (*quod ille est*). Welchen die Macht gegeben ist, Söhne Gottes zu sein, denen ist es auch gegeben, nicht zwar Gott zu sein, aber das zu sein, was Gott ist» (258).

Einssein im Willen: Auf der ersten Stufe, der *similitudo voluntatis,* wie es die ‹Expositio› formulierte (130,8), ist die Ähnlichkeit mit Gott, wie sie der Schöpfer dem Menschen einprägte, wieder hergestellt. Die zweite Stufe spricht die Einheit mit dem Was-sein Gottes aus. Sie wird aus dem *sicuti est* des 1. Johannes-Briefes abgeleitet, das die Gleichheit mit den göttlichen Wesenheiten, der Wahrheit, der Güte, der Gerechtigkeit, ausspricht, nicht aber die Einheit mit Gottes Sein. Auch bleibt das Sein *quod Deus est* dem auferstandenen Menschen vorbehalten.

Genau dies hat Wilhelm schon Med.or. III 7 ausgesprochen, nur geht er dort nicht von der schöpfungsbedingten *similitudo* aus, sondern von der Gottesschau. Gott zu sehen, wie er ist (*sicuti est*): Das kann keine Qualität und Quantität bedeuten, denn Gott ist, was er ist (*quia est quod est*). «Was heißt nun also ‹so wie er ist›? Das einzusehen übersteigt unser Vermögen (*super nos est*), denn sehen was du bist, bedeutet sein was du bist.»

Über diese Position geht Wilhelm in den folgenden Abschnitten hinaus. «Der Mensch wird eins (*unum*) mit Gott, ein Geist (*unus spiritus*), und dies nicht allein in der Einheit des selben Wollens, sondern durch ein gewissermaßen ausdrücklicheres Stehen in der Wahrheit (*sed expressiore quadam veritate virtutis*[71]) (262). Man spricht aber von dieser Einheit des Geistes nicht allein, weil der Hl. Geist den Menschengeist bewirkt und bewegt, sondern weil sie selbst der Hl. Geist, die Liebe Gottes ist. Sie, die Liebe des Vaters und des Sohns, ihre Einheit und ihr Behagen, ihre Güte und ihr Kuß, ihre Umarmung und alles, was ihnen gemeinsam ist in dieser erhabenen Einheit der Wahrheit und der Wahrheit in der Einheit, dies alles wird, in der ihm zukommenden Art (*suo modo*), dem Menschen in Bezug auf Gott zuteil, nämlich das, was in der wesenhaften Einheit (*consubstantialis unitas*) den Sohn mit dem Vater und den Vater mit dem Sohn verbindet ... In unaussprechlicher und unbegreiflicher Weise wird der Mensch gewürdigt, nicht zwar Gott zu werden, aber

---

[71] Die französische Übersetzung der DÉCHANET-Ausgabe lautet: «par je ne sais quelle expression plus vraie d'une vertu». Die Stelle ist schwierig. Doch glaube ich *quadam* (das in einer Handschriftengruppe fehlt) trotz der Satzstellung auf *expressiore* beziehen zu dürfen, denn dieses Wort ist der begrifflich nicht näher bestimmbare Terminus der Aussage. Die *veritas virtutis* bezieht sich eindeutig auf das *aliud velle non valendi*.

doch was Gott ist (*quod est Deus*): der Mensch wird durch Gnade, was Gott von Natur ist» (263).[72]

Die beiden Stufen der Einheit im Wollen entsprechen der früheren Aussage (258), aber die höhere Einheit steht unter einem neuen Vorzeichen: *fit homo unum cum Deo, unus spiritus*. Es ist dieses *unum*, das Bernhard in der 71. Hoheliedansprache von *unus* abhebt, da es die *unitas substantiae vel naturae* und mit ihr die *confusio naturarum* beinhalte (s. K 8,4.b). Wie aus dem Folgenden erhellt, meint Wilhelm mit dem *unum* freilich nicht die *unitas substantiae*, die das Sein mit einschließt, oder gar eine *confusio* von menschlicher und göttlicher Natur, sondern das *quod* Gottes, das hier mit der «Liebe des Vaters und Sohns» usw. ausführlich umschrieben wird. Dieses *quod* wird dem Menschen zuteil (*fit*), und zwar *suo modo*, d. h., wie es am Schluß des Abschnittes dann ausdrücklich steht, durch Gnade, aber die Verbindung mit der *consubstantialis unitas* der Trinität verleiht dieser Teilhabe wenigstens verbal eine ontologische Färbung. Zudem entfällt die Einschränkung auf das ewige Leben, wie sie der 1. Johannesbrief ausdrücklich vornimmt (*Scimus quoniam cum apparuerit, similes ei erimus; quoniam videbimus eum sicuti est*). Das bedeutet, daß diese Einheit – ich denke auf Grund erfahrener Gottesschau – als reale Teilhabe verstanden wird.

Wie diese, so erfuhr auch die Aussage, daß die Einheit des Geistes «selbst der Hl. Geist» und mit ihm die «Liebe Gottes» ist, eine kontroverse Beurteilung. In solchem Sinne hatte sich Wilhelm schon in der ‹Expositio› geäußert: «Diese Umarmung, diese Liebe ... ist der Hl. Geist, Gott die Liebe, zugleich Geber und Gabe» (95,17 ff.). Die Liebe, die wir als Gabe empfangen, ist der Hl. Geist selber.

Eben diese These hat wenig später Petrus Lombardus in seinen Sentenzen (I d.17,c.1.2) vertreten, und sie wurde berühmt, schon weil sich jeder Sentenzenkommentar damit auseinanderzusetzen hatte: *Spiritus sanctus caritas est Patris et filii, qua se invicem diligunt et nos, et ipse idem est caritas quae diffunditur in cordibus nostris ad diligendum Deum et proximum.* «Der Heilige Geist ist die Liebe des Vaters und des Sohns, mit der sie sich gegenseitig und uns [Menschen] lieben, ja er selbst ist auch die Liebe, die in unsern Herzen lebt, mit der wir Gott und den Nächsten lieben.» Als hauptsächliche Quelle gilt Wilhelm von St. Thierry.[73] Eine

---

[72] Zu dieser Partie s. VERDEYEN II, S. 260–268 mit Gegenüberstellung der entsprechenden Doktrin Bernhards in Serm.cant. 71.

[73] Siehe Édouard-H. WÉBER, Éléments néoplatoniciens en théologie mystique du XIII^ème siècle, in: RUH (Hg.), Abendländische Mystik, S. 196–217; zu Wilhelm S. 197 f.

andere Frage ist, ob dieser wirklich dasselbe vertreten hat.[74] In ‹De
natura et dignitate amoris› schrieb Wilhelm: «Alles was von Gott gesagt
werden kann, gilt auch von der Liebe, doch so, daß mit Rücksicht auf
die Natur der Gabe und des Gebers der Name (Hl. Geist) die Substanz,
die Gabe indes ihre Beschaffenheit (*qualitas*) bezeichnet. Doch mag man
emphatisch auch die Gabe Gott nennen» (15, S. 88, 21–25). Eben dieses
*per emphasim* dürfte für die obige Stelle zutreffen. In der Frühschrift
spricht der Theologe – es handelt sich ja um einen ‹Lehrgang› –, in der
‹Expositio› und in der ‹Epistola› dagegen der Spirituale. Dieser geht
nicht auf Abgrenzung aus, sondern auf die Bewegung der Herzen. Es
geht darum, daß wir uns, wenn wir Gott in Liebe umfangen, ganz von
ihm umfangen wissen.

Die *unitas spiritus,* wie sie Wilhelm immer wieder und unter verschiedenen
Gesichtspunkten dargestellt hat, löste – wie schon vermerkt wurde – Kontroversen
aus, die hier indes nicht vorgetragen werden sollen.[75] Der Verfasser scheint sie vor-
ausgesehen zu haben, verbindet er doch im Widmungsschreiben der ‹Epistola› mit
dem Wunsche, daß die Kartäuser-Brüder alle seine Schriften (die er aufzählt) lesen
mögen, die Befürchtung, daß sie in die Hände derer fallen, die, ohne selbst etwas
Nützliches zu schaffen, an allem, was andere hervorbringen, herumkritteln (*rodunt*).
Als «Greis und hinfälliger Mensch (*deficiens*)» möchte er sich dem «zupackenden
Eifer der Verleumder» nicht ausgesetzt sehen (14). Es hat den Anschein, als hätte
Wilhelm – im Frieden des Signy-Klosters! – bereits solche Erfahrungen gemacht.

d) Es blieb das Problem der Gottesgeburt in der menschlichen Seele
bisher ausgespart. Wie Hugo Rahner dargetan hat, wurde es von Origenes grundgelegt und von Gregor von Nyssa und Maximus Confessor zu
einer eigentlichen Lehre ausgebaut.[76] Die Nähe Wilhelms zu diesen
griechischen Vätern legt die Vermutung nahe, daß sie ihm das Theologumenon vermittelt haben. Verdeyen hat dafür vor allem ‹Epistola›
118/119 geltend gemacht, wo von der geistlichen Kommunion die Rede
ist. Sie sei zu jeder Stunde, Tag und Nacht, in der Zelle zu vollziehen.[77]
Entgegen Verdeyen kann ich in dieser Verinnerlichung – «intériorisation
de Cîteaux» – keinen direkten Zusammenhang mit der Geburt Gottes in
menschlichen Herzen erkennen. Die «geistliche Kommunion» besteht
klärlich in der Vergegenwärtigung des leidenden Christus (*in commemo-
ratione ejus qui pro te passus est,* 119,3), eine «Übung», die im stillen,

---

[74] VERDEYEN (den WÉBER leider übersehen hat) verneint es (II, S. 271 ff., bes. 289 ff.)
auf Grund von ‹Expos. Cant.› 95.

[75] Siehe Anm. 65.

[76] RAHNER, Gottesgeburt, S. 351–358, 373–383.

[77] VERDEYEN III, S. 191 ff. Daß Wilhelm die Kernstelle zur Gottesgeburt bei Origenes
(In Jeremiam IX 4) gekannt hat (S. 193), kann ich von keinem Text her bestätigen.

inneren Gebet ihre Parallele hat. Es genügt, auf Augustinus und Cassian zu verweisen.

So bleibt noch die Aussage in den ‹Meditativae orationes›: «Die Geburt des Sohnes aus dem Vater ist Ewigkeit der Natur, die Geburt in uns (*nativitas in nobis*) Gnade der Kindschaft. Jene Geburt verursacht und schafft nicht Einheit, sondern ist die Einheit selbst im Hl. Geist, diese Geburt ist nicht (durch Natur), sondern wird bewirkt durch den Hl. Geist» (VI 13). Hier wird, und nur hier, die Einheit des Geistes als Geburt verstanden und in Parallele zur trinitarischen Sohnesgeburt gesetzt. Aber nicht die Gleichheit wird hervorgehoben, sondern die Differenz. Und worin besteht diese Geburt? Es ist biblisch die Gotteskindschaft: Wir werden zu «Söhnen Gottes» (1 Joh. 3,1). In dieser «Adoption», «bewirkt durch den Hl. Geist», sind wir eins mit Gott. Das meint die alte Lehre von der Geburt Gottes, die in Gal. 4,19 ihren biblischen Ursprung hat («Meine Kinderchen, die ich abermals gebäre, bis Christus in euch Gestalt gewinnt»), nicht. Nimmt man das «Gestalt gewinnen» (μορφοῦσθαι) als zentralen Begriff der Lehre und das Herz als ihren Ort, so kann Wilhelm von St. Thierry nicht zu denen gehören, die Meister Eckhart die Lehre von der Gottesgeburt vermittelt haben.[78] Da auch Richard von St. Viktor, den Rahner ins Gespräch gebracht hat, in dieser Rolle ausscheiden muß (s. K 11,4.), bleibt nach wie vor offen, ob es eine mittelalterliche theologische Instanz gegeben hat, auf die Eckhart in dieser Lehre hätte zurückgreifen können.

Wenn ich recht sehe, ist Wilhelm in der Frage der Einheit unseres Geistes mit Gott, dessen, was wir die mystische *unio* nennen, nie zu einer eindeutigen Abgrenzung gelangt – und darin steht er Eckhart nahe! Bald wird sie als *visio beatifica* verstanden, bald erscheint das «Sehen von Angesicht zu Angesicht» als reale Teilhabe in irdischer Existenz. Eindeutig vertritt Wilhelm die kirchliche Lehre, wo er als Theologe spricht; es ist wohl unmittelbare Gotteserfahrung, die diesen Spiritualen der Sehnsucht bewegte, die Grenze zu überspringen und zu bezeugen:

*homo unum cum Deo.*

---

[78] Ich selbst habe (Meister Eckhart, München 1985, S. 142) Wilhelm in dieser Frage ins Gespräch bringen wollen, und Verdeyens Abhandlung schien mir recht zu geben. Seine Ausführungen hielten indes der Kontrolle durch die Texte nicht stand.

### Zehntes Kapitel

# Zisterzienseräbte in der Nachfolge Bernhards von Clairvaux

Die monastische Spiritualität Bernhards von Clairvaux und Wilhelms von St. Thierry in der ersten Hälfte des Jahrhunderts, genauer: in den Jahrzehnten von 1120 bis nach der Jahrhundertmitte, wurde in ihrer Höhe nie mehr erreicht. An ihr orientierte sich die mystisch-aszetische Frömmigkeit der folgenden Jahrhunderte bis zur Reformation. Eine Geschichte der abendländischen Mystik darf indes einige Zeitgenossen der beiden Großen nicht übergehen. Sie stehen in der Nachfolge des großen Abts von Clairvaux, sind jedoch imponierende Persönlichkeiten mit eigenen theologischen und spirituellen Konzeptionen. Sie vermögen die von Bernhard und Wilhelm geprägte monastische Theologie und das neue Frömmigkeitsbewußtsein nicht nur zu verdeutlichen und zu erweitern, sondern sie setzen andere Akzente und entwickeln sogar neue Ansätze. Stünden sie nicht auch wirkungs- und forschungsgeschichtlich im Schatten Bernhards – was ja auch schon für Wilhelm zutrifft –, so würden sie den Großen des Jahrhunderts zugerechnet. Das gilt jedenfalls für Guerric von Igny, Aelred von Rievaulx und ganz besonders für Isaac von Étoile.[1]

---

[1] Sie und weitere Zisterzienser, die als Schriftsteller hervortraten, behandelt mit reichen Textproben THOMAS, Myst. Cist., 1982.

# I. GUERRIC VON IGNY

*ingenio facilis, eloquio dulcis . . . quam*
*scientia scriptuarum insignis*
Joh. Trithemius (De script. eccl.)

1138 erhielt Wilhelm von St. Thierry, der wenige Jahre zuvor im Ardennenkloster Igny Zisterzienser geworden war, einen neuen Abt, den zweiten seit der Gründung: Guerric. Dies ist erwähnenswert, weil die beiden Persönlichkeiten, die fast ein Jahrzehnt, bis zu Wilhelms Tod i. J. 1148, die Spiritualität der Abtei bestimmen und deren frühen Ruhm begründen, gemeinsame Züge tragen. Wie Wilhelm besuchte Guerric eine Kathedralschule, die von Tournai, wo er Schüler Odons von Cambrai war. Und wiederum wie Wilhelm verzichtete er auf eine Magisterlaufbahn, weil er im kontemplativen Leben, und zwar in der strengen Form des Anachoretentums, sein Lebensziel erblickte. Lange Jahre lebte er in einem Haus nahe der Kathedrale in eremitischer Abgeschiedenheit. Während eines Besuches in Clairvaux bewog ihn Bernhard mit dem ihm eigenen sanften Zwang zum Eintritt in den Orden (um 1125), und dieselbe Unwiderstehlichkeit dürfte es gewesen sein, die den «érémite de désir» zum Abt von Igny bestimmte: offensichtlich gegen dessen eigentlichen Willen.[2] Er blieb in diesem Amt trotz schlechter Gesundheit bis zu seinem Tode i. J. 1157.[3]

Guerric war ein begnadeter Prediger. Die Hörerschaft war, wie es das ‹Exordium Magnum Cisterciense› bezeugt, seine Klostergemeinde. Diese Ansprachen sind uns wie diejenigen Bernhards – und das ist die Regel – in literarischer Ausformung überliefert. Als solche spiegeln sie zwar die vorgetragenen Predigten in ihrer theologisch-spirituellen Substanz, auch in ihren rhetorischen Elementen, sind aber nicht mit jenen identisch.

---

[2] Siehe: In rogat. serm. II (II, S. 260,10–21). – Im Lob der Wüste (*gratia deserti*) der 4. Adventspredigt (I, S. 134 ff.) glaubt man persönliche Töne zu vernehmen; Sehnsucht nach Ruhe: In assumpt. B. Mariae 3,2 (II 444,33 ff.).

[3] Zum Leben Guerrics s. die Introduction der Sermones-Ausgabe, S. 7–20. – Nur sehr ungenau ist die Geburt zu bestimmen. Da das ‹Exordium Magnum Cisterciense› (hg. von Bruno GRIESSER, Editiones Cistercienses, Rom 1961), eine Hauptquelle für das Leben Guerrics (dist. 3,c.8.9), bei seinem Tode von *plenus dierum* spricht, dürfte er nicht vor 1087 geboren sein. Es gibt Gründe, dieses Datum noch bis ins Jahrzehnt 1070–1080 zurückzuverlegen.

So sehen es auch die Herausgeber in aller wünschenswerten (und seltenen) Klarheit; s. Introduction, S. 20–25. In diesem Zusammenhang erlaube ich mir die weitergehende Überlegung, ob Guerric (und nicht nur er, sondern alle Prediger in seiner Situation) nicht in seiner französischen Muttersprache zu den Mönchen gesprochen hat. Tat er es vor der gesamten Klostergemeinde, wie man (zumeist stillschweigend) mit Recht annimmt, so wird diese Überlegung einigermaßen zwingend, waren doch die des Lateins unkundigen Laienbrüder in den Zisterzienserklöstern zumeist in der Überzahl.[4]

*Bibliographische Hinweise*

*Ausgaben:* PL 185, Sp. 11–214. — Guerric d'Igny, Sermons I/II. Introduction, texte critique et notes par John Morson et Hilary Costello. Traduction: Placide Deseille (SC 166/202), Paris 1970–1973 [zit.].

*Forschungsliteratur:* Bibliographie s. Morson/Costello, Introduction S. 81–83. — DAM VI (1967), Sp. 1113–1121 (Morson/Costello, eine Kurzform der Introduction). — Thomas, Myst. cist., S. 103–128. — Michael Gatterer, Der sel. Guerricus, Abt von Igny, und seine Sermones. Eine homiletische Studie, Zs. f. kath. Theol. 19 (1895), S. 35–90. — Deodatus de Wilde, De beato Guerrico abbate Igniacensi eiusque doctrina de formatione Christi in nobis, Diss. der Theol. Fakultät der Gregoriana Rom, Westmalle 1935. — Ders., La formation de Christ en nous d'après le Bienheureux Guerric d'Igny, COCR 1 (1934/1935), S. 193–198; 2 (1935), S. 9–18. — COCR 19 (1957), S. 207–317: 6 Beiträge von R. Milcamps/A. Dubois, M.-A. Fracheboud, J. Leclercq, M.-A. Decabooter, M.-C. Bodard, Sr. M.-Aleth zum 800. Todestag. — M.-André Louf, Une théologie de la pauvreté monastique chez le Bienheureux Guerric d'Igny, COCR 20 (1958), S. 207–222; 362–373. — John Morson/Hilary Costello, ‹Liber amoris›: What is written by Guerric of Igny? Cîteaux 16 (1965), S. 114–135. — Basil Pennington, Guerric of Igny and his Sermons for the Feast of the Assumption, Studia monastica 12 (1970), S. 87–95.

## Monastische Spiritualität in Klosteransprachen

Die Ansprachen des Abtes Guerric an seine Klosterbrüder bilden in ihrer zur Abschrift und Verbreitung bestimmten Gestalt eine geschlossene Sammlung von 54 Predigten, ein *liber,* wie es das Generalkapitel in seiner Genehmigung nennt.[5] Dieses Predigtbuch enthält bis auf wenige Ausnahmen Festtagsansprachen, in der Mehrzahl an Herren- und Marienfesten (37); zwölf davon gelten Heiligen (Johannes Baptista,

---

[4] Mit Genugtuung stelle ich im nachhinein fest, daß G. Salet in der Introduction der ‹Sermones›-Ausgabe Isaacs von Étoile (SC 130, S. 34) entsprechende Überlegungen zu erwägen gibt.

[5] ‹Exordium Magnum Cisterciense› (s. Anm. 3), dist. 3,c.8. Diese «Genehmigung» entspricht dem, was wir heute als ‹Nihil obstat› und ‹Imprimatur› der vorgesetzten Dienststellen bezeichnen.

Peter und Paul, Benedikt, Allerheiligen). Sie sind theologisch-spirituell wie sprachlich von hohem Rang, weshalb sie immer wieder Bernhard zugeschrieben oder mit dessen Predigten vermischt wurden.

Sie hier als Ganzes zu würdigen, ist nicht meine Absicht.[6] Ich hebe einzig hervor, was sie mit der Mystik Bernhards und Wilhelms verbindet und welche Themen eine besondere Ausformung und Akzentuierung erhalten haben.

a) Schon der Zyklus der Herren- und Marienfeste als solcher macht deutlich, daß der Prediger vornehmlich das Werk des Erlösers, des Mensch gewordenen Gottessohns, vergegenwärtigen will. Das geschieht in der eindrucksvollen Art, wie Bernhard und Wilhelm dieses Thema behandelt haben, weniger theologisch-lehrhaft, so luzid die Theologie zu nennen ist, die hier vermittelt wird, als im direkten Bezug auf den Hörer. Dieser wird verpflichtend in den Prozeß eingebunden, der sich zwischen Gott und dem Menschen vollzogen hat und immer noch vollzieht. In dieser spiritualisierten Theologie ist die Geburt Gottes in uns ein öfter behandeltes Thema. Zumeist wird es allerdings nur kurz berührt, aber man steht unter dem Eindruck, daß es dem Prediger stets gegenwärtig gewesen ist.

Am ausführlichsten spricht Guerric darüber in der 2. Ansprache am Fest der Empfängnis B. Mariae (II, S. 126–145). Das Textwort zeigt es an: *Verbum caro factum est et habitavit in nobis* (Joh. 1,14). Um von vornherein jedes theologische Mißverständnis auszuschließen, erklärt der Prediger: Nicht wurde Christus empfangen und dann mit dem göttlichen Wort vereinigt, sondern die Empfängnis als solche ist die Empfängnis des Verbums (2–8).[7] Wenn anschließend Prov. 9,1 *sapientia aedificavit sibi domum* zur Erklärung und Erweiterung der Textbasis herangezogen wird, so folgt Guerric der Vätertradition.[8] Er kann daher sagen: Die Weisheit errichtet «das Haus unseres Leibes im Schoße der Jungfrau» (9f.).

Das so zu Beginn exponierte Thema wird erst im zweiten Teil der Ansprache wieder aufgegriffen und durchgeführt. Der Prediger entschuldigt sich dafür, daß er zuerst einmal das unaussprechliche Mysterium der Inkarnation würdigen wollte – und was könnte den Menschen mehr zur Gottesliebe anspornen, als daß Gott seine Liebe zuerst dem Menschen zugewandt hat, indem er sich in der Knechtsgestalt entäußerte? (132 ff.). Die Empfängnis der Jungfrau ist indes, so fährt Guerric fort, «nicht nur

[6] Eine sehr konzise Würdigung findet sich in der ‹Introduction› der Ausgabe, Kap. II (S. 30–68).
[7] Belege in Anm. 1 der Ausgabe. – Die Ansprachen haben einen durchlaufenden Zahlenindex. Auf ihn bezieht sich die Angabe in der Rundklammer.
[8] Siehe Ausgabe, Anm. 2 zu I, S. 112.

ein Mysterium (*mysticum*), sondern eine sittliche Realität (*moralicum*), denn dieses Geheimnis ist auf die Erlösung ausgerichtet, ist für dich aber auch ein Beispiel zur Nachfolge ... Wenn du nämlich das Wort des himmlischen Boten getreulich aufnehmen willst, so kannst du selbst Gott empfangen, den die ganze Welt nicht zu fassen vermag, empfangen nämlich im Herzen, nicht im Körper, oder besser: auch im Körper, obgleich (diese Empfängnis) ein nichtkörperliches Werk und eine nicht-körperliche Manifestation ist, befiehlt uns doch der Apostel, Gott in unserm Leibe zu verherrlichen (1 Kor. 6,20)» (156–168). «Sieh die unaussprechliche Herablassung Gottes und zugleich die unbegreifliche Kraft des Mysteriums! Der dich geschaffen hat ist jetzt in dir geschaffen, und als ob es ihm zu wenig wäre, daß du ihn zum Vater hast, will er dich auch noch zur Mutter machen! ‹Jeder›, so sagt er, ‹der den Willen meines Vaters tut, ist mein Bruder, meine Schwester, meine Mutter (Mt. 12,50). O treue Seele, öffne deinen Schoß, erweitere deine Liebeskraft, damit es nicht zu eng in deinem Herzen wird (vgl. 2 Kor. 6,11 ff.), empfange den, den keine Kreatur begreift! Öffne dem Worte Gottes dein Ohr, um zu hören. Es ist der Weg der Empfängnis des Geistes zum Schoße des Herzens, dergestalt daß die Gebeine Christi – seine Tugend-kräfte – sich formen im Leibe der Schwangeren» (vgl. Eccl. 11,5)! Jetzt kann der Prediger die Seelen als Mütter ansprechen: «Ihr aber, selige Mütter eines so glorreichen Kindes, tragt Sorge um euch, ‹bis Christus in euch Gestalt gewinne› (Gal. 4,19). Tragt Sorge, daß kein äußerer harter Schlag die Leibesfrucht verletze! Habt acht, daß nichts in den Leib, das ist in die Seele gerät, das den Geist vernichtet, den ihr empfangen habt. Tragt Sorge, wenn nicht um euch, so doch um den Sohn Gottes in euch. Bewahrt euch, sage ich, nicht allein vor bösen Werken und bösen Wor-ten, sondern vor nichtigen Gedanken und todbringenden Ergötzlichkei-ten, die den Samen Gottes ganz ersticken. ‹Bewahrt eure Herzen, denn von ihm geht das Leben aus› (Prov. 4,23), bis die Frucht zur Reife gelangt ist und das Leben Christi, das jetzt verborgen ist in euren Her-zen, sich in eurem sterblichen Leibe regt. Ihr habt empfangen den Geist des Heils, aber nunmehr gebärt ihr, habt noch nicht geboren. Ist große Mühe beim Gebären, so großer Trost in der Hoffnung auf Entbindung. ‹Wenn die Frau gebären soll, ist sie beklommen, wenn aber das Kind geboren ist, denkt sie nicht mehr an ihre Nöte, (sondern steht) in der Freude, daß ein Mensch geboren ist› (Joh. 16,21), nämlich Christus, geboren in diese Welt unseres Leibes, welche wir die kleine Welt nen-nen. Denn der jetzt empfangen ist, Gott, in unsern Seelen und diesen gleich im Geiste seiner Liebe, wird dann als Mensch in unsern Leibern geboren werden und ihnen gleich sein im Leibe der Verklärung, in der

Klarheit, in der er lebt und verherrlicht ist, Gott in aller Ewigkeit der Ewigkeiten» (193–215). In dieser Darstellung mag uns zunächst der ‹Realismus› auffallen – oder sogar befremden. Das geistige Geschehen der Christwerdung in unseren Herzen wird mit der leiblichen Mutterschaft, mit Empfängnis, Schwangerschaft, Entbindung, veranschaulicht, wobei der familiäre Erfahrungskreis nicht verschmäht wird, so etwa in der Erwähnung von Verhaltensregeln, die für die werdende Mutter gelten.

So viel ich feststellen kann, ist Guerric in der Ausgestaltung der geistlichen Mutterschaft originell, so alt und vielfach bezeugt das Theologumenon als solches ist. Es war auch hier Origenes, der den entscheidenden traditionsbildenden Grund legte, und nahe liegt es, in ihm auch den Anreger Guerrics zu erblicken, waren doch die Werke des großen Alexandriners dank der Bemühungen Wilhelms von St. Thierry in Igny bestens vertreten.[9] Das bedürfte indes eines exakten Nachweises.[10] Die stark marianische und aszetische Färbung, die Guerric seiner Lehre von der Gottesgeburt gegeben hat, läßt jedenfalls in vorderster Linie an Ambrosius und Augustinus als Vermittler denken.[11]

Die Christusgeburt in uns ist, so formuliert es der Schluß der oben zitierten Predigt, auch ein Gleichwerden mit Gott. Das wird in der 2. Predigt über Mariae Geburt (II, S. 486–497),[12] die von verschiedenen Gestalten Christi handelt, näher ausgeführt. In dreierlei Gestalten erscheint Christus im Menschen: in der *forma corporalis* als unser Bruder, in der *forma moralis* als unser Lehrer, in der *forma intellectualis* als unser Gott (34–36). Die *forma moralis* hatte der Prediger vorher die «geistige Gestalt» (*forma spiritualis*) genannt: es ist Christus als *exemplar vitae et morum* (25–29). Als solcher nimmt er in uns Gestalt an (*formatus fuerit in nobis Christus*), was uns fähig macht, ihn nicht nur zu sehen, wie er sich uns auf Erden gezeigt hat, sondern wie er uns geschaffen hat (30–33), nämlich in der *forma intellectualis*. Das wird an dieser Stelle nicht weiter erörtert, aber aus dem späteren Zusammenhang erhellt, daß es sich um die *virtutes Christi* handelt, die das Textwort ausspricht: *Ego mater pulchrae dilectionis et timoris et agnitionis et sanctae spei* (Sir. 24.24). Das Gestaltge-

[9] P. VERDEYEN, La théologie mystique de Guillaume de Saint-Thierry, Ons Geestelijk Erf 51 (1977), S. 333–335.

[10] Er dürfte schwerfallen. Jedenfalls erlauben es die zahlreichen einschlägigen Stellen, die RAHNER, Gottesgeburt, S. 351–358, bei Origenes zitiert oder nachweist, nicht, eine unmittelbare Abhängigkeit wahrscheinlich zu machen.

[11] RAHNER, Gottesgeburt, S. 383–391. Guerric wird S. 396 als «Höhepunkt der marianischen Mystik» bezeichnet.

[12] Diese Predigt hat DE WILDE, Diss., S. 30–38 und COCR 1 (1934/1935), S. 194–198 in ihren Hauptzügen analysiert.

winnen Christi in uns wird wieder aufgenommen: *Christus in te formatus est* (104 f.), und zwar Christus als «reine Liebe und Furcht, als Erkenntnis und heilige Hoffnung».

Das *formari Christus in vobis* ist paulinisch: *Filioli mei, quos iterum parturio, donec formetur Christus in vobis* (Gal. 4,19). Es ist der biblische Ausgangspunkt für alle Vorstellungen des *Christus in nobis*. Guerric zitiert ihn immer wieder – wie später Meister Eckhart.

Man kann sagen, und man hat es gesagt, die Geburt Christi in seiner *forma moralis* und *intellectualis* hätte nichts mit Mystik zu tun;[13] diese fände erst in der ontologischen Ausformung den ihr gemäßen Ausdruck. Das ist einmal mehr eine Sache der Definition. Tatsache ist immerhin, daß Eckhart, der Kronzeuge dieser Lehre, nicht nur die spekulativen Ideen der Väter der Ostkirche, sondern auch die Tradition der lateinischen Kirchenfürsten Ambrosius und Augustinus aufgenommen hat.[14] Das gleiche gilt für Johannes Tauler. Wie immer man Guerrics Darstellung phänomenologisch beurteilen mag, sie gehört in die Tradition der abendländischen Mystik.

b) Wie bei allen seinen Zeitgenossen ist das geistige Leben für Guerric ein Aufstieg. Er vollzieht sich im Lichte göttlicher Gnade. Die Epiphanie ist der Festtag dieses Lichtes, das in die Nacht der Sünde und des Irrtums einbricht, ‹Surge, illuminare Ierusalem› (Jes. 60,1) das Schriftwort, das die Liturgie des Tages eröffnet. Zweimal predigt der Abt von Igny über dieses Wort: in der zweiten und dritten Ansprache an Epiphanie. An diesem Tage erheben wir uns aus der Finsternis und werden erleuchtet. Ich lasse die 2. Predigt in ihren wesentlichsten Punkten zu Wort kommen (I 254–269).

«Dank sei dir, ‹Vater der Lichter› (Jak. 1,17), der du uns aus der Finsternis in dein herrliches Licht berufen hast. Dank sei dir, der du (in der Schöpfung) gesprochen hast, ‹das Licht solle aus der Finsternis aufglänzen (*splendescere*)› und der du ‹in unseren Herzen aufgeleuchtet› bist, ‹damit wir erleuchtet werden zur Erkenntnis des göttlichen Glanzes auf dem Antlitz Christi› (2 Kor. 4,6). Ja, das wahre Licht, vielmehr das ewige Leben, besteht darin, dich zu erkennen, den einen Gott und den, den du (uns) gesandt hast, Jesus Christus. Wir erkennen dich (den Vater), da wir Jesus kennen, denn Vater und Sohn sind eins» (74–81). «Freilich», so fährt der Prediger fort, «erkennen wir dich nur im Glauben, aber dieser ist das Unterpfand der Erkenntnis *per speciem,* das heißt in der Schau (vgl. 2 Kor. 5,7). Der Glaube aber wird im Wehen des Hl. Geistes wachsen,

---

[13] So RAHNER, Gottesgeburt, S. 386, 389.
[14] Siehe K 2,7 mit Anm. 67.

‹von Klarheit zu Klarheit› (2 Kor. 3,18), auf daß wir von Tag zu Tag tiefer in die Fülle des Lichtes eindringen. Es wird der Glaube ausgeweitet, die Erkenntnis reicher, die Liebe glühender und umfassender. So führt uns der Glaube zur Schau, vergleichbar dem Stern, der uns zu unserm Herrn in Bethlehem geleitet» (81–89).

Das lenkt den Gedankengang auf die *Magi*. Sie, «die Könige aus dem Morgenland», brachen auf im Lichte des leuchtenden Gestirns und schritten unter seiner Führung auf der Straße der Gerechtigkeit fort zu dem «neuen Aufgang des morgendlichen Lichtes, bis sie endlich am Tage seiner strahlenden Herrschaft zur Schau des (göttlichen) Antlitzes im Mittagslicht gelangten» (109–114).

Schon in diesem Aufstieg mit den Stichwörtern *ingredi, proficere, contemplare* (110, 111, 113) kündigt sich der Dreischritt Gregors des Gro-ßen[15] an; im folgenden Abschnitt wird er auf den Begriff gebracht: Das Wachsen des Glaubens heißt, «daß er beginnt, fortschreitet und schließ-lich ans Ziel gelangt (*incipiat, proficiat, perveniat*)» (117f.). «So wie jene (die *Magi*) begannen mit dem Anblick (*visio*) des Sterns, fortschritten zum Anblick (*visio*) des Knaben, vollendeten mit der Schau (*visio*) Got-tes, so wird unser Glaube in der Verkündigung der himmlischen Lichter geboren, sodann gestärkt im Anblick einiger Bilder ‹im Spiegel und in der Rätselform› (1 Kor. 13,12), uns dargebracht als der Fleisch gewor-dene Gott, endlich vollendet, wenn wir nämlich das, was wir jetzt nur spärlich und flüchtig in Rätselgestalt erfassen, im Schauen als Wahrheit der (überwesentlichen) Dinge betrachten werden ‹von Angesicht zu Angesicht› (1 Kor. 13,12). Dann wird der Glaube sich in Erkenntnis ver-wandeln, die Hoffnung in Besitz, die Sehnsucht in das Verkosten (*fruitio*)» (119–129).

Die dritte Epiphanie-Ansprache (I 270–287) mit dem gleichen Text-wort kann wie ein Kommentar zur zweiten gelesen werden. Auch sie gilt dem Aufstieg zur vollendeten Gotteserkenntnis unter der Führung des Hl. Geistes. Über das Licht des Glaubens, der Gerechtigkeit und der Erkenntnis (*scientia*) gelangt der Geist zur *sapientia id est sapor et gustus aeternorum* (194–196). Mit der «schmeckenden» Weisheit wird die *fruitio* der früheren Ansprache erklärt. Neu ist der letzte Gedanke der Predigt: Es ist das feurige Gebet (*fervens oratio*), das die Weisheit entzünden wird, so wie die Lesung in das Licht der Erkenntnis führt (209f.). Mit dem «feurigen Gebet» erinnert Guerric, ohne ihn freilich zu zitieren, an die Gebetslehre des Cassian, den die benediktinische Ordensfamilie als Vater monastischer Kontemplation verehrt (s. K 3,2.c).

---

[15] Gregor der Große, Moralia in Iob XXIV, c. II, n. 28.

In der theologischen und spirituellen Substanz bietet Guerrics Gotteserkenntnis kaum mehr und anderes als Bernhard und Wilhelm, aber die
Akzentuierungen sind verschieden. Er weiß, daß zur Erkenntnis auch
Liebe gehört (II 260,87), aber sie wird nicht eigens thematisiert. Es ist
die Erleuchtung, die den Aufstieg vom Glauben zur Schau bestimmt,
und sie verleiht den Ausführungen des Predigers eine schöne Geschlossenheit. Wir werden vom Aufgang des Lichtes über den Morgenschim-
mer zum vollen Mittagsglanz geführt, «von Klarheit zu Klarheit». Man
denkt an Dantes Aufstieg durch die immer lichteren Himmelsräume *al
ciel ch'è pura luce* (Par. XXX,39).

Anhang
Ein Liebestraktat aus dem Umkreis Guerrics

Nicht endgültig entschieden ist die Frage, ob ein kleiner Traktat – es
könnte auch eine umgeformte Predigt sein – mit dem Titel ‹De
languore anime amantis› oder ‹Liber amoris›[16] (so in je einer der beiden
Handschriften, die ihn überliefern) Guerric zum Verfasser hat. Der ältere
Textzeuge schreibt ihn *Guerricus Abbas* zu, aber die Zweifel an der
Authentizität sind stärker und berechtigter als die Gründe einer
Zuschreibung. Die Schrift erreicht bei weitem nicht die Höhe der zisterziensischen Liebesmystik, die der Titel verheißt, verdient aber aus zwei
Gründen wenigstens ein peripheres Interesse:
   1. Der Autor greift die Zweiaugen-Lehre Wilhelms von St. Thierry
auf, und zwar offensichtlich in der Fassung der ‹Cantica›-Expositio
(c. 92), was die Ausnahme ist.[17] Er geht vom Hoheliedvers 4,9 aus (*Vulnerasti cor meum, soror mea, sponsa, in uno oculorum tuorum*), der zugleich
das Textwort des Traktats ist. Neu ist die Auslegung: Die Braut bedarf
der beiden Augen, der *cognitio* und der *dilectio* (bei Wilhelm *ratio* und
*amor*), um mit dem Erkenntnisvermögen den Sponsus zu erwählen und
mit der Liebe ihn zu verwunden, das heißt in Liebe zu entbrennen
(1–9). Das Auge der Erkenntnis ist wie eine Flamme, die die Finsternis
erleuchtet, gut und böse zu unterscheiden weiß; die Liebe aber ist ein
Feuer, das seinen Gegenstand zur Glut anfacht und belebt (10–15). Das
Auge der Erkenntnis wird dann ausgeschickt, um in der ganzen Welt des

---

[16] Hg. von DE WILDE, Diss., S. 187–196; MORSON/COSTELLO, Cîteaux 16 (1965),
S. 125–135 ⟨zit.⟩.
[17] Die biographische Brücke erklärt die Ausnahme: Wilhelm schrieb die Expositio in
Igny 1135–1137/38, Guerric wurde dort 1138 Abt.

Geschöpflichen den einzig würdigen Gemahl zu suchen und ihn der Braut zuzuführen (44–48). 2. Damit beginnt der Hauptteil, eine dramatische, d. h. in Gesprächsform vorgetragene Allegorie, und sie ist es, die noch einmal unsere Aufmerksamkeit erheischt. Vorbereitet ist sie durch Bernhards 9. Hohelied-Ansprache, und ein Seitenstück hat sie in der Parabel vom ‹Streit der Töchter Gottes›.[18] Wie REYPENS nachgewiesen hat,[19] handelt es sich um die Primärquelle der weitverbreiteten und in vielen, besonders volkssprachlichen Bearbeitungen, in Prosa und in Reimen ausgestalteten Allegorie von der ‹Tochter Syon›.[20] Sie gehört nicht zur Mystik, ist aber aus dem Geist der Zisterziensermystik hervorgegangen.

---

[18] Bernhard, Sermo I in Annuntiatione B. Mariae Virg., n. 6–14, Op.omn. V, S. 3–29. Auf ihm beruht die wohl nicht von Bernhard selbst verfaßte Parabel IX; Eduard Johann MÄDER, Der Streit der ‹Töchter Gottes› (Europ. Hochschulschriften I 41), Bern-Frankfurt/ M. 1971; Waltraud TIMMERMANN, Studien zur allegorischen Bildlichkeit in den Parabolae Bernhards von Clairvaux (Mikrokosmos 10), Frankfurt/M.-Bern 1982, S. 138–152; 219–268. – Für beide Schriften gilt CHENUS Bemerkung zu einem Allegorie-Typus des 12. Jahrhunderts: «l'explication a submergé la signification» (Théologie, S. 190).

[19] L[eonce] REYPENS, Het latijnsche Origineel der Allegorie ‹Vander dochtere van Syon›, Ons Geestelijk Erf 17 (1943), S. 174–178.

[20] Zur Orientierung ¹VL IV (1953), Sp. 478–484.

# II. AELRED VON RIEVAULX

*Pastor pius in Rievalle*
(Mathieu, Vorsänger in Rievaulx)

Aelred (Ethelred), Abt von Rievaulx (Yorkshire), 1110–1167, ist der bedeutendste Theologe unter den englischen Zisterziensern der Frühzeit – *Bernardo prope par Aelredus noster*[1] war so etwas wie ein geflügeltes Wort –, so wie sein Kloster, 1132 von Clairvaux aus gegründet, mit 140 Mönchen und 500 Konversen an Größe und Ansehen an der Spitze der englischen Zisterzienserabteien stand. Dies war das Verdienst Aelreds, der außerdem 25 Klöster seines Ordens gründete. Doch ist nicht die Tatkraft der Grundzug seiner Persönlichkeit, sondern eine unvergleichliche Serenität des Herzens und des Geistes.

Sein Ruhm zu Lebzeiten und sein Nachruhm als spiritueller Schriftsteller und glänzender Stilist waren nachhaltig; freilich dürfte beim Erfolg seiner Schriften auch die Zuschreibung einiger seiner Werke an Augustinus, Anselmus von Canterbury und Bernhard eine nicht unerhebliche Rolle gespielt haben.[2] Indes galt das lange Andenken doch vornehmlich seiner Person: 1191 heilig gesprochen, wurde er 1476 in England, 1871 allenorts in die Liturgie seines Ordens aufgenommen.

Aelreds Spiritualität umspannt vor allem den Bereich der Meditation und mit ihr das Vorfeld der Mystik. Nur selten, im Gebet und im Empfinden der Gottesliebe, nähert er sich mystischen Erfahrungen und den höchsten mystischen Erkenntnisstufen.

Der Forschung, die seit einigen Jahrzehnten sich intensiv des Abtes von Rievaulx angenommen hat, gilt er größtenteils als «Mystiker». Das ist eine Frage der Definition; nach meinen begrifflichen Abgrenzungen (s. Einführung 1. u. 4.) ist er es nicht. Er sollte jedoch, da es im Hause der Mystik viele Wohnungen gibt, in ihrer Geschichtsschreibung, die ebensosehr von einem allgemeinen Konsens als vom Ab- und Ausgrenzungsbedürfnis des Verfassers bestimmt sein sollte, nicht fehlen.

---

[1] Vielfach, aber immer ohne Quellenangabe zitiert. Doch finden sich entsprechende Formulierungen in den Laudationes, die der Ausgabe in PL 195 vorangehen. Siehe dort bes. S. 207.

[2] Augustinus zugeschrieben wurden eine Kurzfassung von ‹Spir. am› und ‹Inst. incl›, Anselmus einzelne Meditationen, Bernhard von Clairvaux und Richard von St. Viktor ‹Jesus ann. XII›.

## Bibliographische Hinweise

*Ausgaben:* PL 195, Sp. 209–796. – Aelredi Rievallensis Opera omnia I. Opera asce-
tica, Ed. Anselm HOSTE/Charles Hugh TALBOT (CC. Cont. Med. 1), Turnhout 1971.
– Aelred de Rievaulx, Quand Jésus eut douze ans, Ed. Anselm HOSTE, traduction
française par Joseph DUBOIS (SC 60), Paris 1958, ²1987. – Aelred de Rievaulx, La
vie de recluse, La prière pastorale. Texte latin, introduction, traduction et notes par
Charles DUMONT (SC 76), Paris 1961. – Sermones inediti B. Aelredi Abbatis Rievallensis, Ed. Charles Hugh TALBOT (Series Scriptorum S. Ordinis Cisterciensis 1),
Rom 1952.

Ich zitiere alle Schriften, die ich heranziehe, nach Op. ascet., indes ‹Quand Jésus eut
douze ans› nach der SC-Ausgabe. Abkürzungen: ‹De speculo caritatis›: ‹Spec. car.›;
‹De spirituali amicitia›: ‹Spir. am.›; ‹Cum esset Jesus annorum duodecim›: ‹Jesus ann.
XII›; ‹De institutione inclusarum›: ‹Inst. incl.›.

*Übersetzungen:*
*Englische:* Charles Hugh TALBOT, Christian Friendship by A. of R., London 1942. –
G. WEBB/A. WALKER, On Jesus at twelve years old, by Saint A. of R. (Fleur de Lys
series 7), London 1956. – Dies., A Letter to his Sister, by Saint A. of R. (Fleur de
Lys series 11), London 1957.
*Deutsche:* Karl OTTEN, Die heilige Freundschaft. Des sel. Abtes A. v. R. Büchlein ‹De
spirituali amicitia›, München 1927, ²1938. – Anselm HOSTE / Rhaban HAACKE,
Freundschaft. Gedanken des A. v. R., Konstanz 1968.
*Niederländische:* Hedwig VRENSEN, A. van R., Spiegel van de Liefde. Vertaling van
‹Speculum caritatis› (Monastieke Cahiers 28), Brügge 1985.
*Französische:* Siehe die SC-Ausgaben 60 und 76.
*Forschungsliteratur:* Bibliographie: Anselm HOSTE, Bibliotheca Aelrediana, Steen-
brugge 1962; Cîteaux 18 (1967), S. 402–407; CC. Cont. Med. 1 (1971), S. XIf.;
HALLIER, S. 181–187. – TRE I (1977), S. 533–535 (Martin ELZE). – William
Michael DUCEY, St. Ailred of Rievaulx and the ‹Speculum caritatis›. The Catholic
Historical Review 17 (Washington 1932), S. 308–317. – André WILMART, L'insti-
gateur du ‹Speculum caritatis› d'Ailred abbé de Rievaulx, RAM 14 (1933),
S. 369–394 [mit dem Brief Bernhards und der Praefatio Aelreds]. – Walter DANIE-
LIS, Vita Ailredi Abbatis Rievallensis. Translat. from the Latin with Introduction
(S. IX–LXXXIX) and Notes by F. M. POWICKE, London-Edinburgh-Paris-Mel-
bourne-Toronto-New York 1950. – David KNOWLES, The Monastic Order in
England, 943–1216, Cambridge 1950, S. 240–246, 257–266 u. ö. – Pierre COUR-
CELLE, Aelred de Rievaulx à l'école des ‹Confessions›, Revue des Études Augusti-
niennes 3 (1957), S. 163–174. – Amédée HALLIER, Un éducateur monastique: Ael-
red de Rievaulx, Paris 1959. – Aelred SQUIRE, Aelred of Rievaulx. A Study,
London 1969.

## 1. Meditation als *memoria* und Weg zur Kontemplation

Die Meditation gehört seit Anbeginn zu den Ausdrucksformen christlicher *religio,* erhält aber erst seit dem späten 11. Jahrhundert, mit Ansel-

mus von Canterbury,[3] spezifische Ausprägungen und literarische Konsistenz. Ihr Ort – und dies dürfte für das 12. Jahrhundert ausschließlich gelten – sind die Klöster, ihre Funktion ist monastische Erziehung.

In der Stufenordnung der Vervollkommnung kommt ihr ein ziemlich fester Stellenwert zu: Sie folgt der *lectio,* ja diese ist ihr eigentlicher Gegenstand. Das ist schon Väterlehre, am ausgeprägtesten bei Augustinus, und karolingische Theologen haben sie weiter tradiert.[4] Worte und Aussagen der Hl. Schrift werden immer wieder erwogen, eingeprägt, «gekaut», um mich der beliebten drastischen Ausdrucksweise im Anschluß an Lev. 11,3 und Deut. 14,6 zu bedienen.[5] In der Stufenlehre werden so *lectio* und *meditatio* bald getrennt, bald ineins genommen. Hugo von St. Viktor, der größte Systematiker seines Zeitalters, bietet beide Möglichkeiten an: *lectio . . . materiam ministrat, meditationem coaptat* (‹De meditatione›, SC 155, II 1, S. 46,16 ff.); *cogitatio – meditatio* (‹De modo dicendi et meditandi›, PL 175,116D): hier schließt die *cogitatio,* die «im Geiste vergegenwärtigt», die *lectio* mit ein. Der Meditation folgt dann die Kontemplation, so im an zweiter Stelle genannten Schema Hugos, das auch Richard von St. Viktor übernimmt. Gelegentlich wird nach der Meditation das Gebet eingeschoben, indem es zusammen mit jener zur *contemplatio* hinführt. So wiederum bei Hugo im erstgenannten Modell, dem sich Guigo II. anschließt.[6] Ohne großen Zwang läßt sich so für die Autoren des 12. Jahrhunderts eine Grundformel entwerfen:

*lectio (cogitatio)* → *meditatio* → ( + *oratio*) *contemplatio*

Als besonderer Typus der Meditation entwickelt sich im 12. Jahrhundert die *memoria* von Leben, Leiden und Sterben Christi; sie tritt an die Stelle der alten *lectio,* ohne diese zu verdrängen. Bernhard hat diesen Typus, wie oben dargetan wurde (K 8,2. b–d), mit kräftigen und farbigen Akzenten vorbereitet, aber keineswegs ausgeführt. Das geschah in späteren, ihm fälschlich zugeschriebenen Schriften. In dieser Tradition steht Aelred. Er dürfte der erste gewesen sein, der die *memoria vitae et passionis*

---

[3] ‹Meditationes et orationes›, Opera omnia, ed. Franciscus Salesius SCHMITT O. S. B., III 76–91. PL 158, Sp. 709–820, und die älteren Ausgaben enthalten 21 Meditationes, von denen die Nrr. 2,1,11 Med. 1–3 der SCHMITTschen Ausgabe entsprechen. Nur diese dürfen als echt gelten. Die Med. 15–17 sind Teile aus Aelreds ‹Inst. incl.› (Nachweis von A. WILMART, RAM 8 (1927), S. 276 f.).

[4] Siehe DAM X (Méditation), Sp. 908 f.; Smaragd von St. Mihiel († 830): DAM II 2 (Contemplation), Sp. 1937 f.

[5] Fidelis RUPPERT, *Meditatio – ruminatio,* une méthode traditionelle de méditation, Collect. Cist. 39 (1977), S. 81–93.

[6] Siehe K 7, II 2.; zur Stufenlehre der Viktoriner K 11, 2.d; K 12, 3.b.

*Christi* ausgeformt hat. Ihren Höhepunkt wird sie in den franziskanischen ‹Meditationes vitae Christi›[7] um 1300 erreichen.

Es sind vor allem zwei kleine Schriften, in denen Aelred die *memoria* Christi zusammenhängend vorgetragen hat: ‹De institutione inclusarum› und ‹Cum esset Jesus annorum XII›.

‹Inst. incl.› ist an seine leibliche Schwester gerichtet, die als Inkluse lebte und den gelehrten Bruder wiederholt um eine Lebensregel gebeten hatte (1,1 ff.). Die Abfassungszeit kann nicht bestimmt werden. Die Schrift enthält in ihrem 1. Teil die eigentliche ‹Regel› (2.–13.), und zwar im Anschluß an die Benedikt-Regel, im 2. Teil einen Lehrgang der Asketik (14.–28.); der 3. und letzte Teil (29.–33.), dem allein wir unsere Aufmerksamkeit schenken, entwirft eine Meditationslehre.

Die Betrachtungen zum Evangelium vom zwölfjährigen Jesus, vor 1157 entstanden, verstehen sich als Schriftauslegung (*expositio*) nach dem wörtlich-historischen (3.–10.), allegorischen (unter Einschluß des anagogischen) (11.–18.) und moralischen (19.–31.) Schriftsinn. Doch tritt die Exegese als solche stark zurück. Das zeigt schon der Adressat an, Yvo (Yves), Mönch von Wardon, einem Tochterkloster von Rievaulx.[8] Er wünscht nicht Information, sondern «Samenkörner frommer Meditation und heiliger Liebe» (1,3 f.), begehrt keine Erörterung (*quaestio*), sondern Andacht (*devotio*) (11,1 f.). Ohne dem Titel ‹Meditationen› gattungstypisch völlig gerecht zu werden, sind es indes beide Schriften nach ihrem Schwerpunkt und ihrer aktuellen wie geschichtlichen Bedeutung.

Aelred hat, im Anschluß an Bernhard, eine besondere Form der *memoria* entwickelt. Er ist als Autor in der 3. Person ‹Erzähler›, wobei er den evangelischen Bericht, da es doch um Vergegenwärtigung geht, erweitert und mit zusätzlichen Farben versieht. Das geschieht, verglichen mit späteren Texten (wohl noch nicht nach unserem Geschmack), mit Zurückhaltung. Die ‹Erzählung› gewinnt in nur bescheidenem Maße Eigenwert. Sie sucht ja mit der Nähe fromme Andacht zu erwecken. Wo er über das Evangelium hinausgeht, bringt Aelred zumeist den subjektiven Vorbehalt: «ich denke, ich meine, ich glaube». Noch häufiger als die Erzählerrolle ist die Anredeform. Der Verfasser wendet sich mit Fragen an die Personen des Geschehens, an Jesus und Maria, nicht um nach Reporterart Antworten zu erwarten, sondern im Dienst der *memoria*. Dieselbe Ausrichtung hat die Anrede an die Seele, das eigentliche Subjekt der Meditation.[9] Sie wird aufgefordert, hinzusehen und zu ‹erwägen›. Erzählen, Fragen, Aufforderung: alles ist *memoria* und unterliegt demselben Stilgesetz der Intensivierung und Emotionalisierung.

---

[7] ²VL VI, Sp. 282–290 (Ruh).

[8] Yvo ist auch Gesprächspartner im 1. Buch des dialogischen Traktats ‹Spir. am.›.

[9] In ‹Inst. incl.› tritt an Stelle der Seele die Inkluse, für die die Meditationen bestimmt sind. Auch in ‹Jesus ann. XII› wird gelegentlich die Seele mit dem Adressaten Yvo ausgetauscht.

Dies wird im Bereich der sogenannten ‹affektiven Mystik› Geschichte machen.

In der Schrift an die Inkluse, die die Meditation unter den Gesichtspunkt der Wohltaten Gottes in der Vergangenheit, der Gegenwart und der Zukunft stellt, ist es die Betrachtung der Vergangenheit, die die *memoria* auslöst. Angefangen mit Mariae Verkündigung, berücksichtigt Aelred alle Stationen von Jesu Kindheit und Jugend bis zur Taufe im Jordan, beschränkt sich bei Christi öffentlichem Wirken auf wenige Episoden, behandelt wiederum ausführlich die Ereignisse der Karwoche bis zur Begegnung des Auferstandenen mit Maria Magdalena. Das sind, abgesehen von ihrer heilsgeschichtlichen Bedeutung, auch die narrativ herausragenden Teile von Jesu Leben. Ich beschränke mich zur Dokumentation auf drei Ausschnitte aus der Passionsgeschichte.

Getsemane: «Er nahm Petrus und die Söhne des Zebedäus mit sich und zog sich an einen stillen Ort zurück. Betrachte indes von weitem, wie er unsere Bedürftigkeit auf sich genommen hat. Sieh, wie den, dem alles untertan ist, Furcht und Traurigkeit erfaßt: ‹Meine Seele›, so spricht er, ‹ist betrübt bis in den Tod.› Woher kommt diese Not, o mein Gott? Es ist Mitleid, das solches bewirkt, um uns den Menschen zu zeigen, der vergessen zu haben scheint, daß Du Gott bist. Du betest, das Gesicht zur Erde geneigt, und da geschieht es, daß Dein Schweiß wie Blutstropfen auf den Boden fällt. Doch was bleibst du, (meine Schwester), stehen? Eile herbei und fange diese kostbaren Tropfen mit deinen Lippen auf, lecke ihm den Staub von den Füßen! Nicht sollst du schlafen wie Petrus, so daß du nicht (die Worte des Herrn) hören mußt: ‹Kannst Du nicht eine Stunde mit mir wachen?›» (31,1101–1111).

Vor dem Richthaus: «Aber schon ist der Morgen da, und Jesus ist dem Pilatus überantwortet. Er ist angeklagt, und er schweigt ‹wie ein Schaf, das zur Schlachtbank geführt wird, und wie ein Lamm vor seinem Scherer den Mund nicht auftut› (Jes. 53,7). Sieh und merke, wie er vor dem Statthalter steht: das Haupt geneigt, die Augen gesenkt, mit sanftem Angesicht, karg in der Rede, bereit die Schmach zu dulden, willig die Geißelhiebe zu ertragen. Ich weiß, mehr kannst du, Schwester, nicht ertragen: nicht den Anblick seines lieben Rückens, von Geißeln verwundet, nicht seines Antlitzes von Backenstreichen getroffen, nicht das Antlitz des furchtbar entstellten, dornengekrönten Hauptes, nicht den Anblick der Rechten, welche Himmel und Erde geschaffen hat, entwürdigt durch ein Rohr» (31,1129–1138).

Vor dem Kreuz: «Du aber, Jungfrau (Maria von Bethanien), deren Vertrauen zum Sohn der Mutter größer ist als der Weiber, die ferne stehen, komm herbei zum Kreuz mit der jungfräulichen Mutter und dem

Beginn der Schrift ‹De Jesu puero› im clm 2689 der Bayerischen Staatsbibliothek aus dem 14. Jahrhundert (hier Bernhard von Clairvaux zugeschrieben).

jungfräulichen Jünger und schau dir dieses Gesicht von der Nähe an, wie es von Blässe umfangen ist. Und weiter: Vermagst du ohne Weinen die Tränen unserer lieben Frau zu erblicken? Bleibst du trockenen Auges, während die Lanze des Schmerzes seine Seele durchbohrt? Hörst du ohne Schluchzen, wenn der Sohn zur Mutter sagt: ‹Weib, siehe, das ist dein Sohn› und zu Johannes: ‹Siehe, das ist deine Mutter›, wenn er dem Jünger die Mutter anvertraut, wenn er dem Schächer das Paradies verheißt?» (31,1178–1186).

In der Schrift ‹Jesus annorum XII› kommt es dem wörtlichen Schriftsinn zu, die Ereignisse vom zwölfjährigen Jesus zu vergegenwärtigen, der mit seinen Eltern von Nazareth nach Jerusalem hinaufsteigt, dort in der Volksmenge verloren geht, von Maria und Joseph gesucht und nach drei Tagen im Tempel im Gespräch mit den Schriftgelehrten gefunden wird.[10] Wenig unterscheidet schon den Bericht des Evangelisten von einer rührenden Kindergeschichte, wenn auch die Heiligkeit des göttlichen Knaben nie außer acht gelassen wird. Aelred weiß es und wird beidem gerecht: dem Familienereignis vom dörflichen Jungen, der im Gewühl der Großstadt verloren geht, aber bestens zurechtkommt, während die Eltern ihn verzweifelt suchen, wie auch der heiligen Geschichte, in der der Knabe unser Erlöser ist.

Da ist der Knabe Jesus im Menschentrubel der Heiligen Stadt. «Ich möchte schon glauben, daß in diesem lieblichen Antlitz sich die Gnade des Himmels so deutlich gespiegelt hat, daß er aller Augen auf sich zog, eines jeden Aufmerksamkeit erregte und allgemeine Sympathie auslöste. Sieh, ich bitte dich, wie er von den einen gezogen, von andern zurückgehalten wird: Greisinnen küssen ihn, junge Leute umarmen ihn, Kinder erweisen ihm Gefälligkeiten. Und welche Tränen bei den Kleinen, wenn er wiederholt von den Männern zurückgehalten wird! Welche Klagen bei den heiligen Frauen, wenn er allzu lange beim Vater und dessen Freunden verweilt» (I 5,20–28).

Drei Tage verbrachte Jesus allein in Jerusalem. «Während dieser drei Tage, wo warst Du, guter Jesus? Wer gab Dir Speise und Trank? Wer bereitete Dir das Lager? Wer entkleidete Dich? Wer salbte und badete die knabenhaften Glieder? Ich weiß wohl, daß du freiwillig unsere Schwäche auf Dich genommen hast, so wie Du, wenn Du wolltest, Deine eigene Kraft gezeigt hättest. Und ebenso, wenn Du wolltest, bedurftest Du unserer Gefälligkeiten nicht. Wo warst Du also, o Herr?

---

[10] Es dürfte sich um die früheste *memoria* des 12-jährigen Jesu handeln. Ernst BENZ (Die Vision, Stuttgart 1969) kennt sie nicht, nimmt entsprechende Darstellungen im 13. Jahrhundert an und dokumentiert sie erst mit Maddalena de' Pazzi (1566–1607).

Es verlockt, darüber sich dieses und jenes einzubilden, zu vermuten oder zu glauben. Aber etwas kühnlich zu versichern, geht nicht an. Was sagst Du dazu, mein Gott? Ist es etwa so, daß Du, um in allem unserer Armut gleich zu sein und alle Mühseligkeiten unseres Elends auf Dich zu nehmen, wie einer aus der Schar der Bettler von Tür zu Tür betteltest?» (I 6, 14–26).

Wie Maria und Joseph den Knaben im Tempel finden, wendet sich der Erzähler an die Gottesmutter: «Sage es mir, o meine liebe Frau, Mutter meines Herrn, welche Gefühle bewegten dich, welches Erstaunen, welche Freude, als du deinen allerliebsten Sohn, den Jesusknaben, gefunden hast, und nicht unter Kindern, sondern unter Doktoren, wie du merktest, daß sie alle ihre Augen auf ihn richteten, ihm ihr Ohr liehen und du vernahmst, wie sie insgemein, Junge und Alte, Gelehrte und Ungelehrte, über seine Klugheit und über seine Antworten redeten!» (I 8,14–20).

Die Vergegenwärtigung des Lebens und Leidens Christi, wie sie in diesen Texten ihren Ausdruck findet, bewirkt die emotionale Hingabe an den Mensch gewordenen Gottessohn, aber nicht um ihrer selbst willen. Das geht schon aus dem Textzusammenhang hervor, in dem die *memoria* steht. In der ‹Inst. incl.›, die im Meditationenteil die *beneficia* Gottes preist, führt von der Betrachtung der vergangenen zur Erwägung der gegenwärtigen und der zukünftigen Wohltaten, das ist zur Erfahrung (*experientia,* 33,1520) von Gottes Wirken in der Welt und zur Erwartung (*exspectatio,* ebd.) der endzeitlichen Ereignisse, also zur Einsicht in den Verlauf der Heilsgeschichte. Das ist auch in ‹Jesus ann. XII› der Fall. Der allegorische Schriftsinn ist es, der das Evangelium vom zwölfjährigen Jesus auf die Heilsgeschichte ausrichtet (III 16,26–18,43). Die moralische Auslegung aber zeigt das Ziel der *memoria* an: «Christus gleichförmig zu werden (*conformari Christo*) und in seine Fußspuren zu treten» (III 19,2 f.). Das ist ein Weg zur Christusmystik im Sinne Bernhards (K 8,2 f.). Über dies hinaus und in ausführlicher Darstellung führt Aelred die Meditation weiter zur Kontemplation. Das ist ein Aufstieg: der Aufstieg von Nazareth nach Jerusalem. Dort entsprechen die drei Tage von Jesu verborgenem Aufenthalt einem dreifachen Licht der Kontemplation: «Diese drei Tage verstehe ich (wie ich hoffe) nicht unangemessen als dreifaches Licht der Kontemplation: Was immer nämlich die erleuchtete Geistseele (*mens*) zu erkennen vermag, glaube ich auf Gottes Macht (*potentia*), Weisheit (*sapientia*) und Güte (*bonitas*) beziehen zu dürfen» (III 23,8–12).

Es ist dies eine der ganz wenigen Stellen – sie wiederholt sich in erweiterter Form III 25,1–16 –, in denen Aelred die Gottesschau ins Auge faßt: mit entschiedener Zurückhaltung und in der Art des Theologen, nicht des Spiritualen, der sich so inbrünstig in die *memoria* versenkte. Hier sind präzis die Grenzen des «Mystikers» Aelred aufgewiesen.

Soviel ich sehe, ist die Verbindung der Gottesschau mit den augustinischen Seelenkräften — scholastisch formuliert: den göttlichen Appropriationen — Eigengut Aelreds.

Daß die *memoria* Christi im Fleische die betrachtende Seele auch zu seiner Göttlichkeit hinführt, eine seit Bernhard häufige Vorstellung, ist auch die Lehre Aelreds. So predigt er an Christi Himmelfahrt: «Gewiß, meine Brüder, es ist ein großes Gut und ein großes Glück, den Herrn Jesus Christus nach seiner Menschheit zu kennen, ihn zu lieben, an ihn zu denken, in unserm Herzen[11] ihn zu sehen in seiner Geburt, in seinem Leiden, mit seinen Wunden, im Tode und in der Auferstehung. Aber eine noch größere Freude ist die Freude dessen, der mit dem Apostel sagen kann: ‹Wenn wir Christus nach dem Fleische gekannt haben, so erkennen wir ihn jetzt nicht mehr so› (2 Kor. 5,16). Eine große Freude ist es, unsern Herrn zu betrachten, wie er in der Krippe liegt, aber noch größer ist sie, ihn zu sehen, wie er herrscht im Himmel. Eine große Freude ist es, ihn zu sehen, wie er die Brust (seiner Mutter) saugt, aber noch größer ist sie, zu sehen, wie er alles erhält. Eine große Freude ist es, ihn in den Armen einer jungen Frau (*puellae*) zu erblicken, aber noch wunderbarer, ihn zu schauen, wie er Himmel und Erde regiert» (PL 195, 309 D-310 A).

## 2. Sabbatliebe im ‹Speculum caritatis›

Der ‹Liber de speculo caritatis› gilt als das spirituelle Hauptwerk Aelreds. Das trifft zu nach Umfang und Wirkung sowie der Reichhaltigkeit der Themen. Indes wirken die beiden Schriften, mit denen wir uns bisher beschäftigt haben, nicht nur geschlossener, sondern in der Durchführung ihrer Themen konzentrierter. Das liegt in der Anlage des Traktats begründet.

Auf ziemlich autoritative Veranlassung Bernhards von Clairvaux im Jahre 1142 entstanden, ist das ‹Spec. car.› vom Werktypus her eine Mischform. Aelred selbst spricht von ‹Meditationen› (III 40,113), doch ist die Schrift damit nur teilweise charakterisiert. Sie ist vor allem an die Novizen von Revesby (Lincolnshire) gerichtet – wo Aelred als Novizenmeister, später als Abt (1143) tätig war, bevor er die Leitung von Rievaulx übernahm –, und dies bedingt Lehrhaftigkeit. Sie findet ihr Signum im Titel *speculum*. So durchdringen sich die Werkformen *meditatio* und *speculum*.

---

[11] *In corde suo* ergibt keinen Sinn. Ich konjiziere für *suo: nostro*. Das ‹Sehen› vollzieht sich ja in der *memoria*.

Hundert Kapitel sind auf drei Bücher verteilt. Auf deren Inhalt verweist
der Autor in knappster Form in seiner an Bernhard gerichteten Vorrede:
Das erste Buch behandle die Vortrefflichkeit und Würde der *caritas* und
die Verworfenheit der *cupiditas*,[12] das zweite antworte auf berechtigte
Klagen (der Novizen), das dritte lege dar, was Liebe ist (4,127–132).
Am ehesten entspricht das 1.Buch dem Meditationen-Typus. Es ist
kaum strukturiert, der Stil überwiegend gebethaft. Hauptthema ist die
Liebe als Geschenk Gottes und, vor allem, als Tugend, die alle anderen
Tugenden, deren Wurzel sie ist, umschließt. Das 2.Buch mit ausgespro-
chenem *speculum*-Charakter liest sich wie ein Novizentraktat. Eine
Novize als Gesprächspartner wird eingeführt, was Intensität und Ver-
bindlichkeit der Lehre zu steigern vermag. Das 3.Buch dient der
Wesensbestimmung der Liebe und nähert sich in der psychologischen
Orientierung stark dem – verbreiteten – Typus der ‹De anima›-Schrif-
ten.[13] Im Mittelpunkt steht die sorgfältig durchdachte und klar formulierte Affektenlehre.

In der Liebeslehre, die in ihren Grundzügen Bernhard nahesteht,
ohne ihn nachzuahmen, hat Aelred einen besonderen Bereich erschlossen. Er sieht Liebe erfüllt in der Ruhe. Wie sehr dies persönlich bedingt
und erfahren ist, erweist seine Bekehrung, wie er sie I 79–82 darstellt.[14]
Er erfährt in ihr, daß des Herrn Joch sanft und seine Last leicht ist
(Mt. 11,30), erfährt, wie «in Gottes Liebe Freude, in der Freude Ruhe, in
der Ruhe Sicherheit ist» (I 80,2 ff.). Der geistige Sabbat wird so zu seiner
Lieblingsvorstellung. Ihm sind die Betrachtungen I 51–58, 78 gewidmet
sowie der erste Hauptteil von Buch III: 1–19, in einer Ausführung, die
in ihrer Formgebung bereits an eine scholastische Quaestio erinnert.
Aelred unterscheidet drei Sabbatzeiten: den 7.Tag, das 7.Jahr und das
50. Jahr nach 7 mal 7 Jahren: Sabbat der Tage, Sabbat des Jahres, Sabbat
der Sabbate (1). Der Unterschied dieser drei Sabbate aber ist in dreierlei
Liebesformen zu erkennen: in der Liebe zu sich selbst, zum Nächsten
und zu Gott (3–5). Sie werden gegenseitig empfangen, genährt, entzün-

---

[12] Präziser ist die Zusammenfassung von Buch I zu Beginn von II 1. Wie die Gliederung in Bücher, so stammen auch die Tituli der Kapitel vom Autor; s. Wilmart, S. 376.
[13] Aelred selbst hat eine solche verfaßt: Dialogus de anima, Op. omn. I, S. 683–754.
Die zeitgenössischen ‹De anima›-Texte zusammengestellt bei Ruh, Liebeslehren, S. 160.
[14] Bekehrung (*conversio*) meint häufig nur den Klostereintritt. Das trifft auch für Aelred
zu, indes, wie sein vortrefflicher Biograph Walter Daniel ausführlich berichtet (Powicke,
S. 9–16), in einer jähen Form von Betroffenheit, die den jungen, verwöhnten Hofmann
beim Schottenkönig in die Zelle der soeben erst gegründeten Abtei Rievaulx fliehen läßt.
In seiner eigenen Darstellung im ‹Spec. car.› tritt das Biographische fast ganz zurück.
Misch, Autobiographie III 2.1, betont die starke Ausrichtung nach Augustins ‹Confessiones› (S. 471–476); dazu auch Courcelle, S. 163–174.

det, gleichzeitig gelangen sie zu ihrer Vollendung, nicht aber werden sie gleichzeitig erfahren. In allen aber ist göttliche Ruhe. Aelred wird nicht müde, sie als höchstes Gut zu preisen. «Der geistliche Sabbat ist die Ruhe des Geistes, der Friede des Herzens, die Stille des Gemüts» (3,58 f.). Die von dieser Liebe erfüllte Seele «erfährt keine Unrast, keine Unordnung, nichts beunruhigt sie, nichts tritt ihr entgegen, alles in Beglükkung, alles in Eintracht, alles im Frieden und in der Stille» (6,114–116). Der Verfasser betont zwar die Einheit solcher Liebe in ihrer Beglükkung, ordnet sie aber dennoch einem Stufengang der Seele zu. «In jedem Sabbat ist Ruhe, ist Gelöstheit, ist eine geistliche Sabbatwerdung (sabbatizatio). Im ersten Sabbat ist Ruhe in der Reinigung des Gewissens, im zweiten eine höchst innige Verbindung vieler Herzen, im dritten die Gottesschau selbst. Im ersten Sabbat wirst du frei vom Bösen, im zweiten frei von der Begierde, im dritten bist du gänzlich frei von aller Anspannung. Im ersten Sabbat kostet die Seele, wie lieblich Jesus in seiner Menschheit ist, im zweiten sieht sie, wie vollkommen er in der Liebe ist, im dritten wie erhaben in der Gottheit. Im ersten Sabbat gelangt sie zu ihrer inneren Sammlung, im zweiten tritt sie aus sich heraus, im dritten wird sie über sich hinaus gerissen» (19,351–360).

Hier, in der raptus-Vorstellung, berührt Aelred den mystischen Weg zur Gottesschau. Ich sage «berührt», weil er ihn nur nennt und von keiner Erfahrung mittragen läßt. Das bestätigen die Abschnitte 17/18, die im besonderen dem Sabbat der Sabbate, dem «Jubeljahr», gewidmet sind. Dieses geht wohl über die Liebeszuwendung des 1. und 2. Sabbats hinaus, ist die «Fülle des Geistes», die indes nicht im jähen raptus erfahren, sondern in einem Loslösungsprozeß erreicht wird. Auch handelt es sich in dieser Gottesliebe, die zugleich Gottesschau ist, nur um einen Vorgeschmack (praegustus, 2,2).[15]

Das ist auch Selbstbescheidung. Aelred will ein Hinker sein von Geburt, «zu schwach, um zu sehen, unfähig hinanzusteigen, unwürdig weiterzukommen».[16] Er schreibt sich keine mystischen Zustände oder gar Entrückungen zu. Aber im Vorgeschmack himmlischer Seligkeit steht er in der Sehnsucht der Wartenden.

---

[15] Ich berücksichtige die Stellen nicht, die M.-André FRACHEBOUD im DAM-Artikel ‹Divinisation› (III, Sp. 1411) zusammengestellt hat: Sie sind zwar im Kernbereich mystischen Denkens angesiedelt, aber die Herausstellung eines einzigen Begriffs, hier der Vergöttlichung, lenkt den Blick auf einen Punkt, dem im Textzusammenhang ein anderer Stellenwert zukommt. Es ist die Ganzheit einer Schrift, die meine Wertung in der Frage mystischer Erfahrung und mystischer Spiritualität bestimmt.

[16] Zit. bei THOMAS, Myst. cist., S. 147.

«O ewige und wahre Liebe, o wahre und geliebte Ewigkeit, o geliebte und ewige Wahrheit, o ewige und wahre geliebte Dreieinigkeit! In ihr ist Ruhe, in ihr ist Friede, in ihr ist selige Stille, in ihr ist stille Seligkeit, in ihr ist selige und stille Freude» (‹Spec. car.› I 14, 201–204).

## Anhang
## Pierre von Blois
### ‹De amicitia christiana et de dilectione Dei et proximi›

Pierre von Blois (1130/35–1211/12), Weltpriester, im Dienste weltlicher und geistlicher Herrscher in Frankreich und England, knüpft in seinem Hauptwerk so eng an Aelreds ‹De spirituali amicitia› und ‹De speculo caritatis› an, daß er an dieser Stelle, freilich gleichsam nur im Vorbeigehen, die Aufmerksamkeit des Geschichtsschreibers der Mystik auf sich zu lenken vermag. Der Titel seines nach 1200 entstandenen Buchs zeigt an, daß er die genannten Schriften Aelreds zu einem einzigen Werk zusammengeschlossen hat.

Über Pierre von Blois orientiert zuverlässig DAM XII (1986), Sp. 1510–1517 (R. KOEHN).
*Ausgaben:*
PL 207, Sp. 871–958. – M[arie]-M[adeleine] DAVY, Un traité de l'amour du XIIᵉ siècle. Pierre de Blois, Paris 1932 [lat. Text und französ. Übersetzung, Einführung] [zit.].

Pierre von Blois gilt als Plagiator, nachdem man ihm nachweisen konnte, daß er, im ersten Teil seines Doppeltraktats, Aelreds ‹Spir. am.› zu drei Vierteln abgeschrieben hat.[17] Er zog ebenso, im zweiten Teil, das ‹Spec. car.› heran, etwa in seinen Ausführungen über den geistlichen Sabbat (II 11–17), aber, soviel ich sehe, keineswegs schlichtweg als Vorlage zur Kopie, sondern um es mit eigenen Akzenten zu versehen

---

[17] Nachweis des Plagiats: Vgl. die knappen, aber ausgewogenen Bemerkungen Friedrich OHLYs in: ‹Außerbiblisch Typologisches zwischen Cicero, Ambrosius und Aelred von Rievaulx›, in: F. O., Schriften zur mittelalterlichen Bedeutungsforschung, Darmstadt 1977, S. 348 f. Dazu noch: John C. MOORE, Love in Twelfth-Century France: Failure in Synthesis, Traditio 24 (1968), S. 429–443, bes. 429 f. Kann die starke Abhängigkeit Pierres von Aelred entschuldigt werden, so nicht die Art, wie die Herausgeberin M.-M. DAVY den Fall behandelt hat: mit fast gänzlichem Stillschweigen. Nur dreimal weist eine Anmerkung auf Aelred hin und so, als handle es sich um eine schlichte Parallele. Auf S. 34 der Einleitung ist zu lesen, daß Pierre allen vorgängig genannten Autoren und Schriften verpflichtet ist, so auch Aelred, der wie Pierre ein Schüler von Cicero gewesen sei. Stark und wiederholt wird die Cicero- sowie die Augustinus-Beziehung betont, als wäre sie nicht im wesentlichen durch Aelred vermittelt. In der Analyse des *caritas*-Teils weist sie vorwärts auf Thomas von Aquin, von der Abhängigkeit von Aelred hätte vermerkt werden müssen. Ein krasses Beispiel ist, daß Pierre in den Ausführungen über die *caritas* als Mutter und Wurzel aller Tugenden, dem Grundthema des 1. Buches von Aelred (s. o.), zum «Vorläufer» des Aquinaten avanciert wird (S. 46 f.).

und zum Teil neu zu formulieren.[18] Dasselbe gilt für die Affektenlehre (II 42–62). Man müßte schon die Texte genauer, als dies geschehen ist, miteinander vergleichen, um Pierre gerecht zu werden. Wer schrieb eigentlich im Mittelalter nicht ab? Jedenfalls hat das verständliche und ach so gelehrte Vergnügen am Plagiatnachweis den Blick auf das Eigene dieses Theologen (von dem ein umfangreiches Œuvre in über 500 Handschriften und 8 Gesamtausgaben in Drucken vorliegt[19]), einigermaßen verstellt.

Ich sprach von «eigenen Akzenten». Sie rechtfertigen in unserem Zusammenhang kaum ein besonderes Eingehen, wohl aber trifft dies für das Schlußkapitel zu, das, so viel ich feststellen kann, unabhängig von Aelred ist.[20] Hier (II 64) handelt der Autor im Anschluß an Eph. 3,18 f. von den Dimensionen der göttlichen Liebe (*longitudo, latitudo, sublimitas, profunditas*). Ihre Länge ist ohne Anfang und Ende, ihre Breite bedeutet, daß die Güte Gottes weit ausgegossen ist, denn Gott will das Heil aller Menschen (1 Tim. 2,4). Ihre Höhe ist die Erhabenheit der Glorie Gottes, ihre Tiefe das Niederbeugen (*inclinatio*) der göttlichen Herrlichkeit und ihre Entäußerung (*exinanitio*) bis zur Knechtsgestalt, zu Schmach und Tod (S. 578). Dieser Gottesliebe sollte unsere Liebe zu Gott entsprechen: «Hoch ist sie in der Betrachtung der ewigen und himmlischen Dinge, tief, wenn der Mensch um Gottes willen Niedrigkeit und Schande auf sich nimmt, lang, indem sie ausharrt bis zum Ende …, breit, sofern sie sich ausweitet nicht nur zu Gott und zum Nächsten, sondern auch in frommer Liebe den Feind umfängt» (S. 578). Diesen Definitionen folgen gebetshafte Erhebungen. Sie sind nun unverkennbar von Aelred inspiriert – nicht kopiert –, gehen sogar in der Emphase über ihn hinaus: «O Vereinigung! O süße Liebe! O Sicherheit! O Ruhe! O köstlicher Sabbat! O Eingang in die ewige Glückseligkeit … Wer gibt mir die Trunkenheit aus diesem Liebestrank (*amatorius potus*), den tiefen Schlaf der Ruhe, auf daß ich, erstorben in meinem Herzen, gänzlich verwandelt werde in die Liebe Gottes und des Nächsten, in dieser doppelten Liebe allzumal im Frieden schlafe und Ruhe finde?» (S. 580). Schon um dieser Ausführungen willen dürfte das spirituelle Hauptwerk des Pierre von Blois nicht länger schlichtweg als Plagiat abgestempelt werden. Es steht vielmehr in der Nachfolge Aelreds von Rievaulx.

---

[18] Dazu gehört Vergleich und Moralisation der Kardinal- und theologischen Tugenden mit den Schöpfungstagen (II 11.12). Wir finden sie wieder in einer deutschen Predigt von Bruder Peter aus dem späten 13. Jahrhundert (s. ²VL VII (1989), Sp. 419).

[19] DAM XII, Sp. 1513 und 1517.

[20] Auch Bernhard, in ‹De consideratione› V 27–32, bes. 28–29, handelt von den Dimensionen der Liebe. Davon könnte Pierre inspiriert sein; einen wörtlichen Zusammenhang stelle ich nicht fest.

# III. ISAAC VON ÉTOILE

*sapientia et eruditione conspicuus*
B. Tissier (1664)

Unter den Zisterziensern seines Jahrhunderts hat Isaac die breiteste ‹humanistische› Ausbildung an öffentlichen Schulen erfahren; er ist zudem der spekulativste Kopf seines Ordens. Im Strahlungsfeld vieler theologischer Lehrmeinungen ist er am wenigsten der spezifisch monastischen Theologie der Weißen Mönche verpflichtet. Manches in seinem geistigen Habitus erinnert mehr an Hugo und Richard von St. Viktor. Weniges in seinem Lebensgang ist gesicherte Erkenntnis, eigentlich nur dies: Er ist Engländer, stand Thomas Becket nahe, wurde in schon vorgerücktem Lebensalter Zisterzienser und bald darauf Abt von Étoile (30 km östlich von Poitiers an der Vienne). Ungesichert sind zunächst einmal die Eckdaten: Die Geburt wird zwischen 1100 und 1120, der Tod 1168/1169, aber auch «um 1178» (Raciti) angenommen. Als Abt von Étoile ist er 1147 bezeugt, kann es aber schon einige Jahre früher gewesen sein. 1167 zog er sich mit einigen Gefährten auf eine Insel zurück; man hat sie mit Stringenz als Île de Ré vor La Rochelle bestimmt,[1] wo sich im Süden heute noch die Ruinen eines kleinen Ordenshauses befinden: Notre Dame de Châteliers. Ob Isaac dort gestorben oder wiederum nach Étoile zurückgekehrt ist, bleibt umstritten. Er selbst erwähnt in seinen Predigten die Insel (nicht aber ihren Namen) nicht weniger als 15mal.[2] Der Rückzug in die «Wüste» – auch das Meer galt als eine Wüste – dürfte das Endziel seines spirituellen Lebens gewesen sein. Das paßt nun wiederum gut in die Zisterziensertradition.

*Bibliographische Hinweise*

*Ausgaben:* PL 194, Sp. 1689–1896. – Isaac de l'Étoile, Sermons I,II. Texte et introduction critiques par Anselm HOSTE; introduction, traduction et notes par Gaston

---

[1] Franz BLIEMETZRIEDER, Isaak von Stella, I. Beiträge zur Lebensbeschreibung. Jb. f. Philos. u. spek. Theol. 18 (1904), S. 1–34, zur Île de Ré S. 11–22. Daß es sich um eine Strafversetzung («exilé par punition») handelte, ist eine geniale, aber doch nicht akzeptable Hypothese RACITIS (Cîteaux 13, S. 144f., 207). – Den heutigen Stand der biographischen Forschung referiert SALET sehr sachlich in der ‹Introduction› der SC-Ausgabe, S. 7–25.

[2] Alle Stellen sind bei BLIEMETZRIEDER [Anm. 1], S. 12–14, zitiert.

SALET (II: avec la collaboration de Gaetano RACITI) (SC 130, 207), Paris 1967/1974 [zit.]. Die Predigten 40–54 sind noch nicht in SC herausgegeben. Man muß sie in der PL-Ausgabe lesen mit Ausnahme der Pred. 48, die RACITI Cîteaux 12, S. 288–292, neu ediert hat. — Jean LECLERCQ, Nouveau sermon d'Isaac de l'Étoile, RAM 40 (1964), S. 277–288.

*Forschungsliteratur*
Bibliographie: Raymund MILCAMPS in COCR 20 (1958), S. 175–186: HOSTE, Sermons I (SC 130), S. 65–67. — DAM VII (1971), Sp. 2011–2038 (Gaetano RACITI). — Franz BLIEMETZRIEDER, Isaac de Stella. Sa spéculation théologique, Recherches de Théol. ancienne et médiévale 4 (1932), S. 134–159. — M.-André FRACHEBOUD, Le Pseudo-Denys l'Aréopagite parmi les sources du cistercien Isaac de l'Étoile, COCR 9 (1947), S. 328–341; 10 (1948), S. 19–34. — Raffaello COLLINI, Studi su Isaac della Stella, 2 Bde., Mailand 1956–1957 [ungedruckt; mir nicht zugänglich]; s. Anselm HOSTE, Une thèse inédite sur Isaac de l'Étoile, COCR 25 (1963), S. 256 f. — Amatus VAN DEN BOSCH / Rogier DE GANCK, Isaac van Stella in de wetenschappelijke Literatur, Cîteaux 8 (1957), S. 203–218. — Robert JAVELET, La vertu dans l'œuvre d'Isaac de l'Étoile. Influences Dionysiennes, Cîteaux 11 (1960), S. 252–267. — Gaetano RACITI, Isaac de l'Étoile et son siècle, Cîteaux 12 (1961), S. 281–306; 13 (1962), S. 18–34; 132–145; 205–215. — Bernard McGINN, Theologia in Isaac of Stella, Cîteaux 21 (1970), S. 219–235. — Ders., Isaac of Stella on the Divine Nature, Anal. Cist. 29 (1973), S. 3–56. — K. RUH, Der Predigtzyklus ‹In sexagesima› des Isaac von Étoile, in: Historia Philosophiae Medii Aevi. Festschr. für Kurt Flasch zum 60. Geburtstag, Amsterdam 1990 [Vorabdruck des vorliegenden Kapitels].

Gott-Suchen als
theologische und spirituelle Aufgabe

a) Den Höhepunkt seines theologisch-spekulativen Denkens erreicht Isaac im Predigtzyklus ‹In Sexagesima› mit dem Textwort *Exiit qui seminat* (Luk. 8,5), Pred. 18–26 (II, S. 8–140). Er liest sich wie ein «philosophisch-theologischer Kommentar zur Sämann-Parabel»,[3] konkreter: Es ist der Grundriß einer Lehre von Gott und, damit verbunden, vom Menschen in der Gotteswelt.

Isaac hat den traktathaften Konnex dieser Predigten nicht nur durch die einheitliche und fortschreitende Thematik geschaffen, sondern mit Vor- und Rückverweisen sowie gelegentlichen Zusammenfassungen betont. Es gibt sodann eine deutliche Zweiteilung (Pred. 19–22 / 23–26), und thematische Einschnitte können mitten in einer Ansprache erfolgen. Der Prediger selbst versteht den Zyklus im philosophischen Horizont als «Suche nach der Endursache der Welt» (*causa universitatis finalis,* Pred. 25,1 f.).

---

[3] RACITI, DAM VII, Sp. 2018.

Die Ansprachen 18–26 hielt Isaac nach vielfachen Hinweisen auf der Île de Ré, wo ihm keine Bücher zur Verfügung gestanden hätten, wo das Leben der Mönche, «eingeschlossen vom Ozean», «als Nackte und gleichsam Schiffbrüchige», ungemein hart und strenge Feldarbeit erforderlich war.[4]

In der Gestalt, in der die Predigten uns vorliegen, scheint es ausgeschlossen, daß sie so, wenn überhaupt, auf der Ré-Insel gehalten wurden, und gar, in einem Fall, «überaus ermüdet» von der Getreideaussaat «unter einer Eiche» (II, S. 98,6 f.). Die literarische Fiktion ist hier mit Händen zu greifen: Gerade diese Predigten erforderten Bücher, denn wie hätten die übermüdeten Brüder die konzisen theologisch-philosophischen Erwägungen in gedrängtem Latein aufnehmen können?[5] Aber die ‹Inszenierung› dieser spekulativen Höhenflüge in einer ‹Wüsten›aura ist von eigenartiger Faszination und verleiht diesen Ansprachen eine zusätzliche literarische Qualität.

b) Isaac eröffnet den Zyklus sinnvoll mit einer vorbereitenden Ansprache über den ‹Ort› der Predigt. Der fleischgewordene Gottessohn, Sämann und Same zugleich, ist es, der uns das Wort, sich selbst, «predigt»: *ipse est, qui seipsum digne seminare, id est praedicare, potest* (18,30 f.), und dies mit dem Beispiel seines Lebens und dem Wort seiner Lehre. Die aber diese Predigt hören, vernehmen sie vielfältig: Die einen nur mit dem Ohr, andere zwar im Gehorsam, aber ohne Beharrlichkeit, die dritten bewahren sie im Gedächtnis, aber nicht zu ihrem Nutzen; von seinen Hörern aber möchte er annehmen, daß die Predigt in ihren Herzen das Feuer der Liebe verbreitet.

Predigt 19 und 20 bieten nichts Geringeres als eine philosophische Grundlegung der Gotteslehre. Sie beruht auf der Denkweise und dem Begriffsapparat, die von Aristoteles über Boethius zur Chartres-Schule führen.[6] Auf der Suche nach Gott, die Isaacs ganzes Denken antreibt,[7]

---

[4] Siehe II, S. 8,2 f.; 12. f.; 40,201; 205 f.; 46,81 ff.; 62,1; 98,6 ff.; 140,4 f.

[5] SALET, ‹Introduction› der Ausgabe S. 34, denkt ganz richtig an volkssprachliche Ansprachen. Er kann sich dabei auf RACITI (Cîteaux 12) berufen, der dies für Sermo 48 mit einiger Stringenz belegt (S. 285). Die ältere Forschung war ohne Anflug eines Zweifels der Meinung, daß Isaac die Predigten in der überlieferten Gestalt den Brüdern während der Feldarbeit vorgetragen hatte, mußte dann freilich auch ihrem Erstaunen über solch hochspekulative ‹Feldpredigten› Ausdruck geben; s. BLIEMETZRIEDER, Spéc. théol., S. 137, 151.

[6] So McGINN, Divine Nature, S. 15–23. Auch BLIEMETZRIEDER, Spéc. théol., S. 158 f., rückt Thierry von Chartres in den Vordergrund, betont aber zu Recht, daß Isaac zwar den Schulen seiner Zeit verpflichtet sei, indes über den Schulen stehe. – McGINN hat den Quellenbefund beträchtlich erweitert, in der Textauslegung bleibt BLIEMETZRIEDER unübertroffen.

[7] «Denn hier (auf Erden) manifestiert und offenbart sich Gott nicht, damit wir uns in seiner Schau erbauen, sondern er entzündet uns, damit wir ihn suchen; er tut sich uns nicht kund, um uns hier unsern Durst zu stillen, sondern um ihn hervorzubringen» (23,20–23).

geht er von der Erfahrungswelt, der *forma essendi,* aus: Sie, unsere reale und rationale Wirklichkeit, ist bestimmt durch Erst- und Zweitsubstanz, durch Akzidentien und Kategorien. Durch sich selbst erweist sich aber diese Welt als Nichts (19,179–189). Demgegenüber spricht Gott: «Ich bin, der ich bin» (Ex. 3,14) (191–192). In der 19. Ansprache spricht Isaac von Gott als *supersubstantia:* «Angesichts der Unvollkommenheit der Dinge, die einzig und allein Substanzen sind, beginnen wir eine Realität, eine Übersubstanz, wenn man so sagen darf, zu erkennen, die ganz durch sich selbst, in sich selbst und aus sich selbst existiert» (146–149). McGinn bezweifelt vom Kontext her, wohl mit Recht, die dionysische Herkunft und verweist auf ‹De trinitate› IV des Boethius: *Nam cum dicimus ‹deus›, substantiam quidem significare videmur, sed eam quae sit ultra substantiam.*[8] Die 20. Predigt führt die Erörterungen über den Substanzbegriff weiter. Gott ist auch nicht geistige Substanz und ebensowenig, aristotelisch, «das absolut Eigene der Substanz *(substantiae proprie proprium)*», nämlich «die Aufnahmefähigkeit der Gegensätze *(susceptibilitas contrarium)*» (35 f.),[9] denn das widerspricht der Unwandelbarkeit Gottes, wie sie Jak. 1,17 bezeugt: Beim «Vater der Lichter gibt es keine Veränderung noch einen Schatten von Wandlung» (46–48). So ist der Substanzbegriff unvereinbar mit Gott: Gott ist Nicht-Substanz, das ist Über-Substanz (51–54). Diese Einsicht erhärtet Isaac mit einem zweiten Beweis, in dem er von den Propria Gottes ausgeht, die im weiteren Fortgang eine bedeutende Rolle spielen: «Deshalb steht er über allem: weil er *einer* ist, über der Materie, weil er *einfach* ist, über dem Zusammengesetzten, weil er *unwandelbar* ist, über allem Geschaffenen. Wie nämlich alles Geschaffene durch eine Bewegung vom Nichtsein zum Sein gelangt, so ist auch das Wandelbare im Sein und kann sich so (wiederum) zum Nichtsein hinwenden. Du aber, Herr, mein Gott, bist der gleiche, du bist einfach ‹und deine Jahre enden nie› (Ps. 101,28), denn du bist ohne Wandel, und so versteht sich, daß du ewig bist» (73–80).

[8] McGinn, Divine Nature, S. 20, Anm. 46, mit dem Hinweis, daß *supersubstantia* in der Eriugena-Übertragung, die Isaac benutzt hat, nicht vorkommt. Belegt ist indessen *supersubstantialitas* für ὑπερουσιότης (Dionysiaca I 7 f.), das auch von der deutschen Mystikersprache übernommen worden ist: *übersubstanzlichkeit* (PBB 84 [1962] 463, Z. 265; zugrunde liegt Hugos von Balma ‹Theologia mystica›). – Außer *supersubstantia,* das II 34,148; 44,54; 68,64 vorkommt, finde ich im besprochenen Predigtzyklus die folgenden, zum größeren Teil neugebildeten *super*-Bildungen: *superabundans* 70,97; *superadmirabilis* 84,44; *superincomprehensibilis* 104,73; *superiustitia* 68,63; *supernatura* 94,159; *superpräsens* 92,124; *supersapientia* 68,62 f.; 70,94 f.; *supersimul* 92,132.
[9] Dazu Ausgabe Anm. 1 z. St. und McGinn, Divine Nature, S. 22 mit Anm. 59.

Es verdient vermerkt zu werden, daß von den Theologen des
12. Jahrhunderts kaum einer so entschieden und unbefangen (d. h. ohne
Angst, die Dreipersonalität Gottes zu mißachten oder zu beschränken)
die *unitas* Gottes betont wie Isaac. Der ganze erste Teil des ‹In sexagesima›-Zyklus mit dem Substanz- und Übersubstanzbegriff gilt ihr; die
*simplex*- und *immobilis*-Formeln sind nur Varianten des *unum Divinitatis*.
Hier kommt die platonisch-dionysische Ausrichtung von Isaacs Denken
am entschiedensten zur Geltung.[10] Gott suchen: Dies wird immer wieder als unsere eigentliche Aufgabe
in Erinnerung gerufen. Die biblischen Leitwörter dafür sind 1 Par. 16,11
(«Sucht immer sein Angesicht»), Jes. 55,6 («Sucht den Herrn, bis ihr ihn
findet»), HL 3,1–3 (die Braut, die den Bräutigam des Nachts sucht und
die Wächter nach ihm fragt). Zu Beginn der 21. Ansprache wird auf alle
angespielt, der Prediger will jetzt Gott nicht mehr wie bisher unter allem
(Seienden), sondern über allem (*super omnia*) suchen, also auf dem Wege
des Dionysius. Ausgangspunkt ist die Bestimmung Gottes, die in der
vorgängigen Predigt zum erstenmal formuliert wurde (73–76) und
immer wieder genannt wird: Gott als der eine, der einfache und der
unveränderliche (*unus, simplex, immobilis*).[11] Unwandelbar ist er, weil er
nicht zu- und abnehmen, nicht größer und kleiner werden kann, einfach, weil er hat, was er ist, einer, weil er vor allen Dingen ist, die das
Viele ausmachen (14–22). In umgekehrter Reihenfolge definiert Isaac
sodann die drei göttlichen Propria als Grund aller Dinge: «Einer vor
allem, einfach nach allem, unwandelbar über allem. Von der Einheit
(kommt) die Vielheit aller Dinge, von der Einfachheit die Verschiedenheit der Dinge der ganzen Welt, von der Unwandelbarkeit alle Verän-
derlichkeit. Vom Einen (stammt) die vielfache Zahl, vom Einfachen das
vielfach Zusammengesetzte, vom Unwandelbaren jede Art von Bewegung» (26–31). Nach solchen Sternbildern theologischer Bestimmungen
wendet sich der Prediger immer wieder zu den Brüdern hin, deren
brennende Herzen im Licht der Gnade ein Wesen suchen, «das vor
allem ist und von dem alles kommt, nach dem und über dem nichts ist,
das Anfang (*principium*) ist, aus dem alles zum Sein geführt wird, das
Ziel ist, das alles umschließt und nichts ins Nichtsein zurückfallen läßt,

---

[10] Das hat schon CHENU, Théologie, S. 298 vor der neueren Isaac-Forschung gesehen:
«une densité métaphysique particulièrement sensible dans une théologie de l'essence en
Dieu et dans la formule caractéristique des ‹théophanies›.»
[11] McGINN, Divine Nature, S. 24 f., verweist auf die Viktoriner und bes. auf die ‹Sententiae Parisienses› der Abälard-Schule, wo zu lesen ist: *Sola divina essentia immutabile est et
simplex et una.*

das Ewigkeit ist und alles im Seienden regiert, das Schöpfer des Universums ist und dessen Lenker und Erhalter, das unveränderlicher Anfang ist, für den der von Gott geliebte Jakob sieben Jahre lang diente – denn dies ist der geistige Sinn von Rachel[12] –, der Anfang, wo jener selige Theologe das ‹gefischt› hat, was wir suchen» (36–44).[13] Man könnte gelegentlich versucht sein zu sagen, Isaac wiederhole sich vielfach. Die Wiederaufnahme ist indes Predigtgrundsatz, und sie erfolgt immer wieder unter einem anderen Gesichtspunkt – zumeist ist es der spirituelle – und mit neuen Bestimmungen, hier bezüglich des *principium*. Im Fortgang der Predigt, nach einer längeren Partie in gebetshafter Haltung (51–86), findet Isaac wieder zur theologischen Aussage zurück. «Niemand kann die Existenz Gottes verneinen, ohne sie notwendigerweise zu beweisen» (101 f.). «Und dies wegen Gottes Natur, denn wenn etwas ist, ist es notwendigerweise es selbst, und wenn nichts ist, wie es der Fall war, bevor etwas geschaffen wurde, so existiert doch der, der hervorzubringen vermag, was noch nicht ist. Kann doch nichts sich selbst hervorbringen, nichts früher oder später als es selbst sein» (103–108). Ein Gottesbeweis, der auf der *causa efficiens* beruht.

Gott finden, ihn erkennen, «vom Vielen zum Einen» gelangen (121), heißt im Anliegen des Predigers Gott festhalten. «Halten wir ihn also fest, o meine Brüder, im Gemüt, im Bewußtsein, im Lebenswandel, halten wir ihn fest um seinetwillen, freuen wir uns in ihm, und machen wir uns ihm gleich, indem wir, wenn unsere Vielheit sich im Einen gesammelt hat, mit dem Einen eins, im Einfachen einfach werden und unbeweglich mit dem Unbeweglichen stehen, im Ebendaselbst (*idipsum*[14]) schlafen und im Frieden ruhen» (127–132). Hier öffnet sich die Theologie wie von selbst der Mystik. Ist Gott-Erkennen ein Suchen, so das Gott-Finden ein «Stehen» und «Ruhen» in ihm selbst. *Collecti ad unum, uniamur uni* (130). «Einigung im Einen», diese Spiritualisierung der *unitas*-Metaphysik, wird nicht näher bestimmt, bleibt sozusagen eine Formel, ist aber doch ein virulenter Ansatz zu einer ontologisch fundierten Mystik. Es ist nicht die Einheit mit dem Verbum, wie sie die auf dem Hohenlied beruhende nuptiale Spiritualität Bernhards und Wilhelms entwickelt hat, eine Einheit im Willen – Isaac kennt zwar die Gotteserkenntnis in der Liebe, hat sie aber nirgendwo ausgefaltet –, auch nicht die *unitas spiritus,* die im Hl. Geist

---

[12] Rachel als *videns principium* bei Hieronymus (De nominibus hebr.): s. Ausgabe, Anm. 2 z. St.

[13] Der *beatus theologus* weist auf Johannes – so bezeichnete ihn schon Johannes Eriugena (‹Vox spiritualis› [SC 151] 1,13) –, das *piscari* auf Petrus. Keine Erklärung in der Ausgabe.

[14] *Idipsum* ist ein Augustinischer Gottesname; s. K 2, 5.d.

begründete Einheit, wie sie Wilhelm in der Kartäuser-Epistel gewagt hat, sondern der Eine, mit dem wir eins werden, ist in der Tat die «ungeteilte» Gottheit. Das ist zwar keine historische Brücke zu Meister Eckhart, aber – ich wiederhole: im Ansatz, vielleicht noch besser, potentiell – eine Strukturverwandtschaft.

Die 22. Predigt führt uns in die Mitte der Theologie des Dionysius Areopagita. Isaac wiederholt zunächst die früheren Einsichten in das Wesen Gottes. Dann erweitert er die Namen Gottes, die er bisher auf den Einen, Einfachen und Unwandelbaren beschränkte. Er sieht Schwierigkeiten (*intellectu difficile*), wenn wir Gott als Weisheit, Vernunft, Gewalt, Gerechtigkeit bezeichnen. «Was ist Gott, wenn er die Gerechtigkeit ist? Und was ist die Gerechtigkeit, wenn sie Gott ist?» (45 f.). Was ist das für eine Identität? «Ist Gott die Einheit, nicht Zahl und Quantität, sondern Quelle und Ursprung der Zahl, ist Gott die Einfachheit, nicht Qualität und Gestalt, sondern Ursache und Ursprung von Gestalt und Maß, ist (Gott auch) die Unwandelbarkeit, nicht Bewegung und Gewicht, das in Bewegung ist, vielmehr Grund von Bewegung und Gewicht, so gewiß ist gleichfalls, daß Gott nicht die Weisheit» und ebensowenig Vernunft, Macht und Gerechtigkeit ist, sind doch alle diese Proprietäten mit der Zahl und andern Kategorien des Seienden verbunden (48–59). Man müßte so sagen, Gott sei Weisheit, Macht und Gerechtigkeit ohne Qualität und andere Bestimmungen des Seienden. «Indes ist es, so glauben wir, besser zu sprechen von Überweisheit, Übergerechtigkeit und so von allen übrigen (Namen), wie auch von Übersubstanz: nicht um zu sagen, was er sei, aber um nicht nur zu schweigen, besser noch, um ihn, da er nichts von alledem ist, von allem abzuheben. Für ihn sind die Verneinungen wahrer, denn wir verneinen besser alles von ihm, als daß wir etwas von allem bejahen. Auch hat er und ist er gemäß der eigentlichen Gotteslehre weder Substanz noch Weisheit. Doch zwingen der Mangel und die Beschränktheit unserer rationalen Theologie das eine und das andere zu sagen. In der symbolischen, gleichsam sensualen Theologie nennt man Gott sogar Himmel und Erde, Sonne, Feuer, Löwe, Ochse, Vogel, Holz, Edelstein, Gold, und man verwendet alle diese und weitere Namen umso unbefangener, als sie auf der Ähnlichkeit der Natur, der Tätigkeit oder des Gebrauchs beruhen und niemals im eigentlichen Sinne angewandt werden» (59–76).

Bemerkenswert ist diese Dionysiusrezeption, weil sie seine *ganze* Gotteslehre zusammenfaßt: die apophatische wie die affirmativ-symbolische. Sonst gilt Dionysius einseitig – und historisch falsch – als Vertreter der negativen Theologie, dem Augustinus als Anwalt der positiven

Theologie gegenübergestellt wird. So Bonaventura,[15] der indes nur die mittelalterliche Auffassung festschreibt. Beachtung verdient auch, daß Isaac die affirmative Theologie als symbolische erkennt (was selbst der modernen Forschung nicht durchwegs klar geworden ist). Im Umkreis der zisterziensischen Theologie und weit darüber hinaus – man braucht nur die eigentlichen Dionysius-Kommentatoren und -Übersetzer, also Hugo von St. Viktor und Johannes Sarracenus, auszunehmen – ist Isaac der profilierteste Erneuerer der dionysischen Gotteslehre.

Wer hat dem Abt von Étoile den Pseudoareopagiten vermittelt? Hugo kann es nicht sein, denn er kommentiert die ‹Himmlische Hierarchie›, während Isaac unübersehbar auf den ‹Göttlichen Namen› fußt.[16] So stammen die meisten von ihm zitierten Gottesnamen aus Div. Nom. II 5. Was den Kommentar des Johannes Sarracenus betrifft, so bleiben wir ohne Antwort, weil eine Ausgabe fehlt. Sicher aber ist, daß Isaac nicht dessen Übersetzung, sondern diejenige Eriugenas benutzt hat; erstere erschien erst 1166/1167, dürfte also Isaac auch als Neuigkeit im bücherlosen Île-de-Ré-Kloster (bzw. in der Unterkunft, die dem Kloster voranging) unzugänglich gewesen sein. Einiges in der Terminologie weist darauf hin, daß Isaac Eriugenas ‹Periphyseon› und den Kommentar zur ‹Himmlischen Hierarchie› gekannt haben könnte. Aber das Vergleichsmaterial ist zu gering, als daß es sichere Schlüsse erlauben würde.[17]

c) Gelten, wenn wir von der einführenden 18. Ansprache absehen, die ersten vier In-sexagesima-Predigten der Erkenntnis des einen, einfachen und unwandelbaren Gottes, so die zweite Vierergruppe Fragen der Trinität in ihrem Bezug auf den heilsbedürftigen Menschen.

Isaac geht wiederum nicht vom theologischen Gegenstand, der Dreieinigkeit, aus, sondern vom Menschen, der nach ihr sucht und dürstet (23,20–26). Zunächst – und das ist das Thema der ganzen Predigt 23 – betrachtet er nur das Verhältnis von Vater und Sohn, deren Einheit in der Zweiheit. «Es existiert mithin der Eine, der Einfache und Unwandelbare, welcher indes unbestreitbar zwei ist, weil er sowohl ist als auch hat, was er ist» (56–58). Die Gleichung sein-haben stammt von Augustinus, durch Anselmus vermittelt.[18] Sie kennzeichnet das Göttliche und konstituiert zugleich die Einheit in der Zweiheit. Dasselbe besagt die Formel *principium* (Vater) *et de principio* (Sohn) (46–49).

Längere Ausführungen widmet Isaac der Frage, warum der Sohn *Verbum* heiße. Er geht, ganz augustinisch, aus von der *mens* mit den auf die Zeitdimensionen Vergangenheit, Gegenwart, Zukunft bezogenen ‹Tätig-

---

[15] De triplici via III 11 spricht von zwei Weisen der Betrachtung Gottes: *vel per positionem vel per ablationem. Primum ponit Augustinus, secundum Dionysius.*
[16] Dies bestätigt vom Klassifikationsproblem her McGINN, Theologia, S. 234.
[17] Siehe ebd., S. 230 ff. und eine Bemerkung Edouard JEAUNEAUS in: BEIERWALTES (Hg.), Eriugena redivivus, S. 40. [18] Siehe McGINN, Divine Nature, S. 37.

keiten› (*exercitia*) *memoria, ratio, ingenium,*[19] gelangt von hier zur Unterscheidung vom Wort des Herzens (*verbum cordis*) als Konzeption und dem Wort des Mundes und stellt dann fest, daß diese Tätigkeiten im Göttlichen überpräsentisch (*superpraesentia* 124) und überzugleich (*supersimul* 132[20]) zu nennen sind (93–137). «In Gott ist nichts Beginn und nichts Ende, vielmehr ist alles unendlich, ohne unvollendet zu sein; nichts ist vergangen, nichts ist zukünftig, sondern ganz gegenwärtig. Aber das ist noch nicht die eigentliche Bezeichnung. Denn wenn wir sagen: ‹Gott spricht› oder: ‹Er denkt›, scheint man nicht das tatsächliche Wort oder dessen Gedanken wahrzunehmen, ob er nämlich bisher alles gesprochen und gedacht hat. Und wenn wir sagen: ‹Er hat gesprochen›, scheint es, daß alles gesagt ist und er jetzt schweigt. Wenn wir schließlich sagen: ‹Er wird sprechen›, entsteht der Eindruck, er hätte noch gar nicht zu sprechen begonnen» (151–158). Das führt nun zum Schluß: Wenn wir angehalten sind, vom Überwesen (*supersubstantia*) Gottes oder seines Verbums zu sprechen, so ist es unmöglich, einen Namen zu finden, der dem entspricht, von dem man redet, das heißt ein Wort zu erfinden, welches das Eigentliche zu nennen vermag (158–162). – Damit ist ausgesprochen, daß es unsere Sprache, die kategorial angelegt ist, nicht erlaubt, das Eigentliche des Göttlichen auszusprechen. Daß dies auch für die Zweite Person gilt, wird durch die Nennung des Verbums (160) betont. Das beantwortet indes die Frage nicht, *warum* der Sohn *Verbum* heißt. Entweder hat der Prediger die gestellte Frage aus den Augen verloren, indem er das ‹Sprechen› dem Göttlichen schlechthin zuordnete, oder er hat seinen Gedankengang nicht zu Ende geführt.

Abschließend wendet sich Isaac wieder den Brüdern zu: Sie werden aufgefordert, dem Wort als einer Laterne zu folgen, die für ihre Schritte gemacht ist.

In der 23. Predigt, von der die Rede war, ist nur die Zweiheit Vater und Sohn angesprochen. Die 24. Predigt erweitert sie auf die Dritte Person, den Hl. Geist. Isaac geht von der Schöpfung aus, spricht platonisierend (*magnus ille gentium theologus* 48 f.; *Plato* 56) von Bild und Abbild, der vollkommenen Welt der Ideen und der weniger vollkommenen geschaffenen Welt, doch so – und dies wird von einem anderen «Theologen», Moses als Verfasser der ‹Genesis›, bezeugt –, daß es «gut» war, was Gott geschaffen hat (Gen. 1,4.10.12.18.21.25.31) (57 f.). Das schließt zweierlei in sich: die Güte, in der Gott die Welt erschaffen hat, und die

---

[19] Isaac kombiniert hier zwei Augustinische Ternare; dazu Ausgabe, Anm. 2 z. St., S. 88 f.

[20] Offensichtlich (*si dici potest*) eine Neubildung.

Freude, die er darüber empfand. Etwas spielerisch weist Isaac die Aussage über die Güte, die zugleich die Liebe ist, Moses, die über die Freude Plato zu (60–62).[21] Von daher gelangt Isaac über einen Gedankengang, der mehr einer Intuition als einer Argumentation gleichkommt (*ecce . . . interlucere incipit . . . nescio quid tertium,* 72–74), zu einem «Dritten, das nicht von keinem, aber auch nicht von einem allein sein kann» (74 f.). So konstituiert sich eine Dreiheit (86). «Der eine liebt (*amat*) den, von dem seine Freude kommt, und der andere neigt sich dem zu (*diligit*), in dem er sich freut. Kommen so Liebe (*amor*) und Zuneigung (*dilectio*) von beiden, so finden sie sich in beiden und sind sich beide gleich» (86–89). Jetzt erst nennt der Prediger die Personen: In dieser wunderbaren Einheit nennen wir denjenigen Vater, der von keinem andern kommt, Sohn, der von einem ausgeht; der aber von beiden ausgeht, nicht aber als Sohn des einen oder andern, das ist ihr Heiliger Geist, der «die Zärtlichkeit (*suavitas*), die Liebe, der Friede und ihre Freude» ist (89–97).

In den weiteren Überlegungen wird Gottes «Freude» auf das Licht bezogen, das er selber ist und das leuchtet (*lux et lucens*) (98–101). Auch diese Zweiheit, die dem Verhältnis Vater-Sohn entspricht, erweist ein Drittes, und zwar als Gabe: den Hl. Geist. Dieser Beitrag zur mittelalterlichen Lichtmetaphysik darf als weitere Eigenleistung des gelehrten Zisterzienserabtes angesprochen werden.[22]

Die beiden letzten Predigten des ‹In sexagesima›-Zyklus kehren ganz zum Menschen und seiner Bestimmung zurück. Diese ergibt sich nach Predigt 25 aus der Einsicht, daß Gott den Menschen *naturali bonitate* und als vernünftiges Wesen geschaffen hat, was ihn befähigt, Gott selbst zu suchen und sich in ihm zu erfreuen, und zwar «in sich selbst und in allen Dingen» (38–40). Dies, Kontemplation genannt (47,58,78,85,119,123), ermöglicht das recht geführte Ordensleben.

Die 26. Predigt führt diese Gedanken weiter und nimmt zum Abschluß und zur Rundung des Zyklus das Sämann-Motiv wieder auf. Das Vermögen zu erkennen und zu lieben, das dem Menschen die Schöpfungsgnade verliehen hat, wird ergänzt durch das Gnadenlicht, das uns *in via* widerfährt. Licht ist hier nicht als Metapher gebraucht, sondern ist konkret das göttliche Licht (*deificum lumen*). Licht, das von Gott ausgeht wie Strahlen von der Sonne und «den Geist (*mens*) erhellt, damit er ihn zunächst einen Funken von ihm (*lucis coruscationem*), ohne den nichts zu erkennen ist, sehen läßt» (47–51). Isaac dürfte die alte stoische Lehre

[21] Die Verbindung von Plato und dem Genesis-Schöpfungsbericht hat Augustinus in ‹De Civitate Dei› hergestellt. Nachweis von MCGINN, Divine Nature, S. 42 f. mit Anmerkungen.
[22] MCGINN, Divine Nature, S. 44 f.

vom Seelenfünklein, dem Partikelchen (ἀπόσπασμα) des Urfeuers, das Origenes zum göttlichen Seelengrund umdeutete, nicht gekannt haben,[23] aber er kommt ihr nahe, indem er die augustinische Illuminationslehre als trinitarischen «Ausgang» versteht. Es handelt sich indes nicht um ein dauerndes Licht, sondern um einen Blitzstrahl (*fulgor*) jenes «unerreichbaren Lichtes», der die Seele (*mens*) emporreißt (*sursum rapit*), um ihr zu zeigen, wo der Quell ihres Ursprungs ist, was nicht geschehen könnte, wäre sie nicht von ihm ausgegangen (57–61).

Wir sind mit Isaacs eigenständiger Lehre von einem Seelenfunken nochmals an der Quelle mystischer Spiritualität. Sie wird indes so wenig wie das Theologumenon von der Gottesgeburt weiter ausgeformt, bleibt ein Ansatz, eine Möglichkeit. Doch hat der *fulgor,* der vielleicht von Apost. 9,4 (*circumfulgere* im Bericht von Pauli Bekehrung vor Damaskus) angeregt ist, bedeutende Parallelen: bei Plotin, im ‹Miroir› der Marguerite Porete und bei Meister Eckhart.[24]

In der den Zyklus eröffnenden 18. Predigt war der Sämann des evangelischen Gleichnisses der menschgewordene Gottessohn, der sich selbst als Saat ausstreute. Im zweiten Teil von Predigt 26 greift Isaac abschließend die Parabel wieder auf und erweitert ihre Auslegung auf die ganze Heilsgeschichte. Gott, *sator lucis verbi* (79 f.), streute seine Saat zuerst den Engeln, die sie zum Teil, nämlich die abtrünnigen, verwarfen, sodann den ersten Menschen; aber die «fiel auf Stein», auf die harte Natur Adams, der sich vom Weibe verführen ließ. Später ging die Saat des himmlischen Sämanns auf die Israeliten in der Wüste nieder: diese Saat «fiel in die Dornen». Die vierte Aussaat erfolgte durch Christus und ist für alle Menschen bestimmt. Sie bringt Frucht in der Beharrlichkeit, nährt die Seele in frommer und mütterlicher Liebe. «Dies möge uns gewähren Jesus Christus unser Herr.»

[23] Endre VON IVÁNKA, Apex mentis, in: BEIERWALTES, Platonismus, S. 144, sieht das anders. Isaac hätte die Lehre vom Seelenfünklein mit Hugos von St. Viktor Dreiaugen-Theologumenon aufgegriffen. Er bezieht sich dabei auf Isaacs Schrift ‹De anima› (PL 194, 1886 C/D); unsere Predigtstelle, die für sein Thema viel mehr hergibt, kennt er nicht. IVÁNKA identifiziert hier schlicht die *apex mentis*-Lehre mit dem *oculus contemplationis* (Hugo) bzw. *oculus intellectus* (Isaac). Ihre Funktion mag sich decken, ihr Ursprung indes ist völlig verschieden: stoisch die *apex mentis*-, neuplatonisch die Zwei- bzw. Dreiaugen-Lehre. Zur letzteren s. K 11, 2. c.

[24] Plotin: «Von der Woge des Geistes gleichsam fortgerissen und von ihrem Schwall hoch hinaufgeschoben: da erblickt er Es (das Eine) mit einem Schlage (ἐξαίφνης)» (zit. BEIERWALTES, Denken des Einen, S. 139). – ‹Miroir› (hg. v. Paul VERDEYEN, CC. Cont. med. 69, Turnhoult 1986): *esclar:* 168,9; 168,21 (= *coruscatio* in der lat. Übersetzung wie Isaac 51); 170,30; 172,15; 172,18; 390,33. – Meister Eckhart (hg. von Franz PFEIFFER, Deutsche Mystiker II, 1857); Pred. 4, S. 28, 34 ff. Eckhart spricht von *tunre* (Donner), meint aber, wie der Vergleich deutlich macht, den Blitz.

d) Die historischen Voraussetzungen von Isaacs spekulativen Gedankengängen sind, besonders durch McGinn,[25] weitgehend geklärt worden. Der Abt von Étoile steht in einem reichen Beziehungsnetz von Traditionen – Augustinus und Anselmus von Canterbury einerseits, Plato und dem christlichen Neuplatonismus (Dionysius Areopagita und Eriugena) andererseits, wozu noch die Ahnen der Frühscholastik treten: Aristoteles und Boethius –, Traditionen, die in den Schmelztiegel der großen Schulen eingegangen sind: die von Chartres (was immer ihr zugerechnet wurde[26]) und der Viktoriner (Hugo) obenan. Von daher gesehen scheint der Schluß zulässig, daß Isaac eine lange Schulausbildung und wohl auch Schullehrtätigkeit hinter sich hatte, als er in den Zisterzienserorden eintrat (um 1140?). Die Aufdeckung all dieser Bezüge hat aber auch erkennen lassen, daß der Abt von Étoile eigene und eigenwillige Wege geht. Sie können dem Leser beträchtliche Schwierigkeiten bereiten. Isaac folgt zumal nicht immer den strengen Gesetzen der Argumentation, läßt plötzlich einen aufgegriffenen Faden fallen, wirkt gelegentlich sprunghaft. Man darf dafür die Form der Predigt, die spirituelle Vermittlung verlangt, verantwortlich machen, aber doch nur in einem eingeschränkten Sinn. Ich möchte in diesem Zusammenhang – im Wissen, daß Vergleiche immer hinken – an die lateinischen Schriften Meister Eckharts erinnern, die von ihrem Entdecker, Heinrich Seuse Denifle, als Produkte eines «unklaren Denkers» bezeichnet[27] und erst in jüngster Zeit in ihrer methodischen Eigenständigkeit erkannt wurden. Es scheint uns noch der methodische Schlüssel zu Isaacs spekulativer Theologie zu fehlen.

Das verhältnismäßig ausführliche Eingehen auf das spekulative Anliegen Isaacs im Rahmen einer Geschichte der Mystik hat seine Berechtigung in der Überzeugung, daß es neben der unmittelbaren Gotteserfahrung das auf Gott gerichtete Denken ist, das zur Mystik führt, und zwar dann, wenn es ins Spirituelle gewendet, das heißt auf den gottsuchenden Menschen bezogen wird. Das geschieht eindrucksvoll bei Dionysius und 900 Jahre später bei Meister Eckhart. Bei Isaac ist diese Wendung selten, indes im Rahmen der hier besprochenen Predigtgruppe immerhin zweimal zu belegen: in der Predigt 21, n. 15 und 26, n. 7/8. Es geht, daran sei abschließend erinnert, hier um eine besondere Herleitung des Lichtfunkens der Seele, dort um unsere «Sammlung» im Einfachen, um das Ruhen im *Idipsum*, um unsere Rückkehr aus dem Vielen zum Einen: *uniamur uni.*

---

[25] McGINN, Divine Nature, S. 52–56.

[26] Zur Problematik der ‹Einweisung› in die Chartres-Schule s. Kurt FLASCH, Das philosophische Denken im Mittelalter, Stuttgart 1987, S. 227f.

[27] Heinrich Seuse DENIFLE, Meister Eckharts lateinische Schriften und die Grundanschauung seiner Lehre, Arch. f. Lit. u. Kirchengesch. d. Mittelalters 2 (1886), S. 482.

# DIE VIKTORINER

*Elftes Kapitel*

# Hugo von St. Viktor

*in omni scientia summus*
*et religione devotus*
(Pelagius-Vita der ‹Legenda aurea›)

In den Wissenschaften und in der Kunst des Wortes ist das 12. Jahrhundert ein goldenes Zeitalter. Die Liedkunst der provenzalischen und nordfranzösischen Troubadours sowie der deutschen Minnesänger, der Artusroman Chrestiens de Troyes und der Tristanroman sind Innovationen in der Volkssprache, denen bis zu Dante und Shakespeare nichts Vergleichbares an die Seite zu stellen ist. Die Wissenschaft erfreut sich einer Wertschätzung wie nie zuvor. Sie glaubt an sich selbst und hat die Frische des Neubeginns. In der Persönlichkeit Hugos von St. Viktor ist dies wohl am deutlichsten zu fassen. Er vereinigt in sich alle Möglichkeiten des Zeitalters.

In seinem wissenschaftstheoretischen Opusculum ‹De reductione artium ad theologiam› spricht Bonaventura von drei Sinnebenen der Heiligen Schrift, bezogen auf den Glauben, die Sitten und die Endbestimmung eines jeden Menschen, ausgeübt durch die Lehrer (*doctores*), die Prediger und die Mystiker (*contemplativi*). Die Glaubensinhalte lehrte am umfassendsten Augustinus, die Sittenlehre Gregor, die Gottesschau Dionysius. Ihnen folgten Anselmus in der scharfsinnigen Spekulation (*ratiocinatio*), Bernhard in der Verkündigung, Richard in der Kontemplation. *Hugo vero omnia haec* (n. 5). Bonaventura spricht damit aus, daß von den großen christlichen Lehrern der jüngeren Vergangenheit, denen er und alle maßgeblichen Theologen seiner Zeit sich verpflichtet wußten, Hugo von St. Viktor der universalste Geist war, der Denker, der alle Bereiche einer umfassend verstandenen Theologie umspannte. Die Stelle dürfte deswegen so häufig zitiert werden, weil sie dem auch heute noch gültigen theologiegeschichtlichen Stellenwert des Viktoriners zu entsprechen scheint. «Un esprit des plus ouverts et des plus vivants, un génie des plus complets et des plus équilibrés.»[1]

---

[1] BARON, DAM VII 1, Sp. 936.

Das unveränderte Bild, das die Wissenschaft von Hugo vermittelt, zeigt indes nicht nur eine unverrückbare geschichtliche Größe, sondern auch ein Defizit der Forschung an. Ihr Zugewinn, verglichen mit Eriugena, aber auch mit den Zeitgenossen Bernhard von Clairvaux und Wilhelm von St. Thierry, ist bescheiden zu nennen. In den 50er und frühen 60er Jahren hatte Roger Baron seine ganze wissenschaftliche Energie auf Hugo gerichtet; sein früher Tod bedeutete dann den Abbruch dieser Bemühungen. Sie hatten in vielen Fällen zu einer Klärung der Echtheit bzw. Unechtheit der Hugonischen Schriften sowie zur Edition verschiedener kleinerer, in der PL-Ausgabe fehlender Schriften[2] geführt; die (unnötig weitschweifigen) Darstellungen des Gelehrten differenzierten das Bild des Viktoriners, veränderten es aber kaum, und noch weniger verliehen sie neue Impulse.[3] Als vordringliches Desideratum hat eine große Hugo-Monographie mit Perspektiven zu gelten.

Das Kloster, in das Hugo[4] vor 1127 als etwa 30jähriger Kleriker eintrat und wo er bis zu seinem frühzeitigen Tode i. J. 1141 als *magister* lehrte, das Augustiner Chorherrenstift St. Viktor am linken Seineufer von Paris, war eine Neugründung, zuerst (1108) durch Wilhelm von Champeaux, der sich mit dem jungen Abälard zerstritten hatte, sodann (1113) Stiftung des französischen Königs und vom Königtum wie vom Pariser Bischof überaus reichlich dotiert. Hugo begründete seinen hervorragenden Ruf als Schule (die öffentlich war), und St. Viktor bewahrte ihn das ganze Jahrhundert hindurch und weit über dieses hinaus.[5]

Der Anteil Hugos an der Ausbildung einer mystischen Theologie, verbunden mit aszetisch orientierter Spiritualität, ist verhältnismäßig gering, aber doch nicht nur beiläufig, weil einbezogen und integriert in den wissenschaftlichen Kosmos des *doctor celeberrimus*.

*Bibliographische Hinweise*

*Ausgaben:* PL 175–177. – Hugo von St. Victor. ‹Soliloquium de arrha animae› und ‹De vanitate mundi›, hg. von Karl Müller (Lietzmanns Kleine Texte 123), Bonn 1913. – Charles Henry Buttimer (Ed.), Hugonis de Sancto Victore, Didascalicon de studio legendi. A Critical Text (The Catholic Univ. of America. Studies in Medieval and Renaissance Latin 10), Washington 1939 [Did.]. – Hugues de Saint Victor, La

---

[2] Verzeichnet DAM VII 1, Sp. 936 f. Besonders zu bedauern ist der Umstand, daß die von Baron begonnene CC-Ausgabe von ‹In Hier.› bis heute nicht weitergeführt wurde. Zur Werkkritik s. Roger Baron, Hugues de Saint-Victor. Contribution à un nouvel examen de son œuvre, Traditio 15 (1959), S. 223–297; ders., Études, S. 31–89. Über Baron hinaus hat Goy (1976) die propädeutische Hugo-Forschung gefördert.

[3] Der Stillstand der wissenschaftlichen Bemühungen trifft nicht zu für Hugos Geschichtsbild: s. Ehlers (1973).

[4] Noch immer ist die Herkunftsfrage, Halberstatter Gegend oder Umkreis von Ypern, Sachse oder Niederländer, kontrovers. Zuletzt dazu, sehr sachlich, Ehlers, S. 27 ff.

[5] Vgl. Jean Châtillon, La culture de l'école de Saint-Victor au 12ᵉsiècle, in: Entretiens, S. 147–178.

contemplation et ses espèces. Introduction, texte et notes par Roger BARON (Monumenta Christiana Selecta publ. par J. C. Didier 2), Tournai–Paris–Rom–New York 1958. – Hugues de Saint Victor, Six opuscules spirituels. Introduction, texte critique, traduction et notes par (†) Roger BARON (SC 155), Paris 1969.
Nach der PL-Ausgabe werden zitiert:
In Salomonis Ecclesiasten homiliae XIX (PL 175, Sp. 113–256) [In Eccl.]. – Commentaria in Hierarchiam coelestem S. Dionysii Areopagitae (PL 175, Sp. 923–1154) [In Hier.]. – De arca Noe morali (PL 176, Sp. 617–680) [De arca mor.].

*Übersetzungen:*
*Deutsche:* Joseph FREUNDGEN, Hugo von St. Viktor. Das Lehrbuch, in: Sammlung der bedeutendsten pädagogischen Schriften aus alter und neuer Zeit, Paderborn 1896. – Die Viktoriner. Mystische Schriften, ausgewählt, übertragen und eingeleitet von Paul WOLFF, S. 47–125 (= Hugo von St. Viktor, Mystische Schriften, Trier 1961), Wien 1936.
*Französische:* Le Gage des divines fiançailles (De arrha animae) par Hugues de Saint-Victor, traduit et annoté par Michel LEDRUS (Museum Lessianum), Brüssel 1923. – Six opuscules spirituels s. o. – Ältere französische Übertragungen: s. BARON, Science, S. 240 (s. u.).
*Englische:* Hugh of Saint Victor. On the Sacraments of the Christian Faith (De sacramentis), by Roy J. DEFERRARI (The Medieval Academy of America), Cambridge (Mass.) 1951. – The Didascalicon of Hugh of Saint Victor by Jerome TAYLOR, New York 1961. – Hugh of Saint Victor, Selected spiritual Writings, by Aelred SQUIRE, London 1962.

*Forschungsliteratur:* DAM VII 1, Sp. 901–939 [R. BARON]. – ²VL IV, Sp. 282–292 [K. RUH]. – Karl MÜLLER, Zur Mystik Hugos von St. Viktor, Zs. für Kirchengesch. 45 (NF 8) (1927), S. 175–189. – Roger BARON, Science et sagesse chez Hugues de Saint-Victor, Paris 1957. – Ders., Études sur Hugues de Saint-Victor, Brügge 1963. – Ders., Le traité ‹De la contemplation et ses espèces›, RAM 39 (1963), S. 137–151; 294–301; 409–418; 40 (1964), S. 5–30. – René ROQUES, Connaissance de dieu et théologie symbolique d'après l'‹In Hierarchiam coelestem sancti Dionysii› de Hugues de Saint-Victor, in: De la connaissance de Dieu. Recherches de Philosophie III–IV, Paris 1958, S. 187–266, wieder abgedruckt in: R. R., Structures théologiques. De la gnose à Richard de Saint-Victor (Bibliothèque de l'École des Hautes Études, Selection des Sciences religieuses 72), Paris 1962, S. 294–364. – Heinz Robert SCHLETTE, Die Nichtigkeit der Welt. Der philosophische Horizont des Hugo von St. Viktor, München 1961. – Vincenzo LICCARO, Studi sulla visione del mondo di Ugo di S. Vittore (Università degli studi di Trieste. Facoltà di Magistero 12), Udine 1969. – Joachim EHLERS, Hugo von St. Viktor. Studien zum Geschichtsdenken und zur Geschichtsschreibung des 12. Jahrhunderts (Frankfurter Hist. Abhandlungen 7), Wiesbaden 1973. – Rudolf GOY, Die Überlieferung der Werke Hugos von St. Viktor (Monographien zur Geschichte des Mittelalters 14), Stuttgart 1976. – Ambrogio M. PIAZZONI, Il ‹De unione spiritus et corporis› di Ugo di San Vittore, Studi medievali, ser. 3, 21 (1980), S. 861–888 [Textausgabe S. 883–888].

# 1. Theologia divina

Hugo von St. Viktor gehört zu den Systematikern unter den mittelalterlichen Denkern, ja er ist der erste im Blick auf eine alle Bereiche des menschlichen Geistes umspannende Wissenschaft. Als solcher ist er Antipode seines Zeitgenossen Bernhard von Clairvaux und Vorläufer der Hochscholastiker des 13. Jahrhunderts. Einen Gelehrten, der unbefangen erklärte, daß «alle Wissenschaft gut» sei[6] und seit frühester Jugend, nach eigenem Zeugnis, sein Interesse auf alles richtete, was den Geist anzuspannen vermochte,[7] mußte es reizen, die verschiedenen Disziplinen in einem systematischen Entwurf zusammenzusehen und so in ihrem Stellenwert zu bestimmen. Dies und mehr leistet das ‹Didascalicon›, das zum Studienführer des Jahrhunderts wurde.[8]

Nach antiker und mittelalterlicher Auffassung gehörte die Geschichte nicht zur Wissenschaft. So fehlt sie auch im System Hugos – nicht aber in seinem Werk. Ja ihr kommt, wie schon Baron[9] gesehen und Ehlers' Monographie über das Geschichtsdenken Hugos evident gemacht hat, eine bedeutende Funktion im Gesamt seines Denkens zu. Geschichte ist *sacra historia,* die Geschichte der Kirche, eine «Spur» göttlicher Offenbarung und Zeugnis göttlichen Willens. Deshab ist sie, zumindest als Propädeuticum, der Theologie zuzuordnen.

Im Gefüge der Wissenschaft, die Hugo mit seinen Zeitgenossen «Philosophie» nennt, gehört die Theologie der *theorica* an, die «das Wahre in allem was ist und was nicht ist zu ergründen» unternimmt, und zwar neben der Mathematik, die auf die sichtbare Welt bezogen ist, und den *physica* (Naturwissenschaften), die die unsichtbaren Ursachen der sichtbaren Erscheinungen erforschen. Ihnen gegenüber «betrachtet» der Theologe «die unsichtbaren Wesenheiten (*substantiae*) und deren unsichtbares Dasein (*naturae*)» (In Hier. I 1, 927 A–928 A). Das entspricht dem, was wir spekulative Theologie nennen. Die drei Hauptdisziplinen sind in aufsteigender Bewegung gedacht, wobei die Theologie selbstverständlich die Spitzenstellung innehat. Sie ist «die höchste Philosophie und die Erfüllung der Wahrheit» (ebd. 928 A).

Zur Eingliederung der Theologie ins Gesamt der ‹Philosophie› gelangt Hugo – im 1. Kapitel des ‹Hierarchia coelestis› (CH)-Kommentars –, nachdem er eine *theologia mundana* und *theologia divina* unterschieden hat. Diese, die zunächst als *sapientia Dei* von der *sapientia huius*

---

[6] ‹De modo dicendi et meditandi› 1, PL 176, Sp. 877.
[7] Did. VI 3 (Butt. 114, 12 ff.), GRABMANN II, S. 232 f.
[8] Ein nützliches Schaubild bei EHLERS, S. 38 und bei Kurt FLASCH, Das philosophische Denken im Mittelalter, Stuttgart 1987, S. 307.
[9] DAM VII 1, Sp. 918 f.; BARON, Études, S. 183 f. u.ö.

*mundi,* die Paulus verwarf (1 Kor. 2,4) und die die Griechen gepflegt haben, abgehoben wird (923 D–925 A), «hat zu ihrem Gegenstand die Werke der Schöpfung (*opera conditionis*) und die Elemente der geschaffenen Welt nach ihrer Beschaffenheit, damit sie sich in ihnen manifestiere (*ut demonstrationem*[10] *suam faceret in illis*) (926 D), was soviel heißt, daß sie den Schöpfer in dessen Werk aufzuzeigen hat; sie ist in unserem Sprachgebrauch «natürliche Theologie». Die *theologia divina* andererseits «richtet sich auf die göttlichen Werke der Wiederherstellung (*opera restaurationis*) durch die Menschheit Jesu und dessen Sakramente». Das ist Theologie der Gnade. Die Frage, ob es sie schon vor der historischen Menschwerdung Christi gegeben hat, beantwortet der Nachsatz der soeben zitierten Definition der *theologia divina:* die *opera restaurationis* sind wirksam «seit Anbeginn (der Menschengeschichte), indem sie zum Teil auch die natürlichen Sakramente einschließen» (927 A), will heißen: die Symbole des Alten Bundes, die ja die Sakramente des Neuen Bundes präfigurieren. Das besagt zugleich, daß die *theologia divina* nicht auf den Bereich der *opera restaurationis* beschränkt bleibt, sondern von ihr aus in den der *opera conditionis* übergreift. Die Schöpfung von der Erlösung her zu betrachten, ist ja ein anderes, als sie von ihren Manifestationen her zu begreifen.

Diese Position weicht in zweifacher Weise von Dionysius ab.[11] Dieser hat die *theologia mundana,* die er mit der «Weisheit der Griechen» gleichsetzte, entschieden abgelehnt, Hugo verleiht ihr mit der spekulativen Vernunft, die sie konstituiert, einen gewissen Stellenwert in der Gotteserkenntnis. Sie vermag nämlich Gott «aufzuzeigen» (*demonstrare*), freilich nur in beschränkter Weise, das heißt, sofern sie vom Licht der *theologia divina* erleuchtet wird, die immer vorgängig ist: *prius ergo illuminavit, postea demonstravit* (926 C). Die zweite Korrektur des Pseudo-Areopagiten besteht darin, daß die Menschwerdung des Wortes, konkret Christi Kreuz, Tod und Auferstehung bei Hugo zur Mitte und zum allseitigen Bezugspunkt wird (*Christus crucifixus, ut humilitate veritas quaereretur,* 925 A), während Christus bei Dionysius fast ausschließlich in seiner Göttlichkeit, als Licht des Vaters (τὸ πατρικὸν φῶς, CH I, 121 A) erscheint.

Was für ein Ort kommt der ‹Mystik› Hugos zu? Hier ist zunächst festzustellen, daß Hugo den Begriff ‹mystisch› in unserem Sinne noch nicht kennt. Er bedeutet wie schon immer ‹verborgen›, ‹geheimnisvoll› (*mystica significatio,* 1143 A) und ist praktisch identisch mit ‹allegorisch›

---

[10] Zu diesem bei Hugo häufigen Begriff siehe BARON, Science, S. 24 f.
[11] Dazu ROQUES, S. 189–199, zusammenfassend S. 198 f.

und ‹symbolisch›.[12] Das kann auch bei einem Dionysius-Kommentator nicht überraschen, handelt es sich doch um die Auslegung der ‹Hierarchie der Engel›, nicht der ‹Mystischen Theologie›, der allein ein spezifischer Gebrauch von ‹mystisch› zugrunde liegt.[13] Mit anderen Worten: In der unterminologischen Verwendung von *mysticus* folgt Hugo den lateinischen Vätern.

Als Kommentator der ‹Hierarchia coelestis› war Hugo angehalten, des Pseudo-Areopagiten Dreischritt der Reinigung, der Erleuchtung und der Einigung/Vollendung, der zu einem Grundmodell der abendländischen Mystik wurde, zu erörtern. Hier ist nun zu beobachten, daß der rein gnoseologische Aspekt des Dionysius von einem moralischen abgelöst wird. So ist die *purificatio* kein intellektueller Prozeß mehr, sondern eine *purificatio a corruptione*, und selbt bei der *illuminatio* und *perfectio* wirken Erfahrung und Tugenden mit *(in experientia et habitu virtutis cognitio veritatis perficitur,* 1061 B). Dieses heilsgeschichtlich-asketisch abgewandelte dionysische Modell wiederholt Hugo in seinen übrigen Schriften nicht. Es ist vielmehr eine Kontemplationslehre, durch die er Anteil an einer mystischen Theologie hat. Auch sie ist triadisch gegliedert, wobei Hugo zwei Reihen vorstellt, die indes nur als Varianten zu betrachten sind: *cogitatio – meditatio – contemplatio* und *meditatio – speculatio – contemplatio* (s. u. S. 332). Die *contemplatio* ist schon durch ihre Stellung ein Schlüsselbegriff,[14] und im engeren und eigentlichen Gebrauch – Hugo verwendet ihn auch im weiten und allgemeinen Sinn[15] – ist sie nicht nur Gegenstand der *theologia divina,* sondern ihre ‹Spitze›. – Zu ihr aber tritt auf der Seite der Spiritualität die Liebe.

## 2. Wege zu Gott
## Liebe und Erkenntnis

Liebe und Erkenntnis, die großen Lebensmächte des ganzen Zeitalters, bestimmen die Mystik Hugos. *Si enim (Verbi verba) non diliguntur, non intelliguntur, neque amantur, si non gustantur* («Wenn nämlich das Wort

---

[12] Siehe die Hinweise und Belege bei BARON, Science S. 167 f.

[13] Siehe K1, 3.b 2. Die allgemeine Ansicht freilich ist immer noch, daß auch die ‹Mystica theologia› keinen präzisen Mystik-Begriff kennt; sie wird auch von BARON geteilt (Science, S. 168, Anm. 6).

[14] Zum θεωρία-Begriff bei Dionysius s. K1, 3.a.

[15] Das Auflisten von 8 verschiedenen *contemplatio*-Bedeutungen (die z. T. nochmals differenziert werden) bei BARON (Science, S. 192, Anm. 101) ist freilich nicht hilfreich, weil damit wissenschaftlich nicht zu arbeiten ist. Man müßte vielmehr Definitionen gewinnen, die das Viele umspannen und nur beiläufige Verwendungen ausschalten.

des göttlichen Wortes nicht geliebt wird, kann es nicht verstanden werden, noch wird es geliebt, wenn es nicht gekostet wird.») (In Hier. VI, 1036 C/D).[16]
a) Ganz der Liebe, die von Gott kommt und zu Gott führt, gilt das ‹Soliloquium de arrha animae›, die beliebteste Schrift Hugos und diejenige, die am häufigsten, freilich nicht vor dem 14. Jahrhundert, in die Volkssprachen übertragen wurde.[17]

Die Brautgabe ist die Liebe Gottes zu uns; das Selbstgespräch zwischen Mensch und Seele – wobei dem Menschen die Rolle des Wissenden und Leitenden zukommt, der die Seele zu lehren und zu lenken hat – dient dazu, diese Liebe ins Bewußtsein zu bringen und das Herz erglühen zu lassen. Was liebt die Seele über alles (3,23 f.[18])? wird sie als erstes gefragt. Sie bekennt sich zum Sichtbaren, denn man kann nicht lieben, was man nicht sieht, findet jedoch in dieser Weltliebe weder Ziel noch Dauer. Nun wird sie auf sich selbst gelenkt, auf ihre Würde und Schönheit; nichts könne sie daher rechtens lieben, was unter ihr liege. Sie besäße indes einen himmlischen Bräutigam (*sponsus*), der sie mit einer Brautgabe beschenkt habe, bevor er sich ihr zeigen wolle (6,15 ff.). Diese Brautgabe ist die Welt mit all ihren Gütern. Aber gehören die Gaben nicht allen Menschen, guten und bösen? Die Seele aber will, da sie mit alleinziger Liebe liebt, auch als alleinzige geliebt werden. Es *gibt* dieses *privilegium singularis amoris* (11,26), die Liebe des Bräutigams kommt jedem Einzelnen ungeteilt und vollkommen zu. «So müssen alle den Einen alleinzig lieben, auf daß alle von dem einen alleinzig geliebt werden, denn kein anderer außer dem Einen ist alleinzig zu lieben, noch kann ein anderer außer dem Einen auf alleinzige Weise lieben. Alle aber sollen den Einen lieben als wären sie Einer, und durch die Liebe des Einen sollen sie eins werden» (11,34–39).

---

[16] Siehe auch ‹In Hier.› IV, 1001 B: *Sacratissimam ergo doctrinam habet, qui docet quod sapit; qui instruit quod sentit; qui docet non solum cognoscere verum, sed apprehendere bonum et amare iustum.*

[17] GOY, S. 277–329, nennt 327 Handschriften, dazu 20 «Auszüge»; bei Rainer KURZ, Ergänzung zu GOYs Handschriftenverzeichnissen, Zs f. bayer. Landesgesch. 42 (1979), S. 470, weitere 12 Textzeugen. – Über mndl. und mhd. Übersetzungen s. ²VL IV, Sp. 286 f., über altfranz. BARON, Science, S. 238, GOY, S. 503. Nicht bei BARON und GOY erwähnt ist die altfranz. Übertragung des Pierre CRAPILLET; sie ist jetzt ediert: Pierre CRAPILLET: Le ‹Cur Deus homo› d'Anselme de Canterbury et le ‹De arrha animae› d'Hugues de Saint Victor. Textes établis et présentés par Robert BULTOT et Geneviève HASENOHR (Publications de l'Institut d'Études Médiévales de l'Université Catholique de Louvain 2.ser.6), Louvain 1984; der ‹arrha›-Text S. 257–291. Eine altit. Übertragung des 14. Jahrhunderts: Ugo di SAN VITTORE, Soliloquio. Testo italiano dal Codice Palatino 16 della Biblioteca Nazionale di Firenze, Firenze 1919.

[18] Ich zitiere nach der Ausgabe von MÜLLER.

Jetzt muß die Seele weiter bedenken, daß sie einmal nicht war, ihr Dasein und mit ihm ihre Schönheit, ihr Leben und Fühlen ihr geschenkt worden sind, und zwar als Schmuck für das Brautgemach. Sie aber, in der Sünde, entweihte die Liebe des Bräutigams, wurde zur Dirne. Da erniedrigte sich der Bräutigam um ihretwillen und erlöste sie mit seinem Tod: eine neue und noch größere Gabe und wie jene ihr als *singularis amor* zugedacht.

Die Seele ist nun völlig erfüllt von der Liebe des Bräutigams, ja kann nun auch ihre Schuld nicht nur beklagen, sondern sogar mit Augustinus selig preisen (*felix culpa mea*, 16,20). Aber noch ist sie nicht würdig, so sehr es sie danach drängt, das Brautgemach zu betreten. Dazu bedarf es der Wiederherstellung der ursprünglichen Schönheit und Makellosigkeit der Seele. Dies wird ihr verdeutlicht mit der Auslegung der Esther-Geschichte (18,7–22,11). Die schöne Königin muß im Frauengemach vielfach gesalbt und geschmückt, das heißt im Hause der Kirche mit deren Sakramenten, aber auch durch eigene Werke mit Hilfe göttlicher Gnadengaben gereinigt und vervollkommnet werden, ehe sie vom königlichen Bräutigam zur Hochzeit im Schlafgemach empfangen, das heißt im himmlischen Jerusalem aufgenommen werden kann (*coelestis Ierusalem quasi regis cubiculum est, in qua nuptiae ipsae celebrantur*, 20,12f.). Es folgt eine *confessio* (22,12–23,14), die zugleich Lob und Dank ist, ganz im Geiste Augustins, dem – die Form des Selbstgesprächs zeigt es an – die Schrift als solche wahlverwandt ist. Spricht die *confessio* der ‹Mensch›, so nimmt anschließend (23,15–24,18) die ‹Seele› selber den Lobpreis und die Sprache unendlicher Liebe auf.

Hugo hat in seiner kleinen Schrift das Vermählungsmotiv von Christus mit der Seele aufgenommen, das gleichzeitig Bernhard von Clairvaux in seinen Hoheliedpredigten in einer Inbrunst und mit einer Glut ohnegleichen vorgetragen hat und das zur Grundthematik der Mystik des ganzen Zeitalters werden wird. Hugo spricht indes, von einigen Begriffen abgesehen, nicht die Sprache des Hohenliedes, sondern die Liebessprache Augustins. Die Innigkeit des Herzens ist stärker als sinnenhafte Glut. Die Beglückung der Vereinigung wird am Schluß des Gesprächs gerade noch angedeutet. Die Seele spricht von der Süße (*illud dulce*, 25,6), die sie zuweilen berührt und fortreißt, erneuert und verändert. «Es jubelt das Gemüt, es erhellt sich der Geist, das Herz wird erleuchtet, die Sehnsüchte werden erfüllt. Schon sehe ich mich anderswo, und ich weiß nicht wo, und ich empfinde in meinem Innern gleichsam Umarmungen der Liebe, weiß aber nicht, was es bedeutet, bemühe mich indes, es immer festzuhalten und niemals mehr zu verlieren. Irgendwie ringt mein Geist in Verzückung, damit ihm das, was er immer zu umfangen begehrt, nicht entschwinde. So als hätte er das Ziel allen Verlangens schon gefunden, frohlockt er in unsagbarer Erhebung (*summe et ineffabiliter*), nichts weiter suchend, nichts mehr verlangend, erfüllt vom Wunsche, es möge immer so bleiben. Ist das nicht mein Geliebter?» (25,11–21). Er *ist* es, bestätigt der Gesprächspartner Mensch, verweist aber zugleich auf die Grenzen. Der Geliebte «kommt unsichtbar, in der Heimlichkeit, er kann nicht ergriffen werden. Er kommt, um dich [sanft] zu berühren, nicht um von dir erblickt zu werden; er kommt zu deiner Ermahnung, nicht um von dir umfangen zu werden, er kommt nicht, um ganz [in dich] einzutauchen, sondern er bietet sich an zum Kosten; er kommt nicht, um deine Sehnsucht zu erfüllen, sondern deine Liebe an sich zu ziehen. Er reicht die Erstlingsgaben seiner Liebe dar, gewährt nicht die Fülle vollkommenen Genießens» (25,24–30). Das ist, was man später den «Vorgeschmack ewiger Seligkeit» nannte. «Und das ist es wohl, was das Eigentliche deiner Brautgabe ausmacht, daß er, der sich in der Zukunft dir zum Anblick und immerwährendem Besitz geben will, schon jetzt bisweilen zum Verkosten anbietet, damit du erkennst, wie köstlich er ist» (25,30–34). Schau und Vereinigung sind dem Jenseits vorbehalten; was das diesseitige Leben gewährt, ist indes Vorfreude der Seligkeit. Das ist im wesentlichen das Modell, das die Tradition Hugo vermitteln konnte. Er hat sie neu erfahren und für viele Generationen gültig ausgesprochen.

Zum thematischen Umkreis des ‹Soliloquium› gehören ‹De amore sponsi ad sponsam› (PL 176, Sp. 987–994) und ‹De laude charitatis› (ebd., Sp. 969–976). ‹De amore› legt Verse aus c. 4 des Hohenlieds aus, ohne brautmystische Höhen anzustreben. Das Thema des *singularis amor* wird wiederum aufgegriffen (987 C/D) und in diesem Zusammenhang die Brautgaben des *sponsus*. In ‹De laude charitatis› steht der schöne Gedanke, daß die Liebe allein es gewesen ist, die Gott bewegt habe, zu den Menschen hinabzusteigen. Sie ist so auch zum Weg geworden, der den Menschen zu Gott führt (974 A–C)

b) Im ‹Soliloquium de arrha animae› ist es der Spirituale, der über die Liebe spricht, im VI. Buch ‹In Hierarchiam coelestem› der Theologe und Analytiker. Anlaß ist die Erklärung der Seraphine der obersten Engelhierarchie (CH VII). Seraphim bedeutet «derjenige der brennt», und der Brennende ist der Liebende. «Indem sie das Feuer der Liebe empfangen und spenden, heißen sie die Erwärmenden» (*calefacientes*) (1035 C). Fünffach ist die Erscheinung und Wirkkraft des Liebesfeuers: beweglich (*mobilis*), unablässig (*incessabilis*), heiß (*calidus*), lodernd, durchdringend (*acutus*),[19] überwallend (*superfervidus*).[20] Alle diese Kräfte ergänzen und steigern sich. «Das Bewegliche geht voran, das Unablässige folgt, damit das eine das andere zur Selbsterforschung (*inquisitio*) antreibt und in der Beharrlichkeit bestärke. Das Heiße [wird entfacht], damit der Sinn sich belebe, das Züngelnde indes, damit es zum Umfangen gelange. In der Tat bezeichnet das Lodernde das Ungestüme (*impetus*) der Liebe sowie die Gewalt einer brennenden Sehnsucht, die dem Geliebten entgegengetragen wird, [einer Sehnsucht,] in ihn einzutreten und zu durchdringen, auf daß er dort sei, wo er den Gegenstand seiner Liebe findet, mit ihm und in ihm» (1037 C/D): Vollzug der Einigung. *Amor autem unum te facere vult eum ipso* (1037 D). Die lodernde Liebe bewirkt auch das Flüssigwerden (*liquefactio*) der Seele: eine Metapher, die zu einem Hauptbegriff der mystischen Liebessprache werden wird. Hugo entnimmt ihn, wozu Dionysius keinen Anlaß bot, dem Hohenlied (5,6), und deutet ihn auch aus diesem Kontext heraus als Liebesbereitschaft (1038 A/B). Aber noch ist die überwallende Liebe nicht tätig geworden. Ihr ist der Begriff des *contemnere* zugeordnet, der schon im *amor acutus* zu wirken beginnt: «Lodernd nämlich ist die Liebe, wenn sie im Überstieg (*transeundo*) alles verachtet» (1039 C), wobei *despicere* bzw. *contemnere* nicht auf die Tugend der aktiven Weltverachtung hinzielen dürfte, sondern auf die im Liebesakt sich vollziehende Befreiung von allem, was nicht Liebe ist. Das Besondere der überwallenden Liebe besteht nun darin, daß sie «in der Verachtung auch das eigene Selbst hinter sich läßt» (*semetipsum contemnendo reliquit*) (1039 C), was dem «Ausgang aus sich selbst» (*exire a se*) oder dann dem «Über-sich-selber-erhoben-werden» (*supra se elevatur*) (1039 D) gleichkommt.

Festzuhalten ist bei dieser symbolistischen Darstellung des Liebesphänomens die Hierarchisierung der Liebeskräfte – einmal ist ausdrücklich vom *amor hierarchiae* (1037 D) die Rede – und, im *amor superfervidus*, ihr *transitus*. Dieser ist nichts anderes als *ecstasis*, die als Begriff meines Wissens bei Hugo nicht vorkommt,[21] aber auch nicht in der ‹Hierarchia coelestis›. Hugo steht mit den Begriffen des Außersichseins, *transire, exire,*

---

[19] Ich finde für *acutus* keinen befriedigenden deutschen Ausdruck. «Lodernd» ist ein Verlegenheitswort, das das Erscheinungsbild des Feuers bewahren möchte; «durchdringend» entspricht dem Übersetzungswort der französischen Forschung (ROQUES, BARON): «pénétrant». – Der lateinische Terminus entspricht dem griechischen τὸ ὀξύ (CH VII, 205 B)

[20] Auch dies ein dionysischer Begriff: ὑπερζέον (ebd.).

[21] ἔκστασις ist schon bei Dionysius kein häufiger Terminus. Nach dem Verzeichnis in Dionysiaca II (Paris 1950), S. 1590 sind es vier Belege.

*supra se elevare, rapi,*[22] vorwiegend in westlicher Tradition. Aber das Entscheidende ist nicht die Terminologie, sondern ein Wechsel im System:
Was bei Dionysius im hierarchischen Aufstieg ein Erkenntnisvorgang ist,
wird von Hugo der Liebe zugeordnet. Der Fortgang von *amor mobilis*
zum *amor superfervidus* wird zu einer *via mystica* auf emotionaler Ebene.
Die *minnende sêle*, deren sich noch im 12. Jahrhundert die Volkssprachen
bemächtigen werden, wird zum Subjekt der Mystik.

Wenigstens am Rande sei darauf hingewiesen, daß die besprochene Partie aus Hugos
‹In Hierarchiam› vom Franziskaner Rudolf von Biberach, einem Zeitgenossen Meister Eckharts, in seiner Schrift ‹De septem itineribus aeternitatis› IV 5.3 einigermaßen
wörtlich aufgegriffen wurde und von da den Weg in die Volkssprache fand: im
alemannischen Traktat ‹Di siben strassen zu got›, dort das Kapitel *Stafful seraphischer
minne.*[23]

c) Die genuin hugonische Lehre von drei Augen der Erkenntnis[24] ist
eine Abwandlung des alten, neuplatonisch-christlichen (augustinischen)
Theologumenons von den zwei Augen oder Antlitzen der Seele, deren
eines in die Zeit, das andere in die Ewigkeit blickt.[25] Sie steht in ‹De sacramentis› im 10. Buch, c. 1 im Rahmen der für Hugo zentralen Glaubenslehre (PL 176, 329 C-330 A).[26] Er führt aus: Gott kann geglaubt,
aber nicht verstanden werden, d. h. das Was (*quid*) Gottes bleibt unserer
Erkenntnis verschlossen. Was immer der Mensch denkt und sich vor-

---

[22] Man vermißt *rapi*. Ich finde den Begriff nur in den unechten ‹Quaestiones in
Epistolas divini Pauli›, PL 175, 551 D-552 D, wo über die Entrückung des Apostels ins
Paradies die Rede ist (2 Kor. 12,2–4), nicht aber, beim selben Kontext, ‹In Hier.› VI,
1036 A/B.
[23] Margot SCHMIDT, Rudolf von Biberach, *Die siben strassen zu got.* Die hochalemanni-
sche Übertragung nach der Handschrift Einsiedeln 278 (Spicilegium Bonaventurianum
VI), Quaracchi 1969, S. 119–125; der lat. Text: R. v. B., De septem itineribus aeternitatis.
Nachdruck der Ausgabe von PELTIER 1866 mit einer Einleitung in die lateinische Überlieferung und Corrigenda zum Text von Margot SCHMIDT (Mystik in Geschichte und
Gegenwart. Texte und Untersuchungen. Abt. I: Christliche Mystik 1), Stuttgart-Bad Cann-
statt 1985.
[24] Sie wurde in lateinischer und deutscher Mystik vielfach zitiert bzw. weiter entfaltet,
so vor allem von Richard von St. Viktor, Alcher von Clairvaux, Isaac von Étoile, Bonaventura (s. Endre VON IVÁNKA, Apex mentis, Zs. f. kath. Theol. 72 (1950), S. 129–176, hier
162–169; Hinweise zu Zitationen in deutschen Texten ²VL IV, Sp. 291). Weitere Belege,
ohne ordnende Kraft einem reichen Zettelkasten entnommen, bei Gudrun SCHLEUSENER-
EICHHOLZ, Das Auge im Mittelalter (Münstersche Mittelalter-Schriften 35 I/II), München
1985, S. 959–963.
[25] Siehe K9, 1.e mit Anm. 29. – Hugos Dreiaugen-Lehre könnte durch ein Schema
angeregt worden sein, das im 12. Jahrhundert erkleckliche Bedeutung erhielt: die durch
Marius Victorinus und Boethius vermittelte Dreiheit der Erkenntnisobjekte *sensibilia,
intelligibilia* und *intellectibilia* (s. JAVELET, Intelligence et amour, RAM 37 [1961], S. 276).
[26] Parallele Ausführungen in ‹De Hier.› III im Anschluß an CH II 3.

stellt, reicht nicht an Gott heran, kann freilich, wie Hugo einräumt, Gott
ähnlich sein, und mit Hilfe solcher Ähnlichkeit manifestiere sich Gott
dem Menschen. Aber es bleibt bei der Einsicht, daß sein Wesen «durch
Erkenntnis nicht begriffen wird». Hugo fährt dann fort: «Es gab nämlich
[im Akt der Schöpfung] diese drei: den Körper, den Geist und Gott. Der
Körper aber war die Welt, die Seele der Geist. Die Seele, gleichsam in
der Mitte, hatte außen die Welt und innen Gott und erhielt ein Auge,
das außen die Welt und alles, was die Welt enthält, zu sehen vermochte:
das körperliche Auge (*oculus carnis*). Das andere Auge erhielt sie, um sich
selbst und was ihr zugehört zu sehen: das Auge der Vernunft (*oculus
rationis*). Wiederum ein anderes Auge wurde ihr zuteil, um mit ihm Gott
und die göttlichen Dinge in ihrem Innern zu schauen: das Auge der
Beschauung (*oculus contemplationis*)» (329 C). Diese Augen waren bei der
Schöpfung alle offen und hell. «Nachdem aber die Finsternis der Sünde
in die Seele eintrat, erlosch das Auge der Beschauung so, daß es nichts
mehr sehen konnte, das Auge der Vernunft wurde trübe und von schwa-
cher Sehkraft, einzig das körperliche Auge erlosch nicht, sondern
bewahrte seine Helle» (329 D). So kommt es, daß der Mensch die Welt
und alles, was ihr zugehört, genau zu erfassen, sein Inneres jedoch nur
teilweise zu ergründen und Gott überhaupt nicht zu erkennen vermag
(329 D/330 A). Hugo schließt daraus: «Der Glaube ist so nötig, um für
wahr zu halten, was nicht geschaut werden kann» (330 A).

Das ist ein wirklichkeitsnaher Befund. In der Erforschung der Welt
hat es der Mensch herrlich weit gebracht, scheinen ihm – er glaubt es
wenigstens – kaum Schranken gesetzt, im Innenraum der Seele gibt es
zumindest ebensoviel Dunkles wie Hellerkanntes, die jenseitigen Bereiche bleiben seiner Erkenntnis verschlossen. Das ist indes nicht das letzte
Wort Hugos in der Erkenntnisfrage. Es gibt die *reparatio* oder *restauratio,*
die Wiedergutmachung des verderblichen Falles und seiner Folgen. Gott
ist herabgestiegen zu den Menschen, ist Mensch geworden und hat als
solcher für diejenigen vergolten, die ihn annehmen und zu ihm hinauf-
streben. Hugo verwendet für diesen Vorgang gern das alttestamentliche
Bild von Moses, der auf den Berg steigt, und Gott, der zu ihm herab-
kommt. In der Mitte ist die Begegnung. In der kleinen Schrift ‹De
unione spiritus et corporis›[27] gibt es ein Modell für diese Begegnung, das
heißt die Vereinigung von Gott und Mensch. Von Körper, Geist und
Gott als konstitutiven Elementen der Schöpfung sprach Hugo einleitend
zu seiner Dreiaugen-Lehre, und daraus ergibt sich die doppelte Ambi-

---

[27] Neu hg. von Ambrogio M. PIAZZONI, Studi medievali, ser. 3, 21 (1980), S. 861–888
(Text 883–888).

guität Geist-Körper und Geist-Gott. Die jeweilige Verbindung vollzieht sich in analoger Weise. So wie der Körper mit Hilfe der Sinne aufsteigt zu der *imaginatio,* während der Geist (*spiritus*) mit Hilfe der Versinnlichung (*sensualitas*) zur *imaginatio* hochsteigt, so strebt der Geist mit Hilfe der Kontemplation aufwärts zur *imaginatio* und Gott in der Offenbarung (*relevatio*) zu dieser herab. In der Kontemplation wirkt die *intelligentia,* das oberste Erkenntnisvermögen; die Offenbarung erweist sich in der Theophanie.[28] Daraus geht hervor, daß die *imaginatio* als Schlüsselbegriff eingesetzt wird: sie ist der Punkt der «Begegnung», der *unio.* Das mag überraschen (zumal anderswo bei Hugo der Begriff keine besondere Rolle zu spielen scheint), aber nur so lange, als man in dieser Ein-Bildung nicht die *imago Dei* erkennt. «Die Seele wird eingebildet in das Bild, das ganz ein Bild Gottes und der Gottheit ist» (Meister Eckhart[29]).

Das Modell der Erkenntnis Gottes in ‹De unione› setzt die *reparatio* voraus. Das heißt auch, daß die Verdunkelung des Auges der *ratio* (von der indes weiter nicht die Rede ist) und die Erblindung des Auges der Kontemplation unter gewissen Voraussetzungen, nämlich der *conversio* des Menschen, aufgehoben sind. Es handelt sich um die Gotteserkenntnis der gnadenhaft erleuchteten *intelligentia.*

Einer besonderen Erörterung bedarf der Begriff der *contemplatio.* Als «Auge» und in der Zuordnung zur *intelligentia* ist sie Erkenntnis, und als solche in aufsteigender Bewegung (*spiritus ascendit contemplatione*); ihr Ziel ist die *unio* in der *imaginatio.* Das ist insofern ungewöhnlich, als die Kontemplation gemeinhin zwar in aufsteigender Bewegung gedacht, aber zugleich als Zielpunkt dieser Bewegung verstanden wird: in der *contemplatio* erkennt die Seele die *invisibilia* Gottes. Es ist zweifelsohne das Modell der Verbindung von Leib und Seele, das zu dieser Modifikation geführt hat. Hugo hat sie anderswo nicht aufgegriffen oder gar ausführlich vorgetragen. Sie bleibt indes historisch interessant, weil die Ein-Bildung zu einem zentralen Begriff in der *unio*-Lehre Meister Eckharts geworden ist.

d) Eine ausgebaute Kontemplationslehre Hugos findet sich in ‹De modo dicendi et meditandi› und ‹In Salomonis Ecclesiasten homilia› XIX 1, zum Teil in wörtlicher Entsprechung. Die *contemplatio* ist hier die

---

[28] Siehe vor allem Z. 19–23: *Corpus sensu ascendit, spiritus sensualitate descendit. Item spiritus ascendit contemplatione, deus descendit revelatione. Theophania est in revelatione, intelligentia in contemplatione, imaginatio in sensualitate, in sensu instrumentum sensualitatis et origo imaginationis.* – Zur Theophanie bei Hugo s. ROQUES, S. 247–254.
[29] DW I 397,5. *înbilden* ist ein zentraler Begriff Eckharts für die Einigung von Seele und Gott; s. noch DW I 56,1; 399,2 f.; II 456,12; V 27,7 u. ö.

oberste Stufe einer Trias der geistigen Tätigkeit der Seele (animae rationalis visiones): cogitatio, meditatio, contemplatio. Während die cogitatio, der Denkvorgang, die Dinge vorübergehend berührt, wenn sie durch Sinneswahrnehmung oder durch das Gedächtnis dem Geiste gegenwärtig werden, die meditatio dieses Denken beharrlich und scharfsinnig durchdringt, um Dunkles aufzuhellen oder Verborgenes aufzudecken, so ist die contemplatio der einsichtige und freie Blick des Geistes auf die Gegenstände der Natur; «was die meditatio sucht, das besitzt die contemplatio» (PL 175, 116 D-117 A/B; PL 176, 879 A/B). – Die Kontemplation selbst richtet sich als Kontemplation der Beginnenden (incipientes) auf die Welt der Geschöpfe, als contemplatio der Vollendeten (perfecti) auf den Schöpfer (PL 175, 117 B; PL 176, 879 B). Dieses Schema wird anschließend mit der Heranziehung der Weisheitsbücher Salomons, Proverbia, Ecclesiasticus, Cantica canticorum, die als aufsteigende Unterweisungen betrachtet werden,[30] abgewandelt in die Reihe meditatio, speculatio, contemplatio (PL 176, 879 B). In der Meditation, die den Geist erglühen läßt, bleibt noch vieles verdunkelt, da sinnliche Leidenschaften einwirken. In der Spekulation wird der Geist durch die Neuheit ungewöhnlicher Schau (visio) zur Verwunderung (admiratio) hingerissen. «In der Kontemplation verwandelt das Verkosten wunderbarer Süßigkeit den Geist in Freude und Entzücken» (PL 175, 118 B; PL 176, 879 C).

An Stelle der Parallele zu den Weisheitsbüchern in ‹De modo dicendi et meditandi› bringt ‹In Eccl. hom. 19› ein eindrucksvolles Bild des Feuers der Liebe mit spiritueller Auslegung (117 D–118 B). Das Feuer, das grünes Holz ergreift, ist Flamme und Rauch, hierauf Flamme ohne Rauch, zuletzt reine Glut ohne Flamme und Rauch (117 D). Das grüne Holz ist das fleischlich gesinnte Herz. Fällt ein Funke göttlicher Liebe darein, so weicht der Rauch der Leidenschaften und Verwirrungen. Jetzt wird es heller, und der gereinigte Geist weitet sich zur Betrachtung der Wahrheit (ad contemplationem veritatis). In sie tritt er dann gänzlich ein, wird vom Feuer der Liebe verwandelt und ruht im Frieden. Nichts außer der Liebesglut bleibt im Herzen zurück (117 D–118 A). Die Feuermetapher leitet dann über zur Aufstiegsreihe meditatio, speculatio, contemplatio, die sie präzise vorbildet. Bedeutsam ist sie, weil Liebe es ist, die zur Reinigung und zum Ziel der Beschauung führt, Erkenntnis und Liebe mithin zusammenwirken.

---

[30] Dies seit Origenes (dazu OHLY, Hohelied-Studien S. 23 f.) ein immer neu (zumeist einleitend) vorgetragenes Lehrstück in den Hohelied-Kommentaren (s. OHLY, S. 33, 49 f., 62, 235, 266).

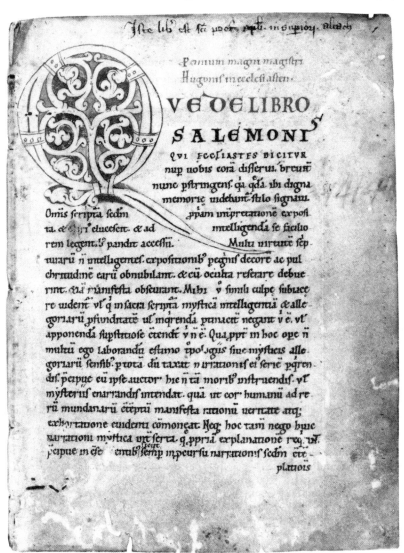

*Beginn der ‹Homiliae in Salomonis Ecclesiasten› Hugos von St. Viktor aus clm 9669*
*der Bayerischen Staatsbibliothek München, 12. Jahrhundert.*

Man könnte das, was hier auf Grund weniger und knapper Texte aufgezeigt wurde, zu einem System zusammenschließen. Ich sehe davon ab, weil es Hugo selbst nicht getan hat – im Unterschied zu seinem Gesamtsystem der Wissenschaften – und die Hugo-Rezeption ebenfalls nicht. Diese übernimmt die Dreiaugenlehre, die Grade der seraphischen Liebe, die Gottesliebe als Brautgabe, die *deificatio* über die Stufen *cogitatio, meditatio, contemplatio* je für sich. Fragen mag man, weshalb ich ‹De arca Noe morali› nicht herangezogen habe. Diese Schrift, ein Abriß der Dogmatik im allegorischen Bild der Arche, die das Haus Gottes, d. i. die Kirche bedeutet, ist wenig geeignet, an die Mystik Hugos heranzuführen; das für diesen Denker so entscheidende spirituelle Element tritt stark zurück, nur im 1. Buch ist es einigermaßen lebendig. In noch höherem Maße gilt das Gesagte für ‹De arca Noe mystica›, wo die Allegorese ( = *interpretatio mystica*) des Kreuzes, der Säulen, der Maße und Dimensionen, der Treppen und Wohnungen Triumphe feiert[31] und keine affektive Bewegung aufkommen läßt.

Es gibt einen Hugo zugeschriebenen Traktat, der versucht, die hier nicht geleistete Synthese der mystischen Ansätze Hugos zu bieten: ‹De contemplatione et eius speciebus›. Er ist indes Hugo entschiedener abzusprechen, als es bisher geschehen ist. Wenn wir ihn im folgenden Kapitel besprechen, so nicht zur Ergänzung und Abrundung der Kontemplationslehre Hugos, sondern um seiner selbst willen.

## 3. ‹De contemplatione et eius speciebus›
### Ein pseudohugonischer Traktat

a) ‹De contemplatione› konnte zwar nicht mit Stringenz Hugo zugeschrieben werden, doch behandelt man ihn wie ein authentisches Werk.

Baron spricht in seiner RAM-Abhandlung (1963/1964) von einer Zusammenarbeit zwischen Lehrer und Schüler (S. 137), verwendet aber in der Ausgabe einzig den Autornamen Hugo. Er sieht zwar, daß entscheidende Lehren und Vorstellungen Hugos in ‹De contemplatione› fehlen oder mit ihnen divergieren,[32] gelangt aber trotzdem zum Gesamturteil: «Cet ouvrage est une sorte de synthèse de la pensée de Hugues» (Ausg., S. 33). Wenn ich mir nur auf Grund der Lektüre dieser Schrift und zweifelsfrei echten Werken Hugos ein Urteil erlauben darf, so plädiere ich zwar mit Baron für einen Schüler Hugos als Autor, aber das wäre zugleich ein Votum gegen die Mitautorschaft des Meisters. Schüler kann man ihn nennen, weil er reichlich Schriften Hugos, so ‹Didascalicon›, ‹Soliloquium de arrha animae›, ‹De tribus die-

---

[31] Es überrascht nicht, daß sich die Forschung kaum um diese Schrift gekümmert hat. Sie bietet auch inhaltlich nichts, was andere Schriften Hugos, und in ansprechenderer Weise, nicht auch vermitteln.

[32] Ausgabe, S. 32; DAM, Sp. 908. – Man darf berücksichtigen, daß BARONs sehr zurückhaltende Kritik durch die Forschungstradition präjudiziert war. Bereits B. HAURÉAU (Les œuvres de Hugues de Saint-Victor. Essai critique, Paris 1886 [Neudruck Frankfurt a. M. 1963], S. 136–143) hat die Schrift ohne Vorbehalt für authentisch erklärt, und seine Autorität hatte Gewicht. Seinem Urteil schloß sich Dionysius LASIÉ an: Hugo de S. Victore auctor operis ‹De contemplatione et eius speciebus›, Antonianum 28 (1953), S. 377–388.

bus›, herangezogen hat: aber was bedeutet das schon? Wer schreibt im Mittelalter nicht dem andern ab? Nichts zwingt dazu, aus dieser Tatsache eine persönliche Lehrer-Schüler-Beziehung und damit eine Mitverantwortung des Lehrers abzuleiten.

Aber auch als anonymes Werk aus dem Umkreis der viktorinischen Schule verdient ‹De contemplatione› Beachtung: als der meines Wissens früheste Traktat, der eigens die Kontemplation zum Gegenstand hat und sie als theologisches Lehrstück vorlegt. Inhaltlich bringt die Schrift kaum Neues.[33] Augustinus, Cassian und Gregor der Große sind – wen kann es überraschen? – die wichtigsten Gewährsleute.[34] Und dennoch ist der Abstand zu der Vätertheologie unübersehbar. Diese war sehr offen, nicht auf einen einheitlichen Denkhorizont ausgerichtet, auch ein wenig eklektizistisch, und hatte stark persönliche Färbung. In ‹De contemplatione› ist nicht nur der systematische Aufriß als solcher ein Novum, sondern auch der eindeutig-unverrückbare Bezugspunkt (der seinerseits die geschlossene Systematik erst erlaubte). Ich meine ihn als ekklesiastisch bezeichnen zu dürfen, jedenfalls geht er mit der kirchlichen Lehre konform, vermeidet auch jegliche dogmatische Mehrdeutigkeit. Wir stehen vor der Tatsache, daß die Fragen des geistigen Lebens, und mit ihnen die Kontemplation, in den Jahrhunderten nach Gregor dem Großen einen einheitlichen Zuschnitt erhalten haben. Das geschah an dem einzigen Ort, an dem sie ununterbrochen gestellt wurden und akute Bedeutung besaßen: in der strengen Luft der benediktinischen und cluniazensischen Abteien, eingeschlossen der von der Regel zugelassenen zahlreichen Eremitagen. Kontemplation ist hier durch das Gebetsleben bestimmt, dessen letztes Ziel, das «Schauen von Angesicht zu Angesicht», freilich erst im Jenseits erreicht werden kann. Der Aufstieg aber, der allen Vollkommenheitsstreben zugrunde liegt, hat den neuplatonischen Einschlag, den Charakter der «Rückkehr», bis auf terminologische Reste verloren. Was hinanzieht, ist göttliche Gnade, und sie kann sich nur dort erweisen, wo Askese die Verachtung der Welt und des eigenen Selbst bewirkt hat. Das ist alles schon bei Gregor angelegt, aber nicht gefestigt, noch nicht zur Norm geworden.

Ich meine dies aus dem zunächst überraschenden Abstand zwischen den Texten der Väter der abendländischen Kontemplationslehre und -praxis und ‹De contemplatione› schließen zu dürfen, ohne einen historischen Nachweis zu führen. Man müßte

---

[33] Siehe indes den Abschnitt über die *emissiones*, u. S. 375.
[34] Es wird freilich nur Gregor an einer Stelle zitiert (45,7); jedoch verzichtet der Verfasser, man möchte sagen: grundsätzlich, auf Väterzitation. Außer der Gregor-Nennung gibt es nur noch ein Zitat im ganzen Opusculum, von Origenes (85,6).

dazu das aufarbeiten, was Leclercq in den entsprechenden Abschnitten des ‹Contemplation›-Artikels des DAM als historischen Abriß skizziert hat.[35] Wenn dort zu Recht betont wird, es sei sehr wenig und fast nur beiläufig über diesen Gegenstand geschrieben worden, so wird das freilich (mit Leclercq) nicht heißen, es hätte an diesbezüglichen Erfahrungen gefehlt. Vielmehr läßt sich feststellen, daß sie ungewöhnlich intensiv waren, nur bestand weder Anlaß noch Bedürfnis, die gelebte Spiritualität aufs Pergament zu bringen. Gestalten wie der Hl. Romuald von Ravenna wären vielleicht am ehesten in der Lage, die Kontemplationspraxis dieser Zeit zu erhellen.

b) Die *species*, von denen der Titel spricht, sind *meditatio, soliloquium, circumspectio, ascensio* (41,6–8). Dabei meint *ascensio* die Kontemplation im engeren und eigentlichen Sinne, *meditatio, soliloquium* und *circumspectio* führen zu ihr hin, jedoch nicht als hierarchische Stufen. Sie thematisieren unter verschiedenen Aspekten Selbst- und Welterkenntnis als aszetische Vorbedingung des «Aufstiegs». Den nur vorbereitenden Charakter der drei ersten ‹Operationen› der Seele unterstreicht der Umstand, daß ihnen nur 6 der insgesamt 52 Seiten gewidmet sind. Die Definition der Meditation – «sie ist die unablässige (*frequens*) Überlegung (*cogitatio*) im Ratschluß (*in consilio*) [der Seele], die Grund und Ursprung, Art und Nutzen einer jeden Sache klug (*prudenter*) erwägt» (41,10–12) – ist nicht sehr aufschlußreich, aber sie lautet ähnlich in ‹De meditatione›.[36] Hier fehlt freilich das zunächst verwirrende *in consilio*. *Consilium* will den geistigen Ort der meditativen Tätigkeit anzeigen: das Vermögen des Rates (welcher eine Gabe des Hl. Geistes ist). Die Formulierung schließt jedenfalls nicht an die Tradition an, weder an die biblische, «ständig wiederholen», «Sorge tragen», «zu Herzen nehmen», noch an die patristische (und schlechthin mittelalterliche), die *meditatio* mit *ruminatio* verband, dem Vorgang des geistigen Wiederkauens, des Erwägens durch Repetition.[37] Das also fehlt, genauer: ist mit der *cogitatio frequens* gerade noch angedeutet. Wenn der Verfasser sodann im nächsten Satz erklärt, die Meditation nehme ihren Ausgangspunkt von der *lectio* – *Meditatio principium sumit a lectionis scrutatione* (41,12 f.) –, so trifft er sich in diesem wichtigen Punkt mit ihrer Hauptfunktion von Anbeginn: sie ist «Erinnerung und Wiederholung des Wortes Gottes, um daraus die Speise der Seele zu bereiten.»[38] Die *meditatio* geht nicht nur aus der *lectio* hervor, diese ist auch ihr eigentlicher Gegenstand. Im bereits erwähnten ‹De

---

[35] DAM II 2, A IV B, Sp. 1929–1948 (LECLERCQ).

[36] Six opuscules, S. 44,1 f.: *Meditatio est frequens cogitatio modum et causam et rationem uniusque rei investigans.*

[37] Belege DAM X (Méditation), Sp. 907–909. Besonders aufschlußreich Augustinus, Enarratio in Ps. 31, CC 38, S. 371 (zit. Sp. 909); s. dazu P. Fidelis RUPPERT O. S. B., Meditatio-Ruminatio, Collect. Cist. 39 (1977), S. 81–93.    [38] DAM X, Sp. 908.

meditatione›-Opusculum Hugos ist der *meditatio in scripturis* ein wichtiges Kapitel gewidmet.[39] *Soliloquium,* das Gespräch mit sich selbst, führt zur Selbsterkenntnis.

Der Verfasser erinnert an den delphischen Orakelspruch γνῶϑι σεαυτόν, den er wie eine Bibelstelle nach dem geschichtlichen, mystischen (allegorischen) und moralischen Sinn befragt, nach dem *unde, quid* und *ad quid* (43,4 ff.). Selbsterkenntnis heißt hier Selbstverachtung. Ihr fügt die nach außen gerichtete *circumspectio,* die der Kardinaltugend der *prudentia* zugeordnet wird, noch die Weltverachtung hinzu, indem sie (nach 1 Joh. 2,16) die drei Schlingen der Welt, die Begierde des Fleisches und der Augen sowie das Gepränge der Lebensführung (*superbia vite*), in ihrer Verderblichkeit erkennt (45,15 ff.). So mit Selbst- und Weltverachtung ausgerüstet, kann der Aufstieg beginnen.

c) Der «Aufstieg» der Seele zur Kontemplation, die ihr letztes Ziel ist, ist keine «Rückkehr».[40] Das geht aus dem Umstand hervor, daß der Verfasser dem ganzen Titel IV drei Aufstiege Christi voranstellt, auf die der dreigestufte Weg der Seele ausgerichtet werden muß. «Es gibt drei Aufstiege Christi sowie drei Aufstiege unsererseits. Zuerst stieg Christus auf den Berg, hierauf auf das Kreuz, endlich zum Vater empor. Auf dem Berge lehrte er die Jünger, auf dem Kreuz befreite er die [vom Teufel] Gefangenen, im Himmel verherrlichte er die Erwählten. Auf dem Berge trug er die Lehre der Demut vor, auf dem Kreuz bezeugte er die Form der Liebe, im Himmel bot er die Krone der ewigen Seligkeit an» (47,1–7).

Das ist ein Abriß der Heilsgeschichte, der deutlich macht, daß einzig unter dieser Voraussetzung Aufstiege der Seele möglich sind.

Diese vollziehen sich in dreifacher Weise: *in actu, in affectu, in intellectu.* *In actu* wurde anscheinend nur aufgenommen, um die Dreizahl zu erfüllen, denn der Vollzug im Werk wiederholt im Grunde unter einer anderen Perspektive, was die Akte der Vorbereitung bereits ausgeführt haben: die Notwendigkeit der Askese. Im einzelnen ist die Rede von Schuldbekenntnis, Almosengabe und Verschmähung der Reichtümer als Werke der Reue, des Erbarmens und der Gerechtigkeit. – Das Schwergewicht liegt auf dem Vollzug *in affectu* und *in intellectu.* Die Ausführungen darüber, mit zahlreichen, beim *affectus* in fünf-, beim *intellectus* in dreistufiger, Untergliederungen, beanspruchen gut vier Fünftel des Traktats.

---

[39] Six opuscules, S. 46/48.

[40] BARON spricht in seiner Abhandlung über ‹De contemplatione› von einer «plotinischen Atmosphäre», ja von einer «Rückkehr» (S. 137–139). Über «Atmosphäre» läßt sich gut streiten, weil es sich um einen Eindruckswert handelt. Der Satz indes «Ainsi s'accomplit le voyage qui n'est à vrai dire qu'un retour» (S. 139) ist unbelegbar.

Der Verfasser definiert nicht, was er unter *affectus* – einem Begriff, den bereits Augustinus, Cassian und Gregor als positiven Wert, nämlich als liebende Bewegung der Seele zum höchsten Gut, verwendet haben – versteht, aber er charakterisiert dieses Verlangen als Streben nach vollkommener Demut, erfüllter Liebe (*caritas*) und Reinheit der Beschauung (*ad contemplationis puritatem*) (49, 13–15). Vorbild der Demut ist Christus im Elend des Fleisches und in der Armut (49,20ff.), ihre Formen sind Anstrengung (*contentio*), Zerknirschung (*compuctio*) und demütige Unterwerfung (*humilis deiectio*) (50,23 f.). Und nun tritt in der näheren Ausführung ein hermeneutisches Prinzip hinzu, das in der Folge immer mehr Raum gewinnt: die Allegorie.[41] «Die erste (Form) findet in der Ebene, die zweite auf dem Hügel, die dritte auf dem Berge statt. In der Ebene sind die Reuer, auf dem Hügel die Seufzenden, auf dem Berge die Liebenden. Die ersten kommen aus Ägypten und essen ungesäuertes Brot, die zweiten schreiten durch die Wüste und nähren sich von Manna, die dritten betreten das Land der Verheißung und feiern als Beschnittene Ostern» (50,25–51,5).

Die zweite Form der affektiven Bewegung ist die Liebe (*caritas*). Sie ist eine «geordnete» Liebe, das heißt auf den ausgerichtet, der sie verdient: auf Gott, den Nächsten und uns selbst. Auf uns selbst, um das Fleisch dem Geist, auf den Nächsten, um den Geist der Vernunft, auf Gott, um die Vernunft dem Schöpfer zu unterwerfen (51, 13–19). Die höchste Form der Liebe wird im Anschluß an das Hohe Lied gepriesen: «Was ist jener Weinkeller (Cant. 2,4), wenn nicht jene heilige Engelschar, die, vom Wein der geistigen Einsicht (*intelligentia*) berauscht, sich mit Farben himmlischer Freuden schmückt und frohlockt in der erhabenen göttlichen Theophanie?»[42] (52,9–13).

Die vollendetste Gestalt der Seele *in affectu* ist die *contemplatio*. Innerhalb der mehrstufigen Aufspaltung, die sie erfährt, kommt den *studia* eine besonders sorgfältige Behandlung zu (56,4–66,21) und von deren drei Ausrichtungen *uitium detestari, uirtutem imitari, in celestibus gloriari* der letzteren (61,14–66,21). Das ist nun durchaus im Geiste Hugos geschrieben. Jetzt sind wir im engsten Bezirk der Gotteserkenntnis und

---

[41] Sie ist auch bei Hugo (und Richard) sehr ausgeprägt, bei Hugo besonders in den beiden ‹Arca Noe›-Traktaten (s. o. 2.d). Hans Urs von BALTHASAR schreibt: Es «ist nie so weitausladend, zielbewußt und unbeschwert biblische Allegorese getrieben worden wie in Sankt Viktor» (Herrlichkeit. Eine theologische Ästhetik III/1, Einsiedeln 1965, S. 324).

[42] *theophania* (52,13): einer der wenigen Hinweise auf die dionysisch-eriugenistische Tradition von ‹De contemplatione›. Gegenüber den gesicherten echten Schriften Hugos treten solche Hinweise hier noch stärker zurück.

-erfahrung. Sie erfüllt sich durch Offenbarungen (*relevationes*), Aussendungen (*emissiones*) und Eingebungen (*inspirationes*). Neu ist der Begriff der *emissiones*, der aus dem Hohenlied (4,13) stammt (zit. 63,5 f.) und dort die «Aussendungen» des *hortus conclusus* der Braut bezeichnet, die da sind die Wohlgerüche der Früchte und Blumen. Sie entwachsen dem Baum der Weisheit;[43] der Verfasser bedient sich also der wohl ältesten, sicher der verbreitetsten religiösen Metapher, der wir im mystisch-aszetischen Schrifttum immer wieder begegnen werden: als *arbor contemplationis*, Palmbaum, Minnebaum, um nur Bekanntestes anzusprechen. Wie Zwillingspaare sprießen die Aussendungen zuerst aus der Wurzel des Baumes, sodann auf zwei Höhen aus dem Stamm: *odium iniquitatis / amor virtutis – puritas mentis / spes immortalitatis – dulcedo contemplationis / oscula diuine suauitatis*, darüber die Krone des *fructus sapientie* für Braut und Bräutigam (62,18–63,1). Dem Weisheitsbaum folgen weitere Arborisierungen, viele angelehnt an Vorstellungen des alten Testaments, der biblischen Schatzkammer der Baummetapher. Nicht zu verschweigen ist, daß der vielfältige Schematismus nicht nur ermüdend, sondern frostig wirkt – wohl nicht nur für moderne Leser. Jedenfalls bringt er die aufsteigende Bewegung, um die es doch geht, die *ascensio in affectu*, zum Stillstand.

Den *emissiones* folgen die *inspirationes*. Hier ist das Bild der vier Winde der Himmelsrichtungen passend und wirkungsvoll eingesetzt: «Der *occidentalis* zieht die Reuer aus der Nacht der Sünde heraus, der *aquilonalis* die Kasteienden aus dem Eis der Bosheit; der *australis* führt die brennenden Herzen in die Glut der Gerechtigkeit, der *orientalis* die reinen Liebenden, die das Licht der Weisheit [vorerst nur] wie in einem Spiegel betrachten, in die Klarheit des Ostens» (66,3–9), aus dem das wahre Licht, Christus, kommt.

Der Aufstieg der Seele *in intellectu* ist nicht ausdrücklich als eine Stufe bezeichnet, die über die Möglichkeiten der Aussendungen und Eingebungen *in affectu* hinausführt, aber was inhaltlich vermittelt wird, erweckt sehr wohl diesen Eindruck. Das gilt wenigstens für die abschließenden fünf Arten der Gotteserkenntnis (76,17–93,5), auf die wir uns beschränken wollen.

Die fünf Möglichkeiten der Gotteserkenntnis sind: die natürliche (*ex creatura mundi*), die vernünftige (*ex ratione uel natura animi*), die durch das Gotteswort (*ex cognitione diuini eloquii*), im Lichtstrahl der Beschau-

43 Dieses Emblem entfaltete Hugo breit in ‹De Arca Noe morali› c.III. Indes ist eine direkte Benutzung der ‹Arca› seitens des ‹De contemplatione›-Verfassers nicht festzustellen.

ung (*ex radio contemplationis*), in der Freude der glückseligen Schau (*ex gaudio felicissime uisionis*) vermittelten.

Die Gotteserkenntnis, wie sie die kreatürliche Welt ermöglicht, wird gerade nur mit zwei Schriftzitaten angedeutet: dem Pauluswort (das zum Fahnenwort der «natürlichen» Theologie geworden ist), daß die Unsichtbarkeit Gottes in den Werken der Schöpfung zu erkennen ist (Röm. 1,20), und dem Weisheitswort (Sap. 1,7) vom Geist Gottes, der den ganzen Erdkreis erfüllt (76,24–77,3).

Die Gotteserkenntnis, die der menschlichen Vernunft zugänglich ist, besteht in der Einsicht eines Grundes (*principium*), von dem alles ausgegangen ist, also eines Schöpfers, dem Macht (*potentia*), Weisheit (*sapientia*) und Güte (*benignitas*) zuzuschreiben sind, wobei die Macht hervorbringt, die Weisheit lenkt und die Güte erhält (77,6–9).[44] Im Blick auf die Heilsgeschichte ist weiter die Rede von drei Abbildern (*simulacra*): «Das erste betrifft die Natur, das zweite die Klugheit, das dritte die Gnade. Das erste ist die Figur der Welt, das zweite die Natur der Seele, das dritte die Menschheit des Wortes (*humanitas Verbi*). Das erste bezieht sich auf den Schöpfungsstand (*condicio*), das zweite auf die Vernunft, das dritte auf die Erlösung. Das erste weist auf die Macht des Schöpfers, das zweite auf dessen Weisheit, das dritte erweist dessen Liebe« (78,1–7). Die Reihe geht weiter. Auch hier ist die Gefahr begrifflicher Erstarrung mit Händen zu greifen.

Das Gotteswort in der Hl. Schrift ist der dritte Weg der Gotteserkenntnis. *Ex cognitione diuini eloquii noscuntur inuisibilia* (80,3 f.). Diese *inuisibilia* sind zwei Triaden von göttlichen Approprietäten: *potentia, sapientia, bonitas* bzw. *potestas, felicitas, eternitas* (80,6 f.).[45] Sie werden mit Schriftworten belegt.

In den Bereich (in unserm Sinne) mystischer Gotteserkenntnis gelangen wir im «Lichtstrahl der Beschauung». Der Verfasser geht vom Apostelwort 1 Kor. 13,12 aus: *Videmus nunc per speculum in aenigmate: tunc autem facie ad faciem* (81,16 f.), dem die Himmelsleiter Jakobs und zahlreiche Stellen des Alten Testaments hinzugefügt werden, die vom «Sehen» Gottes und Gottes Erscheinungsformen in prophetischer Sicht

---

[44] Die Stelle ist ‹De tribus diebus› (Did. VII 1, PL 176, 811 C) entnommen. – Ist es nur ein Druckfehler, wenn in BARONS Ausgabe 77,8 *benignitate et sapientia* statt *sapientia et benignitate* steht? (Ich habe die Reihenfolge in der Übersetzung stillschweigend berichtigt; sie ist ja in diesem Zusammenhang nicht gleichgültig.)

[45] Die erste Trias entspricht der oben zitierten (*bonitas / benignitas* sind austauschbar). Die zweite scheint mir willkürlich zusammengestellt zu sein. Sie läßt keinen Bezug zu den drei göttlichen Personen erkennen. In den verschiedenen Appropriationenreihen, die Bonaventura (Breviloquium I 6) und Thomas (S.th., q.39, a.7 u. 8) anführen, gibt es sie nicht.

handeln. Das Jesaia-Wort (6,1) *Vidi Dominum sedentem super solium excelsum et elevatum* (83,4 f.) gibt dann Anlaß zu einem in sich geschlossenen Darstellungskomplex. «Es gibt drei Throne: der erste ist zuunterst, der zweite emporgehoben, der dritte erhaben. Der erste bezeichnet, daß die Seele (*mens*) zu den Geheimnissen *(inuisibilia)* der Welt erhoben wird, der zweite zu den Geheimnissen des eigenen Selbst, der dritte zu den Geheimnissen Gottes» (83,11–15). Diesem Aufstieg werden heiligende Handlungen zugeordnet, Beichte, Abtötung des Fleisches, andächtige Zerknirschung (83,15 ff.); ihnen folgen symbolistische Ausführungen (83,20 ff.), die selbst der Lobredner des Traktats, Roger Baron, als «curieux» zu qualifizieren sich veranlaßt sah.[46] Eine abschließende Betrachtung gilt der Auslegung von Ezechiel 40,8 (im Rahmen der Tempelvision, die Gregor der Große in den Ezechiel-Homilien richtunggebend exegetisch aufgeschlüsselt hat): *Et in manu uiri mensure calamus sex cubitorum et palmi.* Die sechs Ellen bedeuten das aktive Leben – dieser Begriff erscheint nur hier und erfährt keine weitere Ausfaltung[47] –, die Handfläche die Ruhe der Kontemplation. «In der Handfläche spannt sich die Hand und läßt die Finger voneinander unterscheiden: mit der Handfläche wird die Beschauung, mit der Hand das Werk, mit den Fingern die Unterscheidungsgabe *(discretio)* bezeichnet. Und wie sich in der Handfläche Hand und Finger spannen, so dehnen sich und herrschen gutes Werk und heilige Unterscheidungsgabe in der Kontemplation» (86,12–21).

Die fünfte und letzte Gotteserkenntnis wird in der glückseligen Schau gesehen, die als höchste Form der Kontemplation zu gelten hat. Sie ist mit Job (*elegit suspendium anima mea*) durch Abtötung, mit Johannes (*Apok.* 8,1 *factum est silentium in caelo*) durch Stille, mit Salomon (*Cant.* 5,2 *Ego dormio et cor meum vigilat*) durch den Schlaf charakterisiert; die drei Zustände der Seele bedeuten Reinheit (*puritas*), Liebe (*caritas*) und Glückseligkeit (*felicitas*). Von der Reinheit wird gesagt, daß sie, gänzlich gereinigt und erleuchtet, ganz auf Gott hin gespannt ist (87,22 ff.). Das Schweigen ist ein Verstummen des Mundes, der Seele, der Vernunft. «Der Mund schweigt, weil die Seele innerlich völlig hinweggerissen ist (*rapitur*), die Seele schweigt, weil sie die unaussprechliche Freude, die sie erfüllt hat, nicht zu fassen vermag; die Vernunft schweigt, weil die

---

[46] BARON, RAM 1963/1964, S. 142.
[47] Auch Hugo äußert sich nicht über die *vita activa* in ihrem Verhältnis zur *vita contemplativa* außer beiläufig an einer Stelle in ‹De arca mor.› II 10, 655 C/D. – Die Predigt ‹De Martha et Maria› mit diesem Thema in ‹Allegoriae in Novum Testamentum› IV 13 (PL 175, Sp. 815 f.) gilt mit dem ganzen Zyklus als Werk Richards v. St. Viktor (aus dem ‹Liber exceptionum›; s. DAM XI, Sp. 601).

menschliche Vernunft ihre Tätigkeit aufgibt, solange die Seele in ihrem
Innern von göttlicher Salbung durchdrungen ist. Die so von der Salbung
durchtränkte (*perunctam*) Seele erfaßt der Schlaf himmlischer Süßigkeit,
worauf sie hingeschmolzen (*liquefacta*) im Umfangen des höchsten Lichtes ruht» (88,13–21). Der Schlaf endlich, hingerissen zum Unaussprechlichen (*ad illa ineffabilia rapitur*), umgreift Vernunft, Erinnerung und
Willen. Im Schlaf – und jetzt wechselt der Verfasser in die Vorstellungswelt des Hohenliedes – gelangt die Seele in den Umarmungen des
Bräutigams zuerst ins Haus der Mägde, sodann in das Schlafgemach der
Jungfrauen, zuletzt zum himmlischen Gastmahl. Von den Mägden wird
sie gewaschen, von den Jungfrauen geschmückt, vom Bräutigam herrlich
gespeist (89,10–16). Weitere Allegoresen schließen an: ohne organischen
Zusammenhang. Man steht unter dem Eindruck, der Autor hätte hier
schlicht alles zusammengetragen, was ihm über außerordentliche
Zustände der Seele zur Verfügung stand. Es ist so unter anderem die
Rede vom dreifachen Tod Jobs: er stirbt der Welt, sich selbst und im
Herrn (92,1 f.), oder von den drei vergitterten Fenstern in Salomons
Gemach: *memoria, intellectus, ratio,* aus denen für die Seele abermals eine
dreifache Beschauung erwächst (92,11–25). Abschließend wird an den
*raptus* des Paulus erinnert (2 Kor. 12,2 f.) und nochmals an das «Schauen
von Angesicht zu Angesicht», das sich uns aber erst enthülle, wenn wir
Gott «so wie er ist» (*sicut est*) sehen werden (92,25–93,3). «Wenn du das
Rad der Sonne nicht zu betrachten vermagst, erblicke es durch Salomons
Fenster» (93,4 f.). Das heißt: Wem die unmittelbare Schau Gottes nicht
möglich ist – und das dürfte, abgesehen von einigen Auserwählten, für
alle Sterblichen gelten –, der halte sich an die vorher (92,11 ff.) mit den
Fenstern Salomons eingeführten Seelenkräfte.

d) Sollte man den Versuch machen,[48] den ‹De contemplatione›-Trak-
tat auf seine innere, das heißt gedankliche und begriffliche Konsistenz zu
untersuchen, so würde er, auch wenn man gerechterweise das thomasi-
sche Instrumentarium als Maßstab beiseite läßt, nicht gut abschneiden.
Vor allem werden die Begriffe nicht klar voneinander abgehoben. Es ist
zwar zu tolerieren und kein Schaden, wenn *contemplatio* als Oberbegriff
von *meditatio, soliloquium, circumspectio, ascensio* fungiert und zugleich die
*ascensio* bezeichnet, aber *contemplatio* ist über dies hinaus auch noch

---

[48] BARON, so viel er über den Traktat geschrieben hat, unternahm ihn nicht. Er übersieht zwar wesentliche Schwierigkeiten nicht, die der Authentizität im Wege stehen: die
nicht sehr vertrauenswürdige Überlieferung – u. a. zwei von vier Manuskripten tradieren
‹De cont.› als 4. Buch von Hugos von Foligno ‹De claustro animae› (Ausg., S. 7) –, das
fehlende Gleichgewicht der Struktur, die nicht saubere Abgrenzung der Teile (ebd. S. 15),
zieht aber nicht die notwendigen Schlüsse aus diesen Befunden.

innerhalb der *ascensio* die höchste Stufe der *ascensio in affectu* sowie in der *ascensio in intellectu* die vierte Weise göttlicher Erkenntnis: alles in allem erscheint sie so auf vier verschiedenen Ebenen. Zu solcher Begriffsüberkreuzung gibt es zahlreiche weitere Beispiele. Ich verweise nur noch auf den oben vermerkten Umstand, daß die bekannte Approprietätenreihe *potentia, sapientia, benignitas* der Gotteserkenntnis mittels der menschlichen Vernunft zugeordnet wird (77,6 ff.), dann wiederum im Abschnitt erscheint, der Gott in der Hl. Schrift bezeugt (80,6 f.), jetzt erweitert mit einer Triade, die in sich selbst ohne Ordnung ist. Verwirrend ist auch, daß Tugend- und Gabenbegriffe, die im System den vorbereitenden Stufen der Kontemplation angehören, immer wieder, selbst auf dem Gipfel der Beschauung, erscheinen. Sollte dies ein beabsichtigter Lehrpunkt sein, in dem Sinn, daß alle gnadenhafte Erhebung und Entrükkung von «Leistungen» der Seele begleitet sein müssen, so hätte ihn der Verfasser wohl ausgesprochen. Es macht aber eher den Anschein, die ständig neu eingeführten, bzw. wieder aufgenommenen Tugendbegriffe seien notwendig gewesen, um die unzähligen Begriffstriaden aufzufüllen. Am wenigsten stimmig ist natürlich die Allegorese. Ich denke indes nicht an die Willkür der Zuordnungen und Bezüge, weil sie bereits im Wesen der Sache liegt, sondern an die Überschneidungen und Widersprüchlichkeiten der Bildvorstellungen. Da sie leicht, zumal in den letzten Kapiteln, zu finden sind, begnüge ich mich mit der Referenz auf die oben wiedergegebene Stelle 89,10–16, wo die im Schlaf und in der Umarmung des Bräutigams ruhende Seele von Mägden gewaschen, von Jungfrauen geschmückt und vom Bräutigam während des himmlischen Gastmahls gespeist wird. Verhält es sich nicht so, daß die Vorstellung von der sich für die bräutliche Vereinigung bereitmachenden Seele deren Schlaf in der Umarmung schlichtweg vergessen ließ, den Schlaf, der außerdem nach der inneren Ordnung den Akten der Vorbereitung zu folgen, nicht ihnen voranzugehen hätte?[49] Gewiß, der Autor von ‹De contemplatione› war ein tüchtiger Systematiker, aber die Systematik geriet ihm zum Zwang, dem sich alles zu unterwerfen hatte. Er ließ auch das affektive Element, das verschiedentlich zu beobachten und vom Gegenstand her geradezu gefordert wird, ziemlich kläglich verkümmern.[50]

---

[49] Man kann diese Textstelle mit dem ‹Soliloquium› vergleichen. Dort, in der Auslegung der Esther-Geschichte (18,7–22,11), ist alles stimmig.

[50] Wenn ich Hugo den Traktat entschieden abspreche, so finde ich mich durch Courcelle, Connais-toi toi-même I, S. 253 bestätigt: «L'auteur n'est ni Hugues ni Richard, mais peut-être Achard, qui commente le ‹Habita tecum›, ou un Victorin de la génération suivante.»

‹De contemplatione et eius speciebus› zeigt die Grenzen der allegorischen Auslegung, wie auch schon Hugos ‹De arca Noe mystica›. Die
große Mystik, zumal die volkssprachliche, hat sie immer nur partiell eingesetzt und namentlich ihre Schematisierung vermieden. Die Verfesti-
gung in der allegorischen Gleichung mußte den Verkündigern unmittelbarer Gottesliebe und Gotteserfahrung – ich denke vor allem an Predigt
und Sendbrief – als Hindernis ihres eigentlichen Anliegens erscheinen.

Ein letztes Wort soll Hugo gehören. Dieser Denker des Ausgleichs, der
alle Wissenschaften zu würdigen wußte und als Einheit zusammensah,
der Erkenntnis und Liebe in der Erfahrung Gottes zusammenwirken
ließ, erstrebte auch die Einheit von Leben und Praxis. «Der vertritt eine
durchaus heilige Doktrin, der lehrt, was er kostet, der unterrichtet, was er
fühlt, der nicht nur lehrt, das Wahre zu erkennen, sondern das Gute zu
ergreifen und den gerechten Menschen zu lieben» (In Hier. IV, 1001 B).

## Zwölftes Kapitel

# Richard von St. Viktor

*Riccardo, / che a considerar fu più che viro.*
Dante, Divina commedia, Paradiso 10, 131 f.

Dantes Bemerkung, daß Richards von St. Viktor Befähigung zur Beschauung (*considerar*) über das dem Menschen gegebene Vermögen hinausging, verrät, daß ihn die Nachwelt vorzüglich zu den kontemplativen Geistern zählte. Der erste große Zeuge dieser Einschätzung ist Bonaventura.[1] In der Tat hatten Richards Schriften über die Kontemplation, der ‹Benjamin minor› und ‹Benjamin major›, besonders der letztere, dazu ‹De IV gradibus violentae caritatis› und die ‹Expositio in Cantica canticorum› (die Richard freilich abzusprechen ist, aber im ganzen Mittelalter und darüber hinaus bis tief ins 20. Jahrhundert als sein Werk galt) den größten Erfolg. Hinter dem Meister der Kontemplation trat der spekulative Theologe zurück – trotz der erstaunlichen und sehr selbständigen Leistung in ‹De Trinitate›. Umgekehrt wurde Hugo mehr als Theologe, dazu als Wissenschaftsorganisator und Systematiker bewundert. Das uneingeschränkte Lob indes, das Hugo im Mittelalter und bis heute zuteil wurde, war Richard nicht beschieden, so häufig man beide in einem Atemzug nannte. Ein Beispiel dafür in der deutschen Mystikforschung ist Wilhelm Preger.[2] Doch bezieht sich das schwankende Urteil immer auf den Theologen, nie auf den Lehrer der Spiritualität, der er ja auch in erster Linie sein wollte. Töricht ist, für den angeblichen «Mangel an Schärfe und Konsequenz» auf theologischem Gebiet den Mystiker verantwortlich zu machen.[3] Gilt das Ineins von Theologie und Mystik nicht schon für Dionysius und Augustinus?

Frankreich, unvergleichlich in seinen Schulen, Laon, Lyon, Reims, Chartres, Orléans, Paris als *civitas litterarum* obenan, zog auch die Elite des Inselreiches an. Dazu gehört mit Aethelward von Bath, Achard von St. Viktor, Isaac von Étoile und anderen auch Richard, mutmaßlich aus

---

[1] De reductione artium ad theologiam, n. 5.
[2] Einige neuere Urteile über Richard bei BEUMER, Anm. 2 (S. 213 f.); PREGER, Mystik I, S. 241–251; gegen ihn erhob Heinrich Seuse DENIFLE O. P. in einer berühmt gewordenen Rezension in den Hist.-pol. Bll. f. d. kathol. Deutschland 75 (1875), S. 784–787 vehementen Widerspruch.
[3] So BEUMER, S. 221. – Den tiefen Zusammenhang von Theologie und Mystik erhellt am besten JAVELET in seinem Thomas Gallus-Richard-Vergleich.

Schottland, der unter Abt Gilduin (1114–1155) in St. Viktor eintrat und 1159 als Subprior, 1162 als Prior bezeugt ist. Er ist am 10. März 1173 gestorben; das Geburtsjahr ist unbekannt. Ungesichert sind auch die Anfänge seiner schriftstellerischen Tätigkeit; vor der Jahrhundertmitte sind sie indes kaum anzusetzen. Richards theologisches Hauptwerk, ‹De Trinitate›, kann mit besten Gründen als Spätwerk datiert werden; für das Gesamtwerk gibt es keine gesicherte Chronologie.[4]

### Bibliographische Hinweise

*Ausgaben:* PL 196. — Richard de Saint-Victor: Les quatre degrés de la violente charité, hg. von Gervais DUMEIGE (Textes philosophiques du moyen âge 3), Paris 1955, S. 89–206. — Ders.: De Trinitate. Texte critique avec introduction, notes et tables, par Jean RIBAILLIER (Textes philosophiques du moyen âge 6), Paris 1958. — Ders.: La Trinité. Texte latin, introduction, traduction et notes de Gaston SALET S. J. (SC 63), Paris 1959 [zit.] — Ders.: Opuscules théologiques, par Jean RIBAILLIER (Textes philosophiques du moyen âge 15), Paris 1967. — Ders.: De statu interioris hominis, par Jean RIBAILLIER, Archives d'Histoire doctrinale et littéraire du moyen âge 42 (1967), S. 7–128 [Text 61–128]. — Jean CHÂTILLON, Trois opuscules spirituels de Richard de Saint-Victor. Textes inédits accompagnés d'études critiques et de notes (Études Augustiniennes), Paris 1986.

*Übersetzungen:*
*Deutsche:* Die Viktoriner. Mystische Schriften, ausgewählt, übertragen und eingeleitet von Paul WOLFF, S. 127–304 (‹Benj. min.› und ‹Benj. maj.› gekürzt), Wien 1936. — Richard von St. Viktor: Über die Gewalt der Liebe. Ihre vier Stufen. Einführung und Übersetzung von Margot SCHMIDT (Veröffentlichungen des Grabmann-Institutes, NF 8), München–Paderborn–Wien 1969 [mit latein. Text nach PL 196]. — Ders.: Die Dreieinigkeit. Übertragung und Anmerkungen von Hans Urs VON BALTHASAR (Christliche Meister 4), Einsiedeln 1980.
*Französische:* Siehe Ausgaben unter SALET und DUMEIGE. — Les quatre degrés de l'amour ardent, par Ed. LECLEF (Édition de la Vie spirituelle), Paris 1926.
*Italienische:* Trattato di Riccardo da S. Vittore de quattro gradi della carità, volgarizzamento antico toscano, a cura die Domenico MORENI, Firenze 1829.
*Englische:* Richard of Saint-Victor: Selected Writings on Contemplation. Translated with an Introduction and Notes by Clare KIRCHBERGER (Classics of the Contemplative Life), London o. J. [1957] [‹Benj.min.›]. — Richard of St. Victor. The twelve patriarchs. The mystical ark. Book three of the Trinity. Transl. and Introduction by G. A. ZINN (The Classics of Western Spirituality), New York–Ramsey–Toronto 1979.

*Forschungsliteratur.* DAM XIII (1987), Sp. 593–654 (CHÂTILLON). — ²VL VIII (1990), Sp. 44–54 (RUH). — Jean CHÂTILLON, Les trois modes de la contemplation selon Richard de Saint-Victor, Bulletin de littérature ecclésiastique 41 (1940), S. 3–26. —

---

[4] Zu Lebensdaten und Werkchronologie am zuverlässigsten bei CHÂTILLON in DAM XIII, Sp. 593–598; zu ‹De Trinitate› s. besonders RIBAILLIER, Textausgabe 1958, S. 11–13.

Ders., De Guillaume de Champeaux à Thomas Gallus. Chronique de l'histoire littéraire et doctrinale de l'école de Saint-Victor, Revue du moyen âge latin 8 (1952),
S. 139–162, 247–272. — Gervais DUMEIGE, Richard de Saint-Victor et l'idée chrétienne de l'amour (Bibliothèque de philosophie contemporaine 127), Paris 1952. —
Johannes BEUMER S. J., Richard von St. Viktor. Theologe und Mystiker, Scholastik 31
(1956), S. 213–238. — Robert JAVELET, Thomas Gallus et Richard de Saint-Victor
mystiques, Recherches de Théologie ancienne et médiévale 29 (1962), S. 206–233,
30 (1963), S. 88–121. — Gaston SALET S. J., Les chemins de Dieu d'après Richard de
Saint-Victor, in: L'homme devant Dieu. Mélanges pour Henri de Lubac (Théologie
57), Paris 1964, S. 73–88. — Heinz WIPFLER, Die Trinitätsspekulation des Petrus von
Poitiers und die Trinitätsspekulation des Richard von St. Viktor. Ein Vergleich (Beitr.
z. Gesch. d. Philos. u. Theol. d. MAs 41/1), Münster 1965. — Ludwig HÖDL, Von der
Wirklichkeit und Wirksamkeit des dreieinen Gottes nach der appropriativen Trini-
tätstheologie des 12. Jahrhunderts (Mitteilungen des Grabmann-Instituts der Universität München 12), München 1965. — Walter SIMONIS, Trinität und Vernunft.
Untersuchungen zur Möglichkeit einer rationalen Trinitätslehre bei Anselm, Abae-
lard, den Viktorinern, A. Günther und J. Frohschammer (Frankfurter Theol. Stud. 12),
Frankfurt 1972. — Martin Anton SCHMIDT, Verstehen des Unbegreiflichen in den
beiden ersten Büchern ‹De Trinitate› des Richard von Saint-Victor, in: RUH (Hg.),
Abendländische Mystik, S. 177–195.

## 1. Via spiritualis der Theologie.
### Zu Richards ‹De Trinitate›

Man sollte die Mystik Richards nicht darstellen, ohne auf den ‹De Trinitate›-Traktat Rücksicht zu nehmen, obschon dieser sicher nicht als mystische Schrift anzusprechen ist. Die Ausklammerung des theologischen
Hauptwerks empfiehlt sich schon deshalb nicht, weil es Züge von
Richards Denken aufweist, die anderswo nicht so ausgeprägt erscheinen.
Vor allem aber gilt es, die einleitend postulierte Einheit von Theologie
und Mystik im Werke selbst aufzuzeigen. Es könnte sein, daß gerade in
theologischer Spekulation Richard sich als *scrutator mysticus* erweist.
a) In Richards Schriften ist das gradualistische Denken, das das ganze
Zeitalter beherrscht,[5] besonders ausgeprägt. Es bleibt nicht nur der Spiritualität, die ihrem Wesen nach aufwärts strebt, vorbehalten, sondern
bestimmt auch das theologische Denken. Das erweist sich als entscheidender methodischer Ansatz in ‹De Trinitate›.
Der Prolog beschreibt den Weg der Vernunft (*intelligentia*) — wovon
noch besonders die Rede sein muß — zur Erkenntnis der Trinität, der
Dreiheit der Personen in der Einheit der Substanz, wie einen spirituellen
Aufstieg: er führt über Glaube, Hoffnung, Liebe zum Augenschein

---

[5] Günther MÜLLER, Gradualismus, Dt. Vjschr. 2 (1924), S. 681–720.

(*manifestatio*), zur Kontemplation und zur Erkenntnis (*cognitio*) des Göttlichen im Status der *gloria* und zum ewigen Leben (887 C / 888 C).[6] Der spirituelle Charakter dieses Modells wird unterstrichen durch predigthafte Aufforderung (*ascendamus*). Wir sollen «die hohe Leiter der Beschauung aufsteigen», und «auf Adlers Flügeln» uns zum Himmlischen erheben (889 C). Es sind dies drei «Himmel», die Unsterblichkeit, Unverweslichkeit (*incorruptibilis*) und Ewigkeit bedeuten, das heißt deren gedankliche Perzeption im *ascensus spiritualis* (889 D / 890 D). Der hier dominante spirituale Tenor gehört nicht nur dem Prolog an, sondern bestimmt weite Partien des ganzen Werkes; nicht selten verbindet er sich mit rhetorisch-apologetischer Diktion: strengen Scholastikern der folgenden Generationen konnte das nicht gefallen. Was den intelligiblen Gang in Stufen betrifft, so wird er in I 10 nochmals aufgegriffen: «Wann immer wir durch Betrachtung (*speculatio*) der sichtbaren Dinge zu den unsichtbaren (gemäß Röm. 1,20) uns aufschwingen, errichten wir da nicht eine Leiter (*scala*), um auf ihr im Geiste zu den über uns liegenden Dingen emporzusteigen?» (895 D). Vernunft ist, wo immer sie in Anspruch genommen wird, nicht als ein in sich selbst ruhendes Vermögen verstanden, hier steigt sie auf, und zwar offensichtlich nicht im Sinne einer Selbstentfaltung, sondern in der Erweiterung ihres eigenen Vermögens durch *manifestatio, contemplatio, cognitio* (s. o.). Man ist versucht zu sagen, Richard betreibe theologische Spekulation *more mystico*.[7]

b) Zum spirituellen Impuls des theologischen Denkens gehört auch eine der wichtigsten Eigenlehren in Richards ‹De Trinitate›: die Liebe ist es, die die göttlichen Personen konstituiert. Sie ist der höchste Wert – Richard identifiziert sie mit dem göttlichen Sein: *in summa simplicitate idem ipsum sit esse quod diligere* (V 20, 963 D) –, und es ist ihr eigen, sich mitzuteilen. «Es gibt nichts Besseres, Köstlicheres und Glorreicheres als wahre, echte und höchste Liebe, die es indes keineswegs geben kann ohne Vielheit der Personen» (III 5; 918 D / 919 A); zugleich fordert sie die volle Gleichheit der Personen (III 7; 920 A). Im 5. Buch, wo Richard die Unterscheidung der Personen aufgrund des Wesens der Liebe näher erörtert, geht er von den Begriffen des *amor gratuitus* und *amor debitus*

---

[6] Ich zitiere MIGNE, obschon ich die SALET-Ausgabe benutzte. Da diese keine besondere Gliederung aufweist, aber die MIGNE-Abschnitte verzeichnet, bleibt keine andere Möglichkeit. Zu Spezialstudien wäre die RIBAILLIER-Edition (mit Zeilenzählung) heranzuziehen, die als editio optima gelten darf.

[7] GRABMANN, Scholastische Methode, hat dies so ausgedrückt: «In Richard von St. Viktor repräsentiert sich uns die Mystik als Hüterin der theologischen Ideale des Hl. Anselm von Canterbury.» (S. 310) – JAVELET, Psychologie, S. 62, über ‹De Trinitate›: «c'est une œuvre mystique.»

aus. Jener kommt dem Vater, dieser dem Sohne zu, beide zugleich dem
Hl. Geist (V 16–19). «In einem der drei ist sie die höchste und einzig
ungeschuldete Liebe, im anderen die höchste geschuldete Liebe, im dritten ist die Liebe dergestalt die höchste, daß sie zum einen hin geschul-
det, zum andern hin ungeschuldet ist. So gibt es in der höchsten Liebe
eine dreifache Unterscheidung der Eigentümlichkeit (*proprietatum*),
obgleich sie in allen dieselbe ist, weil sie die schlechthin höchste und
wahrhaft ewige Liebe ist» (V 19; 963 A/B). In rein spiritueller Formulierung sagt es Richard so: «So kann die Woge der Gottheit (*divinitatis
unda*) und die Überfülle (*affluentia*) der höchsten Liebe im einen als sich
nur ergießend, nicht aber eingegossen (*effluens nec infusa*) bezeichnen, im
zweiten als ergießend wie eingegossen (*effluens quam infusa*), im dritten
als sich nicht ergießend, nur eingegossen, obschon sie dabei in allem
eine einzige Woge bleibt» (V 23; 966 A).[8]

Zu diesem Passus gibt Salet (Anm. z. St.) Hinweise auf die griechischen Väter.
Doch hat die *divinitatis unda* als original zu gelten. Bezeichnenderweise begegnet
diese Vorstellung wiederum in der volkssprachlichen Mystik, aber wohl kaum
abhängig vom Viktoriner.[9] Ich beschränke mich auf zwei Beispiele. Hadewijch (Brief
XXII, 252–255) spricht von Gottes «dynamischer (*drusteghe*) Natur seiner fließenden, strömenden Fluten, die alles umfluten und überfluten», Mechthild von Magdeburg (I 2, Morel S. 4, 25 f.) *von dem himelschen flût vs dem brunnen der vliessenden dri-
valtekeit.*

c) Ungeachtet dieser Vorzugsstellung der Liebe in der «Konstituie-
rung» der göttlichen Personen ist Richard kein Theologe, der die Liebe
und mit ihr das Willensprinzip als Weg zu Gott höher stellt als die Vernunft. Vielmehr teilt er mit den andern Viktorinern, mit Abälard und
der Chartres-Schule, aber auch mit Wilhelm von St. Thierry als der Vertrauen auf die Vernunft. «Unsere Absicht in diesem Werk wird daher
sein, mit Gottes Beistand für das, was wir glauben, nicht nur wahrscheinliche, sondern notwendige Gründe (*necessariae rationes*) beizubrin-
gen und die Zeugnisse (*documenta*) unseres Glaubens durch Aufschlüsse-
lung und Ausfaltung ihrer Wahrheit aufzuzeigen. Ich bin nämlich ohne
Zweifel des Glaubens, daß es zur Erhellung (*explanatio*) aller Dinge, die

---

[8] In der Definition der dritten Person stimmt diese Stelle nicht mit V 19 überein. Es
fehlt die *spiratio passiva*. Weder die Herausgeber der modernen Ausgaben noch, so weit
ich sie überblicke, die Forschungsliteratur weisen darauf hin.
[9] Zahlreiche Belege bei Grete Lüers, Die Sprache der deutschen Mystik des Mittelalters im Werke der Mechthild von Magdeburg, München 1926, S. 278–282; s. auch
K. Ruh, Die trinitarische Spekulation in deutscher Mystik und Scholastik, Zs. f. dt. Philol.
72 (1953), S. 24–53, jetzt in K. R., Kleine Schriften II, Berlin–New York 1984, S. 14–45,
bes. 30–33.

notwendig sind, nicht nur wahrscheinliche, sondern notwendige Begründungen geben muß, auch wenn sie einstweilen unserer Aufmerksamkeit verborgen bleiben» (I 4; 892 C). Schon der Prolog formulierte, es gälte, «das zu verstehen, was wir glauben (*ut intelligimus quod credimus*)» (889 B). Daß Richard hier in der Tradition Anselms von Canterbury und dessen *fides quaerens intellectum* steht, ist längst erkannt und gewürdigt.[10] Hinzu tritt bei Richard die Berufung auf Erfahrung. Sie ist der Ausgangspunkt der Leiter, von der oben die Rede war. «Daher kommt es, daß in diesem Traktat unsere ganze Denkbewegung (*omnis ratiocinationis nostrae processus*) bei dem anhebt, was wir durch Erfahrung (*per experimentum*) kennen» (I 10; 895 D). Der Theologe huldigt hier nicht schlichter Erfahrungsgläubigkeit, sondern beruft sich auf das Pauluswort Röm. 1,20, dem wir schon bei Dionysius und immer wieder begegnet sind: *Invisibilia enim ipsius, a creatura mundi, per ea quae facta sunt, intellecta, conspiciuntur.* Richard zitiert es sechsmal in ‹De Trinitate›.[11] Offensichtlich ist es auch ein didaktisches Prinzip, das Richard zur Hochschätzung der Erfahrung bestimmte. Er muß ein begeisterter und begeisternder Lehrer gewesen sein, und gut kann man sich vorstellen, daß er ‹De Trinitate› zunächst einmal coram publico vorgetragen hat. Als Überzeugter wollte er überzeugen. Er spart nicht mit Polemik, z. B. gegen den Lombardus,[12] aber auch ganz allgemein gegen schwachdenkende Köpfe. Das hat etwas Erfrischendes und Gewinnendes.

Es ist heute nicht mehr nötig, Richards – und Anselms – Methode der Wahrheitsfindung vom Rationalismus abzugrenzen. Nicht wird der Glaube durch die Vernunft ersetzt, sondern der Glaube ist es selbst, der die Vernunft antreibt – ganz im Sinne Augustins: *Fides quaerit, intellectus invenit* (De Trinitate XV 2.2).

---

[10] Zuletzt und am umfassendsten von Schmidt, Verstehen des Unbegreiflichen. – Es mag als Widerspruch gelten und ist als solcher vermerkt worden (zuletzt Salet, 1964, S. 79), daß es von Richard auch Äußerungen gibt, die der Vernunftargumentation die Möglichkeit, bis zur «Klarheit des himmlischen Lichtes» vorzudringen, abspricht, so ‹Ben. min.› c. 74 und ‹Ben. maj.› I 6; 72 B u. ö. Doch dürfte man den Ausgleich nicht in einer Art Balance von affirmativer und negativer Theologie suchen (Salet), sondern in dem, was Schmidt im Stichwort «Verstehen des Unbegreiflichen» auf den Begriff bringt (dazu bes. S. 178 f.). Es beruht auf ‹De Trinitate› II 22: *perfacile est intellegere, quam ineffabile, imo et incomprehensibile, quod ratio rationando compellit de Deo nostro sentire* («Leicht ist einzusehen, wie unaussprechlich, ja geradezu unausdenkbar das ist, was die Vernunft aufgrund ihrer Überlegungen uns von Gott auszusagen zwingt.»)

[11] I 8 (895 A); I 10 (895 C); V 6 (952 D); VI 1 (967 C/D); VI 15 (979 C); VI 17 (981 D), meist in der gekürzten Form: *Invisibilia Dei per ea quae facta sunt, intellecta conspiciuntur.*

[12] Siehe ‹De Trin.› VI 22 (986 D/987 A) im Zusammenhang der *substantia genita*; dazu Salet, Ed. S. 504–507.

Richards Überzeugung von einer vom Glauben gelenkten Vernunfterkenntnis auch des Unsichtbaren und Göttlichen erinnert an Meister Eckharts Ausspruch: «In der Auslegung dieses Wortes (Joh. 1,1) wie derjenigen anderer (Schriftzitate) ist es die Absicht des Autors, wie in allen seinen Werken, die Lehren des heiligen christlichen Glaubens und der Schrift beider Testamente mit Hilfe der natürlichen Gründe der Philosophen auszulegen» (*exponere per rationes naturales philosophorum*).[13] Nicht aber kann – mit Denifle – von einem «gewaltigen Einfluß» die Rede sein, noch trifft es zu – mit Rahner –, daß die Schriften Richards zum «Quellgebiet» für Eckharts Lehre von der Gottesgeburt gehören.[14] Gegen solche Thesen spricht schon die Richard-Zitation in Eckharts Schriften: es gibt sie überhaupt nicht im deutschen Werk, im lateinischen ist sie unbedeutend und unspezifisch zu nennen. Dieser Befund kann nicht einmal überraschen: Eckhart war kein Kontemplations- und Stufenmystiker, wie es Richard gewesen ist, und er teilt auch nicht dessen Auffassung von der Liebe, die für diesen nicht nur die stärkste spirituelle Kraft, sondern auch Strukturprinzip der Trinität ist. Richard wurde so zu einer bedeutenden Autorität der franziskanischen Spiritualität, nicht aber für Meister Eckhart.

Dennoch ist Richard nicht gänzlich aus der Nähe Eckharts zu verweisen. Vom hermeneutischen Prinzip der Vernunfterkenntnis und von einer Einheit des theologischen Denkens und mystischer Spiritualität abgesehen, ist es die Persönlichkeitsstruktur, die beide Denker verbindet. Da ist die gemeinsame Vorliebe für paradoxe, ja provozierende Aussagen, dasselbe bewegliche Ingenium, ein Geist, der sich schwer dingfest machen läßt, die Offenheit und Bereitschaft zum Umdenken.

## 2. Eine Phänomenologie der Liebe
### ‹De quatuor gradibus violentae caritatis›

a) Die überragende Bedeutung der Liebe als geistige Potenz und Lebensmacht im 12. Jahrhundert ist unumstritten und immer wieder herausge-

13 Expositio Sancti Evangelii sec. Iohannem, Prooemium 2 (LW III 4,4–6).
14 Siehe Ruh in ²VL VIII, Sp. 44–54 (III 1). – Zu RAHNERS ‹Nachweis› (S. 408 f.) seien noch einige zusätzliche Bemerkungen erlaubt: Die beweisenden Stellen sind bis auf eine, ‹IV gradus› mit dem Begriff der *fecunditas*, nicht authentischen Schriften entnommen: dem Hoheliedkommentar, Ivos ‹Epistola ad Severinum de caritate› (s. u. Exkurs) und ‹De superexcellenti baptismo Christi› (s. DAM XIII 626). Natürlich mußte RAHNER 1935 alle drei Schriften als echt annehmen. Hier also ist sein Mißgriff unverschuldet. Aber selbst wenn wir die Echtheit unterstellen, ist RAHNERs Fazit: «Kein Zweifel, gerade Richard ist der echte Erbe der klassischen *theologia cordis* der Kirchenväter» ein Trugschluß. Die Sache verhält sich so: In allen Zitaten fand RAHNER nur Teilaussagen zum Theologumenon ‹Gottesgeburt›: die Unergründlichkeit des Herzens, in dem der *excessus mentis* sich ereignet (der keine Geburt ist!), die Einwohnung Christi im Herzen (= Eph. 3,1), die «Fruchtbarkeit» der Liebe in ihrem höchsten Grad. Es ist die Kombination dieser Stellen, die die Gottesgeburt ergibt. Der Kontext der Stellen bleibt vergessen, wenn überhaupt auf ihn geachtet wurde. Ein methodischer Fehler, der noch immer an der Tagesordnung ist! Man mag meinen «unverdorbenen» Leser, dem ich gerne recht gebe, belächeln (wie geschehen): Er ist, schlicht gesagt, der Leser, der die Texte respektiert und nicht in ihnen findet, was er sucht und schon längst weiß.

stellt worden.[15] Liebe ist das eigentliche Fahnenzeichen dieses Säkulums.
Es ist das Zeitalter der Ovid-Rezeption und der Vaganten, Vertreter der
freien Geschlechterliebe, das Jahrhundert der Troubadours und ersten
Romanciers mit *fin amour* und sensueller Herzensliebe, das Zeitalter
einer vor allem monastischen Spiritualität, die in Predigt, Traktat und der
Hoheliedexegese die Gottesliebe feiert. Das alles brach auf in eigenarti-
ger Plötzlichkeit, «wie ein Wunder»,[16] und verbunden mit anderen
Manifestationen des Individuums.[17] Überall stoßen wir auf sie, deren
Wurzeln jedoch weitgehend unserem Blick entzogen sind.

Unter den vielfältigen Kundgebungen der Liebeskraft ist es die Got-
tesliebe, die nach Formen und im Vokabular den reichsten und in der
Durchdringung ihrer Höhen und Tiefen den erhabensten und kühnsten
Ausdruck fand. Neben Bernhard von Clairvaux und Wilhelm von
St. Thierry, die ihm vorangehen, ist Richard mit seiner kleinen Schrift
‹De IV gradibus violentae caritatis› der eindrucksvollste Verkünder einer
von aller «knechtischen» Scheu befreiten Liebe der Kreatur zu ihrem
Schöpfer.

Wie war dies möglich? *Ein* Bezugspunkt ist deutlich zu erkennen:
*Christus homo,* die Menschwerdung des Gottessohns. Er bringt die Liebe
Gottes auf die Erde und fordert die Gegenliebe des Menschen heraus.
Jesus Christus ist der nahe Gott, er hat unter uns gelebt, die Stätten sei-
ner Geburt, seines Erdenwandels, seines Todes und seiner Auferstehung
sind nicht nur bezeugt, sondern visuell erfahrbar; durch Kreuzzüge und
Wallfahrten sind sie in die Vorstellung des Abendlandes eingetreten,
üben eine Faszination ohnegleichen aus. Christus der Mensch wird nun
als Bruder faßbar und entzündet eine Gottesliebe, die, wie Bernhard von
Clairvaux einmal sagt, «sich über alles, was rechte Zeit, Vernunft,
Anstand, Rat und Überlegung zu sein scheint, sieghaft hinwegsetzt».[18]

Die christologische Rechtfertigung einer Liebe, die keine Grenzen
mehr kennt, gilt auch für Richard. Nach der Einführung seines Gegen-
stands, «jener brennenden und glühenden Liebe, die das Herz durchdringt, den Affekt entzündet und die Seele bis ins innerste Mark durchbohrt» (2), ruft er aus: «Bedenken wir also jenen alles überragenden
Vorrang der Liebe Christi, die alle Liebe zu Eltern oder zu Kindern, auch
die Gattenliebe übersteigt oder auslöscht, ja selbst die eigene Seele zu

---

[15] Siehe u. a. die in Anm. 20 genannte Literatur.
[16] So OHLY, Hohelied-Studien, S. 305, betreffs der Cantica-canticorum-Erklärungen.
Die Bemerkung gilt indes für die gesamte Liebesliteratur des Zeitalters.
[17] Colin MORRIS, The Discovery of the Individual 1050–1200 (Church History Out-
lines 5), London 1972.
[18] Sermones super Cantica canticorum 79,1.

hassen vermag! O Heftigkeit der Liebe! O Gewaltsamkeit der Liebe! O Übermacht, o Überschwang der Liebe Christi! Das ist es, liebe Brüder, was wir (zu preisen) beabsichtigen, worüber wir sprechen wollen: über die Gewalt der Liebe, über die Erhabenheit der uneingeschränkten Liebe.» (3)

Es ist so nicht von Formen und Stufen der Liebe schlechthin die Rede, sondern von Extremformen der Liebe, vom Ungestüm, von der Leidenschaft, von der unwiderstehlichen Gewalt der Liebe.[19]

b) In einem ersten Durchgang (4–17) führt Richard die vier Grade der gewaltsamen Liebe ein, ohne ihren Gegenstand, Gott oder den menschlichen Liebespartner, zu berücksichtigen, spricht also von der Liebe schlechthin. So unterscheidet er auch nicht zwischen *amor, caritas, dilectio*: der Eros als Elementarkraft löscht alle begrifflichen Unterschiede aus. Die Liebeslehre dieses ersten Teils folgt deutlich, was man merkwürdigerweise bisher nicht vermerkt hat, Ovid. Geschildert werden nämlich die Symptome und, freilich wenig akzentuiert, die Heilmittel der Liebe. Es ist kaum anzunehmen, wenn auch nicht auszuschließen, daß Richard die ‹Ars amatoria› gelesen hat. Er vermittelt jedenfalls das, was das Allgemeinbewußtsein der *docti* des Zeitalters von Ovids ‹Liebeskunst› festhielt. Das Beispiel der ‹IV gradus› zeigt an, daß die verschiedenen oben genannten Bereiche der Liebesdarstellung und -diskussion keineswegs ohne Querverbindungen sind.[20]

Die vier Grade der ungestümen Liebe sind die *caritas vulnerans, ligans, languens, deficiens*. Jede wird aus einem Schriftwort abgeleitet und damit legitimiert: die verwundende Liebe aus Cant. cant. 4,9 (*Vulnerasti cor meum*), die Liebe in Banden aus Os. 11,4 (*in vinculis caritatis*), die schmachtende Liebe aus Cant. cant. 5,8 (*quia amore langueo*) die hinschwindende Liebe aus Ps. 118,81 (*Deficit in salutare tuum anima mea*) (4). Die folgenden 13 Abschnitte mit einer Zusammenfassung (17) formen diesen Aufriß zu einer eigentlichen Phänomenologie der Liebe aus.

Die erste Stufe, die der verwundenden Liebe, verrät am deutlichsten das ovidische Vorbild. Sie durchbohrt das Herz, der feurige Liebespfeil durchdringt den Geist bis ins Mark. Dieser «brennt vor Sehnsucht,

---

[19] Der Titel ‹De IV gradibus violentae caritatis› ist freilich nicht authentisch, wurde erst im 15. Jahrhundert gebräuchlich. Er ist indes sicherlich dem soeben zitierten Absatz 3 entnommen (*O violentia caritatis*) und durchaus zutreffend.

[20] Das gilt namentlich für die höfische Minne in ihren Beziehungen zur geistlichen Liebe; s. Herbert KOLB, Der Begriff der Minne und das Entstehen der höfischen Lyrik (Hermaea NF, 4), Tübingen 1958, I. Teil; Robert JAVELET, L'amour spirituel face à l'amour courtois, in: Entretiens 1968, S. 309–446; Peter DINZELBACHER, Über die Entdeckung der Liebe im Hochmittelalter, Saeculum 32 (1981), S. 185–208.

erglüht in der Inbrunst, er lodert, er lechzt, er stöhnt aus Herzensgrund, und langgedehnte Seufzer brechen aus ihm». Ein weiteres Symptom ist ein bleiches und abgespanntes Angesicht. Dieser Leidenschaftsimpuls vollzieht sich, nach kurzen Intervallen, immer wieder von neuem, bis die Glut alle Kräfte des Widerstands vernichtet hat (6).

Die Liebe in Banden der zweiten Stufe besagt die völlige Beherrschung des Geistes durch die Liebe. «Was immer (die Seele) tut, was immer sie sagt, dauernd ist der Geist damit beschäftigt, und das Gedächtnis hält nichts anderes fest» (7). «So wie einer, der ans Bett gefesselt ist, oder ein an Ketten Geschmiedeter sich vom zugewiesenen Platz nicht entfernen kann, so ist der Mensch vom zweiten Grad der Liebe festgehalten. Was er auch tut und wohin er sich wendet, er vermag sich von dieser einen und äußersten Herzensqual nicht loszureißen.» (8).

Die Liebe der dritten Stufe, die schmachtende, lähmt nicht nur die Gedanken, sondern jede Tätigkeit (11). Andere Empfindungen schließt sie aus. Der Seele «kann nichts genügen als ein einziges, nichts schmekken als um dieses einen willen. Sie liebt nur eines, sie umzartet nur eines, sie dürstet nur nach einem, sie verlangt nur nach einem. Nach diesem lechzt sie, nach diesem seufzt sie, in diesem entflammt sie, in diesem ruht sie» (10).

Hinschwindend ist die Liebe der vierten und letzten Stufe. Die Seele «dürstet und trinkt, aber das Trinken löscht nicht den Durst. Im Gegenteil, je mehr sie trinkt, umso mehr dürstet sie. Der Durst und Hunger dieser gierigen, ja unersättlichen Seele werden nicht gestillt, sondern gereizt, indem sie den Wunsch anstelle des Gewünschten genießt.» «Doch wer wäre fähig», ruft der Autor aus, «die Gewalt dieser höchsten Stufe angemessen zu schildern, wer ihre Übermacht zu erfassen? Kann, so frage ich, irgendetwas das menschliche Herz tiefer durchdringen, grausamer quälen und heftiger aufwühlen?» (14). Der so Betroffene ist wie ein hoffnungsloser Kranker, den die Ärzte aufgegeben haben, dessen Atem nur noch röchelt (15).

Nach drei Abschnitten der Überleitung, die von Unterschieden des geistigen und fleischlichen Verlangens, dazu von der ehelichen Liebe handeln (18–20), geht der Verfasser zum Thema der Gottesliebe über, und zwar zunächst (21–29) in der Form einer Synopse, die in parallelen Leitsätzen unter verschiedenen Gesichtspunkten die vier Formen der ungestümen Liebe voneinander abhebt. Diese Darstellungsform wird einige Male von erläuternden Bemerkungen durchbrochen. Richard entwickelt in dieser Reihensynoptik eine erstaunliche Fülle von Zuordnungen; es sind deren zwölf. Davon nur zwei Beispiele: «Auf der ersten Stufe vollzieht sich die Verlobung, auf der zweiten die Vermählung, auf

Vulnerata caritate ego sum.
Vrget caritas de caritate loqui. Libenter me impendo ca
ritatis obsequio. Et dulce quidem & omnino delectabile. de dile
ctione loqui. Iocunda materia est satis copiosa. & q omnino generare n
possit. tedium sedentia. uel fastidium legenti. Sapit enim supmo
dum cordis palato. qd caritate condit. Si dederit homo p dilectio
ne omnem substantiam domus sue. qsi nichil despiciet eam. Magna
uis dilectionis est miranda uirtus caritatis. Multi gradus in ea. & in
ipsis magna differentia. Et quis eos digne distinguere uel
saltem dinumerare sufficiat? Est sane in ea affect humanitatis.
sodalitatis. affinitatis. consanguinitatis. fraternitatis. & in hunc
modum alij multi. Sup hos tamen omnes dilectionis gdus est. amor ille ar
dens & feruens q cor penetrat & affectum inflamat animam q ip
sa eo usq medullitus transfigit ut ueraciter dicere possit. Vulnerata
caritate ego sum. Cognoui nq que sit illa supemminentia carita
tis. cepi que dilectione parentum umat amore plusquouis
affectu tuscendit. extinguit insup & animam suam in odium uert.
O uehementia dilectionis. o uiolentia caritatis. O excellentia. o
supemminentia caritatis. hoc est fere qd intendimus? hoc e illud
de q loqui uolum? de uehementia caritatis. de supemminentia
pfecte emulationis. Nostis satis qa aliud e loqui de caritate
& aliud de eius consummatione. Aliud sane loqui de ipsa. & aliud
ud de eius uiolentia. Intendo ad opa uiolente caritatis. & in
nemo que sit uehementia pfecte emulationis. Ecce uideo alios
uulneratos. alios ligatos. alios languentes. alios deficientes.
& totum a caritate. Caritas uulnerat. caritas ligat. caritas

*Beginn von Richards Schrift ‹De IV gradibus violentae caritatis› des Ms. 304 der Bibliothèque Municipale Laon aus dem späten 12. Jahrhundert.*

der dritten die Vereinigung, auf der vierten die Geburt» (26). «Auf der ersten Stufe tritt Gott in die Seele ein und die Seele kehrt zu sich selbst zurück. Auf der zweiten Stufe steigt sie über sich selbst hinaus und wird zu Gott erhoben. Auf der dritten Stufe tritt die zu Gott erhobene Seele ganz in ihn ein. Auf der vierten Stufe geht die Seele um Gottes willen hinaus und steigt unter sich selbst hinab» (29). Man sieht aus diesen Beispielen, daß Richard die vier Stufen als mystischen Aufstiegsweg verstanden wissen will.

c) Im dritten und umfangreichsten Teil der Schrift (30–47) durchläuft der Verfasser nochmals wie im ersten die vier einzelnen Stufen, aber nun auf die Gotteslehre ausgerichtet. Darstellungsprinzip ist wiederum die Beschreibung, aber die Liebessymptomatik tritt gegenüber der spirituellen Belehrung und theologischen Grundlegung fast ganz zurück. Richard führt die einzelnen Stufen nicht mehr als *caritas vulnerans, ligans, languens* und *deficiens* ein, offensichtlich weil sie nicht ohne Zwang mit den Zuständen und Akten zu verbinden sind, die den Stufen der Gottesliebe zukommen. Doch läßt der Verfasser seine Grundbegriffe nicht gänzlich aus den Augen. Die *caritas ligans* wird in Erinnerung gerufen, indem er feststellt, daß die Helligkeit der Schau die Gedanken «fesselt» (37); die *caritas languens*, zusammen mit der *liquefactio animae*, wird dem mystischen *raptus* zugeordnet (41). Schließlich wird sich die *caritas deficiens* vollkommen mit dem decken, was Richard über die vierte Stufe aussagt, ja es scheint, er hätte die bis jetzt nicht geläufige Liebesform gerade im Hinblick auf ihre Ausprägung in der Gottesliebe eingeführt.

Die Liebe der ersten Stufe bewirkt geistliche Süßigkeit als himmlische Speise (30), wie sie den Israeliten auf dem Wege durch die Wüste zuteil geworden ist, nachdem sie Ägypten, die Welt, verlassen und das Rote Meer, in dem sie untergeht, überschritten haben (31). Was man auf dieser Stufe empfindet, ist «Zärtlichkeit, einer Liebkosung gleich», aber noch zeigt der Herr nicht sein Antlitz und seine Schönheit. Das Gemüt ist entzündet, aber die Vernunft noch nicht erleuchtet (32).

Auf der zweiten Stufe der Liebe wird die Seele gewürdigt, zu schauen, «was kein Auge gesehen und kein Ohr gehört hat und in keines Menschen Herzen aufsteigt» (1 Kor. 2,9): sie empfängt in großem Bemühen und brennender Sehnsucht die Gnade der göttlichen Schau (*divina contemplatio*) (34). Dies ist eine Seligkeit ohnegleichen. «Wer sie einmal empfunden, wer sie einmal verkostet hat, kann niemals genug davon bekommen, kann sie nie mehr, wenn sie ausbleibt, vergessen. Wenn die Seele von jenem Lichte herabsteigt und zu sich selbst zurückgefunden hat, bringt sie von dort Vorstellungssplitter mit, aus denen sie sich erlabt, ja sich einen Festtag bereitet.» Wie groß muß «die Seligkeit in der Schau selbst sein, wenn schon bloße Erinnerung so großes Entzücken bereitet»! (37). Der Kontemplation folgt auf der dritten Stufe die Entrückung des Geistes (*excessus mentis*). «Der Geist des Menschen wird in den Abgrund göttlichen Lichtes entrückt (*rapitur*), so daß er, indem er in diesem Zustand alle Dinge der Außenwelt gänzlich vergißt, sich selbst verliert und ganz in seinen Gott eingeht (*transeat*).» «In diesem Zustand, in dem der Geist sich selbst verläßt (*alienatur*) und in jene Schatzkammer des göttlichen Geheimnisses entrückt wird, von allen Seiten vom Feuerbrand der himmlischen Liebe umflossen, im Innersten durchlodert und allüberall entflammt, entkleidet er völlig sein Selbst und zieht sich an mit gleichsam göttlicher Empfindung. Gleichgestaltet mit der geschauten Schönheit, geht er hinüber in eine neue Herrlichkeit» (38). Es folgen das traditionelle Bild von Eisen im Feuer als Gleichnis mystischer Transformation in intensiver Schilderung (39),[21] sodann die aus dem Hohenlied gewonnenen Liebesformen des Schmachtens und Zerschmelzens (2,5; 5,6): «In diesem Zustand zerschmilzt (*liquescit*) die Seele gänzlich in den, den sie liebt, und verschmachtet gänzlich in ihrem Sein» (41).

Vermerkt zu werden verdient, daß Richard hier Kontemplation und *excessus mentis* auseinanderhält, wenn sie auch in der Stufenfolge verbunden bleiben. Das erinnert an Dionysius Areopagita, der die Ekstase der ‹Mystica Theologia› auch nicht mit der *theoria* zusammensieht (s. K 1,3.b). Doch ist an einen Zusammenhang nicht zu denken: für Richard ist Dionysius keine Autorität. Er steht in seiner Kontemplationslehre auf der Linie Augustins, sieht mit diesem in der Entrückung des Paulus das Grundmuster mystischer Begnadung. Darauf hin weist schon der Terminus *excessus mentis,* das Übersetzungswort für das neuplatonische ἔκστασις, das Augustinus mit seinem Umfeld verwendet.[22] Richard verwendet es auch, neben dem Paulinischen *raptus* und *alienatio mentis* in den ‹Benjamin›-Traktaten. Es ist so die Mystik der zweiten und dritten Stufe der Liebe nicht als Sonderlehre zu buchen, vielmehr als eine wohl durch das formale Element der Stufen bedingte «Lesart» zu verstehen.

Die vierte Stufe, der *caritas deficiens* zugeordnet, bietet keine Steigerung im Sinne des mystischen Aufstiegs, etwa den Eintritt in den «Himmel der Himmel», der von der Kontemplation ausgeschlossen wurde

---

[21] Siehe Jean PÉPIN, L'origine de trois comparaisons familières à la théologie mystique médiévale, in: Miscellanea André Combes I (Divinitias 11) (1967), S. 331–375; die Formulierung Bernhards von Clairvaux s. K 8,1. Anm. 10.

[22] Siehe BEIERWALTES, Denken des Einen, S. 140, Anm. 40.

(37),[23] sondern zeigt den *descensus* an. Hier kommt nun der christologische Bezug, den der Traktat wie ein Vorzeichen setzt (3), zur eigentlichen spirituellen, aber auch theologischen Verwirklichung.

«Wie flüssiges Metall leicht dorthin fließt, wo sich ihm ein Weg eröffnet» – voran geht das Gleichnis der Silberschmiede –, «so erniedrigt sich die Seele in diesem Zustand freiwillig zu jeglichem Gehorsam und unterwirft sich freudig jeder Demütigung nach der Ordnung des göttlichen Heilsplans» (42). Dies geschieht, weil Christus sich entäußerte, Knechtsgestalt annahm und dem Menschen gleich wurde. «Dies ist die Form der Demut Christi, nach der sich jeder formen muß, der den höchsten Grad der vollkommenen Liebe erreichen will» (43). Auf dieser Stufe ist der Mensch fähig, sein Leben für die Freunde hinzugeben. War auf der dritten Stufe die Seele in Gott getötet, so ist sie jetzt in Christus wiedererweckt: «Ich lebe, aber nicht mehr ich, sondern Christus lebt in mir» (Gal. 2,20) (44). In diesem Sinne wird der Mensch eine «neue Kreatur», und Richard kann von «Wiedererweckung» (s. o.; 47) sprechen. Aber das ist nur die theologisch notwendige Perspektive zum Martyrium als «Nachahmer Christi» (Eph. 5,1), das als Wesen der «hinschwindenden» Gottesliebe betrachtet werden muß: «Leiden und Schmach um Christi willen», «Hinfälligkeit, Verunglimpfungen, Nöte, Verfolgungen und Bedrängnisse für Christus» (2 Kor. 12,10) (45). Die letzte Steigerung bedeutet das Einverständnis, «verflucht und von Christus getrennt zu sein um der Brüder willen» (Röm. 9,3) (46). Wie schon die Zitate verraten, orientiert sich Richard bei diesen Ausführungen wie die großen Zisterzienser ganz nach der Paulinischen Christustheologie.

Mit der *caritas deficiens* hat Richard eine Position gewonnen, die von weitgreifender Bedeutung ist. Sozusagen ein antimystischer Zustand, ist sie doch nur denkbar als Umschlag zur Position der mystischen «Entfremdung» (*alienatio*). Genauere Ausformungen erfährt sie in der Spiritualität der Beginen und Bettelorden, deren Lebensform sie leicht herbeiruft. Das schönste Beispiel ist die sinkende Minne der Mechthild von Magdeburg, die in der *seligen gotzvrömdunge,* die sie erleidet (IV 12), einen ungemein starken Ausdruck findet.[24] Hier erfahren wir ganz konkret und sinnlich nah, was es heißt, «verflucht und von Christus getrennt zu sein». Es ist wenig wahrscheinlich, daß es eine vermittelnde historische Brücke von Richard zur Magdeburger Begine gibt, aber sie ist auch

---

[23] *In secundo itaque gradu . . . caelum caelorum lumenque illud inaccessibile videri potest, sed adire non potest.* («Auf der zweiten Stufe kann man daher den Himmel der Himmel und jenes unerreichbare Licht schauen, aber nicht dorthin gelangen.») (37).

[24] Gall MOREL, Offenbarungen der Schwester Mechthild von Magdeburg, Regensburg 1869, S. 103 ff.; s. dazu bes. HAAS, Sermo mysticus, S. 84 f., 91–93, 113–118.

nicht schlichtweg auszuschließen.[25] Jedenfalls muß es erlaubt sein, Richards *caritas deficiens* mit Mechthilds sinkender Minne zusammenzusehen.

Richard liebt abschließende Zusammenfassungen in Merksätzen. Sie fehlen auch in ‹De IV gradibus› nicht, obschon die Synopse des mittleren Teils bereits einen reichen Vorrat prägnanter Formulierungen anbietet. «Auf der ersten Stufe ... kehrt die Seele zu sich selbst zurück, auf der zweiten steigt sie auf zu Gott, auf der dritten geht sie in Gott über (*transit*), auf der vierten steigt sie hinab (*descendit*) unter sich selbst. Auf der ersten und zweiten wird sie emporgehoben (*elevatur*), auf der dritten und vierten verwandelt (*transfiguratur*). Auf der ersten steigt sie zu sich selber auf, auf der zweiten überschreitet sie sich selbst (*transcendit*), auf der dritten wird sie der Klarheit Gottes, auf der vierten der Demut Christi gleichgestellt (*configuratur*). Oder auch: Auf der ersten wird sie (zu sich selbst) zurückgeführt (*reducitur*), auf der zweiten übergeführt (*transfertur*), auf der dritten verwandelt und auf der vierten auferweckt (*resuscitatur*)» (47).

## Exkurs
### Ivo (Ives): ‹Epistola ad Severinum de caritate›

Bis vor kurzem, d. h. bis zur Ausgabe von Dumeige 1955, galt die Schrift als Werk Richards. Sie wird indes in der ganzen, zur Hauptsache anonymen handschriftlichen Tradition mit ca. 20 Textzeugen nie dem Viktoriner, gelegentlich Bernhard von Clairvaux, in drei Handschriften aber einem *frater Yvo* mit Severin, Subprior von Saint-Denis, als Adressaten zugeschrieben. Beide, Autor und Empfänger, ließen sich bis jetzt nicht identifizieren. Der Verfasser kennt und zitiert, und dies häufig, Bernhard; von Wilhelm von St. Thierry hat er ‹De natura et dignitate amoris›, von Hugo zumindest ‹De arrha animae› gekannt. Nicht aber verrät er trotz bemerkenswerter Übereinstimmungen, weshalb die ‹Epistola› ja auch zu Richards Schriften gezählt wurde, Kenntnisse von dessen Werk. Aus diesem Befund möchte ich schließen, daß die ‹Epistola ad Severinum› vor ‹De IV gradibus violentae caritatis› entstanden ist.

*Ausgaben:* Unter den Werken Richards PL 196, Sp. 1195–1208. — Ives, Épître à Séverin sur la charité, hg. von Gervais DUMEIGE (Textes philosophiques du moyen âge 3), Paris 1955, S. 9–87.

[25] Immerhin ist Richard oder doch sein Umfeld bei Hadewijch nachgewiesen; s. ²VL VIII, Sp. 44–54, s. v. Richard von St. Victor II. 4.c.

*Forschungsliteratur:* Jean CHÂTILLON, Les quatre degrés de la charité d'après Richard de Saint-Victor, RAM 20 (1939), S. 237–364. — Gervais DUMEIGE, Richard de Saint-Victor et l'idée chrétienne de l'amour, Paris 1952, S. 112–133. — Ders., Introduction der Ausgabe, S. 9–41.

Bestimmt Paulinische Theologie und Spiritualität die letzte Stufe von Richards ‹Caritas›-Traktat, so ist sie in der ganzen ‹Epistola› dominant; es sind etwa 40 Textstellen, die zitiert werden. Der Verfasser eröffnet die Thematik mit dem berühmten Preis der Liebe in 1 Kor. 13,4–8, ergänzt mit Cant. cant. 8,6 (*fortis est ut mors dilectio*) (2). Dies ist dann das Stichwort für die christologische Begründung und Ausrichtung der *caritas* (3), die derjenigen Richards entspricht, ohne von ihr abhängig zu sein. Sie steht indes hier nicht nur als eine Art Vorzeichen, sondern wird im Verlauf des Briefes immer wieder aufgegriffen.

Die Aufgliederung in vier Kapitel ist authentisch (siehe n. 26), die ausgesetzten Titel dürften von den Herausgebern stammen:[26] *De caritatis* (auch *amoris*) *insuperabilitate* (4–8), *De caritatis insatiabilitate* (9–16), *Quod caritas insatiabiliter videt amatum* (17–25), *De caritatis inseparabilitate* (26–38). Die unüberwindbare ist die starke Liebe, die in den Märtyrern bezeugt ist, die Sünde und Versuchung besiegt, selbst den göttlichen Ratschluß aufzuhalten vermag (Moses als Beispiel), sich in Glück und Unglück bewährt. Die Unersättlichkeit der Liebe ist es, die die Seele Stufen und Schritte vergessen läßt und sie in unvermuteter Entrückung (*inopinatis raptibus vel excessibus*) zu den himmlischen Geheimnissen erhebt, wohin Paulus entrissen wurde. «Dieser Zustand ist gleichsam ein Göttlich-werden (*deificari*), indem der Geist, trunken von göttlicher Liebe, alles (was nicht göttlich ist) vergißt und ganz in Gott eingeht» (9). Unersättliche Liebe bewirkt den mystischen Aufschwung: Bei Richard war es die Form der *caritas languens;* dem ist die *caritas insatiabilis* gleichzusetzen. Mit allen Vätern und Zeitgenossen betont Ivo die Kürze dieser *deificatio* (10). Mit *languor amoris* bezeichnet er dann den Zustand der ins «Tal der Körperlichkeit» zurückverwiesenen Seele (11).

Das dritte Kapitel ist der Kontemplation im weiten Sinne des Begriffs gewidmet. Die Seele «betrachtet» im Rahmen aszetischer Ermahnungen die Wohltaten Gottes, sein Schöpfungswerk und wozu er es geschaffen hat, und zwar mit dem «Auge der Liebe», welches das «rechte Auge» (*oculus rectus, oculus vere dexter*) ist (23). Ivo greift damit die Lehre Wilhelms von St. Thierry von den beiden Augen der Vernunft und der

---

[26] Sie werden jedenfalls im Lesartenapparat von DUMEIGE nicht ausgewiesen, gehören aber schon der PL-Ausgabe an. Im übrigen hat DUMEIGE in der Ausgabe den 1. Titel einzurücken schlichtweg vergessen.

Liebe auf.[27] Dieses «rechte Auge» ist dann auch in der Lage, die «Ewigkeit» zu kontemplieren, freilich nur zeitweilig (23). Zu einer eigentlichen Kontemplationslehre, wie sie Richard in ‹De IV gradibus› bietet, kommt es nicht. Das abschließende vierte Kapitel über die «untrennbare Liebe» gilt der einigenden Kraft der Liebe (*unitiva virtus* 32). Sie einigt den Menschen mit seinem Nächsten (28) und mit Gott. Dies geschah, indem das ‹Wort› unsere Menschennatur annahm, was erst unsere Einigkeit (*unitas*) mit Gott ermöglicht (29). Sie hat die Reinheit des Herzens, des Glaubens und des Gewissens zur Voraussetzung (30) und vollzieht sich in der *liquefactio animae,* die die Seele in den verwandelt, den sie liebt, so wie ein Tropfen Wasser sich im Wein auflöst (32).[28] Die *liquefactio,* bezogen auf Wachs mit Ps. 21,15, erweicht, dehnt sich aus, reinigt, vereinigt die verschiedenen Metalle im Feuer (33).[29] Nochmals wird das Außersichsein mit dem *raptus* des Paulus verglichen (35). Das alles ist ohne mystischen Überschwang dargestellt. Lebhafter gibt sich der Autor, wie er, ganz in augustinischer Färbung, auf das Gespräch mit Gott zu reden kommt: «O köstliche Unterhaltung (*confabulatio*) mit Gott in der Seele und mit der Seele, eine Unterredung, die sich ohne Sprache und Geräusch der Lippen und ohne das Ohr im Schweigen vollzieht. Es ist nur der Sprechende und Lauschende, der diese Sprache vernimmt, jede Drittperson ist ausgeschlossen. Diese Worte sind wegen der (unerfüllten) Sehnsucht der Liebe vertrockneten und verdrießlichen Herzen wie befruchtende Gewässer aus himmlischem Quell» (37). Die aufgewiesene Einheit sieht der Verfasser in der *unitas Trinitatis* verwirklicht (38).

Die ‹Epistola ad Severinum de caritate› gehört nach Gehalt und Form zu den schönsten Zeugnissen der Liebes- und Kontemplationslehre des Jahrhunderts.

## 3. Der Stufenweg der Erkenntnis in der Kontemplation

a) ‹Benjamin minor› (‹Benj. min.›) nannte Richard seine Schrift über die ‹Vorbereitung des Geistes zur Kontemplation›, ‹Benjamin major› (‹Benj. maj.›) die fünf Bücher ‹Über die Gnade der Beschauung›. «Benja-

---

[27] Siehe K 9,1.e.

[28] Dazu PÉPIN [Anm. 21].

[29] Dazu Augustinus, De moribus ecclesiae catholicae 22,41 (PL 32, Sp. 1329): *Nihil est tamen tam durum atque ferreum, quo non amoris igne vincatur* (zit. Ed. DUMEIGE).

min» wird mit der Tradition[30] als *contemplatio* gedeutet gemäß Ps. 67,28 *Benjamin adulescentulus in mentis excessu.*

Die Vorschule des ‹Benj. min.› bietet eine umfassende und anspruchsvolle Tugendlehre im Rahmen einer allegorischen Auslegung der Kinder des Erzvaters Jakob bzw. seiner beiden Frauen Lea und Rachel, die *affectio divina* und *ratio divina* verkörpern (c. 4), und der Mägde Bala und Zelpha mit der Bedeutung *sensualitas* und *imaginatio,* Kräfte, die sich dem Affekt und der Vernunft unterzuordnen haben wie die Magd der Herrin (c. 5). Für den Weg der Beschauung erweisen sich *imaginatio* (in erweiterter Bedeutung) und *speculatio* als besonders bedeutsam. *imaginatio* ist die Kraft der Vorstellung, über das Körperliche hinauszugelangen, *speculatio* überträgt das Sichtbare auf das Unsichtbare im Sinne von Römer 1,20 (c. 14–24). Großes Gewicht wird sodann auf die Einsicht (*discretio*) gelegt, die Joseph verkörpert (c. 67–71). Die *discretio* «erzieht» den Geist und führt ihn zur vollen Erkenntnis seiner selbst (*cognitio sui*). Diese ist die unumgängliche Voraussetzung zur Gottesschau (71). Richard begründet dies mit dem Selbst als *imago Dei,* dem klarsten Spiegel zur Gottesschau (72).

Mit der Selbsterkenntnis wird auch schon Benjamin aufgerufen. Rachel stirbt bei seiner Geburt: Wenn der menschliche Geist über sich selbst hinausgehoben wird, bricht die Vernunft zusammen (73). In der letzten Kapitelfolge bedient sich Richard der Bergmetapher in Anlehnung an die Verklärung Christi am Berg Thabor (Mt. 17,1–9; Mc. 9,2–9). Der Weg zur Schau ist so ein Aufstieg und bedeutet Selbsterkenntnis. Diese erfährt hier eine neue Legitimation: durch Christus selbst. «Vom Himmel herab stieg der da sagte γνῶθι σεαυτόν, das ist *Nosce teipsum*» (78; 56 A). Es ist dies, wie Courcelle feststellte,[31] eine kühne christliche Interpretation des berühmten Juvenal-Verses Sat. XI 27. Bei der Christus-Verklärung auf dem Thabor legt Richard Wert auf den Umstand, daß Moses und Elias als «Zeugen» der Hl. Schrift zugegen sind. Er scheint um die Gefahr zu wissen, vor der später im spirituellen Schrifttum immer wieder gewarnt wird: der Gefahr falscher, vom Bösen Geist in der Engelsgestalt des Lichts erzeugter Visionen (81).

Die Schau Christi in seiner Verklärung ist nur eine Vorstufe der Gottesschau. Diese beginnt mit der Stimme des Vaters: «Dies ist mein lieber Sohn, an dem ich Wohlgefallen habe.» Die drei Jünger werfen sich auf ihr Antlitz. «Jetzt stirbt Rachel, auf daß Benjamin seinen Anfang nehme» (82).

---

[30] Vgl. Gregor von Nyssa PG 44, 989 D; Augustinus, In enarr. Ps. 67,28; in beiden Fällen Bezug auf den *raptus* des Paulus.

[31] Courcelle, Connais-toi toi-même, S. 243.

b) ‹Benjamin major. De gratia contemplationis› ist ein umfassendes, breit angelegtes Manuale der Kontemplation. Wie der ‹Benj. min.› ist er eingebunden in ein allegorisches Bezugssystem, die *mystica arca* des Moses, verstanden mit Ps. 131,8 als *arca sanctificationis* (I 1; 63 B/C). Sie wird *mystice*, d. h. allegorisch, ausgelegt in all ihren Bestandteilen und ihren Schmuckgegenständen, wie es Gottes Wort bestimmt hat (Ex. 25,3–22). Bedeutungsträger sind so die Maße und das Material, die Deckfarbe Gold (die eine herausragende Rolle spielt), die einzelnen Bestandteile wie die Einfassung (*corona*) und das Gesimse (I 11). Besonders hervorgehoben sind die zwei Cherubfiguren aus Gold, die zur Rechten und zur Linken des Propitiatoriums, des «Aufsatzes» der Lade als Sühneheiligtum (I 12), stehen, denn sie bedeuten die beiden höchsten und eigentlichen Formen der Kontemplation. Dieses exegetische Prinzip deutet die Verbindlichkeit der theologischen Aussage an: es geht in erster Linie um Einsicht und Belehrung, freilich mit spirituellen Aufschwüngen verbunden, es geht um Erkenntnis in der Kontemplation.

Richard definiert sie zu Beginn I 4 (67 D): «Beschauung ist der freie Blick des Geistes in die Wunder der (göttlichen) Weisheit, begleitet von erhabenem Staunen, oder auch, nach der Meinung eines hervorragenden Theologen unserer Zeit,[32] welcher sie folgendermaßen definierte: Das Schauen ist der durchdringende (*perspicax*), freie und umfassende Blick des Geistes auf die Gegenstände des Schauens allüberall.» Richard meint hier die Kontemplation im engeren und eigentlichen Sinne, der Traktat als solcher aber stellt die Beschauung in jener weiten Bedeutung dar, die der griechischen *theoria* im Gebrauch etwa des Evagrios und, durch diesen vermittelt, Cassians zukam. Sie umfaßt *cogitatio* (Denken), *meditatio* und *contemplatio* (im engeren Sinne). Das hatte schon Hugo gelehrt (s. K 11,2.d). Richard erweitert das Modell, indem er die *cogitatio* aus der *imaginatio*, die *meditatio* aus der *ratio* und die *contemplatio* aus der *intelligentia* hervorgehen läßt. Es sind diese «grundlegenden» Antriebskräfte, die in ihrer Verflechtung ein System von sechs Stufen der Beschauung aufbauen (I 6).

Zuerst aber ist es dem Verfasser angelegen, *cogitatio, meditatio* und *contemplatio* in ihrer Wirkart – wir würden heute sagen: als hermeneutische Prinzipien – zu charakterisieren. «Das Denken geht über manche Umwege, gemächlichen Schrittes, ohne Rücksicht auf weiteres Fortschreiten, schweift bald hierhin, bald dorthin. Die Betrachtung strebt oft auf steilem und mühsamem Weg zum geraden Ziel, und dies mit großer

---

[32] Gemeint ist natürlich Hugo. Die Definition findet sich in der kleinen Schrift ‹De modo dicendi et meditandi› [PL 176, 879 A].

Anstrengung des Geistes. – Die Beschauung kreist in freiem Fluge, wohin der Antrieb sie trägt, in wunderbarer Beweglichkeit» (I 3; 66 D). – Das ist nur ein erster Entwurf zu näheren Ausführungen; Richard ist ein Meister in der Durchdringung und Vergegenwärtigung psychischer und geistiger Phänomene. Besonders wird er nicht müde, den *modus contemplationis* zu umschreiben. Dazu noch ein Beispiel. «Denn jene Lebhaftigkeit der Einsicht (*intelligentiae*) im schauenden Geiste geht in wunderbarer Beweglichkeit bald vorwärts und rückwärts, bald bewegt sie sich gleichsam im Kreise, bald sammelt sie sich auf einen Punkt und bleibt dort wie unbeweglich haften. Wenn wir die Art dieser Sache recht erwägen, so können wir sie täglich an den Vögeln des Himmels beobachten. Du siehst die einen bald sich hinaufschwingen, bald nach unten tauchen und dieselben Weisen des Aufsteigens und Niedergehens oft wiederholen. Du siehst andere bald nach rechts, bald nach links sich abdrehen und bald auf dieser, bald auf jener Seite sich etwas nach vorn neigen, oder kaum sich voranbewegen, und denselben Wechsel ihrer Bewegungen alle Augenblicke vielfältig wieder vollziehen. Du magst andere sehen, die sich mit großer Eile nach vorn schwingen, aber bald mit derselben Geschwindigkeit zurückkehren und oft dasselbe vollführen und denselben Hin- und Rückflug unermüdlich fortsetzen und in die Länge ziehen. Wieder andere kann man sehen, wie sie sich im Kreise drehen und wie sie plötzlich, entweder dieselben oder ähnliche, bald längere, bald etwas kürzere Flüge wiederholen und immer zum selben Tun zurückkehren. Endlich kann man andere sehen, wie sie mit bebenden und oft zurückgeworfenen Flügeln an ein und derselben Stelle lange schweben und in bewegtem Tätigsein wie unbeweglich festhängen und von derselben Stelle ihres Schwebens in langer und großer Ausdauer kaum weichen, als ob sie in Verfolgung ihres Werkes und anhaltenden Fleißes ausriefen und sprächen: ‹Hier ist gut sein für uns› (Luc. 9,33)» (I 5; 68 C–69 A).

Die vollständige Zitation dieses Vogelflugbildes zur Charakterisierung der Bewegung des Schauenden geschah nicht in erster Linie zur Dokumentation einer Beobachtungsgabe und Darstellungsfreude, die man sonst erst in späteren Zeiten findet, sondern sie diene als Beispiel einer «realistischen» Darstellungsart, die nicht nur diesen Mystiker, wenn auch diesen ganz besonders, kennzeichnet. Man muß sich von der Vorstellung befreien, mystisches Leben sei nur Innerlichkeit, Abkehr von der Außenwelt, ein Augenschließen. Das ist dort nicht der Fall, wo die Schöpfungswerke mitgedacht werden, die als Spiegel der unsichtbaren Dinge gelten dürfen – im Glauben an die reinigende Wirkung der Menschwerdung Christi. Das ist augustinische Tradition, und es dürfte kein Zufall sein, daß die Augustiner Chorherren von St. Viktor stärker

als andere Theologen der Zeit den optimistisch-unbefangenen Blick des
großen Kirchenvaters auf die *sensualia* dieser Welt bewahrt haben.
Dieser realistische Zug mag auch die dem heutigen Leser schwer bekömmliche,
und, wie ihm scheinen will, unverbindliche Allegorese auszugleichen,
die ein technisch-abstraktes Denken signalisiert.

Auch in dieser realistischen Offenheit weist Richard voraus auf die franziskanische
Mystik. In der deutschen Mystik manifestiert sie sich am deutlichsten bei Heinrich
Seuse. Aber auch Meister Eckhart verfügt auf der Vergleichsebene über einen ruhig-
freien Blick auf die geschaffene Natur.

Die sechs Stufen der Kontemplation, die Richard I 6 konzipiert, sind
zugleich ein Aufriß des ganzen Traktats. Sie konstituieren sich, wie
bereits angedeutet wurde, durch zwei Dreier-Begriffsreihen: die *cogitatio,
meditatio, contemplatio* als *modi* der Schau, *imaginatio, ratio* und *intelligentia*
als deren Ursprung und Antrieb; doch sind es die Ursprungskräfte allein,
die die einzelnen Stufen definieren, also intelligible Vermögen, und
insofern vollzieht sich der Aufstieg zur kontemplativen Schau durchaus
parallel zur «Leiter» der Vernunft in ‹De Trinitate›. *Primum itaque est in
imaginatione et secundum imaginationem. Secundum est in imaginatione secundum rationem. Tertium est in ratione et secundum imaginationem. Quartum est
in ratione et secundum rationem. Quintum est (in intelligentia*[33]*) supra, sed
non praeter rationem. Sextum (in intelligentia) supra rationem, et videtur esse
praeter rationem* (70 B).

(1) Die Vorstellung (*imaginatio*) gemäß der Vorstellung besteht in der
freien Bewegung unseres Geistes auf Gestalt und Abbild (*forma, imago*)
der sichtbaren Dinge als Gegenstände des Staunens und der Bewunderung, «wie zahlreich, wie herrlich, wie verschieden», wie «schön und
lieblich» sie sind (70 C). – (2) Die Vorstellung gemäß der Vernunft
(*ratio*), das heißt geformt von der Vernunft, richtet sich auf der geschaffenen Dinge «Grund, Ordnung und Plan», ihre «Ursache, Art und
Zweck» (70 D). – (3) Die Vernunft gemäß der Vorstellung tritt in Kraft,
«wenn wir durch das Gleichnis der sichtbaren Dinge zur Schau des
Unsichtbaren erhoben werden» (71 A), eine für Richard, wie wir schon
wissen, zentrale Vorstellung auf Grund von Römer 1,20. – (4) Die Stufe
der Vernunft gemäß der Vernunft markiert den entscheidenden Schritt
zur Schau im eigentlichen Sinne. Der Geist ist nun ganz sich selber. «Er
bedient sich der reinen Einsicht (*pura intelligentia*) und nach Ausschal-
tung aller Hilfeleistungen der Vorstellung scheint unsere Einsicht erst in

---

[33] Ich ergänze bei der 5. und 6. Stufe *in intelligentia* nach dem I 3; 67 A gegebenen
Schema. R. dürfte hier die «Triebkraft» außer acht gelassen haben, weil das Entscheidende
in dem «oberhalb» bzw. «außerhalb» der *ratio* zu sehen ist.

dieser Tätigkeit sich selbst durch sich selbst zu kennen» (71 D). Es handelt sich also, wie dann näher in III 3 ausgeführt, um die Stufe der Selbsterkenntnis, die im ‹Benj. min.› durch die *discretio,* die Joseph allegorisch darstellt, bewirkt wird. – (5) Mit der 5. Stufe betreten wir den Bereich der Kontemplation im eigentlichen Sinne. Sie übersteigt die Vernunft, ohne wider sie zu sein. Wir erkennen durch göttliche Offenbarung (*relevatio*), was keiner Vernunft möglich ist und die menschliche Fassungskraft überfordert, «die Natur der Gottheit (*Divinitas*) und deren einfache Wesenheit (*essentia*)». – (6) Die höchste Stufe übersteigt nicht nur die Vernunft, sondern läßt diese als abgetrennt von ihr, ja wider sie erscheinen. «Von solcher Art ist fast alles, was wir über die Dreifaltigkeit der Personen zu glauben angehalten sind.» Hier «jubiliert der Geist und tanzt im Dreischritt (*tripudiat*)» (70 C–72 C). Nur wenigen ist es vergönnt, alle sechs Stufen hinanzugehen, bildhaft gesprochen, aller drei Flügelpaare der Kontemplation teilhaftig zu werden (I 10; 75 A/B).

Richard bietet in Buch I seines ‹Benj. maj.› einen Aufriß der Bücher II–IV. Sie dienen der Ausfaltung des Grundschemas und Detailfragen. Zu jener gehört die Anwendung des Arche-Emblems, was den Darlegungen einen exegetisch-doktrinären Zug verleiht, der indes immer wieder durch unmittelbare Bildwelt und schwungvolle spirituelle Belehrung durchbrochen wird. Buch II behandelt die Stufen 1–3, Buch III die 4. und Buch IV die 5. und 6. Stufe. Das letzte, V. Buch wird ein weiteres, ergänzendes Kontemplationsschema anbieten.

Wir können uns auf die ergänzenden Ausführungen der beiden obersten Stufen beschränken. Unter allen nur denkbaren Gesichtspunkten werden beide Stufen miteinander verglichen bzw. voneinander abgegrenzt. Dabei ist die Darstellung beherrscht von den beiden Cherubinen in Gold, die zur Rechten und Linken des Propitiatoriums der «mystischen Arche» stehen. Sie bedeuten «Fülle des Wissens» (*plenitudo scientiae*) (IV 1; 135 C) und verkörpern die beiden Spezies der Beschauung, die sich oberhalb, doch nicht außerhalb, bzw. oberhalb und zugleich außerhalb der Vernunft vollziehen (IV 3; 136 D). «Oberhalb der Vernunft» heißt, was wir durch Offenbarung erfahren oder allein durch Autorität hinnehmen (IV 2; 136 B), «außerhalb der Vernunft», was weder der Erfahrung noch Argumenten erreichbar ist (IV 3; 137 B). Auf das, was über die Vernunft hinausgeht, das ist die Ähnlichkeit mit Gott in den vernunftbegabten Wesen, verweist der Cherub zur Rechten; der zur Linken steht für das, was außerhalb der Vernunft liegt, nämlich die vielfache Unähnlichkeit mit Gott (IV 8; 142 D). So weit erörtert Richard den Erkenntnisweg der Kontemplation. Daneben spricht er den Menschen an, der zu solcher Betrachtung gelangen will. Ständig müsse er bereit sein, der Gnade der Schau teilhaftig zu werden: in der Haltung Abrahams am Eingang seines Zeltes und des Elias am Eingang seiner Höhle (IV 10; 145 D). Diese Gnade ist die *gratia visitans*, die Gnade der ‹Heimsuchung› in der alten, positiven Bedeutung des Wortes.

Richard begnügt sich in seinem Handbuch der Kontemplation nicht mit dem Erkenntnisweg, er scheut auch nicht den Bruch mit seinem geschlossenen Schema. Dies ist der Fall, wenn er im Anschluß an das Hohelied das Verhältnis von Braut und Bräutigam schildert und ihre Liebesvereinigung feiert (IV 13.15.16). «Im Garten vernimmt man, im Vorhof sieht man, im Brautgemach folgt der Kuß, auf dem Lager die Umarmung. Man vernimmt durch das Gedächtnis, man sieht mittels der Vernunft, man küßt im Affekt, die Umarmung vollzieht sich in der Begeisterung. Man vernimmt in der Erinnerung, man sieht im Staunen, der Kuß ist Ausdruck der Liebe, die Umarmung ist Beseligung» (IV 15; 153 B). – Richard durchbricht sein systematisches Gefüge aber auch mit gelegentlichen moralischen Betrachtungen (IV 9) oder durch einen Blick auf die Praxis der geistlichen Übungen und der Ämtererfüllung im eigenen Orden und Ordenshaus (IV 14). Sicher leidet die Einheit des Werks durch solche Abschweifungen; sie bezeugen indes ein Denken, das alles umfassen, nichts isolieren möchte.

c) In diesem Sinne ist auch das neue Modell kontemplativen Aufstiegs zu verstehen, das in Buch V gewissermaßen nachgereicht wird. Während das Sechserschema *species* und *modi* der Kontemplation und mit ihnen ihre jeweiligen Gegenstände betrachtet, richtet sich im neuen Schema das Interesse auf die Befindlichkeit des beschauenden Subjekts: die Ausweitung (*dilatio*), Erhebung (*sublevatio*) und die Entfremdung (*alienatio*) bzw. die Entrückung des Geistes (*excessus mentis*). Die Ausweitung geschieht noch in der Anstrengung der eigenen Kräfte, in der Erhebung tritt zu ihnen göttliche Gnade, Selbstverlust und Entrückung bewirkt diese allein (V 2). Diese geistlichen Zustände werden weniger in Stufen gesehen als in einem kontinuierlichen Aufstieg, einem Wachsen, einem Aufblühen. Ein schönes Bild dafür ist die Morgenröte, angeregt durch HL 6,9 (*Quae est ista quae progreditur quasi aurora consurgens*). Die Stelle sei in der Originalsprache widergegeben, um dem Leser auch eine Vorstellung von Richards blühendem Stil zu vermitteln. *Mens itaque velut aurora consurgit, quae ex visionis admiratione paulatim ad incrementa cognitionis proficit. Aurora siquidem paulatim elevatur, elevando dilatatur, dilatando clarificatur, sed miro modo dum tandem in diem desinit, per promotionis suae incrementa, ad defectum venit et unde accipit ut major sit, inde ei accedit, tamdemque accidit ut omnino non sit. Sic utique sic humana intelligentia divino lumine irradiata, dum in intellectibilium contemplatione suspenditur, dum in eorum admiratione distenditur, quanto semper ad altiora vel mirabiliora ducitur, tanto amplius, tanto copiosus dilatatur, et unde ab infimis remotior, inde in semetipsa purior et ad sublimia sublimior invenitur . . . Et sicut matutina lux crescendo desinit, non quidem esse lux, sed esse lux matutina, ut ipsa aurora jam non sit aurora, ita humana intelligentia ex dilatationis suae magnitudine quandoque accipit, ut ipsa jam non sit ipsa, non quidem ut non sit intelligentia, sed ut jam non sit humana, dum modo mirabili mutationeque incomprehensibili efficitur plus quam humana . . . (V 9; 178 C/D).*

«Wie die Morgenröte erhebt sich der Geist, der aus der Bewunderung der Schau allmählich zum Wachstum der Erkenntnis gelangt. So wie die Morgenröte allmählich sich erhebt, sich erhebend ausweitet, ausweitend heller wird, aber wunderbarerweise, während sie schließlich im Tageslicht erlischt, durch die Steigerung des Wachsens Mangel erleidet, auf daß größer werde, was von dort (‹dem Tageslicht›) an sie herankommt und es am Ende geschieht, daß sie (‹die Morgenröte›) überhaupt erlischt: in solcher Weise wird die menschliche Einsicht (*intelligentia*) vom himmlischen Lichte umstrahlt, solange sie in der Betrachtung der geistigen Wesenheiten schwebt und sich in deren Bewunderung ausweitet, umso mehr (wird die menschliche Einsicht) zum Höheren und Wunderbareren geführt, je weiter, je reicher sie sich weitet, und je weiter sie sich von den niedrigen Dingen entfernt, umso reiner wird sie selbst und zu den erhabenen Dingen erhaben befunden ... Und wie das morgendliche Licht im Wachsen schwindet, nicht zwar als Licht, aber als morgendliches Licht, so daß die Morgenröte schon nicht mehr Morgenröte ist, so widerfährt es der menschlichen Einsicht in der Auswertung ihrer Größe bisweilen, daß sie selbst nicht mehr sich selbst ist, nicht zwar, daß sie nicht mehr Einsicht ist, aber nicht mehr die menschliche Einsicht, wenn sie in wunderbarer Weise und in unbegreiflicher Verwandlung mehr bewirkt als diese ...»

Das ausladende Bild dient dazu, die Ablösung der *sublevatio* durch den *excessus mentis* zu verdeutlichen. In der Ausweitung der Morgenröte schwindet ihr Licht im neuen Licht des Tages. Eckhart hat dies so ausgedrückt: *als diu sunne daz morgenrôt an sich ziuhet, daz ez ze nihte wirt.*[34]

Eine besondere Ausformung erfährt das Dreierschema Richards durch die Begriffe der *devotio, admiratio, exultatio* (auch *iucunditas*), die als *causae* der dritten Stufe zugeordnet werden (V 5; 174 A), aber auch als *status* aller drei Kontemplationsformen verstanden werden können. «In der Größe der Andacht wird der menschliche Geist über sich selbst erhoben, wenn er von solchem Feuer himmlischer Sehnsucht entzündet wird, daß die Flamme innigster Liebe über alles menschliche Maß emporschlägt, daß sie die Seele wie geschmolzenes Wachs ihrem früheren Zustand entreißt und nach Art des Rauches emporhebt und nach oben sendet. –

---

[34] DW V 428,1 f. (‹Von abegescheidenheit›). Zwei Parallelen aus ungesicherten Werken bei DENIFLE, Rez. von PREGER, Mystik I, S. 786 [s. Anm. 2]. Auf dieser Ebene der «realistischen» Bildwelt ist Eckhart, wie früher vermerkt, mit Richard vergleichbar.

In der Größe des Staunens wird die Seele über sich selbst hinausgeführt, wenn sie, vom göttlichen Lichte durchstrahlt, in der Bewunderung höchster Schönheit gebannt, von solch heftigem Schauer ergriffen wird, daß sie gänzlich aus ihrem früheren Zustand herausgerissen und wie ein niederzuckender Blitz umso tiefer sich in die Verachtung ihrer selbst und den Anblick nie gesehener Schönheit hinabgeworfen findet, je höher und schneller sie, angetrieben vom Verlangen nach dem Höchsten, über sich selbst hinausgerissen und in äußerste Höhen erhoben wird. – Durch die Größe der Freude und des Überschwangs wird der Geist des Menschen sich selbst entfremdet (*alienatur*), wenn sein Inneres durch die Überfülle innerer Süßigkeit getränkt, ja gänzlich berauscht wird, das was ist und was war beinahe vergißt und in entfremdender Entrückung (*in abalienationis excessum*) im Dreischritttanz seiner Hingerissenheit in einen überirdischen Affekt wunderbarer Glückseligkeit plötzlich verwandelt wird (*raptim transformatur*)» (174 A–C).

In der Wendung *abalienationis excessus* verbindet Richard, was in der Tat ein einziger Akt ist, wenn auch in zweierlei Weisen ausgeformt: die *alienatio* als das Vergessen seiner selbst und aller Welt – die *abegescheidenheit* der deutschen Mystik – und den *excessus mentis,* die mystische Entrückung, für die der *raptus* des Paulus als höchste Beglaubigung zu gelten hat. Er ist auch für Richard das Höchste und Eigentlichste in der Begegnung des menschlichen Geistes mit dem göttlichen. In der *alienatio* und dem *excessus* decken sich die Inhalte der Sechser- und Dreierreihe. Das höchste Schauen ist ein «entrücktes» Schauen (IV 7; 140 D), und das höchste Entzücken, die *exultatio,* vollzieht sich im *excessus.*

Richard steht mit dem *excessus*-Begriff, worauf bereits hingewiesen wurde, in westlicher, vor allem augustinischer Tradition. Auch Eriugena übersetzte die ἔκστασις des Dionysius (‹Mystica Theologia› I 1) mit *excessus*. Die Belege bei Richard sind ziemlich häufig. Sie fehlen nicht in ‹De IV grad.› (28 [155, 28]) und im ‹Benj. min.› (1,1 A; 74,73 C; 82,58 A; 85,61 C), häufen sich dann in Buch IV und V des ‹Benj. maj.›. Daneben erscheint *exstasis* nur ausnahmsweise – ‹Benj. min.› 85,61 C; ‹Benj. maj.› IV 12,148 C; V 7,176 B – und ist als gelegentliche Variante von *excessus* zu beurteilen.

Richards Analysen der Ekstase sind die ersten des Abendlandes, die den Namen ‹Lehre› verdienen. Bisher wurde sie nur beiläufig, zumeist im Zusammenhang oder im Blick auf den *raptus* des Paulus, angesprochen, ohne eine besondere Stelle im Gefüge der Kontemplation zu erhalten. Es ist Richard, der sie zum obersten, im jähen Aufschwung vollzogenen Wegstück des menschlichen Geistes auf dem Wege zu Gott machte.

d) Distanzieren möchte ich Richard von «neuplatonischem Denken», ohne zu leugnen, daß in diesem Jahrhundert der Platonismus allgegenwärtig und bei allen Denkern irgendwie faßbar ist. Es fragt sich nur, in welcher Vermittlung. Auch Augustinus hat platonisches Erbgut, und wo es um solch anverwandelte Denkformen geht, sollte nicht schlichtweg von Platonismus gesprochen werden. Bei Richard hat J.-A. Robilliard Boethius für den «platonischen Ursprung» der sechs Stufen der Kontemplation aufgerufen.[35] Ich muß mich dieser Auffassung verschließen, obschon ihm Gelehrte von hohem Rang gefolgt sind.[36]

Boethius teilt die spekulative Philosophie in *intellectibilia, intelligibilia* und *naturalia*, denen bei Richard die Erkenntnisbereiche der Kontemplation entsprechen (statt *naturalia: sensibilia*). Das ist die einzige Übereinstimmung und sie spielen gegenüber den *species* und *modi*, die allein das Schema bestimmen, eine höchst sekundäre Rolle; vermitteln konnte sie übrigens auch Hugo.[37] Richard interessierten die Erkenntniskräfte, die die Aktstufen *imaginatio, meditatio* und *contemplatio* in Gang setzen, und dementsprechend hat er seine Stufen konstituiert (I 6). Es ist dieses Grundschema, das in Robilliards angeblich Richardschem Aufriß überhaupt nicht existiert. Stufen schlichtweg als neuplatonisch zu deklarieren, auch wenn sie im neuplatonischen Denken ihren Ausgangspunkt haben sollten, geht nicht an, nachdem der Gradualismus geradezu zu einem Merkmal mittelalterlichen Denkens geworden ist. Das würde die Grenzen gegenüber dem eigentlichen Platonismus verwischen, der in diesem Jahrhundert neu aufbricht und unabsehbare Wirkungen zeitigt. Von ihm werden wir noch zu reden haben.

Daß Richard der griechischen Terminologie aus dem Wege geht, bestätigt seinen Nichtplatonismus. Er ist in seiner geschichtlichen Verwurzelung mehr als irgendeiner seiner Zeitgenossen Augustiner.

---

[35] Vgl. I.-A. ROBILLIARD O. P., Les six genres de contemplation chez Richard de Saint-Victor et leur origine platonicienne, Revue des sciences philosophiques et théologiques 28 (1939), S. 229–233.
[36] Hans Urs VON BALTHASAR, Kommentar zu Bd. 23 der Deutschen Thomas-Ausgabe, 1954, S. 442; M.-D. CHENU O. P., Der Platonismus des XII. Jahrhunderts (aus ‹La théologie du douxième siècle›, Paris 1957), in: BEIERWALTES (Hg.), Platonismus, S. 294; JAVELET, S. 208 f.
[37] Hugo v. St. Viktor, Didascalicon II 19 [PL 176, 759 B]; s. K 11, Anm. 25.

# Anhang

# Abbildungsverzeichnis

# Personenregister

Das Register berücksichtigt nur historische Namen. Von biblischen Namen sind allein Moses, Paulus und Timotheus aufgenommen.

Pierre von Blois 341 f.
Pipin 74
Platon 47 f., 87 f., 90 f., 103 Anm. 32,
107, 157, 221, 291, 347, 351 f., 354,
406
Plotin 45, 48 Anm. 29, 72, 87, 92
Anm. 13, 96, 100 Anm. 26, 109, 113,
186, 198, 286 Anm. 16, 291 Anm. 28,
353, 373 Anm. 40
Pomerius, Julianus 139–144, 160, 167
Porete, Marguerite 20, 353
Porphyrius 86, 87 Anm. 8, 88 Anm. 10,
104 Anm. 34
Possidius, Biograph Augustins 113
Anm. 53
Proklos 33, 34 Anm. 2, 36 f., 39 f.,
45–47, 49 Anm. 30, 50 f., 56
Anm. 42, 67, 176 f.
Prosper von Aquitanien 139

Richard von St. Viktor 19, 26, 46, 95
Anm. 17, 166, 172, 207, 211 Anm. 7,
214, 215 Anm. 14, 222, 292, 294
Anm. 36, 298, 303, 319, 330 Anm. 2,
332, 343, 347, 355, 365 Anm. 24,
374 Anm. 41, 377 Anm. 47, 379
Anm. 50, 381–406
Robert von Molesme 226
Robert von Tombelaine 148 Anm. 8
Romuald von Ravenna 172 Anm. 1,
372
Rudolf von Biberach 79 Anm. 119,
365
Rufinus 134, 136
Rupert von Deutz 253
Ruusbroec, Jan van 20, 97 Anm. 21,
287

Salimbene von Parma 82
Sarracenus, Johannes 47, 78–82, 350
Scotus, Adam s. Adam Sc.
Scotus, Johannes Duns s. Johannes
Duns Sc.
Scotus, Johannes Eriugena s. Eriugena,
Johannes Sc.
Seuse, Heinrich 20, 102, 118 f., 128,
136 f., 224, 234, 401

Severin von St. Denis 395, 397
Severus von Antiochien 33 f., 36
Shakespeare, William 355
Simon von Tournai 98 Anm. 23
Smaragd von St. Mihiel 222, 332
Anm. 4
Sokrates 86 Anm. 3, 90
Stagel, Elsbeth 128 Anm. 16
Stephan Bar Sudaili 39 Anm. 13

Tauler, Johannes 18 Anm. 9, 20, 24, 91
Anm. 12, 98 Anm. 23, 114 Anm. 57,
115, 116 Anm. 68, 119 Anm. 5,
152 Anm. 13, 249 Anm. 33, 250,
326
Theoctista 158, 160
Theodor I, Papst 73 Anm. 88
Thierry von Chartres 345 Anm. 6
Thomas Cisterciensis 284 Anm. 14
Thomas Gallus (Vercellensis) 79 f., 176,
381 Anm. 3
Thomas von Aquin 15, 19 Anm. 13, 39,
66 Anm. 68, 70, 78, 97, 104–107,
115 Anm. 60, 116, 140, 150, 154
Anm. 15, 157, 160 Anm. 26, 163,
178 f., 186, 200, 226 Anm. 1, 287
Anm. 21, 314, 341 Anm. 17, 376
Anm. 45
Timotheus, Paulus-Schüler 34, 37, 59,
61 f.
Titus, der Hierarch 60

Ulrich von Straßburg 78
Urban V 210 Anm. 4

Valla, Lorenzo 36
Voltaire 60 Anm. 50

Wenck von Herrenberg, Johannes
176
Wibald, Zist. Abt 251 Anm. 36
Wilhelm von Champeaux, Bischof
von Châlons 276, 356
Wilhelm von Moerbeke 177
Wilhelm von Newburgh 253
Wilhelm von St. Thierry 19, 23, 26,
115, 166 Anm. 40, 172, 207, 209

# Philosophie und Theologie

F. C. Copleston
*Geschichte der Philosophie im Mittelalter*
Aus dem Englischen von Wilhelm Blum.
1976. 400 Seiten. Broschiert

Rudolf Otto
*West-östliche Mystik*
Vergleich und Unterscheidung zur Wesensdeutung
Überarbeitet von Gustav Mensching.
3., überarbeitete Auflage. 1971. XVI, 314 Seiten. Leinen

Hermann L. Strack/Paul Billerbeck
*Kommentar zum Neuen Testament aus Talmud und Midrasch*
Band 1: Das Evangelium nach Matthäus
Erläutert aus Talmud und Midrasch
von Hermann L. Strack und Paul Billerbeck.
9. Auflage. 1986. VIII, 1055 Seiten. Leinen
Band 2: Das Evangelium nach Markus, Lukas und Johannes
und die Apostelgeschichte
Erläutert aus Talmud und Midrasch
von Hermann L. Strack und Paul Billerbeck.
9. Auflage. 1989. VIII, 867 Seiten. Leinen
Band 3: Die Briefe des Neuen Testaments
und die Offenbarung Johannis
Erläutert aus Midrasch von Paul Billerbeck.
8. Auflage. 1985. VII, 857 Seiten. Leinen
Band 4: Exkurse zu einzelnen Stellen
des Neuen Testaments. In zwei Teilen.
Abhandlungen zur neutestamentlichen Theologie und Archäologie.
8. Auflage. 1986. 2 Bde., zus. XIII, 1323 Seiten. Leinen
Band 5 und 6: Rabbinischer Index.
Verzeichnis der Schriftgelehrten. Geographische Register.
Herausgegeben von Joachim Jeremias
in Verbindung mit Kurt Adolph.
6. Auflage. 1986. XIII, 300 Seiten. Leinen

Verlag C. H. Beck München

# Religion und Theologie

Heinrich Fries
Georg Kretschmar (Hrsg.)
*Klassiker der Theologie*
Band 1: Von Irenäus bis Martin Luther.
Band 2: Von Richard Simon bis Dietrich Bonhoeffer
1988. 2 Bände, zusammen 948 Seiten.
Broschierte Sonderausgabe

Wilfried Härle
Harald Wagner (Hrsg.)
*Theologenlexikon*
Von den Kirchenvätern bis zur Gegenwart
1987. XIV, 268 Seiten.
Paperback
Beck'sche Reihe Band 321

Kurt Ruh
*Meister Eckhart*
Theologe – Prediger – Mystiker
2., überarbeitete Auflage. 1989.
210 Seiten mit 1 Abbildung. Leinen

Gerhard Ruhbach
Josef Sudbrack
*Christliche Mystik*
Texte aus zwei Jahrtausenden
1989. 552 Seiten. Leinen

Gerhard Ruhbach
Josef Sudbrack (Hrsg.)
*Große Mystiker*
Leben und Wirken
1984. 400 Seiten. Leinen

Verlag C. H. Beck München